Martin Humburg

Das Gesicht des Krieges

Kulturwissenschaftliche Studien zur deutschen Literatur

Herausgegeben von
Dirk Grathoff, Günter Oesterle und Gert Sautermeister

In der Reihe „Kulturwissenschaftliche Studien zur deutschen Literatur" werden Forschungsarbeiten veröffentlicht, die eine Erweiterung der tradierten germanistischen Arbeitsgebiete anstreben. Neben dem traditionellen Kanon ästhetischer Literatur sollen vernachlässigte Textgenres, etwa journalistische Prosa, Briefe und Berichte sowie Darstellungs- und Diskursformen technisierter Medien wie Radio, Film und Fernsehen berücksichtigt werden.

In methodisch-theoretischer Hinsicht werden im Rahmen literaturwissenschaftlicher Analysen unterschiedliche Ansätze – z. B. der kulturwissenschaftlichen Anthropologie und der Psychoanalyse, des Strukturalismus und der Gesellschaftswissenschaften – integrativ verbunden und auf ihre Ergiebigkeit für die traditionellen hermeneutischen, literarästhetischen und -historischen Verfahren erprobt.

Martin Humburg

Das Gesicht des Krieges

*Feldpostbriefe von Wehrmachtssoldaten
aus der Sowjetunion 1941–1944*

Westdeutscher Verlag

Danksagung

Wenn ich früher Danksagungen las, dachte ich oft, dass es sich dabei um Pflichtübungen handelt. Heute weiß ich, dass sie von Herzen kommen können. Das hängt damit zusammen, dass eine Arbeit wie die vorliegende zwar in allen ihren Teilen von dem Verfasser zu verantworten ist, aber in ihrer Entstehung nicht denkbar ist ohne die Hilfe vieler.

Die Arbeit - entstanden als Dissertation an der Universität Gießen - ist in verschiedener Hinsicht ein Versuch, nicht Zusammenliegendes zu verbinden: Sie entspringt zwei Fachwissenschaften - der Psychologie und der Geschichte. Sie strebt ein Miteinander an von Alltagsgeschichte, die bei der Beschreibung von Erscheinungen ansetzt, und Sozialpsychologie sowie Sozial- und Militärgeschichte, die empirisch und analytisch arbeiten. Innerhalb dieser Wissenschaften sucht sie das Zueinander von qualitativer und quantitativer Forschung und bei alledem soll sie nicht nur ein Fachpublikum ansprechen. Daher sind manche methodischen Fragen gegenüber der ursprünglichen Fassung knapper ausgefallen - einiges, was hier zu speziell erschien, wird in Einzelbeiträgen veröffentlicht.

Viele Menschen haben diesen Weg in den letzten Jahren begleitet. Ich denke dabei zuerst an Prof. Albert Spitznagel: Innerhalb der Zunft der Psychologen sich auf ein solches Thema einzulassen, zumal es von Anfang an interdisziplinär angelegt war, ist nicht selbstverständlich. Er nahm sich Zeit und ließ mich wahrnehmen, wie ihn das Thema selbst interessierte. Viele wertvolle Impulse entsprangen den Gesprächen. Er schaffte es, über die gesamte Zeit der Erarbeitung zu ermutigen, schon früh auch Grenzen des Machbaren zu benennen und bei dem Machbaren die Strategie des Vorgehens im Detail mitzubedenken. Prof. Helmut Berding trug das seine an Risikobereitschaft bei, wenn er von der Historiker-Seite auf dieses Unternehmen zuging. Seine Rückmeldungen waren ein zentraler Beitrag zum Gelingen. Beiden Begleitern der Arbeit gilt daher mein ganz herzlicher Dank für das "Was" und das "Wie" ihrer Betreuung. Dankbar denke ich auch an die warmherzige, ideenreiche Anteilnahme von Prof. Günter Oesterle und seiner Frau Dr. Ingrid Oesterle.

Nicht vorstellbar wäre die Arbeit ohne die Bereitschaft der Bibliothek für Zeitgeschichte, Stuttgart, hier: Prof. Gerhard Hirschfeld und ganz besonders der Archivleiterin Frau Irina Renz, mir den Zugang zu dem damals frisch erworbenen Bestand der "Sammlung Sterz" zu gewähren. Die große Hilfsbereitschaft wie die weiterführenden Hintergrundgespräche behalte ich in guter Erinnerung.

Archivarische Hilfe erfuhr ich durch Herrn Schönemann in der Wehrmachts-auskunftsstelle (WASt), Berlin und den Zugang dazu wie auch zahlreiche Hinweise zum militärhistorischen Hintergrund verdanke ich Dr. Rüdiger Overmans, Militärgeschichtliches Forschungsamt, Freiburg / Potsdam.

Es sind viele, die unterwegs durch einzelne Akzente und Ratschläge an dieser Arbeit Anteil genommen haben: Norbert Nothbaum mit didaktisch hervorragender Anregung zur fortgesetzten Selbstinstruktion in komplizierten methodischen Fragen der inhaltsanalytischen Auswertung. Sebastian Bamberg, Wolf Nowak, Klaus R. Berger gaben Impulse, der Historikerin Susanne Nitschke gilt mein Dank für das aufwendige Durcharbeiten von Briefen bei den Reliabilitätsstudien, Reimund Neumann für technische Hilfen. Ein mit vielen Archivreisen verbundenes Forschungsprojekt bedarf der logistischen Unterstützung, die ja soviel mehr bedeutet, als nur ein Dach über dem Kopf: Mein Dank dafür ganz besonders an Edith Humburg und Familie Gerhard-Franke.

Dem Evangelischen Studienwerk Villigst danke ich für finanzielle Unterstützung und materielle Ausstattung durch ein Stipendium in der Anfangszeit des Projektes. Bei der Erstellung der Endfassung war die kompetente und zuverlässige Begleitung durch das Lektorat von Frau Dr. Alexandra Schichtel eine außerordentliche Hilfe.

Zwei mir nahestehende Menschen dürfen nicht fehlen: Meinem Bruder Tilmann Humburg verdanke ich eine sorgfältige Korrektur sowie den gezielten Hinweis, weniger Semikolon zu verwenden und kürzere Sätze zu schreiben.

Der Partnerin gegenüber nach einer solchen langen gemeinsamen Wegstrecke den Dank in der angemessenen Weise auszudrücken, ist in einem solchen Rahmen nicht möglich. Gabriele Zylla wird das wissen, und das mag jetzt fürs Publikum reichen.

Inhalt

Einleitung

"...ich bin ein großer Feind von alten Briefen, und wenn auch gar nichts darinnen steht, was irgendjemand im mindesten nachteilig sein könnte, habe ich das Aufheben nicht gern. Ein Brief ist ein Gespräch unter Anwesenden und Entfernten. Es ist seine Bestimmung, dass er nicht bleiben, sondern vergehen soll, wie die Stimme verhallt. Bleiben soll der Eindruck, den er in der Seele hervorbringt, und den dann der zweite und die folgenden verstärken oder verändern." Wilhelm v. Humboldt (10. 7. 1822).[1]

Die folgende Arbeit verstößt gegen diesen Grundgedanken und ist sich des möglichen Tabubruchs bewusst. Feldpostbriefe, die im Zweiten Weltkrieg aus Russland nach Hause geschrieben wurden, sind der Gegenstand dieser Untersuchung. Sie wurden geschrieben von Soldaten der Wehrmacht, die zwischen 1941 und 1944 auf sowjetischem Territorium einen Krieg führten, der alle bisherigen Erfahrungen sprengte: in der Planung, den Zielen, der alltäglichen Gewalt wie im Leiden auf allen Seiten.

Gerade die Briefe aus dieser Zeit haben Angehörige und Nachfahren, aber auch interessierte Sammler zum Aufheben bewogen; vielleicht, um das Zitat aufzugreifen, weil die Schreiber selbst auf eine Weise *vergangen* sind, die bei den Hinterbliebenen noch keinen rechten Abschluss zuließ. Nur in den Briefen, die sie aus der Ferne schrieben, sind sie noch *anwesend*. Briefe aus der Zeit des Zweiten Weltkriegs sind heute von einem Interesse, das über das private hinausgeht. Sie eröffnen, wenn wir sie *auf-heben*, ein Gespräch zwischen den damals *Anwesenden* und uns, die wir von dem Geschehen *entfernt* sind. Mehr noch: Sie werfen die Frage auf, ob die Grenzen, die mit der Lektüre überschritten werden, gar nicht so bestehen, wie wir das glauben mögen, weil uns die Briefschreiber als so fern dann nicht mehr erscheinen. Die produktive Beunruhigung, die daraus erwachsen kann, ist letztlich die Rechtfertigung, um die eingangs zitierte Mahnung zu übergehen.

Eine empirische Arbeit, in der sich psychologische und historische Wissenschaft begegnen, ist auch in anderer Hinsicht ein grenzüberschreitendes Unterfangen. Der Leser, der sich darauf einlässt, wird es bezahlen müssen mit der Zeit, die er braucht, um sich den verschiedenen Facetten des Themas zu nähern. Da gilt es zunächst (Kap. 1) hinzuweisen auf die Rahmenbedingungen des Feldpostwesens und auf die Begrenzungen des Schreibens selbst (Zensur). Eine Ortsbestimmung des Gegenstands - der Feldpostbrief als "Privatbrief" und ein Blick auf das psychologisch-historische Grenzgebiet - geben erste Hinweise zu angemessenen Fragen und Methoden im Umgang mit dieser Quelle.

Die Briefe entstanden in einer konkreten historischen Situation - sie näher zu beleuchten ist Voraussetzung, um Fehldeutungen vorzubeugen und die Briefe als Quelle angemessen einzuschätzen (Kap. 2). Da die Untersuchung vor allem der Entwicklung von Briefthemen über die Zeit gilt, sollen sowohl militärhistorische

Merkmale ausgewählter Zeitabschnitte als auch wesentliche Linien der Planung und Durchführung des deutsch-sowjetischen Krieges skizziert werden (Kap. 2.1 - 2.3) Psychologische Forschungen zu Stress, Bewältigung und Selbstwertschutz werden erörtert, um die Briefe als eine Weise des Umgangs mit dem Kriegserleben zu verstehen (Kap. 2.4). Aus diesen Vorüberlegungen werden explorative Fragen und Hypothesen abgeleitet (Kap. 2.5).

Untersucht werden die Briefe mit einer Inhaltsanalyse. Herleitung und konkrete Umsetzung des Verfahrens werden begründet. Die Stichprobe wird vorgestellt: Dienstgrade, Alters- und Adressatengruppen ermöglichen verschiedenene Binnenvergleiche. Soweit möglich, werden auch soziale Herkunft sowie Zuordnungen zu militärischen Einheiten (frontnahe und frontferne), bzw. jeweiliger Standort (Nord, Mitte, Süd) ermittelt, um Auswirkungen auf die Briefthemen systematisch zu erfassen (Kap. 3).

Die Darstellung (Kap. 4 - 7) geht nach inhaltlich begründeten Hauptthemen vor: Wie wirkte sich die äußere und innere Zensur konkret aus (Kap. 4)? Was schrieben die Soldaten über Erfolge und Misserfolge, Über- und Unterlegenheit und über den Kriegsalltag in all seinen Facetten (Kap. 5)? Welche Bedeutung kam der Liebe zu den Angehörigen, welche der Feindseligkeit im besetzten Land zu (Kap. 6)? Und welche Wege der Bewältigung fanden die Schreiber der Feldpostbriefe - auch gerade durch das Schreiben selbst (Kap. 7)?

Bei alledem soll dem Brief selbst gebührender Raum eingeräumt werden. Das veranschaulicht nicht nur die Analyse, der Brief treibt sie auch voran. Und es eröffnet ein Angebot, wenn *der Eindruck, den er in der Seele hervorbringt*, sein Wesentlichstes ist. Was daraus möglicherweise folgt, weist über diese Arbeit hinaus.

1. Deutsche Feldpostbriefe im Zweiten Weltkrieg

Wer sich mit der Forschung zu deutschen Feldpostbriefen aus der Zeit des Zweiten Weltkriegs befasst, stößt auf einen überraschenden Befund: Den Gegensatz zwischen der großen Bedeutung, die das Feldpostwesen für die Menschen im Zweiten Weltkrieg offenkundig gehabt hat, und der relativ späten Entdeckung der Feldpostbriefe als Quelle und Forschungsgegenstand erst seit der zweiten Hälfte der 80er Jahre. Volker Berghahns Bewertung aus den 60er Jahren mag lange für Historiker Gültigkeit gehabt haben: Er sah in Feldpostbriefen eher eine unergiebige Quelle; "die Einstellungen und Haltung des einfachen Soldaten" waren nur soweit von Interesse, "als dies zur Erklärung der Aktionen und Reaktion der verantwortlichen Führer beitragen kann". Unter dieser Perspektive schienen Feldpostbriefe mit ihrem überwiegend privaten Inhalt eher vernachlässigbar, da über 90 % der Soldatenpost "politsch farblos" bleibe.[1]

Ob veröffentlichte Sammlungen von Feldpostbriefen ein repräsentatives Bild geben von Inhalt und Stil dieser Briefe im Allgemeinen, ist zunächst einmal fraglich - aus einem nachvollziehbaren Grund: Für eine Veröffentlichung wurden aussagekräftige, anschauliche oder in ihrer Botschaft gehaltvolle Briefe oder Briefauszüge bevorzugt, die ein breites Publikum finden sollten und dazu taugten, je nach Absicht der Herausgeber, einen didaktischen Zweck zu erfüllen.

Der Wandel solcher Wirkungsabsichten lässt sich am Beispiel der beiden populären Kriegsbriefsammlungen 1914 - 1918 (Witkop) und 1939 - 1945 (Bähr) nachzeichnen.[2] Beiden Herausgebern standen jeweils ca. 20.000 Briefe zur Verfügung. Die Motive der Auswahl und der Präsentation lassen aber deutliche Unterschiede erkennen: Witkop schreibt in seinem Vorwort zu einer Ausgabe im Jahr 1933:[3] "Diese Briefe sind ein Vermächtnis an uns, das ideale Vaterland zu verwirklichen, das ihre Schreiber sehnend geschaut, dafür sie ihr Leben gelassen haben. Die Frühgefallenen sind Blutzeugen nicht eines verlorenen, sondern eines neuen Deutschland, dessen Schöpfer und Bürger wir werden wollen." Das Motiv zu der Ausgabe der Briefe des Zweiten Weltkriegs liest sich 1952 nüchterner: "Aus den Einsendungen sind für dieses Buch Briefe ausgewählt worden, die besondere menschliche Zeugniskraft aufweisen oder das Geschehen des Krieges eindringlich schildern. Die Berichte von den Kämpfen wurden nicht um ihrer selbst willen aufgenommen, sondern um sichtbar zu machen, wie unsere gefallene Jugend den Wirklichkeiten des Krieges begegnet ist."[4]

Der Anstoß, sich mit den Briefen von und an Soldaten des Zweiten Weltkriegs auch wissenschaftlich zu befassen, kam aus der Geschichtsdidaktik: Peter Knoch gab in den 80er Jahren erste Anstöße zur systematischen Erforschung dieser "unentdeckten historischen Quellengattung" mit dem Ziel,

"- das Kriegsgeschehen in konkreten, kleinen Ausschnitten, in der Mikro-Ebene der Geschichte zu rekonstruieren;
- auf diese Weise die Wechselwirkungen zwischen der sog. allgemeinen und der persönlichen Ebene, zwischen Mikro- und Makro-Geschichte zu erfassen;
- die offizielle Geschichtsschreibung durch diese Zeugnisse einfacher Leute zu kontrollieren, zu ergänzen oder auch zu korrigieren".[5]

Noch Mitte der 80er Jahre galt: "Die historische Forschung hat sie noch nicht entdeckt, es gibt keine systematischen und kritischen Editionen dieser privaten Zeugnisse, geschweige denn historische Analysen, sieht man von ersten Versuchen ab.(...) Aber selbst in diesen Untersuchungen spielen Feldpostbriefe oder -karten nur eine Nebenrolle."[6] Anders war es nach dem Ersten Weltkrieg: Neben einer Fülle von editierten Feldpostsammlungen während des Krieges und nach 1918, die auf ein breites öffentliches Interesse an dieser Quellengattung hinweisen[7] - Witkops Edition erreichte bis 1933 eine Auflage von 186 - 190 Tausend - wurden Feldpostbriefe auch im öffentlichen Meinungsstreit als eine mögliche Quelle für die Urteilsfindung vor Gericht bzw. vor parlamentarischen Untersuchungsausschüssen herangezogen.[8]

Warum war es nach dem Zweiten Weltkrieg lange anders und wie können wir jenen "Feldpost-Boom" - in Editionen wie in Forschungsbeiträgen - verstehen, der zwischen dem 40. und 50. Jahrestag des Kriegsendes einsetzte? Denn in den letzten Jahren hat es sich fast schlagartig geändert: Da gibt es zum einen eine Reihe von Editionen von Feldpostbriefen, die ein breiteres Leserinteresse vermuten lassen; zum andern rücken ganz unterschiedliche Forschungsvorhaben die Quelle "Feldpostbrief" ins Zentrum.[9]

Eine systematische Untersuchung von Feldpostbriefen einer Gruppe von Briefschreibern in Abhängigkeit von der Zeit und anderen Merkmalen wie Dienstgrad, Alter, soziale Herkunft und Adressat liegt allerdings bisher nicht vor.[10] Das geht wohl auch auf die Schwierigkeiten der Quellengewinnung wie auf methodische Probleme der Auswertung zurück.

1.1   Zur Klärung der Begriffe und der Rahmenbedingungen

1.1.1   Zur Organisation und Steuerung der Feldpost

Auf über 40 Milliarden wird die Zahl der Sendungen geschätzt, die allein die deutsche Feldpost im Zweiten Weltkrieg transportierte; davon ca. 1/4 von der Front in die Heimat, 3/4 von der Heimat an die Front.[11] Allein diese Zahl lässt schon ahnen, welche Bedeutung die Feldpost für Schreiber und Empfänger, aber auch für die Organisatoren dieses Feldpostwesens hatte.

"Deutsche Feldpost" - das ist zum einen der Name einer Einrichtung während des Krieges, die in Organisation und Einsatz der Wehrmacht und postfachlich dem Reichspostministerium unterstand. An der Spitze der "Deutschen Feldpost" stand der Heeresfeldpostmeister Karl Ziegler.[12] Ihm unterstanden die jeweils in ihrem Bereich für den Feldpostverkehr zuständigen Armeefeldpostmeister und damit insgesamt ein Dienst, der in ca. 400 Feldpostämtern 12000 Mitarbeiter beschäftigte.[13]

Zum andern war "Feldpost" die Aufschrift auf Sendungen aller Art, von der Feldpostkarte bis zum Feldpostpaket. Es ist sinnvoll, unter diesen Sendungen die Literaturgattung bzw. das Propagandamaterial mit dem Titel "Feldpost" gesondert zu nennen: Schon während des Krieges wurden von Organen der NSDAP, von städtischen Behörden und Archiven, von Firmen und Betrieben Feldpostbriefe gesammelt und ausdrücklich von den jeweils nahestehenden Gruppen angefordert, um daraus Zeitungsartikel oder Broschüren zusammenzustellen - zum Zwecke der Verbindung zwischen Front und Heimatgemeinde, aus Gründen der Kontaktpflege zu Angehörigen der jeweiligen Behörde oder zur Aufrechterhaltung und Stärkung des Wehrwillens. Die daraus gebildeten Auszüge, verbunden mit Heimatnachrichten, gingen dann als Hefte mit dem Titel "Feldpost" wieder an die Soldaten.[14]

Die Feldpostsendungen waren weitgehend gebührenfrei - in beiden Richtungen.[15] Für bestimmte Sendungen wie Päckchen oberhalb eines bestimmten Gewichts konnten Zusatzgebühren erhoben werden. Den Organisatoren ging es dabei neben den damit verbundenen Einnahmen vorrangig um die Möglichkeit, das Postaufkommen mit Hilfe der Ausgabe von sogenannten Paketmarken und Luftfeldpostmarken zu steuern.

Der Staat ließ es sich also etwas kosten, diesen Kommunikationsstrang zu unterhalten.[16] Man versprach sich auf offizieller Seite von der "Durchführung des für die Haltung der Truppe so wichtigen Feldpostdienstes"[17] die wechselseitige Wehrertüchtigung von Heimat und Front und beugte damit auch der Unruhe vor, die eintreten konnte, wenn der Kontakt abbrach und die Menschen jeweils in

Ungewissheit lebten über das Schicksal ihrer Angehörigen. Schließlich war dies auch ein ideales Instrument, um einen kleinen, aber nicht unwichtigen Teil des Nachschubs zu privatisieren. Von der Tabakration bis zur Winterkleidung halfen die Familien in der Heimat aus, wo die offiziellen Versorgungswege versagten oder nicht hinreichten. Die Soldaten ihrerseits revanchierten sich mit großzügigen Sendungen von billig erworbenem "Beutegut", solange es noch etwas zu erbeuten gab und die Gegner dieser Praxis nicht schon durch Abtransport oder Vernichtung von Beständen zuvorgekommen waren. Man kann für weite Phasen des Krieges, insbesondere während der siegreichen Perioden, aus der Feldpost entnehmen, dass diese Kalkulation der gegenseitigen Stärkung des "Wehrwillens" durchaus aufging.

Anders sah es aus in Zeiten der Rückschläge oder der zunehmenden Sorge um die Angehörigen in der Heimat, die nachts in den Kellern wegen des Luftkriegs um ihr Leben fürchten mussten und dies natürlich auch ihren Soldaten mitteilten. Hier konnte das Bild vom abwehrbereiten einheitlichen Volkskörper schnell Risse bekommen. Einflussnahme auf den Briefwechsel zwischen Heimat und Front war damit nahezu eine Voraussetzung, damit abweichende Meinungen nicht erst laut wurden oder noch besser: sich gar nicht erst in den Köpfen bildeten. Insbesondere die "Mitteilungen an die Truppe" widmeten sich diesem Thema in regelmäßigen Abständen. Sie wurden seit April 1940 von der Abteilung für Wehrmachtpropaganda des OKW herausgegeben und gingen in je zwei Exemplaren an jede Einheit bis auf die Ebene der Kompanien. Wie wichtig die Autoren im OKW die Feldpost nahmen, zeigt die Häufigkeit, mit der, oft in durchaus werbendem, manchmal warnenden Ton, Einflussnahme versucht wurde unter Überschriften wie: "Wenn Klagen aus der Heimat kommen", "Stimmung und Haltung", "Nur gedankenlos, aber gefährlich", "Gerüchte", "Briefe an die Angehörigen Gefallener", "Antwort auf einen Feldpostbrief aus dem Osten", "Jetzt mit Feldpostbriefen nachstoßen", "Der Feldpostbrief eine Waffe", "Die Kunst, Briefe zu schreiben", "Wenn aus der Heimat einmal sorgenvolle Briefe kommen sollten"; aus der Schlussphase des Krieges im Herbst 1944: "Der Blutkreislauf der Briefe", "Was muss jetzt in einem Brief nach Hause stehen" und "Feldpostbriefe an unsere Kinder".[18]

Ein Beispiel aus dem Zeitraum der Eroberung Stalingrads dokumentiert, welche Bedeutung der Feldpost für den Erhalt der inneren Front beigemessen wurde: Unter der Überschrift: "Wenn aus der Heimat einmal sorgenvolle Briefe kommen" heißt es dort im September 1942: "Für den Frontsoldaten ist die Post von zu Hause fast genau so wichtig wie Lebensmittel und Munition, und zwar besonders für die Soldaten, die sehr lange nicht auf Urlaub waren. Nun müsste man natürlich wünschen, dass die Angehörigen sich bei der Abfassung eines Briefes an die Front klarmachten, was der Empfänger von diesen Zeilen erwartet, in welcher seelischen Verfassung er den Brief erhält und wie wichtig es für ihn sein würde, einen *tapferen* Gruß von daheim zu erhalten. Es gibt ja auch sehr viele Eltern, Frauen, Bräute und Kinder, die prachtvolle Feldpostbriefe schreiben. Welch einen Dienst leisten diese Menschen der Front! (...) Es ist für die Männer vorn eine schwere Belastung, wenn sie Klagebriefe lesen müssen, die Sorgen bringen, statt sie zu erleichtern. In solchen Stunden muss man sich sagen, dass eben sehr viele beherzte Männer mit klarem Urteil zu Hause fehlen. In solcher Lage tritt an die Soldaten die nicht leichte Forderung heran, ein übriges zu tun und der Frau oder Mutter daheim von dem harten, tapferen Geist der Front etwas mitzugeben. Ein echter Soldatenbrief, also ein Brief, aus dem harte Entschlossenheit spricht und die Einsicht, dass dieser schwere Krieg nun mal durchgepaukt werden muss, bis die Friedensstörer endlich klein beizugeben gezwungen sind, ein solcher männlicher Brief wirkt Wunder. Er wird nicht nur von dem Empfänger immer wieder gelesen, sondern sein Inhalt bildet bald das Gesprächsthema im Bekanntenkreis und hilft sehr vielen Menschen zurecht."[19]

Gerade dieser letzte Aspekt der Mundpropaganda[20] war Grund tiefster Beunruhigung, wenn die Briefschreiber sich nicht an das hier skizzierte Idealbild halten wollten. Dann wurde der Rahmen spürbar, den die Zensur setzte.

1.1.2 Die Zensur

Die maßgebliche Dienstanweisung des Oberkommandos der Wehrmacht Amt Ausland/Abwehr an die Feldpostprüfstellen erging am 12. März 1940.[21] Zur Verhinderung und Abwehr von Spionage und "Zersetzung" sollte bei der Briefzensur besonders auf folgende Verstöße geachtet werden:

1. Angaben über dienstliche Vorgänge, die der Geheimhaltung unterliegen,
2. Verbreitung von Gerüchten aller Art,
3. Versand von Lichtbildern und Abbildungen aller Art, die der Geheimhaltung unterliegen,
4. Verschickung von Feindpropaganda (Flugblätter),
5. Kritische Äußerungen über Maßnahmen der Wehrmacht und der Reichsregierung,
6. Äußerungen, die den Verdacht der Spionage, Sabotage und Zersetzung erwekken.[22]

Zuständig für die Überwachung der Feldpost und Ausführung der Zensur waren die Feldpostprüfstellen. Sie unterstanden beim Heer den Armeeoberkommandos und prüften den gesamten Feldpostverkehr stichprobenartig, auch mit chemischen Mitteln wegen möglicher Verwendung von Geheimtinte. In der Regel bestand eine Zensurstelle aus einem Leiter, 4 weiteren Offizieren (von denen die Post der Offiziere geprüft wurde) und 14 Unteroffizieren.

Nach einer Schätzung bewältigte ein Prüfer im Durchschnitt täglich 160 bis 180 Briefe.[23] Bei einem Tagesdurchschnitt von geschätzten 25 Millionen Feldpostsendungen in "verkehrsstarken Jahren wie 1942"[24] konnten die verschiedenen Prüfstellen in der Tat nur eine stichprobenartige Überprüfung vornehmen, über die sie jeweils monatlich der Abteilung Abwehr III beim OKW einen schriftlichen Bericht vorlegen mussten. Die erhaltenen Prüfberichte zeigen allerdings, dass der eigentliche Sinn dieser Überwachung in der abschreckenden Wirkung lag. Die tatsächlich gefundenen schweren Verstöße in den Bereichen "Geheimhaltung", "Zersetzung", "Disziplin" oder "Spionage" bezogen sich durchweg auf weniger als 1% der geprüften Post.[25] Die Zensur wurde offen praktiziert. Die mit Schere geöffneten und nach der Kontrolle mit Klebestreifen verschlossenen Briefe erhielten einen Stempel "Geöffnet - Feldpostprüfstelle", und wer einen solchen Brief erhielt, wird die Warnung verstanden und selbst weitergegeben haben.[26]

1.2   Zur Abgrenzung von "verwandten" Quellen

Der Feldpostbrief, wie er hier untersucht wird, ist ein *Privatbrief.* Er unterscheidet sich damit von allen möglichen anderen Briefgattungen wie dem Kunstbrief, Geschäftsbrief und allen jenen Briefarten, für die in der Tradition der Rhetorik die "Briefsteller" Regel- und Beispielsammlungen gaben (wie Trost-, Einladungs -, Werbungs-, Dankschreiben u.a.).[27] Albert Wellek hat die Geschichte des Briefes pointiert gefasst: "Der Brief ist mit der Neuzeit entstanden und groß geworden, und er geht mit der Neuzeit dahin, an deren weltgeschichtlichem Ende wir leben."[28] So stellt die Feldpost auch briefhistorisch ein Phänomen dar: Erstens wegen des massenhaften Briefaufkommens, weil sie für Millionen von Menschen unter widrigen Bedingungen die einzige Verbindung darstellte; zweitens wegen einer egalitären Tendenz: Schrieben traditionell eher Angehörige der (bürgerlichen) Mittel- und der Oberschicht, so liegen mit der Feldpost in einer zuvor kaum zu erwartenden Fülle auch Briefe aus den schreibunkundigeren Schichten vor. Nie zuvor, nie danach dürften so viele Arbeiter, Handwerker und Bauern sich zum regelmäßigen privaten Briefwechsel entschlossen haben wie in den Zeiten des Krieges.

Allgemeine Merkmale des Privatbriefs gelten auch für den Brief aus dem Krieg[29]: Der Brief hat Gemeinsamkeiten mit einem Gespräch. Ihm fehlt aber der analog-konnotative Beziehungsaspekt, der digital-denotative Inhaltsaspekt herrscht vor. In diesem "Gespräch" kann kein Lächeln, kein freundlicher Klang der Stimme, kein Augenzwinkern, keine Träne gezeigt werden. Für die Feldpostbriefe mag daraus als Frage erwachsen, ob in ihnen die denotative Benennung der entsprechenden Gefühle gleichsam kompensatorisch einen größeren Raum einnimmt, geht es doch gerade in diesen Briefen um die ständig gefährdete Verbindung zu den Angehörigen. Der Brief ist ein Kommunikationsmittel und ein Informationskanal. Er wendet sich an einen bestimmten Adressaten. Er lebt von der Spannung zwischen einem Sender, der agiert und eine Absicht verfolgt, und einem Empfänger, der reagiert und der zunächst passiv und rezeptiv ist. Es besteht eine Reziprozität: Der Sender erwartet in der Regel eine Reaktion. Dies bezieht sich nicht nur auf einen Antwortbrief als solchen, sondern auch auf den Inhalt, der mit dem eigenen Schreiben korrespondieren soll. Wer gefühlvoll schreibt, will nicht nur Formalitäten zurückbekommen, wer sich selbst offenbart, erhebt implizit (wenn es kein Beichtbrief ist) den Anspruch, dass auch der andere sich öffne. Auch die Zeitverzögerung prägt den besonderen Stil des brieflichen Gesprächs. Bei der Feldpost kann man von Transportzeiten zwischen 6 und 30 Tagen ausgehen, sofern die Sendung nicht überhaupt unterbunden ist durch Postsperre oder Verlust. Das Gespräch kann also nicht unmittelbar erfolgen, sondern vom Schreibenden "allenfalls in Gedanken mitsimuliert" werden,[30] und mehr als beim Briefwechsel in normalen Zeiten wird der Transportweg selbst, die Rechenschaft über Sendung und Empfang, Gegenstand des Austauschs sein. Die Zeitverzögerung bewirkt gerade im Krieg mit seinen schnellen Wechseln, dass eine Nachricht veraltet sein kann, bevor sie den Empfänger erreicht. Das Bewusstsein davon wird den Inhalt der Briefe beeinflussen.

Betrachtet man den Brief als historische Quelle, so erscheint er als ein Dokument menschlichen Daseins, "als geronnenes Leben" und als "Zeitausdruck".[31] Bürgel spricht von einer "Zwitterstellung" des Briefs zwischen Individuum und Gesellschaft. Die Zeit wird durch die Brille des Briefschreibers gesehen, historisch Objektives stellt sich in der subjektiven Vermittlung vor. Je größer der Querschnitt der untersuchten Briefe ist, "umso besser ist dann das praktikabel, was man 'deduktive Rückkontrolle' induktiver Interpretationsvorgänge nennen könnte".[32] Hier nun ist vor der Betrachtung von Feldpostbriefen, zumal solcher aus der Sowjetunion aus dem Zweiten Weltkrieg, auf ein Risiko hinzuweisen: Das Terrain der Geschichtsdeutung ist auch 50 Jahre nach Kriegsende keineswegs 'beruhigt'; gerade heute streiten die Interpreten mit jeweiligem Verweis auf die Quellen bzw. deren Fragwürdigkeit um die "historische Wahrheit". Es kann keine sinnvolle Studie über Feldpostbriefe des Zweiten Weltkriegs geben, die nicht den historischen Hintergrund ausleuchtet, vor dem diese Briefe entstanden sind. Es wäre eine Gefahr, wenn die Briefe in dem, was sie mitteilen, aber noch mehr in dem, was sie nicht enthalten, als ein Abbild der historischen Wirklichkeit genommen würden. Es würde sich reproduzieren, was sie zu Zeiten der Entstehung schon einmal "leisteten": allzuoft als Tatsachenzeugnisse verstanden zu werden.

Neben der Charakterisierung als Privatbrief gibt es weitere Abgrenzungen. Die Feldpostbriefe unterscheiden sich von anderer Kriegsliteratur vor allem dadurch, dass sie von dem gegenwärtigen, dem unmittelbar erlebten Geschehen - seiner Darstellung, seiner Verarbeitung, seiner Verdrängung - Zeugnis ablegen. *Memoiren*, *Erinnerungen* und *Autobiografien*, die auf das Geschehen zurückverweisen, lassen immer schon die Selektionsmechanismen des Gedächtnisses dazwischentreten - und: die aus der Rückschau erworbene Erkenntnis über den Gesamtprozess, auf den hin dann die Darstellung im Dienste einer Absicht "geordnet" werden kann: sei es die der Selbstdarstellung, der nachträglichen Selbstvergewisserung oder auch der pädagogischen Zielsetzung - als Mahnung für die Nachwelt.[33] Von diesen Absichten mag der Feldpostbrief nicht frei sein - er ist aber mehr noch ein unmittelbarer Reflex auf gegenwärtiges, oft kaum zu verarbeitendes Erleben - und damit eine in seltener Weise authentische Quelle für die Prozesse, die zur Verarbeitung solchen Geschehens einsetzen - und die dieses Geschehen damit "erträgbar" machen.

In dieser Hinsicht kann der Feldpostbrief vergleichbar sein mit Tagebuchaufzeichnungen aus jener Zeit. Die Motive und damit der Mitteilungswert mögen allerdings für Tagebücher und Feldpostbriefe unterschiedlich sein. Auch Tagebücher können bereits im Hinblick auf spätere Veröffentlichung konzipiert sein, geben dann zwar wertvolle Zeitzeugnisse ab, sind aber schon daran orientiert, was man einer Nachwelt über sich zumuten möchte. Sie können daher gerade besondere Stilisierungen, entscheidende Weglassungen oder vorweggenommene "Richtigstellungen" enthalten, die der unmittelbaren Authentizität Abbruch tun. Dies gilt umso mehr für Tagebuchaufzeichnungen, die später - von den Autoren überarbeitet - der Öffentlichkeit vorgestellt werden.[34]

Gordon W. Allport, der sich schon in den 40er Jahren für die Untersuchung persönlicher Dokumente als Beitrag zur biografischen Forschung einsetzte, führt als Merkmal, das den Brief vom Tagebuch abhebt, das dialogische Element an: "Tagebücher haben einen Erzeuger, während Briefe zwei haben: den Schreiber und den Empfänger".[35] Um Briefe im Rahmen einer biografischen Methode auszuwerten, müssten beide Seiten und die Beziehung zwischen ihnen betrachtet werden. Allerdings dürfen die Briefe nicht als Abbild der tatsächlichen Beziehung genommen werden. Am Beispiel von Briefen, die 200 Mädchen aus einem Pensionat nach Hause schrieben, bemerkt er den krassen Unterschied zwischen der Verklärung und Idealisierung der Beziehung zu den Eltern bei Distanz und den ganz anderen Tönen bei tatsächlich gelebter Nähe.

Schon bei der Forschung zu Tagebüchern verweist Allport auf das große Problem, genügend viele Exemplare zur Auswertung zu erhalten,das sich bei der Suche nach Briefen von zwei Seiten potenziert. Für eine Studie zur Feldpost ist es nach allgemeiner Archivlage bis auf Einzelfälle ausgeschlossen, Briefe beider Seiten zu finden (zumal wenn die Stichprobe größer sein und gleichzeitig verschiedenen Eingrenzungen der Zeit und des Ortes genügen soll). Dennoch kann die Adressatenbezogenheit als ein zentrales Merkmal auch bei Feldpostbriefen berücksichtigt werden, wenn die Briefe insgesamt Adressatengruppen (Eltern /Ehefrau / Bekannte /Behörden) zugeordnet werden können. Der Anspruch einer biografischen Analyse, bei der Briefe ein Element unter mehreren wären, muss angesichts der Quellenlage zurückstehen. So wie Feldpostbriefe heute in Archiven vorliegen, geben sie wenig Hintergrundinformationen über die Schreiber, ihre Erziehung, ihre schulische und berufliche Laufbahn. Möglich ist allerdings, innerhalb der Briefbestände über die Zeit Entwicklungen festzustellen und, sofern erschließbar, Untergruppen nach Dienstgrad, Alter und Adressat zu vergleichen. Die Verbindung zwischen zeitlicher und historischer Entwicklung, wie z. B. der Vergleich zwischen Phasen des "Erfolgs" und der "Niederlage", kann schließlich ein Beitrag sein zur "Typologie psychosozialer Situationen, die dem Briefeschreiben und -empfangen in spezifischer Weise zu- oder abträglich sind".[36]

1.3   Zur Begegnung zwischen Psychologie und Geschichte

Abschließend eine Bemerkung zur Begegnung zwischen empirischer Psychologie und historischer Wissenschaft. Diese Begegnung findet im Grunde selten statt. Es gibt ein Problem der Kompatibilität von Gegenstand und Methode. Man mag widersprechen mit dem Hinweis auf die Rezeption psychoanalytisch orientierter Ansätze durch die Geschichtswissenschaft, aber letztlich bestätigen sie die These: Historiker näherten sich, wenn überhaupt, psychologischen Fragen auf dem Weg über psychoanalytisch inspirierte Ansätze[37]. Die Begegnung mit der empirischen Psychologie gestaltet sich dagegen schwerer. Dafür gibt es ganz verschiedene inhaltliche und wissenschaftshistorische Gründe. In der Entwicklung der Wissenschaften erscheinen historisches und psychoanalytisches Herangehen bei allem

Unterschied eine gemeinsame Basis der hermeneutischen Orientierung zu haben. Die Verwandtschaft mag zur Anziehung wie zur Abstoßung beigetragen haben[38]. Eine empirische Sozialpsychologie sieht sich dagegen in der Pflicht, eine an quasi naturwissenschaftlichen Standards ausgerichtete Hypothesenprüfung vorzunehmen, was in Probleme der Kompatibilität zwischen historischem Gegenstand und sozialpsychologischer Methode mündet. Umgekehrt reizt es empirisch arbeitende Psychologen nicht oft, sich historischen Themen zuzuwenden. Wenn sie es tun, stehen sie in der Gefahr, durch einseitig quantifizierendes Herangehen und mangelndes Gespür für die Notwendigkeiten einer historischen Quellenkritik Ergebnisse zu produzieren, die von Vertretern der Geschichts- oder Literaturwissenschaft leicht als Artefakte zurückgewiesen werden können.[39]

Eine Mittelstellung zwischen den Lagern nimmt die Forschung in der Tradition der französischen Zeitschrift "Annales" ein: Ihre Erkundung der "Mentalitäten" als kollektive, kognitiv-affektive Deutungs-, Erlebens- und Handlungsmuster, mit hohem empirischem Anspruch vorangetrieben, berührt mit Themen wie Geschichte der Kindheit, der Angst, des Gerüchtes, der religiösen Rituale und Empfindungen Gebiete, die auch für eine historisch interessierte Psychologie von hohem Interesse sind. Wie schwierig aber eine fruchtbare Zusammenarbeit der Disziplinen ist, macht LeGoff klar, wenn er "die Psychologie mit ihren Verfahrensweisen, Begriffen und Konzepten nicht zu den Instrumentarien der *nouvelle histoire*" zählt, vielmehr die Historiker "den Psychologen eine stichhaltige historische Psychologie liefern" sollen.[40] Bei solchem Streit um Meinungsführerschaft ist das produktive Miteinander beider Disziplinen keine Selbstverständlichkeit.

Die Verarbeitung des Kriegserlebens durch Soldaten in Russland ist ein für beide Wissenschaften virulentes Thema: Für die Historiker ergänzt es die Erkenntnisse aus der 'großen' Staats-, Diplomatie- und Militärgeschichtsschreibung um die Kenntnis, was davon 'unten' ankommt. Für die empirische Psychologie - hier insbesondere die Sozialpsychologie, aber auch benachbarte Gebiete wie die Emotionspsychologie und die klinische Psychologie, entsteht die herausfordernde Frage, wieweit ihre an Einzelpersonen oder Gruppen in der Gegenwart gewonnenen empirischen Erkenntnisse auch retrospektiv Erklärungskraft haben können. Vorsicht ist bei dieser Begegnung geboten. Sozialpsychologische Theorien wurden nicht entworfen, um Feldpostbriefe zu analysieren. Und Feldpostbriefe wurden nicht geschrieben, um sozialpsychologische Theorien zu bestätigen oder zu widerlegen. Die Briefe entstanden unter Bedingungen, die alles andere als "Experimentalbedingungen" waren. Kausale Erklärungen, die in einem Experiment durch Kontrolle von abhängigen und unabhängigen Variablen erschlossen werden, müssen bei der Analyse von Feldpostbriefen erheblich an "Dichte" verlieren. Überdies ist die Entstehungsgeschichte dieser Quellengattung eine Warnung, *die* Verarbeitung des Kriegserlebens erfassen zu wollen. Es geht um Kommunikation unter den Bedingungen der äußeren und inneren Zensur. Ein systematischer Vergleich unter Definierung von abhängigen und unabhängigen Variablen kann nichtsdestotrotz ein Beitrag der empirischen Psychologie sein, um auch bei einer so hochindividuellen Quelle wie Briefen über rein individuell gültige Aussagen hinauszukommen.

Der Eindruck wäre verkürzt, wenn der Historie die Fragestellung (und die Lieferung der Quelle), der empirischen Psychologie das methodische Vorgehen zugewiesen würde. Gerade weil das quantifizierende Herangehen einer sozial-psychologischen Inhaltsanalyse nur ein erster Schritt sein kann, begegnen sich Geschichtswissenschaft und qualitativ arbeitende Psychologie in der Tradition des hermeneutischen Deutens und Verstehens. Dabei steuert die Geschichtswissenschaft nicht nur Inhalt, sondern mit der Quellenkritik auch eine Methode bei: die Darstellung und Interpretation der Quelle im Rahmen ihrer historischen und sozialen Entstehungsbedingungen. Vice versa steuert bei einer gleichgewichtigen Begegnung der Wissenschaften die empirische Sozialpsychologie nicht nur eine Methode bei, sondern auch Inhalte. Sie hat viele Forschungen vorzuweisen zu Fragen, die auch die Erlebnisverarbeitung der Soldaten zentral betreffen: Wie Menschen reagieren, wenn sie Kontrolle über Ereignisse verlieren; welche Ursachen sie bestimmten Ereignissen zuschreiben und welche Konsequenzen dies für Motivation und Verhalten hat; wie sie sich in Situationen ständiger physischer und psychischer Bedrohung bemühen, nicht nur ihr Leben, sondern auch ihren Selbstwert zu behaupten; welche Rechtfertigungen sie brauchen und finden, um alles das zu tun, was sie im normalen Alltag nie tun würden und was im Krieg wie selbstverständlich von ihnen erwartet wird; wie sie mit Angst umgehen und mit Widersprüchen zwischen ihren Einstellungen und der erfahrenen Realität. Wenn einige dieser Ansätze vorgestellt werden, dann nicht mit dem Anspruch, daraus ableitbare Hypothesen mit der Genauigkeit beantworten zu können, wie es eine klassische Experimentalsituation ermöglicht. Im Einzelfall können Hypothesen aufgestellt und anhand der Feldpostbriefe geprüft werden; vor allem aber entstehen Fragen, die den Horizont einer explorativen Untersuchung zugleich erweitern und eingrenzen.

2.   Zum Hintergrund der Feldpostbriefe:
Der deutsch-sowjetische Krieg

Zur Analyse der Briefe sollen vier Zeitabschnitte des Krieges herausgestellt werden. Der Vergleich von Briefthemen in ihrer zeitlichen Entwicklung erscheint als ein geeigneter Weg, ihre mögliche Bedeutung zu erschließen. Zunächst werden die militärhistorischen Abläufe für vier ausgewählte Zeitabschnitte skizziert und, soweit für die Soldaten in Russland relevant, darüber hinausgehende Ereignisse angesprochen (Kap. 2.1). Dies soll helfen, die militärischen Werdegänge der Soldaten, die für diese Auswahl rekonstruiert wurden, in den großen Zusammenhang einzuordnen. Daran schließt sich eine Betrachtung zu charakteristischen Merkmalen des Krieges gegen die Sowjetunion an, insbesondere unter dem Blickwinkel der "Wehrmacht im Vernichtungskrieg" (Kap. 2.2). Mit den "Bausteinen der Erklärung" (Kap. 2.3) werden sozialpsychologische und historische Ergebnisse zum "Zivilisationsbruch" vorgestellt. Anschließend werden sozialpsychologische Konzepte erörtert, die für das Verständnis der Briefe als Reaktion auf Belastung und als Mittel der Bewältigung (coping) hilfreich sind (Kap. 2.4). Abschließend werden Richtungen der Exploration und Hypothesen der Untersuchung entwickelt (Kap. 2.5).

2.1   Militärhistorische Skizze zu ausgewählten Zeitabschnitten des deutsch-sowjetischen Krieges [1]

Ausgewählt und der Untersuchung zugrunde gelegt wurden die Zeitabschnitte:

1.   Juni 1941 - Oktober 1941
2.   November 1941 - März 1942
3.   Oktober 1942 - April 1943
4.   Juli 1943 - September 1944.

Die Eckpunkte - Juni 1941 - Sommer 1944 - markieren den Beginn des Russlandfeldzuges und das Ende der Kampfhandlungen auf russischem Territorium. Die Begründung für die Auswahl gerade dieser Zeitabschnitte liegt darin, dass es sich um charakteristische und voneinander in der Bedeutung für den Kriegsverlauf unterscheidbare Phasen handelt. Die Gegenüberstellung ermöglicht - im Spiegel der Briefe - den Vergleich zwischen "Sieg-" und "Niederlage" - Phasen sowie von jahreszeitlich unterschiedlichen Abschnitten.

Am 31. Juli 1940 fiel in einer Besprechung zwischen Hitler und den Spitzen des Oberkommandos der Wehrmacht, des Heeres und der Marine die Entscheidung, den Angriff auf die Sowjetunion vorzubereiten. Generaloberst Halder, der Chef des Generalstabs des Heeres notierte in seinem Kriegstagebuch die strategischen Absichten, mit dem Sieg über Russland England zu treffen: "Ist aber

Russland zerschlagen, dann ist Englands letzte Hoffnung getilgt. Der Herr Europas und des Balkans ist dann Deutschland. Entschluss: Im Zuge dieser Auseinandersetzung muss Russland erledigt werden. Frühjahr 1941. Je schneller wir Russland zerschlagen, um so besser. Operation hat nur Sinn, wenn wir [den] Staat in einem Zuge schwer zerschlagen. Gewisser Raumgewinn allein genügt nicht. Stillstehen im Winter bedenklich (...) bestimmter Entschluss, Russland zu erledigen."[2] In der Motivlage des Sommers 1940 - nach dem für Deutschland so überraschend erfolgreichen Abschluss des Frankreichfeldzuges - trafen für die deutsche Führung mit einer solchen Orientierung die verschiedensten Kriegsziele zusammen: die Erweiterung "des Lebensraumes nach Osten", damit verbunden der Zugriff auf Nahrungsmittel und Rohstoffe der Sowjetunion, die Idee einer "wirtschaftlichen Existenzsicherung Deutschlands im Rahmen einer blockadefesten europäischen Großraumwirtschaft"[3], die Schaffung eines Imperiums, das den ganzen Kontinent umspannt, und - untrennbar damit verbunden - die Absicht, rassische Vorstellungen im Vernichtungskrieg gegen den "jüdischen Bolschewismus" im großen Maßstab in die Tat umzusetzen.

2.1.1   Juni 1941 - Oktober 1941

Am Sonntag, dem 22. Juni 1941, um 3.15 Uhr morgens begann der deutsche Angriff auf die Sowjetunion - aufgrund des Krieges um Griechenland und den Balkan im Frühjahr 1941 mit einer sechswöchigen Verspätung gegenüber den ursprünglichen Plänen. Die deutschen Armeen überquerten die sowjetischen Grenzen (genauer: die Grenzen des von der Sowjetunion infolge des Hitler-Stalin-Paktes vom September 1939 annektierten östlichen Teils Polens) in einer Breite von 1400 km und mit einer Stärke von 154 Divisionen mit rund 3 ½ Millionen Mann (= 75% des Gesamtheeres). Unter diesen Divisionen befanden sich nur 15 motorisierte Infanteriedivisionen und 19 Panzerdivisionen mit 3580 Panzern. Die Luftwaffe war mit 2740 Maschinen (= 61 % ihrer Stärke) eingesetzt. Ergänzt wurden die deutschen Truppen durch Kontingente der verbündeten Rumänen, Ungarn und aus der Slowakei. Finnland trat Ende Juni mit 18 Divisionen in den Krieg ein, betrachtete sich aber im Unterschied zu den anderen Verbündeten als selbständig kriegführenden Staat. Im August 1941 wurden drei motorisierte italienische Divisionen nach Russland geschickt. Später nahmen auch Verbände aus Spanien sowie in zahlenmäßig insgesamt kleinerem Umfang Freiwilligenverbände (im Rahmen der Waffen SS) aus den von Deutschland besetzten Ländern teil. Die von den Nationalsozialisten betriebene Propaganda von einem "europäischen Kreuzzug zur Verteidigung des Abendlandes gegen den Bolschewismus" konnte aber in den besetzten Ländern umso weniger verfangen, als die Ausrichtung aller Ziele auf deutsche Interessen offenkundig war.

In den führenden deutschen Kreisen ging man davon aus, dass bis zum Herbst 1941 Zeit und Mittel der Kriegführung ausreichen würden, die feindlichen Streitkräfte vernichtend zu schlagen,[4] eine Prognose, der man in der Planung auch dadurch entsprach, dass man eine Winterausrüstung für die Armeen für überflüssig hielt - zum baldigen Schaden der eigenen Soldaten. Auf deutscher Seite waren drei Heeresgruppen eingesetzt. Das "Operationsziel" der *Heeresgruppe Mitte* war zunächst Minsk und der Raum von Smolensk, dann Moskau. Die *Heeresgruppe Nord* sollte im Baltikum angreifen, die Ostseehäfen besetzen, Leningrad und Kronstadt als Wirtschaftszentren und Stützpunkte der sowjetischen Flotte erobern. Die *Heeresgruppe Süd* hatte die Aufgabe, Kiew zu erobern und die gegnerischen Kräfte noch westlich des Dnjepr zu vernichten. Schließlich sollten deutsche Truppen von Mittelfinnland aus gegen die Murmanbahn vorrücken, um diese Versorgungsader für den Nachschub der Alliierten zu unterbrechen.[5]

Von Anfang an gab es in einem zentralen Punkt der Zielsetzung keine Übereinstimmung zwischen Hitler und den Generälen. Der Führungsstreit gipfelte im August 1941 fast in einem Eklat. Während die Generäle auf eine Konzentration der militärischen Kräfte gegen die russische Hauptstadt hinarbeiteten, war "Moskau" für Hitler nur "ein geografischer Begriff", der erst an dritter Stelle der Prioritäten stand - nach der Eroberung Leningrads, des Donezgebietes im Süden als der vermuteten "Gesamtbasis der russischen Wirtschaft"[6] und der Ukraine als Kornkammer zur Lösung aller Ernährungsprobleme auf deutscher Seite. Nicht vergessen waren die Erfahrungen mit den Stimmungseinbrüchen in weiten Kreisen der Bevölkerung im "Hungerjahr" 1917: Die Ernährung der Deutschen galt als Voraussetzung für die Akzeptanz des Feldzuges in der Heimat. Die unterschiedlichen Schwerpunktsetzungen in der deutschen Führung hielten das erste halbe Jahr des Krieges an.

Schon die ersten Wochen des Krieges zeigten für die deutsche Führung ein Doppelgesicht: auf der einen Seite standen militärische Erfolge gegenüber den anfangs völlig überraschten und im Widerstand schlecht organisierten russischen Truppen. Die von der Propaganda gefeierten Siege in den "Kesselschlachten" sahen die Deutschen scheinbar unaufhaltsam vordringen: Eroberungen von Minsk (26. Juni), Smolensk (16. Juli), die Einschließung von großen sowjetischen Verbänden bei Bialystok (bis zum 9. Juli), Orscha-Witebsk (bis 5. August) und im Süden bei Uman (1.-7. August), die Besetzung des Erzgebietes von Kriwoj Rog und die Eroberung des Dnjeprbogens bis Ende August ließen einen deutschen Sieg in greifbare Nähe rücken. Bei Kiew wurden bis zum 19. September sieben russische Armeen eingeschlossen. 665.000 Gefangene konnte der Wehrmachtsbericht melden, dazu die Erbeutung von fast 900 Panzern und über 3700 Geschützen. Bis Ende Oktober war auch die Halbinsel Krim mit Ausnahme der Festung Sewastopol besetzt.

Schon am 11. August 1941 notierte Generalstabschef Halder aber auch schon die skeptische Einschätzung in sein Kriegstagebuch, dass der "Koloss Russland" unterschätzt worden sei und bei allen großen Verlusten immer wieder über Menschenreserven für Neuaufstellungen verfügen könne. Verschärft werde die Lage der deutschen Seite dadurch, dass sie sich immer weiter von ihren Nachschubbasen entferne, während der Feind sich den eigenen Rüstungsbasen und einem gut ausgebauten Straßennetz mit jedem aufgegebenen Kilometer nähere.[7] Über 600.000 sowjetische Gefangene bei Brjansk und Wjasma (bis zum 20. Oktober) schürten nicht mehr nur den Optimismus auf deutscher Seite; die Zweifel wurden gerade durch die Erfolge selbst genährt - denn die erbeuteten Waffen gaben genaueren Aufschluss über die Qualität der sowjetischen Ausrüstung. Die Erfahrung, dass trotz der Millionen von Kriegsgefangenen die Sowjetunion ständig neue Truppen aufstellen konnte, ließ die anfänglichen Einschätzungen der gegnerischen Ressourcen als krasse Fehlkalkulationen erscheinen. Die Weite des russischen Raumes und die klimatischen Bedingungen wurden wirkungsmächtige Faktoren im Kriegsgeschehen. Nachschub- und Transportwesen sahen sich oft vor unlösbare Aufgaben gestellt; der Verschleiß an Motoren und der Verbrauch von Treibstoff ging über jede vorherige Kalkulation hinaus. Bereits nach sechs Wochen war mehr als ein Viertel der gesamten Lastkraftwagentonnage auf den Landwegen ausgefallen.[8] Hitze und Staub im Sommer, später dann die andauernden Schlammperioden des Herbstes und des Frühjahrs sowie die extremen Winter trafen zwar beide Seiten gleichermaßen - aber bei unterschiedlicher Einstellung und Vorbereitung doch mit gravierend unterschiedlichen Folgen. Auch hatte sich die Gegenseite inzwischen soweit organisiert, dass der Hauptteil der Industrieanlagen schon verlagert worden war.

Bei der Heeresgruppe Mitte spitzten sich ab Mitte Oktober durch die veränderte Witterung die Probleme zu. War es zunächst die einsetzende Kälte, so erschwerte kurz darauf eine Tauwetterperiode jedes Fortkommen. Der Mangel an Winterbekleidung und die Engpässe bei Treibstoff und anderen Nachschubgütern machten sich so empfindlich bemerkbar, dass der Oberbefehlshaber der 4. Armee, Generalfeldmarschall v. Kluge, den "psychologisch kritischsten Augenblick des Ostfeldzuges gekommen"[9] sah.

Die Bilanz auf deutscher Seite bis zum Oktober zeigte die Grenzen der Möglichkeiten: Zwischen dem 22. Juni und dem 30. September waren über

116.000 Soldaten gefallen; erstmals musste der Jahrgang 1923 einberufen werden. Die Kampfstärken waren bei den Panzerdivisionen um 50 % und mehr, bei der Infanterie um 40 % abgesunken. Die Bahnlinien endeten 300 km hinter der Front und die Schwierigkeiten bei der Treibstoffversorgung und der Ersatzbeschaffung wurden immer größer. Zur erheblichen Gefährdung der deutschen Position entwickelte sich der "Partisanenkrieg", zu dem Stalin seine Landsleute im "vaterländischen Krieg" hinter den Fronten aufforderte.

Die veränderten Zeitperspektiven sind ein gutes Indiz für den Stimmungswandel: Ende August 1941 wurde bereits ausdrücklich in einem von Hitler gebilligten Überblick des Oberkommandos der Wehrmacht die Möglichkeit festgehalten, "dass im Jahre 1942 weitere Operationen zur völligen Vernichtung der sowjetischen Widerstandskraft notwendig werden konnten."[10] Der Generalstab des Heeres richtete sich nicht so früh, spätestens aber im Oktober auf diese Perspektive ein.[11] Im Grunde war damit die Blitzkriegsstrategie schon wenige Wochen nach dem Überfall auf die Sowjetunion als im Kern gescheitert erkannt - und letztlich damit auch schon das gesamte Konzept dieses Feldzuges, für das der rasche Sieg unverzichtbar war, wollte die deutsche Seite nicht in eine für sie von Monat zu Monat katastrophalere Position geraten.

Auf weltpolitischer Ebene gingen die deutschen Wünsche des Sommers 1941 nicht in Erfüllung: Die eindeutige Parteinahme Englands und der USA für die Sowjetunion schlug sich bald in umfangreichen Lieferungen von Kriegsgerät, Munition und Versorgungsgütern aus den USA nieder. Das verbündete Japan ließ sich, beschäftigt mit seinem Krieg in Ostasien, weder in einen Angriff auf die Sowjetunion noch auf die pazifischen Stellungen Englands hineinziehen. Pläne, die Außenminister Ribbentrop in Tokio vortragen ließ, dass sich die deutsche und japanische Armee in der Sowjetunion auf halbem Wege treffen und zwischen beiden Ländern eine direkte Verbindung über die transsibirische Eisenbahn hergestellt werden sollten,[12] hatten zwar keine Realisierungschance, zeigen aber den anfänglichen "Optimismus" jener Wochen.

2.1.2   November 1941 - März 1942

Im *Herbst 1941* traten den deutschen Armeen mit Regen, Schlamm und dem ersten Schneefall im Oktober, gefolgt von einem Kälteeinbruch bis minus 30 Grad im November erstmals und mit voller Wucht die besonderen klimatischen Bedingungen des russischen Kriegsschauplatzes entgegen. Nur jener Teil der Truppen, der für eine längere Besetzung nach dem "erfolgreichen Abschluss" des Feldzuges eingeplant war, war mit Winterkleidung ausgestattet, nicht aber der überwiegende Teil des Heeres, dem gerade durch das Fehlen dieser Ausrüstung die Hoffnung auf einen schnellen Sieg in den ersten Wochen erhalten werden sollte. Kam die Vorwärtsbewegung zunächst im Schlamm zum Stoppen, fielen durch die Kälte bald Motoren und Waffen aus; vor allem aber traf es die Soldaten: Erfrierungen verursachten größere Verluste als die Kampfhandlungen selbst. Militärisch war der erste Winter 1941/42 in Russland geprägt von Rückschlägen und dem Scheitern im Hauptziel: der Eroberung Moskaus. Im Süden wurde Rostow, kurz zuvor erobert, von den russischen Truppen zurückgewonnen (28. November), ebenso im Dezember die Halbinsel Kertsch. Eine Rücknahme der Heeresgruppe Süd auf den Mius, zunächst von Hitler verworfen, dann doch als unumgänglich erkannt, schrieb die Stellungen im Süden deutlich unterhalb der geplanten Ziele fest.

Im Norden war *Leningrad* zwar mit der Eroberung von Schlüsselburg Anfang September 1941 zu Lande eingekreist - das zugedachte Schicksal der Eroberung und völligen Zerstörung der Stadt, um "die Bevölkerung nicht im Winter ernähren zu müssen", wurde aber nicht erreicht; 900 Tage hielt sich die Stadt, die Versorgung gelang auf dem Weg über den Ladogasee. 2 Millionen Opfer durch Hunger, Krankheiten und Entbehrungen ließen Leningrad für die Sowjetunion zum Symbol des Widerstandswillens werden.

Der Angriff der Heeresgruppe Mitte auf Moskau, begonnen am 2. Oktober und als letzte große Entscheidungsschlacht des Jahres angekündigt, mündete nach anfänglichen Erfolgen in ein erstes großes Scheitern: die Heeresgruppe Mitte kam im Westen bis auf 50 km, im Norden bis auf 30 km an Moskau heran. Abgesichert durch ein Neutralitätsabkommen mit Japan, konnten sowjetische Truppen aus Asien in den Westen verlegt werden. Ihrem Angriff ab dem 5. Dezember hatten die durch den Wintereinbruch zunehmend geschwächten deutschen Truppen immer weniger entgegenzusetzen. Hitlers "Halte-Befehl" vom 16. Dezember 1941 verordnete den deutschen Truppen, sich in "Igelstellungen" zur Verteidigung "einzukrallen" und keinen Zentimeter preiszugeben.[13] Militärpolitisch folgenreich war dies in mehrfacher Hinsicht: Die Sowjetunion konnte erstmals das "Blitzkriegskonzept" stoppen und gegenüber den Landsleuten wie auch gegenüber den Alliierten der Hoffnung auf eine Wende eine erfahrbare Grundlage geben. In der deutschen Führung wurde die "Generalkrise" beendet durch verschiedene Verabschiedungen, so auch des Generalfeldmarschalls v. Brauchitsch. Vor allem ging jetzt der Oberbefehl auf Hitler selbst über; die militärisch Verantwortlichen gerieten immer mehr in die Rolle "hochbezahlter Unteroffiziere"[14] - und sie ließen sich dazu machen. Dem Grundmuster, dass Hitler durch Erfolge seinen Nimbus als "Führer" immer weiter ausbauen konnte, Niederlagen hingegen der Unfähigkeit der Untergebenen angelastet wurden, schienen auch die militärischen Spitzen immer weniger entgegenzusetzen haben. Schließlich mag der zeitweise Erfolg des "Halte-Befehls" vor Moskau eine den ganzen weiteren Verlauf prägende Wirkung gehabt haben. Hitler konnte darauf verweisen, das drohende weitere Vordringen der frischen sowjetischen Truppen durch den Appell zur bedingungslosen Verteidigung aufgehalten zu haben; ein "Lösungsmuster", das dann bei so vielen folgenden Konstellationen, von denen Stalingrad nur die herausragende war, auch gegen jede militärische Sinnhaftigkeit durchgesetzt wurde.

Ein weiteres Ereignis aus diesem Zeitabschnitt gewann für die Selbsteinschätzung und die Propaganda eine über den Anlass hinaus wirkende Bedeutung. Dem Vordringen sowjetischer Truppen konnten die deutschen Truppen nur durch eine allgemeine Rückwärtsbewegung entgehen. Bei Demjansk wurden im Januar 1942 sechs deutsche Divisionen eingekesselt; dass sie nach Wochen der Versorgung aus der Luft Ende April 1942 aus dem Kessel befreit werden konnten, sollte späterhin die prinzipielle Hoffnung auf solchen Entsatz auch in aussichtsloseren Lagen nähren.

Auch wenn die sowjetischen Truppen in der Mitte bis in den Raum Wjasma - Smolensk - Witebsk und im Norden bis zum Wolchow vordringen konnten, war in diesem Fall bis zum Einsetzen der Schlammperiode ab Februar / März bei einem relativen Stillstand der Kämpfe ein Patt erreicht, bei dem beide Seiten ihre Ziele des Winters nicht erreicht hatten: die deutschen Kriegsziele - Eroberung Leningrads, Moskaus und des Donezbeckens - waren nicht erreicht worden; ebensowenig aber die sowjetischen Ziele, die Heeresgruppen Nord und Mitte zu besiegen und das ukrainische Industriegebiet zurückzuerobern.

Die herausragende weltpolitische Entwicklung war in diesem Zeitraum die Zuspitzung der Spannung zwischen Japan und den USA, die mit dem japanischen Angriff auf Pearl Harbor am 7. Dezember 1941 zum Krieg zwischen beiden Ländern führte. Welche Gründe dafür ausschlaggebend waren, dass am 11. Dezember auch Deutschland den USA den Krieg erklärte, ist umstritten. Strategisch entsprach es in keiner Weise den deutschen Interessen, aus den unerklärten Kriegshandlungen im Atlantik in einen offenen Krieg gegen die Großmacht zu geraten. Bündnisgedanken gegenüber Japan - ohne dass eine ausdrückliche Beistandsverpflichtung bestand, die Spekulation auf einen Krieg gegen die USA auf zwei Ozeanen und die selbstgefällige Grundhaltung, dass man sich als Großmacht nicht den Krieg erklären lassen wollte, mögen ein Motivationsgemisch gebraut haben, aus dem die Kriegserklärung dann wie ein Befreiungsschlag wirken sollte.

2.1.3   Oktober 1942 - April 1943

Der Zeitabschnitt *Herbst 1942 bis Frühjahr1943* war - fast ähnlich wie im Ablauf des Vorjahres zunächst von militärischen Erfolgen der Deutschen, dann aber von der einschneidenden Niederlage von Stalingrad geprägt. Wegner spricht von einem "zweiten Russlandfeldzug".[15] Der Schwerpunkt der Aktionen lag im Süden. Nach den militärischen Erfolgen von Mai bis Juni 1942 (Rückgewinnung der Ausgangspositionen auf der Halbinsel Kertsch, Eroberung der Krim mit der Festung Sewastopol) gab Hitler als Ziele für die Sommeroffensive vor, im Süden den "Durchbruch in den Kaukasusraum zu erzwingen", im Norden Leningrad zu erobern und die Landverbindung mit den Finnen herzustellen, in der Mitte den Stand zu halten. Gegenüber den Warnungen wegen der begrenzten personellen und materiellen Ressourcen reduzierte sich die Überwindung von Schwierigkeiten aus Hitlers Perspektive "auf einen reinen Willensakt, dem sich jeder vom Generalfeldmarschall bis zum Panzergrenadier blindlings und willenlos unterzuordnen hatte und tatsächlich auch unterordnete".[16]

Im Süden wurde der ursprüngliche Plan der Sommeroffensive - Eroberung von Stalingrad und anschließend Vormarsch in den Kaukasus - mit Hitlers Weisung Nr. 45 vom 23. Juli 1942 auf folgenschwere Weise dahin modifiziert, dass statt des Hintereinanders der Operationen jetzt eine Aufteilung der Heeresgruppen vorgenommen wurde mit der Absicht, beide Ziele parallel zu verfolgen. Die Folgen waren "exzentrische Operationen nie gekannten Ausmaßes"[17], eine Überdehnung der Südfront von über 2000 km bei unzureichenden Reserven und die Inkaufnahme großer Frontlücken. Dass schon die kundigen Zeitgenossen dies wahrnahmen, geht aus Halders Tagebucheintrag vom 23. Juli 1942 hervor: "Die immer schon vorhandene Unterschätzung der feindlichen Möglichkeiten" nehme bei Hitler "groteske Formen an und wird gefährlich. Es wird immer unerträglicher. Von ernster Arbeit kann nicht mehr die Rede sein. Krankhaftes Reagieren auf Augenblickseindrücke und völliger Mangel in der Beurteilung des Führungsapparates und seiner Möglichkeiten geben dieser sog. Führung Gepräge."[18]

Die Eingrenzung des Untersuchungszeitraums auf Herbst 1942 bis Frühjahr 1943 findet seine historische Begründung darin, dass im September 1942 Stalingrad von der 6. Armee erreicht war und teilweise in einem brutalen und verlustreichen Häuserkampf erobert wurde, zwei Monate später aber die 6. Armee am 22. November 1942 in Stalingrad eingeschlossen wurde. Die Niederlage der 6. Armee Ende Januar / Anfang Februar 1943 war vollkommen. Der Ablauf der Ereignisse in und um Stalingrad wurde vielfach beschrieben, zuletzt auch unter ausdrücklicher Verwendung von Feldpostbriefen und anderen Zeugnissen der unmittelbar Beteiligten.[19] (Die vorliegende Stichprobe enthält keinen Soldaten,

der unmittelbar an den Kämpfen in Stalingrad beteiligt war - aus einem naheliegenden Grund: in die Auswahl gingen diejenigen ein, die auch nach dem Frühjahr
1943 noch Briefe nach Hause schrieben.)

Militärisch stabilisierten sich die Fronten bis März 1943, als wieder eine
zusammenhängende Front im Süden hergestellt war, die allerdings weit hinter
den Ausgangslinien des Sommers 1942 verlief. Ebenso verfestigten sich die
Frontverläufe der Heeresgruppen Mitte und Nord im Frühjahr 1943.

Von den Kriegsereignissen andernorts gingen Rückwirkungen auf die strate-
gische Lage, und damit auch auf die Stimmung der Soldaten aus: In Nordafrika
erlitten die Deutschen durch die britische Armee fast parallel zu den Stalingrad-
ereignissen heftige Rückschläge bis zum weiträumigen Rückzug in Nordafrika im
November 1942. Aufgrund dieser Ereignisse wurden Truppen aus Russland nach
Italien verlegt.[20] Ab dem Frühjahr 1942 bombardierte die britische Royal Air
Force deutsche Städte: Lübeck (29. März), Köln (30. / 31. Mai), zahlreiche
Angriffe gegen Städte im Ruhrgebiet und Bremen - mit dem Ziel, "die Moral der
feindlichen Zivilbevölkerung, insbesondere der Industriearbeiter" und damit ihre
Widerstandskraft zu treffen. Die Flächenbombardements fanden im Frühjahr
1943 eine weitere Steigerung; die Bombardierung Hamburgs ("Gomorrha") vom
25. Juli bis 3. August 1943 mit über 41.000 Toten und die fortgesetzten Angriffe
auf Berlin ab dem 19. November 1943 stellten Höhepunkte in einem Bomben-
krieg dar, der in Deutschland 600.000 Menschen tötete, 900.000 verwundete und
mit 3,37 Millionen Wohnungen vier Fünftel aller deutschen Großstädte mit mehr
als 100.000 Einwohnern zerstörte.[21] Strategisch bedeutsamer noch war die
Entwicklung des Luftkriegs durch die USA, die ab 1943 mit gezielten Tages-
angriffen gegen ausgewählte Ziele (U-Boot-Werften, Kugellagerfabriken, Zen-
tren der Rohstoff- und Treibstofferzeugung) die Kriegsproduktion nachhaltig
störten. Briefe bekamen unter diesen Lebensumständen jetzt erstmals in beide
Richtungen die Funktion, Zeugnisse des Überlebens zu sein.

Die Sportpalastrede vom 18. Februar 1943, in der Goebbels die "Zustimmung" zum "totalen Krieg" inszenierte, war auch eine Inszenierung gegen mögliche Stimmungseinbrüche in der Bevölkerung nach Stalingrad. Der "totale Krieg"
verschaffte dem Regime die Legitimation für die weitere Radikalisierung nach
außen und nach innen. Die gefräßige Rüstungsmaschinerie kam angesichts der
insgesamt 9,5 Millionen Männer bei der Wehrmacht auch mit dem Zwangs-
arbeitseinsatz von Kriegsgefangenen und Zivilisten nicht aus, trotz einer Steigerung auf 7,5 Millionen Zwangsarbeiter/innen bis Ende 1944. Daher wurden unter
der Verantwortung des "Generalbevollmächtigten für den Arbeitseinsatz" Fritz
Sauckel ab März 1943 Männer zwischen dem 16. und dem 65. Lebensjahr und

Frauen vom 17. bis zum 45. Lebensjahr (mit Ausnahmen bei Schwangerschaft, Kinderbetreuung usw.) "für Aufgaben der Reichsverteidigung" herangezogen.[22]

2.1.4   Juli 1943 - September 1944

Im Juli 1943 begann mit der Unternehmung "Zitadelle" ein letzter großer Angriffsversuch deutscherseits, der aber schon nach kurzer Zeit scheiterte. Wieder einmal wurde eine "Wendung des Krieges" angestrebt, diesmal mit einem Angriff auf einen sowjetischen Frontvorsprung bei Kursk-Belgorod. Mit dem bis dahin stärksten Einsatz von über 3000 Panzern und Sturmgeschützen, über 40 Divisionen und 1800 Maschinen der Luftwaffe sollte ein günstigerer Frontverlauf - um 330 km verkürzt - erreicht werden, eine bessere Ausgangsstellung für neue Vorstöße erzielt, neue Kriegsgefangene und zivile Arbeitskräfte für den kriegswichtigen Arbeitseinsatz gewonnen und insgesamt die Stimmung wieder auf Sieg programmiert werden.[23] Der deutsche Angriff blieb aber schon nach wenigen Tagen stecken und wurde am 12. Juli 1943 abgebrochen. Das Unternehmen mündete mit der "Panzerschlacht von Kursk" in ein Debakel aus deutscher Sicht. Es folgte die etwa ein Jahr andauernde fortgesetzte Phase der Erfolge der Roten Armee, an deren Ende im August 1944 sie die Deutschen aus ihrem Land vertrieben hatte und 1000 km weiter westlich bei Warschau zu einem mehrmonatigen Stillstand kam - bis zur letzten Offensive ab Januar 1945.

Das Gesetz des Handelns ging ab dem Sommer 1943 endgültig auf die sowjetische Seite über. 5,1 Millionen sowjetischen Soldaten standen jetzt noch 3 Millionen Deutsche gegenüber; noch krasser war die Überlegenheit an Material, die 1943 auf sowjetischer Seite das zwei- bis dreifache der deutschen Materialstärke betrug. Hier erfuhren die Deutschen "nicht mehr das zaristische agrarische Russland" in einem Abwehrkrieg, sondern "eine moderne Industriemacht" im Angriff.[24]

Im Bereich der *Heeresgruppe Süd* war die deutsche Niederlage durch folgende Stationen geprägt: Die endgültige Rückeroberung von Charkow (23. August 1943), Stalino (7. September) und damit des ganzen Donezgebietes durch die Rote Armee; Rückzüge hinter den Dnjepr und vom Kuban-Brückenkopf (September). Nach dem Rückzug der Deutschen auf die Krim (bis zum 9. Oktober) wurden sie dort bald abgeschnitten. Am 6. November zogen sie aus Kiew ab, um einer Einschließung zuvorzukommen. Ein weiterer Vorstoß der sowjetischen Truppen ab Weihnachten 1943 ließ sie am 3. Januar 1944 die ehemalige polnische Grenze überschreiten. Bei Tscherkassy wurden gleichzeitig 7 deutsche Divisionen eingekesselt, die sich Mitte Februar zum großen Teil daraus befreien konnten. Im Süden gingen den Deutschen zum Jahreswechsel die Mangan- und

Eisenerzgruben bei Nikopol und Kriwoj Rog verloren, Ende Januar wurde der Südflügel auf den unteren Bug zurückverlegt. Bei Uman standen noch bis März 1944 deutsche Verbände, bis auch sie hinter den Bug zurückgetrieben wurden. Am 20. März 1944 eroberte die Rote Armee Winiza, erkämpfte den Übergang über den Dnjestr und trug den Kampf ab Ende März in das nördliche Rumänien. Die Halbinsel Krim wurde bis zum Mai 1944 von deutschen und den verbündeten rumänischen Truppen deshalb so verbissen gehalten, weil von dort aus durch sowjetische Flugzeuge die für Deutschland kriegswichtigen rumänischen Erdölfelder von Ploesti angreifbar gewesen wären. Als diese Angriffe aber seit April 1944 durch die Alliierten von Süditalien aus erfolgten, brach dieses Argument zusammen. Die Räumung der Krim über See im April/Mai 1944 kostete auf deutscher Seite von 230.000 Mann 38.000 das Leben, 29.000 deutsche und 7000 rumänische Soldaten kamen in die Gefangenschaft.[25]

Im Bereich der *Heeresgruppe Mitte* waren die Wendemarken des Krieges im September 1943 die Städte Brjansk und Smolensk, schwere sowjetische Angriffe im Raum Orscha-Witebsk, der Verlust von Gomel (25. November 1943). Im *Norden* wurden die deutschen Truppen aus dem Raum Leningrad bis zum Peipussee vertrieben; nur das Vordringen der sowjetischen Armee nach Lettland konnte hier noch aufgehalten werden.

Duchhalteappelle, die Beschwörung der "Intuition" des Führers, das Einpeitschen des Gedankens von der "Festung Europa gegenüber der bolschewistischen Gefahr" sowie der zunehmend drakonische Druck gegen "Auflösungserscheinungen" prägten das Bild der deutschen Kriegsführung nach innen. Nach außen zog sie mit dem Ziel, nur "verbrannte Erde" zu hinterlassen, eine weitere tiefe Spur der Verwüstung in den geräumten Gebieten der Sowjetunion: alle Verkehrs- und Versorgungseinrichtungen und Wohnunterkünfte wurden, soweit das den Deutschen in der Eile gelang, zerstört, arbeits- und wehrfähige Teile der Bevölkerung wurden evakuiert[26] - dies mit jedem gewonnenen Kilometer zu sehen, war für die Rote Armee schon allein ein Grund, dem Feind in dieser Phase möglichst wenig Zeit zu lassen.

In diesen Zeitraum fallen als weitere historische Einschnitte: der Waffenstillstand und Koalitionswechsel in Italien (September 1943); die Landung der Alliierten in der Normandie (Juni 1944); das Attentat vom 20. Juli 1944; der Warschauer Aufstand (August 1944).

Für die Schreiber der Feldpostbriefe wurde in dieser Zeit die Erfahrung gegnerischer Überlegenheit unausweichlich; die Argumentationsmuster, die in der Siegphase galten, mussten durch neue Begründungen des eigenen Handelns abgelöst werden. Was berichteten die Soldaten davon nach Hause?

2.2   Die Wehrmacht im Vernichtungskrieg:
Planung - Befehle - Durchführung

In seiner zusammenfassenden "historischen Ortsbestimmung" urteilt Jürgen Förster: "Das Unternehmen "Barbarossa" war kein Feldzug wie die vorausgegangenen, sondern ein sorgfältig vorbereiteter Vernichtungskrieg, auch wenn ihn die nationalsozialistische Propaganda als notwendige Aktion zur Abwehr eines drohenden sowjetischen Angriffs hinstellte und ihn wegen der Beteiligung einiger europäischer Staaten und Freiwilligenverbände als "Kreuzzug Europas gegen den Bolschewismus" sowie als Beginn einer neuen "europäischen Solidarität" pries. Der besondere Charakter des deutsch-sowjetischen Krieges resultiert unter anderem auch aus dem engen Zusammenhang zwischen der "Eroberung neuen Lebensraumes im Osten" und der "Endlösung der Judenfrage". In der Öffentlichkeit der Bundesrepublik ist allerdings noch immer die Tendenz anzutreffen, über der Erinnerung an die "deutsche Katastrophe" die "jüdische" und die "sowjetische" zu vergessen."[27]

Die Erforschung und Beschreibung des Russlandfeldzuges in der bundesrepublikanischen Geschichtsschreibung könnte man als eine Geschichte der sukzessiven Enthüllungen bezeichnen. Dieser Prozess dauert bis in die Gegenwart an und ist in jeder Phase neuer Dokumentationen zum verbrecherischen Charakter des Krieges begleitet von z.T. heftigen Gegenreaktionen. Ging es im Historikerstreit[28] seit den 80er Jahren wesentlich um die historische Ortsbestimmung des Holocaust als eines einzigartigen (und nicht als Reaktion auf sowjetische "Gulags" erklärbaren) Geschehens, so wird in den 90er Jahren noch einmal neu und verschärft die Diskussion über die Täterrolle der deutschen Wehrmacht im Vernichtungskrieg geführt.

Ein Grundmuster in der Rechtfertigung von Wehrmachtsangehörigen aller Dienstgrade war, auf die rein militärische Seite ihres Tuns zu verweisen und für alles, was an Völkerrechtswidrigem darüber hinaus geschah, die Einsatzgruppen des Sicherheitsdienstes und der SS verantwortlich zu machen und damit letztlich die politische Führung. Sukzessive Enthüllungen lassen dies heute als ein Wunsch-Selbstbild der Wehrmachtsangehörigen erscheinen, das mit der tatsächlichen Verantwortung nicht in Einklang zu bringen ist. Wolfram Wette kommt 1995 zu dem Ergebnis: "Die Tendenz lässt sich schon jetzt erkennen. Je tiefer die militärhistorische Forschung in die Materie eindringt, desto düsterer wird das Bild."[29] 'Enthüller' und 'Apologeten' treffen oft mit unüberbrückbaren Gegenpositionen aufeinander. Die Apologeten, die für Verbrechen der deutschen Kriegführung bevorzugt einen sehr engen Personenkreis mit der (alleinigen) Verantwortung belastet sehen möchten, manchmal sogar Hitler und seine nächsten

Helfer allein, sind zu fragen, ob sie einen Einzelnachweis verbrecherischen Handelns und des dafür vorbereitenden Denkens für jede Armeeeinheit, für jede Unterabteilung, für jede Einzelperson verlangen, bevor sie eine gewisse Breitenverankerung von mörderischem Überlegenheitsgebaren wahrzunehmen bereit sind. Manchmal liefern allerdings die 'Enthüller' mit dem Anspruch, von wenigen Beispielen ausgehend jeweils auf das Ganze und alle einzelnen Beteiligten schließen zu können, auch ihren Gegnern in der Argumentation einen leichten Vorwand. Gerade bei neuen Feldern der Erkenntnis, die eine akribische Detailarbeit erfordern, dürften die 'Enthüller' seriöserweise oft nur zu der Erkenntnis kommen, was alles möglich war (und dies ist auch nach Jahrzehnten der Nichtbeachtung oder des Verschweigens bestimmter sensibler Themen verdienstvoll genug). Allerdings dürfte das Urteil darüber, was bei einer bestimmten militärischen Einheit die Regel war und was die Ausnahme, oft so leicht nicht fallen.

Auch wenn die einzelnen Soldaten, deren Briefe in diese Studie eingehen, von den im folgenden dargestellten Kriegsplanungen und Erlassen nichts Konkretes wussten, zeigen diese doch den heute erkennbaren Hintergrund, vor dem die Soldaten Krieg führten und ihre alltäglichen Erfahrungen sammelten; und sie werfen ein Licht auf die vorherrschende Mentalität, die sich nicht nur in einem engsten Führungskreis entfaltete, sondern die - bei verminderter Gesamtkenntnis, aber deshalb nicht weniger wirkungsvoll - in das Bewusstsein derer einfloss, die am Ende der Befehlskette die Herrenmenschenidee in Handlungen der Unterdrückung und Vernichtung umsetzen sollten.

2.2.1   Das Konzept der "kontinentaleuropäischen Großraumwirtschaft"

1. Ein Konzept für eine kontinentaleuropäische Großraumwirtschaft unter deutscher Führung wurde schon im Mai 1940 von der "Gesellschaft für europäische Wirtschaftsplanung und Großraumwirtschaft", einem Zusammenschluss hoher Repräsentanten von Wirtschaft, Bürokratie und Wehrmacht, in einem Gutachten vorgetragen.[30] Die Siegesserie des Sommers 1940 ließ bereits den europäischen Kontinent einschließlich Großbritanniens, den afrikanischen und den nahöstlichen Raum für deutsche Interessen disponibel erscheinen. Die Einplanung des russischen Raumes bis zum Ural mit den "natürlichen kolonisatorischen Ausstrahlungen in den sibirischen Raum"[31] ließ sich aber allein durch eine Bündnispolitik mit der Sowjetunion nicht im gewünschten Maße realisieren. Zwar war es Hitlers Entscheidung vom 31. Juli 1940, "Russland zu erledigen", die das Startsignal für konkretere militärische und kriegswirtschaftliche Planungen gab. Diese Entscheidung war aber "bei allen notwendigen Abstufungen" auch Ausdruck für "ein breites Band an Übereinstimmungen zwischen den traditionellen

Eliten und der nationalsozialistischen Führungsspitze".[32] Radikales Lebensraum-programm und ältere Konzeptionen zur Sicherung von Rohstoff- und Nahrungs-mittelversorgung aus dem Osten mündeten jetzt in konkrete politisch-militärisch-ökonomische Planungen. Wie selbstverständlich wurde diesen Vorhaben in den Stäben der Wehrmacht, der Ministerien und der Wirtschaft zugearbeitet.

Zielkonflikte, die eine Widersprüchlichkeit der deutschen Herrschaft zur Fol-ge hatten, gab es schon in der Planungsphase, so z. B. darüber, wieweit die sowjetische Industrie zerstört oder aber für Deutschland gerade im Rüstungs-güterbereich genutzt werden sollte; ob für ein besetztes Gebiet wie die Ukraine eine "politische" Lösung anzustreben sei, mit der die dortige Bevölkerung für Deutschland gewonnen werden sollte, oder ob eine allein auf deutsche ökono-mische Interessen ausgerichtete Ausbeutungspolitik durchgeführt werden sollte. Letzteres entsprach den Zielvorstellungen Görings und Himmlers, denen etwa zeitgleich die Befugnisse für die wirtschaftliche Ausbeutung (29. Juni 1941) bzw. die polizeiliche Sicherung der besetzen Ostgebiete (17. Juli 1941) übertragen wurden.[33]

Mit großer Selbstverständlichkeit wurde geplant, die gesamte russische Agrarproduktion in deutsche Dienste zu nehmen. In einer Staatssekretärsbespre-chung vom 2. Mai 1941 wurden folgende Richtlinien aus dem Amt von General Thomas als "verbindliche Arbeitsgrundlage" akzeptiert:

"1. Der Krieg ist nur weiterzuführen, wenn die gesamte Wehrmacht im 3. Kriegsjahr aus Russland ernährt wird.

2. Hierbei werden zweifellos zig Millionen Menschen verhungern, wenn von uns das für uns Notwendige aus dem Lande herausgeholt wird.

3. Am wichtigsten ist die Bergung und Abtransport von Ölsaaten, Ölkuchen, dann erst Getreide. Das vorhandene Fett und Fleisch wird voraussichtlich die Truppe verbrauchen." Es folgten Bestimmungen über den Weiterbetrieb von Industrieanlagen.[34] Für die Getreideproduktion hieß dies, dass in den deutschen Planungen die Unterscheidung von "Überschussgebieten" (wie die südliche Ukraine) und "Zuschussgebieten" (insbesondere die nördlichen Industriezentren) zu einem kalkulierten Todesurteil für die letzteren werden sollte. Statt des "nor-malen Überschusses" von 1 Million Tonnen Getreide im europäischen Russland planten die Berliner Agrarexperten, aus Russland 8,7 Millionen Tonnen Getreide herauszupressen. Es war den Beteiligten in der Wehrmachtsführung wie in der Landwirtschaftsführung klar, dass dies nur machbar war unter "Anwendung brutalster Gewaltmaßnahmen, um die Russen zur Ablieferung ihrer Vorräte zu zwingen". Folgeprobleme wurden allenfalls darin gesehen, dass "die zum Hun-gertod verurteilten Menschen zu einem Sicherheitsproblem wurden und die

Wirtschaftsführung gefährdeten", was bei der zunehmend unverrückbaren Festlegung auf diese Ziele eher zu einer Radikalisierung der geplanten Gewaltmaßnahmen insgesamt beitrug.[35]

Soldaten im Krieg mussten also eine doppelte Botschaft zugleich erfahren: Dass zwar auf individueller Ebene Raub und Bereicherung verboten waren - unter der Zielvorgabe, die "Manneszucht" nicht zu gefährden; dass aber andererseits die vollständige Aneignung russischen Besitzes im Großen wie im Kleinen zur Sicherstellung der "höherwertigen" deutschen Ziele eine von oben nicht nur gedeckte Praxis, sondern eine geradezu forcierte Lebensregel wurde, bei völliger Missachtung des Existenzrechtes der Überfallenen. Dass ab 1942 teilweise umgesteuert wurde, um nicht die Basis der Ausbeutung selbst zu zerstören, geschah nur insofern, als es taktischen Zwecken diente und konnte keine glaubwürdige Strategie gegenüber der Bevölkerung im besetzten Gebiet darstellen.

2.2.2   "Kommissarbefehl" und "Gerichtsbarkeitserlass"

"Kampf gegen Russland: Vernichtung der bolschewistischen Kommissare und der kommunistischen Intelligenz (...) Der Kampf muss geführt werden gegen das Gift der Zersetzung. Das ist keine Frage der Kriegsgerichte (...) Kommissare und GPU-Leute sind Verbrecher und müssen als solche behandelt werden (...) Der Kampf wird sich sehr unterscheiden vom Kampf im Westen"[36], notierte Halder nach Hitlers Ansprache an 200 Generäle der für den Ostkrieg vorgesehenen Heereseinheiten am 30. März 1941 in sein Tagebuch.

Am 6. Juni 1941 gab das OKW die "Richtlinien für die Behandlung politischer Kommissare" heraus. In der Präambel wurde gleichsam als vorweggenommene Rechtfertigung und zur Zerstreuung etwaiger Bedenken ausgeführt, dass "von den Politischen Kommissaren aller Art als den eigentlichen Trägern des Widerstands eine hasserfüllte, grausame und unmenschliche Behandlung unserer Gefangenen zu erwarten" sei und die Truppe sich daher bewusst sein müsse, dass in diesem Kampf völkerrechtliche Rücksichtnahme "diesen Elementen" gegenüber falsch sei. Sie sollten bei Gefangennahme nicht als Soldaten angesehen und noch auf dem Gefechtsfeld von den Kriegsgefangenen "abgesondert" und "erledigt" werden. Zwei Tage später, am 8. Juni 1941, wurde dies als "Erlass des OKW" den Heeresgruppen, Armeen und Panzergruppen schriftlich bekanntgegeben, mit der Maßgabe, die Truppenkommandeure und Befehlshaber nur mündlich zu unterrichten. Von Brauchitsch machte zwei Zusätze: Zum einen solle die Voraussetzung gegeben sein, dass der Betreffende "durch eine besonders erkennbare Handlung oder Haltung sich gegen die deutsche Wehrmacht stellt oder stellen will", zum andern, dass "die Erledigung der politischen Kommissare bei der Truppe nach ihrer Absonderung außerhalb der eigentlichen Kampfzone unauffällig auf Befehl eines Offiziers zu erfolgen" habe. Diese Zusätze können, so urteilt Förster, nicht als eine wirkliche Einschränkung der OKW-Richtlinien angesehen werden, sie entsprachen eher der Befürchtung vor negativen Auswirkungen auf die Truppe.[37]

Der "Erlass über die Ausübung der Kriegsgerichtsbarkeit im Gebiet 'Barbarossa' und über besondere Maßnahmen der Truppe" - der *Gerichtsbarkeitserlass*[38] - vom 13. Mai 1941 entsprang der Absicht der politischen Führung (angesichts der willfährigen Umsetzung ist zu ergänzen: auch der militärischen Führung), die Kriegsgerichte als möglichen Hemmschuh im Vernichtungskrieg auszuschalten. Die Bestimmungen, die "in erster Linie der Erhaltung der Manneszucht" dienen sollten, legten fest, dass die "Behandlung von Straftaten feindlicher Zivilpersonen" der Zuständigkeit der Kriegs- und Standgerichte bis auf weiteres entzogen seien; statt dessen gelte: "Freischärler sind durch die Truppe im Kampf oder auf der Flucht schonungslos zu erledigen; auch alle weiteren Angriffe der Zivilbevölkerung seien auf der Stelle "mit den äußersten Mitteln bis zur Vernichtung des Angreifers niederzumachen". Gegen Ortschaften, aus denen die Wehrmacht "hinterhältig und heimtückisch" angegriffen worden sei und wo die "Umstände" eine rasche Feststellung einzelner Täter nicht gestatteten, sollten durch einen Offizier in der Dienststellung mindestens eines Bataillonskommandeurs "kollektive Gewaltmaßnahmen" durchgeführt werden. Die Anbindung an die Befehlsgewalt eines Offiziers entsprach der Voraussicht, dass mit solchen Erlassen den "wilden" Maßnamen einzelner Tor und Tür geöffnet würde. Diese Voraussicht war umso begründeter, als im zweiten Teil des Gerichtsbarkeitserlasses für die "Behandlung der Straftaten von Angehörigen der Wehrmacht und des Gefolges gegen Landeseinwohner" festgelegt wurde, dass dafür kein Verfolgungszwang bestehe, "auch dann nicht, wenn die Tat zugleich ein militärisches Verbrechen und Vergehen" darstelle. Kriegsgerichtliche Verfahren sollten nur noch angeordnet werden, "wenn die Truppe zu verwildern drohe."[39]

Der Bestimmung, dass kein *Verfolgungszwang* bei Übergriffen der Soldaten gegenüber der feindlichen Bevölkerung bestehe, folgte im Dezember 1942 ein *Verfolgungsverbot*: Die Truppe sei berechtigt und verpflichtet, in der Bekämpfung der Partisanen "ohne Einschränkung auch gegen Frauen und Kinder jedes Mittel anzuwenden, wenn es nur zum Erfolg führt". Jede Rücksichtnahme sei "ein Verbrechen gegen das Deutsche Volk und den Soldaten an der Front", heißt es in einer Weisung des OKW.[40]

Entstehungsgeschichte und begleitende Formulierungen zu "Kommissarbefehl" und "Gerichtsbarkeitserlass" sind in vielfacher Hinsicht aufschlussreich.[41]

Sie zeigen die "Teilidentität der Ziele" (Messerschmidt) in diesen Fragen zwischen der Führung der NSDAP und den Spitzen der Wehrmacht, zumal wenn man bedenkt, dass im Anschluss an Hitlers Äußerungen vom 30. März 1941 allenfalls im Hinblick auf die "Gefahren für die Manneszucht" Bedenken seitens der Offiziere laut wurden. Ihre Arbeit in den folgenden Wochen erstreckte sich dienstfertig auf die Umsetzung der allgemeinen Vorgaben in konkrete Erlasse, gefolgt von dementsprechenden Handlungen seit Beginn des Feldzuges. Die Vollzugsmeldungen, in denen von "Erschießen", "Erledigen", "Behandeln", "Erfassen", "Abschieben" und "Umlegen" gesprochen wurde, gaben in der ersten Zeit höhere Zahlen an, eine Folge der anfänglichen Kennzeichnung der Kommissare in der Roten Armee. Nach der Aufhebung dieser Kennzeichnung aus Tarnungsgründen nutzte die Wehrmacht zunehmend ein Spitzelsystem, um der politischen Funktionäre habhaft zu werden.[42] Gerade die Aussonderung aus den Gefangenenlagern, in denen die Insassen schließlich unter dem "Schutz" der Wehrmacht standen, bedurfte anfangs noch ideologischer Zurüstung, wie sie z. B. den Kommandeuren der Kriegsgefangenenlager im Wehrkreis I (Ostpreußen) und im besetzten Polen durch den Generalquartiermeister zuteil wurde: "Die besondere Lage des Ostfeldzuges verlangt daher besondere Maßnahmen, die frei von bürokratischen und verwaltungsmäßigen Einflüssen verantwortungsfreudig durchgeführt werden müssen". Es müsse jetzt nach den militärischen Zielen der "politische Zweck erreicht werden, das Deutsche Volk vor bolschewistischen Hetzern zu schützen und das besetzte Gebiet alsbald fest in die Hand zu nehmen".[43] Ab Oktober 1941 überließ die Wehrmacht die Aussonderung und Exekution der Kommissare in den Gefangenenlagern ihres Verantwortungsbereichs den Sonderkommandos der Sicherheitspolizei und des SD.

Nach dem Krieg haben in den Prozessen gegen Truppenführer (OKW-Prozess) alle Angeklagten "energisch bestritten, dass in ihrem Befehlsbereich sowjetische Kommissare erschossen worden seien". Auch in den Memoiren hoher Offiziere wird dies bestritten.[44] Förster, der sich eingehend mit den Aktenberichten der Armeen befasste, kommt dagegen zu dem Schluss, dass zwar eine quantifizierende Aussage noch nicht möglich sei, aber: "Die große Anzahl dienstlicher Vollzugsmeldungen spricht allerdings eine so deutliche Sprache, dass nichts weniger verfehlt wäre, als die Bedeutung des Kommissarerlasses zu unterschätzen oder weiter anzunehmen, dass nur einige Truppenteile ihn ausgeführt, die meisten ihn zu sabotieren gewusst hätten."[45]

Die Abstempelung der Kommissare, in Verbindung mit den Merkmalen "bolschewistisch" und "jüdisch", eröffnete die Freigabe einer völlig ungehemmten Jagd zunächst auf diese Angehörigen der Roten Armee, dann auf die Juden allgemein und schließlich, unter dem Vorwand der Partisanenbekämpfung, auf alle, die sich nicht völlig in das Räderwerk der Besatzungsmacht integrieren ließen: es waren nur graduelle Schritte bis hin zur Äußerung und der entsprechenden Praxis, dass, um die Eroberungen abzusichern, "man Jeden, der nur schief schaue, totschieße".[46] Insbesondere aber war es ein weiterer Schritt zum Völkermord an den Juden und eine Vorbereitung auf den Status, den man den slawischen Massen, soweit sie überlebten, als Heloten in einem von Deutschland dominierten Großwirtschaftsraum zudachte.

2.2.3   Vernichtung der Juden und Kriegführung gegen Partisanen

Generalleutnant Walter Braemer, verantwortlich für die "militärische Sicherung" im besetzten Baltikum und im zivil verwalteten Teil Weißrusslands, gab am 25. September 1941 Richtlinien heraus, "dass alle die Ruhe und Ordnung gefährdenden Faktoren unschädlich gemacht werden". "Die Ruhe und Ordnung gefährden: a) versprengte oder mit Absicht in den Wäldern und an einsamen Plätzen zurückgelassene oder abgesetzte bolschewistische Soldaten und Agenten (Partisanen); b) kommunistische und sonstige radikale Elemente; c) Juden und judenfreundliche Kreise."[47] Hannes Heer sieht in solchen Verlautbarungen nicht taktische Zugeständnisse an den SD und die Waffen-SS zur Herstellung eines ungestörten Nebeneinanders, sondern die konsequente Ausformulierung der in der Wehrmacht verbreiteten Gleichsetzung: "Die Juden sind deshalb ohne jede Ausnahme mit dem Begriff Partisan identisch."[48] Die systematischen Mordaktionen an Juden, verdächtigen Zivilpersonen, "Freischärlern", die von SD und SS durchgeführt wurden, entzogen sich nicht der Kenntnis der Wehrmacht, sie waren nur unter der Mithilfe der Wehrmacht möglich. Dass es auch bei der "Arbeitsteilung" weiterhin große Zustimmung zumindest in Teilen der Wehrmacht zu den Maßnahmen des Vernichtungskriegs gab, dokumentiert der Befehl des Oberbefehlshabers der 6. Armee, des Generalfeldmarschalls v. Reichenau, über das Verhalten der Truppe "gegenüber dem bolschewistischen System" vom 10. Oktober 1941. Mit dem Ziel der "Ausrottung des asiatischen Einflusses im europäischen Kulturkreis" entstünden "auch für die Truppe Aufgaben, die über das hergebrachte einseitige Soldatentum [hinausgingen]. Der Soldat im Ostraum ist nicht nur ein Kämpfer nach den Regeln der Kriegskunst, sondern auch ein Träger einer unerbittlichen völkischen Idee und Rächer für alle Bestialitäten, die deutschem und artverwandtem Volkstum zugefügt wurden. Deshalb muss der Soldat für die Notwendigkeit der harten, aber gerechten Sühne am jüdischen Untermenschentum volles Verständnis haben."[49] Der Befehl Reichenaus wurde von zahlreichen anderen hohen Offizieren aufgegriffen; sie erklärten sich "voll einverstanden" und verteilten ihn in ihrem Befehlsbereich. Der Kommandierende General des LI. Armeekorps, Hans Wolfgang Reinhard, ordnete vier Wochen später an, dass die Gedankengänge dieses Befehls "jedem Soldaten eingeimpft werden" müssten.[50]

Genaue Regelungen sollten die Kompetenzen gegenüber den rückwärtigen Einsatzgruppen abgrenzen und setzten fest, dass "die Truppe (...) also nur dann Juden und Zigeuner zu erschießen [hat], wenn sie als Partisanen oder ihre Helfer festgestellt sind. In anderen Fällen sind sie dem S.D. zu übergeben. (...) Erschießen von Frauen, sofern sie nicht gleichfalls als Partisanen oder ihre Helfer festgestellt sind, und von Kindern ist nicht Aufgabe der Truppe. Die Truppe hat sich an ihre Aufgabe zu halten" heißt es in einem Merkblatt über Zuständigkeit bei der 339. Infanteriedivision vom 2.11.1941.[51] Der Oberbefehlshabers der 6. Armee ordnete am 10. August 1941 an: "Es wird jede Teilnahme von Soldaten der Armee als Zuschauer oder Ausführende bei Exekutionen, die nicht von einem militärischen Vorgesetzten befohlen sind, verboten."[52]

Bedeuteten diese Vorgaben eine Einschränkung für die "Handlungsfreiheit" der Wehrmacht oder ließen sie vor allem argumentative Schlupflöcher der Selbstrechtfertigung zu, wenn eigene Aktionen "nur" als Pflichterfüllung im Abwehrkampf gegen Partisanen dargestellt, alle weitergehenden Aktionen aber in Durchführung und Verantwortung an die "politischen" Organe delegiert wurden? Jeder Erlass, der Grenzen setzen wollte, verweist auf die Wahrscheinlichkeit, dass diese Grenzen bereits willfährig überschritten wurden.

Wieweit der Interpretationsspielraum der Militärs ging, zeigen zahlreiche Tagesmeldungen: "Säuberungsaktionen bei Mirgorod fortgesetzt, insgesamt 45 Partisanen erschossen. 1 Verpflegungs- und Munitionslager vernichtet. In Mirgorod gesamte jüdische Bevölkerung (168 Köpfe) wegen Verbindung mit Partisanen erschossen."[53]

"Im Bereich der Feldkommandantur gibt es noch 1210 Juden. Besonders stark sind sie in der Stadt Priluki vertreten. Da die Juden dort für die Ernährungslage eine Belastung darstellen und die sanitären Verhältnisse im Judenviertel sehr schlecht sind, wird um baldige Regelung der dortigen Judenfrage gebeten" meldete ein Kriegsverwaltungsrat in der Ukraine im April 1942, um im Juli zu berichten: "Die Juden der Stadt Priluki wurden vom SD entsprechend der dortigen Weisungen behandelt."[54] Wo immer Juden sich versteckt hielten, in Wäldern, in Erdhöhlen, wurden sie von Einheiten der Wehrmacht aufgespürt und getötet; wo sie unter den Kriegsgefangenen identifiziert werden konnten, wurden sie an den SD weitergegeben. Hannes Heer dokumentiert am Beispiel des Raumes Minsk ("Weißruthenien"), dass Wehrmachtseinheiten nicht nur beiläufig oder den SD unterstützend, sondern selbstverantwortlich und systematisch zwischen Juli und November 1941 etwa 20.000 Juden erschossen. Zwar diente auch hier der Kampf gegen "Partisanen" und deren Unterstützung durch die Zivilbevölkerung als Vorwand, aber es ging um eine durch keine Begrenzung mehr aufgehaltene "Säuberung des flachen Landes", die überdies durch zunehmende Brutalität und Mordlust geprägt war.[55]

Begriffe wie "Agenten" und "Spione" erwiesen sich in den Befehlen von Wehrmachtseinheiten als "ungemein nützlich"; sie konnten auf jeden angewendet werden, zumal wenn die Annahme zugrunde lag, "dass Harmlosigkeit das beste Indiz für Schuld sei".[56] Mit der Zusammenfassung der Partisanenbekämpfung im Sommer 1942 in einer einheitlichen Führungsstelle unter der Hoheit von Heinrich Himmler als dem Reichsführer der SS und der Deutschen Polizei wurde eine neue Sprachregelung verbindlich: Aus psychologischen Gründen sollte statt des Begriffs Partisan nur noch der des "Banditen" verwendet werden; entsprechend ging es jetzt um "Bandenbekämpfung"; Gebiete mit Partisanen waren "bandenverseucht". Die erste Aktion gegen Partisanen unter diesen neuen Vorzeichen lief unter dem Codewort "Sumpffieber" - die Assoziation zur Ungezieferverichtung war vorbereitet.[57]

Die Rolle der Wehrmacht beim Holocaust stellt die gegenwärtige - nach 50 Jahren offensichtlich noch zu große Schmerzen der Selbsterkenntnis markierende Grenze der "Enthüllung" dar. Es bleiben Unterschiede in den Positionen:

Raul Hilberg[58] sieht zwar in erster Linie die Einsatzgruppen der Sicherheitspolizei, die Regimenter der Ordnungspolizei und Brigaden des SS-Kommandostabs mit der Ermordung von Juden befasst - Maßnahmen die schon nach 8 Wochen Krieg in Russland auf ganze Familien und Gemeinden ausgedehnt wurden; aber die Wehrmacht stand nicht außen vor: "Das Heer war zunächst Schirmherr dieser Operationen und unterstützte sie."[59]

Ähnlich die Positionen der ausgewiesenen Kenner aus dem Militärgeschichtlichen Forschungsamtes: Förster fasst die Rolle der Wehrmacht so zusammen: "Die Besatzungsmacht entfernte die Juden, soweit sie nicht geflohen waren, nicht nur aus allen öffentlichen Ämtern, setzte sie als erste zu Zwangsmaßnahmen ein, befahl ihre Registrierung und Kennzeichnung, sondern ordnete zum Teil auch ihre Evakuierung und Gettoisierung an. Damit schuf sie Voraussetzungen zunächst für den Arbeitseinsatz, aber auch für die spätere systematische Vernichtung durch die Einsatzgruppen der Sicherheitspolizei und des SD."[60] Förster erwähnt auch die Unterstützung des Heeres bei einer der größten Einzelaktionen gegen Juden: der Ermordung von über 33.000 Menschen durch Einsatzgruppen in der Schlucht von Babij Jar bei Kiew.[61] Wegner beschreibt in demselben Sammelwerk des MGFA (Bd. 6) die Grenzverwischungen zwischen Wehrmacht und Einsatzgruppen der SS und eine "Praxis, [die] das Todesurteil für Tausende in die Wälder und Sümpfe geflüchteter Juden [bedeutete], die unter dem Deckmantel des Partisanenkrieges von den "Bandenkampfverbänden" ermordet wurden"[62].

Es war die Ausstellung "Vernichtungskrieg" des Hamburger Instituts für Sozialforschung, die seit 1995 dieses Thema in den Mittelpunkt gestellt und mehr als nur eine "Zuarbeit" oder eine wie immer diffuse "Verstrickung" der Wehrmacht in die Vernichtung der Juden in Osteuropa dokumentiert - mit polarisierender Wirkung für die öffentliche Debatte. Hiermit wird die noch ausstehende systematische Untersuchung der Rolle der Wehrmacht bei der Ermordung der Juden in der Sowjetunion angemahnt.[63]

Für die Untersuchung von Feldpostbriefen ergibt sich daraus zwar die Frage, ob sie im Meinungsstreit über die Wehrmachtsbeteiligung zu einer Klärung beitragen können, man sollte die Erwartungen aber nicht zu hoch schrauben; in diesem tabuisierten Bereich werden auch die Mitteilungen der Zeitgenossen dürr sein.

An dieser Stelle ein Wort zu der Gewalt, die die deutschen Soldaten von Seiten des Gegners erlebten. Zur realen oder zumindest gedanklich präsenten Erfahrungswelt der deutschen Soldaten gehörten neben der Gewalt im kriegerischen Kampf auch das oft überraschende und damit schwer kalkulierbare Vorgehen von Partisanen.[64] Stalins Aufruf zum "vaterländischen Krieg gegen den deutschen Faschismus" und zur "Entfachung des Partisanenkrieges überall und allerorts" vom 3. Juli 1941 mobilisierte eine Gegenwehr, die sich zwar erst gegen Ende 1941 in größerem Maße auch im besetzten Hinterland organisierte - der Appell zur Unerbittlichkeit im Kampf war aber gegeben. In der bundesdeutschen Geschichtsschreibung liegt auch hierzu eine breite Spanne der Bewertung vor: Sie reicht von Hoffmanns Position, dass an den "Grausamkeiten von erschreckendem Ausmaß (...) die beiden Kriegführenden praktisch vom ersten Tage an in gleicher Weise (...) beteiligt" waren,[65] bis hin zum Versuch, auf der Ebene eines Einzelereignisses nachzuweisen, dass Schilderungen von deutschen Soldaten über von Russen verstümmelte Kameraden aufgebauscht wurden und als "Erfindung" und "Greuelpropaganda" ihren durchsichtigen Zweck erfüllen sollten.[66] Beide Positionen sind wenig hilfreich zur Klärung. Die erste hat auch einen apologetischen Charakter und verkennt, dass die deutsche Führung schon vor Kriegsbeginn alle wesentlichen Grundlagen für den systematischen Verstoß gegen das Völkerrecht gelegt hatte. Vor allem: die Grausamkeit in Form des individuellen mordlüsternen Übergriffs war das eine, aber die völkerrechtlichen Verbrechen 'großen Stils' entfalteten sich jenseits individueller Übergriffe. Hoffmanns Zusammenfassung zu 'erschreckenden Grausamkeiten beider Seiten' verdeckt dies eher als dass es aufklärt. Andererseits: Eine verharmlosende Position, die Brutalität der Partisanen in Abrede stellt, hat nicht nur historische Belege gegen sich; sie verkennt auch die Bedeutung einer wechselseitigen Eskalation in diesem Krieg.

Hoffmann fasst als Verbrechen auf der sowjetischen Seite zusammen: Mit Beginn des Krieges ordnete Stalin die Erschießung aller der Spionage verdächtigten Personen an. "Politische Gefangene in den von den deutschen und verbündeten Truppen bedrohten Gebieten, das heißt zunächst in den baltischen Staaten, in Ostpolen, Ostrumänien, bald auch in Weißrussland und in der Ukraine, sollten auf besondere Weisung Stalins erschossen werden, bevor sie dem Gegner in die Hände fielen. In Konsequenz dieser Anordnung setzten bereits in den ersten Kriegstagen Massenerschießungen in den überfüllten Gefängnissen und Lagern der Westgebiete ein, denen in erster Linie Angehörige der baltischen Völker, Polen und Ukrainer zum Opfer fielen"[67]. Die deutschen Truppen fanden in vielen Orten Schauplätze von Gefangenenmorden vor. Dazu kamen Erschießungen von kriegsgefangenen deutschen Soldaten. Hoffmann weist auf "einige tausend Berichte" über die Ermordung von Kriegsgefangenen, insbesondere von zurückgelassenen Verwundeten, hin, die von der zuständigen Wehrmachtuntersuchungsstelle für Völkerrechtsverletzungen gesammelt wurden.

Immerhin betont aber auch Hoffmann, der hier als ein dezidierter Kritiker der sowjetischen Seite gelten kann, dass eine "derartige Entartung der Kriegführung (...) die sowjetischen Führungsstellen ernstlich zu beunruhigen" begann und nicht ihren Interessen entsprach.[68]

2.2.4   Zum Umgang mit sowjetischen Kriegsgefangenen und verschleppten Zivilpersonen

Christian Streit hat das Schicksal der sowjetischen Kriegsgefangenen eingehend beschrieben.[69] Neben den Juden waren sie die Opfergruppe mit dem schlimmsten Schicksal. "Zwischen dem 22. Juni 1941 und dem Kriegsende gerieten etwa 5,7 Millionen Rotarmisten in deutsche Hand. Im Januar 1945 befanden sich davon noch 930.000 in deutschen Lagern. Maximal eine Million waren entlassen worden, die meisten als sogenannte "Hilfswillige" für Dienste in der Wehrmacht. Weitere 500.000 waren nach Schätzung des Oberkommandos des Heeres geflohen oder befreit worden. Die restlichen 3.300.000 (57,5 % der Gesamtzahl) waren umgekommen",[70] etwa 2 Millionen davon schon bis zum Februar 1942. Im Vergleich dazu starben von den 232.000 englischen und amerikanischen Soldaten in deutscher Hand 8.348 (oder 3,5 %).

Die Erklärung, die später von den in Nürnberg angeklagten Militärs vor-
gebracht wurde, dass man nicht mit so hohen Gefangenenzahlen gerechnet habe
und ein unvermeidbarer Notstand geherrscht habe, weist Streit als widerlegbare
Schutzbehauptung zurück. Der Hungertod der sowjetischen Gefangenen wurde
vielmehr ganz bewusst einkalkuliert. Hier schließt sich der Kreis zu den einleitend dargestellten Wirtschafts- und Ernährungsplänen. Alles war abzustimmen
auf den Bedarf des Deutschen Reiches, ein Teilen von erbeuteten Lebensmittel-
vorräten zur Grundversorgung der Gefangenen kam nicht infrage. Der Generalquartiermeister Wagner gab die grundsätzliche Haltung der militärischen Führung wieder: "Nichtarbeitende Kriegsgefangene in den Lagern haben zu verhungern. Arbeitende Kriegsgefangene können im Einzelfalle auch aus Heeresbestän-
den ernährt werden. Generell kann auch das angesichts der allgemeinen Ernährungslage leider nicht befohlen werden."[71]

Der Verstoß gegen die völkerrechtlich bindende Genfer Verwundetenkonven-
tion von 1929, die von der UdSSR wie vom Deutschen Reich unterzeichnet
worden war, wurde auch von den Militärs in Kauf genommen. Eine Radikalisierung ging nicht nur von der politischen Führung aus, sondern auch von der
Wehrmacht selbst: Schwerstversehrte wurden zur Zivilbevölkerung abgeschoben;
auf Befehl des OKW vom September 1942 wurden "nicht mehr dienstfähige"
Gefangene an die 'Höheren SS- und Polizeiführer' ausgeliefert, wo sie dann
ermordet wurden,[72] als erste Opfer auch mit dem Giftgas Zyklon B in dem zunächst für sowjetische Gefangene gebauten Lager Majdanek.

Die Befehle zur Behandlung der sowjetischen Gefangenen machten auch den
deutschen Soldaten klar, dass es sich hier nicht um "Kameraden" handelte: Da
der bolschewistische Soldat höchst gefährlich und hinterhältig sei, habe er "jeden
Anspruch auf Behandlung als ehrenhafter Soldat...verloren"; "rücksichtsloses
Durchgreifen" bei Bewachung und Arbeitseinsatz wurden soweit verbindliche
Norm, dass sich nach einem Grundsatzbefehl vom 8. September 1941 strafbar
machte, wer zur Durchsetzung eines gegebenen Befehls nicht oder nicht energisch genug von der Waffe Gebrauch mache. "Waffengebrauch gegenüber
sowjetischen Kriegsgefangenen gilt in der Regel als rechtmäßig."[73] Erst mit dem
Ende der Blitzkriegsstrategie ab Herbst 1941 sah man in den Gefangenen auch
potentielle Arbeitskräfte, zumal deutsche Soldaten entgegen der Planung auf
lange Zeit nicht für den Arbeitsmarkt zur Verfügung stehen würden. Daher
wurden die Essensrationen für die Gefangenen zwar angehoben, blieben aber
unterhalb des Existenzminimums.

Das Problem des Arbeitskräftemangels verschärfte sich mit der zunehmend
prekären Kriegslage. So wurden in immer neuen Aushebungen in den besetzten

Ostgebieten bis März 1944 5 Millionen Fremd- und Zwangsarbeiter "angewor-ben", sehr viel häufiger "in der Form von regelrechten Menschenjagden" zwangs-rekrutiert. Ihre Zahl erhöhte sich bis Ende 1944 auf 7,5 Millionen. Wendt schätzt die Zahl der Freiwilligen unter ihnen auf höchstens 4 %. Viele überstanden die rücksichtslose Ausbeutung bei miserablen Arbeitsbedingungen nicht.[74] Die aktive Rolle der Wehrmacht bei diesen "Menschenjagden" in den besetzten Gebieten ist erst in Ansätzen untersucht. Bartov fand bei der 12. Infanteriedivision ab Januar 1942 die Vorgabe, "die Bevölkerung ohne Rücksicht auf Alter und Geschlecht auch in vorderster Linie" "rücksichtslos" und ohne "Schonung" für den Bau von Befestigungsanlagen heranzuziehen. Einen Monat später erging der Befehl, die Zivilbevölkerung "noch viel weitgehender und sehr viel rücksichtsloser" als bisher bei Straßenarbeiten einzusetzen. Menschen, die als "für Korps und Wirt-schaft wertlos" eingestuft wurden, mussten ihre Häuser mit unbekanntem Ziel verlassen.[75]

Die Zivilisten, die für die Wehrmacht arbeiteten, hatten Anspruch auf die halbe Wochenration eines Soldaten. Die schlechte medizinische Versorgung erhöhte ihre Gefährdung durch Krankheiten. Bei zunehmenden Seuchen half sich die Besatzungsmacht mit "rücksichtsloser Evakuierung" und "vollkommener Trennung" von Wehrmachtsangehörigen und Einheimischen. Die 12. Infanterie-division schickte zwischen Juli und November 1942 über 2556 Männer, Frauen und Kinder nach Deutschland, 1943 noch mehr. Eltern wurde nicht gestattet, Kinder unter 15 Jahren mitzunehmen, die Überlebenschancen der zurückgeblie-benen Kinder waren gering.[76]

2.2.5 Die Widersprüchlichkeit der Herrschaft in ihrer Auswirkung auf die Soldaten

Die Spitzen der Wehrmacht waren schon vor Beginn des Russlandfeldzuges weitgehend für die politischen Ziele des Vernichtungskrieges gewonnen, wo nicht, machten sie sich kaum bemerkbar und zogen es vor, in militärischen Aufgaben 'abzutauchen'. Ausnahmen bestätigten die Regel.[77] So gab es vereinzelt Stimmen in der Wehrmacht, die in einer Mischung aus preußischen Idealen und taktischen Beweggründen die "betont gute Haltung" der deutschen Soldaten einforderten und auch eine andere Behandlung der Kriegsgefangenen anmahnten. Zunehmend wirkte sich die Erfahrung aus, dass selbst dort, wo die Deutschen anfangs als Befreier freundlich und mit Brot und Salz empfangen worden waren, sich die Stimmung schon nach wenigen Wochen gegen sie wandte, was bei den geschilderten Maximen der Besatzungspolitik nicht verwundern kann.

Die Widersprüchlichkeit, in die die Herrschaft schnell hineingeraten konnte, wird an verschiedenen Befehlen aus demselben Monat - Juli 1941 - im Bereich der 6. Armee deutlich: Einerseits hieß es in den "Besonderen Anordnungen für die Versorgung" des AOK 6, "dass die Truppe, soweit irgend möglich, aus dem Lande lebt. Jede Gelegenheit hierzu ist auszunützen. Beim Ankauf von Verpflegungsmitteln sind die Einheiten selbstverständlich nicht an ein Beköstigungsgeld (RM. 1.20) gebunden," und: "Da mit einem Nachschub der notwendigsten Bekleidungsstücke und Instandsetzungsmaterialien erst in einiger Zeit zu rechnen ist und die Heimat rohstoffmäßig mit allen Mitteln entlastet werden muss, ist die vorgefundene Beute vollständig zu erfassen und zu verwerten. Dies gilt vor allem für Stiefel und Schuhe. Den gefallenen russischen Soldaten und den Kriegsgefangenen sind Schuhe und Stiefel auszuziehen und wenigstens als Flick- und Sohlenmaterial zu verwenden. Der Zivilbevölkerung ist ohne Rücksicht auf ihre Nationalität notfalls das vorhandene Schuh- und Stiefelzeug und für Fußlappen geeignete Stoffe abzukaufen. Auch Zwangskauf ist dabei zulässig."[78] Andererseits wurde auf die 'Korrektheit' der Maßnahmen wert gelegt: In einem Befehl der 44. ID vom 21. 7. 1941 hieß es: "Die Grenze einzuhalten zwischen Beitreibung (erlaubt!) und Plünderung (verboten!) fällt erfahrungsgemäß dem einzelnen Soldaten besonders schwer. Es wird deshalb angeordnet: Den Beitreibungskommandos sind grundsätzlich durch die Einheitsführer unterschriebene Ausweise mitzugeben, aus denen ihr Auftrag eindeutig ersichtlich ist. Beitreibung ohne Ausweis des Einheitsführes wird verboten."[79] Nicht ins Selbstbild von der ordentlichen Wehrmacht passten unkoordinierte Übergriffe. [80]

Auf der Ebene der Mannschafts- und Unteroffiziersränge wurde zu Anfang noch viel "Erziehungsarbeit" für nötig befunden, bis die Soldaten sich stromlinienförmig in diesen besonderen Krieg einfügten. Gegenüber den Soldaten erging eine Botschaft, die einerseits den Rassenhass zunächst anfachen, dann beflügeln sollte, andererseits den Exzessen bei der 'Verwilderung der Truppe' gegensteuern wollte. Im zitierten Befehl v. Reichenaus sah er sich gehalten, Stellung zu beziehen gegen "missverstandene Menschlichkeit wie das Verschenken von Zigaretten und Brot" oder "das Verpflegen von Landeseinwohnern und Kriegsgefangenen, die nicht im Dienste der Wehrmacht stehen, an Truppenküchen."[81] Andererseits entsprachen die Soldaten auch nicht dem gewünschten Muster, wenn sie in willkürlichen unkoordinierten Einzelaktionen der aufgeheizten Mordlust frönten. Der Oberbefehlshaber der 4. Armee, Generalfeldmarschall v. Kluge, sah sich genötigt, in einem "Sonderbefehl zur Aufrechterhaltung der Manneszucht" darauf hinzuweisen, es sei "nunmehr höchste Zeit, mit den unberechtigten Versorgungsmethoden, den Raubzügen, den Plünderungsfahrten auf große Entfernungen, allem sinnlosen und verbrecherischen Treiben restlos Schluss zu machen", zum einen, weil die Ehre des deutschen Soldaten ein anständiges Benehmen gegenüber der Bevölkerung in den eroberten Gebieten verlange, zum andern die Stimmung der "an sich gutartigen" Bevölkerung in Hass umschlagen könne und damit Gefahren für die Wehrmacht verbunden seien.[82]

Es war ein Gratwandel, den die deutsche Wehrmachtsführung von sich und den Soldaten erwartete: die Bereitschaft zu kollektiver Gewalt bei individueller Disziplin. Es war 'schwierig' für die Wehrmachtsangehörigen der verschiedenen Dienstgrade, sich auf dem schmalen Grat dem Selbstideal entsprechend zu bewegen: Der Führer einer Infanterievorausabteilung im Heeresgebiet Mitte beklagte sich über die "Weichheit" der Masse der Soldaten - es ginge nicht an, dass die Offiziere erschießen müssten, während die Männer zusähen; ein Zugführer führte andernorts darüber Beschwerde, dass ein Adjutant drei Partisanen persönlich erschossen habe; der Betreffende wurde dann vom zuständigen Kommandanten zwar nach oben hin gedeckt, aber darüber belehrt, "dass die aktive Beteiligung eines Offiziers an der Erschießung von Partisanen unangebracht und eines Offiziers unwürdig " sei.[83] Eine spezifische Art von 'Problembewusstsein' zeigte ein Ortskommandant, wenn er es auch in die Form eines Selbstlobes kleidete: Er meldete für den Zeitraum vom 18. Juli bis 31. Dezember 1941 die Erschießung von 627 Partisanen, bei nur zwei Verlusten des russischen Ordnungsdienstes. Er führte diesen 'Erfolg' auf die "Heranziehung von anständigen russischen Vertrauensmännern, anständigste Behandlung des anständigen Teils der russischen Bevölkerung und [den] konsequenten Aufbau einer zu sauberer Arbeit angehaltenen Zivilverwaltung" zurück. Der Major war außerdem der Meinung, dass es kaum möglich sein werde, "bei Exekutionen [von Partisanen] sauberer und soldatisch würdiger zu verfahren, wie bei der Ortskommandantur II/930 darauf gehalten" werde.[84]

"Ordentlichkeit", "Sauberkeit"[85], "Anständigkeit", "Würde": mit diesen Komponenten des Ideal-Selbst ließ sich totalitäre Gewalt und "Härte" nach außen, verbunden mit einer Verhärtung nach innen, nicht nur durchsetzen, sondern auch vor sich selbst und vor anderen rechtfertigen.

2.3   Der Zivilisationsbruch: Bausteine der Erklärung

Der deutsch-sowjetische Krieg ist eine Etappe des "atavistischen Zivilisationsbruches ohne Vorbild in der Geschichte".[86] Wendt fasst die noch heute rätselhaften Fragen zusammen: "Wie konnte sich in einer Gesellschaft, deren Kriminalitätsrate an sich nicht signifikant von der anderer Länder abwich und die sich selbst als zivilisiert definierte, dennoch eine derartige kriminelle Energie des massenhaften und dabei staatlich sanktionierten Tötens unschuldiger Menschen entfalten, und wie konnte es gleichzeitig geschehen, dass sich die überwiegende Mehrheit der Bevölkerung in dem für das Morden verantwortlichen politischen System für zwölf Jahre ohne nennenswerten Widerstand irgendwie eingerichtet, sich mit ihm arrangiert, es toleriert und aktiv mitgetragen hat und sich dabei mit gewissen Abstrichen je nach individueller Erfahrung sogar wohlgefühlt hat?"[87]

2.3.1   Die Prägung des Militärs

Für das Verhältnis zwischen Wehrmacht und nationalsozialistischem Staat prägte Manfred Messerschmidt das Wort von der "Teilidentität der Ziele".[88] Der Gedanke der "Volksgemeinschaft", die sich auf Gewalt gegen demokratische, sozialistische, linksliberale, kommunistische Parteien und "rassische Minderheiten" gründete, entprach einem gemeinsamen Interesse von Hitler und führenden Militärs. Im Konkurrenzkampf mit der SA um das "Waffenträgermonopol" kam es von Anfang an zu einem "Loyalitätswettlauf"[89]. Mit dem Ziel, dass sich die Reichswehr als "treuer Paladin des Führers" präsentieren sollte, um somit die SA in ihren militärischen Ambitionen überflüssig zu machen, hieß es in einem "Erlass über Wehrmachtpropaganda" vom 21. April 1934: "Die Wehrmacht muss im öffentlichen Leben mehr als bisher in Erscheinung treten als alleiniger Waffenträger der Nation, als im Sinne der Regierung Hitler absolut zuverlässig, als im nationalsozialistischen Denken planmäßig erzogen."[90] Am 16. März 1935 wurde mit dem Gesetz über den Aufbau der Wehrmacht die allgemeine Wehrpflicht eingeführt. Im April 1935 hieß es in einem geheimen Erlass des Reichswehrministers Blomberg über die "Erziehung in der Wehrmacht", der den Offizieren und Unteroffizieren vierteljährlich im Unterricht bekanntgegeben und erläutert werden sollte: "Die Wehrmacht verdankt ihre Wiedergeburt in erster Linie dem Führer und Reichskanzler und seinem politischen Werkzeug, der NSDAP. Wehrmacht, SA, SS, HJ, Arbeitsdienst, Polizei, PO usw. sind Teile eines Ganzen, die auf getrennten Arbeitsgebieten dem gleichen Ziel dienen. Willensgemeinschaft und Kameradschaft müssen alle diese Organisationen verbinden."[91] Bei diesen Grundeinstellungen blieb es bis zum Ende. An die Stelle des unpolitischen, der Weimarer Verfassung distanziert gegenüberstehenden Reichswehrsoldaten trat der "politische Soldat", der sich ideologisch nicht von rechts überholen lassen sollte. Das Stillschweigen der Militärführung gegenüber der unkontrollierten Selbstjustiz der NS-Führung beim "Röhmputsch" am 30. Juni 1934 war ein Zeichen der Korrumpierbarkeit durch die Macht. Der Eid auf Hitler als Führer, dem bedingungslos zu folgen sei, war eine weitere entscheidende Etappe im Loyalitätswettlauf, für den die Wehrmacht mit Hitlers "Zwei-Säulen-Konzept" belohnt wurde - ein zwiespältiges Geschenk, wurde die Wehrmacht doch als zweite Säule im Staat neben der Partei vor allem auf die Aufgabe der Aufrüstung und Kriegsvorbereitung festgelegt, ohne ein eigenes verbindliches politisches Mitspracherecht zu gewinnen. Die "Strategie der Einflussgewinnung durch Partizipation entwickelte Schubkraft im Sinne des Nationalsozialismus."[92]

2.3.2 Antisemitismus und Antislawismus in der Wehrmacht

Eine Überschneidung der Weltanschauungen zwischen politischer und militärischer Führung gab es schon lange vor dem Krieg im Antisemitismus, wenn sich auch die radikale Vernichtungspolitik nicht von Anfang an abzeichnete.[93] Gegen die Vorboten - die zahlreichen Boykotte, die Nürnberger Gesetze 1935, die "Reichskristallnacht" vom November 1938 - war von Seiten des Militärs aber nicht mit Widerstand zu rechnen. Messerschmidt spricht von einer "fixierten Grundhaltung im Offizierskorps",[94] mit der "Dolchstoßlegende" Marxismus und Judentum für die Niederlage von 1918 verantwortlich zu machen. Aber schon vorher war der Antisemitismus fester Bestandteil des deutschen militärischen Selbstverständnisses. 1910 gab es bis auf einige Konvertiten in der preußischen Armee keinen einzigen jüdischen Offizier (in Frankreich gab es 720, in Italien 500, in Österreich-Ungarn über 2000). Im Jahre 1916 war es zu einer "Judenzählung" im Heer gekommen und man konnte an diese Traditionen nahtlos anknüpfen: Als mit dem "Gesetz zur Wiederherstellung des Berufsbeamtentums" vom 7. April 1933 "Beamte nichtarischer Abstammung" in den Ruhestand versetzt wurden, löste das Heerespersonalamt, da das Gesetz nicht auf Soldaten zugeschnitten war, diese Gesetzeslücke mit dem Vorschlag, die jüdischen Soldaten wegen mangelnder Befähigung zu entlassen.

Parallel zur militärischen war bis 1939 die 'geistige' Aufrüstung in der Wehrmacht soweit vollzogen, dass man nicht von einem willenlosen, in sich unpolitischen Instrument in der Hand fanatischer Politiker sprechen kann. Noch vor dem Krieg hieß es in einem vom OKW herausgegebenen Schulungsheft für den Unterricht über nationalsozialistische Weltanschauung und nationalpolitische Zielsetzung in dem Aufsatz "Der Jude in der deutschen Geschichte", dass der Abwehrkampf gegen das Judentum auch dann weitergehe, wenn der letzte Jude Deutschland verlassen habe. "Den nichtjüdischen Völkern gegenüber wollen wir nur unsere Lebensinteressen durchsetzen. Wir achten sie und führen eine ritterliche Auseinandersetzung mit ihnen. Das Weltjudentum aber bekämpfen wir, wie man einen giftigen Parasiten bekämpfen muss; wir treffen in ihm nicht nur einen Feind unseres Volkes, sondern eine Plage aller Völker. Der Kampf gegen das Judentum ist ein sittlicher Kampf für die Reinheit und Gesundheit des gottgeschaffenen Volkstums und für eine neue gerechtere Ordnung in der Welt."[95]

Wolfram Wette weist darauf hin, dass neben den Juden mit den Slawen eine weitere große Menschengruppe zu Feinden erklärt wurde, die zwar nicht systematisch ausgerottet, aber dezimiert und zu großen Teilen in einem Helotenstand gehalten werden sollten. "Es ist anzunehmen, dass in dem rassenideologischen Vernichtungskrieg, den die Deutschen im Osten führten, mehr slawische Menschen ihr Leben lassen mussten als Juden, und zwar nicht etwa während militärischer Kampfhandlungen, sondern außerhalb solcher, in Kriegsgefangenenlagern, unter der Besatzungsherrschaft, bei der sogenannten Partisanenbekämpfung, beim Niederbrennen unzähliger Ortschaften und bei der Zwangsverschleppung von Arbeitskräften."[96] Differenzierter als gegenüber den Juden war das Feindbild von den Slawen, unter denen die russischen Slawen in der Wertigkeit an letzter Stelle standen. Auch der Antislawismus hatte in Deutschland ältere Wurzeln,[97] neu war seine Verbindung mit dem Antisemitismus zu einem komplexen Feindbild. Die durchaus gewollte Unschärfe des Feindbildes, verbunden mit der Bereitschaft der Befehlsempfänger zum vorauseilenden Gehorsam gegenüber der Staatsmacht, setzte eine dumpfe Aggressivität frei, die kaum negative Sanktionen zu fürchten brauchte. Dass Antislawismus und Antisemitismus in der Feindbildvorstellung zusammenrückten und auch die Wehrmacht erreichten, zeigt Wette an den entsprechenden Äußerungen in den "Mitteilungen an die Truppe", in denen von Beginn des Russlandkrieges an vom "roten Untermenschentum" die Rede ist, das "auszulöschen" sei, von einem "Kampf von rassischem Charakter", um "Europa judenrein zu machen".[98] Wette kommt zu dem Schluss, dass die Übergänge zum "Untermenschen-Feindbild" der SS "fließend, eigentlich gar nicht vorhanden" sind.[99]

2.3.3   Gruppendruck und die Brutalisierung durch den Krieg

Wie kam es nun zu der Umsetzung einer solchen Ideologie am Ende der Befehlskette? Zwei Studien seien besonders hervorgehoben: Christopher *Browning* untersuchte das Reserve-Polizeibataillon 101, das sich aus "ganz normalen Männern", vorwiegend aus der Arbeiterschicht Hamburgs zusammensetzte.[100] Omer *Bartov* ging am Beispiel einiger Panzer- und Infanteriedivisionen im Osten der Frage nach, wie es zur Brutalisierung im Kriegsverlauf kam.[101]

Ohne eine Gleichsetzung zwischen Polizeieinheiten im Hinterland und Verbänden der Wehrmacht vorzunehmen, ist die Untersuchung Brownings auch für die Fragen nach Mentalität und Verhalten der Soldaten in der Sowjetunion aufschlussreich, handelte es sich doch nicht um besonders ideologisch geschulte oder in der mentalen Radikalität den Einsatzgruppen der SS vergleichbare Elitepolizisten. Im Gegenteil waren unter ihnen bis auf einige wenige Ältere, die am Ersten Weltkrieg teilgenommen hatten, und einige aus Russland versetzte Unteroffiziere nur Männer ohne eigene Kampferfahrungen, die bis kurz zuvor als Polizisten in einer deutschen Großstadt Dienst getan hatten. Sie alle fanden sich innerhalb kurzer Zeit zu einer funktionierenden Mordtruppe zusammen. Sie erschossen 1942/43 mindestens 38000 Juden und waren an der Deportation von über 45000 Juden nach Treblinka beteiligt.[102] Die als Argument oft angeführte Brutalisierung im Kriegsverlauf konnte es in diesem Fall also nicht sein, die zu einem Verlust der Hemmschwelle führte; die Brutalisierung war nicht die Ursache, sondern das Ergebnis des Verhaltens, wenn nach einem anfänglichen Schrecken bei den ersten Einsätzen schon bald die Routine des Tötens folgte.[103]

Zusammengefasst sind es nach Browning folgende Gründe, die erklären helfen, wie sich ganz normale Männer zu aktiven Mit-Tätern im Vernichtungskrieg entwickelten:

1. Der Krieg selbst bot einen Rahmen, in dem Greueltaten ohne weiteres zum festen Bestandteil der Politik gehörten. Die negativen Rassenklischees trugen zur Entmenschlichung des Gegners bei und damit zur "psychischen Distanzierung"[104], die das Töten erleichterte. Das Gewicht der Indoktrination schränkt Browining allerdings ein; zwar seien die Angehörigen des Polizeibataillons wie die übrige deutsche Gesellschaft von rassischer und antisemitischer Propaganda überschwemmt gewesen und viele werden "von dem Gefühl der eigenen rassischen Zusammengehörigkeit und Überlegenheit erfüllt"[105] gewesen sein. Aber die Indoktrinierungen während der Grundausbildung und in der Zeit danach geben keinen hinreichenden Anhaltspunkt, dass sie dort schon auf das Ermorden von Zivilisten soweit eingestimmt wurden, dass ihnen gar keine Fähigkeit zum unabhängigen Denken in dieser Frage geblieben wäre.

2. Bürokratisierung, "Arbeitsteilung" und damit verbundene Verantwortungsdiffusion ließen viele leichter zu Tätern werden. Dies galt nicht nur für die "Schreibtischtäter", für die dieser Zusammenhang seit Hannah Arendts Studie über Adolf Eichmann beschrieben ist, sondern auch für die Täter im Einsatz: In vielen Fällen wurden die Exekutionen von dazu gepressten "Hilfswilligen", oft unter Alkoholeinfluss, durchgeführt. Die Polizisten waren zwar häufig an den Erschießungen selbst beteiligt, oft aber auch mit den 'begleitenden' Arbeiten befasst (Absperrungen, Abholen). Die späteren Vernehmungen der Polizisten verweisen auf die Wirksamkeit dieses Distanzierungsmechanismus, wenn sie sich in Fällen von bloßer Zuarbeit zu Erschießungen und Deportationen als nicht wirklich beteiligt und nicht verantwortlich betrachteten.[106]

3. Browning beschreibt die Bedeutung der anordnenden "Autorität". "Die scheinbar freiwillige Einordnung in ein als legitim empfundenes Autoritätssystem führt zu einem starken Verpflichtungsgefühl. Wer sich innerhalb der Hierarchie befindet, übernimmt die Perspektive der Autorität beziehungsweise deren 'Definitionen der Situation'. (...) Die Loyalitäts-, Pflicht- und Disziplinvorstellungen, die ein den Anforderungen der Autorität entsprechendes Verhalten fordern, werden zu moralischen Imperativen, die eine Identifizierung mit dem Opfer nicht mehr zulassen. Normale Menschen geraten in einen 'Zustand der Fremdbestimmung', in dem sie nur noch Vollstrecker eines fremden Willens sind. Dabei fühlen sie sich nicht mehr für den Inhalt ihrer Handlungen persönlich verantwortlich, sondern nur noch für deren möglichst gute Ausführung."[107]

4. Gruppenkonformität und Anpassung konnten den einzelnen zum Mitmachen beim Töten drängen, nach Browining sogar mehr als eine anordnende "Autorität". Verweigerung oder Vermeidung der Beteiligung wäre nicht nur als "Feigheit" angesehen worden. Der einzelne hätte sich auch über den Durchschnitt der anderen "moralisch" erhoben. Instinktiv wählten diejenigen, die sich am direkten Töten nicht beteiligen wollten, nicht die Begründung, dass sie sich dafür "zu schade" oder "zu gut", sondern dass sie "zu schwach" dazu seien. Wer sich der kollektiven Pflicht entzogen hätte, hätte riskiert, von den anderen abgelehnt zu werden: "keine angenehme Aussicht, wenn man bedenkt, dass sich das Bataillon im Ausland, inmitten einer feindselig eingestellten Bevölkerung befand, wo man stark aufeinander angewiesen war und praktisch keine anderen Möglichkeiten hatte, Unterstützung zu finden und soziale Kontakte zu knüpfen."[108] Gerade in diesem Punkt liegen bei allen Unterschieden die Parallelen zu Wehrmachtseinheiten auf der Hand.

5. Den "Befehlsnotstand", also die drohende Gefahr, bei Verweigerung eines Befehls kriegsgerichtlich verfolgt zu werden mit allen möglichen Konsequenzen, lässt Browning nicht als Erklärung für das Verhalten der Bataillonsangehörigen gelten. Zwar spielt das Argument in der Verteidigungsposition der Betreffenden eine große Rolle; es ist aber "in Hunderten von Gerichtsverfahren schlicht und einfach noch kein Angeklagter oder Verteidiger in der Lage gewesen, auch nur in einem einzigen Fall zu belegen, dass auf die Weigerung, unbewaffnete Zivilisten zu töten, jene gnadenlose Bestrafung gefolgt wäre, die angeblich zwangsläufig damit verbunden war".[109] Dennoch: eine "vermeintliche Zwangslage" konnte mit "ominösen Drohungen" und Druck durch Offiziere und Unteroffiziere geschaffen werden. Da sich einzelne dem Tötungsauftrag entziehen konnten, ohne Repressalien zu erleiden, reicht diese "Zwangslage" nach Browning aber nicht aus, die "Disziplin" derer, die sich konform verhielten, hinreichend zu erklären.

Einen interaktionistischen Standpunkt (bei dem vom Zusammenwirken von "Eigenschaft" und "Situation" ausgegangen wird) nimmt die These vom "sleeper"-Effekt ein: Bestimmte Persönlichkeitsmerkmale von Menschen mit gewalttätigen Neigungen bleiben in normalen Zeiten latent, kommen aber zum Vorschein, wenn die Situation es ermöglicht. Damit wären vielfältige Wechsel in den Karrieren von Tätern nachvollziehbar, die vor dem Krieg - und nach dem Krieg - ein unauffälliges, angepasstes, gesetzestreues Leben führten, ihren verborgenen Impulsen aber während des Krieges freien Lauf lassen konnten. Ein Gegenargument lautet, dass dieser "sleeper"-Effekt nichts Außergewöhnliches sei, sondern für die meisten Menschen Anwendung finden kann, wenn sie besonderen Situationen ausgesetzt sind, und dass es "gewöhnliche psychische Prozesse" und "normale menschliche Motive" sind, die Menschen zu Mittätern bei der Massenvernichtung werden ließen. "Es ist die Regel und nicht die Ausnahme, dass Böses aus normalem Denken erwächst und von normalen Menschen begangen wird."[110] Browning schließt mit der beunruhigenden Frage, "für welche Gruppe von Menschen sich dann noch Ähnliches ausschließen [ließe]", wenn man in vielen Konstellationen ausgehen müsse von dem Zusammentreffen autoritärer Strukturen mit Gruppendruck, Bürokratisierung und Spezialisierung und der damit verbundenen Abschwächung eines persönlichen Verantwortungsgefühls.

Omer *Bartov* wendet sich in seiner Studie unmittelbar der Wehrmacht selbst zu. Als "integraler Bestandteil des Systems" und sozial "aus einer rasch wachsenden Zahl ehemaliger Zivilisten" zusammengesetzt, spiegelte die Wehrmacht in höherem Maße als früher das gesellschaftliche Leben wider. "Mehr als alle ihre Vorläuferinnen war die Wehrmacht die Armee des Volkes und ein williges Werkzeug der Staatsführung."[111] Wie kam es also bei diesem Hintergrund einer 'repräsentativen' Wehrmacht zur Brutalisierung im Kriegsverlauf, vor allem im Osten? Bartov nennt vier ausschlaggebende Faktoren:

1. Der Krieg im Osten war gekennzeichnet durch den Widerspruch zwischen einer anfänglich hochmodernen Armee und einer zunehmenden "Entmodernisierung der Front". Spätestens seit der Wende im Winter 1941/42 "erlebten die meisten Truppen an der Front eine tiefgreifende Entmodernisierung und eine Rückkehr zum Stellungskrieg des Ersten Weltkriegs", was durch die immer moderner werdenden technischen Möglichkeiten des Gegners noch verschlimmert wurde.[112] Die "*Entmodernisierung*" zeigte sich für die Mannschaften an einem Rückfall auf primitivere Lebensbedingungen, als sie sie jemals zuvor erlebt hatten. Apathie und Kriegsmüdigkeit waren die Folge, zumal sich mit der zunehmend schwierigen Versorgung Mangelerscheinungen und Krankheiten aller Art einstellten. Von den 214.000 Ausfällen, die das Ostheer im Januar 1942

verzeichnete, waren fast 2/3 auf Krankheiten und Erfrierungen zurückzuführen, nicht auf Feindeinwirkungen. Die Ausfälle stiegen bis zum Frühjahr 1942 auf eine halbe Million.[113] Was waren die Folgen der "Entmodernisierung"? Bartov beschreibt als Reaktion der Soldaten eine zunehmend "skrupellose, fanatische und unmoralische Sicht des Krieges". Er sieht neben einer "Rückkehr zur Barbarei" in der Einstellung vieler auch etwas "Anarchisches, in dem sich die zunehmende Verachtung traditioneller Autoritäten und Werte mit dem starken Bedürfnis verband, den Feind wie auch sich selbst auszulöschen". In der "Verherrlichung des Todes" sieht er ein neues Aufkommen älterer romantischer Kriegsvorstellungen und eine Idealisierung des Krieges als einzige Möglichkeit, mit dieser Realität umzugehen.

2. Die zentrale Bedeutung der Ideologie für den Zusammenhalt und die Kampfmoral der deutschen Soldaten untermauert Bartov mit Thesen zur Entwicklung der "Primärgruppen". Er grenzt sich von der ursprünglichen Primärgruppentheorie von Shils und Janowitz ab. Diese Theorie, gestützt auf soziologische Analysen zum Aufbau des deutschen Heeres sowie auf die Aussagen von deutschen Kriegsgefangenen im Westen am Ende des Krieges, erklärte den großen Zusammenhalt der deutschen Soldaten und ihre Erfolge damit, dass sie nach Gesichtspunkten "bestimmter persönlicher Grundbedürfnisse" in Verbänden zusammengestellt waren: nach landsmannschaftlichen und regionalen Kriterien, mitunter mit Rücksicht auf religiöse, sprachliche und Brauchtumsmerkmale. Diese Primärgruppen schufen Bindung und Loyalität. Ideologische Indoktrination war in dem Maße gar nicht nötig, wie der Soldat in seiner Einheit ein Stück Heimat erleben konnte. Auch die militärischen Führer sollten den Untergebenen das Gefühl der Bindung und der väterlichen Fürsorge vermitteln. Im Umkehrschluss ging dieser Ansatz davon aus, dass mit der Auflösung der Primärgruppe - durch Dezimierung der Personalstärke, Verlust der Führung, Unterbrechung der Kommunikation, Zusammenbruch der Versorgung - auch die Kampfmoral und Widerstandskraft bald zusammenbrechen würde.[114] Dieser seit ihrer Entstehung 1948 recht populären Theorie widerspricht Bartov mit Bezug auf seine empirischen Befunde zum Ostheer. Zwar gab es auch im Ostheer das Bestreben, die "Primärgruppen" möglichst lange aufrechtzuerhalten. Und Bartov bestreitet auch nicht die Bedeutung von 'Kameradschaft' und 'Verantwortung für die eigenen Leute' in der Selbstwahrnehmung der Soldaten. Angesichts der enormen Verluste und der Schwierigkeit, den Ersatz zu organisieren, geht Bartov aber davon aus, "dass die 'Primärgruppe' als wichtiger Faktor für den Zusammenhalt der Truppe während des gesamten Russlandfeldzuges ausfällt" und die Soldaten allenfalls sehr flüchtige "Primärgruppen"-Bindungen eingehen und kaum ein persönliches

Treueverhältnis zu ihren Einheitsführern herstellen konnten"[115] Dennoch sei im deutschen Heer eine verbissene Kampfhaltung bis fast zuletzt festzustellen. Wenn die "Primärgruppe" als Begründung nicht geeignet sei, so Bartov, dann müssten andere Erklärungen dafür gefunden werden.

3. Der Prozess der Brutalisierung wurde beschleunigt durch eine Ideologie, die nach innen eine pervertierte Disziplin und rücksichtslose Behandlung der eigenen Soldaten, nach außen eine durch keine Normen des Völkerrechts gehemmte Herrschaftspolitik miteinander verband. Beide Aspekte "traten gleichzeitig auf und verstärkten und legitimierten sich gegenseitig".[116] Bartov sieht in diesem Zusammenwirken die charakteristischen und wichtigsten Merkmale der Wehrmacht, die eine grundsätzliche Akzeptanz der nationalsozialistischen Weltanschauung widerspiegeln.

Für die Soldaten erfahrbar wurde der Terror der eigenen Führung insbesondere durch die Praxis einer Wehrgerichtsbarkeit, der (nach den detaillierten Forschungen von Fritz Wüllner) bis zu 30.000 Wehrmachtsangehörige zum Opfer fielen, die meisten davon in den letzten 16 Monaten des Krieges.[117]

Bartov sieht einen "Teufelskreis" zwischen der Pervertierung der Disziplin, einem Barbarismus nach außen und wiederum verstärkter Brutalisierung der Disziplin.[118] Die "Verwilderung" der Truppe und die Möglichkeit der Aggressionsabfuhr gegen wehrlose Zivilisten war danach nicht ein Zeichen der Auflösung der Armee, wie manche Generäle befürchteten, sondern die Voraussetzung dafür, "den Soldaten an der Front eine brutale Disziplin aufzuzwingen". Das Ostheer wurde "durch eine Kombination aus eiserner Disziplin im Feld und einer allgemeinen Lizenz zur barbarischen Behandlung des Feindes zusammengehalten."[119] Die Aggression nach außen habe den Druck verringert, sich gegen die interne Disziplin zu wehren, so dass es keine Anzeichen von Aufsässigkeit oder Meuterei im Heer gab. Die Disziplin, gerade in ihrer "pervertierten" Form, sei Ausdruck einer Weltanschauung, die auf die Gewalt des Stärkeren setzte. Für jeden, der diese Gewalt nach außen selbst mitvertrat, musste auch die nach innen gerichtete Repression gegen alles 'Abweichende' als 'normal' erscheinen. Schließlich erwuchs aus der eigenen Beteiligung an Gewalt, die sich auch gegen Unbewaffnete, gegen Frauen, Kinder und Alte richtete, in dem Maße, wie alle bisherigen Grenzen militärischen Handelns überschritten wurden, eine zusammenschweißende 'Komplizenschaft': Wer hier mittat, konnte nur in der völligen und bedingungslosen Loyalität zur großen Gemeinschaft den nötigen Schutz finden: Schutz vor dem Feind, dem projektiv alles das an Grausamkeiten unterstellt wurde, was man selber ausführte; Schutz vor der Verfolgung von Taten, die im Zivilleben strengste Bestrafung nach sich gezogen hätten; Schutz vor dem Aufsteigen der Erinnerung an eigene frühere Normvorstellungen, die mit dem Kriegserleben nicht mehr in Einklang zu bringen waren.

4. So blieb - nach Bartov - den Soldaten der Wehrmacht gar kein anderer Weg, als sich weitgehend mit der Ideologie des Nationalsozialismus zu identifizieren. Sie übernahmen das Feindbild gegenüber den Juden und den Slawen und schmückten es mit jeder Erfahrung, die sie im Lande machten, gegenüber ihren Angehörigen aus.

An dieser Stelle wird eine Schwäche von Bartovs Ansatz deutlich: Er generalisiert die an Einzelbeispielen gewonnenen Befunde im Sinne seiner Hauptthese, dass die Wehrmacht durch und durch, also bis zur Ebene der Soldaten, "Hitlers Armee" und ideologisch letztlich nationalsozialistisch geprägt war. Dies illustriert er in seinem Schlusskapitel ("Verzerrung der Wirklichkeit") an Feldpostbriefen von Wehrmachtssoldaten. Dabei verwendet er die einschlägig bekannten Sammlungen von Feldpostbriefen, darüber hinaus aber auch als eine Hauptquelle Dieverges 1941 zusammengestellte Propagandabriefsammlung "Deutsche Soldaten sehen die Sowjetunion".[120] Hieraus kann Bartov Äußerungen extremen Hasses auf Juden und Kommunisten zitieren, die sich zwar auch in anderen Briefsammlungen, dort aber oft abgeschwächter und indirekter formuliert finden. Es bleibt die Frage, ob Bartov zu schnell und zu breit aus diesen Briefpassagen auf ein generell von Hass geprägtes Feindbild und eine nahezu völlige Übereinstimmung mit der herrschenden Ideologie schließt.

Kritisch wurde zu Bartovs These vom raschen Zerfall der "Primärgruppe" angemerkt, dass Bartov eine "formalistische Sichtweise" von der 'Primärgruppe' habe, die ihrem "informellen Charkater" nicht gerecht werde und dass er "für die zentrale These von der Auswirkung der damit verbundenen Umschichtungen auf die soldatische Gruppenkohäsion nicht einen einzigen direkten Beleg aus den persönlichen Zeugnissen" anbringe.[121] Unser Blick in die Feldpostbriefe mag also auch zu dieser Frage Aufschluss bringen.

Vergleicht man die Thesen *Bartovs* mit denen von *Browning*, ergibt sich ein markanter Unterschied. Beide untersuchen die Entstehung von ungehemmter Gewalt und Brutalität im Kriegsalltag, ausgeführt von "normalen Männern": von Soldaten der Wehrmacht bzw. Polizisten eines Reservebataillons. Bartov betont, dass viele, die zuhause für die nationalsozialistische Indoktrination unempfänglich geblieben wären, "sich im Lauf des Krieges zu überzeugten Kämpfern Hitlers und Repräsentanten der Herrenrasse" verwandelten. Dies gelte besonders für die Arbeiter, die vor Kriegsausbruch noch gegen Hitler gemurrt hätten, im Krieg aber zu seinen "treuesten Anhängern" wurden.[122]

Browning hält dagegen das ideologische Moment für nachrangig. In dem untersuchten Polizeibataillon spielte die ideologische Schulung eine untergeordnete Rolle. Wer funktionierte, tat das zwar vor dem Hintergrund eines allgemeinen ideologischen Klimas, im konkreten Fall aber aus eher trivialen Gründen des Gehorsams, der Gruppenloyalität, des persönlichen Fortkommens bzw. der Angst vor Repressionen oder Nachteilen verschiedenster Art. Zur Beteiligung am Mord bedurfte es einer besonderen ideologischen Zurüstung gar nicht.

Ebenso wie die Frage, ob weitere empirische Belege für die beiden Thesen gefunden werden, lohnt ein Nachdenken darüber, welche der Thesen eigentlich die 'radikalere' ist.[123] Ob sich die Soldaten zunehmend in einem Prozess der Identifizierung der vorgegebenen Ideologie anschlossen, und zwar verstärkt im Laufe der Zeit, kann anhand der privaten Briefe untersucht werden. Denn da, wo es einen Soldaten im Kriegsverlauf zum Bekenntnis im Sinne der herrschenden Ideologie trieb, wird er daran zumindest nicht durch die Zensur gehindert worden sein. Dagegen würde das Ausbleiben entsprechender Äußerungen Bartovs Annahmen entgegenstehen.

2.4   Feldpostbriefe als Versuche der Bewältigung
2.4.1   Briefe als Antwort auf die Belastung im Krieg

Wenn wir in dem Kriegserleben der Soldaten eine Quelle von "Stress" sehen, dann könnte man in dem Schreiben der Briefe einen Versuch erkennen, die Situation zu "bewältigen". Die Forschung zu "Stress" und "Bewältigung" (coping) soll hier insofern angesprochen werden, als sie für das Verständnis von Feldpostbriefen hilfreich sein kann.

Selye gab in den 30er Jahren mit seiner Beobachtung des "Allgemeinen Adaptationssyndroms" (AAS) den Anstoß zu einer umfassenden Stressforschung.[124] Selyes Aufmerksamkeit galt den physiologischen Veränderungen, die sich unabhängig von der Art des Stressors (Hitze, Kälte, Schmerz, Beschränkung der Bewegungsfreiheit usw.) beobachten und nach fünf Phasen unterscheiden ließen: Alarmreaktion, Schock-, Gegenschock-, Widerstands- und Erschöpfungsphase. Bemerkenswert ist der Wandel in der Adaptationsfähigkeit. So kommt es in der Schockphase zu einer herabgesetzten Adaptationsfähigkeit und zu Passivität, in der Gegenschockphase zur Ankurbelung aktiver Verteidigungsmaßnahmen, die in die Widerstandsphase münden. "Besonders charakteristisch für diese Phase ist die gesteigerte Widerstandsfähigkeit des Organismus gegenüber dem spezifischen Stressor, dem er ausgesetzt ist, und die reduzierte Widerstandsfähigkeit gegenüber anderen Stressoren. So entsteht der Eindruck, dass die erhöhte Widerstandsfähigkeit 'auf Kosten' der Widerstandsfähigkeit gegenüber anderen

Stressoren erworben wird". Der Organismus erreicht wieder einen "unter den gegebenen Umständen maximalen Adaptationszustand".[125] Die Erschöpfungsphase folgt als "Summe aller unspezifischen Reaktionen des Organismus". Bei anhaltender Einwirkung eines Stressors, dem der Organismus nicht länger standhalten kann, kommt es zum Kollaps; Symptome, die bei der Alarmreaktion noch reversibel waren, treten erneut, jetzt allerdings irreversibel auf. Dieser idealtypische Ablauf kann bei Stressoren großer Intensität auch "kurzgeschlossen" werden, so dass die Gegenschock- und die Widerstandsphase übersprungen werden. Im Unterschied zu späteren Begrenzungen des Stressbegriffs auf negativ getönte Ereignisse betont Selye ausdrücklich die Möglichkeit des "Eu-Stress", der durch freudige Ereignisse - ohne Schadensfolgen für den Organismus - ausgelöst werden kann.

In einer Revision bereitete Mason die Entwicklung psychologischer Stresskonzeptionen vor. Er bestritt die These von der Unspezifität der Stressoren (dass jeder Stressor bei genügender Intensität die beschriebenen Reaktionen hervorrufe). Mason dagegen wies nach, dass es primär die ausgelöste emotionale Erregung ist, die einer Stressreaktion vorausgehen muss. Der gleiche Stressor wirkt damit nicht bei jeder Person und Situation gleich. Dies wird in der gesamten humanen Stressforschung bestätigt: Es gibt eine "große interindividuelle Variabilität der Reaktionen auf die (objektiv) gleiche Stress-Situation".[126]

Cofer und Appley übertrugen das Prozessmodell von der physiologischen auf die psychologische Ebene. Stress ist demnach der "Zustand eines Organismus, in dem er sein Wohlergehen (oder seine Integrität) als gefährdet empfindet und glaubt, alle seine Kräfte für den Schutz dieses Wohlergehens (oder dieser Integrität) einsetzen zu müssen."[127] Cofer und Appley lokalisieren Begriffe wie Problem, Frustration, Konflikt auf einem Kontinuum von vier Stadien, zwischen denen jeweils "Schwellen" (kritische Zonen) liegen: Eine problematische Situation ruft noch keinen Stresszustand hervor, solange verfügbare Verhaltensweisen zur Bewältigung eingesetzt werden können. Erst wenn die Anforderung die Kapazität des Organismus übersteigt, kommt es zu Frustration und bei Überschreiten der Frustrationsschwelle auch zu Bedrohung und Angst. Dann treten zu den aufgabenorientierten Lösungsversuchen subjektbezogene Maßnahmen hinzu. Erst wenn diese versagen, ist die "Stress-Schwelle" erreicht, die durch Abwehrtendenzen und Selbstschutzreaktionen gekennzeichnet ist. Sind diese Versuche erfolglos, tritt schließlich mit der "Erschöpfungsschwelle" Hilflosigkeit und Hoffnungslosigkeit ein. Man kann in dieser Beschreibung eine Vorarbeit der Forschungen zur "gelernten Hilflosigkeit" (Seligman) sehen, die in ihrer revidierten Fassung belegten, dass Individuen - in Abhängigkeit von der Attribution von

Erfolg und Misserfolg schließlich in Resignation und Depression verfallen können - dann nämlich, wenn sie einen Misserfolg fortdauernd und umfassend auf selbst zu verantwortende Ursachen zurückführen.[128]

Seit den Anfängen mit Selye hat sich der Stressbegriff so vieldeutig weiterentwickelt, dass manche Emotionsforscher vorgeschlagen haben, ihn ganz zu vermeiden.[129] Dagegen ist der Begriff als umfassendes Konzept in dem transaktionalen Ansatz von Lazarus beibehalten[130]: Stress umfasst danach jedes Ereignis, "bei dem Umgebungsanforderungen oder innere Anforderungen (oder beide) die adaptiven Mittel eines psychologischen, sozialen oder physiologischen Systems beanspruchen oder übersteigen". Mc Grath präzisiert, dass es um ein Ungleichgewicht zwischen *wahrgenommenen* Anforderungen und *wahrgenommener* Reaktionskapazität geht. 'Transaktional' meint, dass Stress im wechselseitigen Geschehen zwischen Person und Umgebung erfasst werden muss.[131] Lazarus beschreibt dies am Konzept der "Bedrohung" (threat): Ob jemand etwas als Stress erlebt, hängt nicht nur von der Anforderung und nicht nur von der Person ab, sondern von dem Kräfteverhältnis zwischen beiden. So kann auch eine "kleine Anforderung" schon das Erlebnis von Bedrohtheit auslösen (und damit Stress), wenn die Reaktionsfähigkeit der Person in Bezug auf dieses Ereignis gering ist. Und dieses Verhältnis ist nicht statisch, sondern die Bewältigungsversuche der Person beeinflussen wiederum ihre Einschätzung der eigenen Fähigkeit und damit der Bedrohung. "Adaptive Mittel" zeichnen sich dadurch aus, dass sie die Person "befähigen, den Anforderungen gerecht zu werden und die negativen Konsequenzen beim Versagen geeigneter Aktionen zu verhindern".[132]

Was kann dies für das Verständnis der Feldpostbriefe als Mittel der Stressbewältigung heißen? Zunächst etwas zu den Grenzen der Interpretation: Es kann nicht Aufgabe einer Arbeit über Feldpostbriefe sein, die in der Stressforschung zunächst physiologisch differenzierten Abläufe für die Soldaten im Krieg zu rekonstruieren. Zu ungenau und zufällig sind Angaben in Briefen, die sich auf körperliche Stressreaktionen beziehen. Mit den Quellen, die uns zur Verfügung stehen, können wir wenig aussagen über die Breite der möglichen physiologischen und psychologischen Stressfolgen. Auch die Kontextabhängigkeit von Gefühlsäußerungen steht einer Interpretation im Sinne einer Typenlehre entgegen (wie etwa der Unterscheidung von Byrnes in "represser" und "sensitizer"). Selbst wenn ein Soldat in seinen Briefen als sehr gefühlsbetont erscheint und über Ängste und Sorgen schreibt, wissen wir doch wenig über seine Angstverarbeitung in anderen Situationen und vor allem über sein Verhalten. Allein von den Briefen auf überdauernde individuelle Charaktermerkmale oder Verhaltensdispositionen zu schließen, erscheint nicht zulässig. Wohl aber können im Wandel der Zeit oder im Vergleich von Untergruppen unterschiedliche Reaktionstendenzen beobachtet und bewertet werden.

Nun zu den Möglichkeiten der Interpretation: Wenn es das Bestreben eines Menschen ist, sich gegenüber den Angehörigen als wertvoll und erfolgreich, zumindest aber nicht als wertlos und erfolglos darzustellen, stellt dies an den Brief in einem Krieg, der nur zu Beginn von Siegen, dann aber von Rückschlägen und Niederlagen geprägt ist, komplexe Anforderungen. Angesichts der schlichten Realität, dass durch das Briefschreiben der Kriegsverlauf selbst nicht beeinflusst werden konnte, kommt den Briefen eine zunehmend kompensatorische Bedeutung zu. Sie haben, wenn schon der Krieg verloren geht, den heimatlichen Frieden zu sichern. Zu prüfen wäre diese Aufgabe der Briefe daran, ob sie der 'angemessenen' Selbstdarstellung dienen sollen, ob sie geprägt sind von der Betonung fortdauernder Liebe und der Versicherung und Forderung von Treue und ob sie, gleichsam als Gegengewicht zu der desolaten Lage, Hoffnungen und Sehnsüchte artikulieren, die zumindest in der Vorstellung einen Ausgleich schaffen. Sofern sie dies tun, würden die Briefe im Ganzen einen 'adaptiven', die 'Kriegsmoral' stützenden Beitrag leisten dazu, dass die Soldaten ihre Rolle als 'Kämpfer für die Heimat' weiterhin ausfüllen können. Wenn die Briefe den Raum geben, bei aller Vorsicht Ärger und Verzweiflung über die eigene Seite zu äußern, käme ihnen eine kathartische Funktion zu. Die Briefe würden dann beides zugleich bewirken: 'Dampf abzulassen' und damit die weitere Integration in den militärischen Alltag zu gewährleisten und die allmähliche Distanzierung des Einzelnen von den Gruppennormen vorzubereiten.

Die Benennung von Phasen (nach Selye oder Cofer u. Appely) ist von heuristischem Wert für die Reaktionen der Soldaten im Krieg. Ist das Briefschreiben ein Versuch, in belastender Lage ein "Gleichgewicht" wiederherzustellen? Zunächst kann dies gelten für die Funktion der Briefe, das erlebte 'Ungleichgewicht' durch die Trennung von zu Hause auszugleichen. Auch inhaltlich können sich die Phasen in den Briefen niederschlagen, z. B. wenn es in Schock- und Erschöpfungsphasen weniger oder durch Passivität und Resignation geprägte Briefe gibt. Gegenschock- und Widerstandsphase wären erkennbar, wenn die Briefschreiber sich selbst zu behaupten versuchen, Aussichten auf Erfolg betonen oder zum "Durchhalten" ermahnen. Äußerungen des Stolzes wären in einer Phase der Überlegenheit Zeichen dafür, dass aus Sicht der Soldaten ein positiv getönter "Stress" vorliegt, der ebenfalls durch Mitteilung zu einem Ausgleich drängt. Die Briefe können Hinweise geben, ob die Widerstandsfähigkeit gegenüber spezifischen Stressoren, hier vor allem Kampf- und Gefahrensituationen, tatsächlich 'erkauft' wird um den Preis der größeren Anfälligkeit gegenüber anderen Stressoren wie alltäglichen Belastungen, kleinen Zufällen, internen Querelen oder auch Verunsicherungen, die aus der Heimat kommen. Die Erkenntnisse über die Spezifität mahnen gleichzeitig, von einer Vielfalt individueller Reaktionen auszugehen. Hier mag der Vergleich von Briefen aus verschiedenen zeitlichen Phasen mit ihren Höhepunkten und Niederlagen Aufschluss darüber geben, ob - im Sinne der Life-Event-Forschung[133] - personenübergreifend ähnliche Reaktionen in belastenden Lebenssituationen zu finden sind; ob es gruppenspezifische Reaktionsmuster unabhängig von den Ereignissen gibt oder, dem interaktionistischen Ansatz folgend, ob das Zusammenspiel von Personen- und Situationsvariablen den Ausschlag für die Art der Reaktion auf Stress gibt. Diese Fragen können vorbehaltlich der Einschränkung untersucht werden, dass nur die Mitteilungen der Soldaten an die Angehörigen vorliegen, also eine Auswahl dessen, was sie über Stress und ihre Reaktionen schreiben wollten.

Briefe im Krieg sind auch ein Mittel, die Bedrohung ("threat") zu beeinflussen. Für die Aufgabe der Soldaten, Stress zu bewältigen, heißt das: Es sind nicht nur die äußeren Bedingungen (vom Kampf bis zum Klima), sondern auch und gerade die inneren Anforderungen, die ihnen zur Quelle der Belastung werden können: Ehrgeiz, eigene Ansprüche, Angst vor Versagen. Was kann die Dreiteilung des Bewertungsprozesses nach Lazarus für das Bewältigen mithilfe von Briefen bedeuten? Lazarus unterscheidet eine primäre Bewertung, eine sekundäre Bewertung und eine Neubewertung (primary, secondary und re - appraisal), die zeitlich auch parallel ablaufen können und sich gegenseitig beeinflussen. Angewandt für den Soldaten im Krieg und sein Motiv, Briefe zu schreiben, würde eine primäre Bewertung darüber entscheiden, ob ein erlebtes Ereignis überhaupt relevant ist; aus Sicht der Stresskonzeption: ob es Bedrohung, Schaden / Verlust oder Herausforderung bedeutet. Die sekundäre Bewertung, bzw. die Bewertung der eigenen Bewältigungsmöglichkeiten ("appraisal of coping ressources") würde, bezogen auf das Briefschreiben, den Ausschlag dafür geben, ob der Soldat über einen äußeren oder inneren Vorgang überhaupt nach Hause schreibt: ob er glaubt, dass ihm dies in irgendeiner Weise bei der Bewältigung helfen kann. Eine Neubewertung wird er dann im Lichte der heimischen Reaktion oder auch der eigenen Erfahrungen vornehmen: Zollen ihm die Angehörigen Anerkennung für eine Auszeichnung und "lohnt" es sich für ihn, darüber zu berichten? Hat es ihm Entlastung gebracht oder nur neue Sorgen, dass er über eine Gefahr nach Hause schrieb? Der Briefschreiber wird die Erfahrung machen, dass er nicht über jeden Stressor in gleicher Weise nach Hause schreiben sollte. Unabhängig von der Zensur wird er sich auch selbst Schranken setzen, und es kann untersucht werden, ob er eher über physikalische Stressoren (Kälte, Hitze, Enge, Ungeziefer) schreiben kann als über soziale (Ablehnung durch andere) oder psychologische (Angst, eigenes Versagen). Aber auch hier lassen sich keine generellen Voraussagen machen, weil es sowohl von Person- wie Situationsmerkmalen abhängt, ob eine Belastung zur Mitteilung drängt.

Bleiben wir einen Moment bei der "Bewältigung" (coping). In der Forschung wird darunter ein "prozesshaft-dynamisches Geschehen" verstanden, das nicht unbedingt zum Erfolg führen muss und daher alltagssprachlich treffender mit "Bemühung" oder "Auseinandersetzung" erfasst würde.[134] Bewältigung hat letztlich zwei Funktionen: Sie zielt auf die Änderung der gestörten Person-Umwelt-Konstellation ab und sie ist auf die Regulierung von (negativen) Emotionen gerichtet, sie kann also sowohl problem- wie emotionszentriert sein. Im Kontext von Stress wurden *vigilante* und *vermeidende* Strategien unterschieden: Bei den ersten sucht der Betroffene nach weiteren Informationen, er stellt sich der Belastung; bei den zweiten will er davon nichts wissen und auch nicht darüber reden. Wiederum zeigte sich, dass die Bewältigungsmuster der untersuchten Personen "durch mehr Variabilität als Konsistenz charakterisiert waren".[135]

Es gibt Ergebnisse (z. B. bei Patienten vor und nach Operationen), die durchaus dem vermeidenden Bewältigungsstil Vorteile für die Stabilität und Gesundung der Person zusprechen. So ist in den Briefen der Soldaten nicht nur aufgrund der Zensur, sondern auch aus Gründen der eigenen Stabilität eher mit vermeidenden als mit vigilanten Reaktionen zu rechnen.

In der Emotionsforschung wurde Bewältigung weiter differenziert nach aktionalen (wie Angriff, Flucht, Zuwendung, Rückzug), intrapsychischen (kognitive Prozesse) und expressiven Formen.[136] Auf allen drei Ebenen kann ein Bezug zum Feldpostbrief hergestellt werden. Mit dem Briefschreiben wählt der Soldat eine aktionale Bewältigungsform: Er gestaltet Inhalt und Form der Zuwendung gegenüber den Angehörigen; nicht zuletzt strukturiert der Schreibvorgang selbst Energien, die sonst auch eineBedrohung darstellen können -Schreiben beruhigt. Der Inhalt wird von vielfältigen intrapsychischen Prozessen gesteuert. Unter den intrapsychischen Techniken kann man mit Thomae unterscheiden:

1. Die "defensiven" Techniken: Sie dienen dazu, "eine potentielle oder faktische Bedrohung vom Eindringen in das Bewusstsein abzuhalten (z. B. Verdrängung, Verneinung)". 2. Die "evasiven" Techniken: Bei ihnen wird eine Bedrohung zwar erkannt, es wird aber in ausweichender oder abschwächender Weise reagiert (z. B. Vermeidung, Bagatellisierung). Weitere intrapsychische Bewältigungen sind: Affekt-Isolation, Verkehrung ins Gegenteil, Intellektualisierung, wirklichkeitsfliehende Phantasien (Eskapismus, Tagträume).[137] Sie dienen dazu,

ein emotionsauslösendes Ereignis nicht anzuerkennen oder die Bedrohlichkeit zu reduzieren. Solche Strategien werden sich in Ansätzen in den Briefen niederschlagen.

Als eine Sonderform nennt Lazarus die "defensive Neubewertung". Hierbei handelt es sich um intrapsychische Manöver der Umdeutung eigentlich negativer Ereignisse. Anlässe dafür haben die Soldaten genug und positive Umdeutungen des Krieges, der Verwundung und der Trennung von der Heimat wären Hinweise auf die Umsetzung dieser speziellen Bewältigungsart.

Manchen dieser Strategien hängt eine negativ getönte Konnotation an, deshalb sei ihr möglicher emotional entlastender und damit auch die Kräfte des Individuums stärkender Effekt betont. In Bezeichnungen wie "Selbstinstruktion", "Hoffen" und "Sinngebung" kommt dieser Aspekt deutlicher zum Ausdruck. [138]

Der direkte Ausdruck von Gefühlen (expressive Bewältigung), der von der Unterdrückung der Gefühle bis zum unkontrollierten Ausdruck reicht, lässt sich in Briefen nur indirekt ablesen. Aber man sollte diese Kategorie nicht von vorneherein ausklammern, weil es sich um schriftliches, und damit per se distanzierteres Material handelt. Auch der Gefühlsausdruck im Brief unterliegt den sozialen Normen, die eine "angemessene" Mittellage nahelegen und besonders extreme negative Äußerungen als sozial unerwünscht sanktionieren.

Den Fragen des (mangelnden) Gefühlsausdrucks in Feldpostbriefen aus verschiedenen Jahrhunderten, u.a. aus dem Zweiten Weltkrieg näherte sich Isa Schikorsky aus sprachwissenschaftlicher Sicht. Am häufigsten beobachtete sie ein "Aussparungsverhalten" in der privaten Kommunikation zwischen Ehepartnern und zwischen Müttern und Söhnen. Nur "sehr bruchstückhaft und undifferenziert thematisiert werden Erfahrungen, [die] in besonders emotionsträchtigen Situationen" gemacht wurden, was Schikorsky allerdings nicht nur auf die besonderen Bedingungen der Zensur und der sozialen Erwartungshaltung der Briefpartner/innen im Krieg zurückführt, sondern auf eine allgemeine "mentale Disposition" in einer Gesellschaft, die "emotionale Neutralität schätzt" und in der es an einer öffentlichen Kultur des Emotionsausdrucks mangelt". [139] Nur in den "Testamentsbriefen", die in ausweisloser Lage als letztes Vermächtnis geschrieben wurden, komme es zum Bruch mit den kommunikativen Konventionen und den Zensurbestimmungen. [140]

Gerade in intimen Beziehungen wirkt die angenommene Reaktion des Gegenübers auf die eigene Bewältigungsstrategie ein: Der freie offene Ausdruck von Gefühlen, dem allgemein eine positive Wirkung für die Bewältigung zugesprochen wird, erweist sich in Extremsituationen als negativ-schädlich. Wer die Angehörigen mit eigenen andauernden Ängsten belastet, löst Unsicherheit und

Rückzugstendenzen aus. "Negatives Feedback kann dazu führen, dass die Betroffenen den offenen Ausdruck negativer Gefühle unterbinden, um die sozialen Beziehungen nicht zu verlieren und sich in einer "Scharade" als optimistisch und tapfer darstellen."[141] So wird in Situationen der Ausweglosigkeit zu fragen sein, ob die Schreiber die Normen der sozialen Erwünschtheit sprengen und ihren Gefühlen freien Lauf lassen oder sich aus Vorsicht und Rücksicht Schranken auferlegen. In Anlehnung an die Selbstwahrnehmungstheorie von Bem kann man fragen, ob ein kontrollierter Umgang mit belastenden Ereignissen und eine Selbstdarstellung des 'souveränen' Umgangs damit sogar entsprechend auf den Schreiber zurückwirkt. Bem postuliert und belegt, dass gerade im Bereich mehrdeutiger und mittlerer oder schwacher innerer Zustände die Menschen ihre Einstellungen und Bewertungen aus dem eigenen Verhalten ableiten, insbesondere wenn Handlungsfreiheit besteht und die Verhaltenskonsequenzen in dieser Weise zu interpretieren sind. [142] Wenn der Soldat im Krieg also die Entscheidung trifft ('Handlungsfreiheit'), über seine Ängste wenig zu schreiben, und ihm das in der Heimat durch weitere Zuwendung und Ermutigung gedankt wird ('Verhaltenskonsequenz'), sieht er sich nicht nur in seiner Schreibhaltung bestätigt, sondern glaubt mit der Zeit selbst, dass er tapfer ist und die Angst im Griff hat. Dies kann ihm im Kriegsalltag als eine adaptive Umgangsweise erscheinen.

Bei aller interindividuellen Variabilität kann in Anlehnung an *Phasen- bzw. Stufenmodelle* der Bewältigung gefragt werden, ob es im Kriegsverlauf übergreifende Reaktionsweisen gibt, die von der Einschätzung der eigenen Sieg- und Niederlageerwartung, noch individueller: von der eigenen Überlebenserwartung abhängen. Man hat inzwischen angesichts der Popularität von Phasenmodellen (etwa im Umgang mit Trauer bei Verlust) kritisiert, dass solche Muster von invarianten Phasen-Abfolgen der Vielfalt von emotionalen Reaktionen nicht gerecht werden und es sogar schädlich sein könne, wenn sie normativ wirken.[143] Man wird dennoch Äußerungen in den Briefen gerade bei einem zeitlichen Ordnungsgesichtspunkt daraufhin untersuchen können, ob es bei einem oder mehreren Schreibern phasengebundene Reaktionen gibt. Klingers "*incentive-disengagement cycle*" postuliert einen Ablauf in vier Stufen, mit dem auf den "Verlust einer Zielbindung" reagiert wird: 1. gesteigerte Anstrengung zur Aufrechterhaltung des Zieles ; 2. Ärger und Frustration bei einem fortdauernden Misslingen dieser Bemühungen; 3. Depression und Apathie, wenn das Ziel letztendlich aufgegeben werden muss und 4. allmähliche Stimmungsaufhellung, wenn die ursprüngliche Zielbindung im Laufe der Zeit verblasst.[144] Zielbindungen der Soldaten können sich in ihrer Zustimmung zur herrschenden Ideologie oder in ihrer Hoffnung auf Teilhabe am Sieg ausdrücken. In Anlehnung an dieses

Phasenmodell kann gefragt werden, ob anfängliche 'Zielbindungen' im Sinne dieser Phasen unterschiedlich verarbeitet werden. Die letzte Stufe (Stimmungsaufhellung) wird sich angesichts der immer bedrohlicheren Kriegslage allerdings kaum aus Feldpostbriefen ablesen lassen.

2.4.2 Briefe als Antwort auf die Bedrohung des Selbstwerts

Briefe haben auch die Funktion, ein ganz bestimmtes Bild der eigenen Person beim Gegenüber zu erzeugen. Der Schreiber möchte den Eindruck steuern, den er beim andern hervorruft. Zahlreiche Forschungen haben den "Schutz des Selbstwertgefühls" wie die "Selbstdarstellung" als zentrale Motive in der Kommunikation erkannt, wobei im Fall der Briefe nicht nur die Eltern oder die Ehefrau, sondern auch das eigene Selbst als "Publikum" bzw. als interner Adressat angesehen werden kann.[145]

In Anlehnung an die Theorie der "objektiven Selbstaufmerksamkeit" von Duval und Wicklund (inhaltlich korrekter sollte man von "Selbst als Objekt - Aufmerksamkeit" sprechen) kann man in den Briefen einen Anlass sehen, dass der Schreiber seine Aufmerksamkeit auf sich selbst richtet. Eine solche Selbstaufmerksamkeit führt dazu, Diskrepanzen zu erkennen zwischen dem Selbstideal - den Ansprüchen in verschiedenen Lebensbereichen - und dem realistischen Selbstbild. Dies führt meist (nicht immer) zu unangenehmen Gefühlen und einer Verminderung des Selbstwerts, da die eigenen Ansprüche in der Regel etwas höher sind als die tatsächlichen Ergebnisse des eigenen Verhaltens. Experimentell konnte dies nachgewiesen werden, wobei die Selbstaufmerksamkeit allein schon durch einen Spiegel erhöht wurde, in den die Personen schauen. Es gibt eindrucksvolle Belege dafür, dass Menschen versuchen, diese Diskrepanzen zu verringern. Dazu stehen prinzipiell zwei Wege offen: entweder passen sie das eigene Verhalten an die eigenen Normen an oder sie versuchen, sich abzulenken und alles zu vermeiden, was zu erhöhter Selbstaufmerksamkeit führt.[146] Welche Reaktion wird eher gewählt? Nach Wicklund wird bei einer Diskrepanz der einfachere und schnellere Weg der Vermeidung und Ablenkung bevozugt und nur, wenn dies nicht möglich ist, der anstrengende Weg der Anpassung des Verhaltens an die eigenen Ansprüche gewählt, vorausgesetzt, dass man erwarten kann, damit Erfolg zu haben. Feldpostbriefe könnten die Funktion des Spiegels haben: der Soldat stellt sich im Schreiben dar und nimmt dies selbst wahr. Wie schon beim Umgang mit extremen Gefühlen wie Angst und Resignation angedeutet, wird er auch bei Abweichungen zwischen Idealen / Normen und dem selbsterlebten Kriegsalltag seine Mitteilungen steuern, nicht nur im manipulativen Sinne, sondern als Vorbedingung, um seinen Selbstwert zu erhalten. Letzteres erscheint deshalb wichtig, weil es nicht nur darum geht, den Adressaten ein gutes Bild von sich zu geben, sondern auch sich selbst gegenüber. Dies gilt umso mehr, als das eigene Verhalten ein so ganz anderes ist, als es den Normen in Friedenszeiten entspricht. Wenn das Kämpfen und Töten, die Ausübung der Herrschaftspolitk in all den Facetten, die im historischen Teil dargelegt wurden, zum aktiven oder zumindest mitwissend getragenen Verhaltensrepertoire gehörten, dann wird diese Diskrepanz zum 'normalen', 'anständigen', 'auf Ordnung und Recht bedachten' Verhalten in Friedenszeiten den Selbstwert durchaus bedrohen. Die Distanz der Briefadressaten würde die "Ablenkung" oder "Vermeidung" als probates Mittel nahelegen - der Soldat müsste einfach nichts über einstellungsdiskrepante Vorkommnisse schreiben und das Verbot durch die Zensur würde dann sogar entlastend wirken. Es bleibt aber die Diskrepanz zum Selbstbild und besonders gegenüber den Angehörigen wird es ein Bedürfnis geben, diese Spannung zu minimieren, weil ihre Meinungen wie ein Spiegel wirken. Wenn sich der Soldat also nicht selbst ablenken kann, sind in Briefen Rechtfertigungen durch Feindbilder und Projektionen zu erwarten, da unter den Kriegsbedingungen kaum das eigene Verhalten, wohl aber die eigene Einstellung verändert werden kann. Gelingt es dem Schreiber, auf diesem Weg auch die Einstellung der Kommunikationspartner zu steuern und wird ihm dies in den Briefen durch Akzeptanz oder sogar argumentative Unterstützung zurückgemeldet, gewinnt er ein Doppeltes: die Versicherung einer Gruppenidentität in Abgrenzung von dem Feind und die Entlastung von selbstwertbedrohlichen Signalen, ja sogar die ausdrückliche Selbstbestätigung. Hierin mag die Betonung von "Tugenden" wie 'Treue', 'Sauberkeit', 'Ordnung' bzw. ihrer Gegenbegriffe zur Festigung der Freund - Feind Abgrenzungen ihre Begründung finden.[147]

Wie Selbstwertschutz unter der extremen Bedingung existentieller Bedrohung gewährleistet werden kann, ist das Forschungsgebiet der *"Terror-Management-Theorie"*.[148] Ihre Grundannahmen über die Rückwirkung der Todesangst auf die Verteidigung der eigenen kulturellen Werte konnten experimentell bestätigt werden und besagen: Der Mensch steht vor der Paradoxie, dass er mit seinen einzigartigen Fähigkeiten eine Sonderstellung in der Welt einnimmt, gerade durch seine Reflexionsfähigkeit aber auch mit seiner Sterblichkeit konfrontiert ist. Der eigene Tod stellt sogar die einzige Gewissheit dar, die der Mensch letztlich hat. Dies löst eine große Bedrohung und Angst ("terror") aus. Um sich davor zu schützen, dienen dem Menschen kulturelle und religiöse Vorstellungen, mit denen die Welt und sein eigenes Dasein einen "Sinn" erhalten. So erhält der Mensch einen Selbstwert jeweils innerhalb seines kulturellen Kontextes. Die kulturell geprägten Vorstellungen bedürfen der ständigen Validierung. Daher ist es für jedes Individuum notwendig, um seinen Selbstwert zu erleben, einen Beitrag zu der Kultur zu leisten und die zugewiesenen Rollen auszufüllen. Jede Kultur bietet dem einzelnen Sicherheit vor der existentiellen Bedrohung auf zwei Wegen: 1. Sie vermittelt dem Menschen die Vorstellung von einer "gerechten Welt". 2. Sie verspricht ihm - symbolisch oder real - Unsterblichkeit (durch das "Fortleben" im Andenken anderer oder in den eigenen Kindern, durch die Religion). So kann der Mensch durch Einfügen in den kulturellen Kontext seinen Gleichmut auch angesichts existentieller Bedrohungen bewahren. Dazu unternimmt er laufend Anstrengungen, um seinen Selbstwert zu erhalten durch

1. die laufende Validierung (Bestätigung) des eigenen kulturellen Weltbildes;
2. die Verteidigung des Weltbildes gegen Bedrohung von außen;
3. die laufende Validierung seines eigenen primären Wertes innerhalb der Kultur;
4. die Verteidigung des persönlichen Wertes gegen Bedrohung.

Die Validierung des eigenen kulturellen Weltbildes kann durch alle Formen der kulturellen Betätigung oder die Betonung von kulturellen Symbolen geschehen. Informationen oder Erfahrungen, die das eigene Weltverständnis infrage stellen oder die darauf hindeuten, dass andere kulturelle Weltbilder ebenso gültig sind, stellen eine Bedrohung dar und lösen Angst aus. Dagegen muss das eigene Weltbild verteidigt werden. "Erfolgreiche" Strategien dazu sind die Abwertung von unähnlichen und die Aufwertung von ähnlichen Personen, die Diskriminierung von "outgroup"- Mitgliedern und die Bevorzugung von "ingroup"-Mitgliedern. Dieser Weg des Selbstwertschutzes setzt eine ständige konsensuelle Validierung der kulturellen Orientierung voraus. Im sozialen Vergleichsprozess erleben sich die Individuen erst durch die Übereinstimmung mit anderen als wertvolle Mitglieder der Gesellschaft.[149] Was die Terror-Management-Theorie über die herkömmlichen soziologischen Erklärungen zu Konformität und Vorurteilsbildung heraushebt, ist ihre ausdrückliche Verbindung mit der Angst vor dem Tod. In der Tat konnte in experimentellen Studien nachgewiesen werden, dass allein schon durch die gedankliche Konfrontation mit dem Thema Tod Menschen verstärkt an der eigenen kulturellen Norm festhielten und Normabweichungen noch kritischer verurteilten als unter 'normalen' Bedingungen.

Feldpostbriefe entstanden in einer Situation, die in diesem Falle auf tragische Weise der experimentellen Bedingung 'überlegen' ist. In Anlehnung an die Terror-Management-Theorie kann also untersucht werden, ob die Betonung der eigenen kulturellen Überlegenheit und die Akzentuierung des Feindbildes mit der existentiellen Bedrohung zunimmt. Feldpostbriefe können umso mehr eine aussagekräftige Quelle sein, weil eine der Theorie nach zu erwartende größere Affirmation eigener kultureller Normen durch keinerlei Zensurverbot gehemmt wird. Überdies stellt der Austausch mit den nächsten Angehörigen geradezu ein prädestiniertes Terrain für die konsensuelle Übereinstimmungssuche mit den Mitgliedern der eigenen Kultur dar.

Theoretische Überlegungen zu Erhalt und Erhöhung des Selbstwertes wurden ergänzt, mitunter auch ersetzt durch Ergebnisse der Forschung zur "*Selbstdarstellung*". Insbesondere der vielfach belegte Effekt des "self-serving-bias" hat konkurrierende Erklärungen gefunden. Gemeint ist damit die asymmetrische Attribution von Erfolg und Misserfolg: Erfolg wird eher intern attribuiert, Misserfolg eher extern. Erfolg wird auf eigene Fähigkeit und Leistung zurückgeführt, Misserfolg auf Zufall, widrige äußere Bedingungen, die Schuld anderer usw. Dieser zunächst dem Selbstwertschutz dienende Prozess ist aber nicht durchgängig zu beobachten. Vielmehr gibt es auch "gegendefensive Attributionen", bei denen es genau umgekehrt ist, was einer einfachen Selbstwertschutztheorie widersprechen würde. Hier erweisen sich die Motive der Selbstdarstellung als erklärungskräftiger: Wenn jemand aus einer zu optimistischen Selbstzuschreibung eines Erfolges negative Konsequenzen befürchtet (durch andere Gruppenmitglieder, die sich zurückgesetzt fühlen könnten, durch die mögliche Entlarvung seiner Übertreibung oder durch die Konfrontation mit der Herausforderung, die gleiche Leistung in der Öffentlichkeit noch einmal wiederholen zu müssen), dann kann er durchaus zur gegendefensiven Attribution greifen: den eigenen Anteil am Erfolg herunterzuspielen oder die Mitverantwortung am Misserfolg herauszustellen.[150] Anhand der Feldpostbriefe wird man zwar kaum eine Entscheidung im Streit der theoretischen Erklärungen treffen, wohl aber das Vorkommen des Effekts selbst beobachten können. Es kann durchaus beiden Zielen zugleich dienen, dem Selbstwertschutz wie der Selbstdarstellung, wenn die Soldaten den militärischen Erfolg (vor allem in der Anfangszeit) auch als ihren persönlichen verbuchen, während sie die Niederlage auf äußere Umstände zurückführen wie z. B. das Klima, die materielle Ausstattung des Gegners oder auch die Fehler der eigenen Führung. Letzteres würde, wenn es dem Selbstwertschutz dienen soll, schon auf eine Auflösung der Identifikation mit dieser Führung hindeuten.

Es sind insbesondere die Untersuchungen zum "*impression-management*",[151] die Aufschluss geben über die Wege, mit denen Menschen den Eindruck, den sie auf andere machen, zu steuern suchen. Ähnlich wie schon die älteren Erklärungen zur "sozialen Erwünschtheit" postulieren die Vertreter dieses Ansatzes, dass eine Person vor der Ausführung einer Verhaltensweise potentielle Reaktionen anderer Personen antizipiert und je nachdem, ob diese Reaktionen erwünscht oder unerwünscht sind, die Verhaltensweise zeigen, verändern oder unterlassen wird. Eine extreme Folge beschreibt der "MUM-Effekt" (von "to keep mum" - "sich mucksmäuschenstill verhalten"). Damit beschreibt Schlenker[152] das vorsorgliche Schweigen über unangenehme Nachrichten, von denen der Überbringer befürchtet, dass er selbst damit assoziiert werden könnte. "Management impression" würde sich darin zeigen, dann lieber zu schweigen, um keine negativen Konsequenzen zu riskieren. Für die Soldaten im Krieg heißt das, immer wieder zu überlegen, wieweit sie schlechte Nachrichten nach Hause schreiben. Wenn sie es unterlassen, kann das dem Wunsch entsprechen, die Angehörigen zu schonen, wie auch sich selbst vor einer Assoziation mit der schlechten Nachricht zu bewahren. Neben diesem Ausblenden von Informationen hat der Ansatz zahlreiche situationsübergreifende "Strategien" wie auch situationsspezifische "Taktiken" der Eindrucksbeeinflussung beschrieben. So wird man auch in Feldpostbriefen assertive Selbstpräsentations-Strategien erwarten dürfen wie: Kompetent erscheinen wollen, sich als attraktiv und liebenswert darstellen, auf Status und Prestige hinweisen, sich als glaubwürdig und vertrauenswürdig darstellen und sich anderen gegenüber öffnen. Ob allerdings auch die defensiven Strategien vorkommen (sich hilflos und ängstlich darstellen, mit Verweis auf Alkohol oder Krankheiten eigene Verantwortlichkeit abstreiten), ist fraglich angesichts des Bestrebens, über die große Entfernung ein eher positives Bild von sich abzugeben.[153] Die assertiven Strategien werden in Abhängigkeit von der Zeit und anderen Variablen Veränderungen erfahren. So wird die Betonung des eigenen Erfolgs ('Prestige') zunehmend in Konflikt geraten mit dem Ziel, glaubwürdig zu erscheinen; und das 'sich öffnen' wird für Ehepartner eine andere Bedeutung haben als für die Söhne, die an die Eltern schreiben und vielleicht mehr Wert darauf legen, als 'kompetent' zu erscheinen.

Abschließend sei mit Steeles Beitrag zum zentralen Bedürfnis der "*Selbstintegrität*" auf eine für das Verständnis der Feldpost interessante Erweiterung zur Theorie des Selbstwertschutzes hingewiesen.[154] Menschen streben danach, moralisch einwandfrei, kompetent, gut, stabil, konsistent, entscheidungsfähig und fähig zur Kontrolle wichtiger Ergebnisse zu sein. "Wenn Teile dieses integren Selbstbilds bedroht oder beschädigt wurden, wird der Selbstwert wiederhergestellt, indem man sich selbst seinen Wert beweist". Dies kann durch Ausüben von selbstbestätigenden oder selbstwertsteigernden Tätigkeiten erfolgen.[155] Bemerkenswert ist folgende Hypothese, die experimentell bestätigt wurde: Die Bedrohung eines speziellen Selbstaspektes bedroht die allgemeine Selbstintegrität; daraus folgt aber nicht unbedingt das Ziel, diesen speziellen Selbstaspekt wiederherzustellen, sondern die allgemeine Selbstintegrität kann auch dadurch wiederhergestellt werden, dass ein anderer, weniger bedrohter Selbstaspekt von vergleichbarer Wichtigkeit herausgehoben wird. Steele grenzt sich damit von

Festingers dissonanztheoretischer Erklärung ab, wonach bei einstellungsdis-
krepantem 'freiwilligem' Verhalten die Einstellung geändert wird, um Dissonanz
zu reduzieren. Vielmehr könne die Diskrepanz auch dadurch überbrückt werden -
ohne dass dann eine Einstellungsänderung im fraglichen Punkte notwendig wird -
dass man auf einem anderen wichtigen Gebiet Selbstbestätigung sucht und
findet. Bezogen auf Feldpostbriefe kommen wir hiermit einer Diskrepanz näher,
die auf den ersten Blick Überraschung auslöst: Briefe werden von Männern im
Krieg geschrieben, die viele potentiell selbstwertbedrohliche Handlungen be-
gehen und erleben; in den Briefen erscheinen sie gleichzeitig als Familienväter,
Ehepartner und Söhne, die ihren Angehörigen selbstwerterhaltende Botschaften
über Liebe, Zuneigung, Treue und ehrgeiziges Streben senden. Wie passt das
zusammen? In Anlehnung an Steele könnte man darin den durchaus erfolgver-
sprechenden Versuch sehen, durch die Betonung eines anderen Selbstaspektes
von ähnlicher Wichtigkeit die Selbstintegrität aufrechtzuerhalten. Wo dies gelingt, müssten die Soldaten ihre Grundeinstellungen aus Friedenszeiten gar nicht
ändern - über den Widerspruch, dass sie einstellungsdiskrepant handeln, hebt sie
die immer wieder in den Briefen untermauerte Betonung anderer Aspekte ihres
Selbstwertes hinweg. Solche Überlegungen gehen davon aus, dass die Kriegshandlungen zumindest zu Anfang "einstellungsdiskrepant" sind. Ob dies eine zu
"optimistische" Einschätzung ist, oder ob die Soldaten schon von Anfang an der
Brutalisierung des Krieges auch innerlich zustimmten und es somit zu gar keiner
Diskrepanz zwischen Handeln und Einstellung kam, werden die Briefe in Ansätzen klären helfen.

2.5   Leitfragen und Hypothesen

Angesichts des Mangels an systematischen Untersuchungen der Quelle "Feldpostbrief" wird dem explorativen Anteil in der Erforschung ein großer Stellenwert eingeräumt. Entsprechende Fragen wurden in Verbindung mit der militärhistorischen Skizze (Kap. 2.1) entwickelt. Man könnte sie zusammenfassen zu der
Frage, was die Soldaten vom Krieg in all seinen Facetten mitbekamen und was
sie überhaupt darüber und über sich selbst als Kriegsteilnehmer nach Hause
schrieben. So sollen auch zu den folgenden Themenschwerpunkten explorative
Fragen und theoriegeleitete Hypothesen einander ergänzen. Die folgenden Fragen
und Hypothesen können differenziert nach Zeitabschnitt, Dienstgrad, Alter,
Adressat und weiteren Zuordnungen untersucht werden.

1. *Allgemeine Gesichtspunkte*

1.1 Zu prüfen ist, ob die Feldpostbriefe eher durch ein gleichbleibendes Muster privater Mitteilungen charakterisiert sind oder ob es einen Variantenreichtum der Themen und ihrer Anordnungen gibt.

1.2 In Abhängigkeit von Schichtzugehörigkeit wird sich der Schreibstil der Soldaten unterscheiden durch "elaborierte" und "restringierte" Sprache. Dabei erstreckt sich diese Hypothese zunächst auf Wortwahl und Satzbau, nicht unbedingt auf die ebenfalls mit dieser Einteilung allgemein verbundene unterschiedliche Fähigkeit, Gefühle auszudrücken. Es wird unter den besonderen Bedingungen des Krieges nicht ohne weiteres von einer "Alexithymie" - der Unfähigkeit, eigene Gefühle zu 'lesen' und mitzuteilen - bei den Unterschichtsangehörigen ausgegangen, von der sich eine differenziertere Gefühlsbeschreibung der Mittelschicht abhebt. Vielmehr werden hier Mediatorvariablen wie ideologische Einbindung oder das Motiv, die Adressaten schonen zu wollen, für ausschlaggebender gehalten als die Schichtzugehörigkeit.

1.3 Zu erwarten ist, dass die Felpostbriefe in einer insgesamt bedrohlichen Lage Grundbedürfnisse der Kommunikation befriedigen sollen und daher bestimmte grundlegende Themen einen wesentlichen Anteil haben. Sie dienen der Versicherung der gegenseitigen Verbundenheit, der Aufrechterhaltung der Kommunikation und haben die Funktion, ein Lebenszeichen zu geben.

2. *Zensur*

2.1 Zu explorieren ist, wieweit die Soldaten andeuten, dass sie auf Zensur reagieren. Dabei kann zwischen äußerer Zensur (den Bestimmungen und ihrer Durchsetzung) und innerer Zensur (der Selbstbeschränkung aus vielfältigen Motiven) unterschieden werden.

2.2 Der Literatur folgend sind insgesamt eher "angepasste" Briefe zu erwarten; gegen Zensurbestimmungen wird in Zeiten großer Bedrohung verstoßen. Dabei werden jüngere, nicht durch eine eigene Familie gebundene Soldaten unbefangener einen Zensurverstoß in Kauf nehmen als ältere und vorsichtige Ehemännner.

2.3 Zensurwidrige Kritik am eigenen Lager ist eher mit fortschreitendem Kriegsverlauf und Niederlageerwartung verbunden.

2.4 Das "Verschweigen" von Nachrichten (im Sinne des "MUM-Effekts") lässt sich naturgemäß direkt kaum nachweisen, da es das Wissen über den Wissenstand des Schreibers in der konkreten Situation voraussetzt. Indirekt lässt es sich aber erschließen durch den Kontrast, wenn zu einem anfänglichen Zeitpunkt

Dinge benannt werden, die später trotz ähnlicher Umfeldbedingungen gar nicht mehr zur Sprache kommen. Auch Hinweise der Briefschreiber selbst ("nicht ausführlich schreiben", "später erzählen") können als Indiz gewertet werden. Vor dem Hintergrund der Zunahme negativer Nachrichten im Kriegsverlauf wird ein Verschweigen aus Gründen des Fremd- und Selbstschutzes vermutet.

3. Weitere inhaltliche Aspekte

3.1 Der Literatur folgend ist zu erwarten, dass die Soldaten häufiger und mehr über die sekundären Merkmale des Krieges (Hunger, Kälte, Enge, Schmutz, Ungeziefer, Krankheiten) schreiben als über die primären (Kampf und Kampffolgen). Mitteilungen über Tod, Verletzung und Zerstörung sind eher in Phasen der existentiellen Bedrohung und Ausweglosigkeit (Beispiel: Stalingradbriefe) zu erwarten. Wenn diese Beobachtung zutrifft, sind entsprechende Aussagen gegen Ende des Krieges wahrscheinlicher.

3.2 Gegenläufig dazu wird unter dem Aspekt der "Selbstdarstellung" erwartet, dass die Soldaten eher abnehmend über die primären Kriegsaspekte schreiben. In dieser Richtung wirken sowohl Prozesse der Gewöhnung und Abstumpfung wie auch der Wunsch, die Angehörigen zu schonen und nicht als klagend dazustehen. Unter der gleichen Prämisse ist zu erwarten, dass sie über extreme Gefühle wie Angst generell wenig, und mit der Zeit immer weniger mitteilen. Diese zunehmende "Widerstandsfähigkeit" gegenüber spezifischen Bedrohungen kann zu einer erhöhten Anfälligkeit gegenüber anderen Stressoren führen.

3.3 Vertiefend zu den sekundären Aspekten kann untersucht werden, wieweit Mitteilungen über Hunger und Kälte, Ungeziefer und Krankheiten einen "Stimmungsbarometer" darstellen, der etwas über die allgemeine Kriegsmotivation der Soldaten aussagt. Im Kontext der "Entmodernisierung der Front" werden Prozesse der Gewöhnung erwartet, sofern die Belastungen nicht kumulieren.

3.4 Zu Sieg- und Niederlageerwartungen kann die (nur vordergründig trivial wirkende) Hypothese aufgestellt werden, dass Überlegenheit eher zu Anfang, Unterlegenheit eher gegen Ende des Krieges thematisiert wird. Gerade letzteres würde voraussetzen, dass Loyalitäten aufgelöst und Zensurbestimmungen missachtet werden. Von militärhistorischem Interesse ist dabei die Frage, ab wann sich ein Stimmungsumschwung bei den "einfachen Soldaten" abzeichnet: erst nach der Niederlage in Stalingrad (Winter 1942/43) oder schon früher. Vor dem Hintergrund der "psychologischen Krise" im Herbst 1941 ist zu fragen, wie sie sich auf Siegeshoffnungen und Niederlagerwartungen auswirkt.

3.5 Die Liebe zu den Angehörigen wird durch den Krieg überhöht und 'stabilisiert' ihrerseits die Bereitschaft, den Krieg auszuhalten. Zum einen ist die Liebe ein kompensatorischer Fluchtpunkt der Träume und Sehnsüchte, zum andern dient sie als Rechtfertigung für das eigene Kriegführen, das mit Verweis auf die bedrohte Heimat als "Verteidigung" legitimiert wird.

3.6 Im Einklang mit der herrschenden Ideologie wird den Soldaten das antirussische Feindbild dazu dienen, sich in kultureller Überlegenheit abzugrenzen. Es dient in mehrfacher Hinsicht dem Selbstwertschutz: durch die Bestimmung der eigenen Gruppe als 'überlegen' und als Rechtfertigung für alle Kriegshandlungen im besetzten Land.

In Anlehnung an die Terror-Management-Theorie (Kap. 2.4.2) ist zu erwarten, dass mit der existentiellen Bedrohung die Betonung der eigenen kulturellen Überlegenheit und die Akzentuierung des Feindbildes zunimmt, bzw. ein konsensueller Schulterschluss mit den eigenen Angehörigen gesucht wird.

3.7 In den Rechtfertigungen und affirmativen Äußerungen zur Herrschaftspolitik kann sich (hier evtl. gegenläufig zu 3.6) der "Verlust einer Zielbindung" auswirken: Mit der Auflösung der Siegeshoffnung bröckelt die ideologische Basis. Folgt man den Annahmen des "incentive-disengagement-cycle" (Klinger, vgl. Kap. 2.4.1) werden die Soldaten bei der zu erwartenden Vielfalt individueller Reaktionen auf unterschiedlichen Stufen dieses Phasenmodells ankommen - von der gesteigerten Anstrengung zur Aufrechterhaltung des Zieles (besondere Betonung der eigenen Ideologie, Orientierung am "Führer", Durchhalteappelle) über Ärger und Frustration bis hin zu Depression und Apathie.

3.8 In den Briefen ist ein "Erziehungsprozess" im Dienste der Selbstwertschutzes erkennbar. Über die Zeit deuten Veränderungen in der Häufigkeit und Ausgestaltung von Themen auf eine zunehmende gegenseitige Regulation der Kommunikationspartner hin. Dies betrifft sowohl das allmähliche Ausblenden von brisanten Themen wie den selbstzensierenden Umgang mit bedrohlichen Ereignissen und mit den eigenen Gefühlen.

3   Die Untersuchung: Methode und Stichprobe

3.1   Zur Inhaltsanalyse

Für eine Untersuchung von Brieftexten bietet sich als methodischer Zugang die Inhaltsanalyse an. Nach Krippendorf kann Inhaltsanalyse definiert werden als "die Anwendung replizierbarer und gültiger Methoden, um spezifische Schlüsse von einem Text auf andere Zustände oder Eigenschaften seiner Quelle zu ziehen".[1] Der Streit aus den 50er Jahren zwischen einer quantitativen und einer qualitativen Herangehensweise ging um die Frage, ob mit einer objektiven, systematischen und quantitativen Beschreibung der manifeste Inhalt von Kommunikation (Berelson) oder aber qualitativ "das Ganze des Inhalts" zu analysieren sei, wobei man auch zwischen den Zeilen lesen müsse (Kracauer). Der Streit hat inzwischen an Schärfe verloren, weil sich bei den quantitativ Orientierten "die Erkenntnis durchgesetzt hat, dass der 'manifeste Inhalt' strenggenommen aus nichts weiter als den 'schwarzen Punkten auf weißem Papier' besteht (...), wie sich umgekehrt bei den 'weichen' Kracauer-Anhängern die Erkenntnis durchgesetzt hat, dass man für Interpretationen, die nachvollziehbar sein sollen, Regeln braucht, und dass auch die Behauptung, etwas sei 'da' oder 'nicht da', ein zählendes (d. h. quantitatives) Moment enthält."[2] So gibt es heute eine Suche nach "Mischformen der Inhaltsanalyse", die die starre Abgrenzung zwischen hermeneutisch-interpretativen und empirsch-erklärenden Verfahren zumindest teilweise auflösen wollen.[3] Treinen führt anhand der Forschung zum "Kriegserlebnis im 1. Weltkrieg" in dieses Gebiet ein.[4] Dazu schränkt er zunächst den Anspruch ein, der an die Methode "Inhaltsanalyse" gestellt werden kann: Eine verstehende Analyse des Weltkriegs als solchen ist ein sinnloses Forschungsziel, da schon für die Kriegsteilnehmer selbst der Gesamtzusammenhang des Krieges "verstehend" nicht erfassbar war. "Die Vorstellung, hermeneutisch orientierte historische Forschung sei darauf anlegbar, eine einheitliche Theorie des Weltkriegs im Sinne der Enträtselung des "Kriegs-Ganzen" zu entwerfen, enthält einen Mythos. Ein solcher Ansatz würde nämlich eine eindimensionale und eindeutig entzifferbare Realität systematischer Art voraussetzen, die sich als solche in den Köpfen der Zeitgenossen befindet oder sich in ihnen widerspiegelt". Dagegen steht die soziologische Erfahrung, dass zwar "kollektive Schichten im Bewusstsein vorhanden (und unabdingbar) sind, dass es jedoch eine ganze Reihe anderer Bewusstseinsschichten gibt, die von der je spezifischen sozialen Anbindung verursacht werden und keineswegs einheitlich sind."[5]

In der Inhaltsanalyse geht es um eine Datenreduktion durch die Zusammenfassung von Textbestandteilen unter Kategorien, "mit deren Hilfe im Zusammenhang Bedeutungen und Bedeutungskontexte aufdeckbar sind. Rekonstruierend sind Inhaltsanalysen insoweit, als sie vorweg angestellte Vermutungen über derartige Bedeutungskontexte und Bedeutungszusammenhänge ansatzweise bestätigen oder widerlegen können. Geprüft wird bei der Inhaltsanalyse also die Angemessenheit und Gültigkeit von Aussagen, woher immer sie auch stammen mögen." Als Kriterien eines methodischen und systematisierenden Vorgehens führt Treinen an: "Alle in Frage stehenden Texteinheiten sind der Analyse zu unterwerfen und nicht nur die dem Forscher interessant erscheinenden Textstellen. Ferner müssen die gewählten grundlegenden Kategorien, die Texteinheiten repräsentieren sollen, auf alle zu untersuchenden Textstellen angewandt werden; das heißt: sie müssen in unveränderter Weise auf alle Textstellen bezogen werden. Das ganze Verfahren erfordert Systematik, Intersubjektivität (als Hinweis auf Objektivität), Wiederholbarkeit und Gültigkeit der Aussagen in Bezug auf die Fragestellung."[6] Dieser hohe Anspruch der Inhaltsanalyse sei im Hinblick auf die Quelle Feldpostbrief ergänzt. Ballstaedt[7] formuliert den Anspruch allgemeiner, wenn es bei der Analyse von Briefen und vergleichbaren Dokumenten um die Beantwortung genereller Fragen geht: etwa zu thematischen Schwerpunkten und Absenzen, zu mentalen Assoziationsstrukturen, zu Richtung und Intensität von Einstellungen und zu Gefühlen und Motiven. Von heuristischem Wert sind in diesem Zusammenhang die Untersuchungen von Thomae über "Reaktionshierarchien" im Hinblick auf unterschiedliche Stressbedingungen.[8] Richtungsweisend ist auch Thomaes Ansatz, hierbei jeweils Gruppen im Vergleich einander gegenüberzustellen und deren Reaktionshierarchien zu vergleichen. So ist bei einer Analyse von Briefen nicht nur eine übergreifende gemeinsame Reaktionshierarchie in Belastungssituationen zu erwarten; schärfere Konturen treten beim Vergleich von Untergruppen hervor, so z. B. in Abhängigkeit von der Zeit oder von Personenmerkmalen.

Da es bisher keine Studie zu einem größeren Feldpostbriefbestand gibt, in der Themenentwicklungen in Abhängigkeit von der Zeit und verschiedenen weiteren Merkmalen der Schreiber und Empfänger systematisch untersucht werden, hat der explorative Anteil einen hohen Stellenwert. Voraussetzung ist eine Themenerhebung, die zugleich breit und spezifisch angelegt ist. Bei einem zu engen Themenspektrum bestünde die Gefahr, an der Quelle 'vorbeizusuchen', bei zu allgemein formulierten Themen die Gefahr der Ambiguität von Analyse und Interpretation. Eine Themenvielfalt zu erfassen, ist auch die Voraussetzung dafür, das Zueinander der Themen angemessen zu gewichten. Würde man nur nach wenigen Themen Ausschau halten, würde man deren Stellenwert im Ganzen nicht einschätzen können und Gefahr laufen, ihre Bedeutung zu überschätzen oder selektiv nach Bestätigungen für eine Theorie zu suchen. Bei der Entwicklung von Kategorien sollte auch eine gewisse Bodenhaftung, anders ausgedrückt: eine

Verständlichkeit und Akzeptanz für den nicht spezialisierten Leser einer schwer nachvollziehbaren Abstraktion vorgezogen werden. Definiert man nämlich Indizes für sehr komplexe Konstrukte, so kann man leicht zu dem apodiktischen Urteil von Guski gelangen, "dass menschliche Inhaltsanalytiker für solche Aufgaben auch nach intensiver Schulung nicht geeignet sind".[9]

Wie sollte eine methodisch akzeptable Inhaltsanalyse aufgebaut werden, die einerseits die Vielfalt annähernd erfassen und systematisieren kann, andererseits nicht zu ausufernd und differenziert angelegt ist? Hans Thomaes Hinweis auf ein Kategoriensystem aus einem ganz anderen Forschungszusammenhang erwies sich als hilfreich: "In der Praxis wie in der Theorie fand unverdientermaßen geringe Berücksichtigung das Auswertungssystem, das Tomkins für das mittels des TAT [Thematic Apperception Test] zu gewinnende projektive Material erarbeitet." Seine Liste der "Vektoren als Motivdispositionen ist für die Analyse von sprachlichen Äußerungen bestimmt".[10] Tomkins benennt 10 "Vektoren", unter denen er charakteristische psychische Ausrichtungen des "Verhaltens, Strebens, Wünschens, der reaktionsbereiten Beeindruckbarkeiten für bestimmte Objektqualitäten" versteht.[11] Diese Grundrichtungen, die Tomkins mit Präpositionen bezeichnet ("on", "toward", "with", "against" usw.), "können sich auf Gegenstände oder Personen, auf das Selbst, auf soziale Institutionen, auf stoffliche Gegenstände oder geistige Gehalte beziehen, kurz auf alles, was Gegenstand menschlichen Interesses sein kann."[12] Tomkins Ansatz fließt als Anregung im "psychologischen" Teil (2. Themengruppe, Themen unter 6) des hier vorgelegten Kategoriensystems ein. Die Erfassung (militär-) historischer Themen (2 bis 5) soll Äußerungen zum allgemeinen Kriegsgeschehen (2) sowie zu den wichtigsten Facetten des Kriegsalltags (3) erschließen, sodann das "Selbstbild" (4) und das "Feindbild" (5). Mit der Erfassung der "Metakommunikation" (7) soll schließlich herausgearbeitet werden, was die Briefschreiber über die Feldpost aussagen, welche Bedeutung sie ihr beimessen und wieweit sie die "Zensur" wahrnehmen. Damit ist die "inhaltliche Spannweite" dieser Auswahl von Feldpostbriefen weitgehend abgedeckt. Mit Modifikationen, vor allem im Teil "Feindbild", könnten auch Feldpostbriefe von anderen Fronten erfasst werden.[13]

In zwei *Voruntersuchungen zur Reliablität* im Abstand von einem halben Jahr wurde anhand von 30 Briefen mit insgesamt ca. 500 Kodierentscheidungen der Grad der Übereinstimmung bei der Kategorienvergabe ermittelt, jeweils im zeitlichen Abstand von jeweils vier Wochen einmal durch den Verfasser selbst, zum andern im Vergleich mit einer anderen Person. Berechnet wurden die Übereinstimmungen nach dem Koeffizienten κ ("kappa") nach Cohen.[14] Der Übereinstimmungskoeffizient stieg für den Vergleich zwischen den Kodierungen des

Verfassers von der 1. zur 2. Reliablitätsuntersuchung von $\kappa = .75$ auf $.91$, für den Vergleich mit einer anderen Person von $\kappa = .67$ auf $.70$. Einschränkend ist auf das Einheitenproblem hinzuweisen: Was wird von einem Anwender als eine zu kodierende Einheit erkannt? Hier schlagen sich die Unterschiede mindernd auf den Übereinstimmungsgrad nieder ($\kappa = .78$ bzw. $.60$ für die Selbst-, bzw. Fremdübereinstimmung bei der 2. Reliablitätsuntersuchung). Zusammenfassend zeigen die Reliabilitätsuntersuchungen:

1. Es ließ sich eine Erhöhung der Interraterreliabiltät durch Training und genauere Fassung der missverständlichen Kategorien erzielen.

2. Das vorgelegte Kategoriensystem unter Einschluss seiner Operationalisierungsregeln (ausführliche Beispielliste) erweist sich als geeignet, über verschiedene Kodierer und unterschiedliche Zeitpunkte der Kodierung hinweg die inhaltlichen Strukturen der Briefe übereinstimmend abzubilden. Der Grad der Differenzierung in Unterkategorien erweist sich in der Praxis der Auswertung als hilfreich.

3. Das Einheitenproblem lässt sich etwas, aber nicht vollständig reduzieren. Verzichtet man auf die Berücksichtigung der daraus entstehenden Nicht-Übereinstimmungen, lassen sich bei den tatsächlich gemeinsam kodierten Einheiten recht gute Übereinstimmungen erzielen.

4. Die Übereinstimmung des Verfassers zu zwei Zeitpunkten liegt erwartungsgemäß höher als mit einer außenstehenden Person. Für den weiteren Prozess der Auswertung erweist es sich als förderlich für die interne Stabilität der Aussagen, dass alle Briefe vom Verfasser selbst kodiert und ausgewertet werden. Die Nachteile bei verschiedenen Kodierern würden sich insbesondere im "Übersehen" von Informationen (Einheitenproblem) niederschlagen. Im Falle der Verwendung des Kategoriensystems durch verschiedene Rater wird man - Einarbeitungszeit und Training vorausgesetzt - von einer befriedigenden Reliabiliät ausgehen dürfen.

Die Brieflängen korrelieren - auch über die verschiedenen Untergruppen - hoch mit der Anzahl der vergebenen Kodierungen. Für den *quantitativen Vergleich* war deshalb eine Korrektur über die Textlänge vorzunehmen. Diese Korrektur führt zu einer Gleichgewichtung aller Brieflängen auf der Basis von 1 Seite à 300 Wörtern.[15] Ergänzt um Korrekturen der Briefmenge führt damit weder die unterschiedliche Zahl noch die Länge der geschriebenen Briefe bei den Vergleichen zwischen einzelnen Schreibern bzw. Untergruppen zu Verzerrungen in der quantitativen Auswertung. Statistische Analysen und grafische Darstellungen beziehen sich damit jeweils auf die Ausprägungen von Themen umgerechnet auf diesen vereinheitlichten Briefumfang.

3.2   Untersuchte Themen: Die Kategorien[16]
(Die Unterkategorien werden, soweit relevant, im Text vorgestellt.)

1.0.0.   Allgemeine Briefmerkmale
            Themengruppe 1:
2.0.0.   Der Krieg - allgemein
            Perspektiven des Kriegsverlaufs; Erwartung von Erfolg / Misserfolg;
            Ungewissheit; Zeitperspektiven;
            Einschätzungen zur allgemeinen politischen Lage;
            besondere historische und kriegshistorische Ereignisse
3.0.0.   Der Kriegsalltag
            Der "normale" Dienstalltag (Arbeit, Marschieren, Wache halten);
            Verpflegung; Kleidung; Unterbringung; Klima; Kampf, Zerstörung;
            Verwundung, Tod; Krankheiten; weitere Widrigkeiten
4.0.0.   Die Deutschen und ihre Verbündeten
            Wahrnehmung und Einschätzung des eigenen Lagers
            Führung; Truppe / Soldaten; Verbündete
5.0.0.   Die Russen und ihre Verbündeten - Das Feindbild
            Führung; Truppe / Soldaten; Gefangene; Partisanen; Juden;
            "Land und Leute"; System, Verwaltung, Kultur; andere Kriegsgegner

            Themengruppe 2: (In Anlehnung an Tomkins)
6.0.0.   Werte - Motive - Emotionen - Handlungen
6.1.0.   Abhängigkeit und Hilfsbedürftigkeit ("on"/ "dependency")
6.2.0.   Aufnahmebereitschaft und Erwartung ("from" und "for")
6.3.0.   Geselligkeit und Anschluss ("toward" / "affiliation")
6.4.0.   Liebe und Partnerschaft ("with")
6.5.0.   Herrschaft und Kontrolle ("over")
6.6.0.   Unterlegenheit und Kontrollverlust ("under")
6.7.0.   Orientierungen, Ziele und Lebensanschauungen ("by")
6.8.0.   Abwehr und Vermeidung ("away from")
6.9.0.   Feindseligkeit ("against")

7.0.0.   Themengruppe 3: Metakommunikation: Über die Feldpost
            Über Empfang und Sendungen; eigene Schreibhaltung;
            Bedeutung der Briefe; Transportprobleme; Zensur

3.3   Zur Briefauswahl und zu Fragen der Repräsentativität

Aus der "Sammlung Sterz"[17] (Bibliothek für Zeitgeschichte, Stuttgart) wurden nach folgenden Kriterien 25 Soldaten mit 739 Briefen für die Untersuchung ausgewählt:

1. Alle Briefe in der Endstichprobe sollten aus dem Krieg in der Sowjetunion stammen. Briefe von anderen Einsatzorten (z. B. im Westen), vom Genesungsurlaub, aus Lazaretten, die sich in Deutschland befanden wurden nicht aufgenommen. Briefe auf der Rückreise aus dem Urlaub an die Front oder aus einem Lazarett im Osten blieben dagegen in der Auswahl. Eine Ausnahme von dieser Eingrenzung auf sowjetisches Territorium stellen 11 Briefe aus dem Juni 1941 (vor dem 21. Juni) und 6 Briefe aus dem Herbst 1944 dar, die aber die Soldaten in unmittelbarem Bezug auf das deutsch-sowjetische Kriegsgeschehen zeigen und die auch aus dem Osten geschrieben wurden, ebenso wie einige Briefe eines Soldaten 1943/44, die er vermutlich aus Finnland, aber mit Bezug auf den deutsch-sowjetischen Krieg schrieb.

2. Die Soldaten sollten aus verschiedenen, oben historisch begründeten, Zeitabschnitten des Krieges mit Briefen vertreten sein: Juni-Oktober 1941 (Briefanzahl: 264), November 1941-März 1942 (139), Oktober 1942-April 1943 (132), Juli 1943-September 1944 (204). Wie schwer diese Bedingung zu erfüllen ist, zeigt sich daran, dass von den 25 Soldaten nur 15 in allen vier Zeitabschnitten vertreten sind, 9 Soldaten in drei und einer nur in zwei Zeitabschnitten. Bis auf eine Zufallsreduktion bei einem 'Vielschreiber' wurden alle auffindbaren Briefe der Soldaten aus diesen Zeiträumen aufgenommen.

3. Die Briefe sollten im Original zugänglich sein. Bis auf drei Briefe als Exzerpt und einen als Abschrift war dies gegeben.

Eine Bemerkung zur *Frage der Repräsentativität*: Der Anspruch, mit einer Stichprobe von 739 Briefen von 25 Soldaten repräsentative Aussagen über Feldpostbriefe von der Ostfront zu treffen, muss relativiert werden. Diese Zahlen sind verschwindend gering - angesichts der geschätzten 10 Milliarden Soldatenbriefe in die Heimat und der vielen Millionen Menschen, die als Soldaten an diesem Krieg teilnahmen. Ein weiterer Grund spricht gegen die Repräsentativität der Stichprobe: Es ist wenig bekannt über den Weg, den die Briefe in die "Sammlung Sterz" im konkreten Fall genommen haben. Man kann die Sammlung nur bedingt als "zufällig" bewerten. Wir wissen wenig über die Motive, die Menschen veranlassten, Feldpostbriefe einem Sammler zu überlassen. Es können die Nachfahren sein, die alte Bestände entrümpeln. Es können aber auch Angehörige, ja im Einzelfall auch die Briefschreiber selbst sein, die auf diesem Weg ein Andenken bewahrt wissen wollen. Vollends im Bereich der Mutmaßungen bleibt, warum andere ihre Feldpostbriefe nicht zur Verfügung stellen: Das Spektrum möglicher Gründe reicht von Nachlässigkeit (man warf die Briefe schon früher weg) bis zu besonderer Wertschätzung (die Angehörigen finden die Briefe so wertvoll, dass sie aufbewahrt werden). Schließlich lastet auf der Entscheidung, solche Briefe an einen Sammler, und sei er noch so seriös, abzugeben, die zensierende Vorfrage, ob etwas Belastendes darin stehen könnte, was eine nicht zu erfassende Zahl von möglichen Briefgebern letztlich abschrecken mochte. All dies schränkt eine auf Zufallsauswahl gegründete Repräsentativität ein.

Cook und Campbell beschreiben das Dilemma eines solchen "quasiexperimentellen Designs"[18]. Es entstehen Probleme der "externen Validität", wenn aufgrund der Gruppenzusammenstellung keine Generalisierung der Daten auf eine wie immer geartete Grundgesamtheit statthaft ist. Dies bedeutet aber keinesfalls das Ende einer sinnvollen Weitererforschung. Vielmehr empfehlen die Autoren: "the deliberate creation within the research design of heterogeneous groups of persons, settings, and times."[19] Wenn es gelingt, *innerhalb* der untersuchten Gruppe zu differenzieren - nach Zeitabschnitten, nach Personenmerkmalen wie Dienstgrad, Alter u.a. - dann kann im Vergleich jeweils auf die Untergruppen generalisiert werden. Die "quasi-Repräsentativität" kann somit die mehr "formale Repräsentativität des Zufallsstichprobenmodells" ablösen.[20]

So gilt *zusammenfassend* für die vorliegende Studie: Es sind aus der "Sammlung Sterz" nach bestmöglicher Verwendung der Findmittel die 25 Soldaten der deutschen Wehrmacht herausgefunden worden, von denen aus vier definierten Zeitabschnitten des 2. Weltkriegs 739 Briefe aus der Sowjetunion vorliegen. Wenn im folgenden vergleichend von "den Mannschaftsrängen" / "den Unteroffizieren" oder von "den Älteren" / "den Jüngeren" gesprochen wird, bezieht sich dies immer auf die vorliegende Auswahl.

3.4   Beschreibung der Stichprobe: Die Soldaten und ihre Briefe im Überblick

Was wissen wir über die Soldaten, die im Schützengraben oder in einer Ruhestellung einen Brief nach Hause schrieben? Wenn wir nur den Brief haben, zunächst recht wenig. So ist bereits eine Aussage über den Ort der Entstehung - "Schützengraben" oder "Ruhestellung" - in den meisten Fällen eine Spekulation. Man wird nicht mit präzisen Angaben dazu in den Briefen selbst rechnen dürfen. In den (selteneren) Fällen, in denen die Briefumschläge erhalten sind, erfahren wir den ganzen Namen der Empfänger/innen; auch den Dienstgrad gibt der Absender in der Regel an, zusammen mit der 5-stelligen Feldpostnummer. Dass diese Nummern ursprünglich dazu gedacht waren, den genauen Aufenthaltsort geheim zu halten und dennoch eine sichere Briefzustellung zu gewährleisten, macht die Suche heute zu einem in der Regel möglichen, aber mühseligen Unterfangen. Eine wesentliche Hilfe der Identifizierung erfolgte durch die Wehrmachtsauskunftsstelle (WASt) in Berlin.[21] Ihre Auskünfte ermöglichten erstmals, deutlich über die Kenntnisse der "Sammlung Sterz" hinausgehend, den genauen Dienstweg der Soldaten zu ermitteln, Alter und Dienstrang eindeutig zu bestimmen und ihr späteres Schicksal zu erfahren. In der Kombination der einschlägigen Findbücher[22] mit diesen Angaben ließen sich die jeweilige militärische Einheit, daraus die Zugehörigkeit zur übergeordneten Einheit (Division) und zur Waffengattung sowie der ungefähre militärische Weg der Soldaten und ihr Einsatzgebiet in der Sowjetunion rekonstruieren.

Legende: Tabelle 1 gibt Aufschluss über Alter, soziale Herkunft, Adressat/in, letzten Dienstgrad, militärhistorische Zuordnungen, die Gesamtzahl der Briefe sowie die durchschnittliche Länge der Briefe, hier angezeigt in Wortzahl[23].

In den Spalten *Geb. Jahr* und *Dienstgrad* sind die Gruppenbildungen kenntlich gemacht: Grau unterlegt sind jeweils die Älteren (Jg. 1901 - 1914) bzw. die Mannschaftsdienstgrade.

Soziale Herkunft: (nach Schüren, s. Text)
3: obere Unterschicht 4: untere Mittelschicht
5: obere Mittelschicht 6: Oberschicht

Adressaten: In den gekennzeichneten Fällen (*) liegen jeweils 1 Brief,
bei Ernst Asper und Ernst Suhrbeck 4 Briefe, an andere Angehörige vor.
Von Erich Leismeier gingen 12 Briefe nur an die Mutter,
von Georg Scharnik 1 Brief nur an den Vater.

Militärische Zuordnung:
A: Kampftruppen B: Kampfunterstützungstruppen C: Nachschub / Versorgung

Divisons-Art:
Inf.: Infanteriedivision Pz.: Panzerdivision Geb.: Gebirgsdivision

Einsatzorte:
S: Südabschnitt / Heeresgr. Süd M: Mittelabschnitt / Heeresgruppe Mitte
N: Nordabschnitt / Heeresgruppe Nord.

Name (anonymisiert)	Geb.	Soz. Sch.	Adr.	Dienst-grad	Milit. Eint.	Div.-Art	Orte	Brief-zahl	Wortz. pro Brf.	Seiten 300 W.
Ernst Asper	1921	4	Eltern*	Obergefr.	A	Inf.	N	28	204	19
Fritz Asper	1917	4	Eltern*	Stabsgefr.	B	Geb.Art	S	24	288	23
Christoph Banse	1905	5	Ehefrau	Feldwebel	B	Luftw.	S - N	10	589	20
Rudolf Bilzer	1910	3	Ehefrau	Obergefr.	C	Inf.	N	98	576	188
Joseph Brandes	1913	5	Schwester	Wachtm.	A	Pz./Inf.	S - M	22	369	27
Ludwig Bumke	1908	4 (?)	Ehefrau	Gefreiter	C	Inf.	S	55	297	54
H. Helmut Calsow	1923	6	Eltern*	Leutnant	A	Inf.	S - N	19	552	35
Franz Fenne	1917	3 / 4	Eltern	Stabsgefr.	A	Pz.	M-N-M	14	274	13
Heinz Heppermann	1908	4 / 5	Ehefrau	Wachtm.	B	Inf.	M	46	618	95
Otto Hilger	1901	4	Ehefrau	Obergefr.	C	Inf.	S - M	42	557	78
Erwin Jolz	1911	4	Braut/Frau	Feldwebel	B	Inf.	M	25	244	20
Herbert Klinger	1913	4 / 5	Braut	Feldwebel	A	Inf.	S-M-N	12	469	19
Erich Leismeier	1922	4 (?)	Eltern	Gefreiter	A	Geb.Pz.Jg	S	23	295	23

Name (anonymisiert)	Geb.	Soz. Sch.	Adr.	Dienst- grad	Milit. Eint.	Div. - Art	Orte	Brief- zahl	Wortz. pro Brf.	Seiten 300 W.
Ferdinand Melzner	1919	4 (?)	Eltern	Obergefr.	A	Inf.	M - S	25	302	25
Erich Nürnbach	1920	3	Eltern	U.sch.füh.	A	Pz. (SS)	S	22	385	28
Michael Page	1920	3 / 4	Eltern	Obergefr.	B	Inf.	M	24	455	36
Willy Pott	1914	4 / 5	Ehefrau	O.feldw.	A	Inf.	M-S-M	27	931	84
Georg Scharnik	1921	5 / 6	Eltern	O.fähnr.	B	Inf.	M - S	32	400	43
Siegfried Schell	1918	4	Eltern	Unteroffz.	B	Inf.	M	33	217	24
Albert Schrolle	1907	3	Ehefrau	Obergefr.	C	Inf.	S	10	556	19
Peter Schuster	1912	4 / 5	Verwandte	Unteroffz.	A	Pz.	M - S	14	581	27
Paul Schwering	1907	3	Eltern	Obergefr.	C	Pz.	M - S	11	248	9
Ernst Suhrbeck	1912	4	Eltern*	Obergefr.	C	Inf.	S	38	132	17
Hans Sulzer	1919	4 (?)	Mutter	Obergefr.	C	Inf.	S - M	42	240	34
Alfred Vilsen	1913	3 / 4	Eltern	Obergefr.	C	Inf.	N - M	43	301	43

Tabelle 1

Erläuterung zur Tabelle 1:
Die *Namen* der Soldaten sind anonymisiert. Eine Liste zur Identifizierung der Briefschreiber ist bei der "Sammlung Sterz" in der Bibliothek für Zeitgeschichte hinterlegt. Bei Ernst und Fritz Asper handelt es sich um zwei Brüder. Die Jahrgänge reichen von 1901 bis 1923, der Älteste, Otto Hilger, war im Juni 1941 also 40 Jahre alt, als Jüngster war Hans-Helmut Calsow im Mai 1941 18 Jahre alt geworden. Damit gibt es in dieser Stichprobe keinen aktiven Teilnehmer des Ersten Weltkrieges (der Jahrgang 1900 war der letzte, der im Ersten Weltkrieg eingezogen wurde). Die Jahrgänge 1915 und 1916 sind nicht vertreten. Der Jahrgang 1917 war der erste Jahrgang, der bei Einführung der allgemeinen Wehrpflicht 1935 eingezogen wurde. Eine Einteilung von Gruppen kann aus Gründen der Jahrgangsverteilung wie aus diesen historischen Gründen sinnvollerweise so erfolgen, dass die Gruppe der 14 "Älteren" (Jg. 1901 - 1914) der Gruppe der 11 "Jüngeren" (Jg. 1917 bis 1923) gegenübergestellt wird. In Tabelle 1 sind die "Älteren" hervorgehoben.

Ausgehend von Feldpostbriefen etwas Präzises über die *soziale Herkunft* auszusagen, erweist sich als schwierig, zumal wenn dies dazu dienen soll, eine "unabhängige Variable" zu finden, aufgrund derer dann die Briefe verglichen werden können. Wenn man aus Schreibmerkmalen (wie differenzierende Sprache, komplexer Satzbau, Rechtschreibung oder auch Brieflänge) auf höhere oder niedrigere soziale Schicht des Schreibers schließt, ist die Gefahr von zirkulären Schlüssen bei der anschließenden Briefanalyse nicht auszuschließen: Man findet dann die Mittelschichts- und Unterschichtsmerkmale heraus, die man bei der Gruppeneinteilung zugrunde gelegt hat. Auch der Dienstgrad ist zunächst kein hinreichendes Kriterium für die Schichtzuordnung.[24]

In Anlehnung an die sozialwissenschaftliche Einteilung von Schüren [25] kann in einigen Fällen eine Schichtzuordnung aufgrund des Berufs, in diesem Fall auch des Berufs der Eltern, rekonstruiert werden. Genauere Kenntnis gibt es aber nur bei einigen Personen. *Otto Hilger* war Tapeziermeister, sein Vater Sattlermeister; *Erwin Jolz* war Bankangestellter, sein Vater Zigarrenarbeiter, seine Mutter Hebamme. *Ernst Suhrbecks* Vater war Wagnermeister; *Alfred Vilsen* war Bäckermeister, sein Vater Maurer. Bäcker waren auch *Rudolf Bilzer* und *Albert Schrolle*. *Paul Schwering* war Feldpostbote. Hinweise in den Briefen lassen vermuten, dass er auch im Zivilberuf bei der Post tätig war. Die Väter von *Erich Nürnbach* und Siegfried Schell waren Schmied bzw. (Kleinhandels-) Kaufmann.

Der Mittelschicht zuzuordnen sind: *Christoph Banse* - er wurde im Krieg Oberzahlmeister und "Kriegsinspektor"; *Joseph Brandes* stand in Verbindung mit einer katholischen Bruderschaft und hat vermutlich Theologie studiert. *Heinz*

Heppermann war Lehrer. *Peter Schuster* wurde im Verlauf des Krieges Ge-fechtsschreiber. *Erich Leismeier* schrieb einmal von der Überlegung, ein "Studi-um" zu beginnen. Die Väter von *Hans Helmut Calsow* und *Georg Scharnik* waren Dipl. Ingenieur bzw. Fabrikant.

Nicht immer ist eine eindeutige Zuordnung zu soziokulturellen Milieus möglich. So schrieb Vilsen (Handwerk) auch öfter über landwirtschaftliche Themen. Ob die Landwirtschaft oder das Handwerk die Haupterwerbsquelle der Familie darstellte, lässt sich nicht ermitteln.

Die *Adressaten der Briefe* waren in knapp 50 % (366 Briefe) die Eltern, incl. der Briefe an jeweils ein Elternteil. Die Partnerinnen (Ehefrau, bzw. Braut / Freundin) erhielten 326 Briefe. So ist es sinnvoll, bei einem systematischen Vergleich diese beiden Adressatengruppen einander gegenüber zu stellen, unter Zurückstellung der sonstigen Adressatengruppen (Geschwister, 8 %). Briefe an die Partnerin liegen (bis auf einen Brief des jüngeren Hans Helmut Calsow an seine Freundin) ausschließlich von den Älteren vor. Die Briefe der Jüngeren gingen fast alle an die Eltern, in 21 % der Fälle nur an die Mutter.

Wie verteilen sich die Adressaten in Abhängigkeit vom Dienstgrad? Von den Mannschaftssoldaten schreiben 10 an die Eltern und 4 an die Ehefrau; von den Unteroffizieren schreiben 4 an die Eltern, 5 an die Ehefrau / Partnerin und 2 an Verwandte (Schwester, Cousin).

Die *Dienstgrade* reichen vom Schützen bis zum Leutnant. Diesen untersten Offiziersrang erreichen zwei (Calsow und Klinger) im letzten Zeitabschnitt (1943/44). Ihre Briefe werden - ebenso wie die von fünf anderen "Aufsteigern" von Mannschafts- zu Unteroffiziersrängen (Brandes, Nürnbach, Scharnik, Schell, Schuster) der Gruppe der Unteroffiziersbriefe zugeordnet. Für diese Stichprobe gilt als Trend, nicht als völliger Zusammenhang: Die Gruppe derer, die bis zum Kriegsende einen Mannschaftsdienstgrad bekleiden, gehört eher der oberen Unterschicht und unteren Mittelschicht an. Die im Dienstrang höheren Soldaten entstammen eher der Mittelschicht, der oberen Mittelschicht und der Oberschicht. Zwingend ist der Zusammenhang nicht: Leismeier und *Sulzer* blieben mit vermut-lich höherer Vorbildung bis zum Kriegsende Angehörige des Mannschafts-standes.

Die Gruppe besteht überwiegend aus Infanteristen, die Briefe aus allen Teilen des Kriegsgebiets schrieben. 2 Angehörige der Gebirgsdivisionen finden sich erwartungsgemäß im Süden (Kaukasus). Es fällt auf, dass im Bereich der Versor-gung (Nachschub, rückwärtige Sanitätsabteilung, Feldpost) vor allem die Älteren (7 von 14) eingesetzt waren und nur einer der Jüngeren. Betrachtet man die Verteilung der Briefe nach Wochentagen, an denen sie geschrieben wurden, zeigt

die überdurchschnittliche Häufung von "Sonntagsbriefen" der älteren Mannschaftssoldaten im Nachschub, dass sie vermutlich einer Schreibkonvention
folgten und dies aufgrund eines normaleren Dienstrhythmus mit einem zum Teil
freien Sonntag auch eher konnten als die Angehörigen von frontnahen Kampftruppen oder Kampfunterstützungstruppen (Artillerie, Nachrichten, Marsch- und
Ersatzeinheiten).

Über das *weitere Schicksal der Soldaten* erfährt man aus einer Briefsammlung nur in dem Ausnahmefall etwas, dass spätere Zeugnisse des Überlebenden
oder Briefe der Angehörigen Aufschluss geben. Bei dieser Gruppe ist das nur bei
Hans Helmut Calsow der Fall. Nach seinem Tod im Juli 1944 erkundigen sich
seine Eltern bei Angehörigen seiner Einheit nach den näheren Umständen und
erhalten Auskunft. Die Angaben der Wehrmachtsauskunftstelle schließen die
Informationslücke: Von den 25 Soldaten sind sechs zurückgekehrt: Jolz, Pott und
Scharnik sowie nach der Gefangenschaft die Brüder Ernst und Fritz Asper und
Christoph Banse. Fünf sind gefallen: Calsow, Fenne, Nürnbach, Schell, Schrolle.
Bilzer ist im Juni 1945 im Lazarett gestorben; drei sind 1945/46 in russischer
Gefangenschaft gestorben: Hilger, Page und Vilsen. Zehn gelten als verschollen/
Verbleib unbekannt, die drei letzten wurden mit Datum vom 31. 12. 1945 für tot
erklärt: Brandes, Klinger, Leismeier, Melzner, Schuster, Suhrbeck, Sulzer;
Bumke, Heppermann und Schwering.

Es fällt auf, dass mit Ausnahme der Brüder Asper die Zurückgekehrten alle
zur Gruppe der Unteroffiziere in den Kampfunterstützungseinheiten gehörten.
Die Gefallenen gehörten bis auf Schrolle (Nachschub) den Kampftruppen an.

3.5   Exemplarische Hinweise auf quantitative Befunde
3.5.1 *Briefmenge und Brieflänge*

Die *Briefmenge* lässt sich schwer interpretieren. Zu viele Unwägbarkeiten (Verlust bei Transport, späteres Aussortieren) beeinflussen die Zahl der Briefe im
Archivbestand. Nur in Einzelfällen wurden Briefe von den Schreibern nummeriert, so dass Lücken überhaupt erkennbar werden. Unsystematisch sind auch
einzelne Querverweise auf bereits geschriebene Briefe. Immerhin zeigt das
Beispiel von Rudolf Bilzer, einem einfachen Bäcker, der sehr häufig und ausführlich nach Hause schrieb (ca. 350 Briefe sind im Bestand erhalten), dass auch
Unterschichtsangehörige durch die Trennung im Krieg zu umfangreicher
Schreibtätigkeit veranlasst wurden.[26]

Über die gesamte Zahl der 739 Briefe sind die Unterschiede zwischen den
Brieflängen zu den 4 Zeitabschnitten in der mittleren Tendenz nicht sehr groß.
Der Mittelwert liegt insgesamt bei 406 Wörtern, mit einem Maximum im 2.

Zeitabschnitt (462) und einem Minimum im 4. (370). Dass es sich um glättende Durchschnittswerte handelt, wird sinnfällig bei dem Blick auf einzelne Brieflängen. Der Umfang der Briefe schwankt zwischen 50 und 2100 Wörtern (auf der Vergleichsbasis von 1 Seite à 300 Wörter entspricht das: 5 Zeilen bis 7 Seiten). Die Briefe der Unteroffiziere sind länger als die der Mannschaftssoldaten. An die Partnerin werden längere Briefe geschrieben als an die Eltern. Im Hinblick auf die Brieflänge sind dies die beiden einzigen signifikanten Unterschiede zwischen den Untergruppen. Zwar schreiben auch die Älteren insgesamt längere Briefe als die Jüngeren, dies hängt aber vor allem damit zusammen, dass es ausschließlich die Älteren sind, die an die Partnerin schreiben. In den Briefen an die Eltern unterscheiden sich die Altersgruppen dagegen kaum in ihrer Ausführlichkeit.

3.5.2 Standardthemen und Themenwiederholungen

Von den insgesamt in 739 Briefen vorgenommenen knapp 13000 Kodierungen entfielen ca. 33 % (4376) auf 10 Themen (von insgesamt über 90 Einzelthemen). Bei einer separaten Prüfung auf Redundanzen - wie oft kommen dieselben Themen in demselben Brief vor - waren es ebenfalls diese 10 Themen, die einen Anteil von 72 % an allen Redundanzen einnahmen. In absteigender Reihenfolge der absoluten Häufigkeit (Range von 703 bis 261) sind es folgende Themen:

6.4.2.	gegenseitige Versicherung der Zuneigung, Anteilnahme, Treue
7.1.0.	Bestätigung von Empfang - Hinweis auf eigene Sendungen
6.4.3.	Beruhigung (der Briefpartner/in über eigene Lage)
3.5.0.	Klima/Wetter
3.1.0.	Der "normale" Dienstalltag
7.2.0.	Beschreibung der eigenen Schreibhaltung und -situation
6.8.5.	Sehnsucht nach Heimkehr / Urlaub / Wiedersehen
7.3.0.	Behinderung der Kommunikation durch Transportprobleme
6.4.4.	andere Angehörige / Bekannnte: Erkundigung, Anteilnahme
6.1.3.	Konkrete Bitten um Sendungen sowie um Erledigungen

Es zeichnet den Feldpostbrief typischerweise aus, dass er die Angehörigen der Zuneigung versichern soll; dass er sie beruhigen soll über die eigene Lage, womit sich der Soldat gleichzeitig im Schreiben selbst auch beruhigt. Der Feldpostbrief hat die Aufgabe, mit der Empfangsbestätigung und dem Hinweis auf eigene abgesandte Post das poröse Band der Kommunikation zu stabilisieren. Aus dem Erleben des Soldaten sind es eher "triviale", gleichwohl für ihn existenziell wichtige Themen wie das Wetter und der alltägliche Trott, über die er schreibt, auch in dem Bewusstsein, dass diese Themen am ehesten kommunizierbar sind, weil sich die Angehörigen darunter etwas vorstellen können. Schließlich prägen die Sehnsucht nach Heimkehr und die Bitte um konkrete Hilfssendungen viele Briefe.

Mit leichten Verschiebungen ist dieses Bild auch innerhalb der vier Zeitabschnitte der Untersuchung dasselbe. Im Winter 1941/42 treten das Klima, vor allem Kälte, Frost und Schnee, und die Sorge um den Transport der Feldpost stärker hervor; im letzten Kriegsjahr ragt die Zusicherung von Zuneigung noch mehr heraus. Bis auf diese wenigen und auch recht plausiblen Verschiebungen kann man von einer großen Konstanz weniger herausragender Standardthemen in der Briefkommunikation ausgehen. Auch der Vergleich zwischen den Untergruppen auf der Basis gleicher Briefmengen und -längen ergibt, dass die Präferenz dieser Standardthemen bei den Schreibern verschiedenen Dienstgrades und Alters sowie in Eltern- und Partnerschaftsbriefen weitgehend identisch ist.

Einige Unterschiede zeigen aber aufschlussreiche Tendenzen: Betrachtet man den Anteil, den die Standardthemen einnehmen, so liegt er bei den Mannschaftssoldaten höher als bei den Unteroffizieren (ca. 30 % : 25 %). Die Mannschaftssoldaten schreiben also - bei insgesamt kürzeren Briefen - z.B. relativ häufiger über das Wetter, den Dienstalltag, über die Postsendung und die jüngeren unter ihnen sehen sich noch eher gehalten, die Eltern zu beruhigen, als es in den Partnerschaftsbriefen geschieht.

Bermerkenswert ist auch ein anderer Vergleich: Während die Unteroffiziere etwa im Verhältnis 60 : 40 längere Briefe schreiben als die Mannschaftssoldaten, ist es bei den Redundanzen umgekehrt. Das Verhältnis beträgt ca. 35% zu 65 % - die Mannschaftssoldaten wiederholen sich auf weniger Raum deutlich häufiger. Berücksichtigt man die für diese Stichprobe geltende weitgehende Koinzidenz von höherem Dienstgrad und höherer sozialer Schicht, so kann man in diesem Ergebnis ein Indiz für die höhere Schreiberfahrung und -sicherheit der Unteroffiziere sehen. Die Themenbreite, über die sie verfügen, lässt sie weniger angewiesen sein auf die "Standardthemen", und wo sie diese ansprechen, tun sie es konzentrierter als die Mannschaftssoldaten. Die schichthöheren Soldaten schreiben überdies syntaktisch komplexer (parataktische Fügungen statt einfacher Reihungen) und orthografisch sicherer als die anderen.

Ein Vergleich über die Stabilität der *Rangfolge* der 2. Themengruppe (Werte, Motive) zeigt, dass die Hierarchie der Themenpräferenzen sich bei den Unteroffizieren über die Zeit durchaus signifikant wandelt, während sie bei den Mannschaften eher konstant bleibt. All dies sind Belege für den "elaborierten" Sprachgebrauch der schichthöheren Soldaten im Vergleich zum "restringierten" Code der Soldaten aus der oberen Unterschicht / unteren Mittelschicht.

3.5.3 Veränderungen in den Briefthemen über die Zeit

Abbildung 1 zeigt im Vergleich zwischen dem Kriegsbeginn und den zusammengefassten Schlusszeitabschnitten die wesentlichen (signifikanten) Veränderungen in der Themenhäufigkeit über die Zeit.

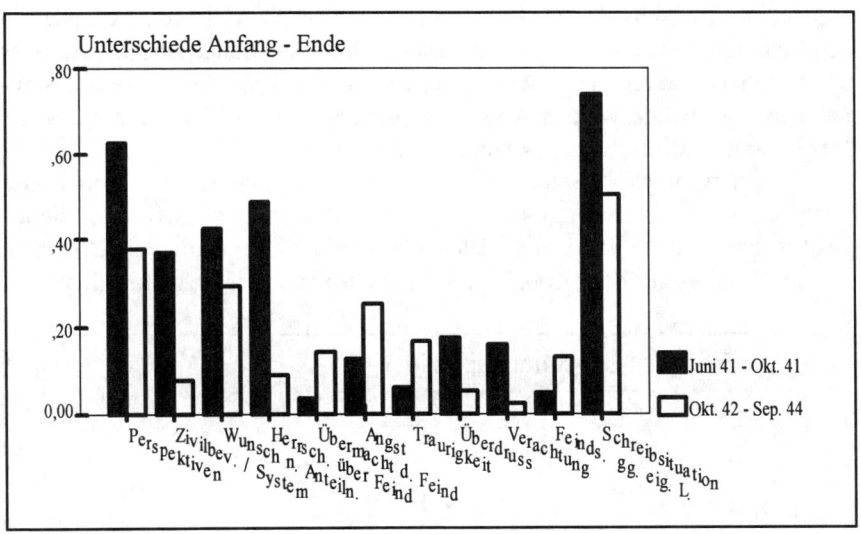

Abbildung 1

2.1.0.	Perspektiven des Kriegsverlaufs
5.6.0.	"Land und Leute" - Zivilbevölkerung allgemein; System
6.1.1.	Wunsch nach Anteilnahme, Briefkontakt, Mitleid, Fürbitte
6.5.0. a	Herrschaft und Kontrolle über den Feind
6.6.1.	Übermacht des Gegners - Niederlage / Rückzug erleben
6.6.5.	Angst, Sorge, Schrecken
6.6.6.	Traurigkeit, Resignation, Ausweglosigkeit, Verzweiflung
6.8.1.	Überdruss, Widerwillen, Ekel, Grauen
6.9.2.	Verachtung, Misstrauen, Abscheu; Abwertung des Gegners / der gegnerischen Bevölkerung
6.9.4.	Abgrenzung / Feindseligkeit gegenüber dem eigenen Lager
7.2.0.	Beschreibung der eigenen Schreibhaltung und -situation

In Anlehnung an Thomaes Konzept der "Reaktionshierarchien" lassen sich - bei gleichbleibend dominanten "Standardthemen" - Unterschiede in den Themenpräferenzen über die Zeit feststellen. Herausragend ist die Umkehrung von Überlegenheits- und Unterlegenheitserfahrungen. Damit einher geht, dass die Soldaten nach anfänglicher Spekulation über die Kriegsperspektiven später deutlich seltener Prognosen abgeben wollten. Von Bedeutung dafür, ob etwas in den Brief gelangte, war offenbar die "Neuheit". So beschrieben die Soldaten die (neue) Schreibsituation zu Anfang noch häufiger als später. Auch die Bevölkerung im feindlichen Land sowie Kultur und System der Sowjetunion beschäftigten die Soldaten zu Beginn weit häufiger als später. Die ausdrückliche Verachtung des Feindes war ebenfalls eher ein Thema zu Beginn des Feldzugs und trat später in den Mitteilungen zurück. Es mag überraschen, dass Äußerungen des Überdrusses später seltener waren als zu Anfang, obwohl die Anlässe dafür zweifellos zunahmen. Die Briefe werden Aufschluss geben, wieweit hierfür Prozesse der Gewöhnung und Abstumpfung verantwortlich sind.

Als ein weiteres Beispiel für die Erkenntnismöglichkeit auf Grund eines ersten quantitativen Zugangs sei ein Vergleich dargestellt zwischen den sieben "Aufsteigern" mit den anderen Soldaten, die innerhalb ihrer Ranggruppe bleiben, hier im Hinblick auf den "Appell zu Selbstkontrolle und Durchhaltewillen".

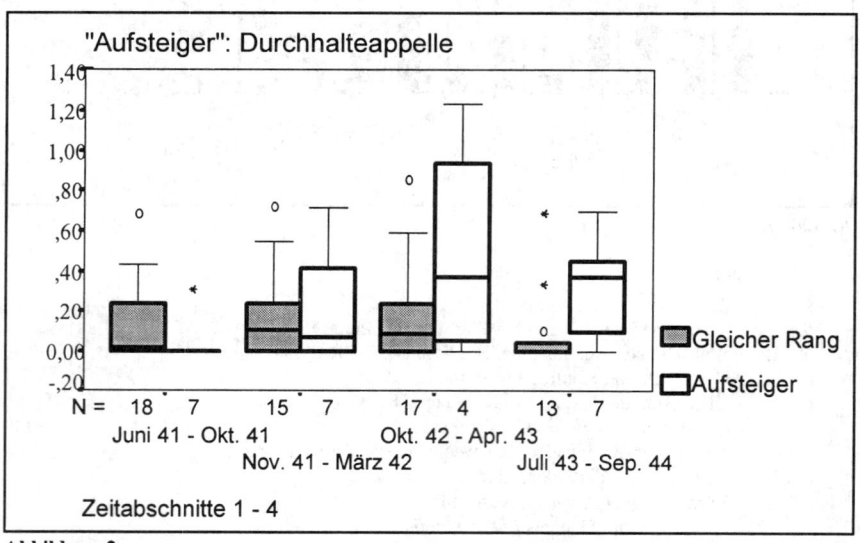

Abbildung 2

Abbildung 2 (boxplot[27]) zeigt eine signifikante Interaktion zwischen Gruppe und Zeit: Die "Aufsteiger" schreiben zu Beginn weniger, am Ende mehr Durchhalteappelle nach Hause als die Vergleichsgruppe (vgl. dazu Kap. 7.3, S. 230 f.).

In Beantwortung der Hypothesen (Kap. 2.5) lässt sich zusammenfassen:

1. Feldpostbriefe transportieren in erster Linie 10 "Standardthemen", die 1/3 aller Themenentscheidungen binden, während sich 2/3 der Kodierentscheidungen auf weitere ca. 80 Einzelthemen mit geringerem Gewicht verteilen. Dies bleibt auch mit einigen Ausnahmen über die Zeit und die Gruppen stabil. Im Wesentlichen sind es Mitteilungen, die eine Verbindung zur Heimat aufrechterhalten sollen: Über Empfang und Sendung der Feldpost, Zuneigung, Beruhigung, Heimkehrsehnsucht. Dazu kommen 'Allerweltsthemen' wie der tägliche Dienst ("marschieren", "Wache halten" usw.) und das Wetter. Die entsprechende Hypothese wird bestätigt (Kap. 2.5, 1.3): Die Felpostbriefe sollen Grundbedürfnisse der Kommunikation befriedigen. Bestimmte grundlegende Themen haben einen wesentlichen Anteil; sie dienen der Versicherung gegenseitiger Verbundenheit und der Aufrechterhaltung der Kommunikation. Die Briefe sollen ein Lebenszeichen geben.

2. Verfolgt man Variabilität / Stabilität der Themen über die Zeit, zeigen sich neben Konstanzen bei den "Standardthemen" auch signifikante Variationen im Gewicht der Themen über die Zeit. Damit lässt sich die Annahme von einer immer gleichen, eintönigen Briefgestaltung zurückweisen (Kap. 2.5, 1.1) .

3. Mehrere Befunde zeigen einen elaborierten Sprachstil der (in dieser Stichprobe) ranghöheren Mittelschichtsangehörigen gegenüber dem restringierten Code der Soldaten aus der oberen Unterschicht / unteren Mittelschicht (Hypothese 1.2): Die Unteroffiziere schreiben im Durchschnitt längere Briefe, sie schreiben weniger redundant, d. h. konzentrierter und mit einer größeren Variabilität der Themen als die Mannschaftssoldaten. Satzbau, Wortwahl und Interpunktion erhärten den Befund: Die schichthöheren Schreiber äußern sich sprachlich deutlich sicherer und komplexer.

4. Statistische Analysen (Varianzanalyse für abhängige Gruppen) zeigen bei den Hauptthemen und zahlreichen Einzelthemen signifikante Unterschiede, vor allem in Abhängigkeit von der Zeit, in einigen Fällen auch in Abhängigkeit vom Alter, wobei dies mit dem Unterschied zwischen den Adressaten (Partnerin / Eltern) interferiert. Signifikante Häufigkeitsunterschiede in Abhängigkeit vom Dienstgrad treten seltener hervor, ebenso die Interaktionen zwischen Zeit, Alter und Dienstgrad. Dies hängt auch mit der Analysemethode zusammen, bei der die unterschiedliche Brieflänge "herauskorrigiert" wird. Damit treten Unterschiede, die beim absoluten Vergleich der längeren Unteroffiziersbriefe mit den kürzeren Mannschaftsbriefen deutlich würden, zurück. Es handelt sich hierbei um Ergebnisse der quantitativen Analyse - Intensität, Ausführlichkeit und sprachliche Gestaltung der Themen erschließen sich erst bei einem qualitativen Zugang.

Die Karte wurde mit freundlicher Genehmigung der Watt Literary Agency (London) aus: Martin Gilbert: Der Zweite Weltkrieg, List Verlag München 1989 übernommen und leicht modifiziert.

Thematische Untersuchungen

4.   Zur Zensur

Schreiben die Soldaten, was sie denken? Und denken Sie, was sie schreiben? In seinem Rückblick auf "Vier Zeiten" erinnert sich Richard v. Weizsäcker an die Vorsichtsmaßnahmen gegenüber der Zensur im Kriege. In Familienbriefen habe man Tarnnamen verwendet, und ein Gedankenstrich am Ende eines Satzes bedeutete, dass das genaue Gegenteil gemeint war.[1] Derartige Camouflage anhand von unkommentierten, oft zufällig vermischten Briefen aus jener Zeit zu erkennen und nachzuweisen, ist ungleich schwerer, dennoch ist man beim Blick in Feldpostbriefe gehalten, wenigstens im Ansatz Auswirkungen der Zensur auf diese Quelle zu rekonstruieren.[2]

4.1   Die Zensur - Wahrnehmung und Wirkung

Bei seiner Untersuchung von Feldpostbriefen kommt Dollwet zu dem Ergebnis, dass die Briefe insgesamt eine große Übereinstimmung mit der deutschen Regierung und der militärischen Führung ausdrücken, andererseits "erstaunlich viele Briefschreiber die Zensurbestimmungen wenigstens teilweise ignorieren (...). Man gewinnt den Eindruck, dass dies insbesondere auf junge unverheiratete Briefschreiber zutrifft, während Familienväter aus einem Gefühl der Verantwortlichkeit heraus eher schweigen und die Angehörigen dadurch beruhigen". Als Gründe nimmt er neben "jugendlichem Leichtsinn" die Flut der Briefe und damit das reduzierte Risiko für den einzelnen an. "Vor allem lässt die Angst vor der Zensur nach, wenn der Briefschreiber sich durch die Kriegsereignisse in existentielle Ängste versetzt sieht - und mit der Fortdauer des Krieges nahmen nicht wenige die Zensur gar nicht mehr so ernst."[3]

Was wussten die Soldaten von der maßgeblichen Dienstanweisung zur Zensur vom 12. März 1940 (s. Kap. 1.1.2) und wieweit hielten sie sich an die Bestimmungen? Vier Themen sind in diesem Zusammenhang von Interesse:

7.4.1.   Ausdrücklicher Hinweis auf Zensur / Kontrolle / Postsperre
7.4.2.   Indirekte Hinweise auf Zensur und Selbstzensur, auf die "Grenzen des Schreibens"
7.4.3.   Umgehung der Zensurbestimmungen; verdeckte Mitteilungen
6.9.4.   Abgrenzung / Feindseligkeit gegenüber dem eigenen Lager:
          Ärger, Groll; Neid, Eifersucht, Missgunst, Missmut;
          Kritik an polit. und milit. Führung; "Rebellion"

255 Bemerkungen in den 739 untersuchten Briefen lassen sich den drei "Zensurthemen" zuordnen. (Zum Vergleich: Allein auf die Klagen über Transportprobleme der Feldpost entfallen 323 Mitteilungen). Von den "Zensuräußerungen" sind (ca.) 13% *ausdrückliche Hinweise*, 50% *indirekte Hinweise* und 36% lassen auf

eine *Umgehung der Zensurbestimmungen* schließen. Ergänzend seien hier die 118 Äußerungen erwähnt, die auf eine *Abgrenzung gegenüber dem eigenen Lager* hinzielen und die mit der Zensur in Konflikt geraten konnten.

Der *direkte Hinweis* auf die Zensur ist das eine: Der Soldat teilte mit, dass er die Beschränkungen wahrnahm und sich daran halten musste. Ein häufigeres Indiz für die Wirkung von Zensur und zugleich Selbstzensur waren die *indirekten Mitteilungen*, dass man etwas nicht schreiben könne. Hier entstand eine Grauzone: Die Verbote der Zensur, der Wunsch, die Empfänger/in zu schonen, der eigene Unwillen und mangelnde Erfahrung, das schwer zu Vermittelnde zu Papier zu bringen, ließen die Soldaten zu indirekten Formulierungen greifen. Die *Umgehung der Zensurbestimmungen* bestand am häufigsten darin, den Ort zu nennen, an dem man sich aufhielt, was in der Regel einen Verstoß (je nach Sicherheitslage nur einen leichten) gegen den 1. Punkt der Zensurvorschrift darstellte, wonach keine Angaben über dienstliche und geheime Vorgänge gemacht werden durften.

Diese drei "Zensurthemen" berührten die Briefschreiber häufiger zu Beginn, von Juni bis Oktober 1941. In den späteren drei Zeitabschnitten dieser Untersuchung gingen entsprechende Mitteilungen von anfänglich insgesamt 100 auf jeweils ca. 50 zurück.

Der Vergleich zwischen den Altersgruppen bestätigt Dollwets These teilweise. Ein Trend geht dahin, dass die evtl. leichtfertige Zensurmissachtung (= Umgehung der Bestimmungen durch Ortsangaben u. ä.) zwar stärker von den jüngeren Soldaten ausgeht und die älteren sich dabei etwas vorsichtiger zeigen. Bei den indirekten Hinweisen auf die Grenzen des Schreibens verhält es sich anders. Diese Aussagenart drückt, so selten sie auftritt (ca. in jedem 7. Brief), auch eine Distanz aus gegenüber der Regel, etwas nicht schreiben zu dürfen und ist bei den Älteren stärker ausgeprägt.

Unter der *Abgrenzung gegenüber dem eigenen Lager* finden sich im wesentlichen jene Äußerungen, die von der Vorschrift (Nr. 5) erfasst werden sollten, keine kritische Äußerungen über Maßnahmen der Wehrmacht und der Reichsregierung zu machen. Entsprechende Äußerungen nehmen nach einem Rückgang in der Mitte des Krieges zum Ende (Juli 1943 - Herbst 1944) signifikant zu; wenn überhaupt, dann sind es eher die Älteren und unter ihnen die Verheirateten, die Kritik an der eigenen Seite auch mal in einem Brief nach Hause schreiben.

Gegen die Bestimmungen 3, 4 und 6 der Zensurvorschrift sind im vorliegenden Material keine erkennbaren Verstöße zu finden, das heißt: Es gibt keine Hinweise auf den Versand von Lichtbildern, die der Geheimhaltung unterlagen.[4] Weder eine Verschickung von Feindpropaganda (Flugblätter), noch Äußerungen, die den Verdacht der Spionage und Sabotage erwecken, sind in den untersuchten Briefen zu beobachten. Solche Verstöße sind damit nicht auszuschließen, sie sind aber für die hier untersuchte Gruppe recht unwahrscheinlich. Der zuletzt in der Zensurvorschrift genannte Begriff der "Zersetzung" ist weitläufig ausdeutbar. Man wird hierzu manches finden, was aus Verzweiflung, Angst und Überdruss geschrieben wurde. Diese Themen werden (ebenso wie die "Gerüchte") an anderer Stelle erörtert, da es hier nicht darum gehen soll, wie gut die Zensurbestimmungen durchgesetzt wurden, sondern darum, was sich davon im Bewusstsein der Soldaten widerspiegelte (vgl. Kap. 7).

4.1.1 Direkte Hinweise auf die Zensur und die Umgehung der Bestimmungen

Der Sanitätsobergefreite *Otto Hilger*, Jahrgang. 1901 und damit der Älteste dieser Gruppe, schreibt am 10. 8. 1941 vom Vormarsch nach Südrussland an seine Frau über die Feldpost und versucht sie zu beruhigen:

> Was die Feldpost öffnen anbelangt wurde es bei andern auch gemacht, da die Briefe dort geschrieben wurden kurz vor Beginn des Krieges mit Russland. Sonst haben sie ja gar keine Zeit, da wenig Leute beschäftigt sind zum sortieren der Post, und man direkt staunen muss, dass man alles erhält. Von uns halfen einmal 4 Mann sortieren, und konnten 16 Säcke füllen helfen so dass wir schneller die Post erhielten. Du musst Dir denken, die Post kommt über100 km weit vom eigentlichen Standort weg, als wo sich die Truppe gerade befindet.

Im Sommer 1943 hat sich seine Wahrnehmung von den Gefahren verändert, und mit seinem ironisch-pessimistischen Ton hat er auch Grund dazu, vorsichtig zu sein:

> langsam aber sicher geht es der Heimat entgegen, was da alles passiert und wie das Radio der Heimat erzählt will dir dann mündlich erzählen, da ich es nicht schreiben darf [15. 8. 1943]. Ich habe Dir viel zu erzählen, was ich nicht schreiben kann, wie die Wirklichkeit ist; nur hoffentlich recht bald; das Sizilien ist jetzt auch dahin, so folgt ein Sieg nach dem andern. [19. 8. 1943].

Postsperren hatten oft weniger mit der Zensur als mit Transportproblemen zu tun. In besonders "sensiblen" Zeiten wie den ersten Kriegswochen oder dem Frühjahr 1943 nach der Niederlage von Stalingrad können gehäufte Hinweise auf Postsperre aber auch auf die Steuerung gegenüber einem unkontrollierten Informationsfluss hinweisen.[5]

> Hoffendlich hast Du meinen Brief und die Karte schon erhalten, ich hätte Dir gerne früher geschrieben. Aber leider war Postspäre, und zweitens habe ich keine freie Zeit gehabt nicht mal zu einer Karte [Fenne, 2.7. 1941].

Die Einschränkung im Postverkehr nahm bei Smolensk der Schütze Michael Page im Frühjahr 1943 vor allem im Hinblick auf die Päckchensperre wahr. Ein anderer Ton, wieder gebremst durch die Angst vor der Zensur, kommt in einem Brief vom 22. 8. 1943 hinzu:

> In der Heimat sagen viele, dass der Krieg heuer aus wird, wenn man aber die Lage von uns aus anschaut müsste man denken dass er noch einige Jahre dauert. (...) Sonst wenn man die Lage halt so betrachtet, da darf [man /überschrieben:] ich nichts schreiben.

Georg Scharnik schreibt an seine Eltern am 20. 6. 1941, einen Tag vor dem neuen Feldzug:

> Liege hier auf einer Wiese hinter hohen Tannen, dahinter in ungefähr 2000 Meter liegt die Grenze. Nach dem großen Treiben der letzten Tage, den Nachtfahrten, die erste freie Minute. Habe mir das Blatt Papier geliehen und schreibe nun mit meinem Vierfarbstift mit dem ich übrigens täglich meine Tagebücher führe Euch diesen Brief. Über den Aufenthaltsort darf ich wie Ihr ja wisst nichts schreiben, ich glaube jedoch, dass Ihr Euch ungefähr vorstellen könnt um was es hier geht. Wenn Ihr in der nächsten Zeit vielleicht nur wenig Post erhalten werdet, so braucht Ihr Euch keine Sorgen zu machen. Leider wird auch Euere Post nicht so pünktlich eintreffen.

Einen Monat später gehen die verinnerlichte Zensurvorschrift und der Mitteilungsdrang in einer Mischung aus Lagebeschreibung und Bekenntnis auf:

> Leider kann ich Euch von hier nichts Neues berichten, da es erstens nicht gestattet ist und zweitens es auch gar nichts nennenswertes gibt. Die allgemeine Lage ist soweit ganz gut, der Vormarsch geht hier etwas langsamer wie sonst vor sich, da der Russe sich hier festgesetzt hat, um scheinbar mit letzter Energie unseren Vormarsch aufzuhalten. (...) Jedoch werden wir auch hier als Träger der besseren Waffen in Verbindung mit einer Führung, die der russischen bei Weitem überlegen ist, den Sieg davontragen [29. 7. 1941, aus dem Raum Minsk, Smolensk].

Die Ereignisse drängen ihn zur Aussprache und einen weiteren Monat später nimmt er innerhalb eines Briefes eine Zweiteilung vor, er schafft gleichsam innerhalb des Privatbriefs noch einen eingekapselten geheimen Raum, innerhalb dessen er sich den weitergehenden Verstoß gegen die Zensurbestimmung erlaubt:

> Mit der Post ist es leider, wie wiederholt festgestellt sehr schlecht bestellt. Es dürfte wohl daher kommen, dass wir als Heeresartillerie immer an den brenzligen Punkten eingesetzt werden und somit öfters das AK wechseln als das bei sonst einer Truppe vorkommt. Wie ich weiterhin aus den Briefen ersehe ist eine ganze Menge Post nicht angekommen. Zu Eurer Orientierung will ich für Euch privat, aber für sonst niemand mitteilen wo wir schon überall kämpften. Zuerst gehörten wir zur 20. Panzerdivision [hinzugefügt ist das Divisionszeichen], wenn Ihr also dieses Zeichen im Film seht wisst Ihr dass es sich um Fahrzeuge unserer Division handelt. Befehlshaber Generaloberst Hoth. Unsere Abt. also der Stab trägt folgendes Zeichen in gelb: [Zeichen] Die Battr. haben dann nur noch folgenden Zusatz: 4. [Zeichen], 5. [Zeichen], 6. [Zeichen]. Ihr werdet jedoch dieses kaum finden bzw. erkennen. Über den jetzigen Verbleib kann ich Euch erst zu einem späteren Zeitpunkt Bescheid geben. Und nun weiter im Brief [29. 8. 1941].

Mit der Begründung: "da ich wieder hier bei meiner alten Einheit bin darf ich Euch etwas mehr schreiben", (27. 11. 1941) schildert er dann im Rückblick und mit stolzem Unterton den Eltern etwas ausführlicher, wie er an der Beschießung von Schlüsselburg, "einer Schicksalstätte der roten Revolution" teilnahm. Die Wochenschau war auch zugegen:

> Ich selbst steh als Richtkan. an der linken Seite des Rohres bzw. ich half beim Laden u.. beim Durchziehen des Rohres um ja aufs Bild zu kommen. Also gut aufgepasst u. vor allem, wenn irgend etwas von Schlüsselburg gezeigt wird.

Bei diesem jungen, ehrgeizigen Gefreiten, der später Unteroffizier wird, ist ein weitgehendes Einverständnis mit der offiziellen Informationspolitik vorhanden - bei grundsätzlicher Akzeptanz der Zensurbestimmngen, die er mehr aus Mitteilungsdrang und Stolz hin und wieder durchbricht. Es gibt auch im weiteren Verlauf der Briefe keine zensurkritischen Untertöne. Seinen Anspruch, die Eltern immer über seinen jeweiligen Standort zu informieren, hält er aber aufrecht. So bittet er im August 1943 um eine gute Karte von Russland[6] und fordert seine Eltern auf, sich dieselbe zu besorgen,

> damit ich immer schreiben kann wo ich gerade bin und somit die angegebenen Orte immer übereinstimmen bzw. man auch nach Grad oder in Zentimeter irgend einen Punkt bestimmen kann [28. 11. 1943].

Etwas anders klingt es in den Briefen des älteren Gefreiten *Ludwig Bumke*. Er schreibt am 2. 7. 1941 aus Galizien an seine Frau:

> Wenn ich jetzt ev. Briefe nicht genau beantworten kann, so nur, weil ich mich auf das Nötigste beschränken muß. (...) Ich lege noch einen Brief von mir bei, der zurückkam, weil ich ihn in einen Zivilkasten der Post im Osten warf, das ist verboten.

Zwei Wochen später zeigt sein Versteckspiel mit dem Ortsnamen, dass er 'zensurbewusst' schreibt, auch wenn das in dieser 'Trainingsphase' noch nicht so wirkt. Er vereinbart als Code mit seiner Frau, dass er jeweils mit dem ersten Buchstaben der ersten Sätze seinen Aufenthaltsort mitteilen werde:

> Leider geht die Post wieder sehr langsam. Entweder liegt es an ihr, oder am schnellen Vormarsch. Mit einem baldigen Urlaub ist noch nicht zu rechnen. Bei uns ist alles in Ordnung. Es geht mir gut. Regen hatten wir genug diese Woche. Gegen Ende war es besser. Setze die Anfangsbuchstaben (7 Stück, oben rechts) zusammen und Du weißt wo wir sind [12. 7. 1941].

Weil es offensichtlich Missverständnisse gab, wiederholt er am 16. 9. 1941 nochmal, schon eindringlicher mahnend:

> Du schreibst im Brief vom 29., Dir scheint, wir sind wieder wo anders. Die Verzögerung der Post lässt auf nichts schließen, sondern nur unsere abgemachte Zeichensprache. Du hast doch geschrieben, dass Du sie verstanden hast und mit Lemberg bewiesen!! Zur Sicherheit aber hab ich Dir nochmal die zusammengesetzten Buchstaben unterstrichen, damit du keine Rückfragen mehr stellen brauchst, denn es ist das verboten den Standort zu schreiben. Also richte Dich nicht nach Vermutungen, sondern nur nach unserem Schema. Es wäre nicht das erste Mal, dass Briefe geöffnet würden!!

Den eigenen Aufenthaltsort mitzuteilen, entsprach zum einen einer Briefkonvention, zum andern gerade in der unsicheren Ferne dem Bedürfnis, einen 'Anhaltspunkt' zu geben. Einige wenige schrieben ihren Aufenthaltsort am Briefanfang vor dem Datum, wenn sie über lange Zeit im Hinterland stationiert waren. In diesem Fall mag es auch weniger als Verstoß gegen die Zensurbestimmung wahrgenommen worden sein, weil die Gefahr, dem Feind Informationen in die Hände zu spielen, geringer war. Wenn die Soldaten es nicht bei dem "O. U." für

Ortsunterkunft belassen wollten, fanden sie findige Umschreibungen, die gleichzeitig darauf hinweisen, dass ihnen die Verbote bekannt waren. *Fritz Asper* schreibt den Eltern vom umkämpften Kuban-Brückenkopf am 9. 9. 1943:

> Ich habe Euch schon in meinem gestrigen Brief geschrieben, dass wir die längste Zeit auf dem Brückenkopf waren und nun will Euch einige Aufklärung zukommen lassen, und zwar, wenn ich auf der Krim bin so schreibe ich (Karl) hin und kommen wir woanders hin, dass ich ja jetzt auch noch nicht weiß, so schreibe ich (Wandervogel) in die linke obere Ecke, aber so lang das nicht in einem Brief steht bin ich immer noch auf dem Brückenkopf.

Schon im nächsten Brief vom 22. 9. 1943 gibt er - "heute in Ruhe" - eine ganz genaue Beschreibung seines Aufenthaltsortes Feodosia "auf der Stelle wo Halbinsel Krim und Kertsch aneinanderstoßen" und bestätigt mit diesem Wechsel zwischen indirekter und direkter Mitteilung sowohl sein Wissen von den Zensurbestimmungen, als auch seine Bereitschaft, sie je nach Gesamtlage für sich außer Kraft zu setzen. *Ferdinand Melzner* schreibt an seine Eltern:

> Wir befinden uns jetzt in einem Sumpfgebiet am Südrande jenes Riesenraumes, in dem die russische Hauptmacht eingeschlossen ist [2. 7. 1941].
> Wir befinden uns von Anfang an im Mittelabschnitt, davon im südlichen Teil [21.1. 1942].
> Mein Regiment habe ich noch nicht erreicht da sich die ganze Division auf dem Vormarsch befindet in Richtung auf die Millionenstadt, um die gerade so schwere Kämpfe toben. Der ursprüngliche Ort, wo ich hinzukommen glaubte, hatte sich schon vorher geändert, ich musste weiter nordöstlich [11. 3. 1943].
> [In einem Brief, den er einem Urlauber mitgibt und der die Regel bestätigt:] Ich bin nördlich von Charkow, hier kann ich es ja genau reinschreiben [26. 3. 1943].
> Wie es bei uns wieder zugegangen ist, könnt ihr ja mehr oder weniger auch aus dem Wehrmachtbericht erfahren, wenn es heißt: "im Raume Bjegorod..." [14. 8. 1943].

Die letzte Variante war durchaus häufig anzutreffen: Man berief sich auf den Wehrmachtsbericht. Bei kritischer Rückfrage wegen der Ortsangabe hätte man sich auf eine höhere Autorität berufen können und vor allem: es war ein praktisches Bindeglied zu den Angehörigen vor dem heimischen Volksempfänger.

4.1.2 Indirekte Hinweise: die "Grenzen des Schreibens"

Es gibt zwischen der direkten, insgesamt seltenen Ansprache der Zensur und der vor allem zu Beginn häufigen Überschreitung durch offene oder verdeckte Angabe des Aufenthaltsortes noch eine Gruppe von Äußerungen, die Zwischentöne hörbar werden lassen: die indirekten Hinweise auf Zensur und Selbstzensur. *Christoph Banse* schreibt aus der Ukraine an seine Frau:

> Gestern hatte ich für mich ein nicht ganz ungefährliches Erlebnis, von dem ich Dir dann später erzählen werde, da Du Dich sonst zu sehr darüber aufhalten würdest. Es kommt natürlich auch nur im Kriege vor und es schickt sich nicht, dass man es vom Felde heim schreibt. - Wie geht es Dir, mein liebes Herzchen? [7. 7. 1941].

Rudolf Bilzer schreibt an seine Frau aus Nordrussland:

> Der deutsche Soldat muß sehr viel mitmachen, kann da nicht alles schreiben, was man so hört; der Russe ist ein zäher Gegner, und wir tun jetzt fast keine Gefangene machen, sondern

alle verschießen, denn mit den deutschen Soldaten gehen sie unmenschlich um. Mit Kanonen wird jetzt in die Truppe gefeuert, alles vernichtet was nur lebt, eine Schlacht ist da und Verluste an Menschen und Material, wie noch nie; Aber deshalb verlieren wir den Mut nicht. und denken immer an das bessere, und wollen nur hoffen, daß bald der Krieg im Osten fertig ist. Ungeheures wird verlangt von den deutschen Soldaten glaube es mir, und Opfer bleiben nicht aus. [27. 7. 1941].

Liest man dies heute, wirken die Formulierungen dieses einfachen Bäckers nach dem einleitenden der Zensur geschuldeten Satz schonungslos offen; offener als das meiste, was man in Berichten der Soldaten nach dem Krieg hörte. Sein Tribut an die Selbstzensur bestand eher in der Rechtfertigung, dass es sich bei den eigenen Maßnahmen um eine Reaktion auf die Russen handele und er sich als Opfer sah. Er versuchte, sich etwas Distanz zu bewahren, wenn er die aus deutscher Sicht "erfolgreichen" Schlachten nicht siegesfroh kommentierte, sondern auf das Bessere andere wartete.

Heinz Heppermann zieht sich in den Briefen an seine Frau öfter auf die Formulierung zurück: "Das muss ich dir später einmal erzählen" [18. 9. 1941]. Der Druck der Ereignisse in Mittelrussland lässt ihn das aber nicht durchhalten:

> In den letzten drei Monaten war ich bei einem Regiment, Du kannst Dir denken, dass es oft heikle Situationen gab, es würde zu weit führen, Dir alles ausführlich zu erzählen. Später einmal, wenn ich einmal bei Dir bin [15. 11. 1941].
> Ansonsten nimmst Du ja an allem teil, was mich angeht und was wir erleben. Dass ich Dir nicht alle Einzelheiten mitteilen kann, liegt einmal an der Häufigkeit der Ereignisse, dann aber aus gewissen Rücksichten Dir gegenüber. Glaube mir, Elslieb, wir haben manche Dinge erlebt und gesehen, die ich Dir nicht schreiben kann. Später erzähle ich es Dir einmal. Nur ein kurzes Beispiel: Wir lagen ungefähr (im September) 6 km hinter der Hauptkampflinie mit unserem Regiment! Plötzlich Alarm: die Russen sind durchgebrochen. Und tatsächlich hatte sich ein Haufen von 150 Mann durchgeschlagen bei Nacht und Nebel, lagerte bei Tage in einem undurchsichtigen Waldgestrüpp, wartend, in der Nacht das Hintergelände zu beunruhigen! Sie machten den Fehler, einen vorbeifahrenden Kradmelder vom Rade zu schießen: So wussten wir, was gespielt wurde. Wir lagen im Anschlag auf einer Anhöhe. Plötzlich brachen die Russen hervor und versuchten, die Höhe zu stürmen. Auf einem anderen Hang stand eine Artilleriebatterie: In direktem Beschuss fuhren die Granaten in die stürmenden Russen hinein. Im Nu war der Spuk verflogen. Das "Schlachtfeld" kannst Du Dir nicht ausmalen! Das sind so kleine Erlebnisse, die uns immer wieder begegnen! [3. 12. 1941]

Ein Grundmechanismus des Schreibens im Krieg zeichnet sich ab: Vieles, was nicht versprachlicht werden durfte im Moment des Erlebens, blieb als Bedrohung im Gedächtnis. Es konnte später, vielleicht angesichts neuer Gefahr, auch um sich selbst Mut einzuflößen, als Beispiel überstandener Krisen mitgeteilt werden.[7] Die Zensur und Selbstzensur verloren etwas von ihrer steuernden Gewalt, da es sich ja auf Vergangenes bezog. Mit fortschreitender Bedrohlichkeit konnte der Schreiber aber gar nicht mehr damit nachkommen, alles glücklich Überstandene zu berichten. Die Übermacht der Gefahr gerann unter der auferlegten und selbst gewählten Vorsicht zu Sätzen, die im Vergleich zur Dramatik des Geschehens bagatellisierend waren:

Nach langen Tagen haben wir (und damit ich) wieder Gelegenheit zum Schreiben. Du glaubst nicht, wie ungeduldig ich war, aber die etwas verworrenen Umstände brachten es mit sich, dass Abgabe und Beförderung von Post nicht möglich war. Du wirst nun verwundert nach den Ursachen fragen. Eine Antwort muss ich Dir darauf schuldig bleiben. Nur so weit: Aus den Radiomeldungen wirst Du [vielleicht] von den Kämpfen um Weihnachten und Neujahr gerade im mittleren Frontabschnitt gehört haben. Die Auswirkungen der russischen Angriffe betrafen uns wohl nicht unmittelbar, erforderten jedoch dauernden Wechsel der Quartiere, erhöhte Wachsamkeit und derlei unerfreuliche Dinge. Du weißt selbst: Umzüge bringen Arbeit und Sorgen mit sich - wenn bei uns auch die nötige Geschwindigkeit dabei offenbar wird. Dazu war es in der letzten Woche unheimlich kalt, abwechselnd traten Schneestürme auf, die Straßen verweht: deswegen aber keine Sorgen: Auch diese Dinge sind zu ertragen [Heppermann, 9.1. 1942].

So wirkte die Selbstzensur auch unter höchstem Mitteilungsdruck: Die Schrecken der ersten großen Rückschläge - damit auch das Zerstieben aller anfänglichen Hoffnungen auf einen raschen Sieg - wurden in hinweisende, aber doch allgemeinbleibende Worte gefasst. Die Sachinformation wurde an den Wehrmachtsbericht delegiert. Die frontspezifische Erfahrung des gefahrvollen Rückzugs unter ständiger Verfolgung durch den Feind wurde heruntergedekliniert auf den in der Heimat nachvollziehbaren Vergleich mit einem "Umzug", der eben Arbeit macht. Kälte und Schnee gehörten dann wieder zum transportierbaren Wissensbestand, mit dem die Empfängerin etwas anfangen konnte; sicheres Terrain in der Kommunikation war erreicht, wenn die beruhigende Floskel das Beunruhigende bannen sollte. Der Briefschreiber sah sich in der Verantwortung gegenüber dem emotionalen Gleichgewicht der Empfängerin. Mit der Beruhigung hatte er der Pflicht genügt, seine Ansprüche an die Leserin seiner Nöte wieder zurückzuschrauben. Dass dieses Wechselbad der Zumutungen von der Empfängerin aber wohl zunehmend mit größerer Besorgnis beantwortet wurde, dürfte ein Grund dafür sein, dass mit fortschreitender Verschlimmerung der Lage die indirekten Aussagen zu Zensur und Selbstzensur resignierter und lakonischer wurden. Zusätzlich wäre jedes Beschreiben auch eine erneute Konfrontation mit dem Erlebten geworden und so war die Selbstzensur auch zunehmend eine des eigenen Denkens:

Entschuldige bitte, wenn meine Briefe nur Berichte sind oder kurze Schilderungen von Erlebnissen. Die Zeit erlaubt es oft nicht viel nachzudenken. Bei der Arbeit kommt man nicht dazu und in unangenehmen Situationen war es nicht angebracht. Kameraden, die über eine bestehende Gefahr nachdachten, haben meistens noch die anderen mit verrückt gemacht. Es war viel besser die Nerven zu behalten, ruhig und bereit zu sein. Ich kann sagen, dass es mir gelungen ist. Zugegeben, dass ich die Größe der Gefahr oft nicht kannte und auch nicht wissen wollte.
Mir fällt das Briefeschreiben immer etwas schwer. Die Dinge, die einen täglich berühren mag man nicht berichten. Mit dem Alltag muss man allein fertig werden und die Sonntage sind selten. [Hans Sulzer an seine Mutter, 12. 8. 1941 und 26. 1. 1943].

Der folgende Brief wurde laut Vermerk von der Zensurstelle geöffnet - und ohne erkennbare Veränderungen durchgelassen. *Michael Page* schreibt ihn 1943 aus dem Raum Smolensk (Mittelabschnitt) an seine Eltern:

> Wir sind auch wieder schwer mit Bunkerbau beschäftigt. Ist ja immer das alte Lied. Wenn man wohin kommt dann gehts mit Hochdruck an den Bunkerbau, wenn man dann damit fertig ist, zieht man ein und wohnt auch einge Wochen da. Nach 3 oder auch 4 - vielleicht sogar 5 Wochen kommt entweder von oben ein Befehl, dass das nicht der richtige Platz ist, oder es spricht der Iwan wieder ein Wort dazu. Wir wollen ja nicht hoffen, dass es hier auch wieder der Fall ist, denn es wäre ganz schön, wenn wir den Winter über hier bleiben könnten. Aber es kommt halt ganz auf den Iwan an. Vielleicht hat er sich doch ein wenig verblutet bei seinem dauernden anrennen. So wie dann Russen kommen gibt er ja keine Ruhe, denn er meint umbedingt er muss uns zurücktreiben bis zur Grenze. Bis Weihnachten will er uns dort haben, wie er sagt in seiner Lautsprecherpropaganda. Aber so schnell geht das nicht, denn ganz so schwach wie er sich das vorstellt sind wir nun wieder auch nicht. Na wir wollen halt das beste hoffen. Bin nur gespannt wann der große Vergeltungsschlag gegen England kommt. Bei uns ist es z. Zt. ruhig, vor einigen Wochen hat es rechts von uns sehr stark gerumpelt ist aber jetzt auch wieder ruhig. Sonst ist nicht mehr zu sagen über die Lage [20. 10 1943].

Page folgt mit dem letzten Satz der Zensurauflage, hat aber vorher einige Botschaften plaziert, die durchaus seinen eigenen Zweifel kundtun mochten - im Gewande des Zitats der feindlichen Propaganda und flankiert von seiner botmäßigen Bekundung von der eigenen Stärke. Wenn er den "Vergeltungsschlag gegen England" erwartet, klingt das eher wie das Einfordern des einfachen Soldaten gegenüber der Führung, mit ihren Versprechen Ernst zu machen, und nicht wie eine sieggewisse Erwartung.

Herbert Klinger schreibt von den Rückzugskämpfen in Livland im August 1944 an seine Braut:

> Der Infanterist hat übermenschliches geleistet. Ich kann das im Einzelnen nicht schildern. Du hast es sicherlich geahnt, schon deshalb, weil meine Post so spärlich kam. Auch Deine lieben Briefe kamen nur selten an, obwohl Du doch so fleißig schreibst [16. 8. 1944].
> Eine kleine Umgliederung innerhalb meines Verbandes macht meine vorübergehende Anwesenheit beim Tross nötig. Meine Einheit liegt im Graben. Da bekomme ich ehrlich gesagt Komplexe, aber ich handele ja auf höheren Befehl. Um was es sich handelte, kann ich Dir nicht schreiben. Jedenfalls wird meine Adjutantentätigkeit ihr Ende finden, weil der Verband so klein geworden ist, dass kein Adjutant mehr nötig ist [22. 8. 1944].

Ein weiteres Motiv für das Beschweigen und Umschreiben kam hinzu: Selbst wenn der Soldat sich den Angehörigen gegenüber anvertrauen wollte, gab er mit dem Brief Informationen heraus, die er selbst nicht mehr in der Hand behielt. *Bumke*, der seiner Frau gegenüber zu Kriegsbeginn durch das Mimikry um den Aufenthaltsort seine Angst vor der Zensur zu verstehen gibt, formuliert eine Sorge, die auch andere abgehalten haben mag, sich unvorsichtig zu äußern:

> Ich wollte Dich schon öfter fragen, ob Du das, was ich Dir schreibe, immer auch daheim alles erzählst. Und ob das dann auch Lisl immer weiß. Ich will nämlich nicht, daß Artur das alles erfährt. Denn wenn Lisl das weiß und streiten wieder mal, dann sagt Lisl natürlich gleich, ja der Ludwig schreibt auch so und so. Du weißt doch, warum ich Dich da frage. [19. 9. 1941].

In späteren Briefen nimmt er weniger Rücksicht und schreibt regelmäßig auch
nach plötzlichen Rückzügen, also aus militärisch brisanter Lage, in welchem Ort
er sich befindet. Und nachdem er schon mehrfach gewagt kritisch über die deutsche Führung, über Urlaubshoffnungen und die Sehnsucht nach dem Kriegsende
geschrieben hat, kann ein Brief aus klimatisch widrigen Winterverhältnissen nur
als krasse Ironie unter den Augen der Zensur gedeutet werden, denn auch im
Südabschnitt wird das Winterwetter so einladend nicht gewesen sein:

> Du schreibst ich lass Dich zappeln, ich weiß ja nicht was ich immer schreiben soll, dass ich
> sehr gerne Soldat bin weißt Du ja, das Wetter ist auch so schön wie ich gerne Soldat bin, halt
> das ist wirklich schön und sonst weiß ich ja auch nichts! [aus Labinskaya / Süden 2. 1. 1943].

Weniger Rücksichten musste der Schreiber nehmen, wenn er an vertraute Freun-
de schrieb. Als schreiberfahrener Unteroffizier, schließlich auch Gefechtsschreiber, reflektiert *Peter Schuster* die unterschiedlichen Schreibhaltungen in seinen
Briefen an den Cousin und dessen Frau.

> Nunmehr wollen wir das militärische Kapitel beschließen (...) Aber Ihr seid ja nun mal für
> mich der Beichtvater, bzw. die Ablage all meiner blöden Gedanken und Sorgen. (...) Was soll
> ich die Eltern heute noch damit in Sorgen bringen, warum soll ich Ernie heute noch damit
> ängstigen und ihr für die Zukunft die Ruhe nehmen (...) Eigentlich will ich heute noch einen
> Brief schreiben, denn wer weiß, wann man wieder dazu kommt. Erni und Eltern haben schon
> einen. Aber vorher muss ich mich ein wenig umstellen, er soll an [St.] gehen, da wird wieder
> ein anderes Naturel verlangt! Vorherrschend Geschäftsinteresse, Hoffnung, Zuversicht,
> Vertrauen auf sein Richtigmachen, unbesiegbare Heimat, flaches Streifen der militärischen
> Lage! Na ja, eigentlich ja kein Umstellen, eigentlich bin ich ja so. Unterkriegen will ich mich
> von diesem Mistkrieg bestimmt nicht lassen. [21. 8. 1943].
> Man hat es jetzt sehr eilig bei uns, in kurzer Zeit schon, kann es sein, daß wir wieder gen
> Osten gehen. Es graut mir schon jetzt davor, das den Eltern mitzuteilen. Mehr als die Tatsa-
> che als solche. Man kennt ja den Mist und macht ihn eben auch wieder mit [16. 2. 1944].

Zwischen den Kommunikationspartnern entwickelt sich jeweils ein (meist unge-
schriebener) Code darüber, wieweit sie in ihren Mitteilungen gehen wollen. Hier
gewinnt der Wunsch, die Eltern zu schonen - so wie er von ihnen geschont wird,
solch eine Priorität, dass die Mitteilung der schlimmen Nachricht ihm schwerer
erträglich ist als das Schlimme selbst. Darauf wird unter dem Aspekt "Bewältigung" zurückzukommen sein (s. Kap. 7.5.1).

4.1.3   Verstöße durch kritische Äußerungen

Joseph Goebbels kam innerhalb eines halben Jahres zu ganz entgegengesetzten
Befunden, wenn er Nutzen und Gefahr der Feldpostbriefe für die Propaganda
beschrieb. Im Völkischen Beobachter, Wiener Ausgabe, vom 7. 7. 1941 schrieb
er: "Der Schleier fällt. Das Mysterium, mit dem sich der Bolschewismus so gern
und aus guten Gründen zu umgeben pflegte, verliert die Kraft des Geheimnisses.
Moskau ist entlarvt. (...) Wir lesen es in unzähligen Feldpostbriefen, die vom

Osten in die Heimat wandern. Wohl selten hat eine Wehrmacht ihren Siegesmarsch in ein feindliches Land mit so gespannter Neugierde angetreten wie diesmal, und wohl niemals ist das, was sie zu sehen bekam, so weit hinter den primitivsten Erwartungen zurückgeblieben wie hier. Es ist einfach nicht zu beschreiben". Ein halbes Jahr später, am 22. 1. 1942, schrieb Goebbels in sein Tagebuch: "Der SD-Bericht [Lagebericht des Sicherheitsdienstes der SS] weist folgende Lage aus: Das deutsche Volk macht sich vermehrte Sorge um die Ostfront. Vor allem spielt das Problem der Erfrierungen eine große Rolle. (...) Der OKW-Bericht wird unentwegt weiter kritisiert, weil er kein klares Bild von der Lage entwirft. Demgegmäß wirken auch die Feldpostbriefe geradezu verheerend. Was unsere Soldaten von der Front in die Heimat schreiben, ist überhaupt nicht mehr zu beschreiben." Goebbels macht "eine allgemeine menschliche Schwäche aus, gegen die man machtlos ist", befürchtet negative Rückwirkungen auf die Familien und will anregen, "dass das OKW über diesen Punkt eine Belehrung an die Soldaten erteilt; aber ich verspreche mir davon nicht viel."[8] Ob dies eine Momentaufnahme nach dem Scheitern vor Moskau ist oder ob hier nur vor dem Anspruch des Propagandaministers die Fallhöhe zu den Beschreibungen alltäglichen Leidens in den Briefen deutlich wird: Es ist ein Indiz dafür, dass die Briefe nicht jene Belanglosigkeit hatten, die ihnen manchmal unterstellt wird.

Welche Kritik am eigenen Lager äußerten die Soldaten in ihren Briefen? Für den untersuchten Bestand gilt, dass Belastungen aller Art vor allem im ersten Halbjahr ausführlich beschrieben wurden (vgl. Kap. 5); aber Groll gegenüber den eigenen Leuten erwuchs erst dann, wenn es Schwierigkeiten gab, die Personen zuzuschreiben waren. *Bumke* klagt im Dezember 1941, dass zwar Wintersachen angekommen seien, "aber weitaus zu wenig!" Der Mangel an Spinnstoffwaren mache sich beträchtlich bemerkbar. "Obwohl man doch Zeit genug hatte, bis der Winter kam." [7. 12. 1941]. Kritik am Vorgesetztenverhalten wurde selten geäußert, kam aber vor. *Hilger* beschreibt im Rückblick, *nachdem* er versetzt worden ist, eine erlebte Schikane:

> Am 3. und 4. Januar wurden wir bei größtem Schneesturm nach vorn geschickt (...) das war eine unerhörte Zumutung von unserem Chef seiner Zeit; die Arbeit war nämlich jene Nacht gleich Null, aber raus mussten die Leute gejagt werden, ohne Rücksicht auf Gesundheit der Mannschaft. Jetzt haben viele etwas abbekommen, einer hat eine ganz böse Zehe, andere das Ohr, und so geht es weiter [19 . 1. 1942].

Von Schikanen aller Art wäre sicher viel zu berichten gewesen. Nur war das besonders riskant, denn eine zufällige Zensur hätte den Konflikt vor Ort direkt verschärft.[9] Globalere Klagen über das "Gebrülle" oder den "Barras-Frass" oder Bemerkungen über einen früheren Chef fielen da leichter. Neid auf andere, die es besser hatten, besonders auf solche, die aufgrund ihrer Position in Urlaub fahren konnten, Ärger über "Wichtigtuer" in den eigenen Reihen, Leute, die sich "zu Hause herumtreiben" oder "kleine und große Kriegsgewinnler" waren der Stoff, aus dem sich giftge Bemerkungen nährten. Bei *Willy Pott* werden zunächst Gleichrangige zur Zielscheibe. Später kommen vereinzelt andere, grundsätzliche Töne hinzu, die auch die Vorgesetzten nicht aussparen:

> Jetzt versuchen wir, unsern Verpflegungstross vorm Essen abzufangen, sonst haben wir wiederum nichts. In solchen Lagen darf man nicht an gute Tage denken, sonst steigt einem der Magen hoch. Die andern sitzen nur 5 km von uns und essen, wie Grafen und wegen dem Saufluss fasten wir heute und kauen Hungerstricke. Die andern Kompanien schickten wenigstens an ihren Tross das Essen zurück, nur wir können uns mit der hohlen Hand eine auf den Bauch klatschen. So schlau hätten sie bei uns auch sein können! [24. 6. 1941]
> [... es schmerzt mich,] Dich zum 2. mal allein im Urlaub zu wissen, zumal sich gerade jetzt so vieles Zeug dort rumtreibt, das es versteht, der Uniform aus dem Weg zu gehen, sich dafür aber mit umso größerer Tätigkeit auf anderen Gebieten auszuzeichnen [31.7. 1941].
> (...) haben wir immer noch den Spieß, der nichts tut, dafür aber bei allen Dienststellen, Chef usw. erzählt: jetzt habe ich das getan und nun muss ich noch das machen! Also innerhalb der Kompanie ist er schon bekannt, was ihn aber nicht stören kann mit seiner Angeberei [30. 9. 1941].
> Unser schöner Herr General, der allein daran schuld war, dass wir neuerdings diesen Dreckosten sehen u. auf die schmerzhafte Art und Weise heute u. wer weiß wie lange noch, zu spüren haben, wurde abgesetzt. Heute erfreut sich der schöne Herr an der Zivilisation in Holland oder Frankreich. Solche Strafversetzungen ließe ich mir auch aufbrummen lassen [sic; 25. 1. 1944].

Anlass für Offiziersschelte sieht auch *Georg Scharnik*, als er von seinen Eltern auf die Auszeichnung eines Gleichaltrigen hingewiesen wird:

> Die Verwunderung darüber, dass [H.] bereits das E. K. hat, ist bei Euch denkbar. Wir dagegen die wir wissen wie oft eine E. K . Verleihung zustande kommt bereiten uns darüber kein Kopfzerbrechen. Trägt z. B. ein Offz. das E. K . II, so kann man mit Bestimmtheit sagen, dass dieser Mann weniger als jeder Landser seiner Einheit geleistet hat. Ihr dürft Euch also darüber keine Gedanken machen, zumal [H's] Vater beim Generalstab oder Militärverwaltung in Paris sitzt u. dementsprechend einen leisen Druck ausüben kann [21. 10. 1941].

Es gab aber auch eine Kritik an der eigenen Seite, die im Sinne des Regimes argumentierte: Durchhalteappelle, an die Angehörigen und zur Selbstvergewisserung wohl auch an den Schreiber selbst gerichtet, waren versetzt mit zornigen Worten gegenüber denen, die aus der Phalanx ausbrachen[10]:

> Über unser Leben darf wohl auch niemand richten, wie Du es richtig sagst. Ihr könnt es ja auch nicht richtig verstehen und fühlen. Trotzdem wird es manchen geben, der das Leben eines Landsers verurteilt und den Stab über ihn bricht. Aber dieser Saubande darf keiner von uns begegnen! [Schuster, 23. 3. 1943].

Belastungen mündeten in Kritik, wenn zusätzlich Ungerechtigkeiten ins Spiel kamen. Die Ideen für ausgleichende Gerechtigkeit lieferten manche gleich mit:

> Der Krieg nimmt ja auch kein Ende, es wurde jetzt noch Amerika auch der Krieg erklärt; wenn nur auch mal die Herren der Heimatfront sich alle miteinander in unser Los teilen würden, wäre ganz gesund. Von zuhaus aus ist gut Reden halten und Artikel in den Zeitungen schreiben [Hilger, 15. 12. 1941].

Denn wenn man schon von einem Volksheer spricht, soll jeder mal in den Genuss dieser hohen Ehre kommen. Wir glauben, dass wir lange genug im Osten sind, als dass wir das nicht auch mal anderen gönnen [Bumke, 12. 3. 1943].

Die Briefe von *Bumke* zeigen, wie sich ausgehend von der persönlichen Lage schon früh ein kritischer Ton einstellt, der sich schließlich sogar gegen die eigene Führung richtet[11], eine bemerkenswerte Entwicklung vor dem Hintergrund seiner anfänglichen 'zensurbewussten' Haltung. Nach der Niederlage in Stalingrad schreibt er an seine Frau:

Auf der Landkarte Pläne entwerfen, wäre eben nur dann von vollem Erfolg, wenn es überall so wäre wie in Frankreich. Anderer Meinung zu sein, hieße eben die Rchng. ohne den Wirt machen, das haben wir im Kaukasus in vollem Ausmaß erfahren müssen, genau so, wie Napoleon vor 130 Jhr. Auch er hat gemeint, er könne alles auf einmal machen, zu bedauern sind nur solche, die die Prellböcke einer solchen Nimmersattpolitik sind, z. B. die 46000 Gefangenen der 6. Armee von Stalingrad. Das hätte man vermeiden können: wenn man dem Kaukasus noch die Ruhe gelassen hätte. Aber wenn einer ein Geschäft gleich zu groß haben will, nimmt Geld über die Aussichten seiner künftigen Einnahmen auf, macht er schneller pleite, als er es vorher geahnt hat. So ging es auch uns, weil wir weder zum Kriegführen noch zum Verwalten genügend Menschen haben. (...) Was nützen uns die großen Gebiete, wenn wir die eigene Heimat dadurch nicht mehr genügend schützen können [16. 3. 1943].

Und nach einem Angriff auf München spart er auch Goebbels nicht aus:

152 Opfer sind keine Kleinigkeit. Ja, Herr Dr. Goebbels, es kommt nicht darauf an, wie lange der Krieg dauere?! [24. 3. 1943].

Eine kritische Distanz gegenüber den Deutschen in ihrer Rolle als Besatzer findet sich in den Briefen kaum. Die einzige ausdrückliche Kritik an der eigenen Besatzungspolitik stammt vom ältesten der Gruppe, *Otto Hilger*, noch aus Polen:

Hier hatte ich mal Gelegenheit einer Kommission zuzusehen, die den Leuten ihre Kartoffeln und Roggen beschlagnahmte, da war ein deutscher Zivilist mit Parteizeichen dabei, und einer Peitsche um sich hängen!! Zum Schutz polnische Polizei; da braucht man ja weiter keine Worte mehr sagen. Da haben verschiedene Blätter wahrhaft keinen Grund über sogenannte Methoden der Engländer großes Geschrei zu verführen [20. 6. 1941].

Er bewahrt sich auch in anderen Kriegsphasen einen distanzierten Blick, wenn er dabei den "Führer" auch von der Kritik ausnimmt, ihn vielmehr zum Zeugen für seine Klagen anruft:

unsere Auflösung wurde wiedereinmal hintertrieben von höherer Stelle scheinbar, wir sitzen (somit) immer noch im Kessel drin, die Front bildet bei uns ein Hufeisen und mitten drin sitzen wir jetzt schon seit Wochen [23. 12. 1941].
(...) der Russe ist noch lange nicht erledigt, wenn es auch die Tagesblätter Euch in der Heimat vormogeln wollen, das sehen wir am besten hier an der Front [27. 12. 1941].
Viele Kameraden haben ihre Ohren und Zehen schon stark erfroren, dabei wird ihnen weiter zugemutet zu arbeiten. Der Mensch gilt weniger wie ein Stück Vieh, die jüngeren aktiven sind nur 2 Stunden in der Kälte dann werden sie abgelöst und wir sollen 6 Stunden und noch länger aushalten, das ist bestimmt des Führers Wille nicht, dass die Menschen mit Gewalt zugrunde gerichtet werden (...) Die Vorgesetzten, die uns soweit vorbrachten fahren zur Zeit in Urlaub ins Bad Nauheim, bis die ärgste Kälte herum ist, sind die Herren wieder da [4. 1. 1942].

Im September 1943 klagt Hilger beim Rückzug "was da alles wieder zerstört wurde, Lebensmittel usw. und der Landser darf es nicht essen, es muss in die Luft gesprengt werden" [29. 9 . 1943]. Seine kritischen Äußerungen gegenüber der eigenen Seite werden noch kürzer und lakonischer, am Schluss auch sarkastisch.

> Für das Volk ist es auch einerlei wie es ausgeht, so oder so, ist die breite Masse die Dummen [15. 2. 1943].

> [Anlässlich einer Hochzeit:] Die Hauptsache möglichst viele Kinder erzeugen, dass es wieder Kanonenfutter gibt, für kommende Kriege, denn dieses Volk bleibt für die Dummen immer [14. 6. 1944].

Das Attentat auf Hitler am 20. Juli 1944 kommentiert er gar nicht, nur den als Loyalitätsbeweis in der Wehrmacht eingeführten "Parteigruss" streift er knapp.

> Wir werden feste gedrillt mit exerzieren, mit dem der Krieg ja letzthin gewonnen wird, sowie neuer Gruss, da ja jetzt der Parteigruß auch bei der Wehrmacht angewandt wird, weitere Worte hierüber überflüssig, wie ja sonst die Lage aussieht, ersiehst du aus dem Wehrmachtsbericht, da weißt du alles [27. 7. 1944].

Es verwundert nicht, dass die Zensurbehörden gerade nach dem Attentat vom 20. Juli 1944 einen besonderen Blick auf die Feldpost der folgenden Wochen warfen. Die Akten dazu sind weitgehend vernichtet; aber ein erhaltener Ordner der Zensurbehörden gibt Einblick in den Befund zur Feldpost, die von Urlaubern im Zeitraum 1. - 31. August 1944 in Wien aufgegeben wurde. Von über 2000 geprüften Briefen wiesen weniger als 1 % schwere Verstöße auf und ca. 20 % leichte Verstöße, vor allem in den Bereichen "Disziplin" und "Geheimhaltung". Die Zensoren kamen zu dem Ergebnis, dass das Attentat auf Hitler ganz allgemein abgelehnt werde, ja zu Entrüstung bei den Soldaten führe. Allerdings mache sich bei dieser Gelegenheit ein bedenkliches Potential der Kritik gegenüber der führenden Generalität bemerkbar.[12] Eine Passage von Paul Schwering bestätigt diesen Befund der Zensurbehörde. Obwohl sie vor allem eine radikale Zustimmung zur Staatsführung ausdrückt, kann sie auch unter dem Aspekt der Kritik an den eigenen (mittelbaren) Vorgesetzten gelesen werden:

> Die Verräter in der Wehrmacht sind viel Schuld an den Ereignissen in der Ostfront, ich glaube das bestimmt, denn manche Befehle bekommen jetzt ein anderes Gesicht. Verstehe nicht, dass es solche Menschen gibt. Habe heute in der Zeitung gelesen, dass manche davon gehenkt worden sind, ist richtig so, eine Kugel sind dieselben nicht wert [Schwering, 10. 8. 1944].

Eine entgegengesetzte, ganz außergewöhnlich krasse Reaktion auf das Attentat stammt von dem Schützen Heinrich R., Jahrgang 1903[13]:

> Es lässt mir keine Ruhe, ich muss Euch gleich mitteilen, dass seit heute früh die schöne Ruhe hier oben aus ist. Der Russe greift dauernd an, es trommelt schon seit heute früh 5 Uhr. Er will durchbrechen. Seine Schlachtflieger lenken das Artilleriefeuer ganz genau. Es folgt Einschlag auf Einschlag. Ich sitze im guten Bunker und schreibe Euch vielleicht das letzte Briefchen. (...) Zwei Kameraden von meiner Kompanie sind heute früh verwundet worden.

Einer hat einen Nervenzusammenbruch. Ich kann das Schreckliche, was vielleicht in den nächsten Stunden über uns kommen kann, nicht verheimlichen, ich muss Euch das mitteilen, dass ihr auf alles gefasst seid. Was der Liebe Gott mit uns vor hat, weiß man nicht, wir beten gemeinsam um seine Gnade. Ich versuche, sollten wir abgeschnitten werden und keine Möglichkeit mehr zum herauskommen haben, dann gehe ich kampflos in die Gefangenschaft. (...) Kein Brief oder irgendein Lebenszeichen wird Euch trotz allem erreichen. Es wird heißen, bei Narwa vermisst. An ein Herauskommen hier oben glaubt von uns keiner mehr, es müsste dann ein Wunder geschehen.

Die Generäle, die den Anschlag auf den Führer verübt haben, wissen ganz genau, dass ein freiwilliger Regierungswechsel sehr nötig wäre, denn der Krieg ist für uns Deutsche aussichtslos. Darum wäre es für ganz Europa eine Erlösung, wenn die drei Herren Hitler, Göring und Goebbels gingen. Damit wäre dem Streit ein Ende gesetzt, denn die Menschen brauchen Frieden. Alles andere ist Lüge. Alle noch so große Strenge nützt nichts, einmal kommt es doch soweit, es kann nicht mehr lange dauern, da müssen sie das Feld räumen, ob sie wollen oder nicht. Bei einer heutigen Volksabstimmung würde er ja deutlich genug sehen, wer noch heute hinter ihm steht und wer noch weiterkämpfen und sterben will für so eine schon seit zwei Jahren ganz aussichtslose Sache. Deutschland braucht keine Partei, mag sie heißen, wie sie auch will. Diese führt uns immer auf die eine oder die andere Art ins Unglück. Er will aber diese Leute, die noch ein bisschen Vernunft haben, ausrotten. Es geht ja nicht um das Leben des Volkes, nein, nur um das Leben der Partei, und die allein nimmt sich Deutschland. Alles andere muss ausgerottet werden. [Sammlung Sterz, Exzerpt Heinrich R., Baupionier Batl. 735, 26. 7. 1944].

Die Extremsituation ließ die vorher eingehaltenen Normen des Schreibens in diesem "Abschiedsbrief" zusammenbrechen. Der Soldat merkte den Bruch, wenn er ankündigte, jetzt "nicht verheimlichen" zu können, was ihn erwartete. Schon die Aussage, sich kampflos in Gefangenschaft zu begeben, hätte die Zensur wegen Defätismus auf den Plan gerufen, wäre sie des Briefes habhaft geworden. Selbst wenn der Schreiber vielleicht mit dem Brief die Phantasie verband, bei der vermuteten baldigen Gefangennahme ein gleichsam vor ihm selbst ausgestelltes Unbedenklichkeitszeugnis vorweisen zu können, wäre dies keine hinreichende Erklärung, da er den Brief irgendwann einmal abgeschickt hat und damit den Angehörigen den Inhalt als seine Meinung kundtat. Seine unverblümte Regime-kritik war in der Zielrichtung und Schärfe untypisch. Das singuläre Zitat mag aber auf das Spektrum des Möglichen hinweisen.

Die hier zitierten Passagen stammen überwiegend von älteren Soldaten. Klagen über widrige Bedingungen und Anfragen an die eigene Führung mögen sich im ersten Winter in einer Brisanz gemischt haben, die auch Goebbels zu seiner einleitend zitierten beunruhigten Stellungnahme veranlasste. Kritik an der eigenen Seite, schon gar eine, die eine Zensurstelle hätte aufschrecken müssen, war aber insgesamt spärlich gesät. Klagen kamen auf, wenn sich der Soldat ungerecht behandelt fühlte, wenn er von einer Beförderung zum wiederholten Male zurückgestellt wurde, wenn eine andere Person oder eine andere Einheit in ähnlicher Lage Vorteile erhielt. Unbehagen wurde erst dann zu gezieltem Wider-willen - noch weit unterhalb der Schwelle des Protestes, wenn der einzelne sich im Vergleichsprozess zurückgesetzt fühlte. Was aber die grundsätzliche Haltung gegenüber der eigenen Kriegführung betrifft, wird man aus den insgesamt wenig substantiellen kritischen Äußerungen gegenüber dem eigenen Lager entweder auf eine durchschlagende Wirkung der Zensur und der Selbstzensur schließen, oder auf eine weitgehende und nicht hinterfragte Akzeptanz des Kriegshandelns der Deutschen, und zwar in all den Facetten der Besatzungspolitik, von denen die Soldaten wussten. Dieser Einklang war bei den Jüngeren noch stärker ausgeprägt als bei den Älteren. Wieweit dies beim einzelnen auf bereitwillige Zustimmung zurückging oder - aus seiner Sicht - einer 'Einsicht in Notwendigkeiten' entsprang, ist dann schon eine Frage an die jeweilige Motivlage, weniger an die Wirkung der Zensur.

4.2   Themen, über die sie nicht schrieben

Unter den ca. 90 untersuchten Einzelthemen gibt es einige, die sehr selten (weniger als 10 Mal in 739 Briefen) genannt werden. Das gilt z. B. für die "Verbündeten"; zwar gibt es einige Mitteilungen über die Italiener, aber nur ganz wenige über die Japaner oder die Rumänen. Auffällig selten auch die Äußerungen über die sowjetische Führung: Sowohl Stalin wie die leitenden Funktionäre, aber auch die militärische Führung der Roten Armee und auch die "Kommissare" sind keine Themen, die die Soldaten in ihren Briefen nach Hause nennenswert beschäftigen.

Hier sollen zwei Themen näher interessieren, an denen die Wirkung von Zensur und Selbstzensur deutlich wird, da sie trotz einer unbestreitbaren Bedeutung für die Soldaten in den Briefen nicht vorkommen:

6.3.3. Intimität, Erotik, Sexualität (an der Front)
6.8.8. Todeswunsch; Selbstverstümmelung; Wunsch nach Verwundung

Sexualität an der Front: Das meint den gesamten Themenkreis von Bordellbesuchen, sexuellen Kontakten mit einheimischen Frauen, homosexuellen Handlungen bis hin zur Selbstbefriedigung. Es mag trivial erscheinen, dass davon in den Briefen kaum etwas zu finden ist. Wer wollte davon schon an die Eltern oder die Partnerin schreiben? Dasselbe gilt für die Wünsche, sich durch Selbstverstümmelung aus der Gefahrenzone herauszubringen oder gar dem Leben voller Strapazen einen Schluss zu setzen. Wer dies vorhatte, wusste bei aller Vernachlässigung der Zensur in anderen Fragen, dass er damit eine Grenze überschreiten würde, die ihn selbst und vielleicht sogar die Angehörigen in Gefahr bringen konnte. Aus drei Gründen ist der Befund aber so trivial nicht:

1. Es gibt einen Kontrast zur Realität: Zugespitzt ausgedrückt, waren Sexualität und Selbstbeschädigung tägliche Begleiter einer Männergesellschaft im Krieg, ja sie konnten sogar zusammenhängen - das völlige Ausblenden in den

Briefen wirft ein Schlaglicht auf die Funktion des Feldpostbriefes in der Kommunikation mit der Heimat.

2. Dieser Kontrast ist aufschlussreich für die Bewertung des Feldpostbriefes als "authentischer Quelle".

3. Die wenigen Briefpassagen zu diesen Themen könnten bei einer Zusammenstellung ohne den Bezug aufs Ganze leicht den Eindruck erwecken, dass diese Themen ja doch einigen Raum in den Briefen einnahmen. So wird hieran noch einmal die Gefahr der Überinterpretation bei der aphoristischen Methode der Feldpostdarstellung deutlich, wenn Einzelthemen nicht in Bezug auf die Bedeutung anderer Themen gewichtet werden.

Franz Seidler hat die Bedeutung von Prostitution, Homosexualität und Selbstverstümmelung im Zweiten Weltkrieg dargestellt. "Nach der Erfahrung des Ersten Weltkriegs, in dem zwei Millionen Soldaten geschlechtskrank waren, zielten die Bemühungen der Wehrmachtführungsstäbe darauf hin, die Sexualität der Soldaten zu lenken. Um die Gefahren der freien Prostitution zu verringern, wurden in allen Standorten der besetzten Gebiete wehrmachteigene Feudenhäuser eröffnet. 1942 verfügte die deutsche Wehrmacht über ein halbes tausend Wehrmachtsbordelle."[14] Sexualität an der Front wurde Teil des "amtlichen Betreuungsprogramms", der Geschlechtsakt eine Verwaltungsangelegenheit, bei dem von der Bordellerrichtung bis zur Sanierung alles genau verplant war. Der Soldat im Wehrmachtsbordell war einer "Fülle von Vorschriften und Verhaltensanweisungen unterworfen",[15] deren Einhaltung wegen der Gefahr der "wehrkraftzersetzenden" Geschlechtskrankheiten überwacht wurde. Dass Sexualität und Selbstbeschädigung keine ganz getrennten Bereiche waren, zeigen die Warnungen an die Soldaten vor ungeschütztem Geschlechtsverkehr mit "leichtfertigen unkontrollierten Frauenpersonen": "Ein geschlechtskranker Soldat ist dienstunfähig. Selbstverschuldete Dienstunfähigkeit ist eines deutschen Soldaten unwürdig!" hieß es in einem Merkblatt des OKH für die Soldaten.

Freie Prostitution wurde aus diesen Gründen geahndet, wenn auch mangels der Überwachungsmöglichkeiten nicht verhindert. Homosexualität, die im dritten Reich als besonders verwerflich galt, wurde auch in der Wehrmacht verfolgt und führte nach Seidler seit 1941 zu jährlich ca. 1700 Verurteilungen. "Beratende Psychiater bei den Armeeärzten stellten eine Häufung homosexueller Straftaten nach der Rückkehr der Soldaten aus dem Urlaub fest und schlossen auf gesteigerte sexuelle Bedürfnisse in dieser Zeit". Strafmindernd konnten mitunter Alkoholexzesse und einmalige Verführung sein. Wer aber "aus Veranlagung oder einem offenbar unverbesserlichen Triebe" Verstöße gegen die §§ 175 und 175a des Reichsstrafgesetzbuches beging, musste mit Verurteilung zu Gefängnis, Straflagerverwahrung und Ausschluss aus der Wehrmacht rechnen. Nach dem Ehrenkodex für die eigene Führungsschicht sollten Angehörige der SS bei nachgewiesener Homosexualität grundsätzlich mit dem Tode bestraft werden. (Erlass Hitlers zur "Reinhaltung von SS und Polizei" vom 15. 11. 1941.) Himmler hatte bereits vorher befohlen, solche Männer ins KZ einzuliefern "und auf der Flucht zu erschießen".[16] Nach Seidler waren es vor allem vier Gründe, die Homosexualität als besonders verwerflich erscheinen ließen: Mit jedem Homosexuellen ging ein potentieller Erzeuger von Kindern verloren. Die Verführung von Jugendlichen konnte die Entstehung separater Cliquen fördern. Die Bindung der Homosexuellen untereinander wurde als enger angesehen als die jedes einzelnen zum Staat und schließlich ging man von ihrer Neigung zur Kriminalität schlechthin aus.[17] Für eine Männerinstitution wie die Wehrmacht wäre zu ergänzen, dass gerade die naheliegende Ausrichtung sexueller Regungen unter erhöhter Triebspannung besonders sanktioniert werden musste, wenn die Selbstidealisierung der Armee nicht zusammenbrechen sollte.

Diagnose und Verhinderung von "Selbstverstümmelung" war ein weiteres großes Betätigungsfeld der deutschen Sanitätsführung. Es gab vielfältige Mittel, um Magen-, Blasen- und Darmleiden, Vereiterungen, Fiebererscheinungen, Augenkrankheiten und Gewebeentzündungen hervorzurufen, möglichst solche vorübergehender Art, so dass auch die gegnerische Propaganda Flugblätter kursieren ließ, um die Kenntnis solcher Mittel bei den Soldaten und bei den Fremdarbeitern im Reich zu verbreiten. Dazu kamen alle Selbstverletzungen durch Waffen, die als Folge von Feindeinwirkung ausgegeben wurden. In der Wehrmacht wurden ca. 10.000 Soldaten wegen Selbstverstümmelung verurteilt, mehr als die Hälfte von ihnen zum Tode.[18] Seidler geht von einer erheblichen Dunkelziffer aus, da die Wehrmachtsärzte nicht für die Diagnose von Selbstverstümmelungen ausgebildet waren und diese beim "stoßweisen Anfall von Verwundeten" auf den Verbandsplätzen unmöglich festgestellt werden konnten. "Die aufgedeckten Fälle betrafen in der Mehrzahl sehr junge Soldaten des Mannschaftsstandes aus einfachen Verhältnissen und mit ungenügender Schulbildung. Die meisten von ihnen waren erst kurz vor ihrer Tat aus dem Urlaub oder dem Lazarett zur Fronttruppe zurückgekehrt. Ihr Vorgehen war so stümperhaft, dass die Ärzte darüber stolpern mussten."[19] Unteroffiziere und erfahrene Soldaten, die es geschickter anstellten, fehlen daher in der Statistik.

"Sexualität" im Krieg und "Selbstverstümmelung" waren also Themen von erheblicher Bedeutung im Alltag der Soldaten. Was sagen nun die wenigen Textstellen in den Briefen dazu? Es mag Zufall sein, dass die drei Soldaten, die diese Tabuthemen überhaupt anfassen, Willy Pott, Otto Hilger und Albert Schrolle, auch über beide Themen schreiben. Die drei gehören zur Gruppe der Älteren und schreiben an ihre Ehefrauen. Es kann für die vertrautere Briefkommunikation zwischen den älteren Ehepaaren sprechen. Ein weiteres kommt hinzu: Die Ehemänner betonen durch die Abgrenzung von anderen, promisken Soldaten die Qualität ihrer eigenen Ehe, die von Verlässlichkeit und Treue geprägt sein soll. Indirekt teilen sie der Frau auch mit, was ihnen selbst ebenfalls möglich gewesen wäre. Dass sie sich, ihrer Darstellung zufolge, anders verhalten, mochte dann als verstärkter Treuebeweis gelten.

> F. hat seinen wahren Charakter in Bezug auf Weiberverkehr hier gezeigt. Einige Nächte hintereinander machte er so fort, und das nicht immer bei derselben, gestern Nacht wollte er wieder gehen aber die Stelle war besetzt, eine Frau, deren Mann nach Sibirien verschleppt wurde, hat er so weit bearbeitet, bis er soweit war und noch mehr hat er besucht, die man bei uns Dirnen nennt. Da braucht er ja vor seiner Frau nicht mehr über sie reden, meinst du nicht auch? [Hilger, 19. 1. 1942].

Wie dünn das Eis war, auf dem sich diese Äußerungen bewegten, zeigen die Bemühungen von *Willy Pott*, wieder sicheren Boden unter die Füße zu bekommen, nachdem ihn seine Frau wohl mit mehrdeutigen Schilderungen konfrontiert hatte:

> [Nach der Rückkehr aus Holland in den Osten:] Dass ich natürlich viel mit den Gedanken zu Hause bei Dir bin, kannst Du Dir denken. Jetzt hört man so nichts, als alle die holländischen "Heldentaten" u. die werden so oft erzählt, dass sie mir zum Hals raushängen. Es ist nicht so hübsch, diese "Kammerjägerei" mit so halbseidenen Dingern [16. 3. 1943].
>
> Was nun Deine Aufzeichnung in Bezug auf Den Haag bedeutet, möchte ich das folgende endgültig betreffs des Themas sagen: Liebe Emmy, wäre hinter dem Mädel auch nur etwas für mich [bestanden], das nur ein leiser Schatten für unsere Ehe hätte bedeuten können, glaubst Du im Ernst, dass ich solch ein gemeiner Kerl hätte sein können, nun auf unsere junge Ehe nach derart kurzer Zeit einen solchen Schnitzer folgen lassen zu können? Ich kann Dir nur nochmals versichern, dass ich, seit ich Dich kenne, nicht einen Augenblick auch nur in Gedanken soweit hätte kommen können, mich für ein anderes Mädel zu interessieren! Ja, es ist mein ganz persönlicher Stolz und ich freue mich darüber, jederman zu jederzeit sagen zu können, dass ich neben Dir, liebe Emmy, weder mit einem anderen Mädel das geringste zu tun hatte, noch auch nur einmal in ein Bordell kam! Die 3 Küsse von Den Haag waren alle am Uffz. - Abend gefallen, in einem Raum, in dem wir damals zu dem Zeitpunkt mit nicht weniger als zumindest 50 - 60 Personen saßen. Ich glaube, da verliert ein Kuss bestimmt von dem Wert, den du ihm [ ] beizumessen gewillt bist (...) hätte ich auch nur einen Moment etwas zu befürchten gehabt, dann hätte ich doch diesen Fall nur vor Dir verschweigen brauchen. Wer sollte je Dir da was erzählen können? [H.], der einzige [ ], der Dir bekannt ist, war an dem Abend nicht da u. wer sollte Dir etwas zu Gehör bringen? [14. 6. 1944].

So wie im letzten Zitat auf einer Metaebene fast eine Strategie des Schreibens und Verschweigens in allen Fragen der Sexualität an der Front mitgeliefert wird, so in Hilgers Brief im Hinblick auf die Selbstbeschädigung:

> Leider hat sich noch ein Ogefr., 02 Jahrgang, dem das Leben verleidet war, 2 Tage vor dem wir abhauten erschossen, der schrieb noch einen Abschiedsbrief, hat 2 Kinder die Frau erhält jetzt keine Unterstützung mehr, das ist das Ende vom Lied, konnte ihm auch nicht mehr helfen, da der Tod sehr bald eintrat hatte noch Schererei dass er abgeholt wurde da er als Selbstmörder nicht auf den Heldenfriedhof kommt, sondern irgendwo verscharrt wird. Das ist das letzte was einer machen darf, man betet mit der Ehefrau zu Hause mit [27. 7. 1944].

Gedanken an Selbstverstümmelung treten nur sehr verdeckt hervor:

> Ja, wenn man wenigstens die Gewissheit hätte, dass man da oder dort wieder zu Hause ist,
> aber so! Wenn heuer hier wirklich nicht Schluss wird, dann kommen wir auch nicht mehr
> raus bis zum Ende, außer man wird schwer verwundet u. kommt in die Heimat. Diese
> Kalkulation ist bedauerlich, dürfte aber bestimmt ihre Richtigkeit haben. Endlich wollen wir
> mal das Bessere hoffen [Pott, 1. 3. 1943].
> Vor 2 Tagen hatte ich mächtiges Glück mit den Pferden. Wenn ich nicht so weit weggestan-
> den wäre, dann könnte ich schon im Lazarett liegen. Es schlug nämlich einer so recht nach
> Herzenslust aus u. traf mich gerade noch am linken Knie.(...) Vielleicht hätte ich trotzdem
> Glück gehabt, wenn er mich sauber getroffen hätte? Aber es ist immer besser, bei heiler Haut
> zu sein [Pott, 7. 3. 1943].

Wird der latente Wunsch der Selbstverletzung hier noch ins Gleichgewicht
gebracht mit der beruhigenden Schlussfloskel von der "heilen Haut", gelingt dies
Albert Schrolle, Jahrgang 1907, kaum mehr. Er ist in einer Krankentransport-
abteilung in der Nordukraine eingesetzt. Bei ihm klingen sowohl die Verzweiflung als auch die Perspektive der rettenden Verletzung radikaler:

> Manchesmal möchte man vergehen und manche Stunde habe ich schon darüber nachgedacht.
> [20. 4. 1943].
> Dich, mein Lieb und meine Kinder mein Alles darf ich nicht verlieren. Und wenn ich als
> Krüppel nach Hause komme so kann ich wenigstens noch sorgen für Euch [19. 10. 1943].

Seidlers These von der besonderen Gefährdung junger und einfacher Soldaten
wird durch das einzige Briefbeispiel untermauert, dass auf eine Untersuchung
wegen Selbstverstümmelung schließen lässt. Siegfried Schell ist 25 Jahre alt, als
er aus der Gerichtsmedizin in Minsk im Oktober 1943 an die Eltern schreibt:

> Luftpostbrief bekomme ich nicht rascher wie gewöhnlichen. Dann wird alles geöffnet hier,
> ihr wisst also Bescheid. Macht aber um mich keine Sorgen, es wird schon gut gehen, ich
> habe ja keine Schuld [11. 10. 1943]. Meine Sache ist noch nicht erledigt, wie lange es noch
> geht weiß ich nicht, es ist eben das Dumme, dass ich keinen Zeugen habe. Auf jeden Fall, so
> lange ich hier bin passiert mir nichts. Es geht mir hier gut. Meine Hand ist in Ordnung u. ist
> schon länger geheilt, demnach könnte ich schon wieder im Graben sein. Will sagen, wenn die
> Angriffe nachlassen, ich glaube überhaupt nicht mehr. Dass die Briefe gelesen werden wisst
> ihr ja, dieser nicht [23. 10. 1943].

Offensichtlich erbrachte die Untersuchung der Verwundung nichts gegen ihn. Zu
einem Ersatzbataillon entlassen, schreibt er nicht mehr über den Vorfall, nur noch
über die Genesung der Hand. Für den 'Lernprozess', den er durchmacht, sprechen
die veränderten Untertöne in den Briefen. *Vor* der gerichtsmedizinischen Untersuchung schreibt er:

> Wurde gerade in der richtigen Zeit krank, denn mein Bunker ist inzwischen fertig geworden,
> aber lieber Bunker bauen als so etwas nochmal mitmachen. (...) Wann ich Urlaub bekomme,
> weiß ich noch nicht, aber ich hoffe, dass es keine zwei Monate mehr ansteht. Die Kompanien
> sind nicht mehr stark, so gibt es natürlich nicht so viele Karten. Aber ich bin froh, dass ich
> bei all dem Schwindel nicht dabei war. Unsere Kompanie hatte am wenigsten Ausfälle
> [15. 9. 1943].

Nach der Untersuchung äußert er sich aus dem Raum Mogilew, östlich von Minsk, bedeckter und mit pflichtschuldigem Optimismus. Einen eigenen Rückzug deutet er nur indirekt an:

> An den Fronten geht es ja zur Zeit überall lebhaft zu u. sind schwere Kämpfe, aber wir stecken ja noch weit in Russland. Der Russe kann das unmöglich auf die Dauer aushalten, einmal wird er zusammenbrechen. Seine Nachschubwege werden immer länger, dann wird es ihm so ergehen, wie es uns vor Moskau ergangen ist [6. 11. 1943].

Erst ein ½ Jahr später, als er im Raum Bobruisk ab Ende Juni 1944 wieder in "schwere Kämpfe" gerät, beschreibt er miterlebte Rückzüge, äußert auch erleichtert: "Gott sei Dank waren wir nicht lange dabei" und hofft auf eine Stabilisierung der Front. Aber er schreibt nicht mehr so salopp wie im September 1943 und wenn er auch die Floskel "ich bin noch gesund u. geht mir gut" regelmäßig wiederholt, ist er jetzt doch bedacht, eine militärisch gesicherte Lage als einen Vorteil der Gruppe ("wir") darzustellen, nicht als ein für ihn allein günstiges Davonkommen.

Abschließend ein Hinweis zum Briefstil. Zwei Zitate, die später noch im Zusammenhang aufgegriffen werden, interessieren hier im Hinblick auf die 'Selbstzensur':

> Mögen sämtliche Kulturbauten durch die Angriffe flöten gehen, das ist mir sch... egal, Hauptsache wäre, es passiere keinem was [Bumke, 24. 3. 43].
> Scheusslich. Eben alles große Sch -! [Schuster, 21. 8. 1943].

Die Abkürzung stammt jeweils von dem Schreiber. Und es handelt sich dabei im untersuchten Briefbestand noch um einen auffällig deutlichen Wortgebrauch. Hält man dagegen, dass in einem Wörterbuch zum Landserdeutsch im Zweiten Weltkrieg allein eine Seite auf das Wort "Scheiße" und alle möglichen Wortzusammensetzungen verwendet wird (von "Scheißbolzen" für Zigarette nach dem Frühstück über "Scheißtag" für Großkampftag bis "scheißvornehm" für vornehmtuend), vier Seiten auf "Arsch" mit allen Varianten, und nicht zu reden von allen anderen Verbalien aus der Alltagssprache der Soldaten,[20] dann wird eine Fallhöhe zwischen der Briefsprache und dem "normalen" Alltagssprachgebrauch sinnfällig.

So wirkten auf die Soldaten nicht nur die Zensurbestimmungen, sondern zahlreiche offenkundige oder unterschwellige Erziehungsprozesse. Sanktionen mussten den Soldaten nicht selbst treffen, um Wirkungen zu zeitigen. Es reichte, sie bei andern zu beobachten. Die Briefpartnerin bewirkte ein übriges: Wo es dem Soldaten nicht schon von vornherein klar war, welche Grenzen er beim Schreiben respektieren musste, um die Adressatin nicht zu beunruhigen oder zu verprellen, so waren es ihre sorgenvollen, in Fragen der Treue auch bohrenden Nachfragen, die ihn zunehmend darüber belehrten. Der Kontrast - einerseits die große Bedeutung von Sexualität und Selbstbeschädigung im Fronterleben, anderseits deren fast vollständiges Ausblenden in den Briefen - ist ein Indiz dafür, dass der Feldpostbrief zwar eine authentische Quelle, aber selbstverständlich kein authentisches Abbild der Realität ist, die den Soldaten umgibt und nicht einmal eines von seiner subjektiven Sicht dieser Realität. Der Brief ist vielmehr eine Konstruktion von Wirklichkeit unter äußeren und inneren zensierenden Bedingungen für jeweils eine Kommunikationspartnerschaft.

4.3   Zusammenfassung

Untersucht wurde das Thema "Zensur". Dabei ging es in erster Linie um die Wahrnehmung der "äußeren" Zensur sowie die Umsetzung einer "inneren" Zensur. Zusätzlich wurde am Beispiel der "Feindseligkeit gegenüber dem eigenen Lager" der Grad der Überschreitung von Zensurbestimmungen untersucht.

Insgesamt nehmen die Aussagen, die auf ein Bewusstsein von Zensur in den verschiedenen Facetten schließen lassen, einen geringen Raum ein. Mehr als sonst sprechen die Soldaten das Thema in der ersten Zeit an (Sommer 1941): Die Situation ist neu und erfordert einen Umgang mit den Schreibnormen, d. h. auch eine gegenseitige Abstimmung über das, was in Briefen mitgeteilt werden soll und darf. Der Rückgang zensurbezogener Äußerungen im weiteren Verlauf kann als Zeichen für die 'erfolgreiche' Eingewöhnung in eine Schreibhaltung gewertet werden. Dies bedeutet aber nicht unbedingt Anpassung an die Normen. Trotz Verbot folgen viele dem Wunsch, durch eine Ortsangabe den Angehörigen einen Orientierungspunkt zu geben; wenn sie es verdeckt tun (durch Buchstabencodes oder Umschreibungen), zeigen sie damit ihre Kenntnis der Bestimmungen. Besonders die Älteren gehen einen Schritt weiter: Mit ihren "indirekten Hinweisen" auf das, was man 'nicht schreiben darf' oder 'besser mündlich' erzählt, machen sie etwas Doppeltes deutlich: die Distanz zu den Bestimmungen, die sie nicht verinnerlicht haben und die gleichzeitige Selbstbeschränkung in der Mitteilung mit Rücksicht auf die heimische Ruhe. Häufiger und drastischer als die Jüngeren kommen die älteren Ehemänner zu kritischen Äußerungen gegenüber dem eigenen Lager und klammern in einzelnen Fällen dabei auch die Führung nicht aus. In den Elternbriefen finden sich solche Anklagen der eigenen Seite erst im letzten Kriegsjahr, dann aber auch oft in der Form der Kritik an "Nörglern in der Heimat". Man wird also auch hieraus kaum auf eine kritische Haltung gegenüber der Kriegführung selbst schließen können.

So sind die entsprechenden Hypothesen (Kap. 2.5, Hypothesen 2.2 und 2.3) differenziert zu beantworten. Insgesamt liegen eher "angepasste" Briefe vor. Der Verstoß gegen Zensurregeln (in ihren verschiedenen Einzelbestimmungen) hält

sich in Grenzen. Der vermutete unbefangene Umgang der jüngeren und ungebundenen Soldaten wird zwar durch das leichtfertige Nennen von Ortsnamen
bestätigt; ansonsten gibt ihnen ihre weitgehend affirmative Grundhaltung keinen
Anlass, den Bestimmungen entgegenzuhandeln. Die Älteren zeigen ihr hei-
misches Gebundensein im Hinblick auf die Zensur einerseits durch den etwas
ausgeprägteren Abstand zu den Normen, andererseits durch eine größere Verinnerlichung der Schreibgrenzen mit Rücksicht auf die Angehörigen, besonders
gegenüber den Ehefrauen. Solche selbstgesetzten Schreibgrenzen wurden am
Beispiel der Themen Sexualität und Selbstverstümmelung durch die Gegenüberstellung mit der tatsächlichen Relevanz dieser Themen im Kriegsalltag sichtbar.
Das Ausblenden und Verschweigen dient dem Selbstschutz (vgl. Hypothese 2.4).
An Einzelbeispielen konnte überdies gezeigt werden, dass die Erwähnung von
heiklen Themen auf dem Wege des Vergleichs mit anderen sogar der Selbstwerterhöhung dienen konnte. So wird man auch bei der Beurteilung des Quellenwerts
allgemein schließen können, dass der Feldpostbrief bei aller Unmittelbarkeit der
Schilderungen aus dem Kriege immer auch eine Konstruktion von Wirklichkeit
unter äußeren und inneren zensierenden Bedingungen für jeweils eine Kommunikationspartnerschaft darstellt.

5.   Überlegenheit - Unterlegenheit

Worüber der Soldat schreiben konnte, wollte er zu Hause "verstanden" werden, waren zunächst gemeinsame Themen aus Friedenszeiten. Aus dem Kriegsalltag waren es die Themen, die die Empfänger/innen zu Hause zumindest für sich "übersetzen" konnten - zu diesem Ergebnis kommt Jens Ebert bei seiner Untersuchung von "Stalingrad-Briefen". Er spricht von den "sekundären Merkmalen des Krieges": Der Kampf mit Schlamm und Schmutz, mit Mücken und Moskitos, das Leiden unter Kälte und Hunger. Auf der "positiven" Seite des Erlebens: Freude über Briefe und Päckchen, Schilderungen aus der Natur, Anekdotisches, Teilhabe an Wehrmachtsunterhaltung. Ebert: "All dies sind Themen, die den Soldaten auch aus dem zivilen Leben zumindest teilweise oder theoretisch bekannt sind. Überhaupt wird der Krieg bzw. das Leben im Krieg in der Regel nur da ausführlich beschrieben, wo es sich mit den aus Friedenszeiten bekannten Vorstellungen und Erfahrungen verbinden lässt. In den Briefen erscheint der Krieg oft als die Fortsetzung des Lebens im Frieden unter anderen (schwereren, unangenehmeren, gefährlicheren) Bedingungen."[1] Anders bei den "primären" Realitäten des Krieges. Der Kampf, das massenhafte Sterben, die Schmerzen und Schreie von Verwundeten - sie kamen selten und dann abgeschwächt und gefiltert zur Sprache. Erst wenn die Lebenshoffnung sank, drängten auch diese Erfahrungen zur Mitteilung.[2] Soweit zusammengefasst Ergebnisse aus Untersuchungen, die allerdings oft auf zufälligen Einzelquellen beruhen und damit nicht die Entwicklung derselben Personen über eine längere Zeit zugrunde legen können.

5.1   Von der Überraschung des Anfangs
zum raschen Verfall der Hoffnungen

Zeichen für die anfängliche Siegeserwartung sind neben den Beschreibungen der eigenen "siegreichen Vormärsche" auch die staunenden Berichte über deutsche Siege an benachbarten Frontabschnitten. Optimistische Zeitperspektiven über die Dauer des Feldzuges waren die Folge.

Abbildung 1 (Kap. 3.5.3) zeigte, wie die Veränderungen in der Erfolgs- und Misserfolgserwartung sich *quantitativ* in den Briefen niederschlagen: Neben dem Wandel in der mittleren Tendenz zeigen sich auch Veränderungen in der Streuung. So nimmt die Betonung von "Herrschaft und Kontrolle" nicht nur über die Zeit ab, und zwar schon vom Kriegsbeginn zum ersten Winter 1941/42, sondern die Schreiber rücken auch in der Wahrnehmung enger zusammen: Am Schluss sind es alle, ohne erhebliche Abweichungen, die der eigenen Überlegenheit nur noch eine marginale Bedeutung beimessen. Klagen gab es viele, aber es ist zu fragen, ob sie erst mit dem Scheitern vor Moskau an der Jahreswende 1941/42 auftauchten. Die pessimistischen Einschätzungen im engeren militärischen Sinn

finden insgesamt in den Briefen wenig Raum. Wenn es nicht schon dem Selbstbild des Soldaten widersprach, darüber zu schreiben, so tat die Zensurandrohung
ein Übriges, um Äußerungen zur eigenen militärischen Unterlegenheit in Grenzen
zu halten. "Zeitperspektiven" wurden zwischen Juni und Oktober 1941 häufiger
nach Hause geschrieben als in der gesamten Folgezeit zusammengenommen. Sie
sind damit überwiegend ein aufschlussreicher Hinweis auf den Optimismus der
Anfangszeit, der aber schon im Herbst in skeptische Überlegungen zur Kriegsdauer übergeht, gefolgt von einer weitgehenden Vermeidung jeder zeitlichen
Festlegung.

Die von persönlichem Erleben genährten Siegeserwartungen nahmen in den
ersten Kriegsmonaten einen anderen Verlauf als die Bemerkungen über die
"allgemeine Lage": Der persönlichen Erfahrung entsprach ein optimistischer
Aufschwung im Juli und August 1941, der ab September 1941 mit der "Herbstkrise" einen deutlichen Dämpfer erhielt. Dies macht sich im Rückgang der
entsprechenden optimistischen Äußerungen auf ca. ein Drittel vom August zum
September 1941 bemerkbar. Dagegen erhielten die allgemein-strategischen
Siegeserwartungen im Oktober 1941 durch die militärischen Erfolge noch einmal
einen Auftrieb: Zu keinem andern Zeitpunkt des gesamten Krieges räumten die
Soldaten der eigenen Seite im allgemeinen so gute Erfolgschancen ein, während
ihre persönlichen Erfahrungen nach vier Monaten Krieg sie schon zur Skepsis
mahnten, zumal die Hoffnungen auf baldige Heimkehr sich zerschlugen und der
Oktober schon die ersten Begegnungen mit der winterlichen Kälte brachte.
Spätestens seit November 1941 war es mit den allgemeinen Erfolgserwartungen
im Ostfeldzug vorbei. Sporadische spätere Siegeserwartungen haben mehr den
Charakter von Durchhalteparolen. Der Befund ist insofern bemerkenswert, als
keine Zensurvorschrift und keine Vorsicht die Soldaten an optimistischen Äußerungen gehindert hätte. Spätestens seit November 1941 kämpften sie - wenn
schon nicht nachweisbar mit pessimistischer Grundhaltung - so doch ohne den
anfänglichen Optimismus, dass der Krieg gewonnen werden könne. Subjektiv
mögen sich die meisten seit dieser Zeit in der Verteidigung gegen die immer
besser ausgerüsteten Russen gesehen haben, obwohl sie hunderte Kilometer weit
im Feindesland standen und dort brutale Herrschaft ausübten oder zumindest
absicherten.

Verfolgen wir am Beispiel einiger Soldaten, wie sich Hoffnungen und Siegeserwartungen in den ersten Wochen des Krieges entwickelten. *Ludwig Bumke*
hatte den Aufmarsch im "Generalgouvernement" miterlebt, war aber als Angehöriger des motorisierten Nachschubbataillons 563 im Juni 1941 noch in Krakau,
als er von dem Angriff erfuhr. Bald darauf wurde er mit seiner Einheit in den

Vormarsch eingegliedert und war für den Zeitraum, in dem Briefe von ihm vorliegen - bis zum März 1943 - in Südrussland: im Kaukasus und auf der Krim. Aus
dem sicheren Krakau schreibt er kurz nach dem Angriffsbeginn an seine Frau:

> Heute früh 7h hörten wir im Nachrichtendienst vom Konflikt mit Russland. Du brauchst Dich
> aber nicht ängstigen, wir sind nicht so weit vorne, dass es gefährlich werden kann. Wir sitzen
> an einer Bank in schönen Parkanlagen. Morgen müssen wir zur Untersuchung bzw. Bestrah-
> lung. Wir gehen gleich zum Radio, um wieder was zu hören. Ich hab kein anderes Briefpapier
> da, deshalb nehme ich gleich einen Brief von Dir. Ich werde schon immer sehr vorsichtig
> sein! Auch werde ich Dir, so oft, als möglich, wenn auch kürzer als bisher, schreiben, damit
> Du Dich nicht ängstigen brauchst [22. 6. 1941].
> Es ist soweit alles in Ordnung, brauchst Dich nicht ängstigen. Lese eben in der Krakauer
> Zeitung, dass unsere Truppen wahrscheinlich schon weiter in Russland sein werden, als
> bekanntgegeben wird [23. 6. 1941].
> [Von unterwegs:] Es ist zwar nicht so wichtig, dass ich von Dir, die Hauptsache, dass Du von
> mir was hörst. Und von mir kann ich Dir nur gutes schreiben. (...) Heute ist großer Sonder-
> meldungentag, wir stehen dauernd am Lautsprecher, und staunen über das bereits schon
> Erreichte. Man staune, in zwei Tagen 1882 Flugzeuge, bis 26. 6. 2582 Flugzeuge und 1297
> Panzer. Man ist ca. 300 km drin. Bis Moskau sinds 1000 km. Wenn also das Schwerste, die
> nördlichen Forts überwunden sind, geht es schon schneller und somit leichter bzw. umge-
> kehrt. Es ist also tatsächlich so, wie ich Dir schon geschrieben habe, dass sie schon wahr-
> scheinlich weiter drin sind, als vom OKW bekanntgegeben wurde. Ich will mich aber nicht
> mit fremden Federn schmücken, denn ich habs in der Krakauer Zeitung gelesen. Und das
> wird durch die Bekanntgabe der Ergebnisse auch bestätigt. Wir haben gehört, dass vorgestern
> früh 4h Lemberg eingenommen wurde. Wie steht es weiter oben, wo sie schon am 27.6. in
> Minsk waren. Es sind von da aus noch 600 km nach Moskau. Wir sind wahrscheinlich nur
> einige Tage hier. Es ist alles in bester Ordnung. Sind schon in Galizien. Die Bevölkerung
> kommt schon wieder in die Wohnungen zurück. Sie lachen uns zum Teil schon von weitem
> zu. Auf der Fahrt daher sahen wir die ersten russischen Gefangenen. Sie sehen schon besser
> aus, als im Weltkrieg und sind gut ausgerüstet. Wir haben auch bis zum letzten Augenblick
> nicht glauben können, dass es zum Krieg kommt, aber wir sahen 16 Tage und Nächte den
> Aufmarsch, da konnte man schon stutzig werden. Vielleicht kannst mir manchmal über die
> wichtigsten Ereignisse was schreiben, wir sind nämlich von der Kompanie weg und haben
> keinen Radio. Wenn ich jetzt ev. Briefe nicht genau beantworten kann, so nur, weil ich mich
> auf das Nötigste beschränken muss. (...) Wir sind schon seit gestern früh halb 8 auf russi-
> schem Gebiet. Hören kaum einen Schuss. Nur die schwere russische Flak, wenn unsere
> Flugzeuge überfliegen, aber selten hören wir was [2. 7. 1941].

Die anfängliche Unsicherheit und der Wunsch, die Ehefrau zu beruhigen, treffen
zusammen mit dem fast ungläubigen Erstaunen über die großen Anfangserfolge
der eigenen Seite. Dass die Bevölkerung in Galizien die Deutschen "zum Teil"
wohlwollend empfängt, ist für Bumke eine Bestärkung in seiner Selbstwahrnehmung als Kämpfer für eine gute Sache. Alle Informationen, die er erhält,
lassen überdies den Sieg in greifbare Nähe rücken. Die Entfernungen der jeweiligen Truppenspitzen bis Moskau dienen ihm als Gradmesser des Erfolgs, ebenso
wie die Beobachtung von Gefangenen und die Nachrichten über Kriegsbeute.
Das Informationsgefälle dreht sich allerdings in der Hektik des Vormarsches um:
Er hält seine Frau zuhause für informierter und will - selbst in der Froschper-
spektive des kleinen Soldaten befangen - von ihr etwas über das große Ganze

erfahren. Erst allmählich treten zu den Nachrichten aus zweiter Hand auch eigene Erfahrungen hinzu. Dass er "primitive Verhältnisse" antrifft, wird ihm - über die Siegerfahrung hinaus - zur Quelle der Selbstvergewisserung in seinem Kriegs-handeln, kann er sich doch so auf der Seite nicht nur des militärisch, sondern auch kulturell Überlegenen sehen und darstellen. Das mündet schon wenige Tage später in eine Perspektivenvermischung zwischen Feldherrnblick, der weiter plant, und der Sicht des kleinen Landsers, der zum Objekt der Kriegspläne wird:

> Wir liegen immer noch im Wald in dem einst russisch gewesenen Teil Polens, in Galizien. Wir schreiben hier in den Anlagen einer früheren russischen Offiziersschule, das heißt einem Übungsgelände, auf dem russische Offiziere ausgebildet wurden. Die Anlage kann für solche Zwecke an Primitivität nicht mehr überboten werden. Die Unterstände sind nur Erdlöcher. Hier wurden die Russen fast 2 Jahre "ausgebildet"! Man kann sich da vorstellen, dass solche Soldaten systematisch zu vertierten Menschen werden. Wir haben heute gelesen, dass Stalin eine Rede gehalten hat, in der er reichliche Verzweiflungsschreie ausgestoßen hat. Außerdem schreiben amerikanische Zeitungen schon von einer verzweifelten Lage Russlands. Uns kann das recht sein. Je schneller es damit geht, desto mehr Aussicht haben wir, dass der Krieg heuer noch aus wird, wenn nicht gleich "der Nächste" kommt, ich wüsste in Europa nicht welcher, aber schau, trau wem?! [6. 7. 1941].
> Die Ukrainer haben uns gesagt, dass Stalin mit seiner Clique bereits nach Gorki geflohen sei, wahrscheinlich weil Moskau schon von deutschen Aeroplanen (sagen die Ukrainer) bombardiert wurde. Da könnte es ja schneller Schluss sein, als man denkt. Gestern erfuhren wir von der großen Vernichtungsschlacht bei Byalistock. An Material hat es den Russen bestimmt nicht gefehlt. Auch sonstige Gebrauchsgegenstände sind bester Güte. Die Ausrüs-tung des Militärs ist zum Teil gut, zum Teil, sagen die Ukrainer laufen sie in Stahlhelm und Zivilanzug umher. Wir haben bis jetzt nur <u>Gefangene</u> gesehen, vom Autobus aus [12. 7. 1941].
> Die Ukraine hat den fruchtbarsten Boden Europas. Eine eventuelle Trockenheit im Reich kann unserer Ernährung kaum irgendwas anhaben, denn Russland kann nicht nur Deutsch-land, sondern ganz Europa mit Getreide versorgen. (Welterzeugung in Weizen 47 Millionen Tonnen, davon Russland allein 20 Millionen.) [22. 7. 1941].

Als Fahrer lernt er aber schnell auch die Grenzen kennen. Seine Siegeserwartung im allgemeinen wird in seiner persönlichen konkreten Wahrnehmung schon bald begleitet von Skepsis, wenn sie auch noch in Erfolgsmeldungen gekleidet wird. Bedrohlich sind für ihn weniger die unmittelbaren Feindberührungen, sondern das Wetter und die Weite des Raumes. Und ab Ende Juli 1941 schreibt Bumke zwar hin und wieder noch von allgemeinpolitisch gehaltenen Siegeserwartungen, aber kein einziges Mal mehr von einem Überlegenheitsgefühl oder einem Sieges-optimismus, an dem er persönlich (oder vermittelt über seine militärische Ein-heit) teil hat. Schon im August verändert sich seine Stimmung. Er hat die Weite des Landes - zumal bei Regen und Schlamm - tatsächlich er-fahren. Dazu kommt die Nachricht vom Tod von Familienangehörigen.

> Wenn wir, wie es Russland wollte, in den Winter gefallen wären, wäre es uns auch nicht gut gegangen. Wenn es mal nur einige Tage stark regnet, dann ist das ein Rückschlag auf mehre-re Tage, besonders für den Nachschub. Das kann man sich, wenn man das nicht selber mit ansieht, nicht vorstellen, wie das einreißt. Es wird jetzt schon verhältnismäßig kühl für Mitte

August. Bis jetzt habe ich meinen Trainingsanzug seit Zamosc nicht mehr gebraucht, aber ich
sehe jetzt schon, dass ich ihn noch sehr notwendig brauche, wenn der Krieg mit Russland
nicht bald aus ist und wir nicht noch vor dem Winter aus diesem Gebiet kommen [10. 8. 41].
Jetzt ist ja schon der dritte Vetter von mir gefallen. Das heißt der 1. ist bei Lemberg im
Polenkrieg gefallen. In Russland werden allein mehr gefallen sein, als in allen übrigen
Ländern zusammen. Ich meine damit natürlich nur unsere Gefallenen. Russland wird allein
fast nochmal so viel Gefallene, als der ganze Weltkrieg (2 Millionen) gekostet hat
[15. 8. 1941].

Zeitperspektiven werden zum Anlass für skeptische Betrachtungen:

Dass in 4 Wochen der Krieg mit Russland aus sein kann, kann schon sein, mit dem großen
Unterschied, dass unsere Briefe genau 4 Wochen auseinander sind. Du schreibst das am 4.
Juli und ich schreibe das am 4. August. Gestern sprach ich mit einem ungarischen Offizier
darüber, er meinte es auch, also Anfang September [4. 8. 1941].

Wieviel Gerüchte und Hoffnungen mögen in den folgenden Wochen ausgetauscht
worden sein, bis er sich Mitte September entschließt:

Von jeglichen "Weissagungen" über die Dauer des Russlandfeldzuges oder gar des Krieges
möchte ich mich in Zukunft entfernt halten. Ich sag erst dann dass er aus ist, wenn offiziell
bekannt geworden ist, dass er aus ist [19. 9. 1941].

Aber im Lichte der Erfolge kann er sich dem optimistischen Sog nicht entziehen
und kehrt noch einmal zu zeitlichen Prognosen zurück. Dabei interpretiert er die
für ihn bedrohlichen Entwicklungen wie Versorgungsengpässe und Urlaubssperre
so in ihr Gegenteil um, dass sie als Indizien für das baldige Kriegsende im Osten
herhalten müssen.

Wir merken es wieder an der Verpflegung (kalter), da gibt's dann nur das von mir so geliebte
Schweinefett. Aber wenn mans auch an der Verpflegung merkt, ist fast immer was großes im
Gange. Man nimmt's dann leichter, weil man immer hofft, dass es dann doch bald aus ist.
(...) Für uns ist der Urlaub vorläufig bis 31. Dezember gesperrt. Also ausgenommen Luftwaf-
fe und Panzer. Von uns waren welche schon 1 Jahr nicht in Urlaub. Dass überhaupt welche
fahren, ist mir nicht so sehr Hoffnung, auch bald dranzukommen, im Gegenteil auf den
Besuch der beiden Führer im Osten bzw. auf ihr Zusammentreffen hin Hoffnung auf baldigen
Schluss. Die Erfolge von 380000 und 560000 Gefangenen sind bestimmt kein Pappstiel, aber
es gibt halt doch nur eins und das heißt "aus"!! [28. 9. 1941].
Wir haben es wieder einmal sehr eilig und deshalb auch wenig Zeit zum Schreiben. Wenn es
unserer Leistung für den Krieg ankäme, müsste er spätestens nächste Woche zu Ende sein.
Aber wir glauben auch so an das Wort des Führers, der im Aufruf vom 4. Oktober sagt, dass
die Sowjets noch vor Einbruch des Winters erledigt sind. Wir haben auch sonst noch Grund
zu dieser Annahme, denn man hat es bei der Forderung des Bataillon nach Wintersachen
abgelehnt, uns solche zu geben [18.10. 1941].

Hier hat also kurzfristig die Strategie verfangen, den Soldaten durch das Vorenthalten von Winterausrüstung Hoffnung auf ein baldiges Kriegsende zu machen. Gerade bei Bumke führen solche enttäuschten Hoffnungen später zu einer
radikalen Kritik an der Parteispitze was angesichts seiner (früheren?) Parteimit-
gliedschaft besonders bemerkenswert ist (s. Kap. 4.1.3 und Kap. 7.2).

Victor Klemperer beschrieb als ein Merkmal der "Lingua Tertii Imperii" das
"Übermaß der Zahl": "Manchmal imponieren auch kleinere Zahlen. Ribbentrop

erklärt im November 1941, wir könnten den Krieg noch dreißig Jahre führen."[3]
Ob Bumke auf diese Verlautbarung im Dezember 1941 reagierte? Jetzt klaffen
allgemeine Verlaufsprognose und subjektive Erfahrung auseinander. Er folgt
zwar der Propaganda: Die Ausweitung zum Weltkrieg - Koalition mit Japan,
Kriegseintritt der USA - könne eine endgültige Klärung vorantreiben. Er selbst
aber sieht sich in ein immer weniger kalkulierbares Unternehmen verstrickt.
Seine letzte Zeitperspektive klingt resigniert:

> Der Japaner macht schon mächtige Siege, das freut uns. Hoffentlich geht das so weiter, dass
> es nicht ein dreißigjähriger Krieg wird. Wir haben zur Zeit Tauwetter, deshalb mächtigen
> Matsch, wie im Sommer. Leider ist es nicht so, dass es schon aus wäre, vor Einbruch des
> Winters, so dass wir den ganzen Winter hier bleiben müssen!! [12. 12. 1941].

Franz Fenne, Jahrgang 1917, Obergefreiter in einem Panzer-Pionier-Bataillon
der 12. Panzerdivision, schreibt an seine Eltern:

> Ich habe jetzt schon bereits 4 Tage nichts geschlafen, sofiel haben wir zu tun. Aber brauchst
> Dir nichts draus machen, denn es ist halb so willt, wir sind ja Panzer Pioniere. Wenn Du
> mich sehen würdest dann würdest Du bestimmt dafon laufen, ich habe mich schon 4 Tage
> nicht mehr gewaschen, ich schaue aus wie ein Schornsteinfeger. Wir sind jetzt schon ziehm-
> lich weit in Rußland, wie Du ja in den Nachrichten sicher hören wirst, wir haben den ab-
> schnitt Minsk. Gestern hatt von uns ein Panzer in einer Stunde 10 Panzer außer gefächt
> gesetzt. Nun muß ich wieder schließen, den der Brückenschlag geht weider [12. 7. 1941].
> Will Dir kurz ein paar Zeilen schreiben, denn viel kann ich Dir nicht schreiben wir sind im
> Vormarsch und wie. Wir sind 10 km vor Petersburg und da gibt es soviel Arbeit, daß man
> sich nicht mal Waschen kann. Ich habe mich schon 8 Tage nicht mehr gewaschen so eilig
> haben wir's. Gestern waren große Luftkämpfe, unsere Flak schoß 4 russische Bomber ab, das
> hat uns so spaß gemacht. Ich habe den ganzen Tag geschossen, daß mein MG glühend heiß
> war. Die Russen wollen die Stadt Petersburg gut verteidigen, aber es fält an den Soldaten. Die
> sind alt und jung, gestern wurde einer verwundet von den Russen der war 53 Jahre alt und
> der eine war 15 Jahre und sind erst 3 Tage Soldat, das sind großartige Zustände [30. 8. 1941].

Schon im September 1941 prallen dann Siegesstolz und Überdruss hart aufeinander und danach folgt nur noch eine "Siegesmeldung" im November, die aber
auch schon überlagert ist von Zeugnissen der Bedrohtheit:

> Kannst mir glauben ich kenn mich manchmal selbst nicht mehr aus, die Nerven werden hier
> bei jedem schwach. Ich glaube Mutter die Russen die werden sich nicht ergeben, bevor sie
> nicht eine Asche sind, daß sind zähe Hunde und man sied von Russen manche Fleischhaufen.
> Es gibt ja von uns auch manchmal traurige Bilder, aber da kann man nichts dagegen machen.
> Am 8. 9. sind wir Panzer und Panzerpioniere in Schlüsselburg einmarschiert, das war
> ziemlich fett. An diesem Fluß Newa entlang bis Schlüsselburg, ich habe sogar abends diese
> Sondermeldung gehört. Ich neugierig wann diese scheiße mal zuende ist, macht bestimmt
> keinen Spaß mehr es ist nachts viel zu kalt, man kann kaum mehr schlafen so friert ein und
> dazu noch das Regenwetter [10.9. 1941].

Seine Prognosen zur zeitlichen Perspektive spiegeln den Stimmungswandel:

> Ich glaube Mutter wenn es gut geht, sind wir in 4 Wochen wieder vertieg mit diesem Feldzug
> im Osten. Aber der Urlaub wird sich diesmal ziehmlich verlengern, ich glaube vor Weih-
> nachten wird es wohl nichts werden [2. 7. 1941].
> Ich glaube wohl fest, daß wir Weihnachten in Rußland feiern ob es uns gefällt oder nicht
> [6. 11. 1941].

Siegesgewissheit und Durchsetzungswillen zeichnet die Briefe von *Erich Leis-meier*, Jahrgang 1922 aus, der als Gefreiter bei den Gebirgspanzerjägern den Vormarsch im Süden erlebt. Noch aus dem seit 1939 russisch besetzten Teil Polens schreibt er an seine Eltern über die selbstverständliche Herrschaftsaus-übung:

> Eins fürchten wir ja alle: dass wir zu spät nach vorne kommen, viel ist ja sowieso nicht mehr übrig. In dieser Stadt findet man nur wenig Spuren des Krieges, wo Widerstand war, ging eben der Laden hoch; das haben ja inzwischen unsere lieben Feinde einsehen müssen! [4. 8. 1941].

Nach dem Vormarsch im Süden schreibt er im August zwar immer noch siegessi-cher, aber was seine eigene Person angeht, nicht mehr so auf das "nach vorne kommen" erpicht. Auch bei ihm wird der Wandel des Optimismus besonders an den Zeitperspektiven deutlich:

> Wenn ich die Funkerei "intus" habe, werde ich nur noch als Funker eingesetzt. Unser Nach-richtenzug untersteht direkt dem Stab der Panzerjägerabteilung und stellt die Verbindung her zwischen den einzelnen Kompanien und dem Stab. Ich bin froh, dass ich zu einem Trupp gekommen bin, der sich in erster Linie mit der Technik befasst, natürlich sind die auch ganz vorne dran, nur eben anders eingesetzt. Die Hauptkämpfe sind ja nun so gut wie vorüber, wir werden hier im Osten sicher nur noch auf abgesprengte oder eingekesselte Teile der ge-schlagenen Sowjetarmee eingesetzt [17. 8. 1941].
>
> Langsam stellt sich nun der Herbst ein und macht das Land noch öder und einsamer. Die gewaltigen Erfolge, die sich jetzt anbahnen, lassen hoffen, dass es hier im Osten noch vor Einbruch des russischen Winters Schluss wird [18. 9. 1941].
>
> Nach dem jetzigen gewaltigen Druck in der ganzen Front, glaube ich schon, dass wir das Rennen mit dem Winter gewinnen werden, das heißt, dass es im Osten noch heuer Schluss wird [3. 10. 1941].
>
> Nach dreiwöchigem Kampf, bei dem wechselnd das Kriegsglück auf unserer Seite stand, wurde auch bei uns der Kessel geschlossen, in dem wiederum eine russ. Armee vernichtet worden war. Reiche Beute an Material und Gefangenen sind uns in die Hand gefallen. Alle übrigen Teile des Feindes sehen in Kürze dem gleichen Schicksal entgegen. (...) In wenigen Wochen (noch in diesem Monat) wird endlich der Kriegsbrand im Osten für immer gelöscht sein. Ich bin ganz wenig stolz darauf, die schwerste Probe für unsere Wehrmacht mitbestehen zu dürfen [aus dem Raum Stalino, 11. 10. 1941].

Im Dezember 1941 drückt er zwar immer noch Optimismus aus, aber seine Worte lassen schon die Erkenntnis von der langen Kriegsdauer erahnen:

> Eine Bunkerlinie hält den Feind auf, der im Laufe der Wochen und Monate in den Kessel hineingetrieben wird und dann seine rasche Vernichtung findet [5. 12. 1941].

Sehr viel verhaltener klingen seine späteren seltenen Aussagen zur Zeitper-spektive. Einen Monat nach dem Kriegseintritt der USA schreibt er:

> Nach der Entwicklung der milit. wie polit. Lage steht nun über der Dauer dieser Ausein-andersetzung von Erdteilen ein großes Fragezeichen! [19. 1. 1942].

Auf einen Geburtstagsbrief seiner Mutter antwortet er mit resignierender Hoff-nung, wenn er schon im September 1942 den nächsten Kriegswinter in Russland als unausweichlich akzeptiert:

Ach, könnte doch für diesen Tag unser aller einziger Wunsch in Erfüllung gehen, dürfte ich diesen Tag bei Dir feiern, allen Krieg vergessen u. nur der Schöne dieses Tages leben. - So warten wir halt, bis dieser 2. Russlandwinter vorüber ist, dann wird diese Stunde kommen! [29. 9. 1942].

"Es geht vorwärts", "Vormarschstraßen", "Schwärme deutscher Bomber nach vorne", "immer ostwärts", "einen ordentlichen Schub nach vorne machen" sind die Worte, mit denen *Heinz Heppermann*, Jahrgang 1908, seiner Frau im Juli 1941 den Vormarsch einer Nachrichten-Abteilung bei der 6. Infanteriedivision in den Raum Witebsk schildert. Und stolz ist er, dabei zu sein.

Ich glaube, viele im Reich haben wohl erst gar nicht daran geglaubt, es kam doch ein wenig überraschend. Wir wussten schon lange, was gespielt wurde, rechneten aber immer noch mit der Möglichkeit friedlicher Regelung. - Aber besser ist es schon so! Es ist ein Aufwaschen; und in Zukunft kann jeder (auch wir?) seiner friedlichen Arbeit nachgehen. Welch ein stolzes Gefühl ist es aber doch für jeden Deutschen [2. 7. 1941].

Allzulange wird der Ostkampf wohl nicht dauern, viele Kräfte der Russen sind schon zerschlagen und ein weichender Feind ist nicht mehr so gefährlich [7. 7. 1941].

Unser Marsch geht immer nach Osten: 400 km haben wir bestimmt schon gemacht. Minsk, Bialystok sind Dir geläufige Namen aus der letzten Zeit. Wie weit aber sind unsere Spitzen schon! Beinahe unerreichbar weit! So geht es Tag um Tag vorwärts [12. 7. 1941].

Schon im August 1941 mischen sich erste skeptische Töne ein:

Wann nördlich von uns der Einkesselungskampf beendet sein wird, weiß ich nicht. Davon hängt aber unser Vorrücken ab! (...) Wir hoffen alle, dass in einigen Wochen der Kampf zu Ende sein wird! [2. 8. 1941].

Wann es weitergeht, weiß ich nicht; der Krieg im Osten muss aber noch vor Winter zu Ende gehen! Na, wenn Petersburg gefallen ist! Und der Amerikaner? Allerdings ist seine Hilfe recht problematisch und die Voraussetzungen (anders als 14-18) hundertprozentig für uns! [13. 9. 1941].

Die deutschen Siege im September lassen ihn wieder Mut fassen. Stärker als bei den jüngeren, ungebundenen Soldaten wirkt bei bei ihm auch der Druck, seine Frau zu beruhigen. So verbindet er die Erfolgserwartung mit dem Herunterspielen der eigenen Gefährdung.

Und Deine Sorge! Man bangt immer um sein Liebes, das man in Gefahr weiß. Nun, als Nachrichter ist es nicht so schlimm. Wir liegen hier nun zwar nicht in Ruhe - vielmehr in der Verteidigung - um, wie es heißt, andere Operationen zu ermöglichen! Diese Operationen sind ja nun auch Wirklichkeit geworden, wie die heutige Sondermeldung und der anschließende Wehrmachtbericht darlegten, glänzend und groß. Diese Dinge liefen südlich von uns. Wir haben davon <u>kaum</u> etwas gemerkt. Gelegentlich versuchte der Russe kleinere Durchbruchsversuche - allerdings ohne Erfolg! Der Vormarsch wird aber wohl bald wieder vorwärts gehen - auch für die gesamte mittlere Front. Du musst aber nicht soviel sorgen [19. 9. 1941].

Es ist manchmal aufreibend und zermürbend - vor allen Dingen bei Dir - weiß ich doch, wie sehr Du auf Post wartest und seelisch und körperlich davon abhängig bist. Aber, Elslieb, reib dich, bitte, nicht auf. Auch der Kampf hier im Osten geht einmal zu Ende - vielleicht viel eher als wir denken. Ich persönlich glaube nicht, dass man bis in den Winter hinein verlängern lässt - es passt nicht in den Plan - und außerdem haben <u>wir</u> noch die Kraft, ihn im gegebenen Zeitpunkt siegreich zu gestalten [24. 9. 1941].

Den Vormarsch auf Moskau erlebt Heppermann selbst mit. Die Erfolge des Oktobers 1941 und die Unklarheit über das, was konkret bevorsteht, prägen im Herbst 1941 seine Mitteilungen über den Krieg. Aus seinen Schilderungen von Oktober bis Dezember 1941 kann man die Verlangsamung des Vormarsches unter zunehmend widrigen Bedingungen heraushören. Den Sorgen seiner Frau begegnet er mit einer Art Homöopathie des Schreckens: Er weist sie, ganz im Einklang mit der offiziellen Propaganda, auf die Folgen hin, die er bei einer deutschen Niederlage befürchtet.

> Im Augenblick rollt alles, riesige Ströme von Menschen und Material auf dem Lande und in der Luft. Du kannst es Dir nicht vorstellen! (...) Und die Meldungen besagen ja, die Vernichtung steht kurz bevor! Wir haben jetzt Tag und Nacht Dienst, Schlaf gibt es wenig und ein warmes Essen wird oft zur Seltenheit. Ist aber gleich: Hauptsache es geht weiter! [15. 10. 1941].
>
> Vorgestern haben wir die Wolga in nordöstlicher Richtung überschritten. Wie das Ziel heißt, ist unbekannt! Ob Moskau, ob Kalinin? Jedenfalls schließt sich allmählich auch der Ring auch um Moskau und damit um das Hauptwiderstandsnest der Bolschewiken. Wir erleben ja immer nur das Geschehen in einem ganz kleinen und engen Rahmen! [22. 10. 1941].
>
> Draußen heult der Sturm - in der Ferne donnern die Kanonen und tackt einsam ein Maschinengewehr. Heute hat es den ganzen Tag geregnet - Eisregen. Die Straßen sind wieder einmal verschlammt und stehen voll Wasser. Bei unserem heutigen Gefechtsstandwechsel sind wir zu Fuß gegangen, um den Wagen zu entlasten! Und trotzdem ist der Wagen futsch - das Differential ist zerbrochen. Wir liegen also fest. Wie es nun weitergeht, weiß ich nicht - ob wir erst zur Kompanie zurückkehren - oder bespannt weiter mitziehen? [31. 10. 1941].
>
> Wir haben Menschen (russische Gefangene) gesehen, vor denen einem das Grausen kam. Die Heimat soll dankbar sein, dass die ungeheure bolschewistische Massenflut nicht die deutschen Lande überschwemmte: wehe den Frauen und Kindern [15.11. 1941].

Nach dem Scheitern der Eroberungspläne vor Moskau gibt es von Heppermann keinerlei Äußerungen mehr, die auf eine Siegeserwartung schließen lassen. An ihre Stelle treten später vage und allgemeine Hoffnungen auf eine Kriegswende. Das anfängliche Gefühl der militärischen Überlegenheit mündet zur Jahreswende 1941/42 in desperate Zerstörung, die nicht einmal mehr von der Idee eines Aufbaus im besetzten Land ausgeht.

> Die Kälte hat nachgelassen. Man braucht dann auch so gewaltig nicht mehr zu heizen. Brennmaterial haben wir ja genug: Wenn ein Holzhaus verfeuert ist, kommt das nächste dran. So werden die Dörfer allmählich kleiner gemacht [9. 2. 1942].

5.2   Späte Erfolgsmeldungen und seltene Niederlageerwartungen

Auch in der letzten Kriegsphase sind vereinzelt Äußerungen zu finden, die von militärischen Erfolgen berichten. Sie beziehen sich vor allem auf Einzelereignisse, die aber auch schon in Schilderungen der Bedrohung eingebettet sind:

> Der Schwerpunkt des Kampfes scheint sich verlagert zu haben, dafür sind die russischen immer eifriger am Werk, eben sind 21 Stück vorbeigeflogen! Viel bezwecken die nicht. Abends sind sie auch immer da, werfen hier und dort Bomben in die Dörfer, treffen zum Glück aber meistens nicht. Neulich sind wir an der Rollbahn vormarschiert, an der ein

kaputter russischer Panzer am anderen stand; darunter die schwersten Typen. Sie waren alle von unseren Panzern abgeschossen worden [Melzner, 29. 3. 1943, bei Charkow].

Der junge Leutnant *Hans Helmut Calsow* ist der einzige, der sogar noch im Frühjahr 1944 seinen Eltern gegenüber einen optimistischen Ton wahren will, und doch ist der Durchhaltecharakter nicht zu überhören:

> In den nächsten Wochen und vielleicht schon Tagen wird ja nun auch die - man kann schon fast sagen "lang ersehnte" Invasion kommen. Mein Gott, was werden die abgeschmiert werden. Ich freu mich schon fast drauf. Dann ist doch endlich Klarheit da und wir können uns wieder freier bewegen [1. 5. 1944].
> Wir haben so pfundige Burschen mit wenigen Ausnahmen, dass einem der ganze Betrieb bei allem Verzicht auf Bequemlichkeit - Spaß macht. Ja, Spaß in gewisser Hinsicht, weil man doch weiß, dass man einen Platz im Großen ausfüllt und dass es jetzt um Kaputt und Verrecken geht. Dass wir am Schluss oben sein werden, darüber herrscht bei niemandem ein Zweifel. Darüber wird gar nicht gesprochen, so selbstverständlich ist das [11. 5. 1944].
> Trotz der zur Zeit nicht gerade sehr günstigen Meldungen von der Invasion bin ich doch der ganz festen Zuversicht, dass wir das auch schaffen werden - trotz des Materials des Gegners. Unsere Führung weiß schon, was sie will und der entscheidende Schlag hat noch nicht begonnen. Ich sag' halt nur immer wieder meinen Leuten, dass es um die Wurscht geht und dass wir hier den nächsten Weg nach Sibirien haben. Sie wissen schon, woran sie sind [13. 6. 1944].
> Auch die Tatsache, dass zur Zeit komplette Urlaubssperre herrscht, kann mich in meinem Glauben auf ein gutes Ende dieses Schlamassels nicht erschüttern. Natürlich ist es - besonders für Euch - schmerzlich, mich nun längere Zeit nicht zu sehen, aber ich finde halt, dass es besser ist, dadurch zur Beschleunigung des Krieges beizutragen, als immer wieder mal so kleckerweise zuhause reinzuriechen und dann, wenn es am Schönsten ist, wieder abzuhauen. Heute hat nun also sozusagen die Vergeltung begonnen und ich bin auf ihre Auswirkungen gespannt. Zu hoch darf man natürlich die Erwartungen nicht stellen, aber dass es wieder einen Wendepunkt in der Geschichte dieses Krieges darstellt, kann man wohl annehmen [16. 6. 1944].
> Nein schaden kann uns Jungen diese Zeit nichts, es ist nur ein Jammer um all die Guten, die dabei ihr Leben lassen müssen. Außerdem dauert der ganze Trubel nun doch schon reichlich lange. Zu spät bin ich ja nicht gekommen, das habe ich schon gemerkt, langsam wird es aber doch genug! - Wir verfolgen natürlich "leicht gespannt" die Invasion und die Russenangriffe in Südfinnland. Aber die Zuversicht und die Siegesgewissheit sind unerschütterlich. An uns hat er sich noch nicht richtig rangewagt. Er soll nur kommen, es wird ihm schon vergehen! [24. 6. 1944].

Solche Beteuerungen sind die Ausnahme und sie zeigen den jungen, ehrgeizigen und aufstiegsorientierten Sohn in dem Bemühen, gegenüber den Eltern die Haltung zu bewahren und ihnen - und sich selbst - Mut zu machen, soweit er das vermag.

Dass die Soldaten sich bei der unverhüllten Prognose einer militärischen Niederlage bedeckt hielten, wird angesichts der Drohungen bei Missachtung der Zensurbestimmungen gerade in diesem 'sensiblen' Punkt verständlich. So sind die wenigen deutlichen Aussagen dazu aus dem letzten Jahr, die sich auf immerhin 12 Briefschreiber verteilen, schon ein Indiz dafür, dass die kontrollierende Wirkung von Zensur und Selbstzensur schwächer wurde. Das überwiegende

Fehlen explizit pessimistischer Äußerungen zum Kriegsverlauf sowie ihre ver-
klausulierte Einkleidung sind deutliche Hinweise auf das Fortwirken dieser
Kontrolle.

Ernst Suhrbeck äußert sich am 5. 10. 1943 aus dem Raum Kriwoi Rog nahe
dem Schwarzen Meer scheinbar harmlos über den Urlaub, der wieder einmal
fraglich geworden ist, und ergänzt eher beiläufig: "Vielleicht haben wir im
Frühjahr nicht mehr so weit zu fahren." So kleiden auch die anderen den Pessimismus in allgemeine Formulierungen. Wenn sie konkreter werden, stützen sie
sich auf den Wehrmachtsbericht und sichern sich damit ab, oder sie schließen das
Unfassbare in Floskeln der Hoffnung und Beruhigung ein:

> Ja jetzt ist es wieder aus, irgend wo in einem Haus zu schlafen, jetzt gibt nur noch Mutter
> Grün. Aber das sind wir schon gewöhnt, da waren wir lange genug. Ich muss eigendlich
> sagen, mir ist viel lieber ich bin nach dem Osten gekommen, als nach dem Westen, den hier
> wirkt doch die Luftwaffe nicht so wie im Westen. Ja wer hätte das gedacht vor einem Jahr,
> dass wir in einem Jahr da und da stehn, da hätte ich gesagt, Du bist verrückt. Aber wunder ist
> keins, wenn sie alle über einen sind. Aber wir werden schon sehn, nicht war?
> Ich glaub ja im Westen geht es ganz schön rund, ich glaub ja, dass die Entscheidung dort
> fallen wirt. Hoffendlich unser zu günsten sonst wäre es ja aus
> [Fenne, am 10. und 20. 9. 1944].
> Bei uns ist es ruhig, man merkt fast kaum dass Krieg ist, aber dafür geht es ja im Süden auch
> um so lebhafter dort hat ja der Russe im Augenblick wieder recht gute Erfolge. Hoffentlich
> gelingt es uns dort bald seinen Vormarsch zum Stehen zu bringen. Aber hoffen wir das Beste
> ich glaube bestimmt an eine baldige Wendung [Vilsen, 30. 3. 1944].
> Die letzte halbe Woche war für uns alles andere als ermutigend. Der Wehrmachtsbericht
> bringt nichts Gutes von der Westfront. Das beeinflusst auch alte Krieger.
> Aus diesen Wünschen [nach Abonnement einer Zeitung] siehst Du, dass ich noch nicht mit
> einem baldigen Ende rechne, wie viele Landser. Damit sehe ich immer noch nicht rosig und
> lasse mich nur von Tatsachen, nicht vom Strohfeuer der Optimisten beeinflussen [Brandes,
> 23. und 31. 8. 1944].

Die Ausweglosigkeit und Hilflosigkeit im Hinblick auf die militärische Lage
festzustellen und unabgeschwächt stehen zu lassen, gelingt den Soldaten in ihren
Briefen nach Hause bis zum September 1944 nicht. Wo sie die Zensur im Ansatz
missachten, sehen sie sich immer noch gehalten, die Adressaten und sich selbst
zu beruhigen. Fritz Asper fällt mit seiner deutlich resignativen Frage ebenso aus
dem Rahmen wie die kritischen Auslassungen von Bumke und Heinrich R.
gegenüber der eigenen Führung (vgl. Kap. 4.1.3):

> Was macht auch der Krieg - die Engländer werden wohl bald am Reiche sein, und wir sitzen
> immer noch hier und zu Hause ist dann ein anderer, man kann sich das bald nicht mehr
> vorstellen wie das noch werden will [Fritz Asper, 24. 9. 1944].

Wilhelm Deist hat einmal die Gründe zusammengetragen, die zur "widerwilligen
Loyalität" der Deutschen bei Kriegsbeginn führten.[4] Die Erfolge des NS-Regimes
in den 30er Jahren, die geschickte Vortäuschung einer 'Friedenspolitik', die
Entlastungen des einzelnen in einem autoritären Staat mit einem 'genialen Füh-

rer', die anfänglichen Kriegserfolge wirkten zusammen. Geben die bisherigen Ergebnisse Hinweise, wie es zur fortdauernden "widerwilligen Loyalität" der Soldaten im Krieg kam? Eine anfängliche Begeisterung ist angesichts der Unsicherheiten bei Kriegsbeginn im Juni 1941 nicht zu erkennen. Aber ähnlich wie nach dem "Blitzsieg" gegen Frankreich wirkten die militärischen Erfolge der ersten Wochen auf viele Soldaten gerade im Kontrast zu der anfänglichen Unsicherheit für kurze Zeit euphorisierend. Von einer freudigen Siegeszuversicht und einem Stolz, 'dabei zu sein', wird man aber nur in einem schmalen Zeitfenster im Juli / August 1941 ausgehen dürfen. Das spürbare Scheitern der "Blitzkriegspläne", das Herbstwetter und die traurige Aussicht auf einen russischen Winter ließen schon bald wenig Raum für Begeisterung. Zwar blieb den Soldaten kaum Spielraum, wenn sie nicht desertieren wollten, als zumindest "widerwillig" mitzumachen. Der vorliegende Befund zur Ungleichzeitigkeit von persönlicher und allgemeiner Erfolgserwartung könnte darüber hinaus ein Mosaikstein sein in der Erklärung, warum es grundsätzlich bei der Loyalität blieb: Dem Einbruch ihrer subjektiven Erfolgseinschätzung nach hätte der Feldzug im September 1941 abgebrochen werden müssen. Statt dessen konnten sich die Soldaten dem Sog der militärischen Erfolge im Oktober 1941 nicht entziehen - die allgemeine Siegeserwartung 'überholte' gleichsam die subjektiv untermauerte und langfristig 'realistischere' Skepsis. Die militärischen Siege des Oktobers 1941 ließen den subjektiven Warntönen aber keine Chance, lauter zu werden. Es waren die 'Erfolge', von denen die Soldaten hörten, die sie in ihrer eigenen Wahrnehmungskompetenz entmündigten. So konnte latenter Widerwillen nicht zur Institution werden, vielmehr 'lernte' der einzelne Soldat einmal mehr, dass er wohl von den Gesamtzusammenhängen zu wenig verstand. Was das Vertrauen in seine eigene Beurteilungsfähigkeit betraf, kann man fast von einer "gelernten Hilflosigkeit" sprechen. Mit der Erfahrung, in seiner eigenen Einschätzung wohl 'daneben zu liegen', wo doch im Großen solche Siege erzielt wurden, blieb dem einzelnen wenig anderes übrig, als seine eigene so berechtigte Skepsis auszublenden oder später in Durchhalteparolen zu verwandeln.

5.3   Belastungen im Kriegsalltag

5.3.1   Die primären Belastungen: Kampf, Zerstörung und Tod

Folgen wir der Unterscheidung in "primäre" Belastungen (Kampf, Zerstörung und Tod) und "sekundäre" (Hunger und Durst, Hitze und Kälte, Krankheiten und weitere Mangelerscheinungen). Schon die quantitative Auswertung der Aussagen zeigt bei den primären Themen, wie unterschiedlich über diese Erfahrungen berichtet wird, je nachdem, welcher militärischen Gruppe der Soldat angehört.

Der deutliche Befund kann als eine Validierung der Einteilung in Kampftruppe, Kampfunterstützungstruppe und Versorgung angesehen werden: In absteigender Reihenfolge finden sich bei diesen drei Gruppen Mitteilungen über Kampf, Zerstörung und Tod.Es entspricht der Erwartung, dass die Kampftruppen von diesen Erfahrungen weit eher betroffen sind als die Versorgungseinheiten, wobei sich der Unterschied gegen Kriegsende abschwächt. Bei keiner der "sekundären" Kriegserfahrungen lassen sich ähnlich deutliche Unterschiede in Abhängigkeit von der militärischen Zuordnung finden.

Auf den ersten Blick scheint auch der Dienstgrad zu differenzieren: Die höherrangigen Soldaten schreiben häufiger über Kampferfahrungen nach Hause als die Angehörigen des Mannschaftsstandes. Das hängt aber vor allem damit zusammen, dass in dieser Stichprobe 8 Mannschaftssoldaten den frontferneren Versorgungseinheiten angehören, aber kein Unteroffizier. Vergleicht man nur die Angehörigen der Kampftruppen, so unterscheiden sich Mannschaften und Unteroffiziere nicht darin, wie häufig sie Kampf- und Todeserfahrungen mitteilen - ein Beispiel dafür, dass die Kenntnis der jeweiligen Stellung im militärischen Gefüge eine Voraussetzung für die angemessene Interpretation ist.

Anders bei den Kampfunterstützungstruppen: Hier schreiben die fünf Unteroffiziere,verglichen mit den beiden Gefreiten dieser Gruppe, recht häufig über diese Erfahrungen nach Hause.

Ein Unterschied nach Alter oder Adressat ist bei der Häufigkeit dieser Themen nicht festzustellen. Für die qualitative Betrachtung der Aussagen über die primären Kriegserfahrungen sind also vor allem die Briefe der Soldaten aus den Kampftruppen und der Unteroffiziere aus den Kampfunterstützungstruppen heranzuziehen.

Wer im Brief etwas über Kampferlebnisse schreibt, hat bereits einen Abstand zum Geschehen gewonnen oder nutzt das Schreiben dazu, das Geschehen zu verarbeiten. Militärpsychiatrische Beschreibungen machen die Fallhöhe deutlich, die zwischen dem konkreten Erleben und der Wiedergabe in den Briefen besteht. Nach Meyer kündigen sich die "akuten Kampfreaktionen" und das "Schrecksyndrom" an mit Reizbarkeit, Schlaflosigkeit und Geräuschempfindlichkeit. "Der schon im Kampf Erfahrene beginnt auf unspezifische, keine Gefahr ankündigende Sinnesreize zu reagieren, wobei sein 'Zusammenfahren' sich oft mit einem abwehrenden Ausdruck verbindet. Der Mann fühlt sich übermüdet, innerlich unruhig und außerstande, in kurzen Ruhepausen zu entspannen oder zu schlafen. Er kann dabei schweigsamer werden oder auch gesprächiger, er verliert den Appetit, beginnt Ketten zu rauchen und, wo es geht, exzessiv zu trinken. (...) Alles wird ihm zu schwer, er wirft Ausrüstungsteile, Verpflegung, Waffen, aber auch wertvolles persönliches Eigentum fort. Briefe aus der Heimat bleiben ungelesen."[5] Es hängt von persönlichen Faktoren, aber auch von der Dauer und Härte der Kämpfe ab, wieweit es zu einer Chronifizierung der Störungen kommt. Was kommt davon in den Briefen zutage?

Heinz Heppermann schreibt an seine Frau. Als Unteroffizier in der Nachrichten-Ersatz-Abteilung 6 macht er im Sommer 1941 den Vormarsch der 6. Infanteriedivision im Mittelabschnitt mit. In dieser "kampfunterstützenden" Einheit hat er von Anfang an etwas Distanz zum unmittelbaren Kampfgeschehen, ist aber doch so sehr Zeuge der Ereignisse, dass er - besonders am Anfang - Kriegserfahrungen recht unmittelbar in seinen Briefen darstellt. Zeitweise ist auch seine Einheit an Kampfhandlungen beteiligt, meist folgt sie aber der Front in kurzem Abstand. Das ändert sich mit dem Rückschlag vor Moskau und den heftigen Gegenangriffen der sowjetischen Armee am Jahresanfang 1942. Heppermanns Schilderungen zu Kampf und Tod lassen verschiedene Facetten dieses Erlebens deutlich werden und zeigen einen Prozess von der anfänglich optimistischen und in der Diktion brutalen zur gefilterten und verhalteneren Darstellung von Kampf und Tod.

> Wir haben eben eine kleine Ruhepause. Dir zur Beruhigung schnell einige Zeilen. Ihr werdet inzwischen durch den Rundfunk alles erfahren haben! Kampf gegen Moskau: etwas, das uns, die wir so nahe an der Grenze lagen, nicht ganz unerwartet kam. Und so ging es morgens früh, 3 Uhr los. Wir sind dauernd auf dem Marsch. Kaum einige Stunden an einer Stelle. Es geht vorwärts, wenn auch der Russe hartnäckigen Widerstand schon leistet. Tags ist es fürchterlich. Hitze, schlechte, holprige Straßen und Staub, Staub: Wir sehen alle weißverkrustet aus. Wir fahren, Gott sei Dank! Aber die armen Infanteristen! Dabei ewig im Angriff! [24. 6. 1941].

Fasziniert schwärmt er von der eigenen Luftwaffe:

> Von der russischen Flugwaffe haben wir noch nicht viel gesehen! Nur am ersten Tag sausten russische Jäger über unsere Kolonnen. Bei solchen Gelegenheiten ist man verdammt schnell in Deckung! Am 2. Tag kamen 9 russische Bomber. Die Bomben fielen aber weit ab. Im Augenblick waren deutsche Jäger da: Und dann entwickelte sich ein Schauspiel, so schnell und grandios, dass uns der Atem stockte. Die Jäger stürzten sich auf die Russen, ein kurzer Feuerstoß, und schon stand der erste in hellen Flammen und stürzte ca. 100 Meter vor uns mit einer gewaltigen Rauchsäule zur Erde. Innerhalb fünf Minuten qualmten sieben russische Bomber in einem Kilometer Umkreis! Drei russische Flieger gerieten in Gefangenschaft. Einer stürzte mit ungeöffnetem Fallschirm zu Tode. Wir haben geschrien vor Begeisterung [24. 6. 1941].
> Am Mittag waren die russischen Bomber wieder da. Waren aber heute etwas weiter ab. Kurz darauf kamen 4 russische Jäger, zogen über uns dahin und gerieten in unsere Flaksperre. Einer stürzte ab und schlug nicht weit von uns auf! Verbogenes Eisen und ein verkohlter Mensch [28. 9. 1941].
> Eben jagen wieder unsere Jagdmaschinen vorbei. Gestern wurde kurz vor uns eine "Stadt" von 10 Stukas bombardiert. Ein grausig schönes Bild! Der Himmel voller Rauch, Staub und Flammen. So wird der Russe geschlagen! [6. 10. 1941].
> Im Augenblick rollt alles, riesige Ströme von Menschen und Material auf dem Lande und in der Luft. Du kannst es Dir nicht vorstellen! Daneben unsere Stukaflieger: Manchmal ein

grausig-schönes Bild, wenn sie aus großer Höhe heulend herabstoßen und den Gegner zermürben. Wir haben es kurz vor uns oft beobachtet: Die Welt in Rauch, Flammen und Donner! [15. 10. 1941].

Der Tod kommt zunächst nur auf der anderen Seite vor. Er gehört bald zum selbstverständlichen Bild des Krieges. Seine Kommentare zum Töten zeigen zugleich beides: die völlige Akzeptanz des deutschen Vorgehens und sein Bestreben, es in den Briefen gegenüber der Frau zu rechtfertigen.

Gestern kamen die ersten russischen Gefangenen vorbei mit einem gefangenen Zivilisten! Der Letztere wird wohl erschossen! In der Beziehung sind die Gesetze hart und gerecht. Wird ein Zivilist mit der Waffe in der Hand angetroffen - stellt man ihn an die nächste Wand [24. 6. 1941].

Zu tun ist wenig! Es wird kaum gefunkt! Das einzige, worauf man achtgeben muss, sind die verfluchten Heckenschützen! Besonders jetzt zu Anfang, denn vor uns lagen bolschewistische Eliteregimenter. Aber glaub mir, diese Herrschaften werden nicht mit sanften Händen angefasst! Was vor den Lauf kommt, wird abgeschossen! Neben uns in einem Kornfeld lagen auch vier Russen, mongolischer Typ! Drei waren gleich tot. Der vierte, ein 18 jähriger Kerl aus der Ukraine, ist nachher noch ins Lazarett gekommen! Verdient haben es die Brüder ja nicht! [5. 7. 1941].

Es ist hier immer noch das alte Lied! Der Mittelteil liegt in der Verteidigung. Wird aber wohl nicht lange mehr dauern. Ab und zu versucht der Russe durchzubrechen, allerdings ohne nachhaltigen Erfolg! Wenn auch mal eine Gruppe (100 - 200) durchdrücken, bzw. sich nächtlicher Weise durchschmuggeln, um besondere Aufträge durchzuführen, so dauert ihr Leben doch nicht allzu lange, da sie sich trotz Wälder und Sümpfe doch bald verraten. Bis zur Vernichtung ist dann kein langer Weg, besonders wenn die Artillerie oder Flak diese Herrschaften in direktem Beschuss erledigt. Viele Gefangene gibt es dabei nicht! Und manchmal nicht schöne Bilder! Die Zivilbevölkerung darf keine Verbindung mit diesen Partisanen halten; es [ist] ja auch richtig! Im anderen Falle droht der Strick! [18. 9. 1941].

Zeitgleich zu der Brutalisierung und Abstumpfung gegenüber dem Feind ist er bewegt und zur differenzierten Anteilnahme fähig, als er von dem Tod seines Bruders erfährt:

Mutter ist gefasst, aber hart hat es sie doch getroffen - wie uns alle. Ich kann heute daran denken - aber ein Begreifen ist mir unmöglich! Ilse ist ein eigenartiger Mensch - da hast Du recht - aber ich glaube, hinter der starren Haltung verbirgt sich ein ungeheuerer Schmerz! Meine Mutter war immer schon stark im Tragen von Leid u. Sorge. Wie Ilse sich damit abfindet - wird die Zukunft erweisen! Weißt Du übrigens, wieviel Abschüsse Willy hatte? Schreib es mir doch einmal. Hat nur die Absturzstelle erreicht? Dass gerade Willy es sein musste! [10. 8. 1941].

Und wie viele bleiben für immer im Osten? Auch unser Willy. Möchte nur zu gern wissen, wo er liegt! Aber das werden wir wohl nie erfahren [14. 8. 1941].

Deine Zeilen über Willys Tod haben mich erschüttert. Der einzige vom Geschwader, der nicht zurück kam; gewiss, Schicksal, aber doch bitter! Wie schön wäre es nachher mit ihm geworden! [11. 9. 1941].

Von Willy ist wohl nichts mehr zu finden! Nicht einmal ein Grab! Und der einzige seines Geschwaders, bitter, bitter! [13. 9. 1941].

Vorgestern hatte Willy Geburtstag! [12. 1. 1942].

Auch dass er vom Kampf selbst bedroht ist, schreibt er seiner Frau. Aber der Ton ist dann verhaltener, die Formlierungen allgemeiner. Wenn er konkret wird, dann im Rückblick auf überstandene Situationen (vgl. Kap. 4.1.2). Die Besorgtheit der Frau verlangt, dass er jedem Wort über Kampf und Tod, das Bedrohung vermittelt, eine Beruhigung beifügt, indem er die Ruhe am eigenen Frontabschnitt, die Überlegenheit der eigenen Seite oder eine eher ungefährliche Tätigkeit betont:

> Im Augenblick sind unsere Tage ruhig. Es geht uns gut! Wir haben zu essen! Also mach Dir keinerlei Sorgen! Wann wir wieder aufbrechen, weiß ich nicht - jedenfalls im Laufe des nachmittags. Der Krieg hat hier nicht viel verwüstet! Anders, wo unsere Panzer und Flugverbände gehaust haben! Weißt Du, wo so die einzelnen Vorstoßrichtungen liegen - da sieht es schlimm aus! Gestern waren nach langer Pause einmal wieder russische Bomber in Sicht! Waren aber bestimmt 2 km weit ab. Kurze Zeit später brausten unsere Jäger in derselben Richtung. Wir konnten leider nichts beobachten. Na, das hat wieder Matsch gegeben [2. 7. 1941].

> In den letzten drei Monaten war ich bei einem Regiment, Du kannst Dir denken, dass es oft heikle Situationen gab, es würde zu weit führen, Dir alles ausführlich zu erzählen. Später einmal, wenn ich einmal bei Dir bin. (...) Dass am 2. Oktober der allgemeine Vormarsch und damit Angriff wieder losging, weißt Du ja wohl! Wenn ich daran noch denke! Wir lagen dicht vor einem Sumpf mit einem 8 km langen Knüppeldamm, nachts in kalten Bunkern. Der Russe hatte wohl etwas gemerkt und schoss tags vorher aus allen Rohren von gegenüber liegenden Höfen. Am andern Morgen setzte plötzlich unsere Ari ein, die 100 - 500 Meter hinter uns stand: stundenlang: Du kannst Dir dieses Krachen und Heulen nicht vorstellen: der Bolschewik versuchte zwar vereinzeltes Störungsfeuer, schwieg aber bald. Das sind so einzelne Phasen aus einem abrollenden Geschehen, das in seiner Wucht und Härte seinesgleichen sucht. [15. 11. 1941].

> Nur selten noch donnern die Geschütze, eigene und feindliche Flugzeuge ziehen ihre Bahn. Die Front friert allmählich aus. Der Russe merkt allmählich die Zwecklosigkeit seines unaufhörlichen Anrennens, blutig-hohe Verluste zwingen ihn zu sparsamer Kampfhandlung! Unsere Arbeitsgeräte hier sind im Augenblick Spaten und Schneeschaufel; die Straßen müssen frei sein für Verpflegung und Nachschub; dazu werden Wälle ausgehoben, um vor Überraschungen sicher zu sein [12. 1. 1942].

Mit dieser nahezu bagatellisierenden Umschreibung reagiert Heppermann auf das erste große Scheitern der deutschen Militärplanung im Winter 1941/42. Ein Jahr später bettet er pessimistische Kampfbeschreibungen ein in allgemeine Floskeln der Beruhigung:

> Es ist bei uns ruhig. An anderen Frontabschnitten tobt der Kampf dafür umso heftiger. Der Gegner setzt alles ein, um zum Erfolg zu kommen. Er hat riesige Verluste, aber auch wir bluten. Wäre der Kampf im Osten aus und für uns entschieden, wäre der Krieg für uns gewonnen [20. 12. 1942].

> Wir leben in der Hoffnung, dass einmal auch uns der Sieg und das Glück winkt. Noch tobt der Kampf: vielleicht erschöpft sich der Gegner, so dass uns das weitere Jahr leichter wird. Mit tiefer Anteilnahme verfolgen wir den Titanenkampf in Stalingrad, ein Opfer, das für die gesamte Front gebracht wird [1. 2. 1943].

Willy Pott, Feldwebel im Infanterie-Regiment 339 bei der 167. Infanterie-Division, ist beim Angriffsbeginn vorne dabei. Seine ersten Zeilen gelten der Beschreibung des Kampfgeschehens. Im Grundton optimistisch, verschweigt er die Bedrohung für das eigene Leben nicht.

Von der überraschenden Nachricht von Sonntag früh wirst Du Dich wohl schon erholt haben. Da wird wohl große Überraschung und Erstauntheit auf den Gesichtern aller zu lesen gewesen sein. Wir selbst haben die Nacht von Samstag auf Sonntag, in unsere Decken eingehüllt, im Walde verbracht. Selbstverständlich wurde wenig geschlafen, denn diese und jene Mutmaßungen wurden allseits erörtert. Was uns dann aber Punkt 3'15h früh unsere Artillerie bot, schlug alle unsere Erwartungen. Die Artillerie war von Haus aus so überlegen, dass sie Ziele, welche für den Beschuss erst gegen 8h vorgesehen waren, bereits um 5h unter Feuer nahm. Das Übersetzen über den Bug begann auch nach Programm, und die motorisierten Einheiten hatten ihre Brücke. Zu allem gesellte sich noch die Luftwaffe, welche auch alle Register ihres Könnens zog. In unserem Abschnitt war auch die Flak sehr gut. Wir hatten zu all dem Zeit, den Abschuss von 12 russischen Maschinen zu sehen. Dabei waren so ziemlich alle Typen vertreten. Jäger, Bomber usw. Es erschienen zu einem Zeitpunkt 6 Russen auf einmal, und im Nu waren 4 abgeschossen. Für uns war das eigentlich ein schaurig schönes Beispiel. Nur einmal kamen 3 so Kerls aus. Sie hatten Kurs auf eine ca. 500 - 800 Meter von uns entfernt liegende Straßenkreuzung und belegten dieselbe auch prompt mit Bomben. Von diesem Schauspiel gereizt, stürmten wir voller Neugier weit außerhalb unseres Waldes, und schon nahmen sie Kurs auf uns. Aber scheinbar war ihnen das Flakfeuer zu gut geworden, und Bomben dürften sie keine mehr gehabt haben, denn so schnell sie auf uns zustießen, ebenso ungehindert flogen sie darüber hinweg. Wenn die auf uns nur etwas Feuer abgegeben hätten, das wäre unter Umständen schlimm ausgegangen, denn von unseren Einheiten stand der gesamte Tross, völlig abmarschbereit. Da schnauften wir aber erheblich auf! [24. 6. 1941].

Einen Monat später schreibt er aus dem Mittelabschnitt:

Bei Nacht hatten wir dann Artilleriefeuer. Gott sei Dank pfiffen die schweren Dinger so glücklich über uns hinweg, bzw. schlugen so ein, dass sie uns keinen Schaden verursachten (...) Auf unserem ganzen Vormarsch wurden wir noch von keinem Flieger angegriffen, und auf einmal, um 16 Uhr kam eine Staffel (neun Stück) Bomber und griff uns im Tiefflug zweimal an. Du machst Dir keinen Begriff, was das heißt. Zum Decken gibt es nur Korn- und Kartoffelfelder. Wir lagen beiderseits der Rollbahn, und so flogen sie auch in 3 Reihen an. 40 Bomben, davon Gott sei dank an die 10 - 13 Blindgänger und heftiges MG-Feuer. Wir glaubten, eine Ewigkeit sei es gewesen, bis sie endlich mal abdrehten. Ich war in einer ganz kleinen Strohhütte, etwas anderes gibt es hier nicht, und arbeitete am Einsortieren der verschiedenen Befehle, als der Ruf erscholl: "Flieger, volle Deckung!". Nun hamsterte ich noch in Hast das Zeug in die Kiste, denn es ist ja lauter Geheimsache, damit ja nichts verlorengeht, sonst mache ich mich strafbar, und als dies geschehen war, war der erste Teil dieses schauren Aktes schon vorbei. Der Stadel uns gegenüber stand in hellen Flammen (Volltreffer), eine kleine Wagenkolonne, welche eben die Rollbahn passierte, war schrecklich getroffen worden usw. Wir waren zu dritt in der Hütte. Bei den ersten Einschlägen schon hatte der Sanitäter den Stahlhelm am Kopf, während der andere, wie ich, keinen zur Stelle hatten, sich eine Decke um den Kopf warf. Als wir dann gewahr wurden, dass sie umkehrten, und das MG-Feuer leichter war, stürzten wir in die Felder. Und nun begann der traurige Akt sich nochmals zu wiederholen. Ich lag ohne allem im Kartoffelfeld, und Du kannst Dir vorstellen, was das für Gefühle sind, wenn die Kerle ohne jede Behinderung, Flak haben wir keine, von oben schossen, was die Rohre hergaben. Als sie endlich abdrehten, sahen wir erst, wie toll die Kerls gewütet hatten. Die 9. Kp. hatte 4 Tote, 16 Schwer- und 2 Leichtverletzte, die 10. Kp. 2 Tote, 6 Schwerverwundete, die 12. Kp. 1 Toten und 4 Schwerverwundete. Am besten waren wir mit 2 ganz Leichtverletzten und der Stab dran, der gar nichts zu beklagen hatte. Leider sind die Dinge so, dass unbedingt noch welche ihr Leben lassen müssen. Außerdem war die uns fremde Fahrkolonne arg getroffen worden. 2 Mann hatte es so furchtbar erwischt, dass das Gehirn direkt in Batzen am Wagen hing. Von der 12. Kp. lebt noch einer, dessen Augen völlig raushängen, und so gäbe es noch dessen mehr. Die Toten beerdigten wir gleich an Ort und Stelle. Die Verwundeten wurden dann zurückgeschafft, und wir hauten ab in den nächsten Wald, ca. 1500 m weg, wo wir jetzt noch sind. Nach 2 -3

Stunden suchten die Flieger nochmals den Ort auf und legten ihre Eier. Heute nacht machte uns die Artillerie das Leben wieder sauer, und bis 9 Uhr kamen die Bomber wieder 3 mal und suchten die Umgegend ab, bzw. warfen ihre Bomben ab. Gott sei Dank konnten sie uns keinen Schaden anhängen. (...) Unsere Division kann ruhig behaupten, ziemlich was geleistet zu haben. Insgesamt sollen wir 350 Tote haben. Die Zahl der Verwundten und während des Vormarschs Erkrankten soll sich mit den Gefallenen um 1000 belaufen. Gegenüber dem Frankreichfeldzug allerhand mehr.(...) Soeben erzählt mir Anderl, dass bei unserer früheren Komp. wieder 2 Mann an den Verletzungen gestorben seien. Für den einen mit der Augen-verletzung ist es besser so, denn er wäre ja nur blind oder schwachsinnig geworden [22. 7. 1941].

Willy Pott verschont seine Frau nicht vor einer detailgenauen Beschreibung. Auch reduziert er das Ereignis nicht auf ein einmaliges Vorkommnis, sondern er betont die Wiederholung und die Breite der Gefahr (Luft- und Artillerieangriffe). Dennoch scheint sie die Gefahren nicht recht zu verstehen. Offensichtlich ist ihr Bild vom Krieg durch Aufnahmen der Wochenschau geprägt. So hält Pott eine weitere Aufklärung für geboten:

An diese Kinoaufnehmerei gewöhnt man sich auch. Glaubst Du vielleicht, bei uns wird mit Liebesperlen geschossen? Von unserem Fliegerangriff z. B. vom 26. 7. sind inzwischen leider nochmals 4 gestorben, so dass uns dieser schwarze Ruhetag bis jetzt 13 Tote u. ca. 28 Schwerverletzte kostete [5. 8. 1941].

Kampf und Tod treten in seinen Briefen als Ereignisse auf, die erlitten werden.

Letztes Wochenende hat uns leider, am Sams. u. Sonntag hatten wir 2 heftige Angriffe der Russen abzuwehren, 7 Tote gekostet. Nun sind es innerhalb der Komp. schon 8 u. leider lauter feine Kerls. Es ist gerade, als ob sich der Tod die Besten aussuchen würde. Verletzte hatten wir leider auch ungefähr 10 - 13. Das hat uns nach all den Strapazen gefehlt. Wenn wir wirklich heimkommen sollten, ist dieser Verlust doppelt schwer, denn zuerst haben die armen Kerls all die gewiss nicht leichten Strapazen dieser ungeheuren Marschstrecke, Hunger, Durst, Müdigkeit u. manchen Einsatz glücklich u. mit letzter Energie hinter sich gebracht u. nun traf sie das bittere Los. Du kannst Dir kaum vorstellen, liebe Emmy, wenn man diesen u. jenen vorne rausholt u. ihn zurückbringt, inzwischen kommt diese Nachricht, dass der u. der gefallen sei, der eine u. andere stirbt dann, bis man ihn zum Arzt bringt und dann kann man Gräber schaufeln. Das tut bitter weh! [25. 9. 1941].

Ende September 1941 hofft er nur noch auf Ablösung und Rückverlegung. Dem Tod zu entkommen, wird zunehmend zur einer Frage des "Glücks":

Nur den 6. Oktober werden Anderl u. ich nicht vergessen. Als wir den Tross zurückführten, wurden wir unheimlich von der feindlichen Artillerie beschossen u. die beiden letzten Granaten schlugen furchtbar nahe bei uns beiden ein. Ja, da hatten wir ehrlich höhere Hilfe bei uns, denn sonst hätte es für uns zwei zumindest zum Krüppel gereicht, die 15 cm Grana-ten sind kein Kinderspiel. (...) Bis wir die scheußliche Straße und den Höhenzug hinter uns hatten, mussten wir allerhand aushalten. Da kommt man sich wie neugeboren nachher vor. Tagsdrauf hatte ein anderes Regiment an derselben Straße trotz unserer Warnung 7 Tote, zahlreiche Schwerverwundete u. viele Pferde verloren. Wenn mir dieses Glück nur immer so zugetan bleibt! [29. 10. 1941].

Immer noch schreibt er schonungslos offen von der Gefährdung. Doch wie bei Heppermann zeigt sich ein Wandel. Hatte er den Fliegerangriff vom 26. 7. noch am Tag danach in allen Details geschildert, beschreibt er das Erlebnis vom 6.

Oktober aus der Rückschau drei Wochen später. Die Details sind wohl weniger
seiner Erinnerung entfallen, sondern vieles verbirgt er hinter der Zusammenfassung ("allerhand aushalten"). So gilt auch für Pott, der zu Beginn Kampf und Tod
intensiver beschreibt als andere, dass auch er mit der Zeit immer weniger oder in
allgemeiner Form davon nach Hause schreibt. Weiterhin teilt er Verluste seiner
Einheit mit, aber Einzelheiten des Kampfgeschehens kleidet er in allgemeine
Worte, um dann seine Sehnsucht nach Heimkehr auszudrücken:

> Unsere Division hat hier in Russland ohne zu übertreiben unheimliches geleistet. Unser
> Bataillon ist leider am schwersten innerhalb der Division betroffen worden. In unserer Komp.
> haben wir bis jetzt allein 32 Gefallene u. 14 Vermisste, von den Verwundeten nicht zu reden.
> Hoffentlich stirbt davon keiner mehr. Es wäre wahrlich für unsere Ablösung Zeit. Seit dem
> ersten Tag bis jetzt immer vorn dran, das ist keine Kleinigkeit. Vielleicht tut sich doch mal
> überraschend etwas. Der Führer soll zu Weihnachten in Orel gewesen sein u. nun geht das
> Gerücht um, er habe gesagt, die Heeresgruppe Mitte sollte bis 15. Januar vollständig zur
> Ablösung gelangen. Es ist unsere einzige Hoffnung, endlich den Tag erleben zu können, um
> dieses Land, das uns allen unheimlich viel genommen hat, was uns keine Macht der Welt
> ersetzen kann, endgültig verlassen zu können [31. 12. 1941].
> Wir haben unmenschliches hinter uns und könnten bestimmt derartige Strapazen nicht mehr
> mitmachen. Jedenfalls rechnet alles schwer mit Ablösung u. Transport nach Deutschland oder
> Frankreich [20. 1. 1942].

Nur vereinzelt wird der Tod als Folge des eigenen Handelns erwähnt, dann
verbunden mit dem Stolz auf einen Sieg, aber vor allem umrahmt mit anderen
Nöten des Kriegsalltags, die ihn auf der Seite der Leidenden erscheinen lassen:

> Da, wo wir waren, hatten wir kurz nach den Feiertagen den angreifenden Russen eine
> ungeheure Schlappe beigefügt. Sie hatten allein in einem Raum von 1 - 1 ½ km 7 - 800 Tote.
> Unser Geländegewinn war groß und zur Verteidigung äußerst günstig und wir bauten ganz
> feine Bunker. Als dies alles soweit war, kamen wir wieder, wie immer, weg. (...) Von unserer
> Ablösung zu sprechen, ist hinfällig, da es immer nur Gerüchte sind. Gestern griffen wir mal
> wieder an, bis zum Bauch im Schnee stehend u. nahmen den Saurussen 2 Dörfer weg u. nun
> geht es neuerdings an's Bunkerbauen. Bei unserer ständigen Kälte von 30 - 40⁰ eine nette
> Arbeit [30. 1. 1942].

Es kommt schließlich doch zur Ablösung. Nach einem Jahr in Holland kehrt Pott
im Februar 1943 mit seiner Einheit zum zweiten Russlandeinsatz zurück, diesmal
im Süden in den Raum südwestlich von Charkow. Wiederum ist es der bevorstehende Kampf, von dem er als erstes schreibt:

> Heute morgen wurden wir endlich ausgeladen. Punkt 24.⁰⁰ waren wir am Ziel. Erst sollte es
> Poltawa sein, eine Stadt mit ca. 5000 - 10.0000 Einwohnern. Nachdem aber der Russe bereits
> südlich 60 km durchgebrochen war u. auf die Bahnlinie zustrebt, mussten wir ca. 80 - 90 km
> vorher die Fahrt aufgeben und gleich Stellung beziehen. Nun kann es sein, dass wir heute,
> evtl. morgen mit seinen Spitzenkräften, ca. 4000 Mann, in Feindberührung kommen. Nun ja,
> es wird sich schon zeigen [25. 2. 1943].

Bald aber schon fühlt er sich wieder "akklimatisiert": "Dass alte Russlandsteh-
vermögen macht sich bemerkbar" und da "der Süden gegenüber dem Abschnitt
Mitte in fast allem in angenehmer Art u. Weise überlegen" ist [1. 3. 1943], kann

er sich in seinen Briefen aus dem März 1943 zunächst ausführlich mit heimischen Belangen beschäftigen. Dass er den Brief mit Schreibmaschine schreiben kann, verweist auf eine etwas komfortablere Position des Feldwebels. Am 16. März 1943 erwähnt er Erfahrungen von Kampf und Tod, aber diesmal erst nach 1 ½ anderweitig gefüllten Briefseiten und eher beiläufig:

> Wir haben unsere erste Feindberührung auch hinter uns. Leider 4 Tote u. 8 Verwundete, aber Gott sei Dank wenigstens heilbare. Und nun marschieren wir wieder wie verrückt, denn der Russe haut mächtig ab [16. 3. 1943].
> Leider haben wir nun wieder 3 Tote. Als ich vorgestern den Brief an Dich schrieb, schlug eine Granate ca. 20 - 30 m hinter unserer Hütte ein u. unser Schneider, ich erzählte Dir ja schon des öfteren davon, sowie der Fahrer meines [Kompaniewagens] u. ein weiterer Kamerad wurden ganz schwer davon getroffen. Wieder 3 von den alten u. noch dazu feine Kerls. Jetzt haben wir schon 7 Gefallene u. 8 Verwundete. Das fängt diesmal schon so an, als es das erstemal war [29. 3. 1943].

In seiner letzten Äußerung zu dieser Art der Kriegserfahrungen weist Pott selbst auf eine veränderte Schreibhaltung hin, die ihn nicht, wie zu Beginn, die Schrekken ungefiltert zu Papier bringen lässt:

> Bei mir ist auch soweit alles beim Alten. Nachdem wir in der Nähe von Bjelgorod lagen, sind wir natürlich auch bei den derzeit stattfindenden Kämpfen beteiligt. Ich wollte es Dir noch nicht auf der Karte vom letzten Mal mitteilen. Aber trotzdem wir an dem Brennpunkt eingesetzt sind, ist vorerst in unserer Komp. u. auch im Batl. alles gut. Nur einen Schwerverwundeten haben wir, sonst gar nichts von Bedeutung [9. 7. 1943].

Gleichzeitig ist dies - vor dem Hintergrund des "Unternehmens Zitadelle" mit der kurzen, strohfeuerartigen Aufbruchsstimmung auf deutscher Seite, ein letzter Brief mit optimistischen Kampfbeschreibungen:

> Nachdem wir bereits weit über die russischen Hauptkampflinien weg sind, es waren in ca. 25 km Tiefe stets immer wieder tolle Gräben mit Verminungen angelegt, dürfte der Laden für uns keine allzu großen Anforderungen mehr bringen. Ganz pfundig ist unserere Luftwaffe u. nun, nachdem der Feind geworfen ist, kann auch die Panzerwaffe mit Volldampf rangehen. Ihr zuhause wisst wohl schon mehr als wir selbst. Ich kann Dir nur sagen, es geht so flott vorwärts u. der Russe wieder eine tolle auf das Haupt bekommt. Wie lange es natürlich dauert u. alles andere kann von uns natürlich keiner sagen [9. 7. 1943].

In den folgenden erhaltenen drei Russland-Briefen aus dem Winter 1943/44 sind keine Beschreibungen mehr von Kampfhandlungen und Todeserfahrung zu finden. Zu alltäglich sind die Rückzüge, zu groß die Niederlagen geworden, als dass das Geschehen noch durch Einzelbeschreibungen aufgefangen werden könnte.

> Leider Gottes ist bei uns seit ca. 5 Tagen der Laden nicht mehr in Ordnung. Der Russe ist mit so starken Kräften bei unserem Nachbarn durchgestoßen, dass wir seit der Zeit laufen müssen. Und das zurückgehen ist eine verteufelt schwere Sache. Trotzdem wir uns äußerst schwer nur zurückschlagen lassen, ist eben doch Rückzug - Rückzug! Nun ja, er wird seinen Teil schon wieder abkriegen. Das dumme ist nur, dass ausgerechnet jetzt eine Schlammzeit anbrach, die uns noch weit mehr zu schaffen macht. Da war es 41 fast noch schöner [26. 11. 1943].

"Ich kann Dir sagen, wir alle sind restlos am Ende", schreibt er am 25. Januar 1944. Und zum ersten Mal bricht seine Kritik, mit der er vorher gegenüber Gleichrangigen nicht sparte, auch gegenüber dem Vorgesetzten durch, wenn er nach der Auflösung seiner Division und damit des letzten persönlichen Halts über den "schönen Herrn General" herzieht (vgl. Kap. 4.1.3).

Heppermann und Pott gehören zur Gruppe der älteren Unteroffiziere, die an ihre Frau schreiben. Wie schreiben im Vergleich die jüngeren Gefreiten in den Briefen an ihre Eltern über Kampf und Todeserfahrungen?

Ferdinand Melzner, Jahrgang 1919, gehört als Gefreiter demselben Infanterieregiment 339 bei der 167. Infanteriedivision an wie Willy Pott. Während Pott Feldwebel in der 11. Kompanie wird, behält Melzner - meist in der Panzer-Jäger-Kompanie 14 - bis zum Kriegsende seinen Mannschaftsdienstgrad. Er schreibt an seine Eltern. Auch bei ihm ist der Weg von der ersten Überraschung und anfänglichem Stolz zu allmählichem Beschweigen der Kriegs- und Todeserfahrungen erkennbar. Aber auch Widerwillen und Überdruss gegen das Töten mischen sich von Anfang an in seine Schilderung.

> Die Nachricht vom Kriege mit den Russen glaube ich wird zuhause wie eine Bombe eingeschlagen haben. Unser Zug bekam die Aufgabe, als erster mit den Pionieren über den Bug mit überzusetzen, um dann mit diesen gegen die Bunkerlinie eingesetzt zu werden. Am Abend vorher hörten wir noch den Aufruf des Führers, in der Nacht stellten wir uns dann bereit. Um 3.15 begann auf der ganzen Linie das Artillerietrommelfeuer, unter dessen Schutz der Übergang vor sich ging. Der Bug bildete ja die bisherige Grenze. Die Sache mit den Bunkern ging dann auch leichter vor sich, als wir glaubten; sie lagen zwar nebeneinander wie die Ostereier. Aber den Burschen kam alles so überraschend, dass sie ihre Waffen gar nicht so richtig einsetzen konnten. So knackten wir einen nach dem andern auf mit Pak, Flammenwerfern und geballten Ladungen. Obwohl weiterer Widerstand aussichtslos war, wollten viele nicht dran glauben und als sie endlich rauskamen, waren die meisten derart zugerichtet, dass sie kaum mehr Menschenähnlichkeit besaßen. Diesen Anblick werde ich nie mehr vergessen. Gestern Abend waren wir fertig mit allem und ich bin ehrlich froh, dass diese Metzelei hier zu Ende ist. Morgen gehen wir wieder weiter vor, aber es liegen jetzt bereits andere Abteilungen vor uns. Mir ist die Lust sowieso schon vergangen [25. 6. 1941].
>
> Will Euch schnell mal wieder ein paar Zeilen schreiben, damit Ihr wisst, wie es mir geht. Nachdem wir mit den russischen Verteidigungsanlagen in unserm Abschnitt am Bug fertig waren, haben wir den Vormarsch angetreten [2. 7. 1941].
>
> Bei uns ist gerade wieder eine große Entscheidungsschlacht im Gange im Raume Dnjepr - Beresina. Wir liegen allerdings noch nicht im Zentrum davon. Die Russen drücken in großer Übermacht auf unsere zur Verteidigung ausgebauten Stellungen und glauben vielleicht im Moment erfolgreich zu sein, ohne zu ahnen, dass sie geradewegs in ihr Verderben laufen, da sie von hinten bereits umfasst werden. Vor dem Übergang über die Beresina wurden wir in größere Waldgefechte verwickelt, bei denen Teile unserer Division schwere Verluste erlitten. Insgesamt sind dort um die 700 Mann ausgefallen. Unsere Kompanie hatte bisher Glück; wir sind noch ohne Verluste und hoffen auch für die Zukunft das Beste [21. 7. 1941].
>
> In Eile ein paar Zeilen. Vor acht Tagen ging es los hier mit diesem Kessel. Als ich mit dem Brief an Euch fertig war, hauten wir gleich ab. Am nächsten Tage übernahmen wir die Spitze und wurden von da an von Panzern und Sturmgeschützen unterstützt. Am 14. gab es uns einen schweren Schlag in unserm Zug: Unser Leutnant, sein Fahrer - einer meiner Freunde -

wurden schwer verletzt; ein Meldefahrer fiel und das alles von einer einzigen Granate eines Granatwerfers. Es war ein grausiges Bild, wie sie so dalagen in ihrem Blute. Unser Leutnant der als Zugführer der Mann war wie wir ihn uns besser nicht hätten wünschen können. Er soll 40 - 50 millimetergroße Splitter drin haben im Körper; ich wusste gar nicht wo anfangen mit Verbinden. Bei seinem Fahrer ist es ebenso; was aber die Sache erst traurig macht, ist, dass dessen Bruder im selben Lazarett, in dem er sich befindet, gestorben ist. Unsern [K.] hat es an der Halsader erwischt, bei ihm hat es nicht mehr lange gedauert. Wir haben ihm ein Grab gemacht, das vielleicht das schönste ist, das wir bisher gesehen haben; aber was hat das noch für einen Wert. Seine Frau steht kurz vor der Entbindung, wir wissen nicht, wie wir's ihr mitteilen sollen. Ja mir war ein paar Tage fast zum Weinen! Viele Wochen kamen wir alle glücklich durch, der Leutnant sprach immer, er möchte seinen Zug wieder ganz nach Hause bringen, jetzt hat es ihn selber erwischt [20. 8. 1941].

Die grausige Erfahrung zu Beginn, der Schock beim gewaltsamen Tod im eigenen Lager und in nächster Nähe bewegen ihn in den ersten Kriegswochen dazu,
ausführlich darüber nach Hause zu schreiben. Die Ereignisse drängen sich ihm in
die Feder. Schon bald darauf sind es nur noch Zusammenfassungen, in denen er
von diesen Kriegserfahrungen berichtet.

Während dieser Zeit hatte unser Regiment schwere Kämpfe zu bestehen [23. 11. 1941].

Angesichts des fortdauernden massenhaften Sterbens auf der gegnerischen Seite
verändert sich sein Ton vom Erschrecken zur saloppen Umschreibung:

Habe kein anderes Papier zur Verfügung, weil mein ganzes Gepäck hinten beim Tross ist und wir befinden uns hier vorne in Verteidigungsstellung. Die Russen stürmten immer wieder gegen unsere Linien an, waren ihre Verluste auch noch so blutig. Menschen scheinen bei diesen sibirischen Brüdern immer noch keine große Rolle zu spielen, sonst würde sie der Anblick ihrer Genossen, die zu hunderten kalt und leblos rumliegen, doch etwas zurück-schrecken [2. 1. 1942].

Vor drei Tagen sind wir wieder in einen anderen Abschnitt geworfen worden und da hat sich wieder so verschiedenes gerührt. Die Russen wollten unbedingt in unsere Quartiere. Da wir anderer Meinung waren, hat es natürlich wieder blutige Köpfe gegeben. Ich denke, dass sie für die nächste Zeit wieder genug haben [27. 1. 1942].

"Ihr könnt ruhig stolz sein auf Euren Erich" , grüßt der Gefreite *Erich Leismeier*
als "zackiger Gebirgspanzerjäger" seine Eltern, als er ihnen am 4. 8. 1941 nach
der Bahnfahrt in den Osten schreibt. Aber seine anfängliche Mitteilungsfreude
erfährt bei der Schilderung von Kampfhandlungen bald eine Grenze, wenn auch
sein Stolz die Oberhand behält. Er schreibt aus dem Süden (Raum Stalino, Mius):

Die vielen hundert Kilometer, die wir nun zurückgelegt haben, zeigten uns die Härte und Grausamkeit dieses Kampfes. Es ist mir nicht möglich, das alles im Einzelnen zu schildern, aber hier geht es wirklich um Sein oder Nichtsein. (...) Unsere Gebirgsdivision hat sich bisher großartig geschlagen, der Führer selbst hat sie besonders ausgezeichnet, nachdem sie überall dort, wo andere Einheiten nicht mehr vorwärts kamen, den Widerstand, wenn auch unter erheblichen Verlusten, brach. [17. 8. 1941].

Nun ist es mit den russischen Panzern ruhig geworden. Unsere Abteilung hat allein fast 20 Stück erledigt. Langsam aber sicher wird es den Eingeschlossenen schon dämmern, dass alle Mittel, aus dem "Käfig" herauszukommen, vergeblich sind.[3. 10. 1941].

Nach dreiwöchigem Kampf, bei dem wechselnd das Kriegsglück auf unserer Seite stand, wurde auch bei uns der Kessel geschlossen, in dem wiederum eine russ. Armee vernichtet worden war. Reiche Beute an Material und Gefangenen sind uns in die Hand gefallen. Alle übrigen Teile des Feindes sehen in Kürze dem gleichen Schicksal entgegen [11. 10. 1941].

Aber im Februar 1942 bricht dann ein ganz anderer Ton in einem Brief an "Meine allerliebste Mutti" durch, auf deren sorgenvolle Briefe er antworten will:

> Recht herzlichen Dank für die vielen lieben Worte, die von Deinen Sorgen um mich immer wieder sprechen. Ich glaube, ich muss Dir jetzt nochmal von meiner Tätigkeit erzählen, obwohl ich es nicht gerne tue, denn einerseits ist's für Dich wenig Trost, und andererseits spricht man ungern davon, was man glücklich überlebt hat, was jedoch für viele andere das letzte größte Opfer war: ihr Heldentod. Von Anfang an bin ich als Kradmelder bei einer Vorausabteilung der hervorragendsten bayerischen Gebirgsdivision eingesetzt - bin also bei der in allervorderster Front kämpfenden Einheit. Vorausabteilung bedeutet soviel wie Stoßtrupp einer Division. Sie treibt den Keil in die feindlichen Stellungen und stößt unter Ausnützung des Überraschungsmomentes immer tiefer in Feindesland vor: Wir sind also "Wegbahner" für die Infanterie, für unsere Jäger. Glück spielt dabei die Hauptrolle, wie oft waren wir schon abgeschnitten oder umzingelt, aber so billig verkaufen wir nicht unser Fell. Als Meldefunker ist man Tag und Nacht eingespannt, man hat seine Meldungen zu den einzelnen Kompanien zu bringen. Aufgabe ist es, durchzukommen durch feindliches Artilleriefeuer, durch Beschuss von Tieffliegern oder feindliche Infanterie vor allem durch den unglaublichen Dreck und das Wichtigste dabei ist: nicht die Nerven verlieren, andere können in Deckung gehen, Du aber hängst auf der Maschine. Wie oft habe ich in so mancher schweren Stunde an den Herrgott gedacht und vielleicht war's auch ein kurzes Gebet. Immer hat er mir bisher beigestanden und so wird es auch sein, wenn unsere Vorausabteilung zum Entscheidungskampf mit antritt. Vom neuen Einsatz werde ich Dir genau so wenig berichten, Du würdest Dich noch mehr um mich sorgen. Aber oft wird es halt nur zu einem Kärtchen mit wenigen Worten reichen, Du weißt dann, was los ist, weißt auch, dass das Unkraut, das bekanntlich nicht verdirbt, auch noch nicht verdorben ist. Nun, liebe Mutti, frage mich bitte nicht mehr, ich habe es versucht, Dir für Deine Begriffe es klar zu machen, vor allem aber deshalb, damit Du nicht etwa glaubst, ich sei gar ein Etappenhengst, dazu bin ich mir zu gut und zu jung. (...) Die Sache mit dem Sanitätsoffizier ist sehr umständlich, außerdem will ich nach dem Krieg ein freier Mensch sein. Solange <u>Einsatz</u> ist, komme ich doch nicht zum Studium, wenigstens kommt's nicht in Frage für die Dir hoffentlich bereits bekannte Panzergruppe von Kleist, der unsere Gebirgsdivision unterstellt ist. Dafür könnt Ihr mich dann bei siegreicher Heimkehr gebührend als "Held" feiern!!! [10. 2. 1941].

Schweigen über Einzelheiten des Kampfes, um die Mutter zu schonen - aber auch hinreichende Andeutungen der bestandenen Gefahren, um nicht nur Anteilnahme, sondern auch Anerkennung zu sichern: In diesem Spannungsfeld stehen Leismeiers Botschaften über Kampferfahrungen. Diesen Spannungsbogen zu schlagen fällt schwer. Dies mag ein Grund dafür sein, dass er in den folgenden Briefen wenig über Kampf und Tod schreibt. Die zitierte Passage hat damit den Charakter einer einmaligen ausführlichen Botschaft, mit der er die Grenzen des Schreibens klären möchte. Dass er sich gegenüber seiner Mutter rechtfertigen möchte, ja es fast als ein persönliches Versagen ansieht, wenn der Vormarsch aufgehalten wird, lässt ein Brief vom 3. September 1942 aus dem Kaukasus vermuten. Natur und Wetter werden als übermächtige Gegner angeführt. Gleichzeitig erscheint die bereits angedeutete berufliche Perspektive - vorher noch als unrealistisch verworfen - inzwischen als Rettungsanker in der prekären Lage. An die Stelle des anfänglich auf den Kampf gerichteten Ehrgeizes tritt jetzt die Aussicht, den Ehrgeiz in das berufliche Fortkommen zu setzen:

> Du wirst erstaunt darüber sein, dass wir immer noch im selben Ort liegen, aber, weißt Du, der Krieg hier in den Bergen hat ein ganz anderes Gesicht als der stürmische Vormarsch in der Ebene. Um jedes Tal, um jeden Pass u. um jeden bedeutenden Gipfel muss oft erbittert gekämpft werden u. dabei stellt uns noch die wetterwendische Natur in Klima u. Gelände so unerhörte Hindernisse u. Schwierigkeiten entgegen. Mit recht gemischten Gefühlen schaut man auf den Kalender, aber man muss nicht schwarzsehen, es ist klar, dass uns der Russe nicht so leicht den Schlüssel zum Ölgebiet lassen wird. - Meine große Hoffnung ist freilich ein Studienurlaub, nachdem er letztes Jahr in den Schnee gefallen ist [3. 9. 1942].

Georg Scharnik ist als junger Gefreiter, der später zum Oberfähnrich aufsteigt, bei einer Artillerieabteilung eingesetzt, zunächst bei der Heeresgruppe Mitte, ab 20. August 1941 bei der Heeresgruppe Nord. Er schreibt aus dem Raum Schlüsselburg / Tichwin, östlich von Leningrad, an seine Eltern. Ende 1941 wird er verwundet. Nach zwei Jahren in Deutschland und Frankreich kehrt er im November 1943 nach Russland zurück und schreibt aus dem Raum Odessa. In seiner Briefabfolge lässt sich die Perspektive aus der Sicht einer Kampfunterstützungseinheit nachzeichnen. Er beschreibt selbst seine Aufgaben:

> Meine Hauptaufgabe ist als A.V.T. (Art. Vermessungs Trupp) die Vermessungsarbeiten innerhalb der Abt. durchzuführen. Wir sind 5 Mann 1 Uffz u. 1 Ltn. Diese Verm. dienen dazu den genauen Standpunkt der einzelnen Battr. zueinander zu bestimmen um bei einer Feuerzusammenfassung auf einen bestimmten Punkt jede Battr. dahin korrigieren zu können. Diese Arbeiten sind in Russl. wegen der schlechten Wetterverhältnisse mit allerlei Schwierigkeiten verbunden. Ferner obliegt uns die Verwaltung des optischen Geräts der Stabsbattr., der Karten u. sonstigen Geräte. Ferner müssen wir aber auch des öfteren den Fernsprechern helfen Kabel auf und abzubauen. Dazu kommen noch die Kleinigkeiten wie das Graben von Deckungslöchern für Offz. u. Vorgesetzte u. sonstige Aufgaben die einem immer begegnen [4. 9. 1941].

Über lange Zeit ist er - durchaus stolz und selbstverständlich das Kriegshandwerk ausübend - aktiv am Kampf beteiligt:

> Nachdem wir, wie ich Euch ja bereits schrieb, von Minsk nordöstlich fuhren machten wir den Flussübergang bei Ulla mit, der für uns bis jetzt die schwerste Schlacht war. Ein Zerstörungsfeuer, der Artillerie, der Luftwaffe die vor allem mit Stuka arbeitete und der Nebelwerfer, die zur Zeit, als wirkungsvoller wie die Artillerie angesprochen wird, setzte ein. (...) Zur Zeit fahren wir ziemlich am Schluss der Division da wir etwas Ruhe haben sollen, nachdem wir die ganze Zeit als Vorausartillerie tätig waren. Es hat jedoch den Nachteil dass wir stärker als die übrigen Verbände von der Flanke bedroht sind, weil unsere Division Keildivision ist [17. 7. 1941].

Aber aus der Distanz einer Artillerieeinheit zur unmittelbaren Frontlinie erwächst auch eine Distanz gegenüber den Folgen des eigenen Tuns. Manchmal berichtet er fast wie ein Kriegsberichterstatter nach Hause:

> Das Kampfgebiet ist hier sehr interessant in Bezug auf Lufttätigkeit beider Streitmachten. Wir erleben täglich Luftkämpfe und Stuka Großangriffe wie man sie sonst nur aus den Filmen kennt. Besondere Beachtung ist allerdings auch den schweren russischen Panzern zu

geben, die öfters bis zu unseren Stellungen durchbrechen, aber immer vom Schicksal ereilt werden. Ziemlich stark setzt uns mitunter auch die russische Artillerie zu die keinesfalls unterschätzt werden darf! Wie überhaupt die allgemeine Kampfkraft der Russen nicht zu verachten ist. Jedoch werden wir auch hier als Träger der besseren Waffen in Verbindung mit einer Führung, die der russischen bei Weitem überlegen ist, den Sieg davontragen [29. 7. 1941].

Sein Abstand zur vordersten Frontlinie bewahrt ihn keineswegs vor Gefahren. Er verspürt die Wirkung der Artillerie, seiner eigenen Waffengattung, in unmittelbarer Nähe und entgeht nur knapp dem Tod.

Seit Tagen sitzen wir hier fest und müssen dem gewaltigsten Ansturm den der Russe bis jetzt gegen uns aufstellte standhalten, während rechts und links unsere Truppen vorgehen [um dem] uns gegenüber liegenden Feind der seine eingeschlossenen Truppen bei Smolensk befreien will in den Rücken zu fallen. Der Russe der hier ganz gewaltig zuschlägt macht uns nicht wenig zu schaffen. Vor allem ist es das oft sehr starke Artilleriefeuer. Des öfteren hatte ich schon unbeschreibliches Glück. So schlug am 30.7. 2 Meter neben mir ein Blindgänger ein. Am 31. als [ich] gerade vom austreten kam, noch 3 Meter vom Deckungsloch war, hörte ich es gerade wieder ganz kurz zwitschern, blitzschnell lag ich flach auf dem Boden. 8 Meter neben mir war eine 12,5 explodiert, die Splitter gingen alle über mich hinweg in unseren Wagen, der noch in der Nacht zur Werkstattkompanie kam, ich selbst war fast ganz zugedeckt vom Schmutz und Lehm. (...) Ich selbst habe einen mit mächtigen Balken abgedeckten Unterstand, in dem ich zum Glück gestern Mittag auch mein Essen einnahm als plötzlich 30 Meter ab ein Granateinschlag erfolgte der zu den vielen Schwerverletzten der letzten Tage noch 3 weitere und 4 Tote forderte. Ich selbst hatte mal wieder wie immer ein tolles Glück [3. 8. 1941].

Aber dennoch ist es für ihn ein überraschendes, offensichtlich neues Erlebnis, als er die Grenze zu einer frontnahen kämpfenden Einheit überschreitet und die Folgen von Kampfhandlungen aus nächster Nähe sieht. Der Kontrast zwischen Schönheit der Natur und Tod, dazu das Neue der Situation, lassen ihn gegenüber den Eltern nach Erklärungen für den massenhaften Tod auf der gegnerischen Seite suchen. Er findet sie letztlich im Verhalten des Feindes:

Heute ist nun ein Tag, wie ich ihn schöner nicht im Hochgebirge erlebte. Es ist nur leicht unter dem Gefrierpunkt, der Schnee liegt u. dazu scheint die Sonne in ihrer ganzen Pracht von einem wolkenlosen Himmel. Gegen Mittag machte ich einen kleinen Spaziergang in den anliegenden Wald allerdings nicht ohne Stahlhelm u. Karabiner da sich oft Russen in der oft stark bewegten Front verlaufen u. so hinter unserer Linie befinden. Den überaus schönen freien Tag habe ich einem Leitungsbau zu verdanken, den ich gestern mit zum vorgeschobenen Beobachter der etwas vor der Inf. liegt mitmachte. Wie es da vor unserer Inf. Linie aussieht kann man sich kaum vorstellen. Tote Russen liegen hier man kann sagen fast zu hunderten herum. Von der Inf. erfuhren wir, dass sobald ein Angriff auf russ. Seite erfolgt ein Gröhlen u. Schreien zu hören ist. Dies ist darauf zurückzuführen, dass fast alles Schnaps bekommt u. die Leute in betrunkenem Zustand dann angreifen. In der damit verbundenen blinden Wut laufen sie dann oft gerade in die Mg-garben hinein [17. 10. 1941].

Danach berichtet er nur noch sporadisch und wieder aus der distanzierten Sicht des Artilleristen von Kämpfen.

Wir befinden uns jetzt am Wolcho und kämpfen jetzt in dem Abschnitt der Euch unter der Schlacht bei Tichwin bekannt sein dürfte. (...) Wir standen 6 klm vor Schlüsselburg u. beschossen von dort die Festung. (...) die Zerstörungen sind ganz gewaltig, jedoch ist das

> ganze noch nicht sturmreif da das ganze stark unterkellert ist. Leider konnte ich den Fall nicht mehr miterleben, da wir wieder zurückgefordert wurden [27. 11. 1941].

Nach seiner Verwundung schreibt er im Dezember einen Weihnachtsbrief aus dem Lazarett. Erstmals findet er mit dem Abstand zum Kriegsgeschehen auch zu einer grundsätzlicheren Bemerkung über die primären Kriegserfahrungen. Er fordert die Eltern auf, für Weihnachtsgeschenke auf sein Konto zuzugreifen:

> Also mal feste zugegriffen ein Hunderter spielt keine Rolle. Denn wenn man hier so den Wert des Menschen sieht, die sinnlose Verwüstung menschlicher Errungenschaften, da gibt es nur eins, Leben solange man leben kann [18. 12. 1941].

Nach einem Einsatz in Frankreich - er ist inzwischen zum Oberfähnrich befördert - kommt er im November 1943 wieder in den Süden Russlands. Sein Aufstieg sowie die momentane Ruhe im Raum Odessa nach den "Rückzugsbewegungen bis zum Dnjepr" mögen dazu beitragen, dass er über Kampf und Zerstörung jetzt gleichsam aus einer Perspektive des Überblicks berichtet. Von Todeserfahrung schreibt er in den 6 Briefen vom 15. November bis 1. Dezember 1943 gar nichts mehr. Der Zerstörung wird aber jetzt als einem Mittel der Kriegführung eine allgemein strategische Bedeutung beigemessen. Die Praxis der 'verbrannten Erde' im letzten Kriegsjahr erweist sich - für die subjektive Wahrnehmung des einzelnen Soldaten - als Mittel der Stabilisierung. An die Stelle des Kontrollverlustes durch 'Gerüchte' in der Heimat tritt mit der völligen Zerstörung im besetzen Land zumindest für den Augenblick das Gefühl, wieder Einfluss auf die Gesamtlage zu gewinnen. Der Bericht darüber nach Hause soll auch die Eltern beruhigen und die Heimatfront stützen:

> Kampfhandlungen sind vor uns fast überhaupt nicht mehr im Gange, ich möchte fast sagen, dass man hier wo man wieder an der Front steht, alles mit eigenen Augen miterlebt, das primitive Leben Russlands wieder lebt, der ganzen augenblicklichen Lage sehr viel ruhiger, mit gar nicht soviel Spannung, Ängsten und Sorgen wie in der Heimat, wo alles durch das viele Geschwätz heikler hingestellt wird als [es] ist, entgegensehen kann. Man lebt förmlich wieder auf, entbunden von all den Gedanken die man sich macht kann man viel unbeschwerter und als freierer Mensch leben. Hat man nämlich erstmal wieder die ungeheuren Strecken und Länder durchfahren die wir besetzt halten, so sieht man dass wir noch mehr als genug Land haben in dem wir den Russen stellen können und in dem für ihn jeder mtr. den er weiter vordringt größere Schwierigkeiten in allen Beziehungen stellen wird. Denn nicht die großen Zerstörungen aller wichtigen Anlagen, von denen ich mich jetzt selbst überzeugte, wird aufs Genaueste u. peinlich durchgeführt, sondern wir nehmen auch alle wehrfähigen Männer zurück, die er ja immer wenn er ein Stück erobert hatte, sofort gegen uns einsetzte, und verwenden sie im Straßenbau, bekommen dadurch also Soldaten frei. Die Frauen schließen sich soweit sie rüstig genug sind auch den Rückzugsbewegungen an, so dass der Russe in fast ein entvölkertes Land mit höchstens alten Frauen u. zerstörten militär. Anlagen kommt. Und dass er die letzten Vorstöße mit sehr schwachen Kräften durchführte, wird allgemein bestätigt. Es ist also nicht so, dass wir nicht in der Lage wären, im großen gesehen, die Sache aufzuhalten. Mit hier an der Front neu gewonnener festerer Zuversicht als je in Deutschland grüße ich Euch alle herzlichst [22. 11. 1943].

Die Versorgung dieser Menschenmengen, zumal derer, die nicht der Wehrmacht dienstbar gemacht werden, interessiert ihn dabei genausowenig wie der Grad der Freiwilligkeit, mit der die Frauen "sich dem Rückzug anschließen", wenn ihre Lebensgrundlagen zerstört sind. Immerhin suggeriert er damit, dass es einen Einklang der Interessen zwischen russischer Zivilbevölkerung und deutscher Wehrmacht gegenüber der nachrückenden Roten Armee gäbe. Die Gewalt gegenüber der Bevölkerung ist schon zu selbstverständlich, als dass sie einer besonderen Rechtfertigung bedürfte.

Einen anderen Akzent in der Beschreibung von Kampf und Tod setzt *Alfred Vilsen*. Als Gefreiter in einer Versorgungseinheit sieht er bei der Eroberung die 'Ergebnisse', weniger den Prozess der Zerstörung. Aus seinen Briefen an die Eltern klingt nicht nur Stolz über den deutschen Vormarsch, sondern auch Anteilnahme mit den Opfern der Zerstörung. Dies gilt aber nur für den Beginn. Vom Vormarsch nach Leningrad schreibt er:

> Von der Bevölkerung hier überall sind wir mit Freude begrüßt worden, sie sind alle froh frei von der Herrschaft der Bolschewiken zu sein. Die Zeit vergeht man weiß bald nicht mehr, ist es erst gestern gewesen als der Krieg anfing oder sind es schon 14 Tage her. Die Nacht wird zum Tage und der Tag zur Nacht, so stürmisch gehen unsere Truppen vor.(...) Jetzt ist die Gegend auch wieder schöner als im Anfang freundliche Gehöfte und kleine Siedlungen liegen entlang unserer Straße überall schmücken Fahnen unseren Weg. Doch manchmal kommen auch weniger erfreuliche Bilder. Zerstörungen und Schäden des Krieges. Ein Grab am Wegesrand oder auch die Leichen gefallener Russen die sehr oft in großer Zahl da liegen. Doch man fährt vorbei es geht ja weiter denn wir wollen ja den Sieg und müssen dem Feinde nach [6. 7. 1941].

Tod und Zerstörung stehen für ihn bald in einer Reihe neben den anderen Belastungen des Klimas und der Mückenplage. Dass dies keine "Neuigkeiten" mehr sind, zeigt den schnellen Gewöhnungsprozess:

> Neuigkeiten weiß ich keine überall dasselbe Leid und Elend arm, verdreckt, hungrig die Bevölkerung. Die Straßen schlecht mit dickem Staub bedeckt die Wälder stinken sumpfig die Luft stellenweise verpestet durch tote Pferde und Russen, Spuren des Krieges überall. Schnaken und Fliegen machen uns das Leben manchmal zur Qual. Hitze ist auch hier. Nachts ist es kühl. Doch wir nehmen es ja gern auf uns ist es doch für den Frieden und für den Sieg den wir an unsere Fahnen heften werden [30. 7. 1941].
> Wir sind durch Ortschaften gekommen da war alles ein Trümmerhaufen ein Bild des Elends überall. Die Straßen links und rechts ein Panzer am andern, zerschossene Ungetüme der-Technik, aber wo deutsche Panzergranaten einschlagen da hört jeder Russenpanzer auf zu leben. Leider sieht man auch schon mal einen der unseren das bleibt ja nicht aus wo gehobelt wird fallen Späne [14. 8. 1941].
> Flugzeuge brausen über uns weg 50 - 100 und mehr die Luft dröhnt. Gnade Gott dem Feind wo die ihre Last abwerfen rettungslos ist alles verloren [12. 10. 1941].

Über den Tod schreibt er nach dem Oktober 1941 nichts mehr. Auch er schreibt nach der ersten Erfahrung einer Niederlage verklausuliert über das Kämpfen:

> Wie Ihr sicher wißt daß ich im mittlern Abschnitt bin, und habt auch sicher in den Wehrmachtsberichten gehört was da los war so wird auch Euch gewiß klar sein woran es liegt

> wenn Ihr schlecht Post bekommt aber jetzt soll die Post wieder einigermasen klappen, und auch sonst hoffen wir daß es bald ruhiger wird [8. 2. 1942].

Ein Jahr später hat sich sein Ton verändert, wenn er über den Kampf schreibt. Nach Stalingrad bekommen seine Briefe den Charakter von Durchhalteappellen. Mit der kurzen Offensive im Sommer 1943 keimt noch einmal Siegeshoffnung auf. Heimat und Front sollen zusammen hinter der Führung stehen. Stillstand wird bereits als eigener Erfolg gedeutet.

> Das Jahr 1943 hat für uns im Osten keinen guten Anfang gehabt hoffendlich wird es sich im Laufe des Frühlings und Sommers wieder zu unsern Gunsten wenden. Man hofft immer auf den Frühling und auf den Sommer. Manchmal sorgt man sich ja auch um den Verlauf des Krieges aber man sagt sich immer es gibt immer mal Rückschläge und wir müssen immer sehen sie zu überwinden und stark bleiben. (...) Wir alle hier an der Front und Ihr in der Heimat müssen nur bestrebt sein unser möglichstes zu tun um unsre Führung zu stärken in Allen. Wenn wir so handeln dann wird uns der Sieg auch beschieden sein geschenkt bekommen wir den Sieg nicht der muss durch Kampf und schwere Opfer erworben werden [21. 2. 1943].
> Wenn auch noch immer schwere Kämpfe im Gange sind so ist es doch jedenfalls mal ein Stillstand für den Russen und für uns noch mal ein Erfolg [28. 2. 1943].

Für Spuren des Mitgefühls mit dem Gegner wie zu Kriegsbeginn ist jetzt kein Raum mehr, wohl aber für eine (sonst seltene) anerkennende Äußerung über den Gegner:

> Wie Ihr aus den Wehrmachtsberichten hört ist zur Zeit hier im Osten allerhand los. In unsrer Nähe sind verschiedene Flugplätze. Da war in den letzten Tagen Hochbetrieb. Unaufhörlich starteten hier die Stukas um ihre Bomben auf den Feind zu werfen. Da hat man nochmal gesehen das wir doch noch Flugzeuge besitzen und es war ja nur ein kleiner Abschnitt den wir übersehen konnten. Hoffendlich gelingt es uns den Feind vernichtend zu treffen. Aber der Feind ist doch immer noch stark und wehrt sich gut [9. 7. 1943].

Über das Scheitern der deutschen Sommeroffensive 1943 schreibt er nichts, nur über die eigenen Fahr- und Transportleistungen. Sein Zorn entlädt sich gegenüber den "Nörglern" (vgl. dazu Kap. 7.2). In allgemeinen Formulierungen sucht er die Eltern zu beruhigen:

> Zum ersten Male giebt es dieses Jahr keinen Vormarsch, aber deswegen ist das ja doch noch kein Grund zur Beunruhigung. Auch für uns wird noch mal die Stunde des Handelns kommen. Noch sind wir ja die jenigen die tief im Feindeslande stehen [24. 8. 1943].
> Und an dem Siege zweifle ich noch nicht, wenn auch zur Zeit hier im Osten an mancher Ecke eine Niederlage eingesteckt werden muß. So glaube ich bestimmt, daß sich einmal auch hierin einmal ändern wird und zwar zu unsern Gunsten. Wir müssen nur die Kraft behalten seelisch und moralich uns nicht unterkriegen lassen. Es muß sich doch alles zum Besten wenden [29. 11. 1943].

Eine Bedrohung im Krieg, der die Soldaten sich machtlos ausgesetzt sahen, war die Bombardierung deutscher Städte. Vilsen schreibt darüber erstmals, als "Fliegergeschädigte" aus seiner Einheit in einen Sonderurlaub fahren. Die wenigen Passagen des nicht selbst zu Hause von Fliegerangriffen betroffenen Vilsen zeigen, dass die Bombardierungen zwar eine unkalkulierbare Bedrohung waren, aber doch auch eine verstärkte Gegenreaktion des 'Durchhaltens' hervorrufen konnten:

> Es ist ja auch nicht schön in Urlaub zu fahren wenn daheim alles ein Trümmerhaufen ist und schließlich noch Angehörige als Opfer der Bomben zu beklagen sind. Wenn doch einmal diese Bombenangriffe auf die Heimat aufhören würden. In der letzten Zeit war es ja wieder besonders schlimm. Das wäre ja schrecklich wenn es immer so weiter ginge aber wir wollen hoffen daß es auch darin bald mal eine Änderung zu unsern Gunsten eintritt [27. 6. 1943]. Wenn auch der Gegner zur Zeit wieder alles dran setzt um uns hier draußen zu zemürben, so wird es ihm doch nicht gelingen. Genau so wenig wie es den Engländern nicht gelingt die Heimat zu zerschlagen. Gewiss unsre Städte sinken in Trümmer viele Frauen und Kinder sind Opfer der Bomben und immer wieder kommen diese Banditen. Aber einmal kommt die Stunde der Rache und dann werden wir diejenigen sein die triumfieren. Noch müssen wir Geduld haben und die Prüfungen bestehen die uns auferlegt sind [9. 1. 1944]. Daß die Flieger, wie du schreibst, verdroschen sind worden hat mich sehr gefreut, als ich den Kameraden das erzählte hatten alle ihren Spaß. Sowas macht einem ja Freude, das Haus wird ja nicht mehr ganz davon, aber die Herren haben doch mal die Gesinnung der Bevölkerung am eigenen Leibe verspürt. So müßte es nur öfters gehen, und ich glaube auch daß es manchmal der fall ist [24. 2. 1944].

So wie die Rachegefühle angefacht werden, könnte man auch auf eine Stärkung der Kampfkraft als eine Folge der Bombardierungen schließen. Denn angesichts des eigenen zerstörerischen Handelns im fremden Land war den deutschen Soldaten die Vorstellung verbaut, dass ein Ende des Krieges unter den Bedingungen einer Niederlage zu einem Ende der Zerstörung führen würde. Zur Verteidigung der Heimat bis zum letzten gab es in der Vorstellungswelt wenig Alternativen. Es entsprach dem Feindbild, insbesondere von den Russen, und es war auch die Schlussfolgerung angesichts des Modells einer Siegermacht, das sie selbst tagtäglich im besetzten Land abgegeben hatten. Wem Zweifel kamen, dem machte der Binnendruck ein 'Aussteigen' nahezu unmöglich. Bumkes Verdikt zeigt, dass aber zumindest ein mentaler Ausstieg aus der ideologischen Phalanx geprobt werden konnte.

> Mögen sämtliche Kulturbauten durch die Angriffe flöten gehen, das ist mir sch... egal, Hauptsache wäre, es passiere keinem was [Bumke, 24. 3. 43].

Um das Bild zu vervollständigen, wie die Soldaten über Kampf und Tod schreiben, sei ein extremes Gegenbeispiel aus einer Versorgungseinheit ergänzt. *Ernst Suhrbeck*, Gefreiter in einer Fahrschwadron bei der 125. Infanteriedivision, schreibt beim Vormarsch im Raum Kiew / Poltawa fast gar nichts über Kämpfe. Seine kurzen Briefen an die Eltern haben vorwiegend die Aufgabe, ein Zeichen des Überlebens und der Verbindung zu sein. Inhaltlich bleiben sie blass. "Ich glaube, es geht Euch wie mir, lieber 2 Briefe lesen als einen schreiben", teilt er am 6. 7. 1941 über die für ihn ungewohnte Art der Kommunikation mit. Seine Aufgabe bei der Reparatur von Fahrzeugen lässt vermuten, dass er selbst seltener im gefährlichen Einsatz steht. Wie weit er auch in der ersten Linie den Kampf miterlebt, ist nicht klar. Vom Tod schreibt er nur einmal, als er die Nachricht weitergibt, dass jemand aus seinem Heimatdorf gefallen ist. "Wir wurden bisher noch verschont. Flugzeuge fanden jedenfalls 6 klm vor uns etwas anderes. Sonst geht es gut." [27. 7. 1941]. In der einzigen Andeutung von Kämpfen beschränkt sich seine Darstellung auf das Notwendigste und auch die Sätze, die die Schilderung einrahmen, zeigen, dass er sich schriftlich auf knappe Mitteilungen beschränken will:

> Von uns kann ich nicht viel berichten. An Krementschug ging es vorbei u. dann etwas nördlich. Nun Front gegen Westen. Wenn der Kessel heute fertig ist, weiß ich nicht, in welcher Richtung wir weiterfahren. Verluste keine. Löhnung als Gefr. ist 2,- RM mehr. Z. Z. 25,- RM. (...) Hoffen vor dem Winter hier wegzukommen [23. 9. 1941].

Mehr ist von ihm über Kampf und Tod in all den Jahren nicht zu erfahren und er steht damit für alle, die sich von vorneherein nur in lakonischer Kürze über diese primären Kriegsthemen äußern. So müssen sich die Eltern ihren Teil selber denken, wenn er nach dem Rückzug von der Krim bloß mitteilt:

> "Leider werde ich keine Zwiebel schicken können, da ich nicht mehr auf der Krim bin. (...) [Zum Urlaub:] Vielleicht haben wir im Frühjahr nicht mehr so weit zu fahren [5. 10. 1943].

5.3.2 Die sekundären Belastungen: Kälte und Regen, Enge und Dreck, Läuse und Mücken, Krankheit und Hunger

Wilhelm R. Bayer, selbst Überlebender der Schlacht um Stalingrad, bemerkt in seinem Erlebnisbericht kritisch zur großen militärhistorischen Studie von Manfred Kehrig über Stalingrad, dass er in dem ganzen Buch keine Zeile über Läuse und Schmutz gefunden habe, kurz: über die alltäglichen Belastungen und Widrigkeiten, denen die Soldaten ausgesetzt waren. Diese Kritik kann für weite Teile traditioneller Militärgeschichtsschreibung gelten, der es um die Darstellung der strategischen Überlegungen, der militärischen Abläufe, der Probleme von Nachschub und Versorgung geht, nicht aber um die alltäglichen Nöte der Betroffenen auf allen Seiten. Neuere historische und auch militärhistorische Ansätze haben deutlich andere Akzente gesetzt und das Erleben des "kleinen Mannes" zum Ausgangspunkt genommen.[6]

Gerade die Feldpostbriefe zeugen in vielfältiger Weise von den alltäglichen Belastungen. Über sie nach Hause zu schreiben, lag nicht nur deshalb nahe, weil sich der Soldat die Bedrängnisse von der Seele schreiben konnte, sondern weil gerade über die "sekundären" Merkmale des Krieges in der brieflichen Kommunikation ein wechselseitiges Verständnis herzustellen war. Dreck, Schmutz, Ungeziefer waren kommunizierbare Themen, mit denen die Empfänger/innen etwas anfangen konnten. Wurde dies zudem verbunden mit einem Feindbild, so konnte es zur Stabilisierung des Weltbilds von der eigenen Überlegenheit, damit schließlich zur Rechtfertigung der gesamten Kriegführung dienen. Und wenn die Widrigkeiten des Klimas übermächtig waren, so konnten Kälte und Hitze, Regen und Schlamm angeführt werden, um die eigene Niederlage 'verständlich' und vor dem Urteil des hohen Selbstideals des erfolgreichen Kämpfers auch weniger kränkend erscheinen zu lassen.

5.3.2.1 Das Klima und seine Folgen

> Sonst haben wir ja recht schönes Wetter, das ist ja die Hauptsache zum Siegen
> [Franz Fenne, 20. 9. 1944, 2 Wochen vor seinem Tod].

Schon in den Sommermonaten 1941 gab es einzelne, die häufig über das Wetter schrieben. Aber zu einem alle betreffenden Erleben, das der Heimat mitgeteilt werden musste, wurden Regen, Schlamm und Kälte im September und Oktober 1941. So wird die "Herbstkrise 1941" und der Verfall der anfänglich optimistischen Einschätzungen auch in Zusammenhang mit der konkreten leiblichen Erfahrung von Schlamm und erstem Frost zu sehen sein, zumal die Unsicherheit über den weiteren Verlauf und die zeitliche Perspektive und der drohende noch schlimmere Winter ihre Schatten warfen. Vor allem war es die Kälte, die für die Soldaten eine ganz außergewöhnliche Bedrohung darstellte. Besonders im Winter 1941/42 - deutlich häufiger als in den folgenden Wintern - schrieben sie davon immer wieder nach Hause, die Soldaten im Nordabschnitt schon ab September 1941. Drei Faktoren kamen zusammen: Es war ein besonders kalter Winter. Die Versorgung mit Winterkleidung war unzureichend, ja aus taktischen Gründen hinausgezögert worden. Schließlich war die Kälte unter diesen Bedingungen neu; es konnte noch keine Gewöhnung oder Abstumpfung geben.

Trends weisen in die Richtung, dass die älteren Mannschaftssoldaten in den Versorgungseinheiten etwas weniger, die Mannschaftssoldaten der Kampftruppen dagegen häufiger über Kälte und Frost nach Hause schrieben. Im ersten Fall mag das mit der der besseren Infrastruktur bei den nachrückenden Einheiten zusammenhängen, im zweiten nicht unbedingt damit, dass die Unteroffiziere weniger der Kälte ausgesetzt gewesen wären, sondern damit, dass das Wetter bei den Mannschaftssoldaten relativ häufiger ein Standardbriefthema darstellte und auch zu einem kurzen Brief dazugehörte. *Ludwig Bumke* schreibt aus dem Süden:

> Es wird nun schon so kalt, das heißt so stürmisch, dass man sich draußen nicht mehr auf-
> halten kann. Der Herbst ist hier sehr pünktlich. Da kann man sich ja auf den Winter erst
> freuen. Ich glaube, so ein echt russischer Winter ist ein Erlebnis, das man so leicht nicht
> vergisst. Die Hoffnung, dass wir noch das Donetzbecken (zwischen Donetz und Dnjepr)
> bekommen, lässt noch einen kleinen Schimmer offen, dieser Eishöhle zu entrinnen
> [27.9.1941].

Wir sollten viel mehr Alkohol bekommen. Ist das einzige anhaltende Mittel gegen Kälte (heute 22 Grad). Wäre noch nicht schlimm, wenn die Buden nicht gleich saukalt wären. Mich wundert nur, dass nicht mehr krank werden [7. 12. 1941]. Haben momentan auf eine große Kälte von 43 Grad fast Tauwetter. Der berüchtigte kalte Wind verhindert es aber noch [6. 1. 1942].

Drastischer schreibt *Franz Fenne* aus dem Norden:

Ich [bin] neugierig wann diese scheiße mal zuende ist, macht bestimmt keinen Spaß mehr es ist nachts viel zu kalt, man kann kaum mehr schlafen so friert ein und dazu noch das Regenwetter [10. 9. 1941]. Wenn hier mal der Krieg ein ende nehmen würde wehre ich ja sehr froh, denn der Russe ist ziemlich zäh diese Hunde. Und dazu diese Hundekälte, heute Nacht ist dass erste Mal Schnee gefallen. Hier holt man sich schön wass weg, wenn blos Schluß währe [19. 9. 1941].

Wir haben jetzt schon eine zeitlang Schnee und auch ganz schöne Kälte; ich habe mir schon die Füße erfroren und daß ist sehr unangenehm [6. 11. 1941]. Das Packet mit Handschuhe habe ich erhalten, aber ich werde sie wieder retur schicken, den ich habe jetzt Handschuhe und Strümpfe und Pulswärmer genug. In Estland habe ich ein paar Handschuhe, und ein paar Socken geschenkt bekommen. Und hier läuft die russische Zivilbevölkerung um mit Wollsachen, für Brot umzutauschen. Und gestern bekamen wir die Winterbekleitung, aus Deutschland wass Ihr gespentet habt. Es ist ja leiter sehr spät angekommen, hier hat es sehr viele Ausfälle wegen Frost. In unserer Kompanie sind viele die Zehen losgeworden, einen guten Freund von mir haben sie sogar die Beine abgenommen [11. 2. 1942].

Ferdinand Melzner ist als Fahrer im Bereich der Heeresgruppe Mitte sowohl von Regen und Schlamm wie von der Kälte besonders mitgenommen. Der von einem gefallenen Leutnant übernommene Hund rettet ihn als "Bettwärmer" vor dem Erfrieren. Seine Klagen münden in konkrete Wünsche der Versorgung. Zur Jahreswende kommen zur Not durch die Kälte noch die ersten Rückzugserfahrungen hinzu. Nach überstandener extremer Belastung tritt zu der Skepsis und Verzweiflung der Herbstbriefe ein eher fatalistischer, ironisierender Unterton, der bereits bei seiner Beschreibung von Kampfhandlungen zu beobachten war:

Es wäre ganz gut, wenn es in einigen Wochen zu Ende ginge. Solange es warm ist und die Sonne scheint, geht es ja. Aber in den letzten vierzehn Tagen goss es erst in derartig unverschämten Mengen vom Himmel, dass es uns beinahe die Zelte wegschwemmte [12.8.1941]. Vor zwei Tagen ist über Nacht der Winter eingebrochen, Schnee und Frost. Unsere Fahrzeuge fallen aus wie am laufenden Band, grad krepieren tun sie. Um meinen Max war ich froh als Bettwärmer mit Ohren, sonst wär ich im Wagen erfroren in der Nacht [12.10.1941]. Ich bin jetzt wieder bei meinem Zug, nachdem ich eine Woche mit meinem Wagen in unserer Werkstattkompanie war, die ganzen motorisierten Teile unserer Division sind in der Gegend verstreut; in dem Matsch ist kein Weiterkommen mehr. Die letzte Rettung bleiben noch Zugmaschinen, die einen über die schwierigsten Stellen wegziehen. (...) Wir sind bereits hier, nachdem sie die Wägen vier Tage lang im Dreck rumgeschoben haben. Ich war ja Gott sei dank nicht dabei [24. 10. 1941]. Aus is! gar is! Jetzt hört sich der Krieg auf!! 20 Grad Kälte, sibirischer Ostwind, eingefrorene Motoren, aufgerollte Zehennägel, blaue Nasen, das alles nennt sich Feldzug in Russland. Erst haben wir auf den Frost gewartet, damit die Straßen wieder befahrbar würden, und nun sind über Nacht gleich die Flüsse zugefroren. (...) Wie das so weitergehen soll bei der Kälte und die Lehrgänge dauernd im Freien, erscheint mir noch schleierhaft. Mein Wagen ist bisher immer angesprungen, wenn ich nur auf den Anlasser getreten bin. Aber heute wollte er auch nicht mehr, obwohl ich die Batterie leer gekurbelt habe. Sehr gute Dienste leisten könnten mir ein paar warme Woll- oder Hausschuhe, Filzschuhe, wie sie hier besonders üblich sind. Meine Stiefel sind kaputt; wenn neue kommen, sind sie mir immer zu klein. Meine Schnürschuhe habe ich verloren. Hätte mir nicht ein anderer seine geliehen, hätte ich überhaupt keine mehr zum anziehen. Zum Autofahren wären Hausschuhe viel wärmer, auch so zum rumlaufen [14. 11. 1941].

Wir haben auf unserem dreiwöchigen Rückzug von jenseits des Don bis hierher unsere letzten Geschütze eingebüßt und wurden nunmehr der Infanterie zugeteilt. Dieses Weihnachten werde ich wohl nicht mehr vergessen; am zweiten Feiertag habe ich mir im Schneesturm meine Backen und Nasenspitze erfroren. Die Tage vor Neujahr verliefen ziemlich stürmisch, der Jahresanfang selber war ruhig. Heute ist es wieder furchtbar kalt, wohl so 20 Grad aufwärts mit Eiswind und auf Sicherung stehen demgemäß sehr gemütlich! [2. 1. 1942].

Dass die Kälte Vorteile haben kann, betont *Alfred Vilsen*, der überhaupt beim Vormarsch auf Moskau einen kämpferischen Ton anschlägt. Die schlechten Straßenverhältnisse werden ihm zum Beweis der eigenen kulturellen Überlegenheit. Hinter dem "Organisieren" von Winterkleidung, das nicht näher beschrieben wird, kann vieles stehen: Vom Tausch Brot gegen Kleidung mit der hungernden Bevölkerung bis hin zur Wegnahme der Filzstiefel von toten oder gefangenen Soldaten.

Ein Glück, das nach dem Regen der letzten Tage Frost kam sonst ging es nicht im richtigen Tempo weiter. Aber gleich, wenn der Motor nicht mehr alles packt, dann wird geschoben es geht langsamer aber die Hautpsache ist es geht. Über Straßen und Wege die wie Gummi federn mit metertiefen Löchern über Knüppeldämme durch Schlamm und Sand immer vorwärts dem Siege entgegen. Wo sind die schönen Straßen wo ist hier Kultur wo so fragen wir und dieses Volk, diese roten Machthaber wollten uns Kultur bringen [12. 10. 1941].

An die Winterkälte haben wir uns schon ganz gut gewöhnt fast 2 ½ Monate Frost und Schnee haben wir schon. Tage mit über 30° unter 0. Gestern und heute 34 wenn dann der Wind über die Ebene bläßt dann ist es recht eisig aber daß kann uns nicht erschüttern und uns nicht den Siegeswillen rauben der Russe hat ja dasselbe auszuhalten und manchmal unter viel schwierigen Verhältnissen. (...) An Wintersachen haben wir auch verschiedene Sachen empfangen und auch organisiert zu schicken braucht Ihr nichts mehr. [3. 1. 1942].

Dass ihm der erste Winter tiefer in die Glieder gefahren ist, als er zugeben wollte, lässt sich später aus seinen vergleichenden Rückblicken erkennen.

Diesen Winter nehmen wir es auch ziemlich auf die leichte Schulter weil uns der vergangene immer noch bös in der Erinnerung liegt. Man meint immer es wäre gar nichts wenn es blos 20° unter 0 wäre. Es ist ja auch ein Glück das tatsächlich nicht kälter ist [10. 2. 1943].

(...) den Winter haben wir nun ja Gott sei Dank überstanden obwohl es dieses Jahr eine Kleinigkeit war [28. 2. 1943].

Ein Jahr später, im Raum Bobruisk, beschäftigt ihn neuerlich die Angst vor dem Winter. Sorgen und Erleichterung zur Jahreswende 1943/44 zeigen, dass die Vergleiche der Winter untereinander eine wichtige, stabilisierende Rolle spielen:

Winterbekleidung haben wir auch schon erhalten so können wir dem Winter getrost in die Augen sehen. Wir wollen hoffen daß er nicht schlimmer wird wie im vergangenen Jahre [22. 10. 1943; fast wortgleich am 26. 11. 1943].

Seit einigen Tagen ist es nun auch hier etwas kälter auch etwas Schnee hat es gegeben, anscheinend bekommen wir nun doch noch etwas Winter. Aber die Hälfte des Winters ist nun doch schon vorbei und allzuviel werden wir wohl doch nicht zu befürchten haben [17. 1. 1944].

Als der März 1944 noch einmal überraschend starke Schneefälle und Frost bringt, sieht er, ähnlich wie in den Durchhaltebriefen drei Jahre zuvor, zuerst den Vorteil, "daß die Straßen wieder einigermasen befahrbar geworden" sind und erst dann die Behinderungen durch Schneeverwehungen, "Wasser und Schlamm" [30. 3. und 3. 4. 1944].

Von den Soldaten gibt es im gesamten Kriegsverlauf Klagen über das Wetter, vor allem über hohe Schneefälle im Winter 1942/43 und über die Schlamm-perioden. Aber es sind längst nicht so heftige Ausbrüche wie in den ersten Monaten des Russlandfeldzuges. Gewöhnung, bessere Ausrüstung, "organisierte" Selbstversorgung im Land und vor allem auch das Gefühl, angesichts der schlimmen Erfahrung im Winter 1941/42 in den folgenden Wintern relativ glimpflich davongekommen zu sein, mögen die Gründe dafür sein, dass das Klima mit seinen widrigen Folgen für Mensch und Technik vor allem im ersten Winter zu einer verbreiteten allgemeinen Krisenstimmung wesentlich beitrug, später aber seltenerWiderhall lin den Briefen fand. Allerdings wird das Wetter von einigen im weiteren Kriegsverlauf zur Erklärung für Stillstand und Niederlage herangezogen - die Widrigkeiten dienen dann auch der Rechtfertigung.

(...) dabei stellt uns noch die wetterwendische Natur in Klima u. Gelände so unerhörte Hindernisse u. Schwierigkeiten entgegen [Leismeier, im Kaukasus, 3. 9. 1942; s. o. 5.3.1)
Ja, was werden wir da noch alles mitmachen müssen im Osten? Heuer ist das Wetter hier das pure Gegenteil von dem Winter 1941/42. Immer wieder Regen und Schlamm, zum Kotzen. Dabei ist das ganze Wetter so ungesund. (...) Dabei kommt dem Russen dieses Wetter ebenso zugute wie seinerzeit die strenge Kälte. Ja, selbst der gute Petrus macht nicht mehr mit! Wenn man da so nachstößt, könnte man vor Wut heulen. Es ist hier mehr als gut verständlich, wenn selbst der Ruhigste mal fertig wird. Es gibt des öfteren Stunden und Tage, wo man verzweifeln könnte. Aber es hilft eben alles nichts! Wenn nur der Osten einmal seine Bezwingung gefunden hätte [Pott, im Süden, bei Tscherkassy, 3. 12. 1943].

5.3.2.2 Läuse, Dreck und Enge - und das verengte Weltbild der Soldaten

Ganz ekelhaft sind hier in dem Sumpfgebiet die Schnaken, Fliegen und dergleichen. Jeder hat am ganzen Körper Pickel und offene Stellen. Dabei kann man gar nichts dagegen tun [Pott, 24. 6. 1941].
Mit den Mücken wechselt es immer; heute Nacht hätten sie uns beinahe aufgefressen.
Unser Zeltleben haben wir in die Hütten verlegt, ungeachtet der vielen Bewohner (Läuse, Flöhe und Wanzen) die sich uns zugesellt haben. Beim Entlausen war ich auch schon, aber mich juckt es deswegen schon wieder [Melzner, 25. 6. und 17. 9. 1941].
Man glaubt nicht wie verrückt einen Ungeziefer machen kann. Wanzen in der Kleidung, Läuse in der Wäsche und die Flöhe zwischendurch! Xmal zieht man sich aus, sucht alles ab, nachdem ist es dasselbe [Schuster, 24. 9. 1941].
Mir selbst geht es soweit noch ganz gut. Abgesehen von den Läusen u. Flöhen die ich in

rauhen Mengen besitze u. die mich oft bis zur Verzweiflung peinigen. Da waren mir die Wanzen die einen des Nachts in den Häusern stachen doch lieber, denn diese blieben nie in den Kleidern. Wenn es möglich ist irgend eine Salbe oder dergl. zu erhalten die man als Abwehrmittel gebrauchen kann schickt bitte so etwas [Scharnik, 16. 11. 1941].

Während der gesamten vier Jahre in der Sowjetunion sind die Soldaten erheblichen physischen und psychischen Belastungen ausgesetzt. Über die körperlichen Strapazen, Ungeziefer und körperliche Beschwerden zu schreiben, fällt ihnen wesentlich leichter als Angst, Verzweiflung und psychische Belastungen auszudrücken. Dafür sorgt neben der Zensur auch die Selbstkontolle der Söhne und Ehemänner gegenüber den Eltern und Frauen. Sie transportieren aber mit diesen Nachrichten über die "sekundären" Belastungen mal explizit, meist implizit, auch ihre Gefühle. Sie zeigen in den ersten Kriegswochen oft Wut und Unverständnis über die Lebensweise im eroberten Land. Unsicherheit über den Kriegsverlauf, extreme Belastung durch den Vormarsch und das Neue der Situation potenzieren in den ersten Kriegsmonaten den Druck, von dem sich die Soldaten im Schreiben zu entlasten suchen. Sie schreiben gerade zu Anfang immer wieder abfällig über das "Sowjetparadies". "Primitivität", "Dreck" und "Ungeziefer" sind die Attribute, mit der sie insbesondere die Zivilbevölkerung im besetzten Land belegen. Sauberkeit, Ordnung und Kultur ergeben sich als die Gegenbegriffe, die sie für sich und die Heimat reklamieren. Sie suchen und finden Bestätigung für ihr Weltbild, vor allem beim ersten Kontakt.

Endlich sind wir im Sowjetparadies, das heißt wir marschieren schon einige Tage. Es sieht hier trostlos aus die Leute sind verarmt und verdreckt. Straßen sind hier unbeschreiblich das kann man gar nicht schreiben nicht einmal sagen nichts als fußhoher Sand. Wir marschieren tagtäglich unter glühender Sonne, Abmarsch ist meistens 2 Uhr nachts aber trotzdem geht es über die Mittagszeit [Schell, 14. 7. 1941].

Je weiter wir nach Russland hineinkommen, desto netter wird es. Zerfallene Häuser und Fabriken, furchtbar schlechte Straßen, kein elektrisches Licht, nur ein miserables Wasser, Schmutz und Elend überall. Es wäre eine schöne Gegend hier, sehr fruchtbar. Die Russen zerstören auf ihrer Flucht sinnlos alles, vergebens, unser Marsch geht weiter, dem endgültigen Siege zu. Wir haben Arbeit in Hülle und Fülle. Schlafen meistens in Zelten, dem Ungeziefer wegen, das ja hier zu Hause ist [Schwering, 26. 7. 1941].

Je weiter wir kommen, je mehr merkt man die kommunistischen Verhältnisse. Trostlos, wie diese Menschen hier hausen. Da ist es bei uns Gold dagegen.

Wieder sind wir mit Lastwagen weiter hinein nach Russland gefahren. Immer trostloser und erbärmlicher werden die Verhältnisse u. man merkt so richtig was bolschewistische Kultur u. Lebensverhältnisse sind. Die Menschen leben hier in ganz trostlosen Holzhütten, arm, was arm heißt. Die Zigeuner bei uns hausen bestimmt menschlicher u. hygienischer [Jolz, 27. 6. und 18. 7. 1941].

Bei manchen verändert sich aber etwas: Sie erleben Primitivität, Dreck und Ungeziefer am eigenen Leib und erfahren, dass sich der vermeintliche Kulturabstand binnen kürzester Zeit drastisch verringert. Die "Entmodernisierung der Front" (Bartov) lässt sich im ersten Kriegshalbjahr aus den Briefen ablesen. Das klare Bild von Sauberkeit hier - Dreck dort lässt sich nicht aufrechterhalten. Das eigene Versinken im Schmutz wird dramatisch dargestellt. Im Einzelfall kann dieser selbsterlebte Kulturrückschritt noch humorvoll aufgefangen, gleichsam als Abenteuer im Krieg berichtet werden:

> Was wir von vorgestern abend bis gestern abend erlebten - auf einer sogenannten russ. Vormarschstraße den Höhepunkt. Die Straße war nur 15 km lang, wir brauchten mit dem LKW von morgens 6⁰⁰ Uhr bis mittags 11 Uhr 30, da kannst Du Dir ein Bild machen, bei uns gibt es noch nicht einmal solche Feldwege. Ein großes Schlagloch neben dem anderen, gefüllt bis oben hin mit Schlamm, Schmutz, Dreck usw. Alle 10 mtr mussten wir halten und schieben und unsern Wagen ausgraben. Unser PKW wurde vielleicht 20 mal ausgegraben. Einmal sprang ich vom LKW, als er stecken blieb und rutschte aus und bums lag ich lang gestreckt im Schlamm. Du hättest Deinen Erwin nicht mehr erkannt, ich habe eine Aufnahme von mir machen lassen, da darfst du dir mal später Deinen Schatz ansehen, wie er in Russland im Dreck gelegen [Jolz, 29. 8. 1941].

Andere kommen zu einer Binnendifferenzierung gegenüber der eigenen Gruppe, weil sich das Attribut "Sauberkeit" für die eigene Person und Gruppe nicht aufrechterhalten lässt.

> Unseren Läusen geht es sehr gut; sie vermehren sich am laufenden Band. Gestern hatte ich ein Rekordsammelergebnis, 26 Stück in Hemd und Pullover, heute nicht weniger. Zwar noch nichts gegen jene, die sie gleich in Kompaniestärke bei sich mittragen! Ja, es wird immer lausiger! [Melzner, 24. 10. 1941].

Oder sie beginnen zu resignieren und haben nur noch den Wunsch nach Hause zu kommen:

> Noch geht es ja, aber es wird immer kälter und wie immer dreckiger. Doch auch Dreck hält nicht genügend warm. Wenn die Arbeit nachließe ginge es auch noch, aber es wird zuviel. Langsam merke ich, dass ich mit den Nerven ziemlich ab bin [Schuster, 16. 10. 1941].
>
> Wir würden 10 mal das Kreuz machen, wenn wir aus diesem Saukaff von einem Russland rauskämen (...) Wenn ich von Polen geschrieben habe, dass ich nicht um das größte, geschenkte Gut dort sein wollte, dann möchte ich hier nicht sein, so wie es jetzt aussieht um das ganze russische Reich. Wir haben augenblicklich außer dem Wunsch nach einem baldigen Kriegsende nur noch den, dass wir und zwar so bald wie möglich, aus diesem Dreckloch rauskommen [Bumke, 31. 8. 1941].

Heinz Heppermann macht 1941 einen schnellen Wandel durch:

> Im übrigen sind wir in "Russland". Du kannst Dir diese Primitivität überhaupt nicht vorstellen. Weithin beinahe menschenleeres Land. Hin und wieder kleine (aber volkreiche) Siedlungen: Häuser aus Baumstämmen, die Fugen notdürftig mit Erde oder Moos verkleistert. Vielfach aus einem, höchstens zwei Räumen bestehend! Darin leben nun diese Menschen mit Frauen, Kindern, Geflügel und Ferkel. Vielleicht ein Bett, bestehend aus ein paar schmutzigen Fellen! Die "Räume" vielfach luftarm. Aber Kinder!! aller Grade und aller Schattierungen, oft mit der englischen Krankheit behaftet! [17. 7. 1941].

Aber schon im September wohnt er in einem russischen Hause bei zwei alten Leuten, "die uns alles mögliche zu geben versuchen."

> Wir schlafen im Haus immer auf Heu - ein Teil, abgeteilt durch eine "Portiere", ist "Schlafzimmer" der beiden Russen. Vorne steht ein großer, gemauerter Ofen (so Art Backofen!) und gibt angenehme Wärme. Jedenfalls halten wir es hier erst einmal aus, haben Ruhe, ein Dach über dem Kopf und sind nicht dem Wetter und der nächtlichen Kälte ausgesetzt! Es ist ja

nicht wie "zu Hause": Aber der Landser wird allmählich genügsam. Jedenfalls gegenüber
unserem letzten Gefechtsstand (Bunker!) hundertprozentig besser!
[11. 9. 1941].

Auch bei strengem Frost kann er den Schutz durch ein russisches Haus nicht ohne
weiteres anerkennen und führt die Lebensqualität auf den deutschen Einfluss
zurück:

Anschließend winkt das Quartier; Gott, es ist kein Festessen, die Hand des Landsers muss
erst gründlich aufräumen, all den Dreck und Unrat der russischen "Kultur" beseitigen, um es
einigermaßen erträglich zu gestalten! Manchmal kann man darin sein kleines Wunder
erleben! Aber hinterher freut man sich doch, dass man ein Dach über dem Kopfe hat
[9. 1. 1942].

Dass nicht alle den eigenen kulturellen Einfluss so positiv darstellen, zeigt ein
Brief von Joseph Brandes an seine Schwester:

3 Uhr ist es und es dunkelt schon. Ob wir wieder spät ein Quartier finden? Wir suchen jetzt
meist Häuser auf. Die sind sehr verschieden. Wenn schon Landser darin waren, schaut es
mies aus [22. 11. 1941].

Der Unterschied der Wahrnehmung und Darstellung zwischen Heppermann und
Brandes liegt kaum am unterschiedlichen Einsatzgebiet. Beide gehören zu Einheiten im Bereich der Heeresgruppe Mitte. Aber es mag eine Rolle spielen, dass
Heppermann wenige Wochen vor seinem Brief die Ernennung zum Offiziers-
anwärter bekam, während Brandes erst im März 1942 zum Unteroffizier aufsteigt. Es könnte ein Indiz dafür sein, dass sich der fünf Jahre ältere und ranghö-
here Heppermann in den Briefen an seine Frau stärker in der Pflicht sieht, die
'deutschen Werte' hochzuhalten, während sich der Mannschaftssoldat im Brief an
die Schwester weniger Rücksichten auferlegt.

In den Briefen gibt es neben der Verachtung gegenüber den russischen Wohnungen, die im Bedarfsfall auch kurzerhand als Brennholz verwendet werden,
mitunter Darstellungen von Landseridyllen, die eine positive Begegnung mit der
anderen Kultur einschließen. Eine so ausführliche Beschreibung und Wertschätzung der russischen bäuerlichen Lebensweise wie die von Peter Schuster ist
allerdings ein seltenes Dokument:

Ich hatte Glück und fand ein für diese Verhältnisse herrliches Haus. Schon lange hörte ich,
dass es auch eine Kultur bei Landbewohnern, sagen wir Bauern, gibt. Empfunden hatte ich es
bis dahin noch nicht, in Deutschland keine Gelegenheit gehabt und hier nicht kennengelernt.
Was ich sah, empfand ich immer als äußerst einfach und eben nur dem dringenden Bedarf
zugeschnitten. Gestern erlebte ich es nun in diesem Haus, dass auch in diesen Gegenständen
Schönheit steckte, und dass es auch da eine Kultur gibt. Ich will Euch (kurz!) unseren
heutigen Abendbrottisch schildern...[er beschreibt Mobiliar, Tonkrüge und aus Holz ge-
schnitztes Geschirr]. Ein Bild, dass entschieden trotz der Primitivität Schönheit birgt. Für die
meisten sicher nichts, aber versteht man zu sehen, so kann man Freude daran empfinden.
Also kann man auch in diesem öden Russland mal Augenblicke der Freude empfinden, die
nicht von der Heimat kommen, sondern die einem das Land selbst bietet. Selten genug
passiert es allerdings [21. 8. 1943].

Die Alternative zum Leben in Häusern war das Übernachten im Freien oder das Leben im Bunker. Bunker bedeuteten Enge. Im November 1941 schreibt Georg Scharnik aus dem Raum Mga / Tichwin östlich von Leningrad seinen Eltern, wie sie sich sein Leben im Bunker vorstellen können:

> Unsere Unterkünfte (...) wurden von uns selbst aus der bereits stark gefrorenen Erdober-schicht ausgehoben mit Balken überdeckt mit Brettern u. Reisern so gut es ging (mit Nägeln aus Kisten die wir fanden) ausgeschlagen. Unser Unterstand ist 4x3 mtr. und 1,40 mtr. hoch davon gehen 2 mtr x 4 für Schlafplatz ab so dass nur ein Gang von 1 m Breite 3,5 mtr Länge, Rest Ofen u. 1,40 Höhe übrig ist. Also 3 Mann können schreiben essen oder dergl. während 2 Mann zum liegen bestimmt sind. Waschgelegenheit bietet lediglich der vor dem Unterstand liegende Schnee. (...) bei Einbruch der Dunkelheit 14 Uhr geht es in den Bunker in dem wir wegen Platzmangel oft früh schlafen, oder bei Benzinlampen aus Gewehrhülsen u. kleinen Blechschachteln, die unheimlich rußen so dass der Mund u. die Nase ständig schwarz sind wird etwas gelesen oder geschr. Zwischendurch wird noch kurz der Eintopf u. die übrigen Kaffeemahlzeiten genossen. Es ist bestimmt nicht beneidenswert. Das einzige was einem da Abwechslung bringt ist die Post [16. 11. 1941].

Trotz der Enge entwickelten die Soldaten eine nahezu affektive Beziehung zum Bunker. In unsicherster Lage gab er Schutz vor Kälte und Granatsplittern. Sofern die Soldaten selbst am Bunkerbau beteiligt waren, mag die emotionale Bindung durch die Suggestion, mit eigenem Handeln Sicherheit herstellen zu können, befördert worden sein. Vor allem in den Zeiten des Rückzugs stellte die Aufgabe eines Bunkers eine erhebliche Enttäuschung und Belastung dar. Davon zeugt die besorgte Frage in den Briefen, ob einmal bezogene Winterquartiere gehalten werden könnten. Deren Verteidigung wurde zu einem Motiv für das Kämpfen.

5.3.2.3 Krankheiten

Aus den Widrigkeiten des Klimas, der Hygiene und der ständigen Belastung resultierten Krankheiten. Organische Leiden anzusprechen fiel den Soldaten wesentlich leichter als psychische Beschwerden, zu denen es insgesamt weniger als 30 Aussagen gibt.

Der Vergleich mit dem Thema "Kälte / Frost / Schnee" zeigt die Parallele: Vor allem im ersten Winter 1941/42 war die Gesundheit vieler Soldaten beein-trächtigt, und besonders die Soldaten im Norden klagten im ersten Kriegsjahr über Beschwerden. Die Soldaten klagen meist über Erfrierungen, Erkältungen, Zahnschmerzen, Durchfälle (Ruhr), Infektionen (z. B. durch Läuse). Es gibt eine signifikante Interaktion zwischen Dienstgrad und Altersgruppe: Bei den Mann-schaftssoldaten schreiben die jüngeren - sie sind frontnah eingesetzt - häufiger über Krankheiten als die älteren, die im Nachschub sind. Bei den Unteroffizieren ist es umgekehrt: Die vier jüngeren Unteroffiziere (Calsow, Nürnbach, Scharnik, Schell) schreiben weniger über Krankheiten als die älteren; der Grund mag zum einen sein, dass sie die Belastungen besser aushalten als die Älteren, vor allem aber: Sie schreiben an die Eltern und mögen sich nicht als 'jammernd' darstellen. Solche selbstwertschützende Vermeidung erlegen sich die sieben älteren Unteroffiziere nicht in dem Maße auf, zumal ihre Briefe alle nicht an die Eltern gehen. Noch deutlicher als beim quantitativen Vergleich tritt dies bei der qualitativen Betrachtung der Aussagen hervor. Es sind die Älteren, die sich ausführlicher, nicht nur punktuell wie die Jüngeren, über diese Belastungen äußern. Zu den Älteren gehört *Peter Schuster*. Er setzt dem körperlichen Verfall Sarkasmus und Selbstbehauptungswillen entgegen:

> Wenn ich Euch ein kurzes Bild meines Wohlbefindens geben soll, da muss ich gerade sagen, dass ich mich in der Auflösung befinde! Fangen wir oben an: 2 angefrorene Ohren, ein furchtbarer Schnupfen, wozu Eure Papiertaschentücher herrlich sind. Wie gut, dass ich sie nun auch wirklich gebrauche! - Auf jeder Seite ein angebrochener Backenzahn, dass man nicht weiß wie man essen soll. Ferner ein Husten wie ein alter Köter, dass man selbst, wenn es die Arbeit zulässt, des Nachts nicht schlafen kann. - Brust und <u>Herz</u> wäre dann gesund. Kommt der Magen, der mich seit einiger Zeit quält, verbunden mit Durchfall, dass ich schon gar nicht essen möchte. Die Extremitäten sind dann bis auf 2 angefrorene und einen wunden Zeh noch in Ordnung! Gut, dass die Lebensversicherung abgeschlossen ist, heute würde man solchen Tapergreis vielleicht ablehnen! Ja, liebe Gerdy, lieber Max, alt wird man bei diesem Leben. Wenn man mich auch heute noch immer fürweilen jünger schätzt, aber ich selbst sehe und merke mehr. Zum Spiegelblick komme ich ja selten, vielleicht alle paar Wochen mal mit Bewusstsein (unglaublich, was?) aber dann sehe ich, wie man sich verändern kann. Doch meine frühere Pflege zeigt sich noch. Andere in meinem Alter haben eine Haut wie 50 Jährige [12. 1. 1942].

Einen Monat später klingt es noch resignierter. Körperliche Krankheit und seelische Bedrücktheit steigern sich gegenseitig.

> Aber ich werde jetzt ja den Rest auch noch aushalten, wo die Kälte vorbei ist und wir wieder den Frühling ahnen. Allerdings viel ist nicht mit mir los. Jeden Tag irgend etwas anderes. Jetzt habe ich es zur Abwechslung wiedermal im Kreuz, dass ich nicht weiß, wie ich zur Waschschüssel runter kommen soll. Es ist wohl etwas Grippe, die in mir steckt und die man hier ja leider nicht ausheilen kann. Man wird eben langsam alt und gebrechlich und als Wrack kehrt man heim! Es sollen ja sehr viele Truppen zum Frühjahr anrücken. Es ist unsere Hoffnung, dass sie uns die Ablösung bringen. Aber wie immer wird es bei der Hoffnung bleiben [25. 2. 1942].

Der Vergleich mit andern, die durch Krankheit zumindest auf Zeit dem Krieg entkommen können, steigert die Verbitterung.

> Bei mir ist bis auf eine noch zu machende Plombe auch wieder alles o.k. Nun fängt mein teurer Chef an. Allerdings wesentlich schlimmer. Er verliert einen Zahn nach dem anderen und hat heute mit Gutachten des Zahnarztes ein Gesuch eingereicht nach Deutschland zur Zahnbehandlung zu kommen. So sehe ich dann wieder mal einen von dannen ziehen, von dem man dann später mal eine schöne Ansichtskarte bekommt [25. 2. 1942].

Zu den 'bekannten' Krankheiten kommt die Unsicherheit durch neue, die in Verlauf und Auswirkung unberechenbar sind. Sie schränken das Erleben, Kontrolle über sich zu haben, noch einmal erheblich ein. Schuster kann sich auch hier nur mit Selbstironie helfen, um das Ungreifbare im Schreiben zu bewältigen:

> Schrieb ich Euch schon, dass ich mich einige Tage mit wahnsinnigen <u>Kopfschmerzen</u> und Fieber quälte? Erst dachte man, es wird wieder Wolynienfieber oder Gelbsucht. Es ging aber vorüber und soll eine neue Krankheit sein. Infektiöses Kopfschmerzenfieber! Hört sich etwas nach hysterischem Frauenzimmer an, ist aber wirklich furchtbar [21. 8. 1943].

Ludwig Bumke spricht am 16. August 1941 von einer nervlichen Belastung im Zusammenhang mit einem "A.P.L", einem 'außerplanmäßigen Einsatz'. Was muss man sich unter einem solchen Einsatz seiner 3. (motorisierten) Kompanie beim Nachschubbataillon 563 im August 1941 auf dem Vormarsch in Südrussland vorstellen? Die Vorgeschichte beginnt harmlos:

> Ich bin zur Zeit wieder in einem A.P.L. Neues gibt es sonst eigentlich nichts. Es gibt eben nicht so viel Abwechslung, denn wir haben, schon im Tanklager, nur Wache. (...) Ich hab Dir doch längst geschrieben, dass wir bis jetzt so weit zurück waren, dass wir noch keinen Schuss gehört haben! [10. 8. 1941].

Danach wird einiges angedeutet, vieles bleibt im Dunkeln. Seine "Arbeit", dazu die Probleme der Ernährung, beschreibt er etwas genauer:

> Wir haben sehr viel Dienst. Ich hab jetzt Spezialwache für Benzin. Gestern stand ich von früh 3h bis 1/2 8 abends mit nur 1/2 Stunde Unterbrechung zum Essen. Ich war so kaputt, dass ich gemeint hab, ich hab das Ritterkreuz verdient. Aber das sagen nicht nur wir, sondern auch solche, die 10 und mehr Jahre jünger sind. Das wäre eben Arbeit für 100 Mann. Das heißt natürlich nicht, dass wir arbeiten müssen, sondern, was ja noch schwerer ist, 12 - 15 Stunden Gefangene zu bewachen. Man darf sich überhaupt nicht niedersetzen. Man bekommt nicht nur von früh 3h bis 12h nichts, sondern auch als Frühstück nichts. Wir waren 4 Tage überhaupt ohne Verpflegung im Paradies! [12. 8. 1941].

Dann aber klingt im Rückblick, gespiegelt durch seine nervliche Belastung und nicht näher beschrieben, etwas Extremes an:

> Wir sind, wie ich Dir schon geschrieben habe, von diesem schwersten, aller Kommandi, wieder bei der Kompanie gelandet. Allerdings und Gottseidank nur auf einige Tage, bis das nächste Kommando, auch ein A.P.L. (ca. 80 km) von hier fällig ist. Ein solches, wie das letzte war, wünschen wir uns nicht gleich wieder. Das nächste Stadium wäre der beste Weg ins Lazarett. Jetzt, weil alles gejammert hat, wird das Kommando auf 100 Mann verstärkt. Alles hat eben seine Grenzen, so auch die menschliche Kraft und in erster Linie die der Nerven. Das hat dieses Kommando bewiesen. Da wird mit der Zeit alles beklobt (verrückt) [16. 8. 1941].

Er sagt nicht, was so schlimm für ihn war. Kaum zu glauben ist, dass es nur die tägliche Aufsicht von Gefangenen bei der Arbeit war, die ein ganzes Kommando an die Grenzen der Nervenkraft brachte. Die Mühe, mit der er seinen eigenen 'guten' pädagogischen Umgang mit den Gefangenen betont, lässt den Druck der Rechtfertigung erkennen (vgl. Kap. 6.2.2). Bumke wird hier einiges gesehen oder sich auch daran beteiligt haben, was unter dem Deckmantel der Partisanenbekämpfung stattfand. Einen Beleg für die Beteiligung an der Vernichtung jüdischer Zivilbevölkerung kann man daraus nicht herleiten. Die nervliche Belastung Bumkes bleibt aber erklärungsbedürftig. Einige Wochen später ist das Belastende des 'außerplanmäßigen Einsatzes' in den Hintergrund getreten, die Hoffnung auf Zusatzrationen in einem A.P.L. gewinnt die Oberhand:

> Es wird Zeit, dass wir wieder in ein A.P.L. kommen, denn die Verpflegung wird schon
> wieder elend knapp und mager. Noch mehr aber jammern die Kameraden, ob des sparsamen
> Rauchmaterials [9. 10. 1941].

Sehr viel direkter drückt Bumke sich aus, wenn er den Zusammenhang zwischen
Hunger, Erschöpfung und Krankheit auf den Punkt bringt:

> Du fragst, ob man das aushalten kann, dass man nichts isst. Es ist bei mir schon fast ein
> Dauerzustand, dass ich wegen Durchfall wieder fasten muss. Hab ich die Scheißerei mal
> einen oder einige Tage los, am dritten hab ich's aber dann gleich wieder. Isst man nichts, ist
> man schwach und sehr müde, isst man was, wird man müde vom dauernden Durchfall. Es ist
> zwar keine schlimme Krankheit, aber man muss jeden Tag damit rechnen. Bei mir geht das
> schon fast, seit ich auf russischem Boden bin [15. 9. 1941].
> Die gesundheitlichen Gefahren sind in Russland hauptsächlich und vor allem die Ruhr und
> Cholera. Aber sonst ist's nicht so gefahrvoll, wie Du meinst. Dazu hat man zu wenig Aborte.
> Die Warnungen, die in der Hinsicht ergehen, beziehen sich ja nur auf die, die es eben angeht.
> Also gar kein Grund zur Beunruhigung [5. 10. 1941].

Er deutet an, dass er sich bei richtigem eigenen Verhalten schützen kann. Vielleicht gelingt ihm dies oder es setzt ein Prozess der Gewöhnung ein oder er
reagiert mit Schweigen auf die Sorgen seiner Frau: Jedenfalls schreibt er mit
(Ausnahme der Erwähnung eines kranken Fußes) nach dem Herbst 1941 nichts
mehr über Krankheiten.

Christoph Banse, (Jahrgang 1905) gibt ein Beispiel dafür, wie Krankheit und
Karriere im Krieg zusammenhängen konnten. Auch gehört er zu den wenigen, die
sich nicht scheuen, psychosomatische Zusammenhänge zu benennen. Als er im
August 1941 bei Shitomir (Ukraine) an einem "Ehrenfriedhof mit etwa hundert
Gefallenen" vorbeikommt, schreibt er seiner Frau: "Sie gaben ihr höchstes und
letztes. Ich fände es schön und ehrenvoll für die Gemeinschaft zu sterben" [8. 8.
1941], aber das scheint eine der Norm geschuldete Erklärung zu sein:

> Zu der Frage meines Zukunftsplans teile ich Dir folgendes mit: dadurch dass ich nicht mehr
> Einheitsführer bin und somit auch keine Aussicht habe, Offizier zu werden, bleibe ich nicht
> da, sondern versuche über den Arzt in ein Lazarett und von dort an den Ersatztruppenteil
> überwiesen zu werden. Mein Magen oder Darm ist noch nicht in Ordnung und es wird, wenn
> ich hier bleibe, nie anders. Schlimm ist es gar nicht, da ich alles essen kann und auch der
> Stuhl in Ordnung ist. Es sind nur nervöse Störungen, die sich hier nie beseitigen lassen. Ich
> brauche also eine andere Umgebung und werde nicht ruhen, bis ich dies erreicht habe.
> Morgen wird mir hier im Lazarett im nüchternen Zustand der Magen ausgepumpt und dann
> erfahre ich weiteres. Mache Dir also nur keine Sorgen, liebes Kind, Deinem Male geht's nicht
> schlecht. Er versucht nur, über den Ersatztruppenteil die Laufbahn des Kriegsinspektor
> einzuschlagen, da ich nicht als Stabsfeldwebel später entlassen werden möchte. (...) Diesen
> Entschluss fasste ich in letzter Zeit, da ich hörte, dass Inspektoren des Krieges gesucht
> werden. Wenn ich das vor Kriegsschluss noch erreiche, dann verzichte ich gern auf weitere
> Erlebnisse im Kriege [4. 8. 1941].
> Eigentlich sollte ich in das hiesige Kriegslazarett aufgenommen werden mit meiner Darm-
> geschichte, aber wegen Platzmangel ging das nicht. Mache Dir aber nur keine Sorgen, es ist
> nicht schlimm, sondern nur nervöse Überreizungen, die behoben sind, sobald ich das erreicht
> habe, was ich will. Denn in der Umgebung des Stabes kann ich nicht bleiben. Der Ärger
> würde mir sonst das Gedärm vollends zerfressen [8. 8. 1941].

Kurz darauf ist er mit einem Lazarettzug nach Krakau unterwegs und begegnet erstmals den Folgen des Krieges, als er die Verwundeten sieht und ihre Erzählungen hört.

> Wenn die Kameraden so erzählen von den Furchtbarkeiten des Krieges, da erschaudert man. Man kann es dann kaum fassen, warum die Menschen einander so bekämpfen müssen. Da steigen Fragen in einem auf, die unbeantwortet bleiben. Und an vielem zweifelt man. Jetzt verstehe ich auch, warum bei vielen Soldaten des Weltkrieges eine ganz andere Anschauung über das Leben überhaupt entstanden ist. Ich selbst sah dem Tod noch nie ins Auge, aber die Erzählungen der Kameraden lassen mich vieles erahnen - und zugleich erleben [16.8.1941].

Er erreicht sein Ziel und kehrt als Kriegsinspektor im März 1943 für nur wenige Wochen nach Russland zurück. Aus Smolensk schreibt er zwar auch über seinen Reizmagen, aber er führt Beschwerden jetzt ausschließlich auf Unbedachtsamkeit bei der Ernährung zurück.

> Plötzlich wurde es mir furchtbar schlecht und ich merkte sofort, dass das vom Magen herrührte. Kaum hatte ich mich niedergelegt, als ich mich sehr stark erbrechen musste. Die Speise lag also volle sieben Stunden im Magen ohne verdaut zu sein und ich merkte gar nichts davon. Die Ursache kann darin liegen, dass ich fett ass und lange im Zug sitzen musste oder auch an dem Schnaps, den ich vorher trank, da man bei der Ausgabe der Marschverpflegung einen Schnaps dazu bekommt (...) wahrscheinlich war dieser schlecht. Sei es wie es will. Die ganze Nacht hindurch musste ich mich erbrechen. (...) Es muss eine kleine Vergiftung gewesen sein. Am anderen Morgen ging es dann nach unten los und zwar kam das so überraschend, dass ich gar nicht darauf gefasst war und alles in die Wäsche ging. Das war natürlich eine ganz unangenehme Sache. (...) Bis jetzt fühle ich mich wieder sehr wohl. (...) Ich muss halt sehr aufpassen. Durchfälle gibt es hier öfter was oftmals mit dem Essen und mit dem Klima zusammenhängt. Davon werde auch ich nicht verschont bleiben [5. 3. 1943].

Banse scheut sich nicht, über die Details seiner Körperlichkeit Auskunft zu geben. Welchen kulturellen Einbruch für ihn derartige Krankheitserlebnisse bedeuten, kann man ermessen, wenn man seine Klage darüber liest, dass seine Frau zum Arbeitseinsatz als Küchenhilfe verpflichtet wird. Nicht die Arbeit an sich, sondern die Art erscheint unter der Würde und wen er für die niedere Arbeit geeignet findet, sagt er mit der Bemerkung über den "Ariernachweis" auch:

> Wenig erfreulich für mich war die Mitteilung, dass es mit der geplanten Aufnahme der Arbeit bei Meier & Co nichts war und Du als Küchenhilfe in der Panzerkaserne arbeiten musst. Das ist ja alles gegen unseren Willen und passt mir schon gar nicht. Was musst Du da eigentlich tun? Wohl Kartoffel schälen und spülen und sonstige schmutzige Arbeit verrichten. Wohl am Ende auch gar noch putzen. (...) Ich kann mich deshalb einfach nicht mit der Tatsache abfinden, dass Du gerade diese Arbeit verrichten musst [19. 3. 1943].
>
> Den Ariernachweis erbrachtest Du doch längst. Hast Du das nicht gesagt und erklärt, dass ich Soldat war und jetzt Beamter bin? Lass Dir nur nicht alles bieten, sondern verlange eine Arbeit Deinen Fähigkeiten entsprechend [21. 3. 1943].

Eigene Krankheit in Russland wird bei diesem Ideenhintergrund für ihn neben der körperlichen auch eine seelische Belastung darstellen, weil er den Kulturbruch in ganz unmittelbarer Weise erlebt. So offen und ausführlich, wie er bei diesem zweiten Russlandaufenthalt in einem Brief [5. 3. 1943] von seiner Erkrankung spricht, so verschweigt er auch nicht die Gefahren im Krieg, die er erstmals hautnah erlebt.

> Ich wünschte mir ja immer schon, mal einen Bombenangriff zu erleben. Dieses Erlebnis habe ich bereits hinter mir und mein Bedarf ist reichlich gedeckt. Es ist schon eine ganz gefährliche Sache, so schutz- und hilflos dieser Sache von oben preisgegeben zu sein. Fliegeralarm kennt man hier nicht und Schutzräume gibt es auch nicht. So hofft man eben, dass man nicht gerade von einem Volltreffer zugedeckt wird [14. 3. 1943].

Aber er bringt die beiden Dinge - Krankheit und Bedrohung im Krieg - nicht zusammen. War es ihm zu Kriegsbeginn noch möglich, bei seinen Beschwerden auch psychische Anteile (Groll, Reaktion auf die Umgebung) auszumachen, so begründet er sein Magen- und Darmleiden jetzt ausschließlich mit vorübergehenden Fehlern bei der Ernährung.

Wie ist der Wandel zu erklären? Wenn man Banses durchaus offene Schilderungen über gegnerische Angriffe liest, reicht zur Erklärung kaum eine allgemeine Tendenz zur Schonung der Partnerin aus. Ergebnisse der Stress- und Attributionsforschung lassen einen anderen Zusammenhang vermuten: Es ist nicht allein die Stärke eines belastenden Ereignisses, die den Ausschlag dafür gibt, welche Bewältigungsreaktion der Betroffene wählt. Vielmehr hängt dies von vielen Bewertungsprozessen ab. So kann ein Ereignis subjektiv als belastender erlebt werden, wenn es den Selbstwert bedroht. Und wenn die Umstände "kontrollierbar" erscheinen, wird dies mehr Handlungsbereitschaft, aber auch Handlungsnotwendigkeit in Gang setzen, als wenn der Betroffene von einer "externalen" und unkontrollierbaren Verursachung ausgeht. Ein Bombenangriff im Jahr 1943 bedroht zwar Banses Leben, aber nicht seinen Selbstwert in dem Maße, wie es die kleinen Querelen "in der Umgebung des Stabes" zwei Jahre zuvor taten. Auch forderten 1941 die internen Streitigkeiten ebenso wie seine Aufstiegswünsche eigenes Handeln heraus. Die gegnerischen Angriffe lassen ihm dagegen gar keine Handlungs- und damit auch keine Entscheidungsalternative und können unter diesem Blickwinkel paradoxerweise für ihn psychisch weniger belastend sein als die kleinen Querelen des Alltags. Die Lebensbedrohung durch den Feind kann ihn im Rückblick sogar entlasten, weil er sie gesund überstanden hat und weil er seinem Ideal vom mutigen heldenhaften Soldaten etwas näher gekommen ist. Bedenkt man, dass sein Aufstiegsmotiv auch damit begründet war, auf weitere Erlebnisse im Kriege zu verzichten [4. 8. 1941], so wird er in gehobener Stellung als Kriegsinspektor durch miterlebte Frontgefahr 'kongruenter' in dem Sinne, dass er vor sich und seiner Frau nicht als 'Drückeberger' dasteht. Andererseits gibt Banse - gerade vor dem Hintergrund der anfänglichen Andeutung von psychosomatischen Zusammenhängen - auch ein Beispiel für die Dissoziation von eigener Körpererfahrung und normorientiertem Idealismus:

Was von uns an Opfern noch gefordert werden, das wollen wir gerne bringen, wenn es zum Wohle und zum Segen unseres Volkes ist. In diesem Sinne lass mich schließen [14.3. 1943]. [Zur Feier am "Heldengedenktag":] Die Mehrzahl der Gefallenen war jung. Im Geiste erstanden vor uns die Hunderttausende, die ihr Leben und Blut für uns gegeben haben. Wir wollen uns ihrer würdig erweisen, indem wir treu bis zum letzten unsere Pflicht tun [21. 3. 1943].

Nur zwischen den Zeilen könnte man einen Versuch heraushören, die Fallhöhe zwischen idealer Vorstellung und persönlicher Befürchtung zu überbrücken. Wenn er erwähnt, dass die Mehrzahl der Gefallenen jung war, was kaum originell ist, so mag doch in dem Satz der Wunsch des Älteren mitschwingen, sich selbst und die Ehefrau zu beruhigen. Ansonsten gibt es aber zwischen den beiden Welten - der eigenen Körpererfahrung im Krieg und den Idealen - keine Verbindung mehr. Was ihm zu Beginn noch Anlass für Schauder, Zweifel und Fragen war, ist jetzt, zumindest in den Briefen, aufgehoben in der Ästhetik und Larmoyanz der Heldenverehrung.

Bedenkt man, dass dies die einzigen Ausführungen im Briefbestand zum "Heldenkult" sind, so erweist sich die Rezeption der offiziösen Vorgaben des Regimes durch die Soldaten eher als marginal. Zwar hofft der junge Leismeier auf seine "Heldenrolle"; eine stilisierte Todes- und Opferverklärung lässt sich aber zumindest aus den Briefen nur höchst selten herauslesen.[7]

5.3.2.4 Vom Hungern und Essen

Nach dreiwöchiger Fahrt, in der Hauptsache im Bahntransport, zum Teil mit Lastwagen, sind wir endlich zu unserer Abteilung gelangt. Gestern Abend tankten wir noch unsere hungrigen Mägen auf und soffen wie das liebe Vieh; denn unterwegs haben wir selten was zu Essen oder zu Trinken gesehen, viel weniger bekommen [Leismeier, 17. 8. 1941].

Jetzt versuchen wir, unsern Verpflegungstross vorm Essen abzufangen, sonst haben wir wiederum nichts. In solchen Lagen darf man nicht nur an gute Tage denken, sonst steigt einem der Magen hoch. Die andern sitzen nur 5 km von uns und essen, wie Grafen und wegen dem Saufluss fasten wir heute und kauen Hungerstricke. Die andern Kompanien schickten wenigstens an ihren Tross das Essen zurück, nur wir können uns mit der hohlen Hand eine auf den Bauch klatschen. So schlau hätten sie bei uns auch sein können! Ich bin nun satt, bis über beide Ohren. Und noch dazu einen Fraß, dass die Gefangenen sogar sagen, die doch bestimmt nicht verwöhnt sind, nix dobra (nicht gut). Damit braucht man bestimmt nicht zu sagen, man müsste noch froh darum zu sein, in der Heimat hätte man das nicht. Euskirchen ist Garnison, also keine Front, da hatten wir aber noch anderes Essen, das darf man sagen. Wir haben, als wir noch in Garnison waren, immer gemeint, was die Front für ein Essen haben wird. Aber als wir nur die spärlichen Portionen der Truppen sahen, waren wir überrascht. Wir haben jetzt zur Zeit so wenig Brot, dass von einem Sattwerden überhaupt keine Rede sein kann. Es ist viel schlimmer kein Brot zu haben, als irgend etwas anderes nicht, denn ich kann Brot allein, ohne etwas anderes essen, aber umgekehrt nicht. Jetzt bin ich aber doch bestimmt kein Esser. Die noch beträchtlich jüngeren Kameraden brauchen aber noch viel mehr. Um etwas zu bekommen, muss man ins nächste Dorf und das ist 7 km von hier und das zweitnächste 14 km. Und da bekommt man nur für Zigaretten oder Tabak was. Manchmal bekommen wir Käse und zwar soviel, dass man das Stück auf 1 Brot legen kann. Hätte

ich nicht von Dir immer eisernen Bestand, könnte ich buchstäblich Gras fressen.
Ich hab Dir schon geschrieben, dass ich 11 Päckchen bekommen habe. Davon 2 von Deinen
Leuten! Sag ihnen doch, dass ich ihnen herzlich danke. Sie sollen doch ihre Marken selbst
verwenden, ich weiß, dass Brotmarken gekürzt wurden, da braucht man doch alles selber. Ich
kann ja verstehen, dass man sich sorgt, aber deshalb kann man doch nicht, den ganzen Krieg
nicht schlafen und nichts essen. Das Nichtessen oder besser zu wenig Essen, kann die Heimat
und ist ja auch uns überlassen. Also haben wir der Heimat wenigstens etwas abgenommen.
Ja, ich hätte wieder so richtigen Geschmack auf normales Essen. Der Barrasfraß wächst mir
schon zum Halse raus. Ich möchte wieder mal nach Geitau, zu Weißbrot, Milch und guter
Butter. [Bumke, 24. 6., 8. 7., 21. 8., 5. 10. und 8. 10. 1941].

Kilometerweis müssen wir nach Wasser für die Feldküche suchen, manche Brunnen sind
vergiftet.
Eine furchtbare Hitze, wenig Wasser, keine Brunnen, furchtbare sandige Waldwege, das sind
die wichtigsten Strapazen, die an uns gestellt werden [Jolz, 18. 7. und 26. 7. 1941].
Mit dem Wasser ist es nicht immer so einfach. Es ist nicht bei jedem Haus ein Brunnen
[Suhrbeck, 2. 8. 1941].
Lieber Fritz Du fragst an, ob ich noch rauchen würde und das immer mehr, denn wir be-
kommen knappe Verpflegung und dadurch rauche ich soviel. Wenn es Dir möglich ist so
kannst du mir etwas schicken an Rauchwaren ich wäre Dir sehr dankbar dafür.
Wie ist es auch bei Euch mit Verpflegung und Rauchwaren ist das bei Euch auch so knapp.
Wir können uns bei unserer Verpflegung nie richtig satt oder voll essen. [Ernst Asper an
seinen Bruder Fritz, 26. 3. u. 3. 4. 1942].
Mit der Verpflegung wäre es bis jetzt immer noch gut gewesen aber für heute kann ich das
nicht sagen, denn ab heute gibt es nur noch Marschverpflegung, und das ist immer kalte Kost,
und dazu noch nur zweidrittel Brot. Zuvor haben wir einen ganzen Laib bekommen und jetzt
nur noch zweidrittel wo man am Mittag auch Brot braucht wenn es nichts Warmes mehr gibt.
Ich für mich werde schon auskommen aber wie wird es wohl bei denjenigen sein wo das Brot
zuvor schon knapp genug war, da wird die Klauerei wieder anfangen [Fritz Asper an die
Eltern, 22. 9.1943].

Probleme mit der Verpflegung waren Probleme des Nachschubs. So war mangelnde Versorgung mit Nahrungsmitteln vor allem in Zeiten schneller großer
Bewegungen zu befürchten. Daher kommt es, dass viele Klagen über Hunger
gerade aus der ersten Kriegsphase stammen, als die deutschen Truppen mit
hohem Tempo im Feindesland vorrückten. Aus den späteren Zeitabschnitten wird
über Verpflegungsprobleme vor allem in Zusammenhang mit länger andauernden
Kampfhandlungen oder Rückzugsbewegungen berichtet.

Als es am schlimmsten war ging es wieder als Infanterieeinheit, 3 Tage + Nächte ohne ein
Schluck Wasser, ohne ein Bissen Brot und ohne Zigaretten. Am letzten Tag fast ununterbrochen im Gefecht mit russisch. Infanterie und Pz. [Schuster, 21. 8. 1943].

Vor allem die Einseitigkeit der Ernährung gibt Anlass zum Klagen. Das Fehlen
von Gemüse (Vitaminen) und die in Marschzeiten oft nur kalte Verpflegung
führen besonders im Winter zu Mangelerscheinungen. Andererseits dient das
Thema "Essen" auch dazu, die Briefempfängerin zu beruhigen und idyllische
Szenen von Landserromantik auszumalen. Für Vilsen ist die Versorgungslage bei
seiner Nachschubeinheit auch in Zeiten der Bewegung konsolidierter:

Wenn wir so auf Fahrt sind giebt es Eintopf aber wenn es geht dann giebt es Kartoffeln, Gemüse, Salat. Kartoffelsalat also bald wie zu Hause [Vilsen, 20. 7. 1941].

Weitere Beispiele einer Landseridylle, die um das Essen kreist:

Leben tun wir nicht schlecht, obwohl wir zeitweilig vom Lebensmittelnachschub abgeschnitten waren. Meist versorgen wir uns selbst, einmal Hühner, einmal Gänse, einmal Schweinebraten, je nach Zeit und Bedarf [Melzner, 21. 7. 1941].

Da alles verrückt teuer ist, muss man selbst für den Magen sorgen. Die Hühner, Enten und Gänse, am Lagerfeuer gebraten, schmecken gar nicht schlecht. Ab und zu kann man in einem sogenannten Wirtshaus Bier kaufen, besser schmeckt aber hier der Schnaps. Ein Gläschen genügt für die nötige Bettschwere. Wasser gibt es nur wenig, und das ist nur gekocht genießbar. Das allgemeine Leben ist sehr soldatenmäßig, um nicht zu sagen Landsknechtleben (...). Haben uns vor unserer Scheune einen Ofen gebaut, dort werden die raffiniertesten Gerichte zusammengekocht. Für eine Zigarette bekommt man ein Ei, Bohnen, gelbe Rüben und neue Kartoffeln gibt's auf dem Feld, da lässt sich schon was machen. Heute Nachmittag habe ich mir Rühreier mit Speck gekocht, war ein prima Fraß. Da unsere Feldküche nicht auf Draht ist, müssen wir uns eben selbst helfen. Bei Einbruch der Dämmerung gehen wir wieder zum "Organisieren" aus, vielleicht erwischen wir auch ein Spanferkel, wie gestern unsere Nachbarn von der Artillerie! [Leismeier, 4. 8. 1941].

Zu Essen haben wir genug, mittags viel Fleisch. Auch Hühner machen sich viele Kameraden nebenbei fertig. In den letzten 2 Tagen hatten wir Rast unter Kirschbäumen. Nur sind die Kirschen etwas sauer, was uns ja nichts macht [Suhrbeck, 2. 8. 1941].

Zu essen habe ich genug, brauchst mir nichts zu schicken, höchstens mal ein Stück Kuchen [Melzner, 4. 8. 1943].

Verpflegung ist bei uns gut, ich bin zufrieden damit. Auch das Wasser ist jetzt besser, wir holen es an einem anderen Ort, 6 km mit dem Auto [Schwering, 23. 1. 1944].

So halten sich die Klagen über das Essen die Waage mit positiven Schilderungen vom Essen und Trinken. Der Befund (der sich bei einem Vergleich negativer und positiver Schilderungen zur "Verpflegung" im Briefbestand erhärtet) verwundert, weil das Essen die Menschen im allgemeinen häufiger zum Klagen als zum Loben veranlasst. Ein Motiv mag in der Beruhigung der Angehörigen liegen. Gerade deren zusätzliche Sendungen von Dauerwurst und Kuchen, Puddingpulver und Schokolade und weiterer Besonderheiten gewinnen eine, wenn nicht lebenserhaltende, so doch stimmungserhaltende Bedeutung. Vor allem drückt sich in einer insgesamt hinreichenden Grundversorgung der deutschen Soldaten das Bemühen der Führung aus, Hungererfahrungen im eigenen Lager vorzubeugen, wie sie mit ihren demotivierenden Folgen aus dem "Steckrübenwinter" 1917 noch in Erinnerung waren. Insgesamt scheint die Rechnung der deutschen Führung, durch hinreichende Versorgung der Soldaten einer größeren, länger andauernden Unzufriedenheit vorzubeugen, aufgegangen zu sein. Dass die Nahrungsmittel der Zivilbevölkerung abgepresst wurden, wussten die Soldaten oder konnten es wissen. Dass die russischen Kriegsgefangenen in Massen verhungerten, spiegelt sich in den Briefen nicht. Bumkes Mitteilung über "tragische Szenen" in den Gefangenenlagern [8. 10. 1941] ist eine Ausnahme und auch sie dient ihm dazu, die eigene Bedrohtheit anzusprechen, so wie er den abfälligen Kommentar der Gefangenen zum "Barrasfrass" als Unterstützung seiner eigenen Kritik nimmt. Wieweit die Soldaten das resultierende Elend der Zivilbevölkerung auf eigenes Handeln zurückführten oder es wiederum als Bestätigung ihres Feindbildes nahmen, ist nicht immer klar. Erwin Jolz' anfängliche Mitteilungen aus Russland sprechen eher dafür, dass er den Systemvergleich sucht, seine Notiz aus dem Oktober lässt aber auch Mitgefühl erahnen:

> In Frankreich war es oft schmutzig u. dreckig, hier ist es aber noch schlimmer [25. 6. 1941].
> Du ahnst nicht, was wir in diesen Tagen erleben, ich kann es Dir in Worten nicht schildern.
> Welche Not u. welches Elend wir heute wieder sahen bei der russ. Bevölkerung, Du machst
> Dir kein Bild davon. Tage u. Nächte werde ich dir einst erzählen über diese Erlebnisse,
> Zustände und Verhältnisse [15. 10. 1941].

5.3.2.5 Umgang mit dem Mangel -
Vom Erbeuten und "Organisieren"

Über das "Beute machen" und "Organisieren" schreiben die Soldaten insgesamt nicht oft. Von 13 Schreibern liegen dazu insgesamt ca. 70 Äußerungen vor, davon entfallen ca. 60 auf das erste Kriegshalbjahr bis Dezember 1941. Eine Erklärung für diese signifikante Abnahme über die Zeit wird man nicht in einem Rückgang von entsprechenden Handlungen, sondern paradoxerweise eher in dem Allgemeinwerden einer immer besser organisierten Ausplünderungspraxis finden. Das Erbeuten war in der ersten Kriegsphase in diesem großen Stil für die Soldaten neu. Es ging nicht mehr nur - wie vorher in Frankreich - um das billige Erstehen von Waren, die in der Heimat fehlten, sondern es handelte sich um einen viel existentielleren alltäglichen Raubzug, an dem die Soldaten beteiligt waren: vom Vieh, das den Bauern aus den Ställen getrieben wurde, über die Stiefel, die toten oder gefangenen Russen abgenommen wurden, bis hin zur selbstverständlichen Aneignung der Arbeitskraft der Zivilbevölkerung. In diesem großen Stil war das eine neue Erfahrung, die daher in den Briefen zu Beginn angesprochen wurde. Ein weiteres kam hinzu: In der Anfangsphase bedurfte es der Klärung, was erlaubt, was verboten war. Die Soldaten hatten zu lernen, dass Raubzüge zum eigenen privaten Vorteil nicht erwünscht (wenn auch verbreitete Praxis) waren, ihre Teilnahme am Raubzug im Dienste der Wehrmacht aber geradezu erwartet wurde.

Für den Feldwebel Banse bedarf die Aneignung von fremdem Wohnraum und Beutegut nach dem Übertritt über die "ehemalige polnisch-russische Grenze" im Juli 1941 keiner besonderen Begründung, sie ist selbstverständlich:

> Wir bezogen hier in der Wohnung des früheren Schuldirektors eines Gymnasiums, das sich
> daran anschließt, Quartier.
> Heute schicke ich eine Kiste mit etwas Beutegut weg [Banse, 7. 7. und 29. 7. 1941].

Was militärischen Zwecken oder der alltäglichen Ernährung dient, wird ohne größere Überlegung genommen. Wieviel selbstverständliche Aneignung liegt in wenigen Zeilen:

> Wir haben jetzt über 50 russ. Pferde mit Wagen auf dem Vormarsch die unser Gepäck transportieren, von einem Tagesziel zum anderen. (...) Zur Zeit lagern wir in einem großen Fruchtspeicher, der wenigstens sauber ist, das Stroh wird von den Strohdächern geholt als Unterlage, Honig gibt es auch in Hülle u. Fülle, die Waben sind ganz voll und werden von uns geleert, wenn wir Zeit haben [Hilger, 10. 8. 1941].
> Wir waren Vorkommando! Ein Leutnant, Fahrer und ich. Die Nächte werden allmählich schon kälter. Dann sind wir stundenlang durch die zerstörte Stadt gelatscht, um ein einigermaßen anständiges Quartier (mit Waffen!) für den Stab zu finden! Es ist zuletzt auch gelungen! [Heppermann, 26. 7. 1941].
> Nach dreiwöchigem Kampf, bei dem wechselnd das Kriegsglück auf unserer Seite stand, wurde auch bei uns der Kessel geschlossen, in dem wiederum eine russ. Armee vernichtet worden war. Reiche Beute an Material und Gefangenen sind uns in die Hand gefallen [Leismeier, 11. 10. 1941].
> Es gab Wochen, in denen keinerlei Versorgung uns erreichte. Dann muss eben der Krieg den Krieg ernähren. Dass es dabei nicht immer "solide" hergeht, kannst Du Dir vorstellen, vor allem nicht bei Landsern, die abends müde und abgekämpft in den Quartieren erscheinen, Hunger haben und schlafen möchten! [Heppermann, 20. 11. 1941].
> Wir bekommen nun gut zu essen unser Koch macht sich richtige Arbeit. Ab und zu muss mal ein Russen Schwein oder Kalb dran glauben die laufen viel herrenlos umher. (...) ein Huhn muss auch als mal herhalten wenn uns eins über den Weg läuft so ist alles in Butter. Schickt mal verschiedene Umschläge mit. Vielleicht haben wir ja auch mal Glück und erbeuten was. Aber darauf wollen wir uns mal nicht verlassen.
> An Wintersachen haben wir auch verschiedene Sachen empfangen und auch organisiert zu schicken braucht Ihr nichts mehr [Vilsen, 18. 8. 1941 und 3. 1. 1942].

Die Dienstbarmachung fremder Arbeitskraft ist ebenso selbstverständlich - und ist es doch zunächst nicht für alle.

> Manchmal haben wir Glück. Da gibt es noch Zivilisten. Die Frauen krieg ich gleich dran. Die müssen mir Knöpfe annähen, Wasser erwärmen, waschen ... und sie tun es gern [Brandes, 22. 11. 1941].

Für Joseph Brandes ist die Aneignung russischen Wohnraums Alltag. Im Brief an die Schwester ist er mit dem Nachsatz bemüht, das Gewaltsame der Situation ins Gegenteil zu verkehren und damit zu legitimieren. Dieses Idyll der freiwilligen Knechtschaft zeichnet auch Hans Sulzer, als er seiner Mutter aus dem Raum Brjansk (Mitte) das "Organisieren" von Kartoffeln schildert:

> Nun möchte ich noch beschreiben wie wir heute Nachmittag Kartoffeln besorgt haben. Es war das wesentlich einfacher wie zu Hause. Wir zogen mit vier Säcken los. Unterwegs trafen wir einen Bauern mit seinem Panje-Wagen. Auf einen Wink, den er sofort richtig verstand ging er mit uns. Wir kamen zu einem Kartoffelfeld auf dem Frauen an der Arbeit waren.(...) Die Frauen verstanden sofort, dass wir Kartoffeln haben wollten. Mit Bienenfleiß knieten sie sich in die Kartoffelhaufen, schoben die obere, erfrorene Schicht beiseite und füllten unsere Säcke mit den noch guten Kartoffeln aus der Mitte. Sie taten dies sicher nicht aus Furcht, denn es ging lustig zu dabei. Vielleicht taten sie es aus gewohntem Gehorsam. Dann luden wir dem Bauer die Kartoffelsäcke auf und er fuhr uns über 4 klm bis zu unserem Quartier ohne irgendeinen Unwillen dabei zu äußern. Ich habe oft schon den Eindruck gehabt dass die Bevölkerung oft willenlos und gefügig ist. Es mag das eine Eigenart sein, wahrscheinlich aber

> auch eine Folge des kommunistischen Regimes. Wir waren also auf einfachste Weise zu
> unseren Kartoffeln gekommen [Sulzer, 17. 10. 1941].

Bis auf seine Auslassungen über das teilweise Erfrierenlassen der Kartoffeln
("typisch russisch") schildert Sulzer seiner Mutter die ganz wunschgemäße
Dienstfertigkeit und braucht doch eine Erklärung. Die findet er aber nicht in
etwaiger Vorerfahrung der Landbevölkerung mit den Besatzern. Auch das Droh-
potential bewaffneter Soldaten, deren "Wink" jeweils "sofort verstanden" wird,
ist ihm gar nicht recht bewusst. Volkscharakter und kommmunistisches System
müssen zusätzlich herhalten, um dieses Idyll einer nahezu schlaraffenlandartigen
Dienstwilligkeit zu erklären. Immerhin sieht er ein Vierteljahr später, als aus
seinem Quartier die russische Familie mit sechs Kindern in ein "benachbartes
Haus mit mehreren Zivilisten" umziehen muss, die Not der Betroffenen. Die
Eigentümer kommen am nächsten Tag zur Fortsetzung ihrer Dienste wieder, statt,
wie er erwartet, mit einer "ziemlichen Verstimmung" zu reagieren:

> Es ist ganz einfach die Not, vergrößert noch durch die sechs Kinder die die Leute wieder zu
> uns trieb. Nur wenn man die Not in Betracht zieht, kann man einigermaßen das Wesen der
> Russen verstehen [Sulzer, 23. 1. 1942].

Mit einer solchen Umquartierung im kältesten Winter verträgt sich im selben
Absatz das positive Selbstbild: "Man kann nicht sagen, dass die Leute, dafür dass
sie sich im Kriegsgebiet befinden, von uns schlecht behandelt würden." Mehr
dazu ist von ihm auch in den folgenden Briefen nicht zu erfahren. Distanz zu den
Betroffenen, Gewöhnung und Abstumpfung durch die alltägliche und grundlegende Ausbeutung lassen das Thema hinter anderen zurücktreten.

Es ist nicht nur die Häufigkeit, sondern auch die Ausführlichkeit, die Beute-
schilderungen des Anfangs von denen des Endes abhebt. Was in den ersten
Monaten breit dargestellt, mit Argumenten abgesichert und für die Heimat nachvollziehbar gemacht wird, verdichtet sich 2 Jahre später zu knappster Mitteilung.
Willy Pott schreibt am 3. 12. 1943 aus dem Raum Tscherkassy (Süden), als der
Verpflegungstross nicht mehr zu finden ist: "Seit 20. 11. leben wir nun restlos aus
dem Lande." Er bemüht sich nicht, seiner Frau zu erklären, was das bedeutet.

Für den Obergefreiten *Vilsen*, der Anfang 1942 die Aneignung fremder
Wohnungen im Raum Rshew selbst erlebt, ist das zwar Alltag im Krieg, aber
doch auch erklärungsbedürftig:

> In unserem Quartier hat sich auch jetzt viel geändert. Die Russen sind in den Ortschaften alle
> zusammengelegt worden und auch wir. Es ist ja so schöner wie sonst als wir mit den Russen
> zusammen lebten, aber jetzt müssen wir unser Holz selbst machen, selber Wasser holen usw.
> Doch das macht ja nichts. Bei den Russen hat das ja allerhand Teather gegeben und sie
> konnten einem ja leid tun weil sie ihr Haus verlassen mußten. Doch man ist in dieser Bezie-
> hung nicht mehr so empfindlich, es ist halt Krieg und noch sind wir die Sieger
> [Vilsen, 17. 3. 1942].

Mit der Nähe zum Geschehen, d. h. mit der eigenen Anschauung und dem eigenen Kontakt mit den Betroffenen, steigt der Druck der Rechtfertigung. Auch kann
nicht alles offen mitgeteilt werden, denn man darf davon ausgehen, dass "zu-
sammenlegen" bei den Russen etwas anderes bedeutete als bei den deutschen
Soldaten. Vilsen suggeriert eine Symmetrie ("und auch wir"), die nicht besteht
und positioniert sich fast noch auf der Opferseite, weil die selbstverständliche
Nutzung der fremden Arbeitskraft wegfällt. Dass er das Leid nicht übersehen
kann, fließt in seiner Selbstbeschreibung ein: Mit dem "nicht mehr so empfindlich" verweist er auf seine Empfindungsfähigkeit, die aber zunehmend abstumpft.
Dies ist seine letzte Äußerung zum Erbeuten und Aneignen. Es treffen ganz
verschiedene Aspekte zusammen: Spuren schlechten Gewissens, aber auch
langsam versiegendes Mitleid und die Gewöhnung an die Selbstverständlich-
keiten des Siegerverhaltens. Das Bild wäre unvollständig ohne ein weiteres Zitat
von Vilsen, in dem er keine Erbeutung, sondern einen regulären Kauf schildert:

> Den Benzinkocher habe ich in Witebsk bei Zivilisten bekommen wir haben damals eine
> ganze Portion zusammengebracht. Die können ja nichts mehr damit anfangen weil sie keinen
> Benzin dafür haben. Ich habe 50,- M dafür bezahlt für normale Verhältnisse ja viel zu viel
> aber nach den heutigen Zeiten besonders hier in Russland muß man schon mit solchen
> Preisen rechnen. Mir ist der Kocher jedenfalls dienlicher als die 50,- M in der Tasche [8. 12.
> 1943].

Unter den Bedingungen des Krieges wird man fragen, ob die zusammengebrachte
"Portion" insgesamt so erworben wurde. Immerhin schildert Vilsen hier eine
Handlungsweise, die dem Gedanken einer individuellen räuberischen Aneignung
entgegensteht. Solche kleinen Geschäfte zwischen Soldaten und einheimischer
Bevölkerung werden nicht selten geschildert; Tausch von Lebensmitteln gegen
Zigaretten oder regulärer Kauf von Bedarfsgegenständen erwecken mitunter den
Eindruck von quasi - normalen Austauschbeziehungen - und sollen diesen Ein-
druck wohl auch bei den Angehörigen erwecken.

Dass es auch eine Erwartung der Heimat gab, die das Beutemachen anheizte,
wird sichtbar in den Versuchen von *Georg Scharnik*, seine Eltern über die Grenzen aufzuklären:

> Euere Vermutung von wegen der Beute ist falsch. Da wir immer auf den Vormarschstraßen
> vorstoßen, mit einer anderen Division dann irgendwo zusammen treffen und so immer einen
> Ring schließen in dem dann alles drinnen ist, machen immer die Truppen die in den Ring
> eindringen die Beute, während wir am östlichen Teil des Ringes immer den Feuerschutz nach
> Osten und das Vernichtungsfeuer, der von den Infanteriedivisionen innerhalb des Ringes
> nach Osten gedrängten Russen, nach Westen übernehmen.
> Deinen Wunsch von wegen den Mantel kann ich leider nicht erfüllen, da obwohl wir bereits
> in mehreren Städten waren keine Möglichkeit besteht, in den völlig zerstörten Häusern irgend
> jemand um so etwas zu erhalten.
> Das mit dem Schlachten stellt Ihr Euch vielleicht etwas falsch vor. Erstens ist es verboten,
> zweitens muss von uns alles käuflich erworben werden, bzw. im Stillen erledigt werden. Ich

freue mich, dass Euch der Tee so gut mundet. Was ich nicht verstehe, ist, dass Ihr immer nach Kaffee schreibt. (...) [Ihr hättet] schon darauf kommen müssen, dass es solche Sachen nicht gibt. Was anderes war es in Frankreich [Scharnik, 25. 7., 3. 8. und 13. 10. 1941].

Etwaige Zweifel an der Rechtmäßigkeit des eigenen Handelns sind in den Briefen kaum erkennbar. Nur zwei Äußerungen, beide im Juni 1941 aus dem polnisch-russischen Grenzgebiet, lassen eine Abgrenzung zur vorherrschenden Praxis erkennen. Die eine Äußerung vom Ältesten der Gruppe wurde bereits als außergewöhnliches Beispiel für Kritik am eigenen Lager angeführt (vgl. Kap. 4.1.3), die andere ist individueller geprägt und längst nicht so prinzipiell formuliert:

> Hier hatte ich mal Gelegenheit einer Kommission zuzusehen, die den Leuten ihre Kartoffeln und Roggen beschlagnahmte, da war ein deutscher Zivilist mit Parteizeichen dabei, und einer Peitsche um sich hängen!! Zum Schutz polnische Polizei; da braucht man ja weiter keine Worte mehr sagen. Da haben verschiedene Blätter wahrhaft keinen Grund über sogenannte Methoden der Engländer großes Geschrei zu verführen [Hilger, in Polen, 20. 6. 1941].
> Aus einer eroberten Kaserne haben unsere alten Makler so verschiedene Dinge erbeutet. Ich bin ja nicht so leicht dabei, weil mir das weniger liegt, Du weißt es ja. Sollte ich aber mal zu einer solchen Gelegenheit kommen, dann schaue ich schon, ob für Muttern nicht welche zu haben ist, denn gerade da wäre sie doch am Platze [Pott, 25. 6. 1941].

Weitergehende Gewissensregungen sind entweder nicht vorhanden oder werden bald unter dem Druck der alltäglichen Praxis ausgeschaltet. Was nicht verboten ist, ist auch moralisch zulässig. So können bei demselben Soldaten das Entsetzen über einen Einbruch und Diebstahl zu Hause und die selbstverständliche Schilderung der Aneignung fremden Eigentums im besetzten Land dicht aufeinander folgen, ohne dass auch nur im Entferntesten eine Parallele mitbedacht wird. Die Norm, an der sich der Soldat orientiert, wird durch die Bestimmungen vorgegeben. Was immer er an eigener Fähigkeit des Mitleidens im Einzelfall mitbringen mag, wird überlagert durch die Festsetzung der Besatzungsmacht, was Recht und Unrecht ist. Wo hierbei die Grenze liegt, wird an wenigen Stellen angesprochen.

> Wenn wir auf den Nachschub angewiesen sind, ist es Mist; am besten ist immer Selbstorganisieren, aber es ist nicht immer erlaubt [Melzner, 12. 8. 1941].

Heinz Heppermann erlebt nach anfangs guter Versorgung die Engpässe schon im August 1941. In seinem Brief an die Ehefrau vom 10. 8 .1941 klingen Knappheit und die Grenzen des Organisierens an, aber auch eine Lösung, die die Soldaten immer wieder finden: ihre Angehörigen um das Notwendige zu bitten.

> Wären wir aus diesem Lande erst wieder heraus. Traurig und trostlos, dabei leergefressen! Wir können nicht einmal mehr Kartoffeln organisieren. Die neuen sind noch nicht so weit - ist jetzt verboten worden - ist außerdem ja auch Raubbau. Und alte sind nicht mehr zu haben! Und sonst nichts! Keine Milch, kein Ei, kein Huhn! Alles aus! Du kannst Dir vorstellen, dass wir im ganzen übel dran sind! Sind also auf die Verpflegung angewiesen und auf die "Liebe" der Angehörigen! Wenn ich also oft Wünsche äußere, so sei nicht ungehalten [10. 8. 1941].

In einem einzigartigen Dokument in der "Sammlung Sterz" wird die Praxis des Erbeutens umgemünzt in eine Warnung und Verhaltensanweisung: Pfarrer Otto B. ist als Obergefreiter zeitweise in Russland. 1943 schreibt er:

> Wie rasch verliert gerade heute manch einer sein Heim, seine Wohnungseinrichtung, sein Dach über dem Kopfe, auch wenn er noch so alteingesessen ist, und muss froh sein, wenn er nicht mehr als das einbüßt. Wie viele haben gerade in diesen Wochen vor uns hier das Feld räumen müssen, man staunt immer, mit welcher Sturheit im allgemeinen die Menschen hier im Osten das hinnehmen, man kann sagen: über sich ergehen lassen! Und wie gut, dass dies Schicksal doch unsrer Heimat in diesem Kriege weithin erspart geblieben ist. [Otto B., Sammlung Sterz, Exzerpt v. 13. 4. 1943].

Zwei Jahre später 'nutzt' er seine Erfahrungen zur Warnung.

> Sollte es je, was Gott verhüten wolle, nötig werden, das Haus zu verlassen, sei es auf höheren Befehl oder aus eigenem Entschluss, so ist folgendes zu beachten: Nichts ist dem, der von einem Hause Besitz ergreift, so sehr im Wege als viel Hausrat. Das gilt für Feind oder Freund ganz gleich. Der Soldat, der auf das Haus als Unterkunft angewiesen ist und nun hineinkommt, sucht etwas, vom Unterkommen, der Schlafgelegenheit, dem warmen Aufenthaltsraum, Schutz gegen Witterungsunbilden, Essen bis zu den übrigen Annehmlichkeiten des Alltagslebens und der Ruhe. Oder aber er sucht Splitterschutz, Bombenschutz. Das, was er braucht, nicht zu weit weglegen, den Weg ihm dahin nicht unnötig versperren. Das gilt natürlich nur von allen Dingen, die man dalassen musste, und von der beweglichen Habe wird das immer das meiste sein.
> Aber: Ordnung geht über alles! Auch wenn man nicht hoffen darf, dieselbe Ordnung nach Rückkehr auch wieder anzutreffen, Ordnung. Man findet als Soldat doch alles! Kein Schloss ist so fest zugeschlossen, dass es nicht doch aufzumachen ginge. Darum: Nur das Behältnis abschließen, was auch wirklich verschlussfest ist. (...) Wenn man sonst noch etwas schließen muss, eine Zimmertür, einen Wandschrank, Schublade oder dergleichen, dann den Schlüssel stecken lassen oder unmittelbar daneben aufhängen, am besten an den Schlüsselgriff. (...) Essvorräte alle an ihrem ordnungsgemäßen Platz belassen, wenn man sie schon zurücklassen muss und wenn man nicht ein wirklich sicheres Versteck hat, eins, auf das erst stundenlanges planmäßiges Suchen führen könnte. Die Zeit dazu kann sich in den seltensten Fällen ein Soldat nehmen.
> Messer und Gabeln, Teller und Tassen, Abfalleimer, Besen, Müllschaufel, Werkzeugkasten und Nägel, Faden und Nadel muss leicht zu finden sein, Topf und Deckel, Anmachpapier jeder Art, Küchengerät. Dann Decken, Kissen, Wäsche, dann erst Bücher, Schreibzeug; für "lange Finger" natürlich Schmuck- und Wertsachen, Uhren und Ringe und Geld: entweder - ganz offen liegenlassen oder in die bewusste Kiste, die niemand erbrechen kann.
> Wenn wir so alles, was wir in mehrjährigem Sammeln zusammengebracht haben, ordnen, können wir auch wohl hinterher viel leichteren Herzens von ihm Abschied nehmen. (...) Ich bitte Gott, dass Er Euch, meinen liebsten Besitz, nein, aber mein liebstes Lehen, das Verlierbarste von allem, was mir lieb ist, in Seinen gnädigen, allmächtigen Schutz vor Feind und Freund nehmen wolle. [Otto B., Sammlung Sterz, Exzerpt v. 3. 3. 1945].

Von den Soldaten, deren Briefe hier untersucht werden, kam bis zum Herbst 1944 keiner zu einem solchen Perspektivenwechsel. Es mag auch dahingestellt sein, ob sie angesichts der Rückzugspolitik der "verbrannten Erde" überhaupt die gedankliche Möglichkeit gehabt hätten, sich ein Leben nach der Niederlage vorzustellen. Für manchen, der den eigenen Maßstab des Herrschens und Erbeutens angelegt hätte, um eine Prognose für seine Familie zu Hause zu geben, wären die Vorschläge von Otto B. nur rührende Versuche gewesen, die Illusion von möglicher Einflussnahme zu erzeugen. "Ordnung" kann über die praktische Bedeutung hinaus auch den Sinn haben, angesichts von Chaos und Zerstörung zumindest diesen Wert aufrecht zu erhalten. Wie sehr er ihm tatsächlich gefährdet scheint, geht aus seiner Warnung vor Feind und Freund hervor.

Solche Anweisungen sind ein ausgeprägtes Beispiel für einen gleichsam kompensatorischen Versuch, Kontrolle in Zeiten völliger Fremdbestimmung zurückzugewinnen, und sei es nur in der Form einer vorgestellten Kontrolle. Solche Versuche finden sich auch im analysierten Briefbestand. Die "Kontrolle der Heimat" in Form von Aufträgen oder dringenden Ermahnungen machen immerhin ein Drittel aller kontrollbezogenen Äußerungen aus (33,9 % von 392 Äußerungen). Es sind vor allem die Ehemänner, die hochsignifikant häufiger, als es in den Elternbriefen zu finden ist, solche meist alltagsbezogenen Ermahnungen zu Fragen des Haushalts und der Kindererziehung nutzen, 'verlorenes' Terrain zurückzuerobern - in des Wortes mehrfacher Bedeutung.

5.4   Zusammenfassung

Untersucht wurde, welchen Niederschlag in den Briefen die Erfolgs- und Misserfolgserwartungen finden (Kap. 5.1 und 5.2). Mit den "Belastungen im Kriegsalltag" (Kap. 5.3) wurden die Mitteilungen über Kampf, Zerstörung und Tod (Kap. 5.3.1) und die Klagen über alle alltäglichen Belastungen durch Kälte, Regen, Enge, Dreck, Ungeziefer, Krankheit und Hunger (Kap. 5.3.2) untersucht. Daran schlossen sich am Beispiel des "Essens" und des "Erbeutens" wie der "Kontrolle der Heimat" Betrachtungen zu "Lösungen" an, die die Soldaten im Umgang mit diesen Belastungen suchten.

1. Entsprechend der Hypothese (Kap. 2.5, Hypothese 3.4) lässt sich eine anfängliche Siegeserwartung in den Briefen belegen. Konkrete Niederlageerwartungen und Beschreibungen der feindlichen militärischen Überlegenheit treten dagegen insgesamt selten, und zwar seit dem Winter 1941/42 auf. Unter den Bedingungen der Zensur, aber auch aus einem Einklang mit den Kriegsperspektiven der eigenen Seite werden solche Ahnungen nur verklausuliert mitgeteilt und geben den Adressaten damit keinen 'realistischen' Aufschluss über die tatsächliche Lage und wohl auch nur unzureichend über die Einstellung der Schreiber. Manchen Soldaten dienen sie dazu, Durchhalteappelle nach Hause zu senden. Bemerkenswert ist allerdings der frühe Verfall der Überlegenheitsäußerungen. Die "Herbstkrise" 1941 (vgl. Kap. 2.1.1) und vor allem die demoralisierende Wirkung des ersten Kriegswinters finden ihren Niederschlag darin, dass Erwartungen auf einen aus deutscher Sicht "positiven" Kriegsausgang nach dem Sep-

tember 1941 rapide abnehmen. Nur durch militärische Erfolge im Oktober 1941 kommt es noch einmal zu einer kurzfristigen Stimmungsaufhellung. Dabei können 'Ungleichzeitigkeiten' zwischen der Einschätzung allgemeiner und einer in persönlicher Erfahrung begründeter Erfolgserwartung festgestellt werden. Als ein Indiz des Hoffnungsverfalls belegt der Wandel in den "Zeitperspektiven", wie aus den konkreten Erwartungen des baldigen Sieges binnen kurzer Zeit diffuse und von Gerüchten genährte Zeitvorstellungen werden, die schließlich zum ersten Winter hin ganz verblassen oder in resignierte Spekulationen ("dreißigjähriger Krieg") münden.

Das heißt: Seit Herbst 1941 gab es bis auf kurzzeitige Ausnahmen keine Erfolgserwartung (an deren Mitteilung keine Zensurbestimmung die Soldaten gehindert hätte), und bis zum Ende dieses Untersuchungszeitraums im Herbst 1944 gab es auch kaum explizit geäußerte Niederlageerwartungen. Vom Herbst 1941 bis zum Herbst 1944 handelt es sich also um einen andauernden Schwebezustand, der geprägt war von Unsicherheit und - subjektiv - von einer Einschätzung, die zum mindesten nicht mehr als optimistisch bezeichnet werden kann, obwohl die Soldaten noch tief im fremdem Land einen Angriffskrieg führten.

2. Einen Ausschlag für den Stimmungsumschwung geben die konkreten leiblichen Belastungen. Sie kulminieren in den Herbstmonaten 1941, wobei nun zu den Belastungen des Marsches und der fremden Umgebung zwei psychologische Momente hinzutreten, die auch die verarbeitende Abwehr schwächen: die Enttäuschung der anfänglichen Siegeshoffnung und die bange Erwartung des Winters. Dies mündet bei einigen in spontanen und recht offenen Missmut und in die ausdrückliche Forderung nach baldigem Kriegsende. Die Klagen über Läuse und Dreck, über Hunger und Enge belegen, dass nahezu alle Soldaten die "Entmodernisierung der Front" (Bartov) am eigenen Leibe erleben. Die entsprechende Hypothese (Hyp. 3.3) wird bestätigt.

3. Über die "primären" Erfahrungen - Kampf, Zerstörung, Tod - äußern sich die Soldaten zwar immer wieder während des gesamten Kriegsverlaufs, so dass die Menge der Mitteilungen hierbei wenig differenziert. Immerhin wird die Einteilung in Kampftruppen, Kampfunterstützungstruppen und Versorgungseinheiten validiert, die über diese Erfahrungen in absteigender Reihenfolge berichten. Aussagekräftige Entwicklungen erschließen sich mit der Ausführlichkeit und inhaltlichen Färbung der Darstellungen. In Differenzierung der Annahme (Hypothese 3.1) ist festzustellen, dass die Soldaten vor allem in Abhängigkeit von der Überraschung und der Neuigkeit der Erfahrung über Kampf und Tod schreiben, nicht in Abhängigkeit von der Extremität der Gefahr. So schreiben einige zu Beginn sehr ausführlich und ohne 'Schonung', eher mit dem Grundton

des überraschten Erschreckens, über Kampf und Tod in ihrer nächsten Nähe, sowohl in den Briefen an die Eltern wie an die Ehefrau. Aber in Bestätigung der Vermutungen über die "Selbstdarstellung" (Hypothese 3.2) nehmen diese Kampfbeschreibungen bald ab: Die Bemerkungen werden kürzer, zusammenfassender und lakonischer. Die Überfülle der zu schildernden Vorkommnisse, einsetzende Gewöhnung und die Reaktion auf die heimatliche Sorge wirken in diese Richtung. Einige ausführliche Gefahrenbeschreibungen aus späterer Zeit bestätigen dieses Bild insofern, als sie von Soldaten stammen, die nach einem langen Aufenthalt im Westen wieder nach Russland kommen und nun erneut der Überraschung ausgesetzt sind.

Insgesamt wird damit ein Prozess des sukzessiven Beschweigens von zentralen Kriegserfahrungen erkennbar. Die Männer 'lernen' bereits bis zum Winter 1941/42, was sie für sich zu behalten haben. Die folgenden Kapitel werden Zeichen und Gründe solcher Abspaltungen näher untersuchen.

6. Bindung und Distanz
Liebe / Kameradschaft - Feindseligkeit

Das Leben der Soldaten im Krieg ist geprägt von feindseligen Handlungen. In ihren Briefen nach Hause schreiben sie von Liebe, Zuneigung, Treue, sie beruhigen und sie erkundigen sich nach Bekannten. Feindselige Äußerungen spielen dagegen eine insgesamt geringe Rolle. Über 1900 Äußerungen aus dem Themenfeld "Liebe und Partnerschaft" stehen ca. 270 Mitteilungen über feindselige Regungen gegenüber; und von diesen entfallen fast die Hälfte auf die Kritik am eigenen Lager, ca. 1/3 auf die "Verachtung" des Feindes und ca. 10 % lassen auf "Hass und Mordlust" schließen. Weniges macht die Bedeutung der Feldpostbriefe deutlicher als dieser Kontrast: Die Soldaten schaffen sich im Schreiben eine Gegenwelt zu der, die sie umgibt.

6.1   Liebe, Partnerschaft und Kameradschaft

Welchen Zusammenhang gibt es zwischen Krieg und Liebe? In einem ersten Zugang lautet die Antwort: Der Krieg stellt die Liebe auf eine Probe. Die erzwungene Entfernung von der Partnerin und den Angehörigen macht das Erleben von Liebe in der täglichen Begegnung unmöglich. Es bleibt die Sehnsucht nach der Geborgenheit und der seelischen und körperlichen Begegnung. Aber es gibt noch andere Facetten: Der Kämpfer, der sich auf die Reise begibt, kann dies, zumal in Zeiten des erwarteten Erfolgs, auch als Abenteuer und Bewährungsprobe erleben, für die er gerade von den geliebten Menschen Anerkennung erhofft. In Zeiten der Gefahr sieht sich der Kämpfer als Beschützer und Verteidiger für die zu Hause gebliebenen Angehörigen. Die Liebe wird zur Rechtfertigung des eigenen Kriegshandelns. Der Soldat sieht sein Tun als notwendige Vorsorgemaßnahme gegen das, was er von den feindlichen Soldaten befürchtet, wenn sie in seine Heimat eindringen. Die Liebe dient damit zur Motivation und Rechtfertigung für das eigene Kämpfen, das vor dem Hintergrund der immer angenommenen drohenden Gefahr für die eigenen Angehörigen subjektiv als ein Verteidigungshandeln begriffen wird, so sehr es auch in der Realität nichts anderes als aggressive Vernichtung ist.

Die Motive des Kriegers sind dabei nicht frei von eitler Selbstbespiegelung: Er hofft darauf, als Held wahrgenommen und gefeiert oder als leidender Beschützer anerkannt zu werden und das tätige Mitleid der Angehörigen zu erfahren. Krieg und Liebe - zugespitzt formuliert - bedingen sich gegenseitig. Über die kognitiven, durch die Propaganda vorgeprägten Rechtfertigungen hinaus gibt die Verbindung zu den Angehörigen, insbesondere zu Ehefrau und Kindern, das emotionale Unterfutter für das Handeln und Durchhalten des Soldaten im Krieg.

Es ist somit kein Zufall, dass der Felpost innerhalb der Militärorganisation ein so zentraler Stellenwert zugemessen wird.

Noch etwas kommt hinzu. Die Liebe ist aufgrund der erzwungenen Entfernung den Niederungen des Alltags, ihrer konkreten Stofflichkeit, damit auch ihrer in der Lebensrealität oft kümmerlichen Banalität enthoben. Durch die Trennung unter dem Vorzeichen der Gefahr, einander nicht wiederzusehen, wird die Liebe gleichsam entschlackt von den Auseinandersetzungen, die eine tägliche Begegnung zwischen Menschen normalerweise prägen. Die Liebe wird zu einem reinen Ort und damit im Kriegsalltag auch zu einer Quelle von Kraft und zumindest seelischer Erholung. In dem Maße, wie sich der Mensch als liebesfähig wahrnimmt, sieht er sich selbst durch diese Empfindung gehoben: Er erlebt sich als liebesfähigen, auf ein Ideal ausgerichteten, kurz: als besseren Menschen. Dies legt sich wie ein Schutzmantel um die Selbstwahrnehmung seines eigenen Wertes, die gerade im Krieg vielen Gefährdungen ausgesetzt ist. Eigene Gewalt, ja sogar Grausamkeit und vielleicht auch eigene sexuelle Untreue gegenüber der Partnerin zu Hause können angesichts des ideell überhöhten Liebesgedankens als peripher betrachtet werden; sie tangieren das eigene Selbstwertempfinden nicht oder nur in geringerem Maße.

Zu einseitig wäre das Bild, dass die Liebe durch den Krieg gestärkt und der Krieg durch die Liebe legitimiert wird. Denn die Gegenpole sind ständig präsent. Der Soldat, der seinen Angehörigen in Liebe zugetan ist, sollte weniger motiviert sein, das Leben für die vorgegebenen Ideale einzusetzen. Er sollte alles daran setzen, möglichst unversehrt nach Hause zurückzukehren. Dem Soldaten mag dieser eigene Überlebenswille umso legitimer (und nicht nur egoistisch) erscheinen, als er für Angehörige mitdenken muss. Allerdings lässt sich dieser Überlebenswille militärisch in Kampfbereitschaft ummünzen, solange dem Soldaten das eigene Kämpfen als einzige Überlebenschance vor Augen steht. Nur in Zeiten der Auflösung der eigenen Militärorganisation kann überhaupt der Gedanke an eine Entscheidung zwischen grundsätzlich verschiedenen Verhaltensalternativen aufkommen. Aber selbst in Zeiten der Niederlage ist eine Flucht aus der militärischen Zwangslage für den Soldaten kaum aus den Motiven der Liebe gegenüber den Angehörigen zu rechtfertigen. Zum einen wäre seine Existenz unter der perfekten Maschinerie der Wehrgerichtsbarkeit kaum sicherer geworden, zum andern müsste er sich selbst beim Überleben der Verachtung durch die Menschen in seiner Heimat, wenn nicht sogar durch die Angehörigen und die Partnerin ausgesetzt sehen. So konnte man von Seiten der militärischen Führung getrost darauf setzen, die emotionalen Bindungen in die Heimat sogar zu befördern, ohne daraus eine Gefahr für die innere Stabilität befürchten zu müssen.[1]

Von den initiierten Briefpartnerschaften zwischen ledigen Frauen und Soldaten bis hin zur Kriegstrauung reichte das Repertoire der militärischen Funktionalisierung von emotionalen Bindungen. Die Handreichungen zur 'richtigen' Abfassung von Feldpostbriefen sollten die gegenseitige Wehrertüchtigung von Heimat und Front befördern. Sie verweisen aber auch auf Bruchstellen, wenn vor der demoralisierenden Wirkung "sorgenvoller Briefe aus der Heimat" gewarnt wurde.

Andererseits erfährt die Liebe durch den Krieg nicht eindeutig und ungebrochen eine Intensivierung. Sicher ist sie gefährdet durch die lange Trennung. Briefe, die Treue anmahnen, belegen, welchen Gefahren die Beziehung ausgesetzt war. Gerade die Soldaten, die sich zur überschnellen Befriedigung körperlicher Bedürfnisse kompanieweise in die Wehrmachtsbordelle begaben, konnten bei einiger Selbstbesinnung ahnen, was sie an selbstverständlicher Verzichtsleistung von der heimischen Frau oder Braut erwarteten.

Selbst wer sich davon fernhielt, konnte doch kaum die Augen vor den Möglichkeiten in der Begegnung zwischen den Geschlechtern verschließen, und es bedurfte dann schon einer idealisierten Vorstellung von Liebe, ausgerechnet die eigene Partnerschaft als von diesen Gefährdungen frei zu sehen. Schließlich erfährt die Bindung gegenüber den Angehörigen im Krieg aber auch eine Lockerung durch die fehlende Basis gemeinsamer Erfahrungen. Die Beschreibung der primären Kriegserfahrungen zeigte es: Über die existentiellen Erlebnisse Kampf und Tod konnten die Soldaten brieflich immer weniger vermitteln. Nicht nur, weil sie die Empfängerinnen schonen wollten und sich zunehmend auf allgemeine Formulierungen zurückzogen, sondern weil selbst die detaillierte Darstellung die Erfahrung nicht 'teilbar' machte. Es blieb eine unüberbrückbare Kluft des Erlebens.

Hier nun übernahm eine andere Form des Gemeinschaftserlebens die Funktion, emotionales Bindeglied zu sein: die *Kameradschaft*. Es waren die Soldaten der nächsten Umgebung, die gemeinsam einen Kampf überstanden; die einen Erfolg oder eine Niederlage, die vielfältigen Strapazen, aber auch das nicht selten exzessive Feiern miteinander teilten. Mit den Kameraden waren die Soldaten auch in einer Komplizenschaft zusammengeschweißt, wenn sie jenseits aller bisher gültigen Normen Gewalt ausübten und sich fremdes Eigentum aneigneten, in Form des individuellen Raubzugs oder legitimiert als Dienst für die eigene Gruppe. So entsteht eine Nähe, mit der die heimische Bindung kaum mithalten kann. Überdies ist die Kameradschaft gleichsam freigestellt von den Normierungen, die die Partnerschaft charakterisieren. Nicht auf Zweisamkeit angelegt, ist sie unverbindlicher und freier. All dieses führt zu einer Verklärung der Kameradschaft, in die auch die idealisierten Erfahrungen früherer Kriege einfließen. Da das Ideal von Kameradschaft oft durch die täglichen Erlebnisse konterkariert wird (Kameradendiebstahl, Konkurrenz zwischen Soldaten, alle Formen des sozialen Drucks in einer Männergemeinschaft), ergibt sich in der Wertschätzung ein eigentümlich reziprokes Verhältnis von "Liebe" und "Kameradschaft". Beide werden in dem Maße besonders idealisiert, wie sie nicht konkret gelebt werden: Die Liebe in den Zeiten des Krieges als Fluchtpunkt aller Sehnsucht und als Sinnstiftung für das eigene Handeln; die Kameradschaft in der Vor- und Nachkriegszeit als der Hort männlicher Freundschaft unter widrigsten Lebensumständen, als einzig möglicher Ort des Erinnerns an existentiell bedrohliche Erlebnisse, eine Erinnerung, die nur die 'mit - teilen' können, die auch Erlebnisse dieser Qualität miteinander teilten. Schließlich gibt die Kameradschaft den Rahmen, in dem sich die Gemeinschaft der Überlebenden zum Gedenken an die gefallenen Kameraden zusammenfindet. Dadurch versichern sich die "alten Kameraden" zweierlei: sie erleben sich (analog zu dem Liebenden) als über das konkret leibliche Geschehen hinausgehoben und versichern sich im Akt des Gedenkens ihrer menschlichen Würde. Darüber hinaus kann man - in Anlehnung an die nicht nur läuternde, sondern auch erbauliche Wirkung des Tragischen - eine anheimelnde Wirkung dieses Gedenkens darin begründet sehen, dass sich hier Überlebende an dem stillen Triumph ihres Überlebens gerade in der Abgrenzung zu den Gefallenen erfreuen können, auch wenn jeder Beteiligte dies weit von sich weisen würde.[2] Diese Aspekte der Kameradschaft, die schon im "Heldengedenken" während des Krieges angelegt sind, weisen bereits auf die Verarbeitung in der Nachkriegszeit hin. Für die Betrachtung der Verarbeitung im Krieg mag der Hinweis genügen, dass "Liebe" (der Partnerin, der Angehörigen) und "Kameradschaft" komplementäre, einander ergänzende, aber auch miteinander konkurrierende Kräfte darstellen. Briefe in die Heimat werden daher kaum ein hinreichendes Bild von der Bedeutung der Kameradschaft für den jeweiligen Soldaten zeichnen. Eher ist zu vermuten, dass die emotional bedeutsamen Bindungswirkungen der Kameradschaft insbesondere der Partnerin gegenüber heruntergespielt oder gar nicht erwähnt werden, im Einzelfall sogar das Ideal der Kameradschaft auf dem Altar der Liebe geopfert wird. Käme es sogar zu einer Abwertung der Kameradschaft in den Liebesbriefen nach Hause, wäre dies eine Form der Loyalitätserklärung gegenüber der Partnerin, die indirekt die mögliche Bedeutung des Kameradschaftsideals aufscheinen lässt.

Liebe und Anhänglichkeit drücken sich in Zeiten des Krieges auch auf andere Weise aus als durch die Bezeugung der Zuneigung. In der "Sehnsucht nach Urlaub und Heimkehr" fließen die Wünsche nach unversehrtem Überleben und dem Ende der Gefahren und Strapazen zusammen mit der Hoffnung, zu Hause in

eine Welt der Geborgenheit und Zuneigung zurückzukehren. Und in den vielfältigen Formen, mit denen "Abhängigkeit" von der Heimat signalisiert wird - Wünsche nach Anteilnahme, aber auch Bitten um ganz konkrete Unterstützung durch
Feldpostpäckchen - schwingt neben der materiellen Bedürftigkeit auch ein regres-
sives Bedürfnis mit, die Nabelschnur in die Heimat aufrechtzuerhalten.

6.1.1 Vergleich zwischen den Gruppen

Folgende Einzelthemen aus dem Gebiet "Liebe - Partnerschaft" bzw. "Kameradschaft" wurden in ihrer Entwicklung beobachtet:

6.4.1.   Intimität, Sexualität (bezogen auf Partnerin zuhause)
6.4.2.   gegenseitige Versicherung der Zuneigung, Anteilnahme, Treue
          bezogen auf engere Familie: Briefpartnerin, Eltern, Kinder
6.4.3.   Beruhigung (der Briefpartner/in über eigene Lage)
6.4.4. ** Andere Angehörige / Bekannte: Erkundigung, Anteilnahme

6.3.1. * Kameradschaft; gegenseitige Hilfe und Rettung;
          Anteilnahme am Geschick anderer Soldaten; auch: Beschwerde über Kameradschaft

Herausragend und regelmäßig zum Brief gehörend: "Die Versicherung der Zunei-
gung" und die "Beruhigung". Nennenswerte Unterschiede in der Häufigkeit der
Äußerungen lassen sich zwischen den Gruppen oder über die Zeit nicht fest-
stellen, mit folgenden Ausnahmen, die sich auf die Altersgruppen beziehen:
Die Älteren (Jg. 1901-1913), vor allem die Verheirateten, äußern sich selte-
ner über "Kameradschaft"als die Jüngeren (Jg. 1917-1923). Das entspricht der
Erwartung, dass die Älteren, sei es aus innerer Distanz, sei es aus ehelicher
Bindung, die "Kameradschaft" in den Briefen zurückstellen. Intime und das
Sexuelle berührende Formulierungen tauchen insgesamt selten auf, plausibler-
weise nur bei sechs älteren Soldaten gegenüber ihren Frauen.
Bei den weiteren, inhaltlich verwandten Themen fällt auf, dass die Jüngeren
hochsignifikant häufiger konkrete Bitten um Unterstützung an die Eltern richten
und sich deutlich häufiger nach Bekannten und anderen Angehörigen erkundigen.
Sie befragen die Eltern als Schalt- und Vermittlungsstelle für den gesamten
familiären Umkreis, während der Austausch zwischen den Paaren auf das Wohlergehen von Briefpartner und Adressatin konzentriert bleibt. Auch mag es dem
konventionelleren Schreiben der jüngeren Mannschaftssoldaten entsprechen, dass
sie ihre Briefe oft mit floskelhaften Erkundigungen füllen, was die Älteren -
sowohl in den Briefen an die Frau wie an die Eltern - seltener tun.
"Sehnsucht nach Heimkehr / nach Urlaub": Das ist ein übermächtiges, ständig
präsentes Thema, zusätzlich fällt eine deutliche Interaktion auf: Über die Zeit
werden diese Wünsche nach Heimkehr von den Mannschaftssoldaten verstärkt,

von den Unteroffizieren abnehmend geäußert. Ähnliche Zusammenhänge nach Alters- und Adressatengruppen lassen sich nicht feststellen. Man kann hier also einen - mit der sozialen Schicht korrespondierenden - Effekt der militärischen Stellung festhalten. Während die einfachen Soldaten ihren Überdruss am Krieg in diese Sehnsucht kleiden, halten sich die höherrangigen damit gerade im letzten Zeitabschnitt auffällig zurück, vielleicht weil sie in dem Bewusstsein der Unrealisierbarkeit solcher Wünsche sich selbst und ihre Briefpartner/in nicht damit belasten wollen.

Dass diese Wünsche unmittelbar mit dem Geschehen im Kriege korrespondieren, zeigt der Bezug auf den Einsatzort. Über die gesamte Zeit wie auch an den verschiedenen Kriegsabschnitten lässt sich zusammengefasst kein wesentlicher Unterschied in der Ausprägung der Heimkehrsehnsucht feststellen, wohl aber, wenn man die Interaktion betrachtet: Da drängt die Soldaten im Norden vor allem der erste Kriegswinter1941/42, im Süden der Stalingradzeitraum 1942/43 dazu, ihre Sehnsucht nach Rückkehr aufzuschreiben.

6.1.2   Liebe, Zuneigung, Beruhigung in den Briefen

Betrachten wir bei zwei Soldaten - Franz Fenne und Heinz Heppermann - exemplarisch die Entwicklung von "Beruhigung" und von der Liebe in Zeiten des Krieges.

Franz Fenne stammt aus einfachen Verhältnissen. Seine Eltern arbeiten in der Landwirtschaft. Er bringt es bei der 12. Panzerdivision vom einfachen Panzergrenadier zum Stabsgefreiten. Seine Briefe an die Eltern geben ein Beispiel, wie Zuneigung und Beruhigung in ähnlich wiederkehrenden Formeln einen festen Bestandteil der Briefe ausmachen: "Ich bin soweit noch in bester Gesundheit, waß ich von Dir hoffe." Zusätzlich kann er durchaus Bedrohliches andeuten, was die Formeln der Zuwendung und Beruhigung noch stereotyper und pflichtschuldiger klingen lässt. Immerhin sind es kleine Varianten, mit denen er bei verschlechterter Gesamtlage doch auch die Fassadenhaftigkeit der Formeln durchbricht und sie mit persönlichem Gehalt anreichert.

> Die Zeit liebe Mutter vergeht ja so schnell, jetzt sind wir schon 10 Tage wieder beim Kämpfen und dieser Kampf hat ziehmlich eine große Fläche. Daß schlimmste war für mich nur die Post, denn ich kann es mir schon vorstellen wie Du Dir den Kopf wieder zerbrochen hast wegen mir. Aber liebe Mutter brauchst keine angst zu haben, es ist alles halb so willt wie man sich vorstellt [2. 7. 1941].
> Ich bin soweit noch in bester Gesundheit, waß ich von Dir hoffe [3. 7. 1941].
> [Nach einer Schilderung von Kämpfen im Raum Leningrad:] Sonst liebe Mutter bin ich immer noch in bester Gesundheit, waß ich auch von Dir hoffe [30. 8. 1941].

Im November 1941, immer noch im Norden, klingt zum ersten mal die Sehnsucht nach Heimkehr an - sein Signal, eine Stimmungsänderung anzuzeigen, was aber durchaus mit der einleitenden stereotypen Beruhigungsfloskel zusammengeht. Wie fadenscheinig die Formulierung ist, ja wie sehr letztlich sein Wunsch sich durchsetzt, den Eltern seine tatsächliche Lage mitzuteilen, zeigt er im unmittelbaren Anschluss:

> Ich bin soweit noch in bester Gesundheit, waß ich ja auch von Euch allen hoffe. Wir liegen jetzt vor der Stadt Tichwien, waß uns ja sehr viel arbeit macht. Aber ich glaube daß auch diese Stadt in unsere Hände kommt die Russen haben Sie ja ganz schön fäßt gesetzt an diesem Bahndam. Dieser Abschnitt hier sehr unangenehm, den links und rechts der Straße ist alles Sumpfgebiet. Und jete nachts werfen uns die Russen Bomben auf den Kopf (...) Wir haben jetzt schon eine zeitlang Schnee und auch ganz schöne Kälte; ich habe mir schon die Füße erfroren und daß ist sehr unangenehm.(...) Das wäre ja schön wenn ich jetzt bei Euch sein könnte, das wäre mir lieber wie hier in diesem Rußland. Ich glaube wohl fest, daß wir Weihnachten in Rußland feiern ob es uns gefällt oder nicht [6. 11. 1941].

Wenige Wochen später hat sich die Beruhigungsfloskel verwandelt - ein religiöser Unterton kommt hinzu. Das "kleine Beutelchen" dürfte nicht nur einer Abwehr des Ungeziefers dienen, sondern auch die Bedeutung eines Talismans haben. "Beten" und "Gott" tauchen erstmals in seinen Briefen auf.

> Daß kleine Beutelchen zum Umhängen habe ich noch nicht erhalten, waß Vater im Weltkrieg getragen hat gegen Ungeziefer. Liebe Mutti Du brauchst keine angst zu haben, daß vergiß ich nicht, woran Du mich gebittet hast. Den ich bete ja alle Tage daß ich gesunder nach Hause komme, und meine Margot schreibt es auch immer, vergiß nicht an Gott. Ja, liebe Mutter, dieser Krieg ist bestimmt nicht schön, der kostet ja furchbar viel Opfer, daß könnt Ihr gar nicht sehn und ist auch besser, denn daß ist ja nur Menschen vernichtung [11. 2. 1942].

Die letzten Gedanken drücken einen rapiden Meinungswandel aus, wenn man Fennes anfängliche kampf- und feindselige Auslassungen dagegen hält. Im Juli und August 1941 hatte er noch geschrieben:

> Mir gefällt es hier gar nicht schlecht, da kann man mal richtig die Wud auslassen in diese roten Hunde. Ich glaube allzulange wird er wieder nicht dauern, denn wir stoßen wie die wilden vor [3. 7. 1941].
> Gestern waren große Luftkämpfe, unsere Flak schoß 4 russische Bomber ab, das hat uns so spaß gemacht. Ich habe den ganzen Tag geschossen, daß mein MG glühend heiß war [30. 8. 1941].

Ein Brief im September 1941 nimmt eine Mittelposition ein, weil er beide Elemente enthält: die resignative Haltung und ein Aufflackern der anfänglichen aggressiven Kriegsbegeisterung:

> Kannst mir glauben ich kenn mich manchmal selbst nicht mehr aus, die Nerven werden hier bei jedem schwach. Ich glaube Mutter die Russen die werden sich nicht ergeben, bevor sie nicht eine Asche sind, daß sind zähe Hunde und man sied von Russen manche Fleischhaufen. Es gibt ja von uns auch manchmal traurige Bilder, aber da kann man nichts dagegen machen. Am 8. 9. sind wir Panzer und Panzerpioniere in Schlüsselburg einmarschiert, das war ziemlich fett. (...) Jetzt liebe Mutter häst sollen hier sein, war wieder ein schöner Luftkampf, 7 russische Bomber und zwei deutsche Jäger, es hat keine 10 Minuten gedauert haben unsere zwei Jäger 2 russische Bomber abgeschossen und so geht es alle Tage [10. 9. 1941].

Zurück zur floskelhaften Form der Beruhigung: Sie unterbleibt in den folgenden Briefen. Im September 1944 - Fenne ist inzwischen mit seiner Einheit zum Rückzug bis nach Warschau getrieben worden - findet sich die formelhafte Wendung wieder. Dabei erscheint weniger die Relativierung durch die anschließende Schilderung von Zahnschmerzen bemerkenswert, sondern mehr noch, dass die Formel selbst eine minimale Veränderung erfährt: Das "vorallem" ist eine individuelle Abwandlung der bisherigen Standardformel und verweist auf die besondere Bedeutung im Zeichen der drohenden Niederlage. Die unmittelbar anschließende Einschränkung "gesund kann man wohl nicht sagen" lässt vermuten, dass die Formel nicht mehr losgelöst von der tatsächlichen Lage und gleichsam über dem Schreiber stehend seine Kommunikation organisiert, sondern er nun die Formel, so mächtig sie immer noch ist, aufbricht, um sie der Realität etwas mehr anzupassen:

> Weil heute gerade Sonntag ist, will ich Euch ein paar Sonntagsgrüße senden. Vorallem geht es mir noch recht gut, hoffe auch von Euch allen dasselbe. Gesund kann man wohl nicht sagen, den ich habe einen Zahn vereidert. Ich habe eine ganz dicke Schnauze, kann kaum essen und dazu noch diese schmerzen. Mann ist doch ein geplagter Mann [10. 9. 1944].

Im nächsten Brief hat ihn die Floskel wieder eingefangen und dann, in seinem letzten Brief, zwei Wochen, bevor er fällt, schreibt er sie noch einmal mit dem Unterton, der sie in ihrem Inhalt tendenziell aufhebt:

> Weil ich gerade gelegenheit habe, will ich Euch ein paar Zeilen schreiben. Ich weiß ja nicht recht, was ich Euch schreiben soll, habe nichts im Kopf. Es geht mir noch recht gut, hoffe auch von Euch das allerbeste [20. 9. 1944].
> Vorallem recht herzliche Sonntagsgrüße von Deinem Sohn Franzl, heute ist gerade nichts besonderes vollgefallen sollst Du auch Post von mir haben. Vollallen kann ich Dir mitteilen, dass es mir noch gut geht, hoffe auch von dir dasselbe. Wir haben noch immer recht schönes Wetter, daß brauchen wir auch recht notwendig [24. 9. 1944].

Dass ihm nach vorausgehender einheitlicher Schreibweise (vorallem) die Orthografie entgleist (vorallem, vollgefallen, vollallen) ist ein Indiz, dass er sich von der Floskel im Schreibfluss weitertreiben lässt, ohne ganz bei der Sache zu sein.

Die Briefe von *Heinz Heppermann* zeigten, wie sehr für einen Ehemann die Schilderungen des Kriegsalltags unter der Maßgabe standen, die Ehefrau zu Hause nur soweit zu informieren, dass sie nicht ängstlich zurückfragte. "Und Deine Sorge. Man bangt immer um sein Liebes, das man in Gefahr weiß", zieht sich als Leitmotiv durch seine Briefe. So sind auch seine anfänglich optimistischen Schilderungen begleitet von Beruhigungen, was seine eigene Person angeht: "als Nachrichter ist es nicht so schlimm"; siegreiche Operationen - "glänzend und groß" - erfüllen ihn mit Stolz, aber sie "liefen südlich von uns", so dass er davon "<u>kaum</u> etwas <u>gemerkt</u>" hat, was er eigens hervorhebt [19. 9. 1941].

So muss er abwägen und seine Teilhabe am Triumph zurückstellen. Er weiß, wie "aufreibend und zermürbend" die Unsicherheit für seine Frau ist: "weiß ich doch, wie sehr Du auf Post wartest und seelisch und körperlich davon abhängig bist. Aber, Elslieb, reib dich, bitte, nicht auf." Nachdem er selbst erlebte Gefahren mit einem 'Sicherheitsabstand' von mehreren Wochen beschreibt - am 15. 11. 1941 blickt er auf den Beginn des Vormarschs am 2. Oktober zurück - kann er sich nicht enthalten, nach dem Verzicht auf heimische Belobigung für sein aktives Kriegshandeln nun doch die Dankbarkeit der Heimat einzufordern dafür, dass "die ungeheure bolschewistische Massenflut nicht die deutschen Lande überschwemmte: wehe den Frauen und Kindern" [15. 11. 1941].

Damit greift er die Ängstlichkeit seiner Frau auf und gibt ihr eine neue Richtung. Mit dieser homöopathischen Kur verschafft er sich selbst Luft vor den mahnenden Sorgen seiner Frau.

Ein Konglomerat aus Abstumpfung, Enthemmung und auch Befreiung in der Sprache gegenüber seiner Frau prägen danach seinen Stil, wenn er von hohen, blutigen Verlusten des Gegners schreibt:

> Aber das kümmert keinen Landser mehr. Es geht, wie der Führer sagte: Auge um Auge. Und das ist richtig so! Man erlebt es ja jeden Tag. Ein Menschenleben wiegt weniger als nichts. Und der Russe verliert Menschen. Dazu werden auch bei der Zivilbevölkerung die Lebensmittel knapp! Was schert es uns!" [9. 2. 1942].

Nicht allein diese Einstellungsentwicklung nach einem halben Jahr Krieg ist bemerkenswert, sondern auch die Selbstverständlichkeit, mit der er den Austausch mit seiner bis vor kurzem so besorgten Frau auf diese Weise führt. Für Heppermann stellt es keinen Bruch dar, sich selbst aber in der Liebe zu Frau und Kind auch als einen ganz anderen darzustellen, als "wenig hart", "sehnsüchtig" und "anlehnungsbedürftig":

> Lang ist es ja auch schon her, seit ich bei Dir war - wir alle warten ja auch darauf, einmal wieder bei den Lieben daheim zu sein. Aber Du weißt ja auch, dass wir dazu nichts tun können! Schwer ist es, Elslieb, oft gehen die Gedanken zur Heimat, oft wälzt man sich ruhelos auf dem Lager und heiße (aber auch liebe!) Wünsche quälen und fordern. Und doch zwingt die Liebe zum Ertragen! Und zur Treue [28. 12. 1941].
> Es ist ein herrliches Gefühl, überhaupt an Urlaub zu denken, an die Möglichkeit, heimzukommen zur Frau und zum Strolch. Wieder einmal in den Armen der Frau zu schlafen, still und glücklich! Aber vorläufig wollen wir nicht daran denken, zu leicht wird die Sehnsucht riesengroß und macht das Herz weich und voller Träume. Du weißt ja, wie ich bin, viel zu sehnsüchtig zu wenig hart, der das Leben viel zu schwer nimmt und mit allen Fasern an dem hängt, was er liebt. Ich bin im Grunde meines Herzens kein Soldat, sondern anlehnungsbedürftig, ein Mensch, der viel Liebe und freundliche sorgfältige Behandlung braucht. Und Du hast mich ja lieb - darin bin ich glücklich [20. 12. 1942].

Die Zweisamkeit - gefährdet durch die Trennung - erfährt durch den Kontrast mit den alltäglichen zwischenmenschlichen Begegnungen der Soldaten eine Idealisierung:

Erst die Trennung und die Sorge um den anderen lieben Menschen lässt die Liebe zueinander hell werden. Früher töteten Gewohnheit und das Gefühl des Besitzens vielfach Gefühl und die Beweise der Liebe! Und doch hatte man sich auch damals lieb! Ich möchte so gern wieder einmal bei Dir sein! Dich lieb haben und Dein Haar streicheln, bei Dir still und fröhlich sein. Einmal kommt auch das wieder! Ich weiß, Elslieb, dass ich Frau und Kind habe - weiß, was ich ihnen schuldig bin. Also ängstige Dich nicht! Deine Sorge, die aus den Briefen klingt, verstehe ich ja! Aber Du musst Dein Herz nicht zu sehr quälen, wenn ich mich auch über Deine Liebe freue [19. 8. 1941].

Ich glaube, der Krieg ändert viel in den Menschen, die - voneinander getrennt - entweder nur noch fester sich aneinanderschließen oder langsam sich fremd werden! Es ist nur gut, dass man weiß, wieviele Liebe es daheim für mich gibt: Sonst wäre man der einsamste Mensch unter vielen. Früher war ich gutgläubig, optimistisch, vertrauensselig, sah in jedem Menschen einen Freund. Heute ist es beinahe umgekehrt: ich misstraue den Menschen, zu oft habe ich schon den krassen Egoismus und die bodenlose Falschheit erfahren, wo man sie nicht erwartete. Aber lass nur: ich weiß um Deine Liebe, Deine Treue: sie geben mir die Kraft, manches Enttäuschende zu ertragen [29. 12. 1942].

Vor dem Hintergrund der Niederlage von Stalingrad, die er aus dem Abstand verfolgt, kommt er damit zu einer Ortsbestimmung für die Liebe in den Zeiten des Krieges als Schutzraum gegen die Anfeindungen von außen und innen. Er greift den Topos von der Liebe zu Frau und Kind als Hauptmotiv für das Krieg-führen auf. Sich und seine Angehörigen sieht er als Opfer eines tragischen Schicksals. Sein Kriegshandeln wird in diesem Gedankengang ein Akt der Verteidigung. Die Liebe in dieser idealisierten Form wird als wesentliche Triebkraft dargestellt, den Krieg weiterhin auszuhalten:

Man empfindet die Trennung von der Liebsten und das Abgeschnittensein von Arbeit und Beruf doch als ein Schicksal, das der Tragik nicht entbehrt. Aber es ist uns nun einmal auferlegt, diesen Kampf zu führen und alles, was er mit sich bringt, geduldig zu tragen. Die Nachrichten aus dem Süden sind ja auch nicht danach, übertriebene Hoffnungen groß werden zu lassen, und die Stimmung der Heimat wird dementsprechend auch kleinmütiger sein: trotzdem glauben wir an eine kommende Wendung! Es kann und darf ja auch gar nicht anders sein - der Gedanke einer bolschewistischen Invasion und der an Frau und Kind sind so unversöhnlich, dass beide niemals miteinander Platz haben! [10. 2. 1943].

Schließlich wird die Liebe und die zwischen den Zeilen eingeforderte und damit als gefährdet erlebte Treue zum höchsten Gut, das den Menschen aus den Niederungen des Krieges heraushebt.

Ich denke oft an die Zeit, als wir uns kennenlernten, jung, voll von Plänen und Idealen, dazu ohne Hemmungen und Sorgen! Ohne den ganzen Ernst des Lebens zu kennen, geschweige denn erlebt zu haben. Allmählich wandelt die Welt doch ihr Gesicht, es wird ernster und reifer: manches verliert seinen Wert, das früher dem Dasein unentbehrlich schien; Verachtetes aber wird plötzlich wertvoll, Unscheinbares voller Glanz und Größe. Sei nicht ängstlich, liebes, Du bleibst, wie Du bist, bei mir; darin wird sich niemals etwas ändern. Meine Liebe zu Dir ist unwandelbar und wird immer sein, wie sie ist: stark und voll Treue. Deine Liebe zu mir ist groß, ich weiß, sollte meine Liebe geringer sein? Dazu kommt unser Stropp. Er gehört in den Kreis unseres Lebens und damit in unsere Liebe. Hoffen und glauben wir, dass uns dieses hohe Glück erhalten bleibt [10. 2. 1943].

Zusammenfassend kann die entsprechende Hypothese (Kap. 2.5, Hypothese 3.5) bestätigt werden: Die Liebe zu den Angehörigen wird durch den Krieg überhöht und 'stabilisiert' ihrerseits die Bereitschaft, den Krieg auszuhalten. Zum einen ist die Liebe ein kompensatorischer Fluchtpunkt der Träume und Sehnsüchte, zum andern dient sie als Rechtfertigung für das eigene Kriegführen, das mit Verweis auf die bedrohte Heimat als "Verteidigung" legitimiert wird.

Zwischen diesen Polen - der stereotypen Floskel und der idealisierten Überhöhung - sollte die breite 'Mittellage' nicht übersehen werden: Wo die Gefahr das Private existentiell bedrohte, konnte sich das Heroische schnell verlieren, und-zwar vor allem dann, wenn sich individuelle Handlungsmöglichkeiten auftaten, um aus der kollektiven Vorgabe auszubrechen. Die eigene Haut zu retten und die der Angehörigen konnte dann erst zu einem Ziel werden, hinter dem die Verteidigung von "Kulturgütern" zurückstand:

> Ja, das ist es, was einen am meisten heimzieht, die Entwicklung der Kinder, das sagt jeder von uns. In der drolligsten Zeit ist man nicht zu Hause.
> Mögen sämtliche Kulturbauten durch die Angriffe flöten gehen, das ist mir sch... egal, Hauptsache wäre, es passiere keinem was. Ich mach mir da oft Gedanken, ob Ihr beide nicht in der Gallmayerstr. wohnen, d. h. schlafen sollt, um in den guten Keller vom Bürgerbräu gehen zu können! Ihr könnt doch jeden Morgen heimfahren. Ich weiß nicht, ich trau unserem Keller im Haus nicht recht. [Bumke, 19.12. 1941 und 24. 3. 43].

6.1.3 Zur "Kameradschaft" und der Bedeutung von Primärgruppen

Was schreiben die Soldaten nun zur "Kameradschaft"? 184 Aussagen dazu lassen das Thema zwar nicht als so zentral erscheinen (zum Vergleich: Zuneigung: 708, Beruhigung: 578), sie lassen aber doch Aufschlüsse im Streit um die "Primärgruppentheorie" zu. Shils und Janowitz (vgl. Kap. 2.3.3) sahen in der Bindung der Primärgruppen die Triebfeder für den langen und ungebrochenen Zusammenhalt der Wehrmachtseinheiten. Aus ihren Befragungen von gefangenen deutschen Soldaten zogen sie den Schluss, dass es einer besonderen Identifikation mit der nationalsozialistischen Kriegspolitik gar nicht bedurfte, um den Zusammenhalt zu gewährleisten. Dem widersprach Bartov mit dem Hinweis auf den raschen Zerfall der Primärgruppen schon in den ersten Monaten des Krieges. Folglich sei das Durchhalten der Soldaten nur durch ein Zusammenwirken von äußerer Brutalisierung, innerer Disziplinierung und zunehmender Identifikation der Soldaten mit den ideologischen Kriegszielen und -methoden der nationalsozialistischen Führung zu erklären. Kritisch wurde angemerkt, dass Bartov für seine These keinen direkten Beleg aus persönlichen Zeugnissen vorlegte.

Von den Soldaten wird das Wort "Kamerad" allgemein gebraucht und ist nicht auf Vertraute beschränkt. Nur vereinzelt ist vom "Stubenkamerad" die Rede. Häufiger sind Notizen über ein besonderes Ereignis wie Tod oder schwere

Verletzung eines Kameraden. Nicht jede Mitteilung über Kameraden ist ein Loblied auf die gute Männergemeinschaft. Manchmal dient das Mitleid mit Kameraden in anderen Einheiten indirekt auch der Beruhigung der Briefempfängerin:

> Wir fahren, Gott sei Dank! Aber die armen Infanteristen! Dabei ewig im Angriff! Gestern traf ich einen Nachbarn aus [U.]. Infanterist. Die Kerle müssen auch etwas aushalten: Marschieren und nochmals marschieren. Dabei durch kleine Moore und Wälder!! [Heppermann, 24. und 27. 6. 1941].
> Haben auch manchmal ein Haus mit Ofen und sind da sehr froh, wenn es warm ist. Holz gibt es genug. Wenn man da so an die Kameraden denkt, die ganz vorne sind jetzt bei dem Sauwetter dann sind wir immer noch zufrieden [Page, 3. 9. 1941].
> Für unsere Kameraden im Süden und Norden werden hoffentlich bald wieder bessere Tage kommen [Sulzer, 24. 1. 1943].

Der inhaltliche Vergleich von Briefzeugnissen jüngerer, ungebundener mit denen älterer, verheirateter Soldaten stützt den quantitativen Befund: Die jüngeren Soldaten sprechen ihren Eltern gegenüber nicht nur häufiger, sondern auch ausführlicher und positiver über die Kameradschaft. In den Partnerschaftsbriefen dagegen bleiben die Aussagen zur Frontkameradschaft insgesamt eher kurz und allgemein. Sie lassen kaum ein Bild gelebter Kameradschaft im Alltag lebendig werden.

Hans Helmut Calsow kommt als 18jähriger Gefreiter zum Infanterie-Regiment 429. Er ist ganz durchdrungen vom Kameradschaftsgedanken und kann es anfangs gar nicht abwarten, in den Krieg zu ziehen. Obwohl er zunächst auf einer Einsatzliste nicht erscheint, worüber er "eine Sauwut" hat, schafft er es "mit einigem Schwindel" doch, einem Regiment zugeteilt zu werden. Seinen Eltern schildert er seine Aufgabe der Integration und der Führung in einer Gruppe.

> Zunächst bin ich jetzt mal zur Abwechslung Infanterist geworden. Später werde ich aber doch wieder voraussichtlich Jäger werden. Dann habe ich zu meiner großen Freude eine Gruppe bekommen. Es ist das hier allerdings nicht so einfach wie in der Kaserne, da erstens hier draußen ein Gruppenführer ganz andere Aufgaben und eine viel größere Verantwortung hat und zweitens ich der Jüngste in meiner Gruppe bin und zudem keinen Dienstgrad habe. Der Älteste von meinen Leuten ist 34. Mir fehlt natürlich noch viel Erfahrung, welche ich erst an Fehlern und an den Schwierigkeiten, welche sich mir bieten, sauer erkämpfen muss. Mit Rumschreien ist hier draußen nichts getan. Ich bin aber trotz allem froh, dass ich diese Aufgabe habe, denn daran kann ich ja nur wachsen und ich kann dabei sehen, ob ich schon zur Führung - wenn auch im Kleinen - geeignet bin oder nicht. Das werde ich nun in der nächsten Zeit sehen. Hier habe ich ja niemanden, den ich mir vielleicht als Rückhalt aufsuchen könnte, hier kommt es nur auf mich an und ich will alles versuchen, durchzuhalten und nicht umzufallen. Meine anderen KOB [Kriegsoffiziersbewerber] Kameraden sind hier jetzt in der ganzen Kompanie verteilt und man sieht sich nur mal zufällig. Ich bin der einzige, der eine Gruppe bekam. Ausgerechnet wieder der Jüngste! [10. 11. 1941].

In Hinblick auf Bartovs These also ein gemischtes Bild: Calsow bestätigt zwar den Verlust der Primärgruppe, aber schwächt dies in irgendeiner Weise sein Motiv, persönliche Bindung und Loyalität aufzubauen? Nach der Spannung eines ersten Fronteinsatzes muss er sich mit dem Alltagstrott auseinandersetzen. Kameraden sind ein Schutz davor zu "verblöden". Kameradschaft bekommt überdies noch eine innerfamiliäre Nuance: Er vollzieht jetzt die Lage seines Vaters nach, der im Ersten Weltkrieg 4 Jahre als Zivilgefangener in Russland war, damit verglichen geht es ihm gut: "Wir sind nun als Besatzung, also als Herren hier und haben unsere Kameraden" [2. 12. 1941]. Zwei Jahre später, inzwischen Feldwebel bei dem Gebirgs-Jäger-Regiment 139 bedankt er sich bei seinem Vater, der ihm Bilderabzüge seiner Einheit zugeschickt hat, und belegt (entgegen Bartovs These) die fortdauernde Bedeutung von persönlicher Bindung zwischen militärischer Führung und Untergebenen:

> Die Leute werden sich ja freuen, wenn sie an Weihnachten die Bilder bekommen, ich bin schon gespannt darauf. Ich danke Euch ja sooo, dass ihr mir möglich gemacht habt, "meinem Volk" diese Freude zu machen [16. 12. 1943].

Er freut sich, dass er nach einem Krankheitsverdacht aus dem Lazarett entlassen wird und "Weihnachten wieder hier feiern" kann. Und er füllt seine Vorgesetztenrolle mit kameradschaftlichem Anspruch, wenn er sich kritisch von anderen absetzt:

> Hauptmann [M.] ist wohl so sehr nett, jedoch gefällt mir nicht, dass er sehr gern große Feste feiert, egal, ob das Material dazu der Mannschaft abgezogen wird oder nicht. Sowas ist mir nicht sympathisch [20. 12 .1943].

Das Weihnachtsfest gelingt aus seiner Sicht vor allem wegen der intakten sozialen Bindungen. Das Feiern hat zwei klar getrennte Teile, einen besinnlichen und am folgenden Tag einen exzessiven, und beide sind ihm wichtig für das Gemeinschaftserleben.

> ich kann schon mit gutem Gewissen sagen, dass diese 4. Weihnachten die schönsten waren seit ich von zuhause weg bin. Ich bin doch hier in einem netten Kreis von Leuten, die ich kenne und schätze (...)
> das Weihnachtsfest hier draußen kann nun eben einmal mit dem zuhause nicht verglichen werden und bevor man da ein paar Tage in trübseliger Stimmung rumsitzt, ersäuft man diese lieber in Alkohol (...) Vor mir liegen solche Unmengen von Post, dass mir graust, wenn ich an ihre Beantwortung denke. Zur Zeit bin ich nämlich noch nicht wieder voll einsatzfähig, denn der Verlauf des 25. und des 26. unterschied sich ganz wesentlich von dem 24. Am 25. feierten die Offze. nämlich gemeinsam - soweit das die Lage zulässt nat. - das schöne Fest, und es wurden dabei ansehnliche Mengen Gebäck und nebenbei auch Alkohol vernichtet [27. 12. 1943].

Dazu schildert er ausführlich eine weitere Art der sozialen Integration: Vom "Gau Kärnten" erhält seine Einheit "phantastische" Weihnachtsgaben, so dass er an den umfassenden Ausbau dieser Verbindung denkt:

> Wir haben in Form einer WHW Sammlung unseren Dank diesem Gau ausgedrückt und dabei kam es zu einem Ergebnis, das ganz toll ist. Im Durchschnitt hat jeder Rgts-Angehörige 74,- Reichsmark gespendet. Wenn ich daran denke, wie manche Leute zuhause um jeden Pfennig knausern, wenn irgend eine Sammlung ist, dann kommt mir das große K... Mit Kärnten wird jetzt überhaupt ganz groß Verbindung aufgenommen. Urlauber fahren runter und halten

kleine Vorträge vor der HJ, jede Kompanie wird von einem Kreis oder einer Ortsgruppe betreut, Briefe werden geschrieben, Artikel von uns hier oben kommen unten in die Zeitungen und vieles andere mehr. Es macht direkt Freude, wenn man sieht, mit welchem Eifer diese Idee auf beiden Seiten aufgenommen wird. Das ist das Richtige, Front und Heimat müssen eine ganz enge Verbindung haben und ich hoffe, dass auch andere Gaue im Laufe der Zeit sich ein Beispiel an Kärnten nehmen [27. 12. 1943].

Dass der soziale Zusammenhalt für den militärischen Betrieb und die Kampfkraft unmittelbaren Nutzen hat, beschreibt er noch im Mai 1944. Gleichzeitig ist die Passage ein Beleg dafür, dass Feindseligkeit andere Voraussetzungen hat als den Verlust der Primärgruppe. Nach einem Bombenangriff auf seine Heimatstadt, bei dem das Haus einer Bekannten getroffen wurde, schreibt er:

Es ist schon ein Kreuz mit dem Krieg und die Engländer und Amerikaner könnte ich alle der Reihe nach - etliche ausgenommen - köpfen. Das ist keine Kriegführung mehr, das ist eine Schweinerei! Aber es ist nur gut, dass wir hier draußen dadurch genau so wenig erschüttert werden, wie durch alles andere, sondern wir nur mit dem eisernen: "jetzt erst recht" in den neuen Tag gehen. Für uns hier ist es ja auch leicht. Wir haben so pfundige Burschen mit wenigen Ausnahmen, dass einem der ganze Betrieb bei allem Verzicht auf Bequemlichkeit - Spaß macht. Ja, Spaß in gewisser Hinsicht, weil man doch weiß, dass man einen Platz im Großen ausfüllt und dass es jetzt um Kaputt und Verrecken geht. Dass wir am Schluß oben sein werden, darüber herrscht bei niemandem ein Zweifel. Darüber wird gar nicht gesprochen, so selbstverständlich ist das [11. 5. 1944].

Eine verhärtete, von Durchhalteparolen getragene und zunehmend radikale Haltung bei vielen Soldaten entfaltet sich unabhängig vom Bestand der Primärgruppe. Die Auflösung dieser sozialen Bindung ist keine Voraussetzung für die Radikalisierung, wie es Bartov vermuten lässt, vielmehr gibt der soziale Halt der Radikalität einen effektiven organisatorischen Rahmen.

Herbert Klinger steht in diesem Fall zwischen den Gruppen der älteren und jüngeren Soldaten. Seiner Briefpartnerin gegenüber, die er Ende 1941 noch siezt, beschreibt er jenen Topos, der das Bild von Kameradschaft weitgehend geprägt hat: die aus gemeinsamer Leidenserfahrung erwachsene Gemeinschaft, in deren Kreis auch nur Erfahrene aufgenommen werden können. Das Ganze hat schon den Charakter des Stilisierten, denn Klinger schreibt von dem Ereignis, das ihn bewegt, mehrere Wochen später im Rückblick:

Wie soll ich das beschreiben, wenn ein Volltreffer ungefähr 2 - 3 m von einem explodiert? In diesen Sekunden sind die Gedanken ausgeschaltet. Als ich wieder klar denken konnte, sah ich einen Mann tot neben dem Geschütz liegen, ein anderer rief hilflos nach einem Sanitäter. Wer kannte nicht diesen klagenden und hilfesuchenden Schrei eines Schwerverwundeten. Zwei weitere Mann waren leichter verwundet.(...) Ich kann heute noch nicht begreifen, dass ich hierbei so gut weggekommen bin. Ich erhielt nur diesen kleinen Splitter ins's Gesicht. Glück, reines Glück und sonst garnichts! Die Gefühle, die man hat, wenn man einen lieben Kameraden tot neben sich liegen sieht, lassen sich nicht beschreiben. Das kann nur der nachfühlen, der es selbst miterlebt hat, das werden Sie begreifen Fräulein Uta! [27. 12. 1941].

Er nimmt die Gelegenheit dieser emotionalen Dichte wahr, gegenüber der Adressatin, die er bis dahin mit dem Nachnamen angesprochen hat, jetzt in einen vertraulicheren Ton zu wechseln. So ist die Kameradschaft in diesem Fall beides: ein von der Frau abgeschlossener Bezirk und ein Ort, an dem weichherzigeren Empfindungen Raum gegeben werden darf und damit doch eine Brücke zur Frau geschlagen wird.

Die Aussagen der *Älteren* über Kameradschaft bleiben insgesamt blass und bestätigen damit die Hypothese von der Komplementarität zwischen Partnerschaft und Kameradschaft. Manche Passagen stützen die These, dass die Soldaten ihrer Partnerin die "Kameradschaft" als ein Gegenmodell von Bindung präsentieren, von dem sie sich aber - im Dienste der Partnerschaft - absetzen:

> Die anderen Kameraden spielen Skat. Dein Spatzel ist in Worten u. Gedanken jetzt bei Dir. So bin ich Tag u. Nacht bei Dir, immer lieb und nett zu Dir [Jolz, 7. 11. 1941].

Ludwig Bumke schreibt seiner Frau aus einer Nachschubeinheit zuerst positiv, aber schon kurze Zeit später abfällig über die "leere Phrase" der Kameradschaft und wertet damit indirekt die Bindung zu seiner Frau auf.

> Man könnte, wenn man sich nicht mit anderen Kameraden etwas aussprechen könnte, glatt verstumpfen [21. 8. 1941].
>
> Die Obstkonserven, weiß man auch nicht, wo sie hinkommen beim Militär, wenn auf den A.P.Ls [außerplanmäßige Einsätze] welche liegen. An die Truppen werden, das heißt wurden bis jetzt noch nirgends welche ausgegeben, denn das weiß man bestimmt, wenn man selber an der Ausgabe sitzt. Mir soll nach dem ich entlassen bin, nochmal einer von einer Gerechtigkeit oder gar Kameradschaft reden. Ob es bei den Aktiven auch so ist, weiß ich nicht. Bei uns jedenfalls, kennt man diese Begriffe nur als leere Phrasen. Das war bei den Landesschützen schon so und hier ist es noch ausgeprägter [19. 9. 1941].

Unter den älteren Ehepartnern sind *Willy Potts* Aussagen zur Kameradschaft die ausführlichsten. Über das Bisherige hinaus geben sie Hinweise, warum eine intensive Kameradschaft für die Lebenserfahrenen Schattenseiten hat. Wenn sich die Soldaten untereinander austauschen und die weiche Seite der Kameradschaft hervortritt, ist die Stabilität gefährdet. So folgt auch bei ihm die Wendung von der Kameradschaft zur 'Loyalitätserklärung' gegenüber der Frau, bei der diese zarteren Regungen besser aufgehoben scheinen. Auch zeigt er, wie sich Kameradschaft in Abgrenzung von eigenen ungeliebten Vorgesetzten konstituiert. Schließlich sind seine Klagen über die Auflösung der Division im Januar 1944 ein Hinweis, dass persönliche Bindungen und auch die Primärgruppe bei seiner 167. Infanteriedivision entgegen Bartovs These noch lange Zeit im Krieg ihre Attraktion entfalten konnten. Beide Zitate belegen aber auch, dass solche Bindungen ständig bedroht waren und immer wieder aus dem "buntesten Durcheinander" neu aufgebaut werden mussten:

> Ich muss mich nur über mich selbst wundern, dass ich den andern immer und immer wieder Trost zusprechen kann, wo ich doch selbst, wenn ich mal allein bin, mit all den Schwierig-

keiten selbst ganz mächtig zu kämpfen habe. Gestern abend saßen wir nach langer Zeit wieder so im Kreis zusammen und jeder kam dann eben so auf die Dinge und Menschen zu sprechen, welche ihm eben am meisten anhängen und wenn man sich dann hernach so den Gedanken überlässt, ach, es ist nicht zu beschreiben. Meine einzige Freude ist zur Zeit die, dass mir von fast allen Leuten öfter bestätigt wird, dass es trotz allem schöner sei denn je, da ja [der Kompaniechef] weg ist und man mit mir in Ruhe über alles sprechen könne und alles auch im ruhigsten Ton genau so erledigt werden würde, wie sonst. Im Gegenteil, sie würden es lieber machen, da sie immer Verständnis bei mir finden und es müsse so für beide Teile bleiben. Dabei habe ich das bunteste Durcheinander. Junge Leute, 20iger und bis zu 36 Jahre! Ja, es könnte trotz allem fein sein, wenn nur alles geratene Kerls wären, die da in Uniform rumlaufen. Aber leider... Liebe Franzi und so bin ich dann mehr denn je mit meinen Gedanken bei Dir, da Du doch mein alles bist [30. 1. 1942].

In Form von Kampfgruppen, die bis auf eine Kampfstärke von 36 Mann herabgesetzt, hielten wir aus und erfüllten bis zum letzten Grenadier unsere Pflicht und darüber hinaus weit mehr. In diesen fünf Jahren, denen man der Division angehörte, war man doch bis auf das Letzte verwickelt, und nun dieses traurige und unrühmliche Ende. (...) Ich kann Dir sagen, wir alle sind restlos am Ende. Nun sollen wir eben zu einer anderen Division kommen, die erst seit Oktober 43 hier ist. Leider Gottes ist dort unsere Aufnahme nicht die beste, und das so viel gebräuchliche Wort Kameradschaft kann man suchen (...) Unser schöner Herr General, der allein daran schuld war, dass wir neuerdings diesen Dreckosten sehen u. auf die schmerzhafte Art und Weise heute u. wer weiß wie lange noch, zu spüren haben, wurde abgesetzt. [25. 1. 1944].

Wenden wir uns noch einmal den Briefen von *Georg Scharnik* zu, diesmal nicht unter dem Aspekt seiner Kampfbeschreibung, (vgl. Kap. 5.3.1), sondern im Hinblick auf "Kameradschaft" und Primärgruppenbindung. Klassisch im Sinne der Primärgruppe lässt sich seine Einbindung in die 34. Infanteriedivision an. Seine Einheit ist nach regionalen und landsmannschaftlichen Gesichtspunkten zusammengestellt:

Die Offz. sind alle aus der Koblenzer Gegend bis auf unsern Adjudant Ltn. [K.] aus Speyer. Meine Kameraden auf dem Fahrzeug sind, bis auf [M. und K.] die mit mir am 4. Oktober eingezogen wurden und auch in Darmstadt waren, alle aus der Koblenzer Gegend und aus dem Lahntal [4. 9. 1941].

Im November ist dieser Zusammenhang zwar gelockert, aber nicht aufgelöst. Er bildet jetzt mit drei anderen - "alles Kameraden, mit denen ich bis jetzt ständig beisammen war" eine Gruppe:

Wir 4 sind alle als Richtkanoniere in der 1. Battr. eingeteilt, bleiben also auch weiterhin beisammen [13. 11. 1941].

Sein weiteres Schicksal scheint zunächst Bartovs These zu belegen. Scharnik wird verwundet und dadurch aus seinem vertrauten Kreis herausgelöst. Lazarett, Heimataufenthalt und mehrere Monate in Frankreich (Mourmelon bei Reims) sind seine nächsten Stationen. Aber die Briefe aus dieser Zeit lassen Bartovs These von dem Verlust der persönlichen Bezüge in Russland mit den Folgen der Brutalisierung als zu einfach erscheinen. Aus Scharniks Frankreichzeit liegen 24 Briefe vor. Zwar kann er einmal von einem Parisaufenthalt schwärmen: "ich muss schon sagen, dass Berlin an Paris nicht ran kann" [3. 5. 1943], und er kann

Parfum und Gewürze nach Hause schicken. Aber was den Kasernenalltag und die Kameradschaft betrifft, erlebt er einen Einbruch, der seine Motivation in Mitleidenschaft zieht:

> Der Krieg geht eben zu lange und jeden Tag, den man fort ist, sehnt man sich mehr und mehr in die Heimat zurück. Die vielen Kameraden, die man hat bzw. nicht hat... einen richtigen, den trifft man praktisch nie, ja ich möchte fast sagen, es ist ein großer Zufall, wenn man mal einen, nur einen im ganzen Leben trifft. Ich komme mir oft so fremd vor in diesem immer und immer wiederkehrenden eintönigen Dienst und Leben beim Militär. Es widert einen direkt an immer Tagesdienst, bei dem man mit den Gedanken oft gar nicht mehr anwesend sein kann, man läuft eben wie eine Maschine mit. Man tut eben seine Pflicht, wie wir überhaupt ja nichts mehr kennen als Pflicht vom frühen Morgen bis zum späten Abend, ohne allerdings nur einmal einen kleinen Zukunftsschimmer sehen zu können, ohne irgend ein Ziel, und es ist gerade das, was einen zermürbt. Der übrige Dienst und die paar freien Minuten, die man auch noch zum Lernen nimmt, können einem auch nichts mehr bieten, um diesem Leben wieder ein Ideal, einen Inhalt zu geben [26. 4. 1943, aus Mourmelon, Frankreich].

Ein weiterer Parisbesuch, der für ihn vor allem "richtig sattessen" bedeutet, hinterlässt schon einen bitteren Nachgeschmack:

> Nur die Stimmung, die man nach so einer Fahrt, nachdem man wieder in die Freiheit, für die ich fast alles geben würde, gerochen hat, ist hier wo man den sturen Alltag verlebt, nicht gerade besonders (...) immer unter dem Preußendrill und dem Muss, das einen einem Roboter gleichmacht [15. 6. 1943, aus Mourmelon].

Im November 1943, inzwischen befördert, kommt er zum Artillerie-Regiment 173 nach Südrussland. In diesem neuen Umfeld findet er binnen kürzester Zeit Anschluss. Er nennt mehrere Kameraden namentlich, wenn darunter auch nur ein "einziger ist, der von Trier kommend bei mir ist" [19. 11. 1943]. Die Betonung markiert, dass er einen Verlust an Bindung wahrnimmt. Vor allem aber trifft er offensichtlich - Ende 1943!- auf eine intakte Primärgruppenstruktur und dies mag in diesem Fall seiner Eingewöhnung förderlich gewesen sein. Er wird zu einer Geburtstagsfeier eingeladen und hat Gelegenheit "alle Herren kennenzulernen":

> Soweit ich bis jetzt Gelegenheit hatte hier bekannt zu werden, vor allem die Offz. kennenzulernen, die wie die Mannschaften fast ausschließlich aus Süddeutschland und hier zum Großteil aus Franken um Würzburg, wo die Abt. bei Kriegsbeginn aufgestellt wurde, und Schweinfurt stammen, kann ich sagen, dass es mir gut gefällt [22. 11. 1943].

Seine Stimmung hebt sich "hier, wo man wieder an der Front steht" soweit, dass er der "ganzen augenblicklichen Lage viel ruhiger, mit gar nicht soviel Spannung, Ängsten und Sorgen wie in der Heimat, wo alles durch das viele Geschwätz heikler hingestellt wird", entgegensieht.

> Man lebt förmlich wieder auf, entbunden von all den Gedanken die man sich macht kann man viel unbeschwerter und als freierer Mensch leben [22. 11. 1943].

In demselben Brief beschreibt er - zur Beruhigung der Eltern - eher nüchtern die deutsche Strategie der verbrannten Erde: "die großen Zerstörungen aller wichtigen Anlagen, von denen ich mich jetzt selbst überzeugte, wird aufs genaueste und peinlich durchgeführt", der Einsatz aller wehrfähigen Männer im Straßenbau, begleitet vom Zug der Frauen, "soweit sie rüstig sind", mit den deutschen "Rückzugsbewegungen": Es entsteht der Eindruck einer geschäftsmäßigen Radikalität. Entgegen Bartovs Konstruktion setzt die eigene Gewalt keine Zerstörung der Primärgruppe voraus, um bei den Ausführenden durch Bindungslosigkeit erst den nötigen Hass freizusetzen. Die Herrschaftsausübung 'funktioniert' auch und vielleicht sogar reibungsloser auf der Basis sicherer Sozialbezüge. Dazu braucht es auch keine besondere ideologische Zurüstung im Sinne des Nationalsozialismus, vielmehr ergibt sich im Kriegsalltag die "Teilidentität der Ziele" zwischen politischer Führung und Handlung am Ende der Befehlskette als Selbstverständlichkeit. Als Motiv für die Beschreibung reicht dem Sohn gegenüber den Eltern der Wunsch, ihnen, die in der Heimat Angst wegen des Kriegsverlaufs haben, Zuversicht zu vermitteln. Für den jungen aufstrebenden Scharnik ist Kameradschaft kein Phänomen, das allein vom Außendruck abhängt, der ja beim Drill in Frankreich auch auf ihm lastete. Vielmehr entfaltet sich die Bereitschaft, Kameradschaft wahrzunehmen, in Verbindung mit einer erlebten 'Sinnhaftigkeit' des eigenen Tuns. Der Außendruck durch den Feind spielt insofern eine Rolle für das Kameradschaftserleben, als sich der Soldat durch sein Kriegshandeln in seinem Selbstwert aufgewertet sieht und damit auch leichter die Soldaten im Umfeld als Kameraden wertschätzen kann. Gemeinsam überstandene Gefahr und gemeinsam gestalteter, als tätig erlebter Alltag wirken dann verbindend. Wo Kameradschaft fehlt, führt dies, wenn man den Quellen nachgeht, nicht zu größerer Brutalisierung, sondern zur stärkeren Erinnerung an die heimische Bezugsgruppe, die Familie. Die Familie ist es auch, die zur Rechtfertigung herangezogen wird, bevor Zweifel aufkommen könnten. Zu ihrem Schutz wird jedwede eigene Aggression für legitim erachtet. Die Kontinuität der familiären Bindung - durch den Feldpostbrief immer wieder mit neuem Leben erfüllt - hilft, vorübergehende Bindungslosigkeit an der Front zu kompensieren.

Bedeutung wie Gefährdung der Primärgruppe lassen sich auch aus anderen Briefen erkennen - jeweils mit dem Schluss, dass Bartovs These zunächst gestützt wird - die Primärgruppe ist ständig gefährdet; aber mehr noch wird die These konterkariert dadurch, dass Primärgruppenbedürfnisse den Soldaten auch in späteren Zeiten des Krieges noch realisierbar erscheinen. Die Zitate von Calsow, Klinger, Pott und Scharnik stehen für den allgemeinen Trend, dass gerade bei den Unteroffizieren die beiden Primärgruppen-Themen, "Kameradschaft" und "Landseridyllen", in ihrer Bedeutung bis zum Winter 1942/43 noch zunehmen (undzwar nicht etwa wegen vermehrter Beschwerden über deren Fehlen), bevor sie erst im letzten Zeitabschnitt wieder zurückgehen.

Auch bei den Mannschaftssoldaten sind nicht nur zu Beginn, sondern auch im weiteren Verlauf Primärgruppenorientierungen festzustellen:

> Heute haben wir auf Befragen unseres Chefs ob wir bei Ihnen bleiben wollten oder zurück wollten uns fürs letzteres entschieden. Sehr leicht ist mir das nicht gefallen denn, wenn man so in einer Kameradschaft war wie hier und soll weg zu einer anderen Einheit man weiß ja niemals was uns dort erwartet. Doch werde ich auch damit fertig werden [Vilsen, 3. 8. 1941].
> Mache einen Kurs mit als Fernsprecher auf vierzehn Tage, ist weiter hinten und ist soweit ganz schön hier. (...) Erst hat es mir ja nicht recht gepasst weil wir gerade am zweiten Feiertage weg mussten und wir über Neujahr weg sind vom Haufen. Denn man meint ja, dass es nicht geht wenn man nicht beim Haufen ist, aber man gewöhnt sich ja schnell wieder ein und jetzt habe ich mich ganz schön eingewöhnt, obwohl wir erst vier Tage da sind [Page, 30. 12. 1943].
> Wichtig ist, dass wir eine pfunds Kameradschaft gebildet haben und alle in bester Stimmung sind.
> Von allen Seiten, Offz. und Kameraden, wird mir zum Res. Offz. geraten, aber solange wir im Osten sind, lehne ich es ab, müsste ich doch die "Kradler - Kameraden" verlassen und in irgendeiner Kompanie wieder von vorne anfangen.
> [nach Lazarettaufenthalt] Seit gestern abend bin ich nun wieder beim alten Verein, die Wiedersehensfreude war auf beiden Seiten natürlich dementsprechend [Leismeier, 28. 7. 1941, 6. 10. 1942 und 2. 11. 1942].

Vereinzelt, aber weit weniger und vor allem später, als man nach Bartov erwarten müsste, tauchen Klagen der Soldaten darüber auf, dass sie ihre Leute verloren haben oder sich isoliert sehen:

> Meine Lieben, heute hatte ich Geburtstag, aber leider habe ich nicht viel davon gemerkt. Dieser Tag ging auch vorüber wie jeder andere auch, nur eine Person war, die mir die Hand reichte und mir mündlich gratulierte und das war mein lieber Kamerad Fritz. Heute war wieder die Sehnsucht nach der Heimat, nach den Lieben bei mir aufs Höchste gestiegen und am liebsten wäre ich gelaufen bis ich bei Euch bin [Ernst Asper, 23. 12. 1943].

Aber auch in diesen Briefen ist nicht zu erkennen, dass mit dem Verlust von kameradschaftlichen Bindungen eine höhere Anlehnung an die nationalsozialistische Ideologie verbunden ist; auch nicht, dass die Soldaten erst und besonders dadurch zum willfährigen Spielball von aggressiven Hassgefühlen und zu einem besonders willigen Werkzeuge im Vernichtungskrieg werden. Vielmehr reagieren die Soldaten auf Verluste eher mit Trauer, Sehnsucht nach Heimkehr, Resignation und Ergebenheit ins Schicksal, vereinzelt auch mit Zorn gegen die eigenen Vorgesetzten, die einen in eine derartige Lage gebracht haben.

Wer also den Mangel oder Verlust von "Kameradschaft" erlebt, wird daraus eher eine verstärkte Bindung an die Angehörigen oder Heimkehrsehnsucht ableiten (bzw., wie bei den älteren verheirateten Soldaten, diese Bindung bewusst betonen), nicht aber eine Flucht in die NS-Ideologie antreten, wie es nach Bartov zu erwarten wäre. Dass es im Lauf dieses Krieges bei den Soldaten zu einer Brutalisierung kommt, wie Bartov beschreibt, ist naheliegend. Der Zusammenhang mit dem Primärgruppenverlust wird aber in Frage gestellt.

Erklärungsmächtiger sind sozialpsychologische Ergebnisse der Affiliations-
forschung. Schachters Ausgangsannahme war, dass es einen Zusammenhang
zwischen Angst und dem Bedürfnis nach sozialem Kontakt (Affiliation) gibt.
Soziale Nähe soll helfen, Angst zu reduzieren. Da Emotionen und Meinungen
einem sozialen Vergleichsprozess unterliegen, ist der Wunsch, solche Vergleiche
durch Kontakt mit anderen anstellen zu können, besonders dann ausgeprägt,
wenn die Emotion relativ stark und die Situation, in der sie auftritt, relativ neu
ist.[3] Zahlreiche Untersuchungen galten den Rahmenbedingungen. Als ein zentraler Aspekt erwies sich das Motiv des Selbstwertschutzes. So wird in bedrohlichen
Situationen nicht zwangsläufig die Nähe anderer gesucht. Mitentscheidend dafür,
ob Kontakt oder Isolation bevorzugt wird, ist der Wunsch, in Gefühlen und
Verhalten akzeptiert zu werden. Mit einer Taxonomie der Stressoren, die den
Wunsch nach Affiliation beeinflussen, kam Teichman[4] zu dem Ergebnis, dass der
Wunsch, mit anderen Menschen zusammen zu sein, bei physischer Bedrohung
steigt, bei hoher spezifischer psychischer Bedrohung, d. h. wenn der Selbstwert
der Person angegriffen ist, eher abnimmt. Die im Selbstwert bedrohte Person
sucht eher die Isolation oder den Kontakt mit Menschen in unähnlichen Situationen. Man kann im Schreiben der Soldaten den Versuch sehen, unter ständiger
physischer Bedrohung Kontakt mit den Nahestehenden aufzunehmen. Dabei
bedarf es gerade in der Anfangszeit eines Abgleichs der Wahrnehmungen, um die
soziale Nähe zu gewährleisten. So schreiben sie vor allem in den ersten Monaten
häufiger über Land und Leute und auch die abfälligen Wertungen über russische
Verhältnisse fallen vor allem in die erste Zeit. Einer Gefährdung ihres Selbstwertgefühls beugen sie mit dieser Abgrenzung vor. Allenfalls wenn sie - zunehmend
im Kriegsverlauf - die Brutalität des Geschehens für sich behalten, könnte man
darin neben dem Wunsch, Beunruhigung zu vermeiden, auch ein Indiz für die
mögliche Bedrohung des Selbstwertes sehen: Teile des Erlebens werden isoliert,
weil sie den heimischen Bezugspersonen nicht vermittelbar erscheinen. Der
schreibgewandte Unteroffizier *Peter Schuster* ist allerdings der einzige - nicht
zufällig in Briefen an Verwandte - der den Wunsch nach Isolation im Zusammenhang mit einer kritischen Abgrenzung vom Kriegsgeschehen anspricht.

> Gestern abend solltet Ihr schon einen Brief haben, aber es kam wieder mal Besuch, den ich
> nicht los wurde. Wenn er auch zwei Flaschen Schnaps mitbrachte, so hätte ich doch lieber
> verzichtet und meine Ruhe behalten. Überhaupt ist mir bald jeder Mensch zuviel, wenn ich
> nicht dienstlich spreche, bin ich zufrieden, nicht reden zu brauchen. Ja, was ist aus dem Peter
> geworden, dem es früher nie doll genug zuging [23. 3. 1943].
> Ihr seid ja nun mal für mich der Beichtvater, bzw. die Ablage all meiner blöden Gedanken
> und Sorgen. Vielleicht nicht richtig. Aber ich halte Euch auch heute noch am widerstands-
> fähigsten und mir in der Lebensauffassung am ähnlichsten, so dass Ihr diese Sachen genauso
> gut verdauen könnt wie ich ohne sie unnütz lange, nachdem sie doch geschehen sind, mit
> Euch herumzuschleppen. Was soll ich die Eltern heute noch damit in Sorgen bringen, warum

soll ich Ernie heute noch damit ängstigen und ihr für die Zukunft die Ruhe nehmen. (...) Man muss sich mehr auf Literatur legen, was ich seit einiger Zeit stärker versuche. Auch eine Sprache von Goethe, Schiller oder Storm kann schönes geben. Hier im Kreise leider unverständlich. Ich, zu Haus im Rufe eines Kurfürstendammjünglings, komme hier bald in den Ruf ein unmoderner, zurückgebliebener Sonderling zu sein, wenn man mich bei solcher Beschäftigung sieht. (...) Unterkriegen will ich mich von diesem Mistkrieg bestimmt nicht lassen. [21. 8. 1943].

Vor 22 Uhr komme ich selten zu einer Freizeit. Mir ist es beinah lieber als anders, man kann nicht soviel nachdenken. Der Tag gibt mir wirklich kaum einen Augenblick, wo ich an Privatsachen denken kann [16. 2. 1944].

Schuster bevorzugt Distanz zu den Soldaten in der vergleichbaren Lage und sucht die Nähe zu den Adressaten, die Abstand zum Geschehen haben. Im Sinne der erweiterten Affiliationstheorie wäre das dann zu erwarten, wenn eine spezifische Ich-Bedrohung, eine Erschütterung des Selbstwertes, vorliegt. Schuster lässt sich darüber unter den Bedingungen der Zensur aber nicht genauer aus als in dem zusammenfassenden Wort "Mistkrieg". Mitteilbar sind für ihn allenfalls die Isolation aufgrund seiner anderen kulturellen Interessen und sein Wunsch, die nächsten Angehörigen nicht unnötig zu belasten.

6.2 Feindseligkeit
6.2.1 Hass, Mordlust und Verachtung

Ausdrücklich feindselige Äußerungen - bezogen auf die russische Bevölkerung oder die gegnerischen Soldaten - haben in den Briefen insgesamt einen untergeordneten Stellenwert, wenn man von ihrer Häufigkeit ausgeht.

Von den insgesamt 112 Äußerungen, die (seltener) Hass, Wut, Rache, Mordlust, und (häufiger) Verachtung, Misstrauen, Abscheu gegenüber dem Feind anzeigen, entfallen 70 auf die erste Zeit (Juni - Oktober 1941); und hier sind es die Älteren, mehr als die Jüngeren (50 : 20), die sich so äußern. Besonders die Ehemänner suchen in der Abgrenzung vom "Sowjetparadies" den kulturellen Schulterschluss mit der Frau zu Hause und sprechen verächtlich über das Fehlen von Ordnung und Sauberkeit. Sie reagieren damit auch auf einschränkende widrige Lebensverhältnisse. Das alles ist aber schon ab Herbst 1941 kein Thema, das sie sonderlich bewegt, obwohl keine Zensur sie daran hindern würde, auch weiterhin von der eigenen kulturellen Überlegenheit zu schwärmen. Gewöhnung an das Neue und die Erkenntnis, im Zuge der Entmodernisierung in den eigenen Reihen selbst die Normen nicht mehr zu erfüllen, mögen zusammenwirken. Vorschnell wäre es, daraus einen Einstellungswandel abzuleiten. Die insgesamt seltenen, aber einschlägigen Äußerungen zeigen in besonders krasser Weise, dass es verfehlt wäre, die Aussagenmenge zum einzigen Kriterium für die Bedeutung eines Themas zu machen. Mitunter reicht eine einzige Passage, um die Ein-

stellung des Schreibers kennenzulernen. Aber der Hinweis auf die Aussagendich-
te ist doch nicht ohne Belang, zumal wenn sich systematische Entwicklungen
abzeichnen.

29 Aussagen im untersuchten Briefbestand, also nicht sehr viele, drücken
direkt Hass und Mordlust aus. Für *Heppermann* bedürfen diese Passagen im
Unterschied zur "Verachtung" der Rechtfertigung: sie werden in den Zusammenhang von Rache und "Vergeltung" gestellt. Er lässt damit die Grenze dessen
erkennen, was der Empfängerin ohne weitere Erklärung zuzumuten ist und was
der ideologischen Einrahmung bedarf.

> Das einzige, worauf man achtgeben muss, sind die verfluchten Heckenschützen! Besonders
> jetzt zu Anfang, denn vor uns lagen bolschewistische Eliteregimenter. Aber glaub mir, diese
> Herrschaften werden nicht mit sanften Händen angefasst! Was vor den Lauf kommt, wird
> abgeschossen! Neben uns in einem Kornfeld lagen auch vier Russen, mongolischer Typ! Drei
> waren gleich tot. Der vierte, ein 18 jähriger Kerl aus der Ukraine, ist nachher noch ins
> Lazarett gekommen! Verdient haben es die Brüder ja nicht! [5. 7. 1941].
> Der Russe zieht sich immer weiter zurück - und die Bevölkerung ist froh darüber. Wir haben
> in diesen Gebieten überall einen herzlichen Empfang, manchmal sogar Hauspforten mit
> Hakenkreuzen! Dazu fröhliche Gesichter, Menschen, die glücklich sind, dem bolschewisti-
> schen Joch und Terror entronnen zu sein! Dabei sind die Menschen beinahe ausgeplündert
> und erzählen für uns kaum fassbare Grausamkeiten, die sie (besonders politische Häftlinge!)
> erdulden mussten. Verstümmelungen, lebendige Verbrennungen und so mehr! Diesen
> Herrschaften darf man nicht in die Hände fallen! [7. 7. 1941].
> Hauptsache, dass es vorwärts geht und der Bolschewismus bald vernichtet ist! Der Kampf -
> wie wir erfahren - ist an verschiedenen Stellen hart und schwer! Und die Räume groß! Aber
> es hilft alles nichts: Die Horden müssen vernichtet werden - denn die Heimat soll nicht jene
> Schrecken erleben, wie manche Menschen hier [8. 7. 1941].
> Der Krieg muss hier möglichst schnell zu Ende kommen - um dem Briten die Möglichkeit zu
> nehmen, deutsche Städte und Menschen ungehindert zu bombardieren. Aber darauf kann er
> rechnen: Wenn diese Angelegenheit im Osten erledigt ist, wird er seine "Taten" zehnfach
> zurückbekommen! [7. 7. 1941].

In den aggressiven Rachegedanken schließt Heppermann die Engländer ein. Die
eigentliche Radikalität liegt nicht nur in der Auslassung gegenüber den Engländern, sondern in der selbstverständlichen Ableitung, dass "der Krieg hier möglichst schnell zu Ende kommen" muss: Hinter dem Satz, der für die Frau wie eine
harmlose Umschreibung der Sehnsucht nach Frieden klingen kann, steht im
Kontext der militärischen 'Notwendigkeit' auch der Freibrief für alles Handeln
der eigenen Seite im besetzten Land, das diesem Ziel dient. Nach diesen Aus-
brüchen im Juli 1941 schreibt er keine Hasstiraden mehr nach Hause. Seiner
Verachtung über die russischen Verhältnisse lässt er aber weiterhin Raum. Die
Abgrenzung dient ihm zugleich zur Stabilisierung der eigenen Liebe, da er die
Erfahrungen in Russland zur Basis der vertieften Wertschätzung der häuslichen
Geborgenheit macht.

Ob ich zu Dir lieb bin, fragst Du? Du fragst noch! Muss ich Dir eine Antwort darauf geben? Weißt Du die Antwort nicht im voraus? O, Du! Wir entbehren doch jetzt seit vielen Wochen und Monaten alles: <u>Frau</u>, Kind, Heim, Gemütlichkeit, Fürsorge und Umsorgtsein! <u>Wie</u> werden wir später einmal alles zu schätzen wissen. Wenn Du einmal eine russische Behausung mit seinen Bewohnern gesehen hättest, diese verproletarisierten Bauern mit den vielen verkommenen Kindern, niemand in Deutschland würde je klagen; niemand mehr vom Paradies der Sowjets sprechen und reden! Für viele deutsche Soldaten wird diese Inaugenscheinnahme heilsam sein! [2. 8. 1941].

Überhaupt ist die Anspruchslosigkeit dieser primitiven Menschen ohne Beispiel! Wir "wohnen" hier ja bei einem älteren Ehepaar. Im Zimmer in der Ecke ein Holzgestell, ein paar Lumpen darauf: das Bett ist fertig. Und Essen. Eine regelrechte Zubereitung warmer Mahlzeiten habe ich noch nicht beobachtet. Morgens, mittags und abends: Kartoffelbrei mit Milch und Salz. Vielleicht mal ein Stück Brot: keine Butter, kein Schmalz, keinen Kaffee, [   ]. Das sollte man einmal einem Deutschen anbieten. Ebenso ist der Bolschewik: Dabei unempfindlich und hart. Ich habe Russen mit faustgroßen Löchern im Rücken gesehen - und verzogen keine Miene. Naturmenschen, primitiv und einfach: Wie der Einzelne so die Gesamtheit. Und es fängt bei den kleinsten Kindern schon an. Das muss ich später einmal erzählen [18. 9. 1941].

Ende Oktober kann er sich schon nicht mehr so eindeutig distanzieren und die Ansprüche haben sich verändert: :

Wir sind es alle herzlich satt: dieses Land, roh, arm, einsam, stets stupide Menschen, ohne Kultur (färbt allmählich ab!) vielfach verschlagen - und verlaust. Kein Wunder, wenn allmählich von allem etwas an uns hängen bleibt. Wir sind aber jedenfalls froh, wenn wir nachts ein Dach über dem Kopfe haben - mag es aussehen wie es will. Alle haben nur einen Wunsch: heraus aus diesem elenden Lande! [31. 10. 1941].

Im Tenor ähnlich, wenn auch weniger ausführlich, äußern sich auch andere Soldaten in den ersten Wochen des Krieges. Gewöhnung, erlebte Entmodernisierung, eigenes Angewiesensein auf russische Unterkünfte im Winter und zunehmende Trennung zwischen Zivilbevölkerung und deutschen Soldaten lassen diese Beschreibungen dann aber an Gewicht verlieren. So werden die Äußerungen des Hasses nicht nur seltener, sondern auch unspezifischer. Zwar gibt es den Soldaten im rückwärtigen Gebiet, der sich über stehlende Kinder und die Partisanen als "Banditen" auslässt [Hilger, 15. 2. 1944], aber die aggressiven Rachewünsche des einzigen Soldaten, der davon noch mehrmals im Jahr 1944 nach Hause schreibt, richten sich gegen die Amerikaner, die deutsche Städte bombardieren [Vilsen, 9. 1, 17. 1. und 24. 2. 1944].

Das passt nun so gar nicht in das Bild, das man sich von der Realität des Krieges in Russland macht. Es wäre vorschnell, wenn man dies auf mangelnde Repräsentativität der Briefauswahl zurückführt. Manches spricht dafür, dass der Befund so außergewöhnlich nicht ist: In den Feldpostbriefen aus dem Osten wird zwar in den ersten Wochen in düsteren Farben das Bild der russischen Unkultur gezeichnet und die alle bisherigen Normen sprengende Kriegspraxis wird damit argumentativ flankiert - aber dies ist kein Thema, von dem die Soldaten oft und vor allem anhaltend berichten würden. Ähnlich wie bei der drastischen Schilderung von Kampfhandlungen (vgl. Kap. 5.3.1) findet in der Darstellung des Feindbildes schon bald eine Aufspaltung statt in das, was die Soldaten mit sich und untereinander ausmachen und das, was sie nach Hause berichten. Es wäre nur eine - und nicht die wahrscheinlichste - Erklärung, dass ihnen das Feinbild abhanden gekommen sei und sie mangels Kontakten mit der Zivilbevölkerung oder aus zunehmendem Respekt gegenüber der Roten Armee zurückhaltender schreiben. Die ganz entgegengesetzte Erklärung kann lauten, dass das erlebte Kriegsgeschehen einerseits so sehr alle bisherigen Normen durchbrach, dass es nicht mehr kommunizierbar war, wollte der Soldat nicht die Gesprächsbasis mit seinen Angehörigen aufs Spiel setzen; und zugleich wurde das massenhafte Töten, das Niederbrennen und "Säubern" von Dörfern so alltäglich, dass es keiner besonderen Erwähnung mehr bedurfte, sondern als Normalität im Kriegsalltag akzeptiert und aus Gründen der 'Schonung' verschwiegen wurde. Der Soldat schonte sich auch selbst, wenn er darüber schwieg, weil er Unruhe und Nachfragen vorbeugte. Das Verbot der Zensur, über Details zu berichten, war dann nicht nur eine Richtlinie mit Sanktionsdrohung, sondern auch eine Entlastung, darüber nicht schreiben zu müssen. Den Angehörigen gegenüber stellte sich der Soldat als am Krieg leidend dar, bedürftig nach Anteilnahme und Unterstützung, die er um so mehr verdiente, als er nichts anderes tat, als die Heimat zu verteidigen. Wenn dieses Grundmuster für viele Briefe galt, dann transportierte die Feldpost milliardenfach ein Selbstbild, das bei den Angehörigen kaum Zweifel an der 'guten Sache' aufkommen lassen konnte, zumal doch ihre Söhne und Ehemänner unmittelbar als Zeugen vor Ort waren.

Manchmal explizit, meist aber implizit, pendelten sich die Kommunikationsteilnehmer auf beiden Seiten auf die Themen ein, die sie ansprechen wollten, noch wichtiger: auch darauf, welche sie ohne genauere Rückfragen stehen ließen.

Zusammenfassend kann die entsprechende Hypothese (Kap. 2.5, Hypothese 3.6) mit Einschränkung bestätigt werden: Im Einklang mit der herrschenden Ideologie dient den Soldaten das antirussische Feindbild dazu, sich in kultureller Überlegenheit abzugrenzen. Dies trifft vor allem für die Zeit der ersten Begegnung zu. Es dient dem Selbstwertschutz, dass mit dem Feindbild die eigene Gruppe als 'überlegen' dasteht und es rechtfertigt alle Kriegshandlungen im besetzten Land als 'Reaktion' oder als 'Vorsorgemaßnahme'.

In Anlehnung an die Terror-Management-Theorie (Kap. 2.4.2) wäre zu erwarten, dass mit der existentiellen Bedrohung die Betonung der eigenen kulturellen Überlegenheit und die Akzentuierung des Feindbildes zunimmt, bzw. ein konsensueller Schulterschluss mit den eigenen Angehörigen gesucht wird. Dies kann anhand der Briefe insofern bestätigt werden, wenn man annimmt, dass die existentielle Bedrohung gerade in der ersten Zeit subjektiv hoch eingeschätzt wird. Indizien dafür können in der häufigeren und detaillierteren "Kampfbeschreibung" im ersten Zeitabschnitt gefunden werden (vgl. Kap. 5.3.1). Diese Feindabwertung wächst aber nicht parallel zur objektiven Bedrohung mit zunehmendem Kriegsverlauf. Hier wirken andere Einflüsse wie Gewöhnung, 'Schonung' der Angehörigen, aber auch Separierung von Soldaten und Zivilbevölkerung, die zu einer generellen Abnahme von gegnerbezogenen, und damit auch von abwertenden Äußerungen führen.

Gibt es auch das andere - den Respekt gegenüber dem Feind? Nur in 2% der Briefe lassen sich Spuren solcher Äußerungen erkennen, wiederum vor allem aus der Anfangszeit, wenn den Russen als "zähen Burschen" eine "tapfere Gegenwehr" bescheinigt wird - Argumente, die dann auch der Rechtfertigung dienen, denn "deshalb geht es auch nur Stück für Stück vorwärts" [Melzner, 4. 10. 1941]. Nur einmal taucht eine solche Bemerkung auch später auf:

> Hoffentlich gelingt es uns, den Feind vernichtend zu treffen. Aber der Feind ist doch immer noch stark und wehrt sich gut" [Vilsen, 9. 7. 1943]

Typischer aber ist in den seltenen Fällen, das überhaupt am Gegner etwas Gutes gelassen wird, das Amalgam von Feindaufwertung und -abwertung, beide mit selbstentlastender Wirkung:

> Solange die Russen in den Bunkern sind, kämpfen sie sehr zäh. Aber außerhalb derselben sind sie furchtbar feige und hinterlistig. Während die vorderen zum Zeichen der Übergabe die Hände heben, fliegt von hinten noch eine Handgranate oder knallt einer noch ab. Auch der Häuserkampf blüht in den Ortschaften. Kurzum, all die Polenheldentaten werden auch von den Russen angewandt. Ganz feige Gestalten sind dabei die Mongolen. Aber sie kommen schon auf ihre Rechnung! [Pott, 24. 6. 1941].

Und Hilgers Mischung aus Anerkennung und Rassenideologie leitet über zu der brisanten Frage nach dem Antisemitismus der Wehrmachtssoldaten:

> Hoffentlich bringt dieser Monat den endgültigen Sieg über die Russen, die sich tapfer zur Wehr setzen, trotzdem sie unter dem russisch jüdischen System ein ziemlich trostloses Dasein führen, wenn man das reiche Land sieht und die so arme Bevölkerung [Hilger, 10. 8. 1941].

6.2.2   Über die Juden

Dieser Aspekt des "Feindbildes" sei angesichts der großen Bedeutung für die zeithistorische Diskussion besonders erwähnt. Was schrieben die Soldaten dazu?

Nach Goldhagen[5] müsste das Verhältnis zu den Juden ein durchaus präsentes Thema sein - und es dürfte, zumindest in der Affirmation des antisemitischen Denkens auch nicht unter das Verbot der Zensur oder Selbstzensur fallen, wenn ein Soldat sich darüber mit den Eltern oder der Partnerin austauschen wollte. Vor diesem Hintergrund erscheint es bemerkenswert, dass nur in 15 von 739 Briefen (ca. 2 %) überhaupt das Thema "Juden" erwähnt wird, und zwar von 10 der 25 Soldaten. Die anderen erwähnen es in der Briefauswahl nicht.[6] Bis auf drei fallen alle Äußerungen in die ersten Kriegswochen bis zum 24. 9. 1941.

Feldwebel *Christoph Banse*, Angehöriger einer Transport-Kolonne der Luftwaffe, schreibt an seine Frau:

> Jetzt bin ich schon zwei Tage hier auf russischem Boden und morgen geht es wahrscheinlich wieder weiter ostwärts. Die Spuren des Krieges sind zum Teil sehr starke. In den Städten besteht die Bevölkerung meistens zu 50 bis 80 Prozent aus Juden. Da bekommt man einen Begriff von den Angehörigen des auserwählten Volkes. Die Juden sind es auch, die beim Begehen von Scheußlichkeiten an Ukrainern führend waren. Und mancher deutsche Soldat fiel der Hinterhältigkeit dieser Schmutzfinken zum Opfer. Wir Deutsche haben deshalb keinen Grund, mit diesen Kreaturen schonend umzugehen. Sie gelten deshalb augenblicklich nicht mehr soviel wie bei uns ein Hund. Für uns Soldaten ist das verständlich [7. 7. 1941].

Fast zwei Jahre später, inzwischen Regierungs-Inspektor, schreibt er über die Rückfahrt von der Heimat nach Russland:

> Der große Gegensatz zwischen unserer Welt und der Welt der Polen bot sich mir ja dann gleich als ich in die Gegend von Warschau kam. Diesen Unterschied zu schildern macht mir zuviel Mühe, und ich erzählte Dir ja schon davon, als ich im Frühjahr 1941 in diese schmucklose Welt verschlagen wurde. Aufgefallen ist mir, dass es keine Juden mehr hat [5. 3. 1943].

Bei ihm hat also gleich zu Beginn die Indoktrinierung verfangen. Die gängige Behauptung aus der Nachkriegszeit, dass man 'von allem nichts gewusst' und es schon gar nicht so gewollt habe, muss angesichts solcher Äußerungen durchaus ins Wanken geraten. Legt man Banses Zitat vom Juli 1941 zugrunde, wird man sein grundsätzliches Einverständnis mit der Vernichtung der Juden annehmen können. Die Formulierung "aufgefallen ist mir" drückt aber auch Überraschung aus. Wenn er Genaueres über Vernichtungslager wüsste, würde die Formulierung eine subtile Art der Verschleierung dieses Wissens seiner Frau gegenüber ausdrücken. Da es seine einzigen Äußerungen dazu bleiben, ist nicht zu klären, wieweit er etwas wissen wollte.

Für gängige antisemitische Klischees suchen einige Soldaten Belege, wobei es dann wenig ausmacht, wenn sich die Vorurteile widersprechen. Hans Sulzer stellt die Juden im Juni 1941 wegen ihrer Armut, ein halbes Jahr später wegen ihres Reichtums als Außenseiter dar:

> Ich bin jetzt ungefähr da wo Vater im letzten Krieg stand. Der Ort in dem wir sind wimmelt voll Juden. Nur 1/3 der Bevölkerung sollen Polen sein. Wie es da aussieht kannst Du dir sicher vorstellen. Die allgemeine Not verstehen diese bettelnden Hyänen auszunutzen. Die Preise sind furchtbar teuer.
> Verschiedentlich habe ich schon festgestellt, dass die Russen den Juden nicht gut gesinnt sind. Die Frau in unserem Quartier sagte z. B.: Ruski Kartoschki, Juden Konfekt, Schokolad. Das heißt: die Russen müssen das ganze Jahr Kartoffeln essen während die Juden das ganze Jahr von Schokolade und Konfekt leben [Sulzer, 22. 6. 1941 und 6. 1. 1942].

Einige Mitteilungen bleiben knapp, mit verächtlichem Unterton gegen "Bolschewismus" und "Kommunismus", die zwar (eher aufzählend) mit Juden assoziiert genannt werden; der Antisemitismus selbst wird aber nicht explizit geäußert:

> Je weiter wir kommen, je mehr merkt man die kommunistischen Verhältnisse. Trostlos, wie diese Menschen hier hausen. Da ist es bei uns Gold dagegen. Wir machen gerade eine kleine Rast am Ortseingang, eben marschierte eine Kompanie "Juden" vorbei unter deutscher Aufsicht zum Straßenreinigungsdienst. Hier hat es mehr Juden wie andere [Jolz, 2. Kp Bau-Btl. 402, in Litauen, 27. 6. 1941].
>
> Die Kultur des Bolschewismus spiegelt sich im Land. Elend und Not wird unser Auge sehen wie bisher. Doch das richtige Bild wird man sich erst machen können, wenn man erst mal eine große Stadt sehen wird dort erst kommt die rechte Feinheit zur Beurteilung. Sehr rosig soll es nicht aussehen nach Aussagen eines Flüchtlings der hier aufgegriffen wurde und das Volk würde uns erwarten die Juden sollen schon ausgerückt sein u.s.w. mehr [Vilsen, 2. Fahrschwadr. Nachschub Tr. 36, 36. Inf. Div., bei Pleskau (Nord), 5. 8. 1941].

Unmissverständlich sind Einzeläußerungen anderer Soldaten:

> Die vielen hundert Kilometer, die wir nun zurückgelegt haben, zeigten uns die Härte und Grausamkeit dieses Kampfes. Es ist mir nicht möglich, das alles im Einzelnen zu schildern, aber hier geht es wirklich um Sein oder Nichtsein. Je tiefer wir nach Russland vorfuhren, umso mehr trafen wir auf Juden. Die Kerle sind noch genau so frech wie im tiefsten Frieden. Man sollte eigentlich noch viel mehr dieser Ausgeburten an die Wand stellen, als bisher geschehen ist [Leismeier, Gebirgs-Panzer-Jäger Abt. 44 (Süd), 17. 8. 1941].

Propagandaformeln prägen auch die zwei antisemitischen Briefpassagen von *Heinz Heppermann*. Aber es ist mehr als eine Übernahme, es ist eine Aneignung und Anreicherung der Propaganda mit den Eindrücken, die ihn zu Kriegsbeginn überwältigen. Die in der nationalsozialistischen Ideologie untrennbare Einheit von "bolschewistisch" und "jüdisch" fällt bei ihm von Anfang an auf fruchtbaren Boden und hilft ihm, die Komplexität der Eindrücke auf wenige Muster zu reduzieren. Brutalität der eigenen Seite wird nicht ausdrücklich erwähnt, aber vorsorglich gerechtfertigt mit dem Hinweis auf die Angst um die Heimat. Zusätzliche Legitimation zieht er aus dem Verhalten der Einheimischen, die die Deutschen zunächst freundlich in der Hoffnung auf Befreiung begrüßen und, folgte man dem Brief, die Besatzer erst zur Radikalität antreiben. Seiner Frau wird kaum eine Alternative bleiben, als seiner Darstellung zu folgen. Die erste Passage stammt aus dem "eigentlichen Russland, und zwar kurz vor der Düna bei Polozk (...) von Moskau gesehen genau westlich"; die zweite schreibt er wenige Tage später weiter östlich, jetzt schon mit dem Blick Richtung Moskau, das aber "immerhin noch 600 km " entfernt ist. Da merkt er bereits die Reserviertheit der Bevölkerung. Sein Weltbild ist aber übermächtig genug, sowohl die anfängliche Akzeptanz wie die Ablehnung zu interpretieren. Heppermann nimmt beides als Bestätigung für sein Feindbild:

> Wir denken oft mit Grauen an das Schicksal deutscher Frauen und Mädchen, wenn diese bolschewistischen Horden in ein Kulturland wie Deutschland eingebrochen wären! Diese Version ist einfach unausdenkbar! und Gott sei Dank, dass der Führer wieder im rechten

Moment zupackte. Wenn Du diese Gestalten sehen wirst, von mongolischen Tartaren bis Kirgisen und Kalmücken, Du würdest dich abwenden! Na, auch dieser Kampf ist einmal zu Ende. Wie lange oder wie schnell weiß ich natürlich auch nicht! Japan und Amerika scheinen ja auch allmählich in den Brand hineinzuschliddern! Es wird Zeit, dass diese jüdisch-bolschewistischen Welthetzer mit Stumpf und Stiel ausgerottet werden!
Im übrigen herrscht hier in Russland das kommunistische System. Der einzelne besitzt beinahe nichts. Eine Kuh, ein wenig Acker für Gemüse; und wehe dem, der sich zusätzlich hätte bereichern wollen, ich meine, sein Gut zu vermehren suchte! Verbannung, Zwangsarbeit und Geldstrafen, Du kannst Dir vorstellen, dass diese geplagten Menschen unsere Ankunft in der Mehrzahl begrüßten. Die Frauen kamen und brachten uns ihre letzte Milch. Viel mehr besaßen sie ja nicht. Und die Fragen: Kommen die Bolschewiki zurück, bleibt ihr hier, vertreibt ihr die Machthaber (meistens Juden) noch weiter? Und wenn wir sagten, bis Moskau: "Dobsche, Dobsche", gut, gut, mit der bezeichnenden Halsabschneiderbewegung! [17. 7. 1941].
Wir liegen in einem kleinen russischen Städtchen (weit jenseits der Düna!) für einen Tag in Ruhe! (...) Diese Stadt ist wie alle russische Städte! Kleine, dunkle Holzhäuser, verkommene Menschen, arm, hungrig, wimmelnd von Kindern! Viele Häuser stehen leer: ausgerissene Juden oder Bolschewiken. Die Bevölkerung wird allmählich reservierter! Bolschewistische Propaganda![22. 7. 1941].

In den Briefen des einzigen Mitglieds der Waffen-SS in dieser Gruppe findet sich insgesamt - auch außerhalb der hier näher untersuchten vier Zeitabschnitte - nur eine, dafür allerdings eindeutige antisemitische Äußerung. Der 23 jährige *Erich Nürnbach* schreibt nach der Bombardierung von Talsperren durch Engländer an seine Eltern:

Von der Beschädigung der Talsperre habe ich im Wehrmachtbericht gehört. Die Wut kann sich keiner vorstellen, welche die Landser bei solchen Dingen kriegen. Wenn wir nur den Briten allein hätten, dann sähe ich schwarz für ihn! Im Übrigen wurde dieser feige Angriff auf die Talsperren von emigrierten Juden, welche mit der betreffenden Gegend vertraut waren, angezettelt. Vielleicht ist sogar von denselben Judas einer früher einmal in einem heute durch den Wassersturz zerstörten Dorf mit Koffern herumgezogen und hat mit seinem Schundzeug die Leute betrogen! Über die sogenannte "humane Kriegführung" unserer Feinde, die wir ja eigentlich lieben sollten, gibt's überhaupt nichts mehr zu reden. Hoffentlich sehen nun auch bald die letzten Querköpfe ihre falschen Ansichten ein [4. 6. 1943].

Nürnbach lässt der offiziös angeregten Gerüchtebildung also im Gewande der Feindkritik eine Rechtfertigung jeder Radikalisierung folgen.

Entweder wir werden diesen Krieg gewinnen oder es wird eine andere Welt - ohne uns geben! Das Letztere kommt sowieso auf keinen Fall in frage, das wird uns die Zeit lehren! [4. 6. 1943]. Es ist das Wichtigste, den Feind zu vernichten, damit wir vor ihm eine Ruhe haben [8. 6. 1943]. Dass der Krieg entsprechend seiner bisherigen Dauer hart ist, ist eine logische Folge und, wenn man ehrlich ist, so hat man sich auch daran schon gewöhnt. Leider, und das ist ja auch schon oft geschrieben worden, trifft es unsere Zivilbevölkerung. Für einen Soldaten ist das nicht recht passend, da doch nach seiner Meinung nach der Krieg eine Sache der Männer ist. Nur zu deutlich sieht man an dieser Art Kriegführung, mit was für einer Sorte man es zu tun hat. Aber jeder neue Angriff dieser Terroristen ist ein sicherer Garant dafür, dass, wenn einmal der große Tag der Vergeltung kommt, Auge um Auge und Zahn um Zahn ohne Rücksicht auf Kinder und Greise vergolten wird mit gleichen Waffen. Diese Auffassung und bestimmte Meinung trägt jeder Soldat in sich und das mit jedem Tag mehr. Gnade Gott - England!! [28. 7. 1943]

Was das konkret für sein eigenes Kriegshandeln heißt, beschreibt er zwar nicht. Die Frage drängt sich aber auf, ob er das, was er den Engländern für die Zukunft ankündigt, bereits in Südrussland (Charkow, Stalino) gegenüber der dortigen Zivilbevölkerung, insbesondere deren jüdischen Teilen, selbst erlebt hat und damit auch nachträglich rechtfertigen will.

Ludwig Bumke, Gefreiter beim Nachschub Btl. 563 (mot.), schreibt an seine Frau. Eingestreut in ein Idyll aus dem "Generalgouvernement" macht er seine Frau mit dem Wort "Ghetto" bekannt, das er für erklärungsbedürftig hält. Er geht also von ihrer Uninformiertheit über solche Lager aus.

> Mir würde es hier in Krakau sehr gut gefallen. Wohl die schönste Stadt des G. G. Krakau hat sehr schöne Parkanlagen, schöne moderne Häuser. Ist nicht umsonst die Hauptstadt des G. G. Man sieht hier so wenig Juden mehr, dass man sie zählen könnte, die Straßenbahnen haben kein Judenabteil mehr. Sie sind alle in ein Ghetto gekommen (Judenviertel). In zirka 10 Jahren, wenn Krakau erst noch besser ausgebaut ist, glaube ich, möchte ich auch da sein [20. 6. 1941].

Es bleibt unklar, ob er selbst ein Ereignis miterlebte oder sich auf einen anderen Bericht bezieht, als er über ein Lemberger Vorkommnis schreibt; seine Frau ist dadurch beunruhigt.

> Das mit den Juden, das heißt dem einen in Lemberg, das war ja in einem Cafe, was soll da passieren, Du stellst Dir alles, was wir hier erleben xmal tragischer vor, als es ist. Ich weiß, dass alles, bis es in die Heimat kommt, von der Mücke zum Elefant wird. Glaube nicht alles, was oft reichlich übertrieben ist [10. 8. 1941].

So funktioniert das Lernen, was der Soldat lieber für sich behält. Vielleicht hatte er über ein Ereignis in einem Lemberger Cafe geschrieben (ein entsprechender Brief ist nicht vorhanden). Vermutlich betraf der Vorfall mehrere Juden, aus denen er jetzt "einen" macht, um Druck aus dem Bericht zu nehmen. Mit der Weigerung, genauer auf ihre Frage zu antworten, erteilt er eine pauschale Belehrung, wie sie mit Nachrichten, die nicht ins gewünschte Bild passen, umgehen soll. Der äußeren Zensur, die er umgehen will, fügt er von sich aus eine Binnenzensur hinzu, die regelt, was zum Thema "Juden" gefragt werden darf.

Nur in zwei weiteren Notizen erwähnt er Juden, und zwar eher beiläufig, was in diesem Fall den Lernprozess des Verschweigens unterstreicht. Immerhin geht es ihm jetzt wesentlich um die Rechtfertigung und die Abgrenzung von anderen Soldaten, bei denen sich die Normen dessen, was erlaubt ist, schon weiter verschoben haben, als bei ihm. Seine Äußerungen markieren einen Grenzgang zwischen heimischen Normen, die er mit seiner Frau teilt, und den Normen der jetzt für ihn relevanten Bezugsgruppe der Soldaten, aus deren Rahmen er auch nicht herausfallen möchte. Dass dabei ein deutschsprachiger Jude kein Deutscher ist, gehört für ihn bereits zum ideologischen Marschgepäck, das er der Frau nicht erläutern muss:

> Vorgestern kamen wir vom Kommando zurück, heute hören wir schon, dass denen, die uns abgelöst haben, die Hälfte der 250 Gefangenen abgehauen sind, weil sie oft geschlagen wurden. Es sind durchweg ganz junge Kerle, die wahrscheinlich gleich ganz vorne waren und deshalb gleich als Erste gefangen wurden. Drei davon sprachen fließend deutsch, dem einen seine Urgroßmutter war aus D., dem anderen seine Mutter aus Hamburg, der Dritte ist Jude. Sie haben sich gewundert, dass sie von uns gut behandelt wurden, was einem, von verschiedenen verübelt wird. Man kann das auch verstehen, wenn man mit Verwundeten spricht, die mit eigenen Augen mit ansehen mussten, wie unsere Leute bestialisch ermordet wurden. Aber wir konnten in diesen Gefangenen die Beobachtung machen, dass ein vernünftiges Wort auch solche verletzte Menschen wieder zurückführen kann zu einem normalen Menschen [16. 8. 1941].

Zwar taucht das Wort "Untermensch" im gesamten hier untersuchten Briefbestand nicht auf, aber Bumke kommt der NS-Sprache nahe, als er einmal von "vertierten Menschen" spricht; er bezieht dies allerdings auf russische Soldaten:

> Wir liegen immer noch im Wald in dem einst russisch gewesenen Teil Polens, in Galizien. Wir schreiben hier in den Anlagen einer früheren russischen Offiziersschule, das heißt einem Übungsgelände, auf dem russische Offiziere ausgebildet wurden. Die Anlage kann für solche Zwecke an Primitivität nicht mehr überboten werden. Die Unterstände sind nur Erdlöcher. Hier wurden die Russen fast 2 Jahre "ausgebildet"! Man kann sich da vorstellen, dass solche Soldaten systematisch zu vertierten Menschen werden [6. 7. 1941].

Bumkes letzte antisemitische Äußerung klingt schon fast wie eine Standardformulierung der Propaganda, die er aus dem Rundfunk oder einer Zeitung übernommen haben kann:

> Aber Hauptsache, dass es vorwärts geht. Und ich glaube, dass es vorwärts geht, denn der Sowjetjude Maysky hat schon einen Hilferuf um Panzer an London gerichtet [24. 9. 1941].

Die Zitate drücken eine partielle Zustimmung zum Menschenbild des Nationalsozialismus aus; partiell deshalb, weil auch der vorsichtige Versuch einer Abgrenzung anklingt, wenn er die Einteilung der Menschen nicht als statisch ansieht. Ähnlich ist auch bei anderen Soldaten zu beobachten, dass sie kein selbstverständliches negatives Bild der "slawischen Massen" pflegen; vielmehr unterscheiden sie oft bei aller Verachtung für die 'russische Unkultur' zwischen der armen Zivilbevölkerung, die zwar als ängstlich und misstrauisch, aber des öfteren auch als "freundlich", "nicht feindlich gesinnt" geschildert wird, und den "Machthabern", die für alles Schlechte verantwortlich gemacht werden.

Hans Helmut Calsow geht es in seinen Briefen an die Eltern vor allem gegen Ende um die Auseinandersetzung in ideologischen Fragen, wobei er offensichtlich auch unter dem Druck steht, sich zu rechtfertigen.

> Ja, meine lieben Eltern, ich bin heute durch und durch Nationalsozialist, ohne Einschränkung. Die paar Dinge, die mir nicht gefallen, kann ich nur beseitigen, wenn ich mitten drinstehe in der Bewegung. Sie fallen aber auch gar nicht ins Gewicht gegenüber dem Großen. Ihr seid Deutsche im früheren Sinn. Wir Deutschen haben eine Wandlung an uns vornehmen müssen, um der härteren anderen Welt widerstehen zu können, meiner Meinung ist der neue Deutsche der Nationalsozialist [7. 7. 1944].

Er hat allerdings ein Problem: Zwischen den Zeilen und nur in Abkürzungen geht er der Frage nach, ob sein Urgroßvater mütterlicherseits evtl. Jude war - er drängt auf Klärung, "denn es hängt doch etwas davon ab, nämlich mein persönliches Glück" - hier vermutlich in Verbindung mit seinen Aufstiegswünschen beim Militär. Die kognitive Dissonanz löst er in seiner Antwort auf einen Brief seiner Mutter, die ihn wohl zur Toleranz ermahnt hatte, so auf:

> U.G. ist für mich - ob er nun tatsächlich J. war oder nicht, ein ganz hervorragender Mensch gewesen und ich bin stolz darauf, ihn zu meinen Vorfahren zählen zu dürfen. Nein, um seine Person geht es hier gar nicht, es geht um das Große....Meiner Meinung ist das Tolerante nicht der Inbegriff des Deutschen. Es war untrennbar vom früheren echten Deutschen, der Nationalsozialismus hat es nur mehr in kleinem Maße. Heute muss man auch - im Kleinen wie im Großen - viel absoluter sein als früher. Wir werden dazu von den Anderen gezwungen, die Beispiele fehlen nicht. Eines ist der Bombenkrieg. Wir Deutschen haben ihn nicht begonnen, der Führer hat x-Vorschläge dagegen gemacht. So musste es zu V 1 kommen. Dasselbe ist es auch mit der J.- Frage. Warum haben wir den letzten Krieg verloren? Weil so ein paar Halunken in den Zeitungen so lange hetzten - im eigenen Land -, bis die Heimat umfiel. 33 war eben der Gegenschlag. Ich weiß genau, dass es unter den J. einige hervorragende Menschen gegeben hat, aber die Masse sind eben doch Schweinehunde. Wenn der Nationalsozialismus nicht gegen sie vorgegangen wäre, wäre es wohl nicht zu diesem Krieg gekommen - weil wir vorher bolschewisiert gewesen wären. Vielleicht ist es ein Zeichen der Minderwertigkeit, dass ich eine Sache so rückhaltlos bejahe. Es ist zweifellos auch leichter, als sich dagegen zu wehren im Strom. Mir ist aber die Entscheidung nicht gerade leicht gefallen. Ich liebe nun mal dieses Deutschland und bin bereit, ohne Rücksicht auf mein persönliches Wohlergehen meine Person voll und ganz dafür einzusetzen [7. 7. 1944].

Aus diesen wenigen Passagen kann man auf eine Kenntnis und Akzeptanz des Antisemitismus bei den Schreibern schließen. Wieweit dies auch bedeutet, dass die Wehrmachtssoldaten Kenntnis von Massenerschießungen und darüber hinaus auch von der Vernichtung der Juden in eigens dafür geschaffenen Lagern hatten, ist eine andere, hier nicht klärbare Frage. Eine Schilderung der Beteiligung von Wehrmachtssoldaten an Einsätzen gegen Juden wird man in Feldpostbriefen kaum erwarten dürfen, unterlag dies doch einer strengen Geheimhaltung. Bemerkenswert erscheint aber, dass das Thema "Juden" in den Briefen der Soldaten nur ein geringes, nach dem Sommer 1941 praktisch gar kein Gewicht hat, wobei Calsows ausführliche Stellungnahme vom Juli 1944 vor dem Hintergrund seiner persönlichen Betroffenheit die Ausnahme darstellt.

In den wenigen einschlägigen Zitaten findet sich ein Amalgam aus anfänglicher Reaktion auf ärmliche Lebensverhältnisse und propagandageleiteter Übernahme des Bildes vom "jüdisch-bolschewistischen" Feind. Die Äußerungen von Banse, Calsow, Heppermann, Leismeier und Nürnbach gehen in ihrer ausgeprägten Bejahung der antisemitischen Ideologie darüber hinaus. Bedeutsamer als Alters- und Adressatenunterschiede erscheint die Schichtzugehörigkeit: Banse, Calsow und Heppermann sind Unteroffiziere mit bürgerlich-akademischem Hintergrund. Sie untermauern ihre antisemitischen Äußerungen mit ideologischem Fundament. Leismeier und Nürnbach sind, was diese Gruppenzuordnung nach Dienstgrad und Schicht betrifft, Grenzfälle. Ihre Äußerungen markieren den Übergang zwischen einer reaktiven, spontan hochkochenden Bereitschaft, antisemitisches Gedankengut zu reproduzieren, und der ideologischen Verhärtung im Hass gegen die Juden.

Aber auch das andere bedarf der Erwähnung. Für die untersuchten vier Zeitabschnitte gilt: Obwohl nahezu alle Soldaten aus dem bürgerlich-akademischen Milieu sich zu abfälligen, verächtlichen Bemerkungen über "primitive Verhältnisse" im besetzten Land bereit finden, äußert sich etwa die Hälfte von ihnen keinmal über die Juden; ebenso keiner der vier Soldaten aus dem landwirtschaftlichen Milieu (4 jüngere Gefreite bei kämpfenden Einheiten). Von den 9 Soldaten aus dem Umfeld Handwerk / kleine Angestellte äußern sich nur die zitierten Jolz und Vilsen (eher beschreibend) und Nürnbach, die anderen 6, überwiegend ältere Gefreite im Nachschub, dagegen keinmal antisemitisch. Dies ist bemerkenswert angesichts der jahrelangen Indoktrination durch die NS-Propaganda und vor dem Hintergrund, dass antisemitische Äußerungen das 'leichteste' Medium einer ideologischen Selbstvergewisserung zwischen Front und Heimat gewesen wäre, und sie auch keiner deutschen Zensur anstößig erschienen wären. Andererseits: Auch Anzeichen, dass die Nicht-Erwähnung des Themas mit einer Protesthaltung gegenüber diesem Teil der NS-Ideologie einhergehen könnte, gibt es keine. Globale Äußerungen ("Mistkrieg") sind zu unspezifisch, um sie mit dem Kampf gegen die Zivilbevölkerung und insbesondere die Juden in einen eindeutigen Zusammenhang zu bringen und als "Kritik" daran zu deuten.

Die Erklärung dafür, dass die Soldaten sich brieflich so wenig mit dem Schicksal der Juden in Russland beschäftigten, und ab Herbst 1941 praktisch gar nicht, kann in sehr entgegengesetzte Richtungen gehen. Die traditionelle Erklärung würde lauten, dass die "Arbeitsteilung" zwischen dem Heer und den Einsatzgruppen von SD und SS spätestens nach den ersten Kriegsmonaten so 'reibungslos' verlief, dass die einfachen Soldaten von der Ermordung der Juden im rückwärtigen Gebiet wenig mitbekamen. Eine andere Erklärung wäre, dass die Wahrnehmungsschwelle beim Einzelnen so hochgesetzt war, dass miterlebte verbrecherische Handlungen gar nicht bewusst bedacht, sondern sehr rasch verdrängt wurden oder der gesamte Themenkomplex unter äußeren und inneren Zensurvorbehalt fiel. Aus einigen Briefen spricht ein eliminatorischer Antisemitismus, der bei den Schreibern ein grundsätzliches Einverständnis mit der systematischen Ausrottung wahrscheinlich werden lässt. Bei andern darf man eine Akzeptanz judenfeindlicher Maßnahmen annehmen. Mit dem Ausblenden des Themas aus ihren Briefen ersparen sie sich und den Angehörigen, sich zu dieser Akzeptanz zu bekennen. Für die Herrschaftssicherung reichte es, wenn sie das, was sie nicht verstanden, als einen Teil der kriegsbedingten Notwendigkeiten ungefragt hinnahmen. Mit dem Schweigen in den Briefen leisteten sie ihren Beitrag zur Tabuisierung, die vielen in der Nachkriegszeit als Voraussetzung für eine gemeinsame kulturelle Basis des Wiederaufbaus erscheinen mochte. Für jene, die das ganze Thema in ihren Briefen überhaupt nicht ansprachen, wird man schließlich auch die Hypothese aufstellen können, dass es sie einfach nicht "betraf", um die inhaltsanalytisch relevante Übersetzung von "concern" zu verwenden, auf den in Abhängigkeit vom Vorkommen eines Themas geschlossen wird. Das hieße: Sowohl in der ideologischen Zurüstung wie in der praktischen Herrschaftspolitik war Antisemitismus kein Thema, mit dem sie Berührung hatten oder suchten.

Die insgesamt seltenen Äußerungen zu "Juden" und "Antisemitismus" brauchten hier eine eingehendere Darstellung, da Beteiligung und Mitwisserschaft von Wehrmachtssoldaten am Holocaust 50 Jahre nach Kriegsende zu den zentralen, noch offenen Fragen der Forschung gehören. Eine kleine Auswahl von Feldpostbriefen kann diese Fragen nicht beantworten. Die Darbietung der Quellen kann nur eine Anregung sein, die Anfälligkeit für den Antisemitismus in Kreisen der Wehrmacht und die Folgen daraus im Detail zu erforschen und dies insgesamt in ein nicht bagatellisierendes, nicht pauschalisierendes Gesamtbild zu fügen.

6.3 Zusammenfassung
Kameradschaft und "Primärgruppe": Vorläufiges Fazit

Die vorliegende schmale Basis in den Feldpostbriefen zum Thema "Kameradschaft" kann nicht ausreichen, um ein Urteil im Streit um die Bedeutung der "Primärgruppen" zu fällen. Die Quellen lassen aber die Frage zu, ob beide Theorien (Shils/Janowitz versus Bartov) das Durchhalten der deutschen Soldaten über einen langen auch von Niederlagen geprägten Zeitraum nicht zu holzschnittartig erklären, wenn sie die Gruppenkohäsion (Shils und Janowitz) bzw. ihren Zerfall und daraus folgende kompensatorische Identifikation mit der Herrschaftspolitik (Bartov) zum Angelpunkt erklären. Für Shils und Janowitz war nach dem Krieg bei ihren Interviews mit deutschen Gefangenen die Erfahrung mit Händen zu greifen, dass deren Kampfeslust zusammengebrochen und die Identifikation mit den vormaligen deutschen Zielen gering war. Letzteres verwundert allerdings nicht, wenn man sich Interviews unter den Bedingungen der Gefangenschaft vorstellt. Aus dem Verlust der Gruppenbindung im Umkehrschluss abzuleiten, dass nur unter den Gegebenheiten der intakten Primärgruppe die militärisch erfolgreiche Herrschaftspolitik sich entfalten konnte, unterschätzt die Anpassungsfähigkeit der Menschen an neue Gruppenkonstellationen und lässt andere zentrale Motivationsaspekte außer Acht.

Bei beiden Erklärungsversuchen könnte man als treibendes Element auch Zeitströmungen am Werke sehen: Shils und Janowitz bedienten mit ihrer Primärgruppenthese ein Reintegrationsbestreben der westlichen Siegermächte gegenüber den deutschen Streitkräften. War die Primärgruppe der treibende Faktor, so trug dies dazu bei, die Wehrmachtssoldaten zu exkulpieren. Man "brauchte" ihnen keine ideologische Verblendung zu unterstellen, um ihr verbissenes Durchhalten bis zum Schluss zu erklären. Bartovs Angriff auf diese These reiht sich ein in einen Forschungsstrom, der nach der deutschen Wiedervereinigung einer vorschnellen Selbstgefälligkeit der neuen Mittelmacht entgegenwirken will, indem die ideologische Anfälligkeit des deutschen Militärs nicht nur in seinen Spitzen, sondern bis in seine letzten Einheiten herausgearbeitet wird. Mit einer eklektischen Methode der Quellenauswahl lassen sich beide Thesen belegen, ohne dass damit ihre Erklärungskraft steigt.

So dürfte der motivationale Hauptunterschied zwischen aktiven, kämpfenden Soldaten und Gefangenen eher in der Erwartung von Kontrolle über die Situation und daraus abgeleiteter eigener (Mit-)Verantwortung bestehen. Dabei lag ein subjektiv hinreichender Grund, wenn es dessen über die aggressive Verteidigung des eigenen Lebens hinaus bedurfte, im Schutz der Heimat, vor allem der eigenen Familie. Dies galt besonders vor dem Hintergrund des selbst miterlebten Kriegswütens im besetzten Land und der daraus abgeleiteten projektiven Erwartung, dass es der Feind bei seinem Sieg nicht anders machen werde. Sobald der Soldat aber aus der aktiven Kämpferrolle herausgelöst war, konnte dies Motiv mangels eigener Einflussmöglichkeit zerfallen und der Wechsel vom Verteidiger zum hilflosen Opfer stattfinden.

So bestechend Bartovs Thesen über den Zusammenhang innerer und äußerer Brutalisierung der Wehrmacht sind: Die Brutalisierung bedarf vielleicht gar nicht des Zerfalls der Primärgruppen, die Bartov voraussetzt, sondern sie vollzieht sich unabhängig davon, oft sogar erschreckend emotionslos und geschäftsmäßig. Es bedurfte dabei nicht einmal einer besonderem Identifikation mit den politischen Zielen der eigenen Seite. Gedankenlose Übernahme des Herrenmenschengedankens und die diffuse Annahme, dass dies die Normalität des Krieges sei, ließ die Soldaten im militärischen Getriebe funktionieren. Die Feldpostbriefe zeigen, dass sie sich mit ihren Eltern und Partnerinnen damit im selbstverständlichen Grundkonsens befanden, der keiner besonderen ideologischen Zurüstung bedurfte. Brutale Realitäten wurden mit zunehmender Gewöhnung allerdings kulturverträglich abgemildert, der späteren Erzählung vorbehalten oder verschwiegen. So begannen die Soldaten, schon im Krieg mit den Details, die den Krieg ausmachten, unter sich zu sein, was sie in modifizierter Form im "Kameradschaftstreffen" in der Nachkriegszeit fortsetzten. "Kameradschaft" - im konkreten Kriegsalltag oft kritisch gesehen, wurde unter diesen Bedingungen in der Nachkriegszeit zu einem bevorzugten Rückzugsort, der half, Erinnerung zu organisieren und den Selbstwert zu stabilisieren. Unter diesen Prämissen ist auch die Entrüstung der Beteiligten nach dem Krieg erklärlich, wenn sie sich rückblickend als "verbrecherische Täter" abgeurteilt sahen, unterstellte doch eine solche Täterschaft eine subjektiv gewollte und bewusst geplante Handlungsvorbereitung. Willen und Planung konnten die Soldaten in ihrem Selbstverständnis aber an die Führung und die Vorgesetzten delegieren. Als Rädchen im militärischen Getriebe konnten sie sich entlasten mit dem Gedanken, dass eigener Wille und eigenes Planen das letzte war, was von ihnen verlangt wurde. So blieb in der "Schuldverrechnung" der Nachkriegszeit bei ihnen subjektiv das Gefühl, nach dem Verlust von Angehörigen und Kameraden, von eigenen Hoffnungen, Lebenschancen und Lebenszeit, nach dem Verlust der seelischen und körperlichen Unversehrtheit nun auch noch den Einklang mit den allgemein gültigen gesellschaftlichen Normen abgesprochen zu bekommen, während ihre Wahrnehmung im Krieg doch immer war, wagemutige Ausführende eines gesellschaftlich breit akzeptierten Konsenses zu sein.

7. Von der Belastung im Krieg zur Entlastung in den Briefen Versuche und Strategien der Bewältigung

Das Kriegserleben bedeutet für die Soldaten eine hohe Belastung. Folgt man den psychologischen Konzeptionen von Stress, wird man nicht nur in den physischen und psychischen alltäglichen Belastungen eine Quelle von Stress erkennen, sondern auch in den Bedrohungen des Wertesystems. "Stress ist der Zustand eines Organismus, in dem er sein Wohlergehen (oder seine Integrität) als gefährdet wahrnimmt und glaubt, alle seine Kräfte für den Schutz dieses Wohlergehens (oder dieser Integrität) einsetzen zu müssen", lautet eine Definition. Zwar bleibt sie auf negative Aspekte von Stress eingeschränkt unter Vernachlässigung möglicher positiver Bewertungen ("Eu-Stress"), aber es ist eine brauchbare Annäherung an die Belastung im Krieg. Eine Präzisierung weist auf die Rolle des Ungleichgewichts hin zwischen den *wahrgenommenen* Anforderungen der Umgebung und der *wahrgenommenen* Reaktionskapazität des Organismus.[1] Mit der Betonung der Wahrnehmung wird auf die Bedeutung subjektiver Beurteilungsprozesse hingewiesen. Daraus wird die große interindividuelle Variabilität der Reaktionen auf objektiv gleich belastende Situationen verständlich. Menschen beurteilen die Bedrohung, die von einer Situation ausgeht, ebenso unterschiedlich wie ihre Fähigkeit, adäquat darauf zu reagieren. Dies gilt insbesondere bei Bedrohungen kleinen oder mittleren Ausmaßes. Überdies können sich diese Bewertungen im Laufe der Zeit und in Abhängigkeit von anderen Belastungen verändern (vgl. Kap. 2.4.1).

Wie gingen die Soldaten damit um, dass ihnen schon ab Herbst 1941 der anfängliche Siegoptimismus abhanden gekommen war und sie eine lange Zeitstrecke zunehmender physischer und psychischer Belastungen vor sich sehen mussten (vgl. Kap. 5.1)? Was blieb ihnen zu sagen, wenn sie über Kampf- und Todeserfahrungen immer allgemeiner und über die alltäglich erlebte Feindseligkeit mit der Zeit immer seltener schreiben wollten (vgl. Kap. 5.3 und Kap. 6.2)? Welche "Orientierungen" konnten sie sich erhalten, welche "Vermeidung" in der Auseinandersetzung mit dem Geschehen schlug sich in den Briefen nieder?

Damit ist nach "Unterlegenheit - Überlegenheit" und "Liebe - Feindseligkeit" eine dritte Themenpolarität benannt. Zu den Wegen der Verarbeitung gehören darüber hinaus auch die Versuche, eigene Gefühle mitzuteilen. Gelang das den Männern, die im Kriegsalltag nicht lange über Gefühle nachdenken sollten, und wovon hing es ab, ob sie geäußert wurden?

Schließlich rückt das Schreiben selbst als Akt der Bewältigung ins Zentrum: Welche Bedeutung maßen die Soldaten dem Schreiben und dem Empfangen von Briefen für ihre tägliche Selbststabilisierung bei? Geht man auf den ursprünglichen Anstoß für die Themeneinteilung, Tomkins "Vektoren", zurück, so lassen sich die Themen aus "Orientierung" ("by") als Gedanken und Ideen fassen, durch die sich der Soldat in seiner täglichen (Selbst-) Wahrnehmung leiten lässt; sie markieren einen aktiven bewussten Bewältigungsprozess. Die Themen aus "Abwehr und Vermeidung" ("away from") sind dagegen Mitteilungen, die ihn aus der Kriegswirklichkeit herausführen sollen, sei es, dass er sich von der schmerzhaften Wahrnehmung der Kriegsereignisse abwenden will (durch Bagatellisierung und Redensarten) oder dass er gedanklich dem Zustand des "Nicht-Kriegs" (Heimat, Tag-Träume) zustrebt. Auch hierin liegen Versuche, die Situation zu bewältigen. Der Soldat scheint damit aber mehr zu reagieren und flüchten zu wollen gegenüber den übermächtigen Bedingungen des Umfeldes. Folgende Themen wurden im einzelnen untersucht:

Orientierungen:

6.7.1.   Ideale und Vorbilder; Vertrauen in NS-Ideologie und Propaganda; Wertung beim Systemvergleich
6.7.2.   Persönliche Vorstellungen in Abgrenzung zu kollektiven Vorgaben; Äußerungen zu Scham, Schuld, (Selbst-) Zweifel
6.7.3.   Persönliche Zielvorstellungen; (Lebens-) Pläne für später;
6.7.4.   Ehrgeiz; Streben nach Anerkennung ("Leistungsmotiv") Mut; Bedeutung von Orden, Ehrungen und Beförderungen; Freude an Erfolg; Traurigkeit über Misserfolg
6.7.5.   Sinnsuche und Sinnstiftung; allgemeines Menschenbild; Rechtfertigung für das eigene Handeln, Rationalisierungen
6.7.6.   Historische Deutungsmuster - Vergleiche mit "früher" (Vgl. mit historischen Ereignissen - "Napoleon", "1. Wkr.")
6.7.7.   Religiöse und quasireligiöse Deutungsmuster ("mit Gottes Hilfe"; "es hilft nur beten"; "Schicksal")

Abwehr und Vermeidung:

6.8.1.   Überdruss, Widerwillen, Ekel, Grauen
6.8.2.   Gewöhnung, Gleichgültigkeit, Abstumpfung, Apathie
6.8.3.   Redensarten, Bagatellisierung, Galgenhumor, Ironie
6.8.4.   Hoffnungen: auf Kriegswende / Wunderwaffen; auf Schutz / Unversehrtheit; Aberglaube
6.8.5.   Sehnsucht nach Heimkehr / Urlaub / Wiedersehen (auch in der Negation: "leider kein Urlaub")
6.8.6.   (Tag-) Träume, Sehnsüchte (außer zu 6.8.5.)
6.8.7.   Gerüchte, Vermutungen
6.8.8.   Todeswunsch; Selbstverstümmelung; Wunsch nach Verwundung

Die *quantitative* Auswertung zeigt: Versuche, sich im Schreiben der Realität zu entziehen (knapp 1400 Äußerungen zu "Abwehr und Vermeidung") nehmen einen größeren Anteil ein als die Versuche, sich gedanklich mit der Lage auseinanderzusetzen und eigene Ziele zu formulieren (ca. 750 Äußerungen). Die Älteren (Jg. 1901-1913), und zwar unabhängig vom Dienstgrad, neigen insbesondere im 1. Kriegsjahr relativ häufiger zu Äußerungen aus der Themengruppe "Abwehr und Vermeidung" als die Jüngeren (Jg. 1917-1923). Auch "Durchhalteappelle" und "Angst" finden sich in den Briefen der Älteren häufiger als bei den Jüngeren; gerade bei "Angst" und bei "Resignation" wirkt dabei ein adressatenspezifischer Unterschied: Darüber steht eher etwas in den Briefen an die Ehefrauen als an die Eltern.[2] Unterschiede in Abhängigkeit vom Dienstgrad treten auf den ersten Blick nicht so deutlich hervor. Vergleicht man aber nicht nur "Mannschaften" mit "Unteroffizieren", sondern "Aufsteiger" mit jenen, die innerhalb ihrer Ranggruppe verbleiben, stellen sich doch bemerkenswerte Unterschiede in der Verarbeitung des Geschehens heraus (s. Kap. 7.4).

7.1 Gewöhnung und deren Grenzen

"Überdruss" auf der einen, "Gewöhnung und Abstumpfung" auf der anderen Seite geben ein erstes Bild, wieweit die Soldaten überhaupt Belastungen als solche wahrnahmen, eine Voraussetzung, um mit einem Bewältigungsversuch zu reagieren. Die Äußerungen des Überdrusses nehmen mit der Zeit, vor allem gegen Ende, ab. Unterschiede nach Alter oder Dienstgrad sind nicht festzustellen. Auch bei der Beschreibung der Gewöhnungsprozesse unterscheiden sich die Alters- und Dienstgradgruppen nur unwesentlich in der Häufigkeit ihrer Aussagen. Bemerkenswert ist in diesem Fall aber eine Beziehung zur militärischen Einheit. Es sind, vor allem im ersten Kriegswinter 1941/42, die älteren Ehepartner im Nachschub, die über solche Anpassungsprozesse nach Hause schreiben.

Warum werden die Mitteilungen des Überdrusses mit der Zeit seltener, wovon hängt der Wandel bei der Beschreibung von Gewöhnung ab? Man kann darin gerade ein Indiz für die fortschreitende Anpassung sehen: Wer Gewöhnung vollzogen hat, erlebt den Prozess der Anpassung gar nicht mehr, und was am Anfang Ekel und Widerwillen auslöste, wird mit zunehmender Erfahrung zum Alltag, der keiner besonderen Erwähnung mehr bedarf. Auch korrespondiert dies mit dem Rückgang der Beschreibungen von Kampf und Zerstörung (Kap. 5.3.1) und der zunehmenden Anpassung an das Klima und die Lebensbedingungen im Krieg. Wer sich daran zunehmend gewöhnte und/oder aus Gründen der Beruhigung weniger darüber nach Hause schrieb, konnte auch seltener einen Anlass für Überdruss mitteilen. Bei den Älteren im Nachschub nimmt das Thema Gewöhnung im ersten Winter einen exponierten Rang ein, ein Hinweis, dass die Anpassung noch nicht vollzogen ist.

Überdruss äußern die Soldaten schon früh, zeitgleich mit der Erfahrung der Strapazen und einer Ahnung von der ungewissen Perspektive. *Ferdinand Melz-*

ners spontaner Widerwillen nach einem Angriff auf gegnerische Bunker ist aber ein eher untypisches Beispiel:

> Gestern Abend waren wir fertig mit allem und ich bin ehrlich froh, dass diese Metzelei hier zu Ende ist [25. 6. 1941].

Typischer ist schon sein Überdruss, den er aufgrund der überraschenden Kälte nach Hause schreibt:

> Aus is! gar is! Jetzt hört sich der Krieg auf!! 20 Grad Kälte, sibirischer Ostwind, eingefrorene Motoren, aufgerollte Zehennägel, blaue Nasen, das alles nennt sich Feldzug in Russland [14. 11. 1941].

Exemplarisch für den frühen Überdruss - die Äußerungen von *Erwin Jolz*:

> Hoffentlich nimmt alles bald ein Ende! [26. 7. 1941]
> Armes Russland, wenn wir nur hier nicht allzulange bleiben müssen, es ist unglaubhaft, wie verlassen, wie armseelig diese Gegend hier [sic]. [29. 8. 1941].
> Für uns alle ist es eine Erlösung, wenn wir einmal dieses elende Land verlassen [18. 10. 1941].
> Sonst kann ich Dir nichts für heute berichten. Eines kann ich Dir aber immer wieder sagen, die Nase haben wir voll bis rauf! [17. 12. 1941; vgl. Kap. 5.3.2.1].

Danach verebben diese Klagen. Jolz schreibt seiner Frau zwar weiter von der Sehnsucht nach Heimkehr, aber den anklagenden Ton des Überdrusses nimmt er zurück. Aussichtslosigkeit der Hoffnungen auf ein baldiges Kriegsende, die Gewöhnung an die Umstände und die Schonung der Empfängerin wirkten zusammen, dass mit der Zeit Überdruss und Widerwillen weniger Raum in den Briefen fanden. Von einer Wandlung der Grundeinstellung hin zu einer freiwilligen Langzeitperspektive im besetzten Land ist allerdings in all den Briefen keine Rede und man darf fragen, mit wem die Nationalsozialisten eigentlich ihre Politik vom "Lebensraum im Osten" in die Praxis umsetzen wollten, wenn schon ein Träger der deutschen Ideale in der frühen Siegphase schrieb: "Wir alle haben nur einen Gedanken: Hier nur nicht als Besatzungstruppen bleiben!"[Heppermann, 22. 7. 1941]

Gewöhnung und *Abstumpfung* drücken die Anpassung an die anfangs fremden Lebensumstände aus; sie sind auch eine nicht wegzudenkende Begleiterscheinung des militärischen Alltags. Der Bogen ist weit gespannt: Er reicht von der Gewöhnung an Kampf und Kälte über den ewig gleichen Trott aus Marschieren, Warten, Wache halten und das automatische, gedankenlose Funktionieren bis zu einer Abstumpfung gegenüber Leid auf der eigenen und der gegnerischen Seite. Sieben verschiedene Facetten der Gewöhnung lassen sich aus den Briefen erkennen, die nicht unbedingt zeitlich aufeinander folgen müssen, die aber jede für sich über die Zeit eine Verstärkung erfahren.

1. Was zunächst den Überdruss besonders verschärft, sind die überraschend desolaten Lebensbedingungen: Die herbstliche und winterliche Kälte, die ein-

tönige Verpflegung und die widrigen Unterkünfte fordern die Anpassungsfähigkeit heraus. Gewöhnung lässt dies alles erträglicher werden und besonders der
Kontrast zwischen dem ersten harten Winter und den folgenden milderen veranlasst einige Soldaten, fast erstaunt über ihre Anpassungsfähigkeit zu schreiben:

> Die Verpflegung ist jetzt besser und es ist auch nicht mehr so kalt, oder ist man die Kälte
> schon gewöhnt [E. Asper, 9. 9. 1941].
>
> Es ist nicht mehr so kalt, das heißt es hat mindestens noch immer 25 Grad, auch geht noch
> immer ein eiskalter Wind, aber es geht jetzt doch besser, man ist die Kälte schon eher
> gewöhnt [Schwering, 19. 2. 1942].
>
> Man meint immer es wäre gar nichts wenn es blos 20⁰ unter 0 wäre. Es ist ja auch ein Glück
> das es tatsächlich nicht kälter ist [Vilsen, 10. 2. 1943].

Die Sinnlosigkeit, sich über die immer gleichen Eintöpfe zu beschweren, mag -
zusammen mit einer stabileren Grundversorgung - bewirken, dass die Klagen
über den "Barrasfrass" (Bumke) milder werden oder abklingen. Die "Entmodernisierung der Front" (Bartov) wird anschaulich, wenn aus den vormaligen Klagen
über "verwanzte Häuser" schon ein Anflug von Behaglichkeit bei dem Bezug
eines russischen Hauses wird:

> Es ist ja nicht wie "zu Hause": Aber der Landser wird allmählich genügsam. Jedenfalls
> gegenüber unserem letzten Gefechtsstand (Bunker!) hundertprozentig besser! [Heppermann,
> 11. 9. 1941].

2. Auch die primären Erfahrungen des Krieges - Kampf und Zerstörung - werden
zunehmend als alltägliche Ereignisse registriert. Über Gewöhnung zu schreiben,
erfüllt überdies die Aufgabe der Beruhigung, die ein Brief nach Hause auch hat.

> Wir sind noch 50 Kilometer von Petersburg weg hier poltert es ganz anständig aber man ist
> das schon gewöhnt [E. Asper, 12. 9. 1941].
>
> Meist schlafe ich im Wagen - so 2 - 3 Stunden, dann ist der Dienst wieder da, manchmal
> verkriechen wir uns auch im Heu in irgendeiner Scheune - und schlafen tief und traumlos,
> trotz russischer Bomber! [Heppermann, 6. 10. 1941].
>
> Bei uns ist so ziemlich Alles beim Alten, Fliegerbesuch gibts halt und die Frontnähe merkt
> man Euch [sic], Kanonendonner, es ist halt Krieg, aber man ist halt das, schon gewöhnt
> [Schwering, 15. 1. 1943].
>
> Wir haben hier auch jede Nacht Luftangriffe, aber es sind immer nur einzelne Flugzeuge.
> Letzte Nacht war es länger und stärker, so dass ich ganz wenig Schlaf fand. Stundenlang
> gingen Erschütterungen durch das Haus. Anfangs erschrickt man etwas, aber so allmählich
> gewöhnt man sich daran [Banse, 19. 3. 1943].
>
> Soweit geht es mir gut. An das Kriegsgetümmel habe ich mich schnell wieder gewöhnt
> [Brandes, 6. 8. 1944].

Diese Gewöhnung hat Folgen für die Abstumpfung der Soldaten. Dazu abschließend mehr (vgl. 7). Zuvor aber ein Blick auf die ganz normale Apathie im eintönigen Alltagstrott.

3. Über Abstumpfung im Krieg zu schreiben heißt, den Kriegsalltag zu
beschreiben. Die Soldaten tun es in ihren Briefen und sie klagen über die Langeweile. *Ludwig Bumke* entwickelt Verständnis für Teilnehmer des Ersten Weltkriegs und weiß noch nicht, was ihm bevorsteht:

Man könnte, wenn man sich nicht mit anderen Kameraden etwas aussprechen könnte, glatt verstumpfen. Ich kann mir vorstellen, dass einer da nach 4 Weltkriegsjahren als Halbidiot heim kommt [21. 8. 1941]. Bei uns gibt es weiter nichts Neues. Wir haben nur immer Wache, Wache und wieder Wache [7. 12. 1941].
Ich hab nämlich in einem Haus bei 12 Gefangenen Wache. Es ist eine furchtbar langweilige Angelegenheit, von abends 4h bis früh 8h. Man ist da allein und kann nicht schlafen. (...) Was gibt's denn sonst. Wir hören und sehen nichts, von der Umwelt. [11. 12. 1941].

Damit hat Bumke eine entscheidende Folge des immer Gleichen angedeutet: den allgemeinen Verlust der Orientierung.

4. Die Orientierung in Zeit und Raum gelingt den Soldaten bei der Einförmigkeit der Abläufe immer schwerer. Auch Abwechslungen wie schnelle Bewegungen und Kämpfe helfen nicht, Zäsuren zu setzen. In der Erwartung, dass es nur immer wieder Gleiches (und Schlimmeres) geben wird, ist über das Zeit- und Raumgefühl hinaus auch die Orientierung an bisherigen Vorstellungen und Rechtfertigungen gefährdet.

Wie ich eben im Kalender sehe, ist heute ja Sonntag. Wenn auch für uns nur auf dem Kalender [Bumke, 28. 9. 1941].
Heute ist Samstag! Morgen Sonntag? Wir merken jedenfalls nichts davon! [Heppermann, 26. 7. 1941].
Es ist heute wieder einmal Sonntag geworden - man weiß manchmal nicht, wie die Tage und Nächte so eilends dahinfließen, die Zeit ist gar kein Begriff mehr! Und wir wissen oft auch nicht, welcher Tag eigentlich gegenwärtig ist. Man verliert oft das Gefühl für die Zeit! Und warum. Weil die Stunden eilen zwischen Warten und Hoffen, zwischen Arbeit und Ruhe, soweit man von Ruhe reden kann [Heppermann, 28. 9. 1941].
Heute nachmittag haben wir unser Radio aufgebaut. Es wurde gerade das deutsche Volkskonzert angesagt. Daran haben wir erst erkannt, dass heute Sonntag ist [Brandes, 6. 8. 1944].

Alfred Vilsen erlebt den Orientierungsverlust nicht nur durch Gleichförmigkeit des Alltags, sondern auch durch den schnellen Wechsel. Die Monotonie kann sogar durch die Bewegung unterstrichen werden, wenn in langen Reihen Fahrzeuge an ihm vorbeifahren.

Die Zeit vergeht man weiß bald nicht mehr, ist es erst gestern gewesen als der Krieg anfing oder sind es schon 14 Tage her. Die Nacht wird zum Tage und der Tag zur Nacht so stürmisch gehen unsere Truppen vor [6. 7. 1941].
Jetzt haben wir schon 7 Wochen Krieg und wie ist die Zeit so schnell vergangen man kann es fast kaum glauben aber wenn man so dabei ist, es vergeht uns die Zeit wie im Fluge. Manchmal wenn man Ruhe hat dann kommt uns ja die Zeit langweilig vor [10. 8. 1941].
Draußen ist es kalt gelangweilt schauen wir aus der armseligen Hütte. Ununterbrochen rollt Fahrzeug an Fahrzeug vorbei [12. 10. 1941].

Schließlich lassen Bumke und Vilsen, beide im Nachschub, durchblicken, dass man sich auch an die Gewöhnung gewöhnen kann und darin nichts Besonderes sieht. Das ewig Gleiche ist Bumke im Januar 1942 nur noch einen Nebensatz wert. Und Vilsen geniert sich fast davon zu schreiben:

Bei mir ist, soweit das ewig Gleiche außer acht gelassen ist, alles in Ordnung [Bumke, 6. 1. 1942].
Es geht schon immer noch im alten Tempo weiter, was soll man viel davon schreiben, mal

ruhig dann lebhaft. Abwechslung ist genug, fest an einem Platz liegen wir selten. Meistens ist es nur ein Quartierwechsel von einigen km. Dann liegt man manchmal einige Wochen fest. Es ist ja direkt langweilig davon zu schreiben [Vilsen, 24. 2. 1944].

5. Aber eine andere Folge des ewigen Einerleis ist Vilsen doch eine Bemerkung wert:

Das neue Jahr haben wir im Schlaf begonnen. Die Posten haben um 12 Uhr das neue Jahr angeschossen. Das war alles. Der 1. Januar war Werktag wie sonst [3. 1. 1942].

Mit der zeitlichen Orientierung gehen auch die Zäsuren verloren: Sonntage und Feiertage werden im Alltag eingeebnet. Weihnachten bleibt die Ausnahme von der Regel. Die drohende Abstumpfung greift aufs Private über: Auch die Zäsuren in der Familie geraten aus dem Bewusstsein. Wenn dann eine Erinnerung aufsteigt, steht dem Soldaten blitzartig sein Verlust einer Orientierung vor Augen, die weit über das reine Zeitmaß hinausgeht - es droht der Verlust an kultureller Einbindung. Wenn Heppermann über die Einschulung des Kindes und Bumke über den vergessenen Hochzeitstag nachsinnen, treffen für Augenblicke unvereinbare Vorstellungswelten aufeinander, die dem Soldaten das Ungewöhnliche seines Gewöhnungsprozesses bewusst machen. Bei Bumke gerät damit nicht nur die Orientierung in der Zeit, sondern auch die des Wertesystems durcheinander.

Kommt dieses Jahr nicht auch unser großes Kind zur Schule? Ich kann mir das eigentlich noch gar nicht vorstellen! Aber so ist das Leben: ein Jahr löst unmerklich das andere ab! [Heppermann, 12. 1. 1942].

Heuer hab ich ehrlich gesagt unseren Hochzeitstag ganz vergessen. Der Grund ist wohl der, weil man ja nicht schreiben konnte und deshalb an kein Datum erinnert wird. Man weiß keinen Wochentag, keine Woche, man kennt nur den Monat. Ja, man möchte es fast als eine Kulturschande bezeichnen, wenn man bedenkt, dass man von 4 Jahren Ehe 3 schon getrennt ist. Würde das zu Hause sein, würde man von den Leuten schief angesehen. Aber im Krieg ist das ganz in Ordnung [Bumke, 24. 3. 1943].

6. Unter den Bedingungen des ewig Gleichen wird das Funktionieren zum Selbstzweck. Der Protest Bumkes ist den wenigsten gegeben. Mit der Konturenlosigkeit ihres Erlebens von Zeit und Raum treten sie auch zunehmend den Anspruch auf eigene Konturen ab. Der militärische Ablauf, der eigenes Denken in den Bereich des privaten, zum Teil zensierten Austauschs abdrängt, verlangt von den Soldaten, sich als Rädchen ins Getriebe einzufügen. Der "Befehl" ist dann nicht nur Druck, sondern auch Hilfe, weil er dem Individuum die Aufgabe eigener Orientierung abnimmt. Ein vorgegebenes Ziel, gleich welcher Art, zu erreichen, löst Befriedigung aus. Gleichgültigkeit erregt keinen Anstoß, sondern entlastet.

Wann es weitergeht, weiß ich nicht, höchstwahrscheinlich morgen früh. Uns kann es gleich sein. Wenn der Befehl kommt, wird dann aufgesessen [Heppermann, 12. 7. 1941].

Die letzten Wochen sind nur so vorbeigerauscht. Richtig zur Besinnung ist man überhaupt nicht mehr gekommen. Fahren, fahren und nochmals fahren. Munition und abermals Munition. Aber wir haben es geschafft und unsere Aufgabe so gut wie es ging erfüllt [Vilsen, 5. 8. 1943].

7. Damit sind die Voraussetzungen geschaffen für den Kulminationspunkt der Gewöhnung im Krieg: Die Apathie gegenüber dem Leiden. Solange die Soldaten noch darüber schreiben, machen sie ihre Angehörigen zu Zeugen eines nicht abgeschlossenen Prozesses. Daher finden sich selbstreflexive Bemerkungen dazu vor allem im ersten Halbjahr des Krieges. *Peter Schuster* beschreibt seinen Verwandten, wie er sein Inneres verschließt, "so dass es fast gar kein Erleben ist". Verursacher des Leidens ist der Feind. Die Gewöhnung ist die Voraussetzung, um das Leiden zu verarbeiten und dies wird ihm zum Merkmal der männlichen Identität:

> Ja, zum Manne kann man wohl in diesem Milieu werden, trotzdem ich mir auch vorher eingebildet habe, einer zu sein! Bis jetzt bin ich ja über alles Grässliche und Schauderhafte hinweggekommen ohne Nerven zu opfern und es wird auch weiter so bleiben. Man lässt alles wie ein Kinobild an sich vorüberziehen und verschließt sein Inneres, so dass es fast gar kein Erleben ist. Was soll man Euch daheim von allen Schandtaten und Grässlichkeiten der Bolschewisten erzählen. Es erschüttert Euch sicher mehr als uns, die wir als Soldaten dabei sind [7. 8. 1941].
> Wieder ein Bombenangriff. Heute nun bereits ohne jegliches Gefecht 3 Tote und 6 Verletzte. Es scheint die Begleitmusik des heutigen Tages zu werden. Marlene Dietrich singt: "Und das Leben, das geht immer weiter". Ein Blick des Bedauerns und gemurmeltes Vaterunser und weiter geht's. C'est ça la guerre! [16. 10. 1941].
> Ein Teil der Weihnachtspost wird auch flöten sein, da mehrere Waggons mit Post gesprengt wurden. Es ist furchtbar schade, gewiss, und trotzdem wisst Ihr, wie verändert man sich doch - man nimmt es hin wie so vieles und die Ereignisse gehen darüber hinweg [12. 1. 1942].

Wenige sprechen das Leid an, das durch die eigene Seite verursacht wird und beschreiben ihre Abstumpfung, aber in einer Weise, die auch den Bedarf an Rechtfertigung durchscheinen lässt. Immerhin gehen die Briefe an die Angehörigen in der Heimat und einen Konsens gegenüber der Brutalisierung können die Soldaten nicht voraussetzen.

> Bei den Russen hat das ja allerhand Theater gegeben und sie konnten einem ja leid tun wie sie ihr Haus verlassen mussten. Doch man ist in dieser Beziehung nicht mehr so empfindlich. Es ist halt Krieg und noch sind wir die Sieger [Vilsen, 17. 3. 1942].

Im ersten Kriegswinter erhält dieser Prozess - im Zeichen der ersten Niederlage vor Moskau - an Schubkraft. Zwei Briefe von *Heinz Heppermann*, die nur zwei Monate auseinanderliegen, zeigen einen dramatischen Zuwachs an Gleichgültigkeit. Solange sie vom Schreiber dargestellt wird, ist sie noch nicht selbstverständlich. Fängt er im Dezember 1941 noch eine erschreckte Schlachtfeldbeschreibung mit einer Bagatellisierung auf, berichtet er im Februar 1942 von der Unbekümmertheit der "Landser" gegenüber Tod und Hunger beim Feind:

> Wir lagen im Anschlag auf einer Anhöhe. Plötzlich brachen die Russen hervor und versuchten, die Höhe zu stürmen. Auf einem anderen Hang stand eine Artilleriebatterie: In direktem Beschuss fuhren die Granaten in die stürmenden Russen hinein. Im Nu war der Spuk verflogen. Das "Schlachtfeld" kannst Du Dir nicht ausmalen! Das sind so kleine Erlebnisse, die uns immer wieder begegnen! [3. 12. 1941].

> Hier läuft alles seinen alten Gang! Die Front ist etwas ruhiger geworden. Nur ab und zu wagt sich ein schneller Trupp, größere oder kleinere Zahl, meist Schiläufer, zum Angriff an unsere Stellungen. Ergebnis: hohe, blutige Verluste. Aber das kümmert keinen Landser mehr. Es geht, wie der Führer sagte: Auge um Auge. Und das ist richtig so! Man erlebt es ja jeden Tag. Ein Menschenleben wiegt weniger als nichts. Und der Russe verliert Menschen. Dazu werden auch bei der Zivilbevölkerung die Lebensmittel knapp! Was schert es uns! [9. 2. 1942].

Bemerkenswert ist, dass dieser Unteroffizier, im Zivilberuf Lehrer, sich mit der Ehefrau soweit einig geworden zu sein scheint, dass es keinen Bruch in der Kommunikation darstellt, so zu schreiben. Als Rechtfertigung reicht der Hinweis auf den "Führer" und einen vermeintlichen Gerechtigkeitsgedanken ("Auge um Auge"), dessen Unangemessenheit er in denselben Zeilen belegt, ohne sie erkennen zu können oder zu wollen.

Gewöhnung und Abstumpfung tragen wesentlich dazu bei, dass die Soldaten ihre Stabilität behalten und 'funktionieren' können. Aber im Angesicht der existentiellen Bedrohung, der Gefährdung innerer Wertvorstellungen und der Unvereinbarkeit mit den heimatlichen zivilen Verhaltensweisen reichen sie nicht aus, um die eigene Wahrnehmung zu steuern und den Kriegsalltag 'angemessen' mit Sinn zu füllen. Der Kontrast zum Friedensalltag muss den Soldaten gerade im Moment des Schreibens schmerzhaft bewusst werden. Was sie verschweigen, weil es nicht vermittelbar ist, können wir nicht analysieren. Der Anteil des Verschwiegenen erschließt sich allenfalls im Vergleich mit der anfänglich freizügigeren, noch weniger filternden Mitteilungsbereitschaft. Für viele Aspekte der primären und sekundären Kriegserfahrungen konnte bereits ein allmähliches Ausschleichen genauerer Schilderungen beobachtet werden (Kap. 5.3). Dass aber das Verschweigen und 'mit sich selber abmachen' nicht alles war, beweisen die Bewältigungsversuche, mit denen die Soldaten sich und die Angehörigen einer gemeinsamen Basis versichern wollten: Ideologische Absicherung, Rechtfertigungen, Ehrgeiz, Durchhaltewillen, Hoffnungen und Sehnsüchte.

7.2   Ideale, Rechtfertigungen - und Risse im Weltbild

War die Wehrmacht als "zweite Säule" des Staates mit einem eigenen Identitätsanspruch ein Bollwerk gegen das Überschwappen der NS-Ideologie auf die "Waffenträger der Nation"? Oder wurden die Soldaten in "Hitlers Armee" selbst immer mehr zu aktiven Verfechtern der Herrenmenschenidee?

Das in dem Zusammenhang relevante Thema "Feindseligkeit" wurde bereits dargestellt (vgl. Kap. 6.2). Es zeigte eine häufige Bereitschaft, das Bild vom bolschewistischen Feind zu übernehmen, wobei Abwertungen vor allem im ersten Kriegsjahr erfolgen, die "Juden" allerdings insgesamt sehr selten zum Thema werden. Darüber hinaus sind es aus dem Kapitel "Orientierungen" vor allem zwei

Themen, die Aufschluss geben können, welche Affinität die Soldaten zu den Vorgaben des NS-Regimes hatten:

Ideale und Vorbilder; Vertrauen in NS-Ideologie und
Propaganda; Wertung beim Systemvergleich

Sinnsuche und Sinnstiftung; allgemeines Menschenbild;
Rechtfertigung für das eigene Handeln, Rationalisierungen

Ergänzt um jene Aussagen, die sich auf die eigene Führung, besonders auf Hitler, beziehen, kann daraus ein Bild von der aktiv vertretenen politischen Überzeugung der Soldaten entstehen. Was die Umfeldbedingungen betrifft, gibt es Gründe, die für und gegen ein Auftreten ideologischer Verlautbarungen im Feldpostbrief sprechen. Dafür mag sprechen, dass sich der Schreiber mit positiven Äußerungen zu Führung und Staat in einem anerkannten Strom der öffentlichen Meinung bewegen konnte; dies mit den Eltern, mit der Frau zu teilen, konnte ein Akt der gegenseitigen Selbstvergewisserung sein. Auch stand kein Hindernis der Zensur entgegen, wenn man sich positiv äußern wollte. Aber ein anderes hemmte das Politisieren: "Schluss mit de Polidik" [sic] schreibt Hans Helmut Calsow einmal nach einem längeren Vortrag an seine Eltern. Im Privatbrief politische Themen zu behandeln, mochte manchem widerstreben, zumal die Zeit und manchmal auch das Papier zum Schreiben knapp waren. So erhalten wir also auch auf diesem hochsensiblen Gebiet der Zeitgeschichte aus der Feldpost eine Information nur über einen Ausschnitt der subjektiven Wirklichkeit unter den Bedingungen der brieflichen Kommunikation im Krieg.

Was die ideologische Zustimmung zum Regime betrifft, lässt sich für die Gesamtgruppe kein systematischer Zusammenhang zwischen Alter, Dienstgrad oder Zeitabschnitt feststellen. Elf Soldaten räumen dem Thema insgesamt (und auch jeweils in den vier Zeitabschnitten) keinen oder einen verschwindend geringen Platz ein. Die vierzehn andern lassen sich in zwei Gruppen einteilen: Neun sprechen das Thema zeitübergreifend an, davon zwei, die sich besonders eifrig im Sinne des Regimes äußern: Der "Kriegsinspektor" Christoph Banse (Jg. 1905) und der Unteroffizier bei der Waffen-SS Erich Nürnbach (Jg. 1920). Fünf weitere sprechen das Thema nur zu einem Zeitpunkt an. Zur Abrundung des Befundes die Nennungen zur "NS-Führung": die NS-Führung allgemein wird nur in 13 Briefen, also verschwindend selten, "Hitler/ Führer" immerhin in 84 von 739 Briefen genannt. Darunter ist - als Zeichen der Affirmation - auch die Abschiedsformel "Heil Hitler" aufgenommen worden. Es sind aber nur zwei der älteren Mannschaftssoldaten, bei denen diese Standardformel eine Rolle spielt: Der Gefreite Suhrbeck schreibt sie bis Januar 1942, danach nicht mehr. Die Floskelhaftigkeit des anfänglichen "Heil Hitler" wird in diesem Fall dadurch unterstrichen, dass in seinen dürren Briefen kein einziges Mal ein Bezug zu ideologischen Themen hergestellt wird. Etwas anders liegt es beim Feldpostboten *Paul Schwering*: Er schreibt die Abschiedsfloskel in seinen 11 vorliegenden Briefen von Kriegsanfang bis -ende, mit einer bezeichnenden Ausnahme. Am 1. 10. 1942 hat er vom Fliegerangriff auf seine Heimatstadt München erfahren und darüber vergisst oder unterlässt er zum einzigen Mal das "Heil Hitler" und ersetzt es durch "viele herzliche Grüße" - Angst, Sorge, Wut haben die Konvention gesprengt, obwohl er an der ideologischen Grundorientierung festhält. Wenn Schwering wenige Male seine ideologische Meinung kundtut, wie nach dem Attentat vom 20. Juli, zeigt sich bei diesem einfachen älteren Gefreiten ein Amalgam von eigener, leiblich-seelischer Betroffenheit und ideologischer Ver-härtung, auch als Versuch der Befreiung aus erlebter Unbill:

> Schau, liebe Mami, jeder Mensch hat irgend eine Leidenschaft. Meine Leidenschaft sind halt gute Zigarren. Wenn ich rauche, vergesse ich alles, das ist gut so, denn das Soldatenleben ist nicht einfach, nur der Gedanke an Euch, den Führer und unser schönes und herrliches Großdeutschland lässt einen alles ertragen, das Schwerste ist halt die Aufgabe des persönli-chen Ichs. Tue Pflicht und es geht ja Alles vorüber [1. 11. 1942].
>
> Unser Feldpostamt ist aufgelöst worden, wurden neu aufgestellt, gehören jetzt zum 11. SS Korps der Waffen SS. Sind wie die Waffen SS eingekleidet worden, haben neue Rangbe-zeichnungen bekommen, Paudele ist jetzt SS Rottenführer, was man beim Militär nicht alles wird. Meine Bergmütze habe ich mir richten lassen, musste allerdings mein Edelweiß entfernen, was mir sehr leid tat. Habe auf der Mütze jetzt den Totenkopf. Die neue Uniform gefällt mir sehr gut, schade dass man sich nicht fotografieren lassen kann. (...) Glaube, dass es jetzt im Osten stehen kommt und es für uns besser wird. Der Endsieg wird bestimmt unser sein. Die Verräter in der Wehrmacht sind viel Schuld an den Ereignissen in der Ost-front, ich glaube das bestimmt, denn manche Befehle bekommen jetzt ein anderes Gesicht. Verstehe nicht, dass es solche Menschen gibt. Habe heute in der Zeitung gelesen, dass manche davon gehenkt worden sind, ist richtig so, eine Kugel sind dieselben nicht wert [10. 8. 1944].

Im Gewande der ideologischen Zustimmung zu Führung und Staat schwingt gleichzeitig die verzweifelte Kritik an der eigenen militärischen Führung mit. Ganz im Sinne einer 'Dolchstoßlegende' formt sich für Schwering das entlastende Bild einer Wehrmacht, die nur durch Verrat in Bedrängnis geraten ist.

Begleitet man die Entwicklung des ideologischen Rüstzeugs über die Zeit, er-schließen sich im Einzelfall Veränderungen in der Stabilität und Ausrichtung der Überzeugungen. *Alfred Vilsen*, Obergefreiter bei einer Nachschubkompanie, zeigt zu Anfang sein Einverständnis mit der Führung durch die überhebliche Abgrenzung vom besetzten Land. Es endet bei immer von Zweifeln unterlegten Appellen, das Vertrauen in den Führer zu bewahren:

> Wenn ich nun jetzt die ganze Zeit an mir vorüber ziehen lasse denke ich doch oft was ist doch Deutschland so schön auf allen Gebieten was leben hier die Menschen doch so primitiv [2. 7. 1941].
>
> Von der Bevölkerung hier überall sind wir mit Freude begrüßt worden, sie sind alle froh frei von der Herrschaft der Bolschwiken zu sein [6. 7. 1941].

"Elend und Not", verfallende Kirchen, schlechte Straßen spiegeln für ihn die "Kultur des Bolschewismus" - "wie anders bei uns". Erst Mitte August 1941 berichtet er als Augenzeuge von den Folgen der Kämpfe und auch das wird ihm zur Quelle der ins Allgemeine gehobenen Selbstvergewisserung. Erste Skepsis mischt sich ein, der er aber noch durch eine Redensart die Spitze nehmen kann:

> Wo deutsche Panzergranaten einschlagen da hört jeder Russenpanzer auf zu leben. Leider sieht man auch schon mal einen der Unseren das bleibt ja nicht aus wo gehobelt wird fallen Späne [14. 8. 1941].

Kurz darauf: zum ersten Mal Worte über den "Führer" - sie werden genutzt, um aufkommende Zweifel sofort zu ersticken:

> Wie wird sich noch alles gestalten und wann wird der Krieg aus sein? Doch darüber soll man sich keine unnötigen Gedanken machen. Unser Führer wird wohl das richtige getan haben und auch weiterhin tun [18. 8. 1941].
> Jetzt sind wir schon 4 Monate in diesem verdammten Russland und noch immer ist noch nicht vorauszusehn, wann wir hier rauskommen. Aber deshalb lassen wir den Kopf nicht hängen sondern schauen immer noch frohen Muts in die Zukunft, vertrauen unserem Führer in allen Dingen und dann soll wohl alles werden [2. 10. 1941].

Die anfängliche Zuversicht, die Bevölkerung im besetzten Land auf seiner Seite zu haben, weicht realistischer Skepsis, nicht ohne auch daraus wieder eine kulturelle Überlegenheit abzuleiten:

> [nach einer Schilderung der russischen Bewohner:] Gegen uns sind sie freundlich soweit man sie verstehen kann - oft sagen sie Stalin kaputt. Doch trau einer den Lumpen vielleicht ist es ja manchmal nur Angst [12. 10. 1941].

Unsicherheit über den Kriegsverlauf fängt er im Februar 1942 mit einem Durchhalteappell auf, der seine Rechtfertigung in den bisher gebrachten Opfern findet:

> Über den Ausgang des Krieges tappen wir genau so im Dunkeln wie auch Ihr. Schade um die Menschenleben die es kostet aber Siege sind nur durch Opfer zu erringen. Wir müssen nur diese Opfer zu würdigen wissen und fest bleiben und hart um so sicherer ist uns der Sieg und der Frieden [8. 2. 1942].

Ein Jahr später ist diese Art der Rechtfertigung bei Vilsen verschwunden. Nach der Niederlage von Stalingrad mögen es der Opfer zu viele und vor allem erkennbar sinnlose, geworden sein, so dass daraus keine Legitimation für Durchhalteappelle zu gewinnen war. Auch die überhebliche Abgrenzung vom Feindesland ist verschwunden. Seine ideologische Überzeugung gerinnt nurmehr zu einer 'ergebnisoffenen' Bestandsaufnahme und einer hülsenartigen, botmäßig wirkenden Schlussfloskel:

> Nun ist der halbe Winter schon rum und wir können jetzt auf den Frühling hoffen. Hoffentlich kommt bald die Entscheidung es scheint ja als wenn doch bald der Höhepunkt des Krieges erreicht wäre. Morgen jährts sich nun zum 10. mal dass der Führer die Macht ergriff. Und was ist nicht alles in dieser Zeit passiert. Heute will ich nun schließen im festen Glauben an unsern Sieg [29. 1. 1943].

Auch wenn er weit weg ist von Stalingrad - mit der dortigen Niederlage bahnt sich seine ausschließliche Fixierung auf den "Führer" als Durchhaltestrategie an. Der Verweis auf jene, die moralische Stärkung brauchen, zeigt die Gefährdung der eigenen Orientierung ebenso wie der verhaltene Satzbau:

> Die Reden haben wir auch angehört gewiss man schöpft wieder neue Hoffnung und man ist moralisch nochmal etwas stärker geworden. Was bei manchen auch sehr nötig ist [10. 2. 1943].

Wenige Tage später hat er wieder Tritt gefasst und sieht jetzt die Aufgabe, seine Angehörigen zum Durchhalten und zur Loyalität zu ermahnen. Vor allem setzt bei ihm eine Umwertung ein, dass nicht er von der Führung Schutz und Erfolg zu erhoffen hat, sondern gleichsam die eigenen mitleidsbedürftigen Anteile dem "Führer" zugeschrieben werden - er gilt jetzt als schutz- und bemitleidenswürdig:

> Manchmal sorgt man sich ja auch um den Verlauf des Krieges aber man sagt sich immer es gibt immer mal Rückschläge und wir müssen immer sehen sie zu überwinden und stark bleiben. Unser Führer hat ja doch die meisten und größten Sorgen und ich hoffe auch daß er dieses mal den richtigen Weg und die richtigen Mittel finden wird um uns den Frieden zu bringen. Wir alle wir an der Front und Ihr in der Heimat müssen nur bestrebt sein unser möglichstes zu tun um unsre Führung zu stärken in Allen. Wenn wir so handeln dann wird uns der Sieg auch beschieden sein, geschenkt bekommen wir den Sieg nicht der muß durch Kampf und schwere Opfer erworben werden [21. 2. 1943].
> Unser Glaube an den Endsieg ist zwar unerschütterlich aber es giebt doch immer einzelne denen es bald zu lange dauert. Es wäre ja sehr gut wenn der Sieg recht bald errungen wäre aber wir müssen uns wohl noch einige Zeit gedulden bis es so weit ist. Gewinnen müssen wir und werden es auch auf jeden Fall fertig bringen [24. 6. 1943].

Kritische Stimmen - an der Front, in der Heimat - entgehen ihm nicht, aber er nutzt die Kritik an den "Nörglern", um seine Durchhalteappelle zu untermauern:

> Die Front scheint ja nun in den meisten Fällen fest zu liegen und wir wollen hoffen dass es auch weiterhin gelingt sie so zu halten wie es geplant ist. Damit die Nörgler und Meckerer daheim und auch hier bei uns ihr Maul gestoppt bekommen. Ich muss sagen dass die Stimmung bei uns hier besser ist als ich je angenommen hätte. Alle sind zuversichtlich wie selten mal. Und ich sage mir ein Volk mit so einem Geist wird wohl nicht kleinzukriegen sein [22. 10. 1943].

Jetzt ist es nicht mehr nur der Appell, sondern die Drohung, die er selbst wohl an der Front hörte und weitergibt, ergänzt um die Forderung, den "Führer" zu unterstützen, der eine fast religiöse Überhöhung erfährt. In seiner Vorstellung webt er gleichsam einen Kokon der Anteilnahme, in den seine Familie und der "Führer" eingesponnen werden:

> Es ist doch wie unsre Führung immer sagt: Das Deutschland von 1943 ist nicht dasjenige von 1918. Es wird auch alles getan werden, damit Unruhen an der Front und auch in der Heimat zu jeder Zeit unterbunden werden oder überhaupt nicht vorkommen können. Die Führerrede war ja wieder recht trostreich für diejenigen die wankelmütig waren und stärkend für alle Schwachen. Von unserem Führer geht doch stets eine große Kraft aus, und wer an ihm zweifelt der versündigt sich an unserem Vaterlande und dem Volke. Man kann gar nicht verstehen dass es immer noch Menschen gibt die aus nichtigen und kleinlichen persönlichen Gründen Hass gegen alles haben was irgendwie mit dem Führer und Nationalsozialismus

zusammenhängt. Aber Nörgeler und Meckerer muss es ja auch immer geben, aber einmal wird ihnen ja doch mal das Maul gestopft werden [14. 11. 1943].

Nur müssen wir immer die Treue unserem Führer halten er hat es ja doch am Schwersten, denn auf seinen Schultern liegt die ganze Last dieses Kriegs. Über seine Stärke muß man sich ja immer wieder wundern. Wenn man sich ihn als Vorbild nimmt dann fällt es uns nicht so schwer die Last des Krieges zu ertragen [9. 1. 1944].

Eine fortschreitende Mystifizierung kennzeichnet Vilsens Ideologiebildung. War er anfangs auf sinnliche Anschauung bedacht, um quasi aus der Zeugenrolle Material für die Herrenmenschenidee zu liefern, bleibt ihm schließlich nur noch die andächtige Anhänglichkeit an den "Führer". So wie der "Führer" immer für das Große steht, vor dem der einzelne klein wird, sollen auch die eigenen Nöte vor den größeren des "Führers" klein werden. Die Enteignung der eigenen Wahrnehmung wird damit gerechtfertigt und gefordert - das eigene Leid wird als unbedeutend gegenüber dem größeren personifizierten Gesamtleid gewertet. Eine emotionale Entschädigung gelingt durch die Identifikation mit dem "Führer". Wenigstens in der Vorstellung gelangen er und die Familie unter den Schirm eines Trostes, den in der Realität des Krieges keiner mehr spenden kann. In aussichtsloser Lage kann Vilsen nur noch fatalistisch auf eine Veränderung hoffen, gleich in welche Richtung, ohne einen Anspruch auf Sinnverständnis:

> Wir wollen hoffen, dass es bald zu einem großen Schlage gegen unsere Feinde kommt, damit wir bald klarer sehen können. Das was kommt glauben wir alle bestimmt wo das ist die große Frage aber das brauchen wir ja auch nicht zu wissen. Hauptsache, daß irgendwie etwas geschieht [14. 3. 1944].

Einleitend wurden fünf Soldaten erwähnt, die sich nur in einem Zeitabschnitt ideologisch zustimmend äußern. Auffällig darunter vor allem: *Bumke* (Jg. 1908), der nur am Anfang, und *Calsow* (Jg. 1923), der erst am Ende seine Bekenntnisse zur herrschenden Ideologie nach Hause schreibt.

Die Briefe von *Ludwig Bumke* zeigten (vgl. Kap. 5.1, S. 119 ff), wie - ausgehend von der persönlichen Lage - schon früh ein kritischer Ton aufkam. Wie wirkte sich das auf die ideologischen Grundfesten aus? "Mir träumte heute, ich hatte die Parteiuniform wieder an", schreibt er am 24. 9. 1941. Dies ist der einzige Hinweis auf seinen politischen Hintergrund, vor dem sich seine Entwicklung bemerkenswert ausnimmt: Anfangs auf den "Führer" fixiert, kehrt sich seine Abhängigkeit früh in einen Anspruch um, von der Führung Klarheit zu erhalten, wie es angesichts desolater Bedingungen weitergehen soll:

> Hast schon nach der Rede des Führers gefragt, in der er gesagt hat, dass dieses Jahr die Entscheidung fällt. Wenn Du sie nicht eigens bekommst, dann siehst mal nach in einem Buch, das die gesamten Kriegsreden des Führer enthält. (Man kann es in italienischer Sprache haben, dann wird mans auch in deutscher bekommen.) Wir wollen es, weil davon verständlicher Weise oft gesprochen wird, von höchster Stelle wissen, ob er nun doch noch heuer aus wird. Ich bin nun satt, bis über beide Ohren [21. 8. 1941].

> Habt Ihr vom Ergebnis der Zusammenkunft Führer - Duce nichts mehr gehört? Von wegen baldigem Ende!? Ich las gestern in der "Wacht im Osten", es gehe weniger um Geländegewinne, als um die Vernichtung der Russen, das wäre also aussichtsreicher, denn ohne Menschenmaterial können sie nicht kämpfen. Aber an Raum würde es in Russland nicht fehlen. Da wären wir die pitschierten [24. 9. 1941].

Zwar flammt sein Vertrauen in den "Führer" angesichts der Erfolge Anfang Oktober 1941 noch einmal auf, aber es ist nur ein kurzes Strohfeuer, das ihn nicht von der Forderung nach eigener Urteilsbildung abbringen kann:

> Sonst wissen wir aus dem Aufruf des Führers, dass wir zum tödlichsten Schlag ausholen. Wenn wir jetzt in Russland eine Fläche besetzt halten, die mehr als vier mal so groß ist, als das englische Mutterland, wird man uns doch in Gottes Namen für England überhaupt nicht mehr brauchen. [5. 10. 1941].

Bemerkenswert ist dabei nicht nur das Vertrauen in "das Wort des Führers", sondern auch die sprachliche Verinnerlichung des strategischen Gesamtkonzepts, Russland zu bekämpfen, um England zu besiegen: Bumke spricht vom "englischen Mutterland", als befände er sich auf Kriegszug in einer englischen Kolonie, und auch der Landgewinn als Gradmesser des Erfolgs ist an England als Maßstab orientiert. Aber es bleibt die Unsicherheit:

> Es wäre mir recht, wenn Du mir die Führerrede vom 4. Oktober schicken würdest. Mit dem, was man darüber erfährt, ist man nicht zufrieden [9. 10. 1941].

Wie schon berichtet, kommt er auf subjektiv spürbare Kriterien der 'Realitätsprüfung', die sich als klärend erweisen. Die u. a. taktisch bedingte Verweigerung der Ausgabe von Wintersachen muss für ihn das Vertrauen in die Führung weggefegt haben. Im Dezember schreibt er:

> Heute kamen auch Wintersachen, aber weitaus zu wenig! Man musste erst fragen, wer hat zum Beispiel eigene Handschuhe, der bekommt wahrscheinlich keine. Auch bei uns macht sich der Mangel an Spinnstoffwaren beträchtlich bemerkbar. Obwohl man doch Zeit genug hatte, bis der Winter kam [7. 12. 1941].

Nach der Kriegserklärung an die USA am 11. Dezember 1941 geht er erstmals sogar auf vorsichtige Distanz zum "Führer", wenn er hofft, dass es die "letzte Überraschung" sei und er sein Vertrauen lieber auf die Japaner setzt:

> Gestern hörten wir den Führer. Kameraden nebenan haben einen Radio. Jetzt ist's ja endlich mal geschehen, worauf man schon lange gewartet hat, bzw. gefasst sein musste. Lieber jetzt und hoffentlich ist das endlich mal die letzte Überraschung. Der Japaner macht schon mächtige Siege, das freut uns. Hoffentlich geht das so weiter, dass es nicht ein dreißigjähriger Krieg wird [12. 12. 1941].

Dass Bumkes Kritik an der eigenen Führung zunehmend galliger wurde, geht aus drei Briefen des 'Stalingradzeitraums' hervor: Im Dezember 1942, als er an seine Frau in München über die Bombengeschädigten in der Heimat schreibt, klingt noch verhalten, was dann im März 1943, nach der Niederlage von Stalingrad, hervorbricht - eine bemerkenswerte Entwicklung angesichts seiner anfangs so 'zensurbewußten' Schreibhaltung (vgl. Kap. 4.1.1):

> Ja, die Geschädigten, besonders die die Tote haben, wissen was es bedeutet, wenn Goebbels voriges Jahr sagte, es käme nicht darauf an, wie lange der Krieg dauere, wohl aber, dass wir siegen. Freilich ist es keinem egal, wie seine Zukunft ist, aber keiner kann es einem andern verübeln, wenn er sagt, dass er froh ist, wenn der Krieg aus ist. Das sage ich Jedem, sei es, wer es auch wolle [20. 12. 1942].
>
> Auf der Landkarte Pläne entwerfen, wäre eben nur dann von vollem Erfolg, wenn es überall so wäre wie in Frankreich. Anderer Meinung zu sein, hieße eben die Rchng. ohne den Wirt machen, das haben wir im Kaukasus in vollem Ausmaß erfahren müssen, genau so, wie Napoleon vor 130 Jhr. Auch er hat gemeint, er könne alles auf einmal machen, zu bedauern sind nur solche, die die Prellböcke einer solchen Nimmersattpolitik sind, z. B. die 46000 Gefangenen der 6. Armee von Stalingrad. Das hätte man vermeiden können: wenn man dem Kaukasus noch die Ruhe gelassen hätte. Aber wenn einer ein Geschäft gleich zu groß haben will, nimmt Geld über die Aussichten seiner künftigen Einnahmen auf, macht er schneller pleite, als es vorher geahnt hat. So ging es auch uns, weil wir weder zum Kriegführen noch zum Verwalten genügend Menschen haben. (...) Was nützen uns die großen Gebiete, wenn wir die eigene Heimat dadurch nicht mehr genügend schützen können [16. 3. 1943].
>
> Ja, von dem Angriff hab ich, wie ich schon geschrieben habe, von einem Kd. gehört. Habe aber nicht gedacht, dass er so schlimm gewesen wäre. 152 Opfer sind keine Kleinigkeit. Ja, Herr Dr. Goebbels, es kommt nicht darauf an, wie lange der Krieg dauere?! [24. 3. 1943].

Und wieder ist es der 'Protest des kleinen Mannes', der von einer subjektiven Not ausgeht und ins Allgemeine ragt:

> Mir sagte ein Oberzahlmeister selbst, in Timoschewskaja seien 1900 Tonnen in russ. Hände gefallen. Ob das auch "planmäßig" ist!! Ein Beweis, wie lange man wartet! Wenn sich aber der Landser mal eine Dose nimmt aus Kohldampf, wird ihm mit dem Kriegsgericht gedroht. Eine größere Sabotage an der Verpflegung der Kampftruppe ist, wenn man wartet, bis der Russe es auffängt. Die Kleinen hängt man, die Großen lässt man laufen. Da hört man nichts von einem Kriegsgerichtsverfahren [12. 3. 1943].

Es wäre allerdings ein Missverständnis, wollte man daraus eine Schwächung des eigenen Kriegshandelns ableiten. Derselbe Bumke, der sich so kritisch gegenüber der "Nimmersattpolitik" der Führung äußert, findet sich in der Not des Rückzugs im Einklang mit der Politik der 'verbrannten Erde'

> Was hinter dem deutschen Rückzug noch an Brauchbarem für den Russen bleiben könnte, ich meine da bes. Gebäude, wurde alles in Schutt und Asche gelegt. Rückzugsmethoden, die wir sicher von ihm gelernt haben, aber das ist gut so, denn er hat keine Möglichkeit, uns einzuholen [21. 3. 1943, vor der Überfahrt nach Kertsch, Kaukasus].

Für die Opfer wirkt es sich nicht aus, dass man hier auch eine Spur von Rechtfertigungsbedarf, also Distanz, erkennen kann. Und auch sein eigener Groll mündet nicht in grundsätzliche Abkehr, sondern es ist ein 'Dampf ablassen', das letztlich in die Vorbereitung einer Volkssturmmobilisierung mündet:

> Eine kleine Beruhigung ist uns, dass so manche jetzt auch die hohe Ehre haben, Soldat u. Kämpfer des Ostens sein zu dürfen, die bis jetzt nur an der Heimatfront sein mussten, weil doch Goebbels gesagt haben soll, 3 Mill. kommen im März nun an die Front. Denn wenn man schon von einem Volksheer spricht, soll jeder mal in den Genuss dieser hohen Ehre kommen. Wir glauben, dass wir lange genug im Osten sind, als dass wir das nicht auch mal anderen gönnen [12. 3. 1943].
>
> Ich bin schon neugierig, wer alles neu und wieder einrücken musste von Bekannten. Jeder soll in den Genuss kommen, wenigstens Soldat gewesen zu sein [21. 3. 1943].

Ludwig Bumke ist ein älterer Gefreiter, *Hans Helmut Calsow*, bei dem die Entwicklung umgekehrt verläuft, im Sommer 1944 ein junger Offizier. Calsow, dem es im Kriegsübermut anfangs nur darum geht, dabei zu sein, bewirbt sich 1940 mit 17 Jahren "auf das Eindringlichste" um die Aufnahme in ein Gebirgs-jägerregiment. Zwar hat er schon eine kleine Karriere bei der HJ als "Führer der Alpenschar" hinter sich, aber ideologische Fragen spielen in seinen Briefen an die Eltern bis kurz vor seinem Tod im Juli 1944 ebensowenig eine Rolle wie der "Führer". Erst Anfang Juli 1944 bezieht er in den Briefen an die Eltern Stellung in ideologischen Fragen, und zwar mit einer Eindeutigkeit, die keinen Zweifel an der Wirkung der besonderen politischen Schulung des militärischen Führungs-nachwuchses lässt (vgl. Kap. 5.2 und 6.2.2). Mit seinen im Überzeugungston vorgetragenen Siegeserwartungen noch im Frühsommer 1944 steht er in dieser Gruppe alleine. Seine ganz ausgeprägte Zustimmung zur NS-Ideologie und zum Antisemitismus in bedrängter Lage wenige Wochen vor seinem Tod können im Sinne der Terror-Management-Theorie (vgl. Kap. 2.4) als Zeichen gelten, dass er gerade angesichts der Lebensgefahr im ideologischen Grundkonsens eine aus-gleichende 'Sicherheit' finden will. Das ist in seinem Fall um so bemerkenswerter, als er es um den Preis tut, den Konsens mit seinen hochgeschätzten, aber 'toleran-teren' Eltern zu riskieren.

Insgesamt knapper sind die affirmativen Äußerungen der anderen Soldaten. Sie mischen sich oft mit Rechtfertigungen des eigenen Verhaltens und kreisen dann in immer neuen Varianten um eine Denkfigur:

> Wer einmal Russland und den Bolschewismus kennengelernt hat, der opfert alles, um die Heimat vor diesem Schrecken zu bewahren. Bei diesem Volk gibt es keine Wehmuht [sic]. Diese Kerle schießen am Heiligen Abend genau wie an anderen Tagen. Dort drüben ist das Böse. Auf unserer Seite ist das Gute. Deshalb müssen und werden wir auch siegen [Klinger, 23. 1. 1942].

Michael Jeismann hat die Bedeutung solcher Stereotypen für die nationale Identi-tät skizziert.[3] Es bleibt nicht bei der Beschreibung von Unterschieden, vielmehr werden "nationale Gegensätze (...) als Indikatoren einer prinzipiellen sittlich-moralischen Differenz gewertet". Daraus kann dann die "Vertilgung des Bösen" gerechtfertigt werden, das nicht mehr dem Gericht Gottes, sondern "der eigenen Nation als Vollstrecker des göttlichen Willens zur Aufgabe" gemacht wird.[4]

Heinz Heppermann spitzt die Rechtfertigung auf die männliche Aufgabe als Beschützer der heimischen Familie zu und leitet daraus jedwede eigene Ag-gression als legitim ab:

> Die Horden müssen vernichtet werden - denn die Heimat soll nicht jene Schrecken erleben, wie manche Menschen hier.

> Wir denken oft mit Grauen an das Schicksal deutscher Frauen und Mädchen, wenn diese bolschewistischen Horden in ein Kulturland wie Deutschland eingebrochen wären! Diese Version ist einfach unausdenkbar! Und Gott sei Dank, dass der Führer wieder im rechten Moment zupackte.
>
> Die Heimat soll dankbar sein, dass die ungeheure bolschewistische Massenflut nicht die deutschen Lande überschwemmte: wehe den Frauen und Kindern.
> [8. 7., 17. 7. und 15. 11. 1941].

Die ideologische Zurüstung führt zu einer selektiven Wahrnehmung des Feindes. Alle Informationen werden diesem Bild untergeordnet. Eigenes Vernichtungshandeln kann damit pauschal gerechtfertigt, ja sogar als vorsorgliche Verteidigung erlebt werden. Die eigene Gefühlsfähigkeit im Binnenraum - Wehmut an Weihnachten, Liebe zu Frau und Kindern - legitimiert die Gefühllosigkeit gegenüber dem Feind. Gerechtigkeit ist in dieser Einengung der Wahrnehmung nicht vorgesehen. Da, wo die konkrete Anschauung vor Ort Heppermann zur Differenzierung mahnen könnte, wird ein kurz aufflackerndes Mitgefühl unter Hinweisen auf den Sachzwang begraben:

> Ich war heute morgen um 5 Uhr aufgestanden, um zu organisieren. (...) Na, jedenfalls mein Versuch war nicht sehr erfolgreich: meine Lieferanten hatten keine KAPOBA = Kuh mehr, die Soldaten hatten sie geschlachtet. Es tat mir ja selbst leid; aber letzten Endes: Wir können nicht darunter leiden - und der Krieg muss den Krieg ernähren! Allerdings ist es das Einzige, das die Leute hier noch haben, haben früher aber auch nicht mehr gehabt im Kolchos-Kollektivsystem! Du kannst Dir die Armut dieser Menschen nicht vorstellen: leben das ganze Jahr beinahe von Kartoffeln (und etwas Milch!), besitzen kein Huhn, keine Kleidung, kennen kaum Kino, geschweige denn Theater! Im übrigen gutmütig - soweit sie nicht verhetzt sind!
> [14. 8. 1941].

Der deutsche Lehrer gibt sich jovial. An der Überlegenheit seiner Kultur gibt es keinen Zweifel, aber eine gewisse Gutmütigkeit bei der fremden Zivilbevölkerung mag er nicht ausschließen, sie erleichtert ihm auch sein alltägliches Leben. Er wollte sich nur "Milch und Kartoffeln" besorgen, stößt aber auf die Folgen des Raubzugs. Mit der eigenen Seite mag er es sich nicht verderben. So dienen ihm der Sachzwang im Krieg und die sowieso schon immer gegebene Armut der Leute als Rechtfertigung, nicht genauer hinzusehen. Ein winziges Memento schleicht sich ein, ein Ausrufezeichen: "und etwas Milch!", vergisst er nicht zu erwähnen als Basisernährung der Menschen, die ihnen jetzt mit der letzten Kuh entzogen ist. Nur in dem Ausrufezeichen, wenn man es weiterdenkt, liegt ein Hauch von Kritik an der eigenen Seite. So wird ihm der verklärte Binnenraum der familiären Liebe immer mehr zur Quelle einer allgemeinen Rechtfertigung des eigenen Kriegshandelns, und gleichzeitig zu einem von den sozialen Beziehungen im Krieg abgegrenzten Bezirk (vgl. Kap. 6.1.2). Weiterer Rechtfertigungen bedarf er nicht, mit Ausnahme jener Begründung, die im einfachen fortgesetzten Funktionieren von Abläufen und im bloßen Überleben besteht. So zeigt ein ganz oberflächlicher Satz seine Mächtigkeit: "Hauptsache es geht weiter", bringt zum Ausdruck, dass der Soldat Teil der Maschinerie geworden ist, über deren Sinn nachzudenken er nicht als seine Aufgabe ansieht.

> Und die Meldungen besagen ja, die Vernichtung steht kurz bevor! Wir haben jetzt Tag und Nacht Dienst, Schlaf gibt es wenig und ein warmes Essen wird oft zur Seltenheit. Ist aber gleich: Hauptsache es geht weiter! [15. 10. 1941].

In Heppermanns letztem hier vorliegenden Brief - unmittelbar nach Stalingrad - klingen die verschiedenen Motive in kurzer Reihenfolge nacheinander an: Sinnstiftung durch passives Ertragen und durch den 'Verteidigungsmythos', obwohl man tief im Feindesland steht, der aber immerhin schon die Niederlage in Betracht zieht; schließlich ein bloßes Funktionieren im Dienste des erhofften Überlebens:

> Aber es ist uns nun einmal auferlegt, diesen Kampf zu führen und alles, was er mit sich bringt, geduldig zu ertragen. Die Nachrichten aus dem Süden sind ja auch nicht danach übertriebene Hoffnungen groß werden zu lassen (...) trotzdem glauben wir an eine kommende Wendung! Es kann und darf ja auch gar nicht anders sein, der Gedanke einer bolschewistischen Invasion und der an Frau und Kind sind so unversöhnlich, dass beide niemals miteinander Platz haben! (...)
> Man lebt - und darin erschöpft sich die Summe aller Überlegungen [10. 2. 1943].

Vilsen, Bumke, Calsow, Heppermann: Sie zeigen verschiedene Weisen des Umgangs mit dem "Verlust einer Zielbindung": 1. gesteigerte Anstrengung zur Aufrechterhaltung des Zieles ; 2. Ärger und Frustration bei einem fortdauernden Misslingen dieser Bemühungen; 3. Depression und Apathie, wenn das Ziel letztendlich aufgegeben werden muss und 4. allmähliche Stimmungsaufhellung, wenn die ursprüngliche Zielbindung im Laufe der Zeit verblasst - dies sind die vier Stufen, die man in Anlehnung an Klingers "incentive-disengagement-cycle" (vgl. Kap. 2.4.1) erwarten könnte. Vilsen verharrt auf der ersten Stufe. Seine 'gesteigerte Anstrengung zur Aufrecherhaltung eines Zieles' mündet in eine Fixierung auf den "Führer" als einzigen Orientierungspunkt. Eine resignierende Apathie (3. Stufe) klingt zwar in seinem schicksalsergebenen Warten auf 'irgendeine Veränderung' an, aber ausformulieren kann er sie in den Briefen nicht. Vielmehr schüttet er seine ganze Frustration (Stufe 2) über die 'heimischen Nörgler' aus und untermauert damit letztlich sein Festhalten an der ursprünglichen Zielbindung. Anders bei Bumke: Durchaus mit der Partei verbunden, worüber allerdings nichts Näheres zu erfahren ist, hofft er anfangs auf die klaren Aussagen des "Führers". Bei ihm bricht sich dann aber Ärger und Frustration in ungewöhnlich offener Form Bahn, was umso mehr beeindruckt, als er sich anfangs sehr 'zensursensibel' gibt und mit seiner Frau Geheimcodes vereinbart. Aber auch er verharrt letztlich auf dieser 2. Stufe und weicht eigener "Depression und Apathie" (Stufe 3) aus durch das Hoffen auf eine 'gerechte Welt', in der jeder mal Soldat werden muss. Calsow und Heppermann, beide mit akademischem Hintergrund, 'nutzen' ihr intellektuelles Potential, um letztlich mögliche Erkenntnisse über das Scheitern ihrer Zielbindung zu verhindern. Der junge aufstrebende Calsow kommt gerade mit zunehmender Gefahr und parallel zu seiner Beförderung zum Leutnant zu einer ausdrücklichen Affirmation der NS-Ideologie; hier werden Ärger und Frustration über die eigene Führung gar nicht zugelassen. Bei Heppermann, dem älteren Lehrer und Unteroffizier gibt es auch keinen Zweifel an der ideologischen Grundorientierung im Sinne des Nationalsozialismus. Man könnte allenfalls ein Verblassen der ursprünglichen Zielbindung ('Befreiung' ins eroberte Land bringen) und eine stärkere Konzentration auf das private Ziel - Schutz der Familie - beobachten. Unter der drohenden Niederlage ist dabei allerdings eine 'allmähliche Stimmungsaufhellung' nicht zu erwarten. In seiner ideologisch untermalten Begründung, Frau und Kinder verteidigen zu müssen, könnte man eine ins private verschobene Radikalisierung und damit verbunden auch eine Stimmungsstabilisierung sehen, weil dissonante Eindrücke unter dieser Prämisse verdrängt werden können.

Es sind eher die älteren Soldaten, die in den Briefen an die Ehefrau nach Sinnzusammenhängen und Rechtfertigung suchen. Es sind auch eher die Älteren, die sich mit eigenständigen Überlegungen abgrenzen wollen oder die auch zu kritischen Äußerungen gegenüber der eigenen Führung kommen (vgl. Kap. 4.1.3). Viele dieser insgesamt seltenen kritischen Aussagen scheinen aber den Hintergrund im subjektiven Überdruss zu haben, in der Enttäuschung, dass Kriegsziele nicht, wie versprochen, erreicht wurden und "die breite Masse die Dummen" sind [Hilger, 15. 2. 1943]. So gibt es zwar Zweifel gegenüber offiziellen Verlautbarungen, aber gibt es auch eine grundsätzliche Abkehr von der Herrenmenschenideologie oder zumindest - angesichts der Zensurdrohung - verhaltene Hinweise in dieser Richtung? Neben vereinzelten Äußerungen des Mitleids gegenüber der Zivilbevölkerung, die aber gleich wieder aufgefangen werden durch den Hinweis auf die Sachzwänge des Krieges, lässt im gesamten hier näher untersuchten Bestand nur *ein* Brief erahnen, dass ein Soldat über eine mögliche Schuldverstrickung der eigenen Seite nachdenkt. Er stammt von dem Studenten der katholischen Theologie, *Joseph Brandes*. Briefe an seine Schwester zeigen einen Wandel zwischen 1941 und 1944. In beiden Fällen riskiert er eine persönliche Abweichung von einer vorherrschenden Meinung, im ersten Fall aber noch ganz im Einklang mit den Kriegszielen:

> Wenn man so den russischen Soldaten mit unseren früheren Gegnern vergleicht, so kann man nur froh sein, dass z. B. die Griechen keine Russen waren. Wir hätten viele Opfer bringen müssen. Ich weiß nicht, ob man alles ihrer Sturheit und Dummheit zuschreiben kann. Gestern hat der Führer von großen Entscheidungen gesprochen. Ich selbst habe seine Rede nicht

hören können. Aber ich kann Dir bestätigen, wenn das für Dich überhaupt notwendig ist, dass die Erfolge im Wehrmachtsbericht Erfolge der Wirklichkeit sind [4. 10. 1941].

Drei Jahre später taucht der Gedanke an eine "Schuld" der eigenen Seite auf. Und es ist eine sehr paradoxe Hoffnung, die Brandes an die angekündigten "Wunderwaffen" bindet, wenn eine Schuld der eigenen Seite zwar gesehen, aber nur im Falle der Niederlage als relevant erachtet wird. Auch diesen Anflug von Zweifel versucht er zumindest verbal zu beherrschen, wenn er "Gottes Wille" und die militärische Befehlsstruktur in einer Art Notstand mit höherer Weihe kulminieren lässt:

> Nur mit einer neuen geheimnisvollen Waffe macht man uns Hoffnung. Aber wehe, wenn sie nicht der höchste Trumpf ist der alle anderen schlägt oder wenn wir uns damit neue Schuld aufladen! Das wollen wir uns gar nicht weiter ausmalen. In dem Fall bange ich nur um Dich und überhaupt um die Heimat. Aber wir wissen, wir stehen in Gottes Hand und deshalb unsere Parole: Dein Wille geschehe! Mag da kommen, was da wolle! [13. 9. 1944].

Was erfährt die Heimat also über die ideologische Einstellung der Soldaten? In Einzelfällen: Zustimmung zu den Ideen des Nationalsozialismus. In anderen Einzelfällen: eine durch die persönliche Belastung im Krieg ausgelöste und mit zunehmend schlechterer Gesamtlage auch ins Allgemeine gehobene Kritik an der Führung. Hitler wird dabei allerdings nie direkt kritisiert. Dazwischen liegt ein breites Spektrum von der relativen Uninteressiertheit bis zur Zustimmung zu Teilaspekten der NS-Ideologie, insbesondere zum NS-Bild von den "slawischen Massen", und dies vor allem im ersten Kriegsjahr. Dabei werden nicht die Termini vom "Untermenschen" kolportiert, aber in den Beschreibungen von Armut und Elend grenzt sich der deutsche Soldat - seiner eigenen kulturellen Überlegenheit bewusst - ab und unterfüttert das Feindbild mit Beschreibungen von "Heimtücke" und "Falschheit". Gegenläufige Wahrnehmungen gibt es, wenn der Soldat auf "gutmütige" Russen stößt oder nicht daran vorbeikommt zu sehen, welches Elend durch die eigene Besatzung erst verursacht wird. Diese störenden Wahrnehmungen, die immerhin gelegentlich mit den Beschreibungen der Armut auch in die Briefe gelangen, werden in Allgemeinfloskeln aufgefangen oder mit dem Hinweis auf die Sachzwänge des Krieges beiseite geschoben.

Für die Adressaten entsteht das Bild von Soldaten, die unter erschwerten Bedingungen "Opfer" für die Heimat bringen. Die sinnliche Erfahrung der Bedrohung durch Bomben oder Kampf begründet auch über innerfamiliäre Unterschiede der politischen Anschauung hinweg den verbindenden Gedanken, Opfer des Gegners oder des Schicksals zu sein. Zwei Beispiele aus Briefen der Eltern mögen andeuten, dass es sich tatsächlich um eine wechselseitige Stabilisierung handelt. Der *Vater von Georg Scharnik* bittet seinen Sohn, ihm etwas über Kameraden und Vorgesetzte und den täglichen Dienst mitzuteilen, "soweit Du hierüber was schreiben darfst". "Du kannst Dir denken, dass ich mich als alter Frontknochen mich dafür interessiere" [sic, 16. 9. 1941] und er bohrt nach, wie es mit Auszeichnungen steht:

> (...) wollte ich Dich schon lange mal fragen, ob die "Ostmedaille" Dir verliehen worden ist. Ich habe hier verschiedene Verwundete gesprochen, sie haben sie alle bekommen, auch wenn sie nicht den ganzen Winter über an der Front waren [12. 11. 1942],

und er gratuliert ihm 1943 zu seinen Beförderungen. Für den Sohn bedeutet das Bestätigung in seinem Aufstiegsstreben, aber auch Druck, dem väterlichen Anspruch zu genügen. Sein Hinweis auf Offiziere, deren Auszeichnung nicht mit der militärischen Leistung korrespondiert, ist ein Befreiungsschlag, der den Druck durchscheinen lässt.

Die *Mutter von Hans Helmut Calsow* schreibt ihrem Sohn in einem resümierenden Weihnachtsbrief:

> Es ist wohl gut, dass wir zu Kriegsbeginn nicht wussten, wie lange diese Zeit der Trennung und Gefahr dauern würde, man hätte sich sonst wohl kaum zugetraut, dem gewachsen zu sein. Aber es ist ja weise eingerichtet, dass mit der Not auch die Kraft wächst und dass dem Menschen, der guten Willens ist, wohl letzten Endes alle Dinge zum Besten dienen. (...) Wir Älteren haben in unserer Jugend schon schöne Friedensjahre genossen, Ihr Jungen seid früh in den schweren Kampf gestellt worden. Gern hätten wir Euch noch davor bewahrt gewusst, aber es sollte nicht sein. Nun seid Ihr schnell von Kindern zu jungen Männern geworden und habt den Ernst des Lebens schon reichlich zu spüren bekommen. (...) Wir sehen ja nicht weiter, wissen nur das Eine, dass der nun entstandene Kampf mit Aufbietung all unserer Kraft zum guten Ende geführt werden muss. Die stärkste Kraft hierzu steckt in Euch Jungen und ich kann Dir nur sagen, dass wir aus jedem Deiner lieben Briefe die Überzeugung gewinnen, dass eine solch bejahende Lebensauffassung wie die Deine zum glücklichsten Ausgang helfen muss. Du bist ja noch unser kleiner "Bär", aber unser tapferer anständiger und ich weiß wie Du das Herz auf dem rechten Fleck hast für Deine Männer, Deine Kameraden, und das ist uns die größte Hauptsache. (...) Die Heimat <u>dankt</u> Euch dafür, ist stolz auf Euch und möchte Euch rauhen Männer nicht anders haben. Bleib uns gesund, mein Liebster, alles andere ist unwichtig, denn dass Du ein ganzer Kerl bist, unser Goldkerl, das wissen wir [5. 12. 1943].

Mütterliche Liebe und Sorge mischen sich mit ihrer Beobachtung des Erwachsenwerdens des Sohnes durch den Krieg. Mit dem "unser Bär, aber..." ahnt sie die Unvereinbarkeit der beiden Sohnrollen: des zu versorgenden Kindes und des Beschützers der Eltern. In ihrer Zustimmung zu seiner Mannwerdung ("rauhe Männer") verbindet sie den Appell zum Ehrgeiz mit der Warnung, die Gesundheit wichtiger zu nehmen als den Ehrgeiz zu übertreiben, da er sich jetzt schon als "ganzer Kerl" erwiesen habe. Der junge Empfänger kann aus dieser Mischung der Motive nur elterliche Liebe und einen ideologischen Grundkonsens herauslesen. Streit gibt es erst, als ein Bruder sich als "Zivilgefangener" aus den USA meldet und die Eltern ihn gegenüber dem Frontsoldaten in Schutz nehmen müssen vor dem Verdacht, er sei zum Feind übergelaufen. Denn in der Zivilgefangenschaft mit begrenzten Freiheiten steckt eine doppelte Provokation: Der

Bruder scheint aus der ideologischen Phalanx auszubrechen und er lebt dem Frontsoldaten vor, dass eine Alternative zum Kämpfen, wenn auch kaum willentlich anstrebbar, so doch überhaupt denkbar ist.

Der Gedanke an eine eigene Täterschaft und daran, dass man selbst andere zu unschuldigen Opfern macht, darf in der brieflichen Kommunikation nicht gedacht werden. Brandes einmalige Andeutung von "Schuld" der eigenen Seite ist die Ausnahme, die die Regel bestätigt.

7.3 Durchhalteappelle und Ehrgeiz und die besonderen Merkmale der "Aufsteiger"

Durchhalteappelle finden sich häufiger in den Briefen der Älteren. Es sind vor allem die Soldaten der Jahrgänge 1910 - 1913, die in dem Appell zum Durchhalten auch schon eine pessimistischere Haltung durchblicken lassen. Die Jüngeren verfolgen in den Briefen an die Eltern eine andere Strategie: Hier spielt "Ehrgeiz" eine größere Rolle. Sie berichten ihren Eltern eher von den Leistungen im Krieg und den Auszeichnungen, die sie dafür erhalten.

Bei der Vorstellung der Stichprobe (Kap. 3) wurde darauf hingewiesen, dass in die Gruppe der Unteroffiziere mehrere Soldaten aufgenommen worden sind, die am Anfang einen Mannschaftsrang bekleiden und erst im Lauf der Zeit zu Unteroffizieren befördert werden. Fasst man diese sieben Soldaten zu der Gruppe der "*Aufsteiger*" zusammen und stellt sie den anderen Soldaten gegenüber, deren Dienstrang konstant bleibt bzw. nur innerhalb der Ranggruppe variiert, so zeigt der Vergleich im Hinblick auf das "Leistungsmotiv", dass sich die "Aufsteiger" signifikant mehr ehrgeizorientiert zeigen. Zwar finden sich auch bei den "Nicht-Aufsteigern" Äußerungen, die auf Ehrgeiz schließen lassen, besonders bei den Unteroffizieren; es handelt sich dann aber oft um Klagen wegen einer nicht erfolgten Beförderung oder einer versagten Auszeichnung.

Es lohnt sich, einen Moment bei dem Vergleich der sieben "Aufsteiger" mit dem Rest der Gruppe zu verweilen, um etwas über die Struktur der Loyalität zu erfahren. Verschiedene signifikante Ergebnisse zeigen systematische Unterschiede zwischen den Gruppen. Bei den sieben "Aufsteigern" handelt es sich um die vier jüngeren Calsow, Nürnbach, Scharnik und Schell und die drei älteren Brandes, Klinger und Schuster. Sie stammen mit Ausnahme von Nürnbach und Schell aus einer bürgerlichen Mittelschicht. Sie sind alle bei den Kampf- oder Kampfunterstützungstruppen. Von den Älteren schreibt nur Klinger an seine spätere Verlobte, die beiden anderen an Schwester und Verwandte, die Jüngeren schreiben an die Eltern. Die sieben "Aufsteiger" schreiben verglichen mit den anderen längere Briefe. Es wäre eine Überinterpretation, alle Unterschiede in den

Briefthemen aus der Aufstiegsmotivierung herzuleiten. So teilen die "Aufsteiger" zwar mehr mit über "Kampf und Zerstörung" - dieser Befund wird aber aus der Gruppenzusammensetzung herleitbar sein, da die Vergleichsgruppe u.a. die älteren Soldaten im Nachschub umfasst. Bei anderen Unterschieden mag der Faktor "Aufstiegsorientierung" durchaus eine Rolle spielen: Die "Aufsteiger" teilen weniger über Angst und Sorge mit und vor allem im ersten und letzten Zeitabschnitt äußern sie weniger "Sehnsucht nach Heimkehr". Eine Interpretation: Bei der Heimkehrsehnsucht sind sie zu Kriegsbeginn zu optimistisch, bei Kriegsende zu pessimistisch oder realistisch, um diesen Wunsch zu formulieren. Die "Aufsteiger" senden zu Kriegsbeginn weniger, zu Kriegsende mehr Durchhalteappelle als die "Nicht-Aufsteiger" (vgl. Abb.2, S. 92). Nimmt man diese Äußerungen auch als Hinweise auf eine pessimistische Einschätzung, die "überwunden" werden muss, so ergibt sich, dass die Aufsteiger zu Kriegsbeginn gar keinen Anlass für einen solchen Pessimismus erkennen können, um am Ende umso nachhaltiger auf die Überwindung von Schwäche zu drängen. Schließlich: Die Gruppen schreiben unterschiedlich über den "Druck aus den eigenen Reihen". Das Thema wird zwar nicht häufig angesprochen, aber die signifikante Interaktion besagt: Die "Aufsteiger" schreiben darüber zu Anfang mehr, und am Ende weniger als die Vergleichsgruppe (also umgekehrt als beim "Durchhalteappell"). Für die"Aufsteiger" spielt also der interne Druck, meist durch Vergleichsprozesse mit älteren Soldaten, anfangs eine größere Rolle, während das zum Ende hin nachlässt, weil sie ihr Aufstiegsziel erreicht haben. Dazu kommt die Gewöhnung an Drucksituationen in den kämpfenden Einheiten. Demgegenüber nimmt, vor allem für die älteren Mannschaftssoldaten im Nachschub, in Zeiten der Rückzüge und Niederlagen der interne Druck spürbar zu und sie verschaffen sich Luft darüber in den Briefen an ihre Frau. Schließlich weist ein (nicht signifikanter) Trend in die Richtung, dass die "Aufsteiger" im letzten Kriegsjahr noch bejahend zur NS-Ideologie stehen, was sich bei den anderen Soldaten völlig verliert. Solche Unterschiede lassen sich bei den anderen damit verwandten Themen, z. B. "Orientierung an der NS-Führung" oder "Feindbild", nicht erkennen.[5]

7.4   Kleine Fluchten

7.4.1 Bagatellisierung und Alltagstheorien

> Gewiss die Lage ist nach wie vor ernst aber nicht hoffnungslos und noch kein Grund für den
> Kopf hängen zu lassen. Wir müssen immer denken auf Regen folgt Sonnenschein und <u>nach</u>
> Krieg kommt endlich mal der Frieden [Vilsen, 22. 10. 1943; Nachschubeinheit bei Mogilew].

Derlei Redensarten haben mehrere Funktionen und sie finden sich häufig in den
Briefen. Man kann darin einen Niederschlag von "Alltagsbewusstsein" sehen.
Darunter werden - in Anlehnung an Leithäuser - Bewusstseinsbildungen verstanden, die auf die gesellschaftliche Realität reagieren und diese verzerren. Sie
dienen, in Form von festen Meinungen, Vorurteilen oder sogar Wahnbildungen
dazu, unter komplexen Bedingungen die eigene Wahrnehmung zu strukturieren.
Dies geschieht aber nicht bewusst, sondern in einer Reaktion auf "Verhaltens-
und Handlungsdeterminationen". Der einzelne ist nicht frei, sich sein eigenes
Urteil zu bilden, sondern er ist in seinen Wahrnehmungen und Beurteilungen vor-
geprägt durch Bedingungen, die ihn umgeben. In Konfliktsituationen können
daraus Widerspüche entstehen; im Krieg z. B. gerade dann, wenn der Einzelne
mit den vorgegebenen Mustern des mutigen und siegreichen Soldaten an die
Grenze einer immer trostloseren Realität stößt. "Das Alltagsbewusstsein [ent-
schärft] Widersprüche zu Konflikten, die nicht aufhebbar, aber auflösbar, harmo-
nisierbar und auch schlicht vergessbar sind (...) Damit blockiert sich Alltagsbewusstsein prinzipiell gegen kritische Reflexion und kommt gerade mit der Welt
zurecht, weil es deren Ecken und Kanten nicht spürt; es ebnen sich ihm die
Konturen der Erfahrung ein. Sein Verfahren ist nicht Reflexion, die distanzierte
Überlegung im Sinne kritischen und prägnanten Bestimmens, sondern die Reduktion auf das Diffuse und Verschwommene, das als bekannt gilt und daher nicht
befragt zu werden braucht. Diese Reduktion von Neuem, Unbekanntem auf das
allerdings nur vermeintlich Bekannte ist die Erkenntnispraxis des Alltagsbewusst-
seins. (...) Alltagsbewusstsein ist der Bereich, durch den und in dem sich die
Individuen ohne große und schwerwiegende Problematisierungen verstehen; es
konstituiert eine gemeinsame Welt, die allen bekannt und vertraut ist, in die das
Fremde nur beschränkten Einlass finden kann."[6]
    Vilsens Redensart von Regen und Sonnenschein erfüllt einige dieser Funktio-
nen. Das Bedrohliche wird abgemildert. Mit dem Bild vom Wetterwechsel baut
er seinen Adressaten, die einen landwirtschaftlichen Lebenshintergrund haben,
eine Brücke. Das schwer zu Bewältigende wird durch den Zusammenhang mit
einem vertrauten Bild entschärft. In zunehmend schwieriger Lage enthebt ihn die
Redensart der Aufgabe, über Widersprüche nachzudenken. Mit der Formulierung
wird nicht eine Reflexion eingeleitet, sondern umgangen. Sie eröffnet keinen

neuen Gedanken, sondern schließt einen eher allgemein gehaltenen Durchhalteappell und eine Attacke gegen die heimischen "Nörgler" ab. Nach der Aufrau-
hung der See glättet der Schreiber damit wieder die Wellen. Beiläufig signalisiert
er den Empfängern auf diesem Wege auch, dass er sie zwar für einen Moment zu
Zeugen seiner Unruhe gemacht, sich jetzt aber wieder gefangen hat. Damit
schafft er in Zeiten, in denen sich seine Grundvorstellungen und seine Stabilität
noch nicht völlig aufgelöst haben, die Voraussetzung, die Briefkommunikation
als einen Austausch auf gleicher Stufe fortzusetzen. Bliebe er in seinen emotionalen Verwirrungen, seinen Ängsten und Enttäuschungen befangen, würde er
die Empfänger(in) als 'Abladeplatz ausnutzen'. So aber signalisiert er, dass er für
seine eigene Gefühlslage die Verantwortung übernehmen kann, ja er kann dies
sogar in eine Ermutigung der Heimat münden lassen und damit die Führungsrolle
in der Kommunikation behaupten. Es gehört zu den "Spielregeln" solcher Alltagstheorien, dass die Regeln selbst nicht problematisiert werden dürfen. Die
Gesprächspartner werden nicht über die Grenzen des 'Krieg - Wetter - Vergleichs' metakommunizieren können und wollen; sie werden dies als trostspen-
dende Botschaft stehen lassen und auf dieser Basis einen Einklang in der Wahrnehmung des Geschehens anstreben. Wo später die Realität übermächtig wird
und einen solchen Vergleich nicht mehr zulässt, wird er kaum mehr kritisch
bedacht, sondern einfach vergessen und durch eine 'aktuellere', wirkungsmächti-
gere Formulierung ersetzt werden. Als Vilsen drei Monate später, im Januar
1944, mit seiner Nachschubeinheit schon Richtung Westen in den Raum Bobruisk zurückgedrängt ist, spricht er vorsichtig an, dass er nun selbst in Frontnähe
geraten könnte. Zunächst schleicht er um das Thema herum:

> Ich will nun auch kurz Deine Frage beantworten, es stimmt schon was Du gehört hast, das
> war mir schon bekannt als ich von Urlaub zurück kam. Im Stillen habe ich mich schon lange
> gewundert dass Du die Frage noch nicht gestellt hast, ich habe nur immer gedacht solange Ihr
> nichts wüsstet brauche ich nichts davon zu schreiben um Euch unnötige Sorgen zu ersparen.
> Vorläufig braucht Ihr aber noch keine Sorgen zu haben in meiner jetzigen Stellung habe ich
> es ja noch ganz gut, und hier werden ja auch immer noch Leute gebraucht,

um es dann wiederum mit einer Redensart abzuschließen, die einmal mehr die
Funkion der "Alltagstheorien" zeigt:

> Sollte es tatsächlich mal so weit kommen dann ist nichts dran zu ändern, dann denkt halt
> daran, dass nicht jede Kugel trifft, und im übrigen vertraue ich auch weiterhin auf das
> Soldatenglück was mir bisher noch hold war [12. 1. 1944].

Jetzt bedarf es schon der Kombination dreier allgemeiner Regeln ("nichts dran zu
ändern", "nicht jede Kugel trifft" und "Soldatenglück"), um die eigene Furcht
und die angenommene Sorge der Angehörigen zu bannen. Ein Vergleich mit dem
Wetter wäre inzwischen zu schwach, um die Unsicherheit aufzufangen. Im
Zeichen der unabwendbaren Niederlage taugt eine Analogie, die auf den Wechsel

der Zeiten setzt, nicht mehr zur Beruhigung. Die Redewendungen müssen jetzt dem Fatalismus und der puren Hoffnung auf ein günstigeres Schicksal entsprechen. Vilsen kommt offensichtlich von Februar bis April 1944 in einer Zivil-Arbeitsdienst-Abteilung noch einmal in eine ruhigere Lage, bevor er ab Juli 1944 als vermisst gilt. Nur bis April 1944 liegen noch Briefe von ihm vor, die ihn in gefestigterer Position zeigen: "Bei uns ist es ruhig man merkt fast kaum das Krieg ist" [30. 3. 1944]. So können wieder allgemeine Durchhalteappelle, die Kritik an den heimischen "Nörglern" und der Wunderglaube an eine Wendung in den Vordergrund treten:

> [Im Süden] hat ja der Russe im Augenblick wieder recht gute Erfolge. Hoffentlich gelingt es uns dort bald seinen Vormarsch zum Stehen zu bringen. Aber hoffen wir das Beste, ich glaube bestimmt an eine baldige Wendung [30. 3. 1944].

Einen anderen Grundton schlägt *Ferdinand Melzner* an. Anders als der besorgte und um Haltung bemühte Vilsen schafft sich dieser junge Gefreite beim Infanterie Regiment 339 Luft durch flapsige Redensarten. Damit löst er nicht nur die Spannung durch die feindliche Bedrohung auf, sondern wehrt auch den Angriff ab, den die "Metzelei" auf sein Selbstbild ausübt. Wie sich dies im ersten Kriegshalbjahr vollzog, wurde im Zusammenhang mit seinen Kampfbeschreibungen gezeigt (vgl. Kap. 5.3.1). Es sind existentielle Bedrohungen, die ihn neben dem Bagatellisieren dann auf Alltagstheorien zurückgreifen lassen. Seine Hoffnung im tiefsten ersten Winter:

> Nun haben wir wieder einen Wintermonat hinter uns, Gott sei Dank. Einmal muss es wieder warm werden, selbst der ärgste Winter kann nicht ewig dauern [27. 1. 1942].

Und als er im Sommer 1943 bei Belgorod unter das Feuer der eigenen Flieger gerät, fasst er sein knappes Überleben in den Satz:

> Doch es geht alles vorüber, und wenn es gut vorübergegangen ist, dann kann man ja noch zufrieden sein [14. 8. 1943].

Wiederum ist es diese Art der Formulierungen, mit der eine Schilderung von brenzliger Bedrohung abgeschlossen wird. Der Schreiber hat sich erlaubt, seine Gesprächspartner mit der eigenen Bedrohung zu konfrontieren und nimmt mit diesen Floskeln das Bedrohliche wieder zurück; erst dann kann er zu einem anderen Thema übergehen.

Auch gegenüber der Ehefrau erfüllen allgemeine Wendungen die Aufgabe zu beruhigen und zu trösten. Und noch etwas leisten diese Wendungen, die man sich, einmal unabhängig von frontspezifischen Themen, umgekehrt nicht so recht in den Antwortbriefen der Frau vorstellen kann: Sie untermauern letztlich auch die Dominanz des Schreibers, denn er ist es, der tröstet. So helfen diese harmlos wirkenden Sätze in vielschichtiger Weise, das gefährdete Weltgefüge wieder zurechtzurücken. *Heinz Heppermann* schreibt aus dem Mittelabschnitt (Witebsk):

> Mach Dir nicht zuviel Sorge! Du musst jetzt nicht so viel denken! Es ist alles nicht so schlimm! (...) Vorhin ballerte unsere Flak: russische Maschinen zogen in ziemlicher Höhe über dem Gelände. So ist das nun! Manchmal ist Alarm. Aber das geht alles vorüber [27. 6. 1941].
>
> Wie lang ist es eigentlich schon her, dass ich daheim war? Das liegt schon so weit! Aber daran darf man im Augenblick nicht denken! Ich verstehe auch Deine Sorge! Krieg ist eben Krieg! [5. 7. 1941].
>
> Die Frontbewegung im großen geht ja weiter! Weshalb diese Pause, ist uns allen ein Rätsel! Na, eines Tages werden wir schon sehen, was los ist [14. 8. 1941].
>
> [zum Wiedersehen:]Einmal kommt auch das wieder! [11. 9. 1941].
>
> Seit Tagen habe ich keine Post mehr von Dir, da die Briefe aus der Heimat wieder einmal umgeleitet werden. Na, dann bekommt man eben das nächste Mal umso mehr [18. 9. 1941].
>
> Einmal muss auch hier der Krieg ein Ende nehmen [31. 10. 1941].
>
> Es gab Wochen, in denen keinerlei Versorgung uns erreichte. Dann muss eben der Krieg den Krieg ernähren [20. 11. 1941].

Neben Alltagstheorien tritt eine weitere Nuance, mit der Redensarten zur Bewältigung dienen: die ironische Bemerkung. *Otto Hilger* verschafft sich damit auf eine Weise Luft, die die Zensurbestimmungen unterläuft. Es beginnt harmlos:

> Im Essen haben wir ja reichlich Abwechslung jeden Tag, den beliebten Eintopf [20. 6. 1941],

aber ab August 1943, nach dem Scheitern der letzten deutschen Sommeroffensive, greift der ironische Ton weiter:

> Orel den wichtigen Eisenbahnknotenpunkt haben wir auch siegreich den R. überlassen müssen [7. 8. 1943],

gefolgt von Häme über die eigene Propaganda von den Abschusserfolgen der deutschen U-Boote, die aber die Landung der Alliierten in Sizilien nicht verhindern konnten: "der Radio erzählt eben gar viel, wie auch die Politikblättchen". Ende September 1943 verwendet er noch einmal die spitze Formulierung vom "siegreichen Rückzug", danach ist ihm in 14 Briefen bis zum Sommer 1944 die Ironie weitgehend vergangen. Er ergeht sich in lakonischer, vielsagender Kürze:

> Wir werden feste gedrillt mit exerzieren, mit dem der Krieg ja letzthin gewonnen wird, sowie neuer Gruß, da ja jetzt der Parteigruß auch bei der Wehrmacht angewandt wird, weitere Worte hierüber überflüssig, wie ja sonst die Lage aussieht, ersiehst du aus dem Wehrmachtsbericht, da weißt du alles [27. 7. 1944].

7.4.2 Gerüchte und Hoffnungen

> Im Vordergrund des Interesses steht nach zahlreichen übereinstimmenden Meldungen aus allen Gebieten gegenwärtig die Russlandfrage. Die Gerüchtebildung (...) nimmt immer größere Ausmaße an. (...) Wie zahlreiche Meldungen bestätigen, bekommen aber die Russlandgerüchte am meisten Nahrung aus den Briefen der Soldaten, die an der russischen Grenze eingesetzt sind. [Meldungen aus dem Reich, Nr. 185 vom 12. 5. 1941]

Gerüchte haben im Krieg Hochkonjunktur. In Zeiten der Not und Ungewissheit, der begründeten und unbegründeten Hoffnung bedienen Gerüchte das Bedürfnis, der Unsicherheit nicht hilflos ausgeliefert zu sein. "Nie wird so viel phantasiert, gelogen, gedichtet wie im Krieg."[7]

Schon im Krieg waren Gerüchte ein heftig umkämpftes Feld der psychologischen Kriegführung.[8] Amerikanische sozialpsychologische Feldstudien zur Entstehung und Verbreitung von Gerüchten unter Soldaten im Zweiten Weltkrieg dokumentierten charakteristische Merkmale[9]: Aufkommen und Verbreitungsgrad hingen von der Interessenlage der Soldaten ab. Gerüchte konnten sich mit großer Geschwindigkeit (an einem Nachmittag "über dreihundert Meilen weit") ausbreiten. Medien der Ausbreitung waren das Gespräch unter den Soldaten, die Eisenbahnfahrt in den Urlaub oder der Brief. Auffällig war, dass Gerüchte in dem Maße aufkamen, wie andere Informationen ausblieben, was sogar zum erfolgreichen prophylaktischen Informationseinsatz führte, um der Gerüchtebildung entgegenzuwirken. "Gerüchte wurden bevorzugt dort weitergegeben, wo alte Gerüchte bereits erfolgreich gelaufen und die kolportierten Informationen als wertvoll empfunden worden waren."[10] Ein "Zwei Wege" System kennzeichnete den Informationsfluss: Wer ein Gerücht hörte, revanchierte sich entweder mit einem anderen Gerücht oder gab ein Glaubwürdigkeitsurteil über das gehörte Gerücht ab. Die Inhalte kreisten meist um bevorstehende Operationen und Truppenbewegungen. An zweiter Stelle kamen Gerüchte über eine mögliche Demobilisierung und Heimkehr. Weitere Themen waren neue Vorschriften, Geheimbefehle, Tabuthemen (eigene und feindliche Greueltaten), Krankheiten, Korruption und allgemeine Perspektiven des Kriegsverlaufs. Oft wurde eine Autorität als authentische Quelle bemüht, um den Wahrheitsgehalt zu unterstreichen. Häufig waren Gerüchte mit ein oder zwei, seltener mit drei oder mehr Feststellungen. Trotz aller Übertreibungen und Verdrehungen war der Wahrheitsgehalt von Gerüchten überraschend groß, was ihre Lebensdauer und Reichweite erhöhte. Wer falsche Gerüchte verbreitete, musste mit einem Prestigeverlust rechnen, was zur vorsorglichen Strategie des Informanten führte, seine brandneue Information "als Gerücht" weiterzugeben. Die Fülle als falsch oder übertrieben erwiesener Gerüchte führte zu einer zunehmenden Skepsis und einer genaueren Unterscheidung zwischen Gerüchten und anderen Informationen, bis hin zu dem Anspruch, etwas erst schwarz auf weiß zu sehen, bevor man es glaubte.[11]

Gerade im Russlandfeldzug hat die Gerüchtebildung ein Gegengewicht geschaffen zu den offiziellen Verlautbarungen. Unterstützten die Gerüchte in Feldpostbriefen anfänglich die deutschen Siegesmeldungen, liefen sie im Winter 1941/42 den beschönigenden Wehrmachtsberichten entgegen. Wo die offizielle Sprachregelung von "Frontbegradigung", "Frontverkürzung", "planmäßiger Räumung" oder von "zum Stehen gebrachten" feindlichen Angriffen sprach, gaben insbesondere die Berichte der Soldaten ein Bild, das in der Heimat als glaubwürdiger betrachtet wurde. Die Lageberichte des Sicherheitsdienstes des SS dokumentierten solche "Gerüchteentwicklungen" und nahmen auch Bezug auf die Feldpostbriefe der Soldaten, so am 22. Januar 1942: "Die Bevölkerung beschäftigt sich immer noch in steigendem Maße mit der Entwicklung des Kampfgeschehens im Osten; vor allem die Millionen Angehörigen der dort eingesetzten Soldaten nehmen nur zu willig jede Nachricht auf und sind deren ebenso willige Verbreiter." Die erhebliche Besorgnis in der Bevölkerung werde "mangels eindeutiger amtlicher Meldungen über den Kampfverlauf im Osten" genährt "durch zumeist übertriebene und vielfach die tatsächliche Lage entstellende Erzählungen von Verwundeten oder auf Urlaub befindlichen Soldaten und schriftliche Mitteilungen aus bereits einige Zeit zurückliegenden Feldpostbriefen". Mit der Folge, "die Besorgnisse der Bevölkerung über das Schicksal ihrer an der Ostfront eingesetzten Angehörigen noch weiter zu verstärken" werde über "wichtige Geländeeinbußen", "umfangreiche Durchbrüche der Bolschewisten", die immer noch "unzureichende Winterbekleidung", die "vielfach nahezu übermenschlichen Strapazen", über "Erfrierungen und Frostschäden" und das Ausbleiben der Weihnachtssendungen geredet.[12]

Die hier vorliegenden Briefe passen zum Teil in dieses Bild, wie die Darstellung der Kriegserfahrungen im Winter 1941/42 zeigte (Kap. 5). Die entsprechenden Mitteilungen wurden als Zeugenberichte, nicht als "Gerücht" nach Hause geschrieben. Was sagen die Quellen dieser Untersuchung zum Gerücht im engeren Sinne aus? "Gerüchte" bzw. verwandte Formulierungen wie "man munkelt" u. ä. werden in 47 Briefen, d. h. 6,3 % der Briefe angesprochen. Das wird die Bedeutung von Gerüchten an der Front nur unzulänglich widerspiegeln. Man darf von einem Selektionsmechanismus ausgehen, der den Soldaten mit der schriftlichen Weitergabe vorsichtiger umgehen lässt, zumal abträgliche, "defaitistische" Gerüchte gegen das Verbot der Zensur verstießen. Wer überdies schon selbst von "Gerücht" oder "Latrinen-Parole" sprach, distanzierte sich bereits und schrieb nicht ein Gerücht nach Hause, sondern die Information darüber. Konnten sich die Soldaten auf den Wehrmachtsbericht als Quelle beziehen (wie *Hilger* im zuletzt zitierten Brief vom 27. 7. 1944), kamen sie aus der Gefahrenzone der Zensur heraus. In einem anderen Brief gibt Hilger ein Beispiel für den Aufbau eines Gerüchts

> Es geht sogar die Parole, dass wir hier herauskommen, ins Reich als Einsatz in die Bombengebiete! Etwas ist ja meistens immer dran an den Parolen, die Schwestern die zu unserer Abteilung gehören fuhren heute ins Reich (Offenbach am Main) da die Lage zu brenzlich ist für sie hier [29. 9. 1943].

Das Gerücht entsteht in einer Zeit höchster Bedürfnisspannung, richtet sich auf die vermeintliche und ersehnte Verlegung in die Heimat und sucht und findet in einer informationsarmen Lage einen 'Beleg': die Abreise der Krankenschwestern.

Abschwächend wird das Ganze als "Parole" eingeführt, deren Wahrheitsgehalt gewogen wird. Der Nachsatz, mit dem die Rückverlegung der Schwestern aus ihrer Frauenrolle begründet wird ("Lage zu brenzlich für sie"), schwächt zwar die Kraft des Arguments als Beweis für die bevorstehende allgemeine Änderung; dies entlastet aber den Schreiber vorsorglich von dem Vorwurf, leichtfertig (und falsch begründet) ein Gerücht weitergegeben zu haben.[13]

Der Umgang von *Ludwig Bumke* mit Gerüchten zeigt exemplarisch, wie aus der anfänglichen Euphorie, in der jede vage Meldung weitergegeben wird, schon bald Skepsis und schließlich Kritik an der Gerüchtebildung wird. Immer handelt es sich um Themen, die von existentiellem Interesse sind: Ersehntes Kriegsende, Truppenverlegung, Urlaub, Heimkehr. Charakteristisch sind die Versuche, die Informationen abzusichern und das Eingeständnis, letztlich oft weniger zu wissen als die Angehörigen zu Hause.

> Bei uns munkelt man auch immer von wegen nächstens (wahrscheinlich nach dem Russlandkrieg) Urlaub [10. 8. 1941].
> Ich hab eben gehört, dass ab 15. September vom Osten schon Urlaubszüge gehen (ab Lemberg). Es hat schon geheißen, wir kämen auch nach Westen, aber jetzt sollen wir wieder dableiben [16. 8. 1941].
> Man spricht augenblicklich immer, dass es mit England bald losginge. Was hört Ihr zu Hause. (...) Hast schon nach der Rede des Führers gefragt, in der er gesagt hat, dass dieses Jahr die Entscheidung fällt. (...) Wir wollen es, weil davon verständlicher Weise oft gesprochen wird, von höchster Stelle wissen, ob er nun doch noch heuer aus wird [21. 8. 1941].
> Man munkelt schon wieder, dass wir wieder nach dem Westen kommen sollten. Wir würden 10 mal das Kreuz machen, wenn wir aus diesem Saukaff von einem Russland rauskämen [31. 8. 1941].
> Sie leisten halt doch mehr Widerstand, als man vorher vielleicht angenommen hat. Man hört so vielerlei Urteile, die einen sagen, sie türmen, die anderen sagen, sie leisten noch starken Widerstand. Ich glaube das letztere, sonst blieben wir nicht so lange da. Außerdem waren gestern Verwundete von der Front da, die dasselbe sagen. Schwere 92t Panzer konnten sie nur mit einem 12 Schuss erledigen. Die ganz schweren sogar nur mit Stuka, so gutes Material haben die Russen. Eben erzählt mir ein Wiener, dass man Petersburg schon mit schwerer Artillerie beschießt. Auch, dass der Führer in Uman gewesen sein soll und gesagt haben soll, es dauere in dem Abschnitt nicht mehr lange?! [6. 9. 1941].

Ab Mitte September schleicht sich erste Distanz gegenüber dieser Informationsquelle ein, die im Oktober schon zur massiven Skepsis wird - Bumke hat seine Erfahrungen inzwischen gemacht:

> Über die Lage im Osten können wir ja absolut kein Urteil fällen, wir können uns nur auf Grund von Aussagen Verwundeter, die von der Front kommen, ein eigenes, meist unbestimmtes Bild machen, denn die haben ja im Großen und ganzen noch weniger Übersicht, als beispielsweise, Ihr zu Hause [14. 9. 1941].
> Es wäre mir recht, wenn Du mir die Führerrede vom 4. Oktober schicken würdest. Mit dem, was man darüber erfährt, ist man nicht zufrieden. Es ist ja meist schon verdreht, wenn mans erfährt. Nur ein Teil ist davon nur noch wahr. Schon beim zweiten ist alles verdreht. Und beim dritten ist es dann schon ins Gegenteil verdreht. Gelegenheit zum Selbsthören hat man nicht und wenn's nicht einer sagt, von dem man weiß, dass man sich verlassen kann, ist man schon belogen [9. 10. 1941].

Nach den galoppierenden Gerüchten des Anfangs ist dies für lange Zeit seine letzte Äußerung zu dem Thema. Erst im Dezember 1942 greift er ein Urlaubsgerücht auf, und wieder steht und fällt es mit der Absicherung durch "Referenzpersonen":

> Ja, gestern sagte auch einer von uns, dass es in Zukunft in Russland schon nach 6 Mt. Urlaub geben soll. Es scheint doch etwas dran zu sein, wenn es auch die von der Mittelfront wissen [20. 12. 1942].

Die Enttäuschung, dass sich die Munkeleien so oft als Gerüchte erwiesen, lassen ihn vorsichtiger werden, darüber nach Hause zu schreiben. Aus der anfänglichen Lust, vielleicht zu den ersten Boten einer Neuigkeit zu gehören, wird die Sorge, selbst gegenüber dem Kreis der Angehörigen zu einer unzuverlässigen Nachrichtenquelle zu werden. Das mag die weitgehende Vorsicht im Mitteilen von Gerüchten begründen. Die fortwährende Enttäuschung der anfänglichen Gutgläubigkeit führt zu einer generellen Skepsis. Es steigt die Ahnung auf, dass Propaganda und Gerüchtebildung so weit nicht auseinanderliegen. Nach seinem letzten Test auf Glaubwürdigkeit, als er Goebbels Sportpalastankündigung vom "Volksheer" beim Wort nehmen will, folgt bald die verzweifelte und, soweit die Zensur es erlaubt, vernichtende Kritik der Propagandarhetorik:

> 152 Opfer sind keine Kleinigkeit. Ja, Herr Dr. Goebbels, es kommt nicht darauf an, wie lange der Krieg dauere?! [24. 3. 1943].

Hoffnungen durchziehen die Briefe in allen Zeitabschnitten. Im Vordergrund steht die Hoffnung auf Heimkehr. Auch Hoffnungen im Hinblick auf den Kriegsverlauf werden oft nach Hause geschrieben. Vor allem die älteren Soldaten sehen sich in den Briefen an die Ehefrauen gehalten, einer Hoffnung auf Besserung Ausdruck zu verleihen. Unter den Jüngeren, besonders den aufstiegsorientierten, gibt es dagegen stärker den Wunsch, sich den Eltern gegenüber als ehrgeizig und leistungsfähig zu zeigen und damit auch die Lösung aus der Misere zumindest zum Teil im verstärkten Einsatz der eigenen Kraft zu sehen. Hoffnungen der Älteren, die sich zunehmend auf das "Schicksal" richten und hinter denen Hoffnungslosigkeit aufscheint, suggerieren damit weniger als die der Jüngeren, dass eigenes Kriegshandeln noch zu einer Veränderung führen könnte. *Heinz Heppermann* schreibt an seine Frau:

> Hoffentlich kommen wir wieder nach Deutschland oder dem Westen Europas! (...) wenn einmal der Krieg aus ist, kommen wir auch wieder nach Hause. Zu Dir und der Kleinen und all den anderen Lieben! Soll das herrlich werden [22. 7. 1941].
> Die Orte sind zum Teil verbrannt, viel steht oft nicht mehr! Wir gehen vor, bleiben irgendwo einen Tag, säubern uns so gut es geht und schlafen fest im Zelt, auf Stroh oder sonstwo! Und dabei leben wir in der angenehmen Hoffnung, dass auch dieser Krieg zu Ende geht! [24. 7. 1941].
> Wir hoffen alle, dass in einigen Wochen der Kampf zu Ende sein wird! [2. 8. 1941].

Wir hoffen auch, dass der Kampf gegen die Bolschewiken in absehbarer Zeit zu Ende geht! Wann? Eine Frage, die wir alle nicht beantworten können [19. 8. 1941]. Alle haben nur einen Wunsch: heraus aus diesem elenden Lande! [31. 10. 1941].

Danach geschieht etwas Bemerkenswertes. In den zwölf Briefen bis zum Dezember 1942 drückt Heppermann zwar in jedem Brief seine Liebe, in fast jedem Brief auch seine Sehnsucht nach Heimkehr und mehrfach Tagträume von Kaffee, Kuchen und anderen "Leckerbissen" zu Hause aus, aber keinmal mehr eine Hoffnung, die sich auf den Kriegsverlauf selbst bezieht. Sie taucht, verbunden mit den anderen Sehnsüchten, erst Mitte Dezember 1942 wieder auf, und der Ton hat sich verändert:

> Liebes, wie dumm und töricht haben wir früher oft die Stunden versäumt: wieviel haben wir doch nachzuholen. Vielleicht gibt ein gutes Geschick uns später einmal Gelegenheit dazu. Wir schön muss es sein, ohne Kampf, Not und Bangen still und fröhlich in der Familie und in ihrer Liebe schaffen und ruhen zu können. Liebes, so gehen die Wunschträume heimwärts und vorwärts [19. 12. 1942].
>
> [Nach Stalingrad:] Du und ich, wir müssen warten, wie alle. Aber einmal geht auch das vorüber. Wir leben in der Hoffnung, dass einmal auch uns der Sieg und das Glück winkt [1. 2. 1943].
>
> Die Nachrichten aus dem Süden sind ja auch nicht danach, übertriebene Hoffnungen groß werden zu lassen, und die Stimmung der Heimat wird dementsprechend auch kleinmütiger sein: trotzdem glauben wir an eine kommende Wendung! Es kann und darf ja auch gar nicht anders sein - der Gedanke einer bolschewistischen Invasion und der an Frau und Kind sind so unversöhnlich, dass beide niemals miteinander Platz haben! [10. 2. 1943].

Es bleiben nur: die diffuse Hoffnung auf das "Geschick", statt präziser Zeitvorstellungen die Hoffnung auf "einmal", die Redewendung vom "vorübergehen" und der Zwang zum Durchhalten. Diese Hoffnungen der Älteren werden mit dem Fortgang des Krieges auch eine Pflichtübung in der partnerschaftlichen Kommunikation. Das erhellt der Vergleich mit den privaten Tagträumen und Sehnsüchten. *(Tag-)Träume* richten sich auf erlesene Speisen oder auf Beigaben in den Feldpostpäckchen, vor allem aber handelt sich um 'sentimentale Momente', in denen der Krieger sich für einen Augenblick aus dem Alltag herauslöst.

> Ja, ja, die Heimat begleitet uns hier Tag um Tag und Nacht um Nacht! Wie oft, wenn wir nachts unter freiem Himmel liegen, geht der Blick zu Euch hin und summt einem ein vertrautes Lied - und die Gedanken wandern zur Frau, die man so lieb hat, zum süßen Herzens-Kindlein - und all den anderen. Dazwischen klingt dann das Dröhnen der Motoren, in der Ferne grollt das Feuer der Artillerie --- na, Du kannst es Dir wohl vorstellen. [Heppermann, 12. 7. 1941].

Im Unterschied zu den "Kriegshoffnungen", die auch beruhigen sollen, beschreibt der Soldat mit seinen Tagträumen die kleinen Fluchten, mit denen er sich vom Alltag befreit. Da die Gedanken dann häufig zur Frau nach Hause gehen und dies zu schreiben auch die Partnerschaft stabilisiert, wundert es nicht, dass es eher die älteren, verheirateten Männer sind, die darüber schreiben: In den Ehebriefen kommen diese privaten Träume häufiger vor als in den Elternbriefen, aber nur im ersten Jahr des Krieges (bis März 1942). Wenn sie es später seltener tun, mag das verschiedene Gründe haben: Mit der langen, in vielen Fällen auch nicht mehr durch Urlaub unterbrochenen Distanz, schiebt sich die Frontrealität über die verblassenden Vorstellungen von den heimischen Freuden. Auch die Gewöhnung wirkt. Die kleinen Fluchten sind nicht mehr so existenznotwendig wie am Anfang, weil sich der Soldat in seinem Kriegsalltag eingerichtet hat. Vor allem aber: Es tröstet nicht mehr, tagzuträumen, wenn die Realisierung in weite Ferne rückt. Resignation löst die kleinen Hoffnungen ab.

7.5 Das Verschlossene öffnen: Über Angst, Sorgen und Resignation

> Immer wieder Regen und Schlamm, zum Kotzen. (...) Ja, selbst der gute Petrus macht nicht mehr mit! Wenn man da so nachstößt, könnte man vor Wut heulen. Es ist hier mehr als gut verständlich, wenn selbst der Ruhigste mal fertig wird. Es gibt des öfteren Stunden und Tage, wo man verzweifeln könnte. [Pott, im Süden, bei Tscherkassy, 3. 12. 1943].

Gefühle wie Angst und Verzweiflung mitzuteilen, gehörte nicht zu der Erwartung, die an Männer im Zweiten Weltkrieg gestellt wurde. Und in der Tat: Eine Untersuchung im Hinblick auf die Wortfelder "Angst / ängstlich" zeigt, dass die Soldaten zwar davon schreiben, aber dies nicht mit sich selbst in Verbindung bringen. Noch krasser ist der Befund beim Wortfeld "Verzweiflung": Es kommt expressis verbis kaum vor - das einleitende Zitat ist die Ausnahme. Und ein seltener Fall, wo einmal von Stalin die Rede ist, unterstreicht, dass dies Gefühl den anderen zugeordnet wird:

> Wir haben heute gelesen, dass Stalin eine Rede gehalten hat, in der er reichliche Verzweiflungsschreie ausgestoßen hat. Außerdem schreiben amerikanische Zeitungen schon von einer verzweifelten Lage Russlands. Uns kann das recht sein [Bumke, 6. 7. 1941].

Selten geht die Beschreibung so weit, die Angst beim Gegner mitzuteilen. Heppermann, der das in den allerersten Kriegstagen riskiert - und ein Risiko ist es, der gegnerischen Bevölkerung menschliche Gefühle zu bescheinigen - fängt die mögliche Irritation seiner Frau im Vorhinein ab. Das angstauslösende Handeln der eigenen Seite wird gerechtfertigt und die Angst der Leute wird auf schlechte Vorerfahrungen mit den "Bolschewisten" zurückgeführt.

> Manchmal stehen Leute an den Straßen und grüßen mit erhobener Hand. Andere haben fürchterliche Angst! (...) Gestern kamen die ersten russischen Gefangenen vorbei mit einem gefangenen Zivilisten! Der Letztere wird wohl erschossen! In der Beziehung sind die Gesetze hart und gerecht. Wird ein Zivilist mit der Waffe in der Hand angetroffen - stellt man ihn an die nächste Wand [Heppermann, 24. 6. 1941].
> Die Bevölkerung ist ängstlich und lässt sich kaum sehen! Besonders die Männer nicht! Haben auch mit den Bolschewisten schlechte Erfahrungen gemacht! [Heppermann, 5. 7. 1941].

Angst nimmt der Soldat vor allem bei der eigenen Frau und bei der Mutter wahr. Seine Aufgabe sieht er darin, sie zu beruhigen. Wenn die Soldaten über ihre eigenen Gefühle schreiben, sprechen sie von "Sorge". Unverhohlen sind auch Botschaften der Resignation, die sich im ersten Winter häufen und intensiver werden. Es sind vor allem die Älteren, die an ihre Frauen darüber schreiben, der Ton der Jüngeren gegenüber den Eltern ist ein anderer.[14]

7.5.1 Die Angst vor der Angst der anderen

Als der 18 jährige *Hans Helmut Calsow* sich nach einem langen Transport unvermutet in der ersten Frontlinie wiederfindet, reagiert er mit Überraschung, aber Angst hat in seinem (einzigen an die Freundin vorliegenden) Brief keinen Platz:

> Dort wurden wir am nächsten Tage auf die einzelnen Bataillone aufgeteilt und marschierten am selben Tage nochmal 30 km bis zum unsrigen. Da es schon spät in der Nacht war, wurden wir erst am nächsten Tage den Kompanien zugeteilt und dorthin geführt. Der Empfang war recht gut. Zu meinem großen Erstaunen erzählte uns dann am Nachmittag ein Feldwebel, dass wir hier in vorderster Linie seien. Ich muss schon sagen, ich war platt [1. 12. 1941].

Fasziniert erlebt er aus einer guten Beobachtungsposition das Scharmützel um ein Dorf.

> Das alles konnte ich prima beobachten, und ich bekam dabei so den ersten Eindruck von "Krieg".

Probleme bei dieser "Feuertaufe" machen ihm nicht der Kampf oder das "Säubern" des Dorfes, bis es "feindfrei" ist, sondern die Kälte. Bald darauf beruhigt er die Eltern:

> Sorgen braucht Ihr Euch um mich gar keine zu machen. Unkraut verdirbt nicht, besonders, wenn es so frech ist, wie ich [29. 1. 1942].

Angst spielt in seinen Briefen keine Rolle, bis er einen Monat vor seinem Tod etwas von Gefährdung durchblicken lässt, eingekleidet in saloppe Beruhigungsfloskeln:

> Dass der Ritz nicht schlimm ist, seht Ihr daran, dass ich noch ohne Weiteres schreiben kann - also, keine Angst, Mutti!
> Es ist verhältnismäßig noch immer wenig los bei uns und Mutti braucht sich nicht zu ängstigen, wenn mal im Wehrmachtbericht etwas von uns erzählt wird. Das geschieht nur, damit wir nicht ganz in Vergessenheit geraten [20. 6. und 24. 6. 1944].

Ganz ähnlich beginnt es bei einem anderen jungen Soldaten, *Erich Leismeier*. Die Sorge der Mutter will er dämpfen, es scheint aber nicht zu gelingen und so kann er nur seine Schreibhaltung verändern und auch darüber schreibt er:

> Wie gut kann ich mir eure Sorge vorstellen, aber wie gesagt, Unkraut vergeht nicht! (...) Wegen Bekleidung braucht Mutti gar keine Sorgen haben, heute wurden neue Socken, Leibbinden und warme Pullover ausgegeben, man lässt uns bestimmt nicht erfrieren [1. 12. 1941].

Während Ihr daheim vielleicht in größter Sorge seid (nie nötig), führen wir ein ziemlich sorgloses Leben. Der Nikolaus hat uns neue Unterwäsche gebracht, somit ist die Bekleidungsfrage restlos geklärt [5. 12. 1941].
Vom neuem Einsatz werde ich Dir genau so wenig berichten, Du würdest Dich noch mehr um mich sorgen. Aber oft wird es halt nur zu einem Kärtchen mit wenigen Worten reichen, Du weißt dann, was los ist, weißt aber auch, dass das Unkraut, das bekanntlich nicht verdirbt, auch noch nicht verdorben ist. Nun, liebe Mutti, frage mich bitte nicht mehr, ich habe es versucht, Dir für Deine Begriffe es klar zu machen [10. 2. 1942].

Den älteren und verheirateten Soldaten setzt die heimische Angst noch mehr zu. Auf die Unwägbarkeiten des Feldzuges, dazu vor allem die Unterbrechung oder Verzögerung der Verbindung, reagieren die Frauen, so erscheint es im Spiegel der Reaktionen, mit ängstlichen Fragen, auf die die Männer immer weniger Antworten wissen. Bei *Ludwig Bumke* wird der Ton gegenüber der Ehefrau schärfer:

Heute früh 7h hörten wir im Nachrichtendienst vom Konflikt mit Russland. Du brauchst Dich aber nicht ängstigen, wir sind nicht so weit vorne, dass es gefährlich werden kann. (...) Auch werde ich Dir, so oft, als möglich, wenn auch kürzer als bisher, schreiben, damit Du Dich nicht ängstigen brauchst [22. 6. 1941].
Wenn mehrere Tage keine Post kommt, keine Angst, sind in einem Wald, wo keine Post geht [1. 7. 1941].
Letztens war Dein Brief reichlich schwarzsehend. Aber es ist doch absolut kein Grund dazu. Zum Angst haben, ist doch gar kein Grund vorhanden, wenn wirklich mal einige Tage keine Post kommt [10. 8. 1941].
Wie bekommst Du eigentlich meine Post, den Nummern nach oder durcheinander, es kann sein, dass es noch länger dauert, wenn es weiter nach Osten geht! Also keine Angst [16. 8. 1941].
Wenn Du dich trotzdem, dass ich Dir schon xmal geschrieben habe, dass bei uns, wo wir eben immer sind, genau so viel das heißt genau so wenig vom Krieg zu hören, sondern nur einige hundert Kilometer hinterher zu sehen ist, kann ich Dir wahrhaftig nicht mehr helfen. Wenn du diese vollkommen grundlose Angsthaberei nicht aufgibst, werde ich mal etwas unzünftig. Es ist fast das Gleiche, als würde ich dauernd Angst haben, englische Flieger kämen nach München. Solange wir hier sind haben wir (in der Luft) noch kein russisches Flugzeug <u>gesehen</u>!! [25. 8. 1941].

Auch *Heinz Heppermann* merkt, dass er jede Mitteilung über Lageveränderungen mit Beruhigungen flankieren muss; immerhin erkennt er in der Angst der Frau auch ihre Anteilnahme:

Ich lese Deine große Sorge aus Deinen Zeilen: Gewiss, Elslieb, es ist Krieg und Kampf. Aber so schlimm ist es nicht - wir liegen <u>hinter</u> den Angriffslinien. Ängstige Dich also nicht so sehr; auch wenn mir Deine Sorge gut tut: erkenne ich doch daraus Deine große Liebe! [7. 7. 1941].
Ich wiederhole meine Bitte: Sorg nicht zu viel und ängstige Dich nicht! Ich liege mit meinem Funktrupp vorläufig noch in Reserve - und außerdem sind wir als Nachrichtenmenschen nie <u>so</u> der Gefahr ausgesetzt, wie andere Truppen! [8. 7. 1941].
Wie geht es Dir? Gesundheitlich? Natürlich voller Sorgen und Ängsten. Aber das brauchst Du wirklich nicht: Ich bleibe ja bei Dir und muss ja auch bei Dir bleiben, gelt? Und die Kämpfe spielen sich so weit vorne ab, dass wir jetzt kaum noch etwas davon sehen [17. 7. 1941].

> Ich bin ganz entsetzt, dass Du so wenig Post erhältst und kann Deine Sorge und Ängste wohl
> verstehen! [10. 8. 1941].
> Ich weiß, Elslieb, dass ich Frau und Kind habe - weiß, was ich ihnen schuldig bin. Also
> ängstige Dich nicht! Deine Sorge, die aus den Briefen klingt, verstehe ich ja! Aber Du musst
> Dein Herz nicht zu sehr quälen, wenn ich mich auch über Deine Liebe freue. (...) Deine
> Sorge ehrt dich - aber greift Dich auch an! Ängstige Dich nicht zu sehr! [19. 8. 1941].
> Ich werde wohl in einen Großtrupp kommen (den ich noch nicht kenne), um auch die
> Funkarbeit darin mitzumachen und zu lernen (...). Nun werde nicht ängstlich: solche Funk-
> trupps liegen bei der Division, das heißt weiter zurück [15. 11. 1941].

So lässt die Abfolge von Briefen aus den ersten Kriegswochen einen dramatischen Erziehungsprozess in beide Richtungen vermuten. Die Schreiber lernen,
dass angstbesetzte Themen aus der Kontrolle geraten und gleichsam als Bume-
rang zurückkommen und ihnen dann, zeitversetzt, noch einmal Unruhe bereiten.
Der befreienden Wirkung, die dem Beschreiben durchlebter Gefahren inne-
wohnen mag, folgt binnen kurzer Frist die Rechnung, und der Preis wird den
meisten zu hoch: sich zusätzlich zur eigenen Drangsal auch noch mit den Ängsten
der Angehörigen herumzuschlagen. Können sie über die Ereignisse in ihrem
Nahbereich zumindest noch phantasierte Kontrolle haben, entzieht sich die
Angst, die sie in der Ferne auslösen, ihrem weiteren Einfluss. Wenn in den
Briefen der Frau tatsächlich mehr Ängste und generell mehr Gefühle anklingen,
ergeben sich für den Empfänger zwei weitere gravierende Pobleme. Erstens:
Wenn damit der Appell verbunden ist, die Bindung an die Familie höher zu
schätzen als den Einsatz im Krieg, so muss das den Soldaten in einer totalen
Institution wie der Wehrmacht in einen unauflösbaren Loyalitätskonflikt stürzen,
vor dem er lieber seine Ruhe haben möchte, als sich ihm auszusetzen. Zweitens:
Wenn man von der Reziprozität als einem Merkmal des Briefes ausgeht, dann
wird mit dem 'sich offenbaren' der einen Seite auch (unausgesprochen) der
Anspruch erhoben, dass sich der Briefpartner auf ähnlicher Höhe bewegen möge.
Was aber bedeutet der Anspruch an den Mann, nun seinerseits im Ausdruck der
Gefühle mit der Frau gleichzuziehen? Sicher eine Überforderung, wenn er im
Krieg eher von dem Abschließen der Gefühle als vom Zulassen eine, wenn auch
brüchige, Stabilität erfährt.

Peter Schuster, der schon früh den Prozess der inneren Abschließung mit dem
"Kinobild" verglich, das man an sich vorüberziehen lässt, "so dass es fast gar
kein Erleben ist" [7. 8. 1941, vgl. Kap. 7.1], beschreibt seinen Verwandten
gegenüber die Differenzierung, die daraus folgt. Die Angst vor der Angst von
Eltern und Partnerin wird größer als die vor der eigenen Gefährdung:

> Aber Ihr seid ja nun mal für mich der Beichtvater, bzw. die Ablage all meiner blöden Gedan-
> ken und Sorgen. Vielleicht nicht richtig. Aber ich halte Euch auch heute noch am wider-
> standsfähigsten und mir in der Lebensauffassung am ähnlichsten, so dass Ihr diese Sachen
> genauso gut verdauen könnt wie ich ohne sie unnütz lange, nachdem sie doch geschehen

sind, mit Euch herumzuschleppen. Was soll ich die Eltern heute noch damit in Sorgen bringen, warum soll ich Ernie heute noch damit ängstigen und ihr für die Zukunft die Ruhe nehmen (...) Natürlich sind meine Sorgen hauptsächlich bei den Eltern. Mutti schreibt äußerst ruhig, gefasst und ist bemüht mich ruhig zu halten.[21. 8. 1943].

Man hat es jetzt sehr eilig bei uns, in kurzer Zeit schon, kann es sein, dass wir wieder gen Osten gehen. Es graut mir schon jetzt davor, das den Eltern mitzuteilen. Mehr als die Tatsache als solche. Man kennt ja den Mist und macht ihn eben auch wieder mit [16. 2. 1944].

In Anlehnung an Lewins Konfliktmodell ließe sich dies als ein Annäherungs - Vermeidungskonflikt verstehen. Angst entsteht bei dieser Art des Konflikts dadurch, dass gleichzeitig ein gefahrenrelevanter Reiz wahrgenommen wird, der gemieden werden soll - in diesem Fall die unkontrollierbaren Sorgen der Angehörigen, andererseits aber eine starke Annäherungstendenz besteht - der Wunsch, den Kontakt aufrechtzuerhalten. Eine "Reaktionsblockierung" kann selbst wieder als starker Angstauslöser gelten. Verdrängung - der "Prozess der Vermeidung bestimmter konfliktauslösender Erlebnisse oder Gedanken"[15] schafft zunächst Entlastung. Das 'Nicht-daran-Denken' mindert die Angst und wird dadurch verstärkt. Eine Vermeidensreaktion wird mit der Zeit "antizipatorisch". Bevor ein bestimmter konfliktbezogener Gedanke auftaucht und Angst auslösen kann, vollzieht die Person bei den ersten relevanten Signalen die Vermeidensreaktion.[16] Angewandt auf den Feldpostbrief: Der Schreiber kann schon bei dem Gedanken, dass seine Schilderungen Unruhe auslösen, was auch für ihn unangenehme Folgen haben wird, mehr oder weniger bewusst 'bevorzugen', über bestimmte Inhalte gar nicht mehr zu schreiben. Schuster findet hier sogar eine Form der "Verschiebung", wenn er sich den Verwandten mitteilt. Zum einen kann er ihnen etwas offener über seine Sorgen schreiben als seinen nächsten Angehörigen, zum andern, und das erscheint hier als die eigentliche Verschiebung, hebt er den Konflikt mithilfe des Briefs auf eine Metaebene. Um der Spannung nicht hilflos ausgeliefert zu sein, 'bannt' er sie gleichsam durch das Schreiben.

7.5.2   Eigene Sorgen, eigene Resignation

So lassen sich die Ängste der Soldaten vor Kampf und Kälte, vor Verwundung und Tod aus den Feldpostbriefen oft nicht ablesen, sondern nur indirekt erschließen. Was sie der Heimat gegenüber als potentiell angstauslösend schildern, macht auch ihnen selbst Angst: Das darf man vermuten, aber belegen lässt sich das eher bei der Angst vor Kälte (ab Herbst 1941) als bei der Angst vor Kampf, Verwundung und Tod. Sie lernen, das mit sich selbst abzumachen, und so beginnt in den ersten Kriegswochen ein Prozess der Abschließung, der auch die gesamte Erlebnisverarbeitung in der Nachkriegszeit vorprägt. Wollte man sich dem Prozess unter therapeutischen Gesichtspunkten nähern, könnten gerade die

Feldpostbriefe für die spätere Aufarbeitung des Kriegserlebnisses ein erster Schlüssel sein, weil sie die Menschen wieder bis an jene Grenze der Mitteilung heranführen, bis zu der sie bereit waren sich vorzuwagen.

In den Briefen gibt es über die indirekten Andeutungen hinaus drei Themenkreise, in denen die Angst der Soldaten selbst zu Papier kommen darf. Sie betreffen alle die "Sorge" um die nächsten Angehörigen und die Verbindung zu ihnen: wegen der Bombardierungen in der Heimat, der Trennung / Untreue der Partnerin und der Unsicherheit, einander wiederzusehen. Der Kontrollverlust auf diesen Gebieten ist besonders bedrohlich, da den Soldaten kaum eine Einwirkungsmöglichkeit bleibt. Die Rechtfertigung des eigenen Kämpfens als vorsorgliche Heimatverteidigung, das Drängen auf Nachricht, wenn man von einem Fliegerangriff hörte und die Anmahnung der Treue sind Versuche, zumindest in der Vorstellung wieder Kontrolle zurückzugewinnen.

Die Bombardierungen der Städte in Deutschland sind der Anlass, warum die besorgten Fragen zunehmen. Gemeinsam ist den Schreibern die Sorge um die Angehörigen. Aber unterschiedlich ist ihre Reaktion. *Bumke*, der im August 1941 seiner Frau gegenüber wegen ihrer ängstlichen Fragen noch "etwas unzünftig" werden wollte, sieht das im März 1943 schon anders, wenn er ihr besorgt einen Umzug in München empfiehlt, um den sicheren Bürgerbräukeller aufsuchen zu können.

Paul Schwering kann 1942 der Angst noch die Wut entgegensetzen. Mit Rachegedanken verschafft er sich wenigstens in der Phantasie wieder Boden unter den Füßen. Angestoßen durch das Mitleid mit der Heimat kann er sich auch dem Leid im besetzten Land gegenüber öffnen. Aber auch die Rechtfertigung des eigenen Handelns fällt mit dem Hinweis auf die "bodenlose Gemeinheit" des Feindes leichter. Zwei Jahre später hat sich dieser Versuch einer Selbstbehauptung verbraucht und es bleibt nur die Hoffnung auf baldige Nachricht:

Von Kameraden, welche auch von München sind und welche Briefe von zu Hause erhalten haben, habe ich erfahren, wie böse die Flieger in München gehaust haben. Kaufhaus [P.] soll auch kaputt sein, da wird Tante Anna eine böse Nacht gehabt haben, hoffentlich hat sie es gut überstanden und Ihr hoffentlich auch. Bin in großer Sorge und Unruhe, schreibt mir bitte, wie es war, wie es Euch gegangen ist und wie es Euch geht. Auch wie es in München war. Hoffentlich lassen Euch die Flieger in Ruhe, eine bodenlose Gemeinheit, wehrlose Zivilbevölkerung wahllos zu bombardieren. Echt englisch. Der Führer und die Luftwaffe werden es ihnen schon heimzahlen. Solch ein Luftangriff ist was furchtbares, weiß das aus Erfahrung, die Wirkung ist schrecklich, habe das oft genug gesehen, habe Städte hier in Russland gesehen, da kommt einem das Grauen, wenn man bedenkt, in Deutschland sieht es auch so aus.
Am hellichten Tage sind die Flieger nach München gekommen, Mama wird allein gewesen sein, Papa im Büro, Tt. Anna auf der Fahrt zu Mama, es war ein Samstag gerade. Hoffentlich, ist nichts passiert, bin in großer Sorge und hoffe dass bald ein Luftfeldpostbrief kommt von Euch [Schwering, 1. 10. 1942 und 19. 3. 1944].

Der junge *Calsow* dagegen bleibt sich noch im Mai 1944 bei aller Sorge treu in der saloppen Überspielung: Auf dem Weg zur ideologischen Festigung als Leutnant dient ihm auch das Extremste als Anlass für einen Durchhalteappell. Im Unterschied zu den Älteren scheint er gar nicht recht zu realisieren, dass ein Angriff auf seine Heimatstadt auch die Angehörigen unmittelbar bedroht:

> Was macht Heidelberg? Bei jeder Meldung von Bombenangriffen auf Südwestdeutschland bin ich in Sorge um unsere schöne Stadt. Aber ich sage mir dann immer wieder, dass auch der schlimme Fall dann nicht kriegsentscheidend ist und wir trotz allem den Krieg gewinnen! [Calsow, 1. 5. 1944].

Die Beziehung ist nicht nur von außen gefährdet. Die Soldaten erleben in nächster Nähe vieles, was Illusionen nicht zulässt. Angst vor Untreue lässt die verheirateten Soldaten bittend, flehend, mahnend nach Hause schreiben. Mit dem Hinweis auf die eigene Treue versuchen sie beides, die Frau zu beruhigen und zu binden:

> Dieser Tage hatte ich mal einen wenig schönen Traum, du seist mir untreu geworden, nur gut ich bin froh, dass es nur ein Traum war. Der Glaube u. mein Vertrauen sind immer noch größer wie ein böser Traum. Bitte Dich innig, bleibe mir treu [Jolz, 17. 10. 1941].
>
> Weißt mein Kind, wenn man keine Post bekommt, dann mache ich mir Sorgen, dann muss ich mich manchmal innerlich wehren gegen aufkommende schwache Augenblicke. Aber es kann ja dem nicht so sein, denn Du vergisst mich doch nicht? [Jolz, 31. 1. 1943].

Albert Schrolle verbindet Treueschwur und Treueerwartung mit einer Neuordnung der Beziehung. Im Angesicht der Gefahren will er die Ehe entlastet wissen von allen widrigen Vorgeschichten:

> Nicht, dahs Du glaubst ich wäre ausgeartet. Im Gegenteil ich habe am Vergnügen oder sonst noch irgend etwas kein Interesse. Nicht einmal zum Spazierengehen und wegen einer Dame würde ich keinen Schritt machen. Bis jetzt habe ich hier meinen Treueschwur gehalten und lebe nur für Euch und ganz bestimmt nur in einer Hinsicht für Dich. Und wenn ich nun diesen Weg schon ganz eingenommen habe, dann wollen wir auch so zusammenhalten und mit einander wetteifern damit uns nicht mehr trennen kann. Aus diesem Grunde habe ich gestern die alten Briefe alle verbrannt, damit ich nie mehr ein Wort davon lesen kann, das mir schlieslich die Laune verderben könnte [sic, Schrolle, 12. 4. 1943].

Es geht mehr verloren als die Partnerschaft, wenn die Frau sich einem andern zuwendet - es ist der Halt im normalen Leben, der zur Disposition steht - daher auch der Versuch der verheirateten Soldaten, aus der Ferne wenigstens punktuell "Kontrolle" über den heimischen Kreis auszuüben (s. Kap. 5.3.2.5). Bittere Resignation folgt dann, wenn der Kontrollverlust unabweisbar und plötzlich auftritt. Es sind insbesondere die Momente plötzlicher Enttäuschung, die eine lange aufrecht erhaltene Contenance zum Einsturz bringen. Zerstörte Hoffnung geht den seltenen krassen Beschreibungen eigener Verzweiflung voraus:

> Wenn man bedenkt, dass unser Abmarsch nach Deutschland bereits festlag, könnte man verrückt werden. Wir marschierten bereits 2 Tage zum Verladeort, da Befehl vom OK und alles änderte sich. Unser Ziel ist jetzt Gomel. Unsere Ängste, dort zu überwintern [Schuster, 24. 9. 1941].

Nun fragst Du wann ich auf Urlaub kommen werde. Dazu kann ich gar nichts bestimmtes antworten denn wenn man so angeschmiert wird wie ich das erlebt habe weihs man überhaupt nicht mehr was man sagen soll (...) Ja, mein Lieb, wenn ich wie Du es wünscht mal eine Stunde bei euch sein könnte. Ich bin schon bald zu nichts mehr zu gebrauchen weil ich dauernd an Euch denke und mit soviel Heimweh geplagt bin. Ach Lieb bete für unser Glück vielleicht werden wir doch bald erhört werden. Es ist ja furchtbar manche haben darin solches Glück und ich wo mich so gefreut hatte ich bin so angeschmiert. [Schrolle, 6. 2. 1944].

Nach einer plötzlichen Urlaubssperre mündet Hilgers Enttäuschung sogar in den seltenen Fall eines Perspektivenwechsels, wenn er aus der Sicht der Russen von einem "siegreichen Vormarsch" schreibt. Auch die bevorstehende Niederlage sieht er klar und verschweigt sie nicht mehr:

Anstatt dass ich morgen in Urlaub fahre, kam heute die Urlaubssperre für unsern Bezirk; 2 Tage später und ich wäre weg; meine ganze Freude zum Geburtstag von Werner zu Hause zu sein ist dahin; wie lange es geht da es nur eine örtliche Sperre zu sein scheint, weiß ich nicht; der siegreiche <u>Vormarsch</u> geht weiter, wenn es hier gelingt durchzudrücken können sie mit Panzer in 2 Stunden auch bei uns sein, hoffen wir das beste, dass es mir vergönnt sei, euch noch einmal wiederzusehen, die längste Zeit sind wir hier gewesen, das ist sicher; es geht der Heimat entgegen [Hilger, 19. 8. 1943].

7.6   Die Bedeutung der Feldpost

7.6.1   Die Feldpost als Hilfe bei der Bewältigung des Alltags

Bei den Ängsten kam es schon zur Sprache: Wenn die Post ausblieb, stieg die Hilflosigkeit. Briefe hatten unabhängig vom Inhalt den Sinn, das Überleben anzuzeigen. Der Transport war oft unsicher, auch für die vorliegende Stichprobe muss man von großen Lücken in den Sammlungen ausgehen. Genaues ist darüber nicht zu ermitteln. Selten ist eine fortlaufende Nummerierung festgehalten, noch seltener ist sie im heutigen Bestand zu erkennen.

Soeben erhalte ich 4 Briefe, vom 3. Juli (Nr 7), vom 4. Juli (Nr 8), vom 16. Juli (ohne Nummer) vom 18. Juli (auch ohne). Wenn ein Teil nicht nummeriert ist, tu ich mich schwer, zu kontrollieren, denn nach den Daten kann ich nicht gehen, weil ich ja nicht weiß, wann Du schreibst. Ich schreib für mich noch jede Briefnummer auf die Abtrennungsstreifen des Schreibblockes. Deshalb kann ich nicht irre werden, das Nummerieren nicht leicht übersehen [Bumke, 4. 8. 1941].

Von Otto Hilger liegen z. B. aus dem Zeitraum vom 9. Juli bis 19. August 1943 sechs Briefe mit seiner Zählung von 63 bis 76 vor. Eine nicht bestimmbare Fehlzahl geht auf Transportprobleme im Krieg zurück.

Ich kann schon verstehen, dass man 3 Wochen nicht schreiben kann, weil keine Post weggeht. Wenn wir nicht immer wieder sofort nachdenken würden, wie kann man trotz aller Schwierigkeiten heimschreiben, ginge es uns auch so, wir geben sie dann einfach fremden Fahrern mit, die zurück fahren und bei fremden Kompanien die Post abgeben. Da heißt es eben, hilf dir selbst dann hilft dir Gott.
Denn öfter, als jeden Tag, kann ich nicht mehr schreiben. Je weiter man ja auch nach Osten kommt, desto schlechter wird die Post gehen [Bumke, 22. 7. und 10. 8. 1941].
Wir hoffen alle auf unsere Weihnachtspost. Unsere Parole: Näher zur Feldpost!
[Brandes, 20. 1.! 1942].

Aus diesem Grunde richten sich fast 50 % der ca. 2000 auf die Feldpost bezogenen Aussagen auf die Bestätigung des Empfangs und die Mitteilung eigener Sendungen sowie auf die Schwierigkeiten des Transportes. Einen hohen Anteil (ca. 20 % der auf die Feldpost bezogenen Aussagen) nehmen "triviale" Bemerkungen über die Schreibsituation ein und zwar hochsignifikant häufiger zu Beginn als im weiteren Verlauf des Krieges. Die Situation ist neu, oft sind auch die Schreibutensilien Thema und sie sind ähnlich wie die Feldküche in Zeiten der schnellen Bewegung besonders sensible Gradmesser der Versorgungslage.

> Ich hab kein anderes Briefpapier da, deshalb nehme ich gleich einen Brief von Dir.
> Ich hab zur Zeit wieder sehr wenig Möglichkeit zu schreiben, weil es von früh 4h bis teilweise bis zur Dunkelheit geht. [Bumke, 22. 6. und 23. 8. 1941].

Mit den Rahmenbedingungen des Schreibens erhält die Empfängerin einen ersten Eindruck von dem anderen Alltag im Krieg. Ihre Sendungen von Lebensmitteln werden immer wieder ergänzt durch Briefpapier, Umschläge usw. Eine erste Bewältigungsleistung liegt also darin, dass sich die Kommunikationspartner allmählich mit den Umständen arrangieren und einen neuen Rhythmus im Austausch einüben, eine weitere, ganz praktische, darin, dass die alltägliche Versorgung aufgebessert, manchmal überhaupt erst gewährleistet wird. *Heinz Heppermanns* Briefe an seine Frau zeigen die Verkopplung von Liebe und Versorgung:

> Keine Milch, kein Ei, kein Huhn! Alles aus! Du kannst Dir vorstellen, dass wir im ganzen übel dran sind! Sind also auf die Verpflegung angewiesen und auf die "Liebe" der Angehörigen! Wenn ich also oft Wünsche äußere, so sei nicht ungehalten. (...) Soll ich Dir nun meine Wünsche insgesamt schreiben? Fall nicht um! (Du fragst ja selber in einem Deiner Briefe: Hast Du Wünsche?) Also: Zahnpasta, Schuhkrem, Rauchwaren, Feuerstein, Pfeife, Briefumschläge, Süßigkeiten (Schoko??) Puddingpulver, Rote Grütze und Vitaminpräparate (Cebion und kombinierte B- und C- Vitaminpräparate) Sacharin, Zitronenöl (Zitronenpulver), [ ] (furchtbare Wasserverhältnisse) Spalttabletten, Fleischbrühwürfel, Rasierpinsel. Du siehst, eine Menge Dinge, die ich unbedingt gebrauche! [10. 8 .1941].
> Gestern war großer Posttag für mich! Ich hatte allerdings auch schon acht Tage keine Zeile von Dir erhalten; dazu eine Reihe von Päckchen: also da war: Schuhkreme, Hautkreme, Puddingpulver (einfach herrlich! Wir haben erst alle einmal die Nase hineingesteckt und geschnüffelt!), Zitronensauce, Süßstoff und Natron, Schmelzkäse, Briefumschläge und Feldpostbriefe. (...) Die angekündigte Schokolade, sowie Vitamintabletten sind noch nicht in meinem Besitz, werden aber wohl in den nächsten Tagen ankommen! Wie soll ich Dir nur für alle Deine Arbeit, Mühe und damit Fürsorge danken! Du verwöhnst mich jetzt allmählich - und doch ist es ein herrliches Gefühl, wenn man sieht, wie die "kleine" Frau zu Hause sorgt und liebt. Ist doch jedes kleine Päckchen - und mag der Inhalt noch so winzig sein - ein Zeichen der Liebe und Treue. Man ist dann beinahe stolz auf sich selber und steht dann vor den Kameraden: Ja, das meine Frau! [11. 9. 1941].
> Ich habe in der Zwischenzeit von Dir wieder Post erhalten (...) Meine Freude war wie immer groß. Du scheinst ja ein anständiges Organisationstalent entwickeln zu wollen. Aber gebrauchen kann ich es schon. Ein Päckchen ist schon "verarbeitet". Nach meiner Erbs (nicht Erbsen) Suppe oder Graupen (meiner Lieblingsspeise, die es im Rekord gibt) mal ein anderer Geschmack, ein wenig nach Liebe, nach Heimat und nach Zivil! [24. 9 .1941].

Bei *Ludwig Bumke* dreht es sich um die Wurst, und seine Botschaften zeigen ein Wechselbad zwischen Versorgungswunsch und Rücksichtnahme gegenüber der Frau:

> Die Mettwurst habe ich gestern auch bekommen. Sie ist noch tadellos: Die Pralinen hab ich noch nicht. So schlimm ist es nun grad nicht mit dem Notwendigbrauchen, wir bekommen schon von Zeit zu Zeit wieder was zwischendurch. Nein, Zigaretten brauchst keine mehr schicken [15. 8. 1941].
>
> Ich hab Dir doch geschrieben, Du sollst mir von Deinen wenigen Marken keine Wurst kaufen! [16. 8. 1941].
>
> Das Essen wird, je weiter es geht, immer mieser. Jetzt bin ich, nach langem Zögern, endlich gezwungen, meine bis jetzt immer noch hoch und heilig aufbewahrte Dauerwurst, die ich im Urlaub schon mit nach Hause und wieder mit her nahm, auszupacken. Schweren Herzens, aber es muss sein. Wenn's jetzt schon so ist, seh ich für den Winter, wenn's viel Schnee hat, schwarz [26. 9. 1941].
>
> Wenn Du mir nochmal so viel Wurst schickst, wenn ich schreibe, dass die Verpflegung wenig und das Mittagessen schlecht ist, schreibe ich's nicht mehr. Denn Du wirst es von den wenigen Marken wegsparen. Das will ich nicht und kann Dir's auch ehrlich sagen, dass mir süße Sachen lieber sind, wenn die leichter bekommst als Esswaren. Zum Beispiel Wurst ist uns ja genau so selten, wie sonstiges, aber wenn man schon nicht raucht, ist einem Süßes am liebsten. [6. 12. 1941].

Die Feldpost als Hilfe bei der Eingewöhnung und als Absicherung des Alltags ist die eine Seite ihres Nutzens, um das Leben im Krieg zu bewältigen. Die andere Seite ist der Austausch über alle die Themen, die in den vorangegangenen Kapiteln dargestellt wurden.

7.6.2 Briefe schreiben und empfangen als Wege der Bewältigung

Zwar eingeschränkt durch Zensur und Vorsicht, ist der Feldpostbrief doch der Ort, an dem wie nirgends sonst - auch in der Nachkriegszeit nicht - Liebe und Sehnsucht, Hoffnungen auf Sieg und Ehre, Pessimismus und Resignation, Staunen, Abscheu und Gewöhnung gegenüber dem Fremden sowie Rechtfertigungen und indirekt damit auch Zweifel überhaupt nach außen getragen werden. Der Brief könnte damit eine kathartische Funktion erfüllen, wenn die Schilderungen nicht, wie viele Einzelbetrachtungen zeigten, schon nach wenigen Monaten starken Selbstbeschränkungen unterworfen würden, weil sich die Kommunikationspartner zur selektiven Beschreibung 'erziehen'.

Bis auf den Anteil der besorgten Ehebriefe erscheint die Post in der Regel als eine positive Überraschung. Dank und Freude bringen die Empfänger immer wieder zum Ausdruck. In zwei Briefen von *Georg Scharnik* an die Eltern klingen ganz verschiedene Bedeutungen an, die der Feldpost zukommen. Aufhänger sind die Lebensmittel, aber dabei bleibt es nicht:

> Heute habe ich seit langem wieder einmal Post bekommen. Es sind Zeitungen und Briefe vom 28.6. - 7.6. und zwar 4 Postkarten, 1 Brief, 4 Briefpäckchen und 5 Zeitungen. Die Post vor dem 28. 6. wird wahrscheinlich bei der verbrannten Post von Minsk sein. Am Meisten

habe ich mich über die Briefpäckchen gefreut. Es war mir zumute, als wenn ich jedesmal eine Wundertüte öffnete aus der so allerlei herauskommen kann. Ganz vorzüglich waren die Keks, aber auch die Drops und das Marzipan ließ nichts zu wünschen übrig. Der Käse wird eine willkommene Abwechslung in meinem Verpflegungsplan sein. Die Zeitungen sind immer eine schöne Abwechslung in dem eintönigen Betrieb der hier herrscht und überbringen einem immer wieder etwas von daheim [25. 7. 1941].
Gestern um 22 Uhr erhielt ich noch Post von Euch. (...) Ich machte mich gleich in meinen Stollen, setzte meine fauchende und zischende Karbidbeleuchtung in Betrieb und las mit einer Freude die Ihr Euch kaum vorstellen könnt unter gleichzeitigem Essen von den gesandten Süßigkeiten, die Briefe. Ich fühlte mich trotz der Enge und des dumpfen fortwährenden Schlages, der durch die in der Nähe einschlagenden Granaten verursacht, ganz bei Euch [10. 8. 1941].

Die Post macht die Anteilnahme der Angehörigen praktisch erfahrbar. Sie schafft dem Empfänger Momente des Ausstiegs aus dem bedrohlichen Kriegsalltag; sie bringt "Abwechslung" in der Langeweile, und sie lässt den jungen Soldaten, der seinen Mann stehen soll, Augenblicke einer verantwortungsfreien Kindrolle genießen, wenn er sich der "Wundertüte" zuwenden kann. Ähnlich die freudige Überraschung bei Hans Helmut Calsow, als er im Lazarett nach langer Pause eine Nachricht erhält:

4 ½ Monate keine Post bekommen ist eine lange Zeit. Wenn aber nach dieser Zeit auf einmal eines morgens - vor dem Frühstück !! - ein Unteroffizier reinkommt, ohne ein Wort zu sagen, auf mein Bett zugeht (im Lauf der Zeit kennt er mich schon, obwohl manchmal 700 Verwundete auf Station sind) und mir eine abgestempelte Feldpostkarte übergibt, da schaut man doch ziemlich blöde drein. So ging es mir heute morgen. Die Freude könnt Ihr Euch gar nicht vorstellen [Calsow, 7. 2. 1942].

Postempfang in Zeiten des Krieges bedeutet noch mehr als den Beginn kurzer flüchtiger Glücksmomente. Der Brief wird zur Voraussetzung, dass ein zutiefst unangenehmer Zustand der Ungewissheit für Augenblicke beendet wird. Dies gilt besonders für die Älteren, die mit ihren Frauen korrespondieren und im Brief den Fortbestand der Beziehung erkennen. Ein Nachmittag mit Post ist ein "Festtag", aber auch eine Vorbedingung, um den Alltag auszuhalten:

(...) schreibt mir bald. Es ist ein erregender Zustand, ohne Post! [Heppermann, 6. 10. 1941].
Aber ich bin heute der glücklichste Mensch, nämlich als ich heute mittag zurückkam war Post da. Ein Ereignis bei uns da wir seit Sonntag nichts mehr bekommen hatten. Und für mich drei Briefe und fünf Päckchen, ich könnte vor Freude hüpfen, es ist das Einzige noch was mir Freude macht. Den ganzen Nachmittag hat mir vor lauter Freude das Herz höher geschlagen. und dann noch die Photografien mit meinen Lieben (...) da bin ich ganz weg.
Vielen herzlichen Dank für die viele Post die ich heute nach langem Warten von Dir erhalten habe. (...) Nun lebe ich wieder auf und bin ganz anders aufgelegt [Schrolle, 16. 4. 1943 und 3. 5. 1944].

Solch liebe Grüße in so weiter Ferne im Feindesland, das ist etwas Herrliches.
Ich hoffe auch weiterhin reichlich auf Post von Dir, denn nur dann bin ich zufrieden und halte gern aus, wenn ich weiß, dass du mir treu und mir oft schreibst.
Ich werde diesen Geburtstagsbrief noch einige Zeit hier behalten, weil ich ihn allabendlich lesen will, denn ich lebe hier davon.

Ich hoffe, dass mich wenigstens Deine Weihnachtspost rechtzeitig erreicht, denn sonst kann mir nichts Weihnachtsfreude bereiten [Jolz, 25. 6., 22. 10., 12. 12. und 20. 12. 1941].

Der Soldat zieht einen Sinn seiner ganzen Existenz aus den Briefen. Die Feldpost bringt nicht nur Nahrungsmittel, sie wird selber zur Grundnahrung und zur Medizin und hilft über Notstände hinweg:

Dass es mir noch gut geht, brauche ich Dir nicht mitzuteilen: Gewiss, etwas ist immer da, einmal Erkältungserscheinungen, dann viel Kopfschmerzen oder Magenverstimmungen, hier und da auch einmal ein Reißen in den Gliedern; darauf achtet ein normaler Soldat aber meistens sehr wenig! Das alles verschwindet, wenn Briefe aus der Heimat uns erreichen, liebe Worte, Worte der Treue und des Verbundenseins! [Heppermann, 28. 11. 1941].
Post ist doch das Herrlichste, das es für einen Landser geben kann. Gern verzichtet er da auf eine Tagesverpflegung. D. h. zur Zeit müssen wir sogar ohne Post so ziemlich darauf verzichten [Schuster, 7. 7. 1943].

Post habe ich bis heute immer noch keine von Dir, so dass ich auch in dieser Beziehung hungere.
Gestern abend, ich lag schon im Bett, brachte mir mein Schreiber noch Deine beiden Briefe. Hab innigen Dank dafür! Du kannst dir kaum denken, wie froh ich war, dass ich endlich genauer Bescheid hatte, was daheim los war bei dem letzten Angriff. Ich konnte dann anschließend gut schlafen! [Pott, 4. 8. 1941 und 14. 6. 1944].

All dies sind Bedeutungen, die die Soldaten dem Empfang von Briefen beilegen. Die Jüngeren fassen sich meist kürzer und drücken ihre spontane Freude aus, die älteren Ehepartner klarer ihre Abhängigkeit von der beruhigenden Nachricht. Es bedarf schon einer Schreiberfahrung und Reflexionsbereitschaft, auch über die befreiende Wirkung des Schreibens selbst nachzudenken. Nur der Gefechtsschreiber *Peter Schuster* kommt einmal dazu, seinen Verwandten den Sinn des Schreibens darzulegen:

An Zahl und auch Inhalten liegen viele, viele Zeilen von Euch vor mir und ich glaube, oder sagen wir besser, ich fühle, es ist wieder an der Zeit, dass auch Ihr einen kleinen Schreibebrief von mir bekommt. Eigentlich müsste es heute wieder gelingen. Ich habe Ruhe und fühle mich auch in vollkommen ausgeglichener Stimmung. Letzteres könnte man wohl bezweifeln nach dem Leben, das uns die letzten Wochen boten, aber ein einigermaßen Rahmen, und vor allem ein vollkommenes Losgelöstsein von der ganzen Materie, die mich im allgemeinen umfängt, bringt es doch noch immer schnell fertig und ich habe dann immer wieder Stunden, in denen ich mir selbst gehöre und mich dadurch von allem Mist erhole [21. 8. 1943],

und es folgt ein langer, langer Brief. Schuster verbindet das "Losgelöstsein" mit dem Schreiben. Hier schließt sich der Kreis. So wie der junge Scharnik in den ersten Kriegswochen dank der empfangenen Briefe und Päckchen einen Moment des behaglichen Rückzugs erlebt, gestaltet sich der ältere Schuster einen regenerativen und zugleich ernsten Abstand zum Alltag mit dem Schreiben selbst. Und auch der Kreis in der Gesamtdarstellung schließt sich, weil es kein Zufall ist, dass nur einer es schafft, die kurzfristige Entspannung durch das Schreiben selbst zum Thema zu machen. Mit ihrer selbstauferlegten Begrenzung des Schreibens über das, was sie schon nach wenigen Monaten lieber mit sich selbst abmachen, weil sie es der Heimat nicht mehr verständlich machen können, zahlen die Soldaten einen hohen Preis: dass aus den Briefen nur noch eine flüchtige, sehr flache Beruhigung hervorgehen kann, die auch immer wieder neu genährt werden muss, aber keine eigentliche Katharsis. Mit ihren Erfahrungen bleiben sie letztlich allein.

7.7   Zusammenfassung

Untersucht wurden Versuche der Bewältigung, soweit sie aus den Briefen erkennbar werden. Es wurden verschiedene Aspekte von Gewöhnung und Abstumpfung dargestellt. Zusammen mit der Erfahrung, den Angehörigen das Erleben nicht recht mitteilen zu können, führen diese Prozesse dazu, dass anfänglich dramatische Schilderungen zurückgehen. Gewöhnung und Abstumpfung gehen mit einer Konturenlosigkeit des Alltags, mit einem Verlust an kultureller Einbindung und schießlich einem Verlust eigener Konturen einher. Das bloße Funktionieren und der Lebenserhalt werden zum Selbstzweck. Mit der Gewöhnung tritt auch eine Abstumpfung gegenüber fremdem wie eigenem Leid ein, wobei allenfalls die Bedrohung der allernächsten Angehörigen akute Verunsicherung auslösen kann (Kap. 7.1). Eine ausgeprägt ideologische Rechtfertigung des eigenen Tuns findet sich selten, und dann eher bei Angehörigen einer Mittelschicht mit akademischem Hintergrund: bei dem Lehrer Heppermann, bei dem jungen Leutnant Calsow. Sie geben auch ein Beispiel für eine zunehmende ideologische Verhärtung angesichts wachsender Bedrohung im Sinne der Terror-Management-Theorie. Gegenüber der Führung ließ sich einerseits eine zunehmende Fixierung auf den "Führer" (Vilsen) feststellen, andererseits aber auch die Umkehrung von anfänglicher Bejahung hin zu vernichtender Kritik der politischen Führung (Bumke). Am Beispiel dieser vier Soldaten unterschiedlichen Dienstgrads und sozialer Herkunft wurden die je individuellen Formen des Umgangs mit dem "Verlust einer Zielbindung" beschrieben und das mögliche Spektrum der Reaktionen (vgl. Hypothese 3.7) dargelegt. Daneben gab es bei den meisten Soldaten, soweit es aus den Briefen zu ermitteln ist, zwar einen breiten 'Grundkonsens' hinsichtlich der eigenen kulturellen Überlegenheit, aber auch eine Indifferenz gegenüber weitergehenden Ideen des Nationalsozialismus. Solche politischen Themen gehören nur am Rande in den Privatbrief. Rechtfertigung finden einige Soldaten vor allem in der 'Verteidigung' der Heimat, also in der 'Vorbeugung' vor einem Schicksal, dass für sie nur aus dem Schicksal der Menschen im besetzten Land 'vorausgeahnt' werden kann. Über eigene Verantwortung für das Leiden machen sie sich brieflich keine Gedanken, von eigener Schuld wird überhaupt nur ein einziges Mal gesprochen. Exemplarisch konnte an Briefen von Eltern gezeigt werden, dass sich die Soldaten durch deren Briefe in ihrem Glauben, für die gute Sache zu kämpfen, bestätigt sehen konnten (Kap. 7.2). Während die älteren Soldaten mit "Durchhalteappellen" gleichzeitig auch schon einen Pessimismus durchblicken lassen, dem sie bei sich und den Angehörigen entgegensteuern wollen, findet sich bei den jüngeren eher eine ehrgeizige Orientierung. Besonders ausgeprägt konnte dies bei den "Aufsteigern" nachvollzogen werden: jenen sieben Soldaten, die zu Kriegsbeginn den Mannschaftsrängen und später den Unteroffiziersrängen angehörten. Umgekehrt verhält es sich bei der Wahrnehmung des "internen Drucks". Hier scheinen die jungen "Aufsteiger" nach anfänglich erlebtem Druck ihre Position gegen Kriegsende behaupten zu wollen. Statt über internen Druck zu klagen, üben sie gegen Ende selbst verstärkt Druck mit Durchhalteappellen aus (Kap. 7.3).

Mit Bagatellisierungen und "Alltagstheorien" helfen sich die Soldaten über dissonante Erfahrungen hinweg und stabilisieren den brieflichen Austausch. Die älteren verheirateten Soldaten sehen sich eher gehalten, Hoffnungen auf eine "Kriegswende" zu äußern, die sie vom "Schicksal" erwarten. Paradoxerweise geben sie sich damit nicht als unrealistischer im Vergleich mit den Jüngeren, die suggerieren, kraft eigener Leistung den Kriegsverlauf noch beeinflussen zu können (Kap. 7.4).

Über eigene Ängste vor Kampf und Tod können sich die Soldaten nicht mitteilen. Auch die Angst beim Gegner fließt nur vereinzelt in die Beschreibungen ein. Wohl kann der Partner und Sohn seine Besorgnis über das Wohlergehen der Angehörigen ausdrücken; auch die Angst um die Beziehung ist ein häufiges Thema. Auffällig schon in den ersten Wochen ist die Angst vor der Angst der Angehörigen, der die Soldaten mit Beruhigungen, in einigen Fällen auch mit strafenden Worten entgegentreten. Bei höherer Resistenz gegenüber spezifischen Stressoren (Kampf, neue Lebenslagen) zeigen diese Reaktionen eine höhere Verstörbarkeit der Soldaten durch jede weitere Unruhequelle. Gegenüber dem, was sie im Kriegsalltag erleben, können sie noch in Ansätzen eine tatsächliche oder eine kognizierte Kontrolle ausüben. Sie können sich zumindest partiell den Glauben an einen eigenen Einfluss erhalten. Gegenüber den Ängsten der Frau zu Hause fällt ihnen das schwer. Auch können sie dem Anspruch, in einem reziproken Austausch gleichermaßen über ihre eigenen Gefühle zu schreiben, kaum nachkommen. Dies führt zu wechselseitigen 'Erziehungsprozessen' (entsprechend der Hypothese 3.8, Kap. 2.5). So wie die Soldaten das Ausblenden brisanter Themen entweder von vornherein 'beherrschten' (s. Kap. 4.2) oder allmählich lernten (s. Kap. 5.3), machten sie die beängstigenden Erfahrungen zunehmend mit sich ab. Dies nicht nur, um einem Männerideal zu entsprechen, sondern weil die briefliche Mitteilung von Angst und Resignation in Zeiten des Krieges gar keine rechte Entlastung, im ungünstigen Fall sogar neue Unruhe brachte.

Zentrale Bedeutung für die Bewältigung des Kriegsalltags erhält die Feldpost selbst (Kap. 7.5). Eigene Gefühle bringen die Soldaten leichter zum Ausdruck, wenn sie sich über den Brief- und Päckchenempfang freuen. Er wird zur Lebensbasis. Materiell runden die heimatlichen Sendungen das eintönige Essen ab, manchmal sind sie die letzte Reserve. Vor allem zeigt die Feldpost den Soldaten ihren Anteil am normalen Leben und damit die Hoffnung, es in Zukunft wieder zu führen. Unter den (selbst-) begrenzenden Bedingungen tritt eine kathartische Wirkung des Schreibens allerdings immer nur für kurze Zeit auf. Immerhin mag sie unter den Extrembedingungen reichen, um die Soldaten insgesamt zum milliardenfachen Schreiben von Feldpostbriefen zu motivieren.

8. Zusammenfassende Diskussion und Ausblick

Wilhelm Deist schrieb 1991 als leitender Historiker des Militärgeschichtlichen Forschungsamtes in einem Rückblick auf 30 Jahre Weltkriegsforschung: "Auf ein Defizit der Forschung sei an dieser Stelle nachdrücklich hingewiesen. Wie der Soldat an der Front in der Masse und unter der Führung des Regimes diesen Krieg erfuhr und welche Wirkungen davon ausgingen, bleibt eine Fragestellung, mit der sich die Forschung erst punktuell auseinandergesetzt hat. Angesichts der ca. 20 Millionen Wehrmachtangehöriger, die prägende Jahre ihres Lebens in den Streitkräften verbrachten und als Kriegsgeneration den Aufbau der Bundesrepublik bestimmten, bedarf die Forderung nach systematischen Untersuchungen wohl keiner besonderen Rechtfertigung."[1] Es sind seit dieser Stellungnahme zwar zahlreiche Untersuchungen gerade zum "Kriegsalltag" hinzugekommen, es erscheint aber noch nicht zu spät, einen weiteren Punkt hinzuzufügen, zumal es (soweit zu sehen auch im internationalen Bereich) bisher keine Analyse von Feldpostbriefen gibt, die Entwicklungen in Abhängigkeit von der Zeit, dem Dienstgrad, Alter und den Adressaten systematisch untersucht. Hierzu ist die vorliegende Arbeit ein Beitrag.

Um die Fallhöhe zwischen Kriegsrealität und brieflicher Darstellung annähernd zu ermessen, wurden der militärhistorische Ablauf der untersuchten Zeiträume skizziert sowie heutige Erkenntnisse über den Charakter des Vernichtungskrieges im Osten dargestellt (Kap. 2). Erklärungsansätze der Sozialpsychologie (Kap. 2.3 und 2.4) bildeten die Grundlage für die Entwicklung von Hypothesen (Kap. 2.5). Gegenstand einer Inhaltsanalyse (begründet in Kap. 3) waren 739 Briefe von 25 Wehrmachtssoldaten der Jahrgänge 1901 bis 1923, die sie zwischen Juni 1941 und Spätsommer 1944 aus dem Krieg gegen die Sowjetunion schrieben. Zu den Schreibern konnten in den meisten Fällen einige demografische Daten gewonnen werden, so dass ihr sozialer Hintergrund erkennbar wird.

Untersucht wurden Entwicklungen ausgewählter Themen in Abhängigkeit von der Zeit (vier definierte Zeitabschnitte), dem Alter (jüngere / ältere) und dem Dienstgrad (Mannschaften / Unteroffiziere). Für spezielle Fragen wurden weitere Differenzierungen vorgenommen. So konnten die "Aufsteiger" (von Mannschafts- zu Unteroffiziersgrad) mit den "Nicht-Aufsteigern", bzw. Soldaten bei kämpfenden Einheiten mit solchen im Nachschub verglichen werden.

8.1 Feldpostbriefe: authentische Nachricht - subjektive Mitteilung?

Als Integration der Kommunikationsmodelle von Karl Bühler ("Inhalt - Ausdruck - Appell") und Paul Watzlawick ("Inhalts- und Beziehungsaspekt" einer Nachricht) entwarf Schulz v. Thun ein Modell, das vier Seiten einer Nachricht erfasst: Sachinhalt, Appell, Beziehung und Selbstoffenbarung.[2] Die Feldpostbriefe transportieren Nachrichten über das Erleben im Krieg. Das Verhältnis zwischen den "Sachinhalten" und den in historischer Forschung ermittelten faktischen Abläufen gibt zunächst Hinweise auf den Quellenwert. Unter diesem Aspekt ist das Urteil des Historikers Berghahn, der die Briefe in den 60er Jahren zu 90 % für "politisch farblos" und daher für vernachlässigbar erklärte (vgl. Kap. 1), nicht ganz von der Hand zu weisen, wenn man von den Briefen "Neues" aus herkömmlicher militärhistorischer Sicht erwartet. Die Militärgeschichtsschreibung hat sich allerdings in den letzten zehn Jahren weiterentwickelt und die "Perspektive von unten" als eigenständigen Forschungsgegenstand entdeckt. Hier rückt nun als Sachinhalt von Interesse ins Blickfeld, wie die Soldaten den Kriegsalltag verarbeiteten. Liest man die Briefe unter dieser Perspektive, sind sie keinesfalls "farblos". In ihnen taucht alles das auf, was in traditionellen militärhistorischen Feldzugsbeschreibungen zu abstrakten Zahlenkolonnen und Strategieentwürfen destilliert wird: das Kämpfen und Sterben, die alltäglichen Belastungen durch Hunger, Krankheit, Kälte, aber auch die Ängste, Hoffnungen und Illusionen derer, die den Krieg führen.

Dies tritt nicht unverstellt hervor, und auch nicht in gleichbleibender Weise im gesamten Kriegsverlauf. Der Feldpostbrief ist als Privatbrief bei aller Unmittelbarkeit der Schilderungen immer auch eine Konstruktion von Wirklichkeit unter äußeren und inneren zensierenden Bedingungen für jeweils eine Kommunikationspartnerschaft. Damit sind die drei anderen Seiten der Nachricht angesprochen: Der Brief entsteht, um eine Beziehung aufrecht zu erhalten. Die Rücksicht auf dieses Ziel begrenzt die freie Mitteilung der Inhalte und auch die "Selbstoffenbarung". Gerade am Beispiel der Mitteilungen über Ängste (Kap. 7.5) war die Selbstbegrenzung der Männer im Krieg zu sehen, die trotz zahlloser Anlässe sich doch nur so rudimentär über eigene Angst äußern konnten ("ein mulmiges Gefühl", "ich muss sagen, ich war platt") und denen eher die Sorge um die Angehörigen ein Ventil gab, Ängste mitzuteilen. In der Schilderung alltäglicher Widrigkeiten gelang vielen aber doch eine verhaltene Selbstoffenbarung darüber, was sie belastete. Die eigene Verzweiflung nicht offen mitzuteilen, mochte sogar bei den Empfängerinnen die Neigung erhöhen, in einer Art der Ergänzung von Leerstellen die entsprechenden Gefühle des Mitleids oder des Stolzes von sich aus zu entwickeln, was mit den Schreiben durchaus intendiert war. So gelangte

mit den Briefen jeweils ein "Appell" in die Heimat: die Beziehung aufrecht zu
erhalten, treu zu bleiben; ganz materiell: Lebensmittel zu schicken und Briefe,
weil man auch sie brauchte zum Leben. Daher transportierten die Feldpostbriefe
in erster Linie ca. sechs bis zehn "Standardthemen". Dies bleibt auch mit einigen
Ausnahmen über die Zeit und die Gruppen stabil (Kap. 3). Im Wesentlichen sind
es Mitteilungen, die eine Verbindung zur Heimat aufrechterhalten sollen: Über
Empfang und Sendung der Feldpost, Ausdruck von Liebe, Zuneigung und Versuche der Beruhigung. Dazu kommen Erkundigungen nach den nächsten Bekannten, 'Allerweltsthemen' wie der tägliche Dienst ("marschieren", "Wache halten"
usw.) und das Wetter. Es sind dies Themen, die fast eine Normalität unter unnor-
malen Bedingungen suggerieren. Eine Normalität aus Friedenszeiten wenigstens
als Möglichkeit gedanklich aufrecht zu erhalten, stellt sich damit als eine unaus-
gesprochene, immer mitschwingende Absicht des Feldpostbriefes heraus. Er ist
insofern ein kompensatorischer Gegenentwurf zur Realität des Krieges. Die
nächsthäufigen Themen zeigen aber auch die Ausnahmesituation: Die Bitten um
Unterstützung, die Sorgen wegen des unsicheren Transportweges der Post, die
Sehnsucht nach Urlaub und Heimkehr: Hier unterscheiden sich die Feldpostbriefe
von 'normalen' Briefen in Friedenszeiten und lassen für Schreiber und Empfän-
ger/innen keinen Zweifel darüber aufkommen, dass es sich um notdürftige Kom-
pensationen handelt.

Die Verwendung von "Standardthemen" ist nicht unbedingt gleichzusetzen
mit einem konventionellen oder floskelhaften Briefstil. Über das Wetter kann
man sich zwar in Bagatellaussagen verbreiten, häufig kann gerade dies Thema
aber dazu Gelegenheit geben, die eigene verzweifelte Lage in Matsch und Schnee
zu schildern (Kap.5.3.2). Zuneigung und Beruhigung können in sehr individueller
Weise formuliert werden und die floskelhafte Wendung "mir geht es gut, was ich
auch von Dir hoffe" ist nur eine mögliche Ausdrucksweise. In wieder anderen
Fällen erweist sich ein zunächst recht persönlich anmutender, zärtlicher Ab-
schiedsgruß durch die wortgleiche Wiederholung an jedem Briefende als eine zur
Floskel gewordene Gewohnheit. Wer in diesem Sinne im konventionellen Briefstil verharrte - zumal wenn dies in redundanter Weise geschah, "löste" zwei
Probleme zugleich: Er entsprach der Erwartung, einen Brief zu schreiben und das
leere Blatt zu füllen; und er ersparte sich dabei den Tiefgang, der die Angehörigen und ihn selbst mit unangenehmen Fragen konfrontieren würde.

Dass die Feldpostbriefe darüber nicht "monoton" wurden, sondern sich durch
eine Vielfalt und Variabilität der Themen auszeichneten, in der auch die "Unnor-
malität" deutlich benannt wurde, konnte in der quantitativen wie qualitativen
Analyse gezeigt werden. Authentische Nachricht oder subjektive Mitteilung -

dies erweist sich als unzureichende Polarität. Der Feldpostbrief ist keine authentische Nachricht im Sinne einer Zeugenaussage, auch kein umfassendes Zeugnis über subjektive Wahrnehmungen und Einstellungen; dazu wurde zu vieles verschwiegen und ausgewählt, was die Zensur und Selbstzensur nicht passierte (Kap. 4.2).

Vor allem die Fallhöhe zwischen der Realität des 'ganz anderen' Vernichtungskrieges im Osten mit unsäglichem Leid für Millionen von Opfern und der weitgehenden Aussparung dieses Leidens im Feldpostbrief, da es offensichtlich un - sagbar wurde, lässt den Feldpostbrief als historische Quelle unzureichend werden. Es bleibt einem einzigen, dem Obergefreiten im Panzer Pionier Bataillon 32, Frank Fenne, vorbehalten, nachdem er sich im Juli 1941 so kampfesfreudig gezeigt hatte - "mal richtig die Wud auslassen in diese roten Hunde" (s. Kap. 6.1) - ein halbes Jahr später einen Ton anzuschlagen, der auch zum eigenen Kriegshandeln eine vorsichtige Distanz erkennen lässt:

> Ja, liebe Mutter, dieser Krieg ist bestimmt nicht schön, der kostet ja furchbar viel Opfer, daß könnt Ihr gar nicht sehn und ist auch besser, denn daß ist ja nur Menschen vernichtung [Fenne, 11. 2. 1942].

Dass der Feldpostbrief gleichwohl von den Empfängerinnen als ein authentisches, die Wirklichkeit abbildendes Zeugnis von Angehörigen, die 'vor Ort' sind, gelesen wurde, ist in seiner Bedeutung für die Konstitution von kollektiven Selbstbildern gar nicht zu überschätzen, zumal es milliardenfach geschah. Und trotz dieses kritischen Urteils über den Feldpostbrief als historische Quelle ist er doch ein authentischeres Abbild der Verarbeitung von Kriegserleben, als es (fast) jede andere Quelle bieten kann.

Die "Selbstoffenbarung" einer Nachricht wird im Brief ihre Grenzen darin finden, dass sie mit den Zielen der Selbstdarstellung und des Selbstwertschutzes vereinbar sein muss (Kap. 2.4.2). In den Briefen werden mentale Bereitschaften deutlich, diesen Krieg zu führen. Und es wird die 'Fähigkeit' anschaulich, über die Zeit in einem Prozess der Adaptation Verstörendes briefgerecht zu verwandeln. Dies macht den Feldpostbrief nicht nur für die Psychologie, sondern auch für die Zeitgeschichte zu einer relevanten Quelle.

8.2 Veränderungen in den Briefthemen über die Zeit

In Anlehnung an Thomaes Konzept der "Reaktionshierarchien" (Kap. 3) lassen sich - bei gleichbleibend dominanten "Standardthemen" - Unterschiede in den Themenpräferenzen über die Zeit feststellen. Herausragend ist die Umkehrung von Überlegenheits- und Unterlegenheitserfahrungen. Damit einher geht, dass die Soldaten nach anfänglichem Optimismus über den Kriegsverlauf später deutlich seltener Prognosen (und schon ab Herbst 1941 kaum noch optimistische) abgeben wollten. Von Bedeutung dafür, ob etwas in den Brief gelangte, war die "Neuheit". So beschrieben die Soldaten zu Anfang häufiger die neue Schreibsituation. Auch die Bevölkerung im feindlichen Land sowie Kultur und System der Sowjetunion beschäftigten die Soldaten in überwiegend abwertenden Äußerungen zu Beginn weit häufiger als später. Die heftige Abgrenzung, unterlegt mit verächtlichen Urteilen, in Einzelfällen auch mit regelrechter Mordlust, war ebenfalls Thema vor allem zu Beginn des Feldzugs. Für den Rückgang dieser Themen konnten neben einer Trennung zwischen Wehrmacht und Zivilbevölkerung im besetzten Land Prozesse der Gewöhnung und Abstumpfung als Gründe ausgemacht werden, die auch dazu beitrugen, dass anfänglicher Überdruss mit der Zeit seltener geäußert wurde, obwohl die Anlässe dafür zweifellos zunahmen. Die Empfänger/innen schonen zu wollen sowie das Motiv des Selbstschutzes wirkten in dieselbe Richtung.

Diese ersten quantitativen Befunde wurden durch die qualitative Analyse der Briefe vertieft. Insbesondere über die "primären Kriegserfahrungen" Kampf und Tod wurde in der ersten Zeit der Überraschung unvermittelter, ja erschreckter, berichtet (Kap. 5.3.1), bis sowohl die Gewöhnung als vor allem auch der wechselseitige 'Erziehungsprozess' der Kommunikationsteilnehmer/innen zu knapperen, manchmal lakonischen Mitteilungen führte. Ähnliches lässt sich bei Angst und Resignation feststellen. Selbst wenn entsprechende Mitteilungen im Kriegsverlauf häufiger wurden, sollte man dies nicht als ein Zeichen für zunehmende Selbstenthüllung werten. Angst und Sorge konnten vor allem die Ehemänner äußern, wenn sie an ihre Familie dachten. Eigene Ängste gerieten eher verklausuliert in die Briefe, zumal die dadurch ausgelöste Angst zu Hause selbst wieder eine für die Schreiber unbeherrschbare Verunsicherung auslöste. Allein dies trug schon dazu bei, mehr 'mit sich selbst abzumachen' (Kap. 4.1.2, 4.2 und 7.5).

8.3   Vergleiche zwischen den Dienstgrad- und Altersgruppen

Für die vorliegende Stichprobe gilt, dass die ranghöheren Soldaten eher einer Mittelschicht mit bürgerlich-akademischem Hintergrund entstammten, die Mannschaftssoldaten eher den Bereichen Landwirtschaft und Handwerk. Mit zusätzlichen Recherchen war auch eine annähernde Zuordnung zu frontnahen und frontfernen Einheiten möglich. Es liegen überwiegend Briefe an die Eltern oder an die Partnerin (Ehefrau, Braut, Freundin) vor, in Einzelfällen an Verwandte.

Mit dem Schichtunterschied korrespondieren Unterschiede in den Briefen: Verschiedene Befunde zeigen einen elaborierten Sprachstil der ranghöheren Mittelschichtsangehörigen gegenüber dem restringierten Code der Gefreiten aus der oberen Unterschicht / unteren Mittelschicht. Die Unteroffiziere schrieben im Durchschnitt längere Briefe, sie schrieben weniger redundant, d. h. konzentrierter und mit einer größeren Variabilität der Themen als die Mannschaftssoldaten. Satzbau, Wortwahl, Rechtschreibung und Interpunktion untermauern den Befund, dass sich die schichthöheren Schreiber sprachlich sicherer und komplexer äußern konnten.

Den 14 älteren Soldaten (Jahrgang 1901 - 1914) konnten 11 jüngere (Jahrgang 1917 - 1923) gegenübergestellt werden. Dabei zeigt die Gruppe der jüngeren "homogenere" Bedingungen: Sie schreiben alle an ihre Eltern. Mit Ausnahme eines Sanitäters kann man sie alle den "frontnahen" Truppen zuordnen. Von den Älteren schreiben neun an die Ehefrau / Partnerin, fünf an Eltern und Verwandte. Sieben von den Älteren sind Gefreite bei frontferneren Nachschub- und Versorgungseinheiten. Diese Unterschiede wird man bei der Interpretation berücksichtigen müssen, weil sonst Artefakte entstehen. So verwundert es nicht, dass von der Gruppe der 14 Gefreiten im Vergleich zu den 11 Unteroffizieren insgesamt weniger Kampfschilderungen vorliegen; dieser Unterschied gilt aber nicht beim Vergleich der Gefreiten und der Unteroffiziere aus den frontnahen Einheiten (Kap. 5.3).

Man mag in der weitgehenden Absenz der Helden- und Opferverklärung, wie sie die NS - Ideologie wünschte, eine Resistenz des Privatbriefs gegenüber den offiziellen Zumutungen und Einflüssen erkennen - an der Grenze der eigenen Körpererfahrung zerschellten die Idealismen. Andererseits mündeten aber der Groll und das 'Dampfablassen' nicht in einen erkennbaren grundsätzlichen Dissens mit der eigenen Kriegführung. In den Briefen der Älteren an ihre Frauen lässt sich mehr Abstand, aber auch mehr Leiden unter den Kriegsbedingungen erkennen. Wenn überhaupt, dann findet sich bei ihnen eine Kritik an der eigenen Seite, an Ungerechtigkeiten im militärischen Alltag, manchmal sogar an der eigenen Führung. Am Beispiel der Briefe von Ludwig Bumke konnte aber auch gezeigt werden, dass selbst heftige Führungskritik den Soldaten nicht 'kriegsuntauglich' machte - seine Forderung nach Gerechtigkeit ließ ihn sowohl die Politik der "verbrannten Erde" wie die Volkssturmmobilisierung rechtfertigen. (Kap. 4.1.3). Mit "Durchhalteappellen" und Kritik an "Nörglern" zu Hause drücken andere eine überwiegend affirmative Haltung aus, die allerdings in den Partnerschaftsbriefen sehr viel deutlicher mit resignativen Tönen unterlegt ist.

Die Briefe der Jüngeren zeigen dagegen kaum kritischen Abstand zur eigenen Seite. Gegenüber den Eltern scheinen sie mehr um eine 'gute Selbstdarstellung' als erfolgreiche Kämpfer bemüht, die anfangs den Stolz der Eltern hervorrufen, später deren Schutz und Verteidigung versprechen wollen. Wenn man nach

Gründen für den etwas größeren 'Abstand' der Älteren im Vergleich zu den Jüngeren sucht, wird man neben der allgemeinen Lebenserfahrung, der fortgeschrittenen Selbstsicherheit der Älteren und der Verantwortung für ihre eigenen Familien noch ein zeithistorisches Argument finden: Die Angehörigen der Jahrgänge 1901 - 1914 haben zumindest als Kinder erlebt, dass man einen Weltkrieg zwar schlecht, aber recht überstehen kann, da sie das Ende 1918 oder zumindest die 20er Jahre bewusst miterlebten. Den Jüngeren der Jahrgänge 1917 - 1923 war diese Erfahrung nur aus Erzählungen, zumal solchen über die 'ungeliebte' Weimarer Republik zugänglich. Als "Delegierte" der Eltern mochten sie sich eher gehalten sehen, eine 'Scharte auszuwetzen'. Vor allem war den Jüngeren als Modell, wie es einer besiegten Macht ergeht, nur das zugänglich, was sie selbst im besetzten Land anrichteten. Nicht nur jugendlicher Ehrgeiz, es 'besser zu machen' als die eigenen Väter 20 Jahre zuvor, sondern auch Alternativlosigkeit in der Perspektive für die Zeit 'danach' mag die Jüngeren zu verbissenerem Durchhalten getrieben haben.

B. Kroener hat für das Offizierskorps der Wehrmacht je nach Altersgruppenzugehörigkeit für die Jahrgänge 1885 bis 1918 ein viergliedriges Schema vorgeschlagen und unterschiedliche Mentalitäten in Abhängigkeit von der Sozialisation beschrieben.[3] Für die Offiziere der Jahrgänge 1901-1913 und 1914-1918 und jünger (also den Altersgruppen, die mit den beiden Gruppen dieser Studie korrespondieren) geht Kroener von einer weitgehend positiven Haltung gegenüber dem NS-Regime aus; bei der ersten Gruppe aufgrund von Vorprägungen über "Macht, Härte, Volk, Staat, Führung, Gemeinschaft, deren Abbild sie in den Eliten Weimars nicht wiederfinden konnten", bei der zweiten Gruppe auf Grund ihrer fast ausschließlichen Prägung in der Endphase der Weimarer Republik und nach 1933, wobei beide Gruppen von der durchlässigeren sozialen Mobilität innerhalb der Wehrmacht im Vergleich mit der früheren Reichswehr profitieren konnten. Auf die hier untersuchte Stichprobe von Unteroffizieren und Mannschaften lässt sich dies nicht so eindeutig übertragen. Immerhin gab es mit Heppermann (Jahrg. 1908) und Calsow (Jahrg. 1923) zwei idealtypische höherrangige Soldaten im Sinne der Zuordnung Kroeners (vgl. Kap. 7.5). Eine Unterstützung von Kroeners Zuordnung auch für die Ebene unterhalb der Offiziere kann in dem Befund gesehen werden, dass vor allem die Soldaten der Jahrgänge 1910-1913 "Durchhalteappelle" sandten, also den Aufruf zum Erhalt der bestehenden Ordnung, während dies bei den Jüngeren der Jahrgänge 1918-1923 weniger der Fall war, die dafür ehrgeizorientierter schrieben (Kap. 7.3). Am Beispiel des mit 22 Jahren zum Leutnant beförderten Calsow war zu sehen, welche Attraktivität eine nicht mehr auf die traditionelle Ständeordnung der Vorkriegszeit fixierte

Wehrmacht für ehrgeizige Angehörige bürgerlicher Mittelschichten besaß und wie sie es dem Regime durch eine Identifikation mit dessen Zielen dankten (Kap. 5.2 und 6.2.2). Insgesamt konnte das Ehrgeizmotiv besonders ausgeprägt bei den "Aufsteigern" (von Mannschafts- in Unteroffiziersränge) belegt werden. (Kap. 7.3). Bei den älteren Verheirateten stand zunehmend das Schutzmotiv im Vordergrund der Rechtfertigungen, sowie eine stärkere Ungewissheit und Sorge um das Wohlergehen der Familie. Mehr bei den Verheirateten findet sich auch der Wunsch, die Heimat zu 'kontrollieren': Es waren die Ehemänner, die durch Ratschläge und Anweisungen gegenüber ihren Frauen eine Kontrolle sichern oder zurückgewinnen wollten, die ihnen im Kriegsgeschehen zunehmend abhanden kam. Die Jüngeren dagegen gestanden freimütiger eine Abhängigkeit von zu Hause ein, wenn bei ihnen die Bitte um heimische Versorgung selbstverständlicher zum Brief dazugehörte. Da waren die Ehemänner mitunter gespalten: zwar fordernd, aber auch vorsichtiger bei der Vorstellung, dass Päckchensendungen von der Ernährung zu Hause abgingen.

Die größere Bindung durch Familiengründung ließ die Älteren auch weniger über "Kameradschaft" schreiben, die für die Jüngeren eine größere Bedeutung einnahm. In Abgrenzung zur These von Bartov konnte eine hohe Bedeutung von sozialen Bindungen an der Front auch im späteren Verlauf des Krieges belegt werden. Der postulierte Zusammenhang von "Primärgruppenverlust" und zunehmender Brutalisierung wurde in Frage gestellt (Kap. 6.1.3 und 6.3). Vielmehr vollzog sich Brutalisierung im Ostfeldzug für die Soldaten als eine zunehmend 'normale', kaum noch Überraschung auslösende Selbstverständlichkeit des Krieges, die sich vermutlich gerade auch bei intakten Primärgruppenbezügen fast routinemäßig entfalten konnte. Aus anfänglichen, heftigen Reaktionen gegenüber der "Primitivität" im besetzten Land zogen sie die 'Legitimation', die von einigen, nicht allen, schreiberfahrenen Mittelschichtlern in besonderer Weise im Sinne des nationalsozialistischen Gedankenguts argumentativ ausgebaut wurde. Wo die Soldaten selbst einen Kulturverlust am eigenen Leibe spürten und ihnen Überheblichkeit weniger am Platz schien, diente der vorsorgliche Schutz der Heimat oder die 'Reaktion' auf den Feind als Rechtfertigung für das eigene Herrschaftshandeln. Vereinzeltes Mitleid mit den Menschen im besetzten Land wurde unter diesen Argumenten zugedeckt. Vor allem aber gilt auch hier, dass die Soldaten 'lernten' zu unterscheiden, was sie nach Hause schreiben und was sie besser für sich behalten wollten. An Einzelbeispielen konnte nachvollzogen werden, welche Funktion der Bewältigung die Bagatellisierungen, Alltagstheorien, Gerüchte und Hoffnungen hatten und welche stabilisierende Wirkung vor allem der Feldpost selbst zukam (Kap. 7.4 - 7.6).

8.4   Methodischer Rückblick und weiterführende Fragen

Insbesondere zwei Aspekte der Untersuchung bedürfen des kritischen Rückblicks: die Auswahl der Stichprobe und die Methode der Untersuchung. Inhaltliche und methodische Perspektiven weiterer Forschung folgen daraus.

1. Die Kleinheit der Stichprobe - 739 Briefe von 25 Soldaten - ist ohne Zweifel zu bedauern. Schwierigkeiten der Quellengewinnung und Folgen für die Repräsentativität wurden dargestellt. (Kap. 3.3). Dabei bewährte sich der Zugriff, die Briefe in ihrer zeitlichen Entwicklung miteinander zu vergleichen. Auch der Weg, in einem "quasiexperimentellen Design" (Cook und Campbell) durch den Binnenvergleich von Untergruppen eine "quasi Repräsentativität" an Stelle der "formalen Repräsentativität des Zufallsstichprobenmodells" anzustreben, erscheint statthaft. Man wird auch weniger die Briefmenge, die einem Corpus von 1000 maschinenschriftlichen Seiten entspricht, als vielmehr die knappe Zahl unterschiedlicher Briefschreiber als Problem ansehen müssen, zumal in der vorliegenden Untersuchung zur Vermeidung von Verzerrungen bei den quantitativen Vergleichen über die Briefmenge relativiert wurde. Ohne Zweifel wäre auch aus methodischen Auswertungsgründen eine Stichprobe von 100 bis 200 Schreibern anzustreben. Dann würden auch Verfahren wie die Faktoren- und Clusteranalyse zu stabilen, aussagefähigen Ergebnissen beitragen können. Dass aus der "Sammlung Sterz" nur 25 Briefschreiber zu ermitteln waren, die den Eingrenzungen dieser Untersuchung entsprachen, wurde dargelegt. Vor allem die Bedingung des Briefvorkommens zu Beginn *und* zum Ende des Krieges in der Sowjetunion erweist sich als hohe Hürde. Sie sollte aber gerade angesichts der aussagekräftigen Befunde aus diesem Zeitvergleich nicht leichtfertig aufgegeben werden. Aus anderen Archiven werden zusätzliche Briefbestände zu gewinnen sein. Der Überblick über die Bestände macht allerdings keine Hoffnung, dass sich sehr viel mehr als 20 - 30 weitere Briefschreiber ermitteln lassen, die die hier entwickelten Kriterien (gleiches Kriegsgebiet, Zeit) erfüllen. Gewarnt sei vor Versuchen, angesichts des großen Briefaufkommens eine Stichprobenvergrößerung mithilfe von öffentlichen Aufrufen / Anzeigen anzustreben. Die 16 jährige Sammlertätigkeit von Sterz wie auch die Tatsache, dass mehrere Studien trotz anfänglicher Sammlereuphorie bei eklektischen Auszügen oder der Betrachtung eines einzigen Briefbestandes enden, mögen vorschnellen Hoffnungen entgegenwirken. Gewarnt sei auch vor einer einfach anmutenden Lösung: Man könnte anstreben, bei gleichbleibendem Briefcorpus mehr Schreiber zu erfassen. Das hieße, die Anzahl der Briefe pro Autor zu reduzieren, z. B. von jedem Schreiber aus jedem Zeitabschnitt nur 1 - 2 Briefe zufällig auszuwählen und dafür die

Autorenzahl zu erhöhen. Hier wurde ein anderer Weg beschritten: Aus den definierten Zeiträumen wurden (mit einer Ausnahme eines 'Vielschreibers') alle Briefe untersucht. Es sei zwar nicht bestritten, dass kaum ein Informationsverlust eingetreten wäre, wenn aus manchen umfangreichen Briefbeständen nur eine Zufallsauswahl aufgenommen worden wäre. Aber es gibt auch seltene und zugleich aussagekräftige Mitteilungen (wie zu "Feindbild", "Juden" oder auch "Selbstverstümmelung"). Sie erlangen nicht durch Quantität Bedeutung, sondern sagen schon bei einmaliger Nennung viel über die Einstellungen des Soldaten aus. Die Gefahr bei einer zufallsreduzierten Briefauswahl wäre, dass man nur inzwischen Bekanntes über die "Standardthemen" herausfindet, die Zwischentöne aber nicht wahrnimmt. Schwierigkeiten der Interpretation würden sich dann bei jedem Versuch der Generalisierung auftun. Es stellt ja schon für diese kleine Zahl der Briefschreiber eine gewagte Verallgemeinerung dar, dass sie über die 'seltenen' Themen "nichts" oder "wenig" schreiben; denn nicht auszuschließen (wenn auch nicht wahrscheinlich) ist, dass ihre Kriegsbriefe aus den Jahren 1939 / 40 oder 1945 das Gegenteil zutage fördern.

In einer Art "screening" wurden die Briefe mit einem thematisch breit angelegten Kategoriensystem untersucht. Erst mit den Befunden tritt hervor, welche Ergebnisse trivial erscheinen und kaum einer weiteren Validierung bedürfen (das gilt insbesondere für die Bedeutung der "Standardthemen") und welche überraschen. Für letztere würde der Aufwand 'lohnen', sie an größeren Briefbeständen zu überprüfen. Dies könnte z. B. anhand der 2.000 Seiten Briefexzerpte in der "Sammlung Sterz" geschehen. Es sei aus dem kursorischen Überblick berichtet, dass die wesentlichen Befunde, die an den Briefen von 25 Soldaten gewonnen werden, durch diese Exzerpte gestützt werden; wo es herausragende Nuancen gibt, wurde die Studie um solche Aspekte angereichert. Der im einzelnen nicht nachvollziehbare Entscheidungsweg bei der Zitatauswahl durch Sterz lässt allerdings eine zweifelsfreie Validierung auf diesem Wege obsolet werden.

2. Noch einmal zum Kategoriensystem[4]: Mit der vorliegenden Inhaltsanalyse wurden verschiedene Untersuchungen in einer durchgeführt. Es wurden allgemeine, (militär-) historische Fragen untersucht (Themengruppe 2 -5) sowie die auf die Feldpost bezogenen Äußerungen (Themengruppe 7). Angeregt durch ein Analyseschema von Tomkins zu Werten, Motiven und Einstellungen wurden Kategorien entwickelt (Themengruppe 6). Die Praxis zeigte, dass das Analyseinstrument insgesamt handhabbar war und die Zuverlässigkeit eine Anwendung erlaubte. Diesem Ziel dient auch die Liste von Beispielen zu den Kategorien, die eine Codiererschulung ermöglichen. Mit geringfügigen Ergänzungen und Akzentverschiebungen wäre das Kategorienschema insgesamt auch tauglich für die

Untersuchung der Feldpostbriefe von anderen Kriegsschauplätzen (Westen, Nord- und Südosteuropa, Afrika), ja evtl. sogar der Feldpost anderer Armeen. Es wäre zu prüfen, wieweit es auch zur Analyse anderer Gattungen (Tagebuch, Erinnerungsliteratur) weiterentwickelt werden kann. Die Kategorienerhebung ermöglichte eine quantitative Aussage über Themenentwicklungen und bereitete damit einen qualitativen Zugang vor. Probleme liegen weiterhin bei der Gewichtung der unterschiedlichen Brieflängen wie auch bei der Einheitendefinition. Das Kategoriensystem mag mit insgesamt ca. 90 Einzelthemen beim ersten Blick 'überdifferenziert' erscheinen. In der Anwendung erweist sich die Themenaufgliederung aber als hilfreich; sie vermeidet Ambiguitäten und trägt zu einer Erhöhung der Zuverlässigkeit bei. Gerade bei häufigen "Standardthemen", bei denen es einen "Deckeneffekt" gab, wäre sogar eine weitere Differenzierung zu bedenken.

Auf eine computergestützte Analyse der Briefe wurde verzichtet. Es sei nicht bestritten, dass diese Methode[5] bei Wortfeldanalysen gerade umfangreicher Texte hilfreiche Anhaltspunkte geben kann. So könnte im vorliegenden Fall von Interesse sein, wie sich das Wortfeld "Angst, Sorge, Unruhe" usw. über die Zeit darstellt. Auf die erheblichen methodischen Probleme wurde hingewiesen (Kap. 3). Man darf sich keine "Ersparnis" erwarten; die Eingabe umfangreicher Texte bleibt die Voraussetzung dieses Verfahrens. Vor allem aber: Es enthebt nicht der Notwendigkeit einer Begegnung mit dem Text selbst und einer hermeneutischen Interpretation der Zusammenhänge. So würde eine festgestellte Zunahme des Wortfelds "Angst / Sorge" allein recht wenig aussagen im Vergleich zu dem hier vorgenommenen Versuch, anhand der entsprechenden Textpassagen das komplexe Verhältnis von Angstvermeidung (eigene Angst) und Besorgnisbetonung (im Hinblick auf die Angehörigen zu Hause) auszuloten (vgl. Kap. 7.5).

3. Weiterführende Fragen

a) Innerhalb des vorgenommenen Untersuchungsdesigns:
- Es gibt Themen, hier unter anderen Punkten subsumiert, die weitergehende Betrachtung verdienen. Ein Beispiel ist das Bild von der eigenen und der gegnerischen Truppe. Überprüft im Zeitverlauf, könnte man hieran Wandel und Stabilität im Selbst- und Fremdbild nachzeichnen. Oft handelt es sich im untersuchten Bestand aber auch um Bagatellaussagen.
  - Zu kurz kam auch das Thema "Glück". Immerhin, das mag überraschen, handelt jeder 6. Brief davon. Meistens geht es um das kleine Alltagsglück: beim Empfang von Feldpost und bei den "Landseridyllen" (Kap. 7.5). Aber es gibt Äußerungen der Glückes, die darüber hinausgehen: in Verbindung mit über-

standener Gefahr oder auch mit Bewährung und Herausforderung - auch dies eine
Facette, warum die Soldaten den Kriegsalltag so lange ertragen.

- Auszubauen wären Vergleiche zwischen Untergruppen, die sich nicht nur
auf Personenmerkmale gründen, sondern auf Themenpräferenzen. Man könnte,
ausgehend von Themen wie "Ehrgeiz" oder "Vertrauen in die NS-Ideologie", die
Gruppe einteilen in solche mit hohen bzw. niedrigen Ausprägungen und dann
weiter fragen, wie sich diese Gruppen hinsichtlich anderer Themen unterscheiden: ob sie ein unterschiedlich ausgeprägtes Feindbild haben, ob sie Gefühle wie
Angst unterschiedlich mitteilen. In Ansätzen wurde dies versucht bei dem Vergleich zwischen "Aufsteigern" und "Nicht-Aufsteigern" (Kap. 7.3), dort aber
ausgehend von den Dienstgraden.

b) Über den Rahmen dieser Stichprobe hinausgehend ergeben sich zahlreiche
Fragen, könnte das Problem der Quellengewinnung gelöst werden:
- Eine größere Stichprobe, bei der die Konfundierung von Rang, sozialer
Schicht, Alter und Adressat vermieden wird. In dieser Gruppe gab es z. B. charakteristische Themenschwerpunkte (bzw. -vermeidungen) bei älteren Gefreiten,
die im Nachschub eingesetzt waren und die an ihre Frauen schrieben. Eine
größere Stichprobe sollte klären helfen, ob sich die Befunde auch finden lassen
für junge Gefreite oder für Unteroffiziere im Nachschub, die an ihre Eltern
schreiben. In einigen Zweifelsfällen wird man erst dann belegen können, auf
welche Faktoren eine bestimmte Themenwahl zurückgeht.
- Bilaterale Bestände, also die Briefe von der Front in die Heimat und von
dort an die Front, sind in den öffentlichen Beständen selten. Insgesamt dürften sie
in privater Hand aber durchaus häufig vorkommen, gerade sie werden als Fa-
milienschatz gehütet. Es liegt auf der Hand, dass erst eine solche Quellenzusam-
menstellung etwas über die *gemeinsame* Konstruktion der Weltbilder im Krieg
zutage fördert.
- Die Briefe von denselben Soldaten an verschiedene Adressaten - Eltern,
Ehefrau, Behörden - können Aufschluss geben über die Modulationsfähigkeit der
eigenen Schilderung. In dieser Untersuchung klang dies einmal an mit der selbst-
reflexiven Äußerung eines Soldaten, der seine verschiedenen Briefstile in Abhängigkeit von den Adressaten beschrieb (Schuster, Kap. 4.1.2 und 7.5.1).
- Systematische Vergleiche zwischen den Feldpostbriefen von unterschiedlichen Kriegsschauplätzen könnten das Spezifische der Briefe aus dem Osten
erhellen. Im Vergleich mit Feldpostbriefen z. B. aus Afrika wäre herauszuarbeiten, wieweit das (stilisierte) Selbstbild einer 'sauberen Armee in fairer Auseinandersetzung' dort in die Feldpost Eingang findet. Wenn die Soldaten in Afrika
oder in Westeuropa weniger auf ein abwertendes Feindbild zurückgreifen als in

der Sowjetunion, würde die selbststabilisierende Bedeutung eines solchen Feindbildes im Vernichtungskrieg noch einmal akzentuiert hervortreten.

- Bei Soldaten, die an verschiedenen Fronten eingesetzt sind, kann die Wirkung des Wechsels untersucht werden. Zu vermuten wären Entlastungseffekte, wenn die Briefschreiber aus dem Osten in den Westen versetzt wurden. Kamen mit dem Abstand vom Ostkrieg auch Normen und Werte aus Vorkriegszeiten wieder mehr zu Bewusstsein und kamen im räumlichen Abstand - und bei weniger strenger Zensur - unbearbeitete 'Reste' zur Sprache? Einige Indizien sprechen für eine die Aussprache fördernde Wirkung des zeitlichen Abstands - mit dem Stress lässt auch die zunächst mobilisierte Abwehr nach, Erlebnisse sind schon etwas verarbeitet und für die Mitteilung 'verträglich' gemacht. Andere Indizien sprechen dagegen, dass die Soldaten im Westen zwischen langweiligem Kasernendrill und wenigen Lustbarkeiten mehr Ruhe zur Besinnung gehabt hätten (vgl. Scharnik, Kap. 6.1.3).

c) Über den Rahmen der Quelle Feldpostbrief hinausgehend sind Tagebücher, spätere Erinnerungen oder auch die Vielzahl von Divisions- und Feldzugsbeschreibungen in der offiziellen wie der "grauen" Literatur[6] heranzuziehen. Damit könnten die Unterschiede zwischen dem Zeugnis aus unmittelbarer zeitlicher Nähe und dem Bericht unter den Einwirkungen des verarbeitenden Gedächtnisses ermessen werden.

Vor allem aber erscheint auch 50 Jahre nach Kriegsende eine vordringliche Aufgabe: die Aufklärung über die Geschichte der Wehrmacht zwischen 1941 und 1944 in der Sowjetunion. Dies kann und will eine Arbeit über Feldpostbriefe nicht leisten.

Epilog: Kriegssicherung oder Friedensanregung durch die Feldpostbriefe?

Briefe gehören unter die wichtigsten Denkmäler (...) als dauernde Spuren eines Daseins, eines Zustandes sind solche Blätter für die Nachwelt immer wichtiger, je mehr dem Schreibenden nur der Augenblick vorschwebte, je weniger ihm eine Folgezeit in den Sinn kam. Goethe [7]

Dieser Gedanke besitzt Gültigkeit in ganz besonderer Weise für Feldpostbriefe deutscher Soldaten des Zweiten Weltkriegs. Den Soldaten in der Sowjetunion war über lange Phasen weder der Ausgang dieses Krieges, noch der völlige Wechsel in seiner Bewertung vorstellbar. Selbst da, wo sie Niederlagen voraussehen mussten, konnten sie sich doch immer noch im Einklang wähnen mit den für sie maßgeblichen Normen des Dritten Reiches. Deren völlige Desavouierung machte aus Angehörigen der Wehrmacht geschlagene Männer, die sich dem Vorwurf ausgesetzt sahen, an einem verbrecherischen Krieg aktiv teilgenommen zu haben. Bemühte Ehrenbezeugungen für eine "saubere" Wehrmacht in der Nachkriegszeit kann man als Abwehr und Hinweis zugleich deuten. Noch nicht angegriffen von den späteren Fragen, teilten die Soldaten in den Briefen Einstellungen und Meinungen mit. Einer Bejahung des Regimes und seiner Ideologie, die in der Erinnerung nach 1945 tunlichst wegsortiert wurde, war in den Briefen keine Einschränkung durch die Zensur gesetzt. Allenfalls konnte eine Konvention, den Privatbrief nicht mit politischen Themen zu überfrachten, entgegenwirken. Insofern geben die Briefe im Vergleich zu nachträglichen Kriegserzählungen ein aufschlussreiches Bild über die Bereitschaft zur Konformität. Vor Mythen ist zu warnen: Der persönliche Feldpostbrief ist kein Gegengewicht zur anonymen Militärmaschinerie, das Mitleid erregende Zeugnis des "kleinen Mannes" ist kein Antipode zur mitleidlosen Strategie im Großen.

Die Frage, ob der Feldpostbrief seinen Beitrag zur Fortsetzung des Krieges leistet oder eine Mahnung zur Friedenssicherung sein kann, fordert eine zwiespältige Antwort heraus. Für die Menschen in den Zeiten des Krieges - so die Vermutung nach allen bisher dargestellten Befunden - stabilisiert der Feldpostbrief die Bereitschaft, den Krieg auszuhalten und mitzutragen; für die Menschen in der Nachkriegszeit kann er nicht nur eine Mahnung sein, sondern gerade in dem Maße, wie er in seiner Zeit zur Verdunkelung beitrug, heute einen Diskurs zwischen den Generationen anregen, der aufklärt.

In Zeiten des Krieges stabilisieren Feldpostbriefe das Kriegshandeln der Soldaten und auch die Akzeptanz durch die Angehörigen. Was sich die Strategen der Feldpostversorgung davon versprachen, ging zu einem großen Teil in Erfüllung: Die Feldpost wurde den Menschen so wichtig wie die Ernährung. Ihr Ausbleiben steigerte die Nervosität und die Vulnerabilität für alle Belastungen. Selbst wenn in kritischen Zeiten die Briefe schlechte Nachrichten aus der Heimat brachten, war dies im Sinne der 'Stabilität' der Soldaten kriegsfördernder als andauernde Ungewissheit über das Schicksal der Angehörigen. Erfuhren sie von Bombardierungen in der Heimat, blieb ihnen in der Alternativlosigkeit ihrer militärischen Einbindung oft nur die Reaktanz. Freiheit von Bedrohung war gerade bei zunehmender Niederlageerwartung nicht in Abgrenzung vom Militär, sondern in der bedingungslosen Akzeptanz des Kriegführens vorstellbar, zumal die Soldaten das, was ihrem Weltbild nach einem unterlegenen Gegner bevorstand, im besetzten Land selbst vorführten.

Was geschieht mit all den negativen Nachrichten, die im Kriegsverlauf kumulieren, im Feldpostbrief? Hier 'gelingt' es den Briefpartnern, sich auf ein verträgliches Niveau des selektiven Austauschs einzupendeln. Was Angst macht in physischer und psychischer Hinsicht, wird nach anfänglicher Offenheit ausgeblendet. Die Kommunikanden erziehen sich gegenseitig zu Verträglichkeit. Wo die Verträglichkeit gefährdet ist und dies in den Brief durchsickert, wird das Terrain durch Beruhigungsfloskeln wieder gesichert - außer in .Augenblicken der plötzlichen Enttäuschung. Unterstützt durch die Entfernung und die damit einher gehende Verklärung erfahren sie sich selbst (und bestätigen es dem andern) durch das Schreiben als liebende, anteilnehmende, damit als wertvolle Menschen. An die Stelle der Bedrohung des "integren Selbstbilds" tritt die Wiederherstellung des Selbstbildes, "indem man sich selbst seinen Wert beweist" (Steele, vgl. Kap. 2.4). Der vermeintliche Gegensatz - hier: liebender, besorgter Ehemann und Sohn in den Briefen, dort: "harter", gegen Leid abgestumpfter Kämpfer im Krieg - ist keiner, sondern beide Pole stabilisieren sich wechselseitig. Es liegt nicht eine Spaltung der Persönlichkeit vor, die durch Feldpostbriefe überlagert oder bewusst verborgen wird, es ist vielmehr eine Persönlichkeitsspaltung, die durch Feldpostbriefschreiben geradezu provoziert wird, um paradoxerweise die Integrität der Person in außergewöhnlichen Umständen zu gewährleisten.

Der Krieg fordert und fördert Aggressionsbereitschaft, die mit dem Leben im Frieden nicht zu vereinbaren ist. Wenn man den Briefen die Wirkung beimisst, dass mit ihnen auch die Selbstaufmerksamkeit des Schreibers gesteigert wird, könnte man ein Erschrecken über den Kontrast erwarten. Aber die Briefe ermöglichen auch etwas anderes: Die Soldaten können sich im Kriegshandeln durch ihre aggressionsfördernde Umgebung bestärken lassen; die evtl. aggressionshemmenden Einflüsse durch heimische kritische Nachfragen können sie sich 'ersparen', indem sie nur so viel mitteilen, wie es der heimischen Unterstützung förderlich ist. Eine solche Aufteilung entspräche sozialpsychologischen Befunden zum Zusammenhang zwischen Deindividuation und Aggressionsbereitschaft.[8] Ob Aggression in Gruppen gefördert oder gehemmt wird, hängt auch davon ab, ob sie dort positiv oder negativ bewertet wird. Anonymität erweist sich als wichtige moderierende Variable: Ist der "Täter" gegenüber denen, die der Aggression ablehnend gegenüberstehen, anonym, steigert das seine Aggressionsbereitschaft. Anonymität dämpft aber die Aggressionsbereitschaft, wenn sie denen gegenüber besteht, die die Aggression positiv bewerten. So werden Soldaten im Krieg dazu neigen, zugleich auf die Akzeptanz der eigenen Aggressionsbereitschaft durch andere Soldaten zu setzen wie auf die 'Anonymität' (in diesem Segment ihres Handelns) gegenüber den etwas distanzierteren Angehörigen zu Hause. Sie können sich diese Informationsspaltung selbst wieder als ehrenhafte, männliche Haltung gegenüber Müttern, Partnerinnen und Kindern anrechnen.

Die Feldpostbriefe bereiten damit auch die Integration der Soldaten in der Nachkriegszeit vor. Bei allen Brüchen in den Biografien wird die gemeinsame Briefbasis zwischen den Familienangehörigen den Schein einer gemeinsamen Erfahrung erwecken. Dass es ein Schein ist, der dissonante Elemente ausblendet, tritt selbst nicht mehr ins Bewusstsein. Vielleicht hat sich der Schreiber an das gute Selbstbild gewöhnt, das er über Jahre von sich gegeben hat. So wie er den Feind nicht tötete, weil er ihn hasste, sondern ihn hassen lernte, weil er ihn tötete, erfährt er sich durch das Schreiben und die positive Resonanz darauf als 'tapferen Kämpfer' für die richtige Sache und als Opfer der widrigen Verhältnisse. Wie sollte es in seinen Möglichkeiten stehen, diese dünne Basis eines Neubeginns nach dem Kriege selbst zu zerstören? In diesem Sinne haben die Feldpostbriefe für die Schreiber und Empfänger/innen weniger aufklärende, vielmehr stabilisierende Bedeutung.

Überdies dient das Aufschreiben gerade bei sperrigen Inhalten nicht unbedingt als Erinnerungsstütze, es kann vielmehr auch Hilfe zum 'Ablegen' und Vergessen sein.[9] Das Geheimnis der Versöhnung heißt Erinnerung - das ist nur der eine, zweifellos bedeutsame Topos der christlich-jüdischen Tradition. Wenn das zu Erinnernde aber so weit entfernt zu sein scheint von jeder Möglichkeit der Versöhnung - mit sich, mit anderen -, mag das Vergessen, dem man dann sogar eine zumindest auf Zeit heilsame Wirkung nicht absprechen kann, für die Aufrechterhaltung der Persönlichkeit im Alltag die Voraussetzung sein. Sigmund Freud wies darauf hin, "dass in militärischen Dingen die Entschuldigung, etwas vergessen zu haben, nichts nützt und vor keiner Strafe schützt".[10] So ist es ist eine merk - würdige Konstellation, dass Vergessen in kaum einer Institution so wenig Gnade findet wie beim Militär, jedoch gerade in dieser Nachkriegszeit die Gnade des Vergessens so sehr gesucht wurde. Was dadurch unbearbeitet blieb, bleibt oft der zweiten oder dritten Generation.

Hier nun können "Feldpostbriefe" auch in der späten Nachkriegszeit Gewicht erhalten. Auf dem Grad zwischen privater Mitteilung und Reflexion des elementaren Kriegserlebens markieren die Briefe die Grenze, bis zu der ein Schreiber bereit war, sich mitzuteilen, über das Erlebte, über seine Gedanken und Gefühle zu berichten und dies einer bewussten Verarbeitung sowie der Interpretation eines Gegenübers auszusetzen, und zwar noch vor den 'Richtigstellungen', Begradigungen und selektiven Verarbeitungen nach 1945. Bedeutung kann dies gewinnen zunächst für das 'Selbstgespräch' der heute mit diesen Erfahrungen alt Gewordenen: Erinnern ist ein konstruktiver Prozess.[11] Ob er gelingt, hängt auch davon ab, ob die heute aktivierten "kognitiven Schemata" zu weit entfernt sind von denen, die damals herrschten, als die Erinnerungsspuren entstanden. In diesem Sinne könnten Feldpostbriefe ein 'Königsweg' zu den Assoziationsstrukturen von damals sein - sie laden die Zeitgenossen ein, ihre eigenen Erinnerungen zu aktivieren in einem breiteren Maße, als ihnen das nach dem bisherigen 'Ablegen' und mit den heute gegenwärtigen, alles überlagernden Denk- und Wahrnehmungsschemata möglich ist. Die Botschaften aus den Feldpostbriefen unterfliegen gleichsam die Abwehrstellungen des gewollten Vergessens und Vermeidens, im eigentlichen Sinne aber erst dann, wenn auch das Nachkriegswissen integriert werden kann.

Da die Briefe in der Regel an private Adressaten gerichtet waren, bietet sich auch für das Verstehen der Nachkommen gegenüber dem Erleben der Elterngeneration ein fruchtbarer Weg an, waren doch die Mitteilungen aus jener Zeit schon einmal dazu gedacht, den nur subjektiven Horizont des Schreibers zu überwinden. Hierin mag der in vielen Einzelfällen berichtete starke Eindruck begründet sein, den Kinder der Kriegsgeneration haben, wenn sie die Briefe der eigenen Eltern und Verwandten aus jener Zeit lesen. Es findet eine vorher so nicht mögliche Begegnung statt, wie sie im Austausch von anklagenden Fragen und bruchstückhaften oder stereotypen Kriegserzählungen kaum zu erwarten war.

So kann zu der Frage, wie die Betroffenen selbst ihre Geschichte verarbeiteten, heute als ein weiterer Untersuchungsgesichtspunkt hinzutreten, wie dieses Briefmaterial später in der Familie, bei den "Erben" wirkt. Die Erforschung von Familienentwicklungen wendet sich den Fragen zu, welche Bedeutung gerade der nationalsozialistische Zeitabschnitt für die Kinder der damals betroffenen Generation hat.[12] Unter dem Aspekt der Familiendynamik sieht Stierlin in der Auseinandersetzung mit der jüngsten Geschichte die Aufgabe: "Die historischen Fakten zu suchen und zu bewerten; uns unserer Geschichte zu stellen, sie anzunehmen und sie zu wählen. In der Tat eine komplexe Versöhnungsaufgabe." Den Dialog zwischen den Generationen sieht er als eine Voraussetzung, um

Antworten auf die Fragen zu finden: "Welche wesentlichen Ziele, Erwartungen, Werte, Loyalitäten und Aufträge bestimmen mein Leben? Wo liegen ihre Ursprünge; wie wurden sie überliefert? Welche Quellen von Kraft und Integrität finde ich in meinen Eltern, Verwandten, meinen Vorfahren, meinem Volk?"[13] Briefe, die von Großeltern- und Eltern einst in einem Alter verfasst wurden, in dem heute die Erben dieser Mitteilungen sind, können auf eine spezifische Weise die Erinnerung und das Gespräch anregen.

Liegt hier eine Antwort auf die Frage, warum die Sammlungen und Forschungen zum Thema "Feldpost des Zweiten Weltkriegs" zwischen dem 40. und 50. Jahrestag des Kriegsendes so zugenommen haben? Dann wäre es mehr als eine bloße Zeitströmung oder Modeerscheinung und ließe sich auch nicht allein durch die Öffnung der Geschichtswissenschaft für "populare Quellen" und "Alltagsgeschichte" erklären. Es wäre dann auch Ausdruck einer wechselseitigen Bereitschaft der Generationen, ins Gespräch zu kommen: Von der einen Seite die Bereitschaft, die Briefe, und damit das Hintergrundwissen, nicht zu vernichten oder verbissen festzuhalten, sondern "mit - zu - teilen", von der anderen Seite, die mit zunehmendem Abstand weniger in Kämpfen der Abgrenzung von der Kriegsgeneration befangen ist - sich "einzuhören" und "einzulesen" in die Geschichte von damals, mitunter riskierend, dass die vermeintlichen Unterschiede in Wahrnehmung, Denken und Fühlen an empfindlichen Punkten der Selbstwahrnehmung kleiner ausfallen als es liebgewonnenen Selbstbildern entspricht.

Anmerkungen

Einleitung

1 W. v. *Humboldt*: Brief an Charlotte Diede; nach A. *Wellek*: Zur Phänomenologie des Briefes. In: Die Sammlung. Zeitschrift für Kultur und Erziehung. 15 Jg. 1960, S. 352.

Zu Kap. 1: Deutsche Feldpostbriefe im Zweiten Weltkrieg

1 V. R. *Berghahn*: NSDAP und "Geistige Führung" der Wehrmacht 1939-1943. In Vjh. f. Zeitgeschichte 17. Jg., 1969, S. 17 u. S. 70. Berghahn übernimmt hier das Urteil aus einer Statistik von Feldpostprüfstellen.

2 Kriegsbriefe gefallener Studenten. Hrsg. v. Ph. *Witkop*. München 1928. Kriegsbriefe gefallener Studenten 1939-1945. Hrsg. v. W. *Bähr* / H. W. *Bähr*. Tübingen 1952. Ein Dokument zur Wirkungsgeschichte dieser Briefe sind die Zeilen des Theologiestudenten Siegbert Stehmann, der am 30. 6. 44 in Rumänien schreibt: "An Briefen hatte ich bisher keinen Mangel. Das ist doch die schönste Hilfe an der Front. (...) Es wäre nicht schwer, auch für diesen Krieg einen gedankenvollen und glaubensfrohen Briefband wie den der gefallenen Studenten des Weltkrieges zusammenzustellen..." (in Bähr: S. 420).

3 Zur Entwicklung der Vorworte zu Witkops Ausgabe der "Kriegsbriefe" als Indiz für den Wandel im Meinungsklima vgl. B. *Ulrich*: Feldpostbriefe des Ersten Weltkrieges - Möglichkeiten und Grenzen einer alltagsgeschichtlichen Quelle. In: Militärgeschichtliche Mitteilungen 53 (1994), S. 77.

4 *Witkop*, S. 5; Bähr, S. 466.

5 P. *Knoch*: Feldpost - eine unentdeckte historische Quellengattung. In: Geschichtsdidaktik 2/ 86, S. 156.

6 Ebda., S. 154.

7 B. *Ulrich*: "Eine wahre Pest in der öffentlichen Meinung". Zur Rolle von Feldpostbriefen während des Ersten Weltkriegs und der Nachkriegszeit. In: Lernen aus dem Krieg? Deutsche Nachkriegszeiten 1918 / 1945. Hrsg. v. G. Niedhart/D. Riesenberger. München 1992, S. 319-330.

8 Im Herbst 1925 dienten im Münchner "Dolchstoßprozess" Feldpostbriefe zur jeweiligen Untermauerung der kontroversen Positionen. Vgl. B. *Ulrich*, "Eine wahre Pest...", S. 328 f. Eine gezielte Auswertung von Feldpostbriefen unternahm auch das "Gutachten des 4. Untersuchungsausschusses der Verfassungsgebenden Nationalversammlung und des Deutschen Reichstages 1919-1930, vierte Reihe. Die Ursachen des Zusammenbruchs im Jahre 1918", 2. Abtl. Bd. II, 1. Halbb.: Gutachten des Sachverständigen Dr. Hobohm, Berlin 1929. Vgl. P. Knoch (Hrsg.): Kriegsalltag. Stuttgart 1989, S. 11, Anm. 5 und B. *Ulrich*: Feldpostbriefe im Ersten Weltkrieg. Bedeutung und Zensur, ebda., S. 40 -83.

9 In der Bibliografie sind die Feldpostbriefeditionen gesondert aufgeführt. Auf bisherige Forschungsergebnisse wird in der weiteren Darstellung an entsprechender Stelle zurückgegriffen. Vgl. den Literaturbericht in M. *Humburg*: Deutsche Feldpostbriefe im Zweiten Weltkrieg - Eine Bestandsaufnahme. In: Vogel, D. / Wette, W. (Hrsg.): Andere Helme - Andere Menschen? Heimaterfahrung und Frontalltag im Zweiten Weltkrieg. Ein internationaler Vergleich. (Schriften der Bibliothek für Zeitgeschichte - Neue Folge, Bd. 2). Essen 1995, S. 13-35.

Eine Vielzahl kleinerer Arbeiten (auch Examensarbeiten) beschreiten den Weg der Einzelfallstudien: P. *Knoch*: Kriegserlebnis als biografische Krise. In: Biografie - sozialgeschichtlich. Hrsg. v. A. Gestrich / P. Knoch / H. Merkel. Göttingen 1988, S. 86 -108. Vgl. auch: P. *Knoch*: Gewalt wird zur Routine. Zwei Weltkriege in der Erfahrung einfacher Soldaten. In: Geschichtswerkstatt, H. 16 (1988), S. 17-23. K. *Latzel*: "Freie Bahn dem Tüchtigen!" Kriegserfahrung und Perspektiven für die Nachkriegszeit in Feldpostbriefen aus dem Zweiten Weltkrieg. In: Lernen aus dem Krieg? Hrsg. v. G. Niedhart / D. Riesenberger. München 1992, S. 331-343. Latzel zeichnet in einer Verschränkung von Feldpostbriefen mit den Vorgaben des NS-Staates die Zukunftshoffnungen eines Soldaten im Ostkrieg nach und zieht eine Linie von den "Leistungs- und Aufstiegsdispositionen im Dritten Reich" zur Wirtschaftswundermentalität der 50er Jahre (vgl. die folgende Anm.). K. *Löffler*: Aufgehoben: Soldatenbriefe aus dem Zweiten Weltkrieg. Eine Studie zur subjektiven Wirklichkeit des Krieges.

(Regensburger Schriften zur Volkskunde Bd. 9). Bamberg 1992. Die Arbeit stellt anhand der 150 Briefe eines Offiziers sein Kriegserleben dar, seine Wahrnehmung der eigenen und gegnerischen Seite, sein Bild von sich selbst, seine Sprache und wie sich dies alles wandelt im Lauf der Kriegsjahre bis zu seinem Tod 1943. J. *Scherrieble*: "Der letzte Schliff". Deutsche Feldpostbriefe 1940 - 1944 und Strukturelle Biografie. (Selbstverlag) Esslingen 1990. (Examensarbeit an der Univ. Stuttgart, FB Geschichte) untersucht die Feldpostbriefe zweier Soldaten vor dem Hintergrund der Biografiefor-schung. Er verfolgt das Ziel, über die Beschreibung der persönlichen Erfahrungswelten zu einer strukturellen Biografie vorzudringen; speziell widmet er sich der Entstehung und dem Wandel des Männerbildes.

10 Diesen Anspruch erhebt auch die Dissertation von Klaus *Latzel* nicht: Deutsche Soldaten - na-tionalsozialistischer Krieg? Kriegserlebnis - Kriegserfahrung 1939-1945. Paderborn 1998. Die Hauptunterschiede zur vorliegenden Arbeit: **a)** Fragestellung und Eingrenzung: Latzel zieht zu seinem Vergleich zwischen Feldpost des Ersten und Zweiten Weltkriegs Briefe aus ganz unterschiedlichen Kriegsschauplätzen heran (Osten, Westen, Norden), während im Folgenden eine Konzentration auf den Entstehungsort Sowjetunion vorgenommen wird, um dieselben Personen über die Zeit in ihrer Entwicklung verfolgen zu können. Zwar beschreibt Latzel Merkmale der Briefschreiber, strebt aber keine Analyse in Abhängigkeit von diesen Merkmalen (Dienstgrad, Alter, soziale Herkunft; Einsatz-ort) an. **b)** Die Quellen: Latzel stützt sich auf Bestände des LHA Koblenz und des StA Osnabrück sowie einiger Privatsammlungen, nicht auf die "Sammlung Sterz", die ausschließlich der folgenden Untersuchung zu Grunde liegt. **c)** Die Methode: Latzel legt bei der inhaltsanalytischen Annäherung ein Kategorienraster an, das keine Vollständigkeit der Erhebung zu der gesamten möglichen Themenbreite anstrebt. Es bleibt zu prüfen, wieweit das komplizierte Problem in einer den Standards der Inhaltsana-lyse entsprechenden Weise angegangen wird. Soweit erkennbar, fehlt eine genaue Operationalisie-rung von Kategorien (konkrete "Beispielliste") ebenso wie eine Reliabilitätsuntersuchung (sei es eine Inter- oder Intraraterreliablität), die erst über die Zuverlässigkeit der Zuweisung von Textmerkmalen zu Themenkategorien Aufschluss gibt.
Anhaltendes öffentliches Interesse an der Quelle "Feldpostbrief" dokumentiert auch das in deutscher Übersetzung aus dem Amerikanischen erschienene Buch: St. G. *Fritz*: Hitlers Frontsoldaten. Der erzählte Krieg. Berlin 1998 (orig. 1995). In der anschaulich geschriebenen Zusammenstellung mischen sich Feldpostbriefe, Tagebücher, Memoiren, mündliche Berichte - alle übernommen aus der Sekundär-literatur ohne eine Differenzierung der Quellen und deren Aussagewert - zu einem thematisch geglie-derten Kaleidoskop von Eindrücken, die wohl oft zutreffen, manchmal aber auch beliebig bleiben und manchmal auch in die Irre führen (so die Schlussfolgerungen auf das höhere Bildungsniveau der deutschen Soldaten aufgrund des Briefstils, der aber in den herkömmlichen Sammlungen auf ein nicht repräsentatives Auswahlverfahren 'aussagekräftiger', 'gehaltvoller' Briefe zurückgeht, vgl. S. 18) , wie schon der Titel kaum eine Rechtfertigung finden kann angesichts der weitgehenden Unklarheit über die jeweiligen Einsatzorte der zitierten Soldaten.
11 Das andere Gesicht des Krieges. Deutsche Feldpostbriefe 1939-1945. Hrsg. v. O. *Buchbender* / R. *Sterz*. München 1982, S. 9. Zu Aufbau und Organisation der Feldpostversorgung zwischen Deutsch-land und den besetzten Gebieten der Sowjetunion: B. *Schmitt* / B. *Gericke*: Die deutsche Feldpost im Osten und der Luftfeldpostdienst Osten im Zweiten Weltkrieg. Archiv für deutsche Postgeschichte, 1969, Heft 1. B. *Gericke*: Die deutsche Feldpost im Zweiten Weltkrieg. Eine Dokumentation über Einrichtung, Aufbau, Einsatz und Dienste. Archiv für Deutsche Postgeschichte, 1971, Heft 1. G. R. *Ueberschär*: Die Deutsche Reichspost im Zweiten Weltkrieg. In: W. Lotz (Hrsg.): 400 Jahre deutsche Postgeschichte. Berlin 1989, S. 289-320. Zur Beschreibung der dieser Arbeit zugrunde liegenden Briefsammlung: M. *Humburg* / P. *Knoch*: Sammlung Sterz in der Bibliothek für Zeitgeschichte in Stuttgart. In: Der Archivar Jg. 44, 1991, H. 4, S. 698-700.
12 K. *Ziegler*: Erinnerungen an die Feldpost im Kriege 1939 - 1945. (1950) (Ungedr. MS im Deut-schen Postmuseum, Frankfurt; auch als: Rundbrief 20 der AG Feldpost, Mai 1980).
13 *Gericke*, Die deutsche Feldpost, S. 11. Aufbau und Einordnung des Feldpostverkehrs wurden durch die Feldpostvorschrift vom 22.7. 1938 (H.Dv. 84/ M. Dv. Nr. 892/ L. Dv. g. 84) geregelt.
14 Der Krieg hier ist hart und grausam! Feldpostbriefe an den Osnabrücker Regierungspräsidenten 1941-1944. Hrsg. v. W. - D. *Mohrmann*. Osnabrück, 1984, S. 28, Anm. 32: Der Herausgeber verweist auf die Stadtarchive in Münster, Bielefeld und Lüneburg, in denen während des Kriegs Feldpostbriefe systematisch gesammelt wurden, die zum großen Teil inzwischen aber vernichtet sind. Mohrmann-

spricht von einer "ganz Deutschland erfassenden Kommunikationsbewegung" und führt einige weitere Beispiele lokaler "Feldpost"- Initiativen an. (S. 15; S. 27, Anm. 18).
Ein Beispiel für die "Feldpost" als Broschüre ist die monatlich erscheinende "Feldpost für Hamburgs Soldaten", hrsg. vom Hamburger Tageblatt, heute in Einzelexemplaren noch vorhanden in der "Forschungsstelle zur Erforschung des Nationalsozialismus in Hamburg". Titel solcher Broschüren waren z. B. "Frauen helfen siegen" (1941), "Heimat hilft mit" (1943), oder wie die Folge 9-1 des Feldpostbriefes der Hitler-Jugend: "Härter als der Terror - unsere Parole im 5. Kriegsjahr". München 1944. Der "Völkische Beobachter" richtete im Krieg eine tägliche erscheinende "VB-Feldpost"-Seite ein. Daraus wurden im weiteren Verlauf kleine Broschüren erstellt wie "VB-Feldpost 1. Folge: Soldaten-Alltag. Soldaten erzählen Soldatengeschichten", in diesem Falle eher eine Sammlung von Schnurren zur Erbauung der Soldaten im Felde. Eine weit deutlicher propagandistische Funktion kommt einer kleinen Feldpostsammlung zu, die erste Eindrücke deutscher Soldaten in der Sowjetunion 1941 zusammenstellt und dabei insbesondere jene Zeugnisse ehemaliger Gegner der nationalsozialistischen Weltanschauung heraushebt, denen "nun die Augen über das Wesen der Sowjetmacht geöffnet wurden": Deutsche Soldaten sehen die Sowjetunion. Hrsg. v. W. *Diewerge*. Berlin 1941.
15 "Gebührenfrei sind alle zur Fp-Beförderung zugelassenen Sendungen, die in Anschrift oder Absenderangabe die Fp-Nr. tragen, mit Ausnahme der Postanweisungen und Zahlkarten, für die bis auf weiteres die Inlandsgebühren gelten." FpAmtsbl.Vfg. Nr. 2/1939 vom 11.9. 1939, S. 1, zit. nach: *Gericke*, Die deutsche Feldpost, S. 57; s. dort S. 60 zur genaueren Regelung der Gebührenordnung. Die fünfstellige *Feldpostnummer* (bei Marine und Luftwaffe ergänzt um ein vorangestelltes M bzw. L) ermöglichte eine Zustellung zum jeweiligen Truppenteil, ohne dass aus der Nummer der jeweilige Standort hervorging. Mit Hilfe der 15-bändigen "geheimen Feldpostübersicht" wurden die Nummern wieder entschlüsselt und den Truppeneinheiten zugeordnet, deren Zahl am Kriegsende auf 68000 angewachsen war; vgl. Schmitt/ Gericke, Die deutsche Feldpost im Osten, S. 5.
16 Die Wehrmacht entrichtete für die Dienste der Feldpost pauschal Gebühren an die Reichspost.
17 Reichspostminister Ohnesorge in einem Rundbrief an die obersten Reichsbehörden am 19.2. 1944, zit. nach *Ueberschär*, Die Deutsche Reichspost, S. 310.
18 "Mitteilungen an die Truppe" In: BA-MA, RW 4/ v. 357: Nr. 62, Dez. 1940; Nr. 67, Jan. 1941; Nr. 68, Jan. 1941; Nr. 99, Mai 1941; Nr. 123, Aug. 1941; Nr. 142, Okt. 1941; Nr. 144, Okt. 1941; Nr. 160, Dez. 1941; Nr. 176, Febr. 1942; Nr. 223, Sept. 1942; Nr. 355, Sept. 1944; Nr. 363, Sept. 1944; Nr. 374, Okt. 1944.
Aus den "Mitteilungen" kann man allerdings auch Hinweise auf ihre begrenzte Wirkung entnehmen, wenn im September 1942 unter der Überschrift: "Nicht abheften, nicht zirkulieren lassen, sondern bekanntgeben und lesen!" die "verantwortlichen Stellen" gebeten werden, "auf Mittel und Wege zu sinnen, dass der Inhalt der "Mitteilungen" wirklich allen Männern der Einheit bekannt wird", statt sie "auf Schreibstube fein säuberlich abzuheften und sie bestenfalls vom Kompaniechef abzeichnen zu lassen." Ebda., Nr. 223, Sept. 1942.
19 Mitteilungen an die Truppe Nr. 223, September 1942. In: BA-MA, RW 4/v. 357. Vgl. zur Feldpost als Mittel der Propaganda: O. *Buchbender* / H. *Schuh*: Die Waffe, die auf die Seele zielt. Psychologische Kriegsführung 1939-1945. Stuttgart 1983.
20 Dass die "Mundpropaganda" von linientreuen Soldaten auch gezielt für das Regime eingesetzt wrden konnte, zeigt V. R. *Berghahn*: Meinungsforschung im "Dritten Reich": Die Mundpropaganda-Aktion im letzten Kriegsjahr. In: Militärgeschichtliche Mitteilungen (MGM) 1/1967, S. 83-119.
21 OKW Amt Ausland/Abwehr v. 12. 3. 1940 Nr. 2193/40g Abw III (N). Siehe: "Vorläufige Dienstanweisung für Feldpostprüfstellen" des OKW Amt Ausland Abwehr III, in: BA-MA, RW 4/v. 312 Teil 1, sowie: Bericht des Ic/A.O. des AOK 2 vom 1. 1. 1943: "Sinn und Zweck der militärischen Feldpost-Briefzensur", in: BA-MA, RH 20-2/1276. Vgl. *Buchbender* / *Sterz*, Das andere Gesicht des Krieges, S. 14 f.
22 *Buchbender* / *Sterz*, ebda, S. 15.
23 Ebda., S. 14.
24 Ebda, S. 13.
25 Vgl. z.B. den Bestand Feldpostprüfberichte in: BA-MA, RH 20-10, Abt. Ic.
Für das Spannungsfeld, in dem diese Zensur stattfand, sind die Ereignisse in Stalingrad an der Jahreswende 1942/ 43 aufschlussreich. Die Abschlussbemerkung des dritten Zwischenberichts der für die Kesselpost aus Stalingrad zuständigen Feldpostprüfstelle beim Panzer-Armeeoberkommando 4 gibt

indirekt einen Einblick in die übliche Praxis der Zensurstelle, von der unter den gegebenen besonderen Umständen abgerückt wurde: "Es sei noch bemerkt, dass in Anbetracht der Lage in Stalingrad und des Umstandes, dass viele der Briefe die letzten und manche ausgesprochene Abschiedsbriefe sind, die Kontrolle der FPP./Pz.AOK 4 sehr großzügig gehandhabt wird. Stellen zersetzenden oder die Heimat stark beunruhigenden Inhalts werden daher lediglich mit Tinte, Blei und Tintenstift oder Gummi (je nach Schreibart) unleserlich gemacht und zwar derart unauffällig, dass die Streichung vom Briefschreiber selbst herrühren könnte." Dass dies der NSDAP-Führung noch nicht weit genug ging, ist den "Erinnerungen" des Heeresfeldpostmeisters *Ziegler* zu entnehmen. Er gibt an, dem Verlangen der Obersten Parteileitung, die Heimbeförderung von Nachrichten aus Stalingrad ganz einzustellen, um die Heimat über die dortige Lage im Ungewissen zu lassen, nicht nachgegeben zu haben. Vgl. dazu: M. *Humburg*: Die Bedeutung der Feldpost für die Soldaten in Stalingrad. In. Stalingrad - Mythos und Wirklichkeit einer Schlacht. Hrsg. v. W. Wette / G. R. Ueberschär. Frankfurt 1992, S. 68-79.

26 Eine geheime Feldpostbriefzensur ist dokumentiert im Fall des Hauptmanns Jacoby, der wegen seiner jüdischen Abstammung ins Räderwerk der Kontrolle geriet; s. dazu: *Buchbender / Sterz*, Das andere Gesicht des Krieges, S. 15 und 173 ff. Es wäre im Lichte neuer Quellen eine eigene Untersuchung wert, ob das von der Wehrmacht postulierte Prinzip der Offenheit der Zensur auch an anderen Stellen durchbrochen wurde.

27 P. *Bürgel*: Brief. In: Kritische Stichwörter zur Medienwissenschaft. Hrsg. v. W. Faulstich. München 1979, S. 30. S. *Ettl*: Anleitungen zu schriftlicher Kommunikation: Briefsteller von 1880 bis 1980. Tübingen 1984.

28 A. *Wellek*: Zur Phänomenologie des Briefes. In: Die Sammlung. Zeitschrift für Kultur und Erziehung. 15 Jg. 1960, S. 341.

29 Im Folgenden nach: Bürgel, Brief, S. 31 ff.

30 Ebda., S. 34.

31 Ebda., S. 39.

32 Ebda., S. 39 f.

33 Eine Auflistung von ca. 40 autobiografischen Darstellungen über Kindheit und Jugend in der Zeit des Nationalsozialismus bei: W. *Klafki*: Verführung, Denunzierung, Ernüchterung: Kindheit und Jugend im Nationalsozialismus. Autobiografisches aus erziehungswissenschaftlicher Sicht. Weinheim u. Basel 1988,. S. 15. Klafki beschreibt die für autobiografisches Schreiben unausweichlichen "Gefahren der Selbststilisierung, der Harmonisierung, der rückwirkenden "Konstruktion" eines vielleicht nur vermeintlich konsistenten Entwicklungszusammenhanges" und macht aus der 'Not eine Tugend', indem er in seiner Sammlung autobiografischer Berichte über Kindheit und Jugend im Nationalsozialismus Texte von Erziehungswissenschaftlern vorstellt, die "in spezifischer Weise reflexiv angelegt" sind, "nämlich unter der Perspektive erziehungswissenschaftlich bedeutsamer Fragestellungen" (ebda., S. 8-10). Einen ganz anderen Zugang mit reichem Quellenmaterial wählt H. J. *Schröder*: Die gestohlenen Jahre. Erzählgeschichte und Geschichtserzählung im Interview. Der Zweite Weltkrieg aus der Sicht ehemaliger Mannschaftssoldaten. Tübingen 1992.

34 Eine daraus erwachsende kritische Distanz durchzieht viele Rezensionen zu Autobiografien oder veröffentlichten Tagebüchern zur Zeit 1933-45. Beispiele: Zu: Nicolaus v. Below: Als Hitlers Adjutant 1937-1945. In: Militärgeschichtliche Mitteilungen (MGM) 30-1981/2, S. 244 ff.; zu: Schmückle, Gerhard: Ohne Pauken und Trompeten. Erinnerungen an Krieg und Frieden. In: MGM 35-1984/1. Zu Auseinandersetzungen wegen der Frage der Authentizität von veröffentlichten Tagebüchern vgl. MGM 14-1973/2, S. 236-241.

P. *Fussells* Beobachtung für die Literatur des Ersten Weltkriegs wird auch für die Beurteilung der rückschauenden Betrachtungen zum Zweiten Weltkrieg bedacht werden müssen: Es hat keinen teilnehmenden Betrachter des Ersten Weltkriegs gegeben, der nicht im Banne "größtenteils unbewusster Wahrnehmungs- oder Interpretationsparadigmen oder -schemata" gestanden hätte, "die ihn nur das sehen und erinnern ließen, was sehen und erinnern zu können er kulturell konditioniert war". P. Fussell: Der Einfluss kultureller Paradigmen auf die literarische Wiedergabe traumatischer Erfahrung. In: Kriegserlebnis. Hrsg. v. K. Vondung. Der Erste Weltkrieg in der literarischen Gestaltung und symbolischen Deutung der Nationen. Göttingen 1980, S. 175.

35 G. W. *Allport*: The use of personal documents in psychological science. Kap. 8: "Diaries and letters". New York 1942, S. 95-110; hier: 108 f. Einen ersten Anstoß für die Auswertung von Briefen in der soziologischen Forschung gab die Studie von *Thomas & Znaniecki*, die zwischen 1918 und 1920 die Lebenssituation polnischer Bauern vor und nach der Emigration in die USA anhand von persönlichen Dokumenten darstellte. Zur Kritik dieser Studie: S. *Paul*: Begegnungen. Zur Geschichte persönlicher Dokumente in Ethnologie, Soziologie und Psychologie. Hohenschäftlarn 1979. Dazu und allgemein zur Methode: W. *Fuchs*: Biografische Forschung. Eine Einführung in Praxis und Methoden. Opladen 1984.

36 *Bürgel*, Brief, S. 32.

37 H.-U. *Wehler*: Geschichte und Psychoanalyse. Köln 1971. W. *Wippermann*: Faschismus und Psychoanalyse. Forschungsstand und Forschungsperspektiven. In B. *Loewenstein* u.a.: Geschichte und Psychologie. Annäherungsversuche. Pfaffenweiler 1992, S. 261-274. R. *Binion*:"...dass ihr mich gefunden habt." Hitler und die Deutschen. Eine Psychohistorie. Stuttgart 1978. *Ders.*: Soundings: psychohistorical and psycholiterary. New York 1981. Vgl. auch die psychoanalytischen Studien von E. *Erikson* über historische Persönlichkeiten wie Gandhi und Luther: Der junge Mann Luther: eine psychoanalytische und historische Studie. Frankfurt 1975.

38 B. *Loewenstein* u.a.: Geschichte und Psychologie. Annäherungsversuche. Pfaffenweiler 1992. Mehrere Aufsätze dieser Sammlung sind im Grunde ein Beleg dafür, dass manche Historiker unter Psychologie vor allem die Psychoanalyse und ihre Ausgestaltungen (miss-) verstehen.. Die "Abstoßungsreaktion" der Historiker konnte nicht ausbleiben, wenn sie in Freuds Theoriegebäude den Versuch sahen, eine letztlich zu allen Zeiten im Kern "invariante Natur des Menschen" zu belegen und damit alle Veränderungen, die den Historiker zentral interessieren, als gleichsam oberflächliche Erscheinungen zu bewerten. Freuds eigenes Verhaftetsein in den Wahrnehmungsmustern seiner Zeit herauszuarbeiten, war dann eine folgerichtige Antwort einer quellenkritisch orientierten Geschichtswissenschaft. Dass in der kritischen Ablehnung von Freuds Theoriegebäude auch eine naturwissenschaftlich orientierte empirische Psychologie eine ihrer vornehmsten Aufgaben fand, dürfte von Historikern eher beiläufig zur Kenntnis genommen worden sein.
Einen weiteren Beleg für die Begegnungslosigkeit zwischen Geschichtswissenschaft und empirischer Psychologie gibt einer der ausgewiesensten 'Psycho-Historiker', Peter *Gay*. Mit seiner Studie: Kult der Gewalt. Aggression im bürgerlichen Zeitalter, München 1996, sieht Gay sich in kritischer Tradition Freuds. Er ist sich des Risikos eines allgemeinen Aggressionsbegriffs bewusst, weil darunter sehr Heterogenes subsumiert wird. Sein Lösungsvorschlag, um Erklärungslücken zu füllen, ist die Annahme eines "Bemächtigungstriebes", den Freud in einer früheren Phase als unabhängig von den Sexualtrieben postuliert, später aber nicht mehr aufgegriffen hat. Gay möchte diesem Bemächtigungstrieb aufgrund der Plausibilität und Erklärungskraft in seiner Studie "ein Hausrecht" einräumen. (S. 662). Bemerkenswert erscheint in diesem Zusammenhang, dass er die damit korrespondierenden Untersuchungen der empirischen Sozialpsychologie trotz seines enzyklopädisch angelegten Forschens nicht beachtet. Rotters Forschungen zu "Kontrolle", Seligmans Erkundung der "gelernten Hilflosigkeit" als Folge von Kontrollverlust und die Nachfolgestudien zur Abhängigkeit dieser Form der 'Nicht-Bemächtigung' von der jeweiligen Attribution (internal/external, stabil/instabil) erhalten bei Gay nicht nur kein "Hausrecht", sondern nicht einmal eine Erwähnung, obwohl er damit seine Kernthese stützen und ausdifferenzieren könnte.

39 D. Mc Clelland: Macht als Motiv. Stuttgart 1978. Mc Clelland gibt ein aus historischer und literaturwissenschaftlicher Sicht sehr fragwürdiges Beispiel für die Anwendung psychologischer Kategorien. Es geht ihm um die Beschreibung zentraler Motive (wie Macht-Motiv, Anschluss-Motiv, Hemmung), aus deren Konstellation er unterschiedliche Persönlichkeitstypen ableitet. Neben zahlreichen methodischen Kritikpunkten (so wählt er als Indiz für "Hemmung" die Anzahl des Wortes "nicht" in Geschichten), ist vor allem sein Erklärungsanspruch fragwürdig. Er will aus Märchen, Theaterstücken, Balladen einer historischen Epoche auf das Machtmotiv in dieser Zeit schließen und versucht sogar, auf dieser Basis expansiv-kriegerische und friedliche Zeitabschnitte 'im Rückblick vorherzusagen', d. h.: eine entsprechende Motivstruktur aus der Literatur der Zeit abzuleiten, die dann jeweils in Kriege oder Frieden mündete. Bei einer so verstandenen Aufpfropfung psychologischer Kategorien werden die Historiker zu Wasserträgern, die nach solchen "sozialen Faktoren Ausschau halten, die unter Umständen für die Motivänderungen verantwortlich sind, die zur Entstehung von Imperien führen" (S. 210 f.). Schließlich verkennt seine Grundannahme, von literarischen Werken auf die

Motivstruktur ganzer Schichten und Völker schließen zu können, den Unterschied zwischen Produktions- und Rezeptionsforschung. Vgl. dazu die 12 Thesen von Hans-Robert *Jauss*: Literaturgeschichte als Provokation der Literaturwissenschaft. Konstanz 1969; bes.These 7: zur möglichen Objektivierbarkeit einer literarhistorischen Rezeptionsforschung, S. 30 f.

40 Nach: M. *Sonntag*: Historische Psychologie. Zur Methodologie einer Produktionsgeschichte des Psychischen. In: Loewenstein: Geschichte und Psychologie, S. 39; darin auch: U. *Raulff*: Clio in den Dünsten. Über Geschichte und Gerüchte. Ebda, S. 99-114. Vgl. allgemein zur Begriffsbestimmung und Abgrenzung von 'Historischer Psychologie' und 'Psychohistorie': G. *Jüttemann* (Hrsg.): Die Geschichtlichkeit des Seelischen. Der historische Zugang zum Gegenstand der Psychologie. Weinheim 1986. M. *Sonntag* / G. *Jüttemann* (Hrsg.): Individuum und Geschichte. Heidelberg 1993. Zur "Mentalitätsforschung": H. *Schulze*: Mentalitätsgeschichte: Chancen und Grenzen eines Paradigmas der französischen Geschichtswissenschaft. In: GWU 36 (1985), S. 247-270. V. *Sellin*: Mentalitäten in der Sozialgeschichte. In: W. Schieder/V. Sellin: Sozialgeschichte in Deutschland. Göttingen 1987. Bd. 3, S. 101-121. Zur Kritik am Mentalitätsbegriff: G. *Tellenbach*: "Mentalität". In: Geschichte, Wirtschaft, Gesellschaft. Festschrift für Clemens Bauer. Hrsg. v. E. Hassinger, Berlin 1974, S. 11 ff.

Zu Kap. 2: Der deutsch-sowjetische Krieg

1 Aus der Fülle der Literatur hier folgende Auswahl (in alphab. Reihenfolge) : O. *Bartov*: Hitlers Wehrmacht. Soldaten, Fanatismus und die Brutalisierung des Krieges. Reinbek 1995. C. *Browning*: Ganz normale Männer. Das Reserve-Polizei-Bataillon 101 und die "Endlösung" in Polen (hierin: Kapitel 3: Die Ordnungspolizei und die Endlösung: Russland 1941.) Reinbek 1996. H. *Buchheim*: Anatomie des SS-Statates, Bd. 2. München 1967. A. *Dallin*: Deutsche Herrschaft in Russland 1941 - 1945. Eine Studie über Besatzungspolitik. Königstein 1981. J. *Förster*: Das Unternehmen "Barbarossa" als Eroberungs- und Vernichtungskrieg. In: Der Angriff auf die Sowjetunion. Das Deutsche Reich und der Zweite Weltkrieg, Bd. 4. Hrsg. v. H. Boog, u.a. (Militärgeschichtliches Forschungsamt). Stuttgart 1983. M. *Gilbert*: Der Zweite Weltkrieg. Eine chronologische Gesamtdarstellung. München 1989. H. *Heer*, u.a: Vernichtungskrieg. Verbrechen der Wehrmacht 1941-1944. Hamburger Edition 1995. H. A. *Jacobsen*: Kommissarbefehl und Massenexekutionen sowjetischer Kriegsgefangener. In: H. Buchheim, u.a.: Anatomie des SS - Staates, Bd. 2. München 1984 (4. Aufl.), S. 137-232. H. *Krausnick*: Kommissarbefehl und "Gerichtsbarkeitserlass Barbarossa" in neuer Sicht. In: VfZG, 25 (1977), S 682-738. H. *Krausnick* / H.-H. *Wilhelm*: Die Truppe des Weltanschauungskrieges. Die Einsatzgruppen der Sicherheitspolizei und des SD 1938-1942. Stuttgart 1981. H. *Michaelis*: Der Zweite Weltkrieg 1939 - 1945. Frankfurt / M. 1972. C. *Streit*: Keine Kameraden. Die Wehrmacht und die sowjetischen Kriegsgefangenen 1941 -1945. Bonn 1991. B. *Wegner*: Der Krieg gegen die Sowjetunion 1942/43. In: Der globale Krieg. Das Deutsche Reich und der Zweite Weltkrieg. Bd. 6, S. 761 - 1102. Hrsg. v. H. Boog, u.a. (Militärgeschichtliches Forschungsamt). Stuttgart 1990. A. *Werth*: Russland im Kriege 1941 - 1945. München 1965.

2 F. *Halder*: Generaloberst Halder. Kriegstagebuch. Tägliche Aufzeichnungen des Chefs des Generalstabes des Heeres 1939-1942. Hrsg. vom Arbeitskreis für Wehrforschung Stuttgart, v. H.-A. *Jacobsen* in Verbindung mit A. Philippi. Hier: Eintrag vom 31. 7. 1941, zitiert nach J. *Förster*: Hitlers Entscheidung für den Krieg gegen die Sowjetunion. In Boog, Das Deutsche Reich und der Zweite Weltkrieg. S. 14.

3 *Förster*, Hitlers Entscheidung, ebda, S. 13.

4 E. *Klink*: Die Operationsführung - Heer und Kriegsmarine. In: Das Deutsche Reich und der Zweite Weltkrieg. Bd. 4. Der Angriff auf die Sowjetunion. Hrsg. v. H. Boog u.a., a.a.O., S. 451.

5 *Michaelis*, Zweiter Weltkrieg, S. 264.

6 *Klink*, Operationsführung, S. 495 u. 499.

7 *Halder*, KTB, III, S. 170. Nach *Klink*, Operationsführung, S. 502.

8 *Michaelis*, Zweiter Weltkrieg, S. 269.

9 *Klink*, Operationsführung, S. 580.

10 Ebda., S. 507.

11 Ebda, S. 585.

12 *Michaelis*, Zweiter Weltkrieg, S. 275.

13 B.-J. *Wendt*: Deutschland 1933-1945 (Kap. VI: Deutschland im Zweiten Weltkrieg). Hannover 1995, S. 514.

14 Äußerung eines Luftwaffengenerals. Ebda., S. 526.

15 B. *Wegner*: Der Krieg gegen die Sowjetunion 1942/43, a.a.O.

16 *Wendt*, Deutschland, S. 522.

17 *Hillgruber*, nach *Wendt*, ebda., S. 524.

18 *Halder*, KTB vom 23. 7. 1942, zitiert nach *Wendt*, ebda., S. 525.

19 W. *Wette* / G. R. *Ueberschär* (Hrsg.): Stalingrad. Mythos und Wirklichkeit einer Schlacht. Frankfurt 1992.

20 *Michaelis*, Der Zweite Weltkrieg, S. 345.

21 Ebda., S. 538.

22 Ebda., S. 530.

23 Ebda., S. 455.

24 Ebda., S. 455.

25 Ebda., S. 456.

26 *Wendt*, Deutschland, S. 541.

27 J. *Förster*: Das Unternehmen "Barbarossa" - eine historische Ortsbestimmung. In: Der Angriff auf die Sowjetunion. Das Deutsche Reich und der Zweite Weltkrieg. Bd. 4, S. 1079-1088, hier: S. 1079 und B. *Wegner*, Krieg gegen die Sowjetunion 1942/43, a.a.O.

28 *Historikerstreit*. Dokumentation der Kontroverse um die Einzigartigkeit der nationalsozialistischen Judenvernichtung. Hrsg. v. R. *Augstein*. München 1987. J. *Peter*: Der Historikerstreit und die Suche nach einer nationalen Identität der achtziger Jahre. Frankfurt 1995. "Auschwitz erst möglich gemacht". Überlegungen zur jüngsten konservativen Geschichtsbewältigung. Hrsg. v. H. *Donat* / D. *Koch* / M. *Rohkrämer*. Bremen 1991. H. U. *Wehler*: Entsorgung der deutschen Vergangenheit? Ein polemischer Essay zum "Historikerstreit". München 1988. D. *Diner*, u.a.: Ist der Nationalsozialismus Geschichte? Zu Historisierung und Historikerstreit. Frankfurt 1987.

29 W. *Wette*: "Rassenfeind". Antisemitismus und Antislawismus in der Wehrmachtpropaganda. In: *Manoschek*, Wehrmacht im Rassenkrieg, S. 55.

30 R.-D. *Müller*: Von der Wirtschaftsallianz zum kolonialen Ausbeutungskrieg. In: Boog, Der Angriff auf die Sowjetunion, S. 98-189; hier: S. 107.

31 Ebda., S. 107.

32 Ebda., S. 113.

33 J. *Förster*: Die Sicherung des "Lebensraumes". In Boog, Der Angriff auf die Sowjetunion, S. 1033-1978; hier: S. 1073.

34 Ebda., S. 146 f.

35 Ebda., S. 148 f.

36 Generaloberst *Halder*: Tagebucheintrag v. 30. März 1941. Abgedruckt in: Der Weg zur Teilung der Welt. Politik und Strategie 1939-1945. Koblenz/Bonn 1977. Hrsg. v. H.-A. Jacobsen. Dok. Nr. 49, S. 109 f. Hier nach *Wendt*, Deutschland 1933-1945, S. 501.

37 *Förster*, Unternehmen Barbarossa, S. 438 f.

38 Ebda., S. 426 ff.

39 Ebda., S. 431.

40 *Wegner*, Krieg gegen die Sowjetunion 1942/43, S. 923 [Chef OKW, Weisung vom 16. 12. 1942]. Wegner nennt die gleichzeitigen Mahnungen zur "gerechten und korrekten Behandlung" der Bevölkerung "geradezu bizarr". Wegners Wortwahl macht an manchen Stellen die möglichen Loyalitätsprobleme eines Militärhistorikers deutlich, der auf Grenzverwischungen zwischen Wehrmacht und Einsatzgruppen der SS stößt, z. B. wenn er von "einer fachlich naheliegenden, politisch gleichwohl delikaten Zusammenarbeit" spricht, oder von dem "heikelsten Aspekt" der Weisung Nr. 46, der die Schreckensverbreitung durch die Wehrmacht forderte. Ebda. S. 918 f.

41 *Förster*, Unternehmen "Barbarossa", S. 426 ff.

42 *Förster*, Sicherung des "Lebensraumes", S. 1064. Die Panzergruppe 4 meldete bis zum 19. Juli 1941 "172 erledigt", die 2. Armee bis zum 24. Juli "177", die Panzergruppe 3 bis Anfang August, "etwa 170" als "gesondert abgeschoben", die 44. Infanteriedivision bis Anfang Oktober "122 erledigte Kommissare". Nur in dem einen Fall der 17. Panzerdivision unter Generalleutnant v. Arnim ist die Nichtdurchführung des Kommissarbefehls bisher bekannt geworden. Ebda. S. 1063.

43 Ebda., S. 1065.

44 Ebda., S. 1062.

45 Ebda.

46 Hitler, nach einer Aufzeichnung von Bormann über eine Besprechung vom 16. 7. 1941, IMT, Bd. 38, S. 88. Nach *Förster*, Sicherung des "Lebensraumes", S. 1037.

47 H. *Heer* / H. K. *Naumann* (Hrsg.): Vernichtungskrieg. Verbrechen der Wehrmacht 1941 - 1944. Hamburg 1995. Hier: H. *Heer*: Killing Fields. Die Wehrmacht und der Holocaust, S. 65 f.

48 Ebda., S. 67 [BA-MA RH 26-403-2, S. 69 R und weitere Angaben].

49 *Förster*, Sicherung des "Lebensraumes", S. 1050.

50 Ebda., S. 1051.

51 R. *Hilberg*: Wehrmacht und Judenvernichtung. In: Manoschek, Die Wehrmacht im Rassenkrieg, S. 25.

52 *Safrian*, Komplizen des Genozids, S. 105 [Quelle: BA-MA, RH 24-17/255].

53 *Hilberg*, Wehrmacht und Judenvernichtung, S. 28. Tagesmeldung der 62. ID vom 3. 11. 1941.

54 Ebda., S. 29. Berichte der Feldkommandantur 197 vom 20. 4. und 19. 7. 1942.

55 H. *Heer*: Killing Fields. Die Wehrmacht und der Holocaust, S. 63-65.

56 *Bartov*, Hitlers Wehrmacht, S. 144. Bartov dokumentiert am Beispiel der 12. Infanteriedivision und der 18. Panzerdivision, wie schnell die Zuschreibungen "Agent" und "Spion" exzessive Erschießungen von Zivilisten zur Folge haben konnten.

57 H. *Heer*: Die Logik des Vernichtungskrieges. Wehrmacht und Partisanenkampf. In: Heer, Vernichtungskrieg. S. 125. Zu den maßgeblichen "Richtlinien für die verstärkte Bekämpfung des Bandenunwesens im Osten" (Hitlers Weisung Nr. 46 vom 18. 8. 1942) s. *Wegner*, Krieg gegen die Sowjetunion 1942/43, S. 918 f.

58 R. *Hilberg*: The Destruction of the European Jews. Chicago 1961; dt: Die Vernichtung der europäischen Juden. Frankfurt 1990. *Ders.*: Täter, Opfer, Zuschauer. Die Vernichtung der Juden 1933-1945. Frankfurt 1992.

59 *Hilberg*, Wehrmacht und Judenvernichtung, S. 24.

60 *Förster*: Sicherung des "Lebensraumes", S. 1034.

61 Vgl. dazu: E. R. *Wiehn*: Die Shoah von Babij Jar. Das Massaker deutscher Sonderkommandos an der jüdischen Bevölkerung von Kiew 1941 fünfzig Jahre danach zum Gedenken. Konstanz 1991.

62 *Wegner*, Krieg gegen die Sowjetunion 1942/43, S. 919. Diese Befunde von Förster und Wegner kann man anführen gegenüber Omer Bartov, der an der Reihe des MGFA: "Das Deutsche Reich und der Zweite Weltkrieg" "das fast völlige Fehlen jeder Erörtertung des Holocaust" kritisiert "vermutlich aus der Voraussetzung heraus, dass dieser nicht direkt mit dem Thema 'Deutschland im Zweiten Weltkrieg' zusammenhänge" in: O. *Bartov*: Wem gehört die Geschichte? Wehrmacht und Geschichtswissenschaft. In: Heer: Vernichtungskrieg, S. 610 f. *Safrian* schließt sich - noch apodiktischer - Bartovs Vorwurf an: Komplizen des Genozids. In: Manoschek, Wehrmacht im Rassenkrieg, S. 91. Kritisch kann man Safrians (a.a.O.) auszugsweise Rezeption des aussagekräftigen Briefes von Generalleutnant Leykauf sehen. Leykauf schrieb als Rüstungsinspekteur Ukraine am 2. Dezember 1941 an das Wehrwirtschafts-Rüstungsamt im OKW die Frage, "wer denn hier eigentlich Wirtschaftswerte produzieren soll", "wenn wir die Juden totschießen, die Kriegsgefangenen umkommen lassen" und die Großstadt- wie die Landbevölkerung dem Hunger ausgeliefert werde; zitiert nach G. R. *Ueberschär* / W. *Wette* (Hrsg.): Der deutsche Überfall auf die Sowjetunion. "Unternehmen Barbarossa" 1941. Frankfurt 1991, S. 338 [Quelle: Internationales Militärtribunal (IMT), Bd. 32, S. 71-75, Dok. 3257 - PS]. Die im Folgenden kursiv wiedergegebenen Briefpassagen lässt Safrian aus, sie könnten aber für die hier interessierende Frage der systematischen Wehrmachtsbeteiligung bedeutsam sein: "*Die jüdische Bevölkerung ist im unmittelbaren Anschluss an die Kampfhandlungen zunächst unbehelligt geblieben. Erst Wochen, z. T. Monate später* wurde eine planmäßige Erschießung der

Juden durch dazu eigens abgestellte Formationen der Ordnungspolizei durchgeführt. *Diese Aktion ging im wesentlichen von Osten nach Westen.* Sie erfolgte durchaus öffentlich unter Hinzuziehung ukrainischer Miliz, vielfach leider auch unter freiwilliger Beteiligung von Wehrmachtsangehörigen. Die Art der Durchführung der Aktionen, die sich auf Männer, Greise, Frauen und Kinder jedes Alters erstreckte, war grauenhaft. Die Aktion ist in der Massenhaftigkeit der Hinrichtungen so gigantisch wie bisher keine in der SU vorgenommene gleichartige Maßnahme. Insgesamt dürften bisher etwa 150.000 - 200.000 Juden in dem zum R. K. [Reichskommissariat] gehörigen Teil der Ukraine exekutiert" worden sein.

63 S. *Krakowski*: Neue Möglichkeiten der Forschung. Die Holocaust-Forschung und die Archive in Osteuropa. In: P. *Bettelheim* u.a. (Hrsg.): Antisemitismus in Osteuropa. Aspekte einer historischen Kontinuität. Wien 1992, S. 115-130.

64 B. *Bonwetsch*: Sowjetische Partisanen 1941-1944. Legende und Wirklichkeit des "allgemeinen Volkskrieges". In: G. *Schulz* (Hrsg.): Partisanen und Volkskrieg. Zur Revolutionierung des Krieges im 20. Jahrhundert. Göttingen 1985, S. 92-124. Vgl. auch: *Wegner*, Krieg gegen die Sowjetunion 1942/43, S. 911 ff. Wegner schätzt ein Anwachsen der Zahl "aktiver Partisanen" von wenigen Zehntausend Anfang 1942 bis etwa 120.000 bis 150.000 in der Zeit zwischen Sommer 1942 und Frühjahr 1943, "um danach nochmals stark anzusteigen", so dass dies "zumindest örtlich den Anstrich einer Massenbewegung" hatte. Den von sowjetischer Seite postulierten "breiten Volkskampf" stellt er aber in Abrede (a.a.O., S. 911).

65 J. *Hoffmann*: Die Kriegführung aus der Sicht der Sowjetunion. In: Boog u.a.: Das Deutsche Reich und der Zweite Weltkrieg, S. 713-809; hier: S. 780.

66 *Safrian*, Komplizen des Genozids, S. 95-97.

67 *Hoffmann*, Kriegführung aus der Sicht der Sowjetunion, S. 781.

68 Ebda., S. 789.

69 C. *Streit*: Keine Kameraden. Die Wehrmacht und die sowjetischen Kriegsgefangenen 1941-1945. Bonn 1991. *Ders.*: Die sowjetischen Kriegsgefangenen in der Hand der Wehrmacht. In: Manoschek, Wehrmacht im Rassenkrieg, S. 74-89.

70 *Streit*, Die sowjetischen Kriegsgefangenen, S. 74 f.

71 *Streit*, Keine Kameraden, S.157 f.

72 *Streit*, Die sowjetischen Kriegsgefangenen, S. 83.

73 Ebda., S.81.

74 *Wendt*, Deutschland 1933-1945, S. 530.

75 *Bartov*, Hitlers Wehrmacht, S. 124 f.

76 Ebda. Bartov zitiert aus den Quellen BA-MA RH 26 und 27 aus dem Jahr 1942.

77 Ein Beispiel für einen Protest, der allerdings nur aufschiebende Wirkung hatte, gab der Erste Generalstabsoffizier der 295. ID., Oberstleutnant Groscurth, als er die Ermordung von 90 jüdischen Kleinkindern, deren Eltern bereits umgebracht worden waren, verhindern wollte. H. *Safrian*: Komplizen des Genozids. Zum Anteil der Heeresgruppe Süd an der Verfolgung und Ermordung der Juden in der Ukraine 1941. In: Manoschek, Wehrmacht im Rassenkrieg, S.109 f.

78 Nach *Safrian*, Komplizen, S. 99 ff.: AOK 6, Besondere Anordnungen für die Versorgung vom 3.7. bzw. 15. 7. 1941, BA-MA, RH 20-6/755.

79 Nach *Safrian*, Komplizen, S. 100: 44. I.D., Divisionsbefehl, 21. 7. 1941, BA-MA, RH 26-44/33.

80 Aus den Aufzeichnungen des II b Offiziers beim LV. AK, schriftliche Zusammenstellung von Befehlen und persönlichen Niederschriften des A.M., in: Zentralstelle der deutschen Landesjustizverwaltungen Ludwigsburg, Js 4/65, Bd. XX. Zit. nach Safrian, Komplizen, S. 101.

81 *Förster*, Sicherung des "Lebensraumes", S. 1050.

82 Ebda., S. 1049.

83 Ebda., S. 1056.

84 Ebda. Quelle: OK II/930 vom 1.1.1942 und 5.10.1941, BA-MA, RH 23/ 237 bzw. 228.

85 Eine heute eher skurril anmutende Steigerung von Ordentlichkeit sei nicht vorenthalten. Sie stammt aus Kleo *Pleyer*: Volk im Feld. Hamburg 1943 (S. 133). Er schreibt aus dem Frankreichfeldzug, wo seine Kompanie in einer "verwahrlosten französischen Ortschaft ein Eiland deutscher Ordnung, Sauberkeit und Behaglichkeit" geschaffen habe; die Stubenordnung stehe der Kasernenordnung kaum nach. "Eine besondere Liebhaberei von mir ist die Aufstellung der Zahnputzgläser in Linie zu einem Glied, wobei der Zwischenraum von Glas zu Glas doppelt so groß ist wie der Durchmesser der kreisförmigen Grundfläche und die Zahnbürsten mit dem Stiel im Glase stehend nach rechts zeigen, Borsten nach oben. Rechts von jedem Glas liegt die dazugehörige Zahnpaste, so zwar, dass der vordere Rand der Tubenschraube mit dem vorderen Rand des Glases abschneidet. Auch solche Dinge erziehen zu Ordnung und Genauigkeit. Jedes Soldatenherz hat seine kleine Freude daran." Das Buch des im März 1942 im Osten gefallenen Pleyer wurde im gleichen Jahr von dem Kuratorium des Volkspreises der deutschen Gemeinden und Gemeindeverbände für deutsche Dichtung als Preisbuch ausgezeichnet.

86 *Wendt*, Deutschland 1933-1945, S. 690.

87 Ebda.

88 M. *Messerschmidt*: Die Wehrmacht im NS-Staat. Zeit der Indoktrination. Hamburg 1969. *Ders.*: Die Wehrmacht als tragende Säule des NS-Staates (1933-1939). In: Manoschek, Wehrmacht im Rassenkrieg, S. 39-54.

89 *Messerschmidt*, Wehrmacht als tragende Säule, S. 41.

90 Ebda., S. 42. Quelle: BA-MA, H 24/6.

91 Der Reichswehrminister - Nr. 600.35 g. J IV a - vom 16. April 1935. (In: BA-ZNS vorl. P. XXIX u. XXXVIII) Zit. Nach: R. *Absolon*: Die Wehrmacht im Dritten Reich. Boppard 1975. Bd. III, S. 11.

92 *Messerschmidt*, Wehrmacht als tragende Säule, S. 45.

93 Allgemeine Grundlagen zum Thema, mit Literaturverweisen: H. *Berding*: Moderner Antisemitismus in Deutschland. Frankfurt/M. 1988. Bes. S. 226 - 259.

94 *Messerschmidt*, Wehrmacht als tragende Säule, S. 44.

95 Ebda., S. 48 f.

96 *Wette*, Rassenfeind, In: Manoschek, Wehrmacht im Rassenkrieg, S. 57.

97 W. *Wippermann*: Der "deutsche Drang nach Osten". Ideologie und Wirklichkeit eines politischen Schlagwortes. Darmstadt 1981. Ders.: Wie modern war der "Generalplan Ost"? Thesen und Antithesen. In: Der "Generalplan Ost". Hauptlinien der nationalsozialistischen Planungs- und Vernichtungspolitik. Hrsg. v. M. Rössler / S. Schleiermacher. Berlin 1993, S. 125-130.

98 *Wette*, Rassenfeind, S. 63 f. Quelle: Mitteilungen für die Truppe, hrsg. vom Oberkommando der Wehrmacht. Nr. 116 (Juni 1941) und Nr. 264 (Mai 1943).

99 Ebda., S. 63 f. Wie fließend die Übergänge in der Kriegspraxis wurden, erhellt die Erklärung des Generals der Panzertruppen Hans Röttiger, 1942/43 Chef des Generalstabes der im Osten stehenden 4. Armee und 4. Panzerarmee unmittelbar nach dem Krieg: Er sei zu der Erkenntnis gekommen, "dass die Bandenbekämpfung, die wir führten, im Endziele den Zweck hatte, den militärischen Bandenkampf des Heeres dazu auszunutzen, um die rücksichtslose Liquidierung des Judentums und anderer unerwünschter Elemente zu ermöglichen." Diese ursprüngliche Erklärung vom 28. 11. 1945 (aus dem Nachlass Röttiger, BA-MA N 422/11, Bl. 3) ersetzte Röttiger, vermutlich nach Rücksprache mit seinem Rechtsanwalt, durch andere 'gereinigte' Aussagen, in denen dann nur noch von den Führern und Agenten die Rede war, und davon, dass die "Haupträdelsführer" dem SD übergeben worden seien, dessen weitere Behandlung der Gefangenen "uns nicht bekannt" war. Nach: M. *Messerschmidt*: Vorwärtsverteidigung. Die "Denkschrift der Generäle" für den Nürnberger Gerichtshof. In: Heer, Vernichtungskrieg, S. 532.

100 *Browning*: Ganz normale Männer. Das Reserve-Polizeibataillon 101 und die "Endlösung" in Polen. (Orig.: "Ordinary Men", 1992), Reinbek 1996.

101 O. *Bartov*: Hitlers Wehrmacht. Soldaten, Fanatismus und die Brutalisierung des Krieges. Reinbek 1995 (Orig. Hitler's Army, Oxford 1992).

102 *Browning*, Ganz normale Männer, S. 249 f. In einer Hinsicht wich die Gruppe vom Bevölkerungsdurchschnitt ab: Der Anteil von 25 % Parteimitgliedern bei den einfachen Bataillonsangehörigen war vergleichsweise hoch (s. S. 214).

103 Ebda., S. 211.

104 Ebda., S. 211. Vgl.: J. W. *Dower*: War Without Mercy: Race and Power in the Pacific War. New York 1986. Dowers Untersuchungen über Hass und Verbrechen im Krieg weisen auf die Allgemeingültigkeit dieser Wirkung der "Distanzierung" hin.

105 *Browning*, ebda., S. 240.

106 Ebda., S. 212 f.

107 Ebda., S. 226. Zwei Denkrichtungen der Sozialwissenschaften - jene, die individuelle psychische Eigenschaften, und jene, die situative Faktoren für bedeutsamer erklären, kommen zu entsprechend unterschiedlichen Erklärungen von Verhalten in vergleichbaren extremen Situationen: Die "Eigenschaftsorientierung" war Hintergrund bei Adornos Konzeption des "autoritären Charakters". Seine Studien, ursprünglich auch mit dem Ziel unternommen, die Gefahr eines Übergreifens von faschistischen Entwicklungen auf die USA zu ergründen, mündeten in die Darstellung eines Charaktertypus, der besonders anfällig für autoritäres Verhalten sei. Seine Merkmale seien Unterwürfigkeit gegenüber Autoritäten, aggressives Verhalten gegenüber Angehörigen von Fremdgruppen, das Bestreben, stark und durchsetzungsfähig zu sein, Destruktivität, Zynismus, die Neigung zu Klischeedenken und Aberglauben sowie zu Projektionen aufgrund nicht akzeptierter Gefühle, verbunden mit der Abneigung, sich mit den eigenen Gefühlen, Gedanken und Phantasien auseinanderzusetzten. Neben methodischen Kritikpunkten an dieser Studie wurde vor allem auch die Schlussfolgerung in Frage gestellt, dass nur faschistoid prädisponierte Menschen (solche mit hoher Ausprägung auf der eigens konstruierten 'F- Skala') zu den Tätern im Sinne des NS-Ideolgie würden, nicht aber "normale" Menschen. Th. W. *Adorno*, u.a.: Der autoritäre Charakter. Frankfurt 1969 (Orig. New York 1950). Die Gegenthese vertraten Studien, die durchaus die Entwicklungsfähigkeit ganz durchschnittlicher Menschen hin zu Brutalität und pervertiertem Gehorsam nachweisen konnten. Stellvertretend sind zu nennen die "Gefängnisexperimente" von Zimbardo und die Forschungen zum Gehorsamsverhalten von Milgram (und verschiedenen nachfolgenden Variationen des Ausgangsexperiments). C. *Haney* / C. *Banks* / Ph. *Zimbardo*: Interpersonal Dynamics in a Simulated Prison. In: International Journal of Criminology and Penology 1 /1983, S. 69-97. St. *Milgram*: Das Milgram-Experiment. Zur Gehorsamsbereitschaft gegenüber Autorität. Reinbek 1985. G. A. *Miller*: The Obedience Experiments: A Case Study of Controversy in Social Science. New York 1986.

108 *Browning*, Ganz normale Männer. S. 241.

109 Ebda., S. 222 f. Zum "Befehlsnotstand": H. *Jäger*: Verbrechen unter totalitärer Herrschaft. Frankfurt / M. 1982.

110 *Browning*, Ganz normale Männer, S.217 f. Zum "sleeper-Effekt": J. M. *Steiner*: The SS Yesterday and Today: A Sociopsychological View. In: J. E. Dimsdale: Survivors, Victims and Perpetrators; Essays on the Nazi Holocaust. Washington 1980. E. *Staub*: The Roots of Evil: The Origins of Genocide and Other Group Violence. Cambridge 1989.

111 *Bartov*, Hitlers Wehrmacht, S. 25.

112 Ebda., S. 32.

113 Ebda., S. 44. Weitere Literatur dort, S. 283, Anm. 41.

114 E. A. *Shils* / M. *Janowitz*: Cohesion an Disintegration in the Wehrmacht in World War II. POQ 12 (1948), S. 280-315; s. Bartov, S. 51 ff.

115 *Bartov*, Hitlers Wehrmacht, S. 66 und S. 86f.. Im einzelnen zeigt Bartov die Zerstörung der "Primärgruppe" am Beispiel der 6., 7. und 18. Panzerdivision, der 12. Infanteriedivision und des Regiments "Großdeutschland".

116 *Bartov*, Hitlers Wehrmacht, S. 147.

117 F. *Wüllner*: Die NS-Militärjustiz und das Elend der Geschichtsschreibung. Ein grundlegender Forschungsbericht. Baden-Baden 1991. *Ders.*: Militärjustiz und Militärpsychiatrie im Zweiten Weltkrieg. In: "Ich habe die Metzelei satt..." Deserteure - Verfolgte der Militärstrafjustiz und der Militärpsychiatrie im Zweiten Weltkrieg. Symposiumsbericht. Hrsg. von der Geschichtswerkstatt Marburg. 1992, S. 46-67. M. *Messerschmidt* / F. *Wüllner*: Die Wehrmachtsjustiz im Dienste des Nationalsozialismus. Zerstörung einer Legende. Baden-Baden 1987. Die vorgenannten Forschungen stellen eine in der Sache heute weithin akzeptierte Gegenposition zur apologetischen Darstellung der Wehrmachtsjustiz von Schweling dar: O. P. Schweling: Die deutsche Militärjustiz in der Zeit des Nationalsozialismus. Bearbeitet, eingeleitet und herausgegeben von E. Schwinge. 2. Aufl. Marburg 1978. Wüllner geht soweit, Schweling und Schwinge, selbst aktiven Wehrmachtsjuristen, "Geschichtsfälschung" vorzuhalten, da das Ausmaß der Wehrmachtsjustizverbrechen dort systematisch verschwiegen und verfälscht werde. Besonderes Gewicht hat die Praxis der Wehrmachtsjustiz vor dem Hintergrund, "dass die Militärrichter in jeder Beziehung unabhängig waren

(...) und ohne Not und Zwang gehandelt" haben. "Kein einziger Richter ist jemals gemaßregelt worden, weil er zu milde Urteile gesprochen hat." (Wüllner, Militärjustiz, S. 51; dort auch das konkrete Beispiel des Wehrmachtsjuristen Paschinger, der bei "milden" Urteilen - unterhalb der Todesstrafe - zwar mit einer Beschwerde von Juristenkollegen bei den Vorgesetzten, ansonsten aber trotz fortgesetzter gleicher Urteilspraxis mit keinen weiteren Sanktionen rechnen musste.)

118 *Bartov*, Hitlers Wehrmacht, S. 102.

119 Ebda., S. 112 f.

120 Deutsche Soldaten sehen die Sowjetunion. Feldpostbriefe aus dem Osten. Reichspropagandaamt. Hrsg. v. W. *Diewerge*. Berlin 1941. Vgl. *Bartov* a.a.O.: S. 233 ff. und Anm. 144, S. 308: Zwar erkennt Bartov die ideologische Absicht der Zusammenstellung, sieht aber "keinen Grund, die Authentizität der darin abgedruckten Briefe anzuzweifeln, zumal sie inhaltlich den nach dem Krieg zusammengetragenen Briefen vergleichbar sind." Ich teile diese Argumentation aus folgenden Gründen nicht: 1. Die Wahrscheinlichkeit der Fälschung, zumindest der starken Retusche ist anhand einer anderen populären Briefsammlung - "Letzte Briefe aus Stalingrad", auf die sich Bartov übrigens auch unkritisch bezieht, herausgearbeitet worden (vgl. J. Ebert, Zwischen Mythos und Wirklichkeit, a.a.O. Ebert bezweifelt aus seiner Kenntnis von Originalbriefen aus Stalingrad die Authentizität der "Letzten Briefe") 2. Der Zweifel an der Repräsentativität, ja sogar Echtheit der Briefe wird genährt gerade durch die Unterschiedlichkeit im Tonfall und die ideologische Schärfe der 'umstrittenen' Feldpostbriefe im Vergleich zu den 'normalen' Briefen. Genauere Lektüre der Passagen, die Bartov aus Diewerge zitiert, zeigen eine viel schärfere, auf 'Ausmerzung' und Vernichtung der Juden gerichtete Sprache, als in den authentischen Briefen; zwar gibt es solche hetzerischen Schreibweisen auch in den Sammlungen authentischer Briefe, sie stellen dort aber nur eine unter recht verschiedenen Weisen der ideologischen Argumentation der Soldaten dar. So entsteht bei Bartov ein zu monolithisches Bild, ganz im Sinn seiner These von der ideologisch durchdrungenen Wehrmacht. Etwas anderes aber bleibt bemerkenswert an einer Ausgabe wie der von Diewerge: die Offenheit des Vokabulars, mit dem 1941 dem Judenmord das Wort geredet wird. Von Geheimhaltung der Absichten ist da nicht viel zu spüren, vielmehr von einem Versuch, das eigene radikale Vorgehen als 'Gegenwehr' oder 'Vorsorge' zu rechtfertigen.

121 Th. *Kühne*: Kameradschaft - "das Beste im Leben des Mannes". Die deutschen Soldaten des Zweiten Weltkriegs in erfahrungs- und geschlechtergeschichtlicher Perspektive. In: Geschichte und Gesellschaft 22 (1996), S. 504-529; hier: S. 506 f., Anm. 14.

122 *Bartov*, Hitlers Wehrmacht, S. 271 f. Bartov tritt damit explizit Historikern entgegen, die wie M. Messerschmidt oder H. Mommsen bei aller Aufklärung der "dunklen Seiten der Erinnerung" in diesem Punkt unter der "kollektiven Amnesie" leiden würden und die Soldaten der Wehrmacht als wenig beeinflusst und beeindruckt von der Nazi-Propaganda darstellten (ebda., S. 276 f).

123 Vgl die Debatte zu Daniel J. *Goldhagen*: Hitlers willige Vollstrecker. Berlin 1996. J. H. *Schoeps*: Ein Volk von Mördern? Die Dokumentation zur Goldhagen - Kontroverse um die Rolle der Deutschen im Holocaust. Hamburg 1996. W. *Wippermann*: Wessen Schuld? Vom Historikerstreit zur Goldhagen-Kontroverse. Berlin 1997. Neuere, hier noch nicht berücksichtigte quellenkritische Kritik an Goldhagen erfolgt durch N. *Finkelstein* in: New Left Review, Juli /August 1997; dazu Der SPIEGEL, Nr. 33 und Nr. 34 / 1997. C. *Browning*: Daniel Goldhagens willige Vollstrecker. In: Der Weg zur "Endlösung". Bonn 1998, S. 161-182.

Goldhagens These: 1. Die Zahl der Täter, die am Holocaust beteiligt waren, ist weit größer als bisher angenommen. Er schätzt sie auf 100.000 bis ½ Million Deutsche, unterstützt von Hilfspersonal aus anderen Ländern. 2. Angesichts der willfährigen und selbstverständlichen Ausführung so zahlloser Mordaufträge - nicht nur in den Lagern, sondern eben auch im Kriegsalltag, bei Deportationen und Todesmärschen - kann als Motiv im Kern nur eine bereitwillige, bejahende Grundhaltung zum Massenmord angenommen werden; alle weiter differenzierenden Gründe (wie sie oben mit der Position Brownings dargestellt werden) mögen eine Rolle spielen, reichen aber zur Erklärung nicht aus. 3. Dies vorausgesetzt, muss es bei den Deutschen eine Disposition / eine über Jahrhunderte zurück verfolgbare Spur eines "eliminatorischen Antisemitismus" geben, der nicht nur Ablehnung, sondern Vernichtung der Juden in sich birgt. So war der Massenmord an den Juden keine Tat weniger Verbrecher, sondern "ein nationales Projekt" der Deutschen.

Die Kritik: Vor allem mit der letzten These ruft Goldhagen Widerspruch hervor, die auf andere Genozide in der Geschichte verweist, die nicht mit dieser Vereinfachung zu erklären sind. Überdies wird der Antisemitismus zu sehr als nationales und anthropologisch begründetes Charaktermerkmal, nicht als weit verbreitetes Phänomen erkannt, das in vielen Ländern anzutreffen ist. Hans *Mommsen* fasst seine Kritik so zusammen, dass Goldhagens Buch hinter die gegenwärtige Forschungsdiskussion "auf der ganzen Linie" zurückfalle. "In ihm spiegelt sich die Weigerung, in jener Mischung von ideologischem Fanatismus, psychopathologischer Verirrung, moralischer Indifferenz und bürokratischem Perfektionismus, eben in der 'Banalität des Bösen', die Ursachen für den Holocaust, für das größte Verbrechen der Menschheitsgeschichte erkennen zu wollen. Statt dessen reduziert er die Ursachen des Holocaust auf den angeblich hypertrophen deutschen Antisemitismus, der von früh an eine Eliminierungsqualität aufgewiesen und sich dadurch vom Antisemitismus anderer Völker und Kulturen unterschieden habe." (H. Mommsen, in: Die ZEIT, 30. 8. 1996.). Goldhagen hat sich gegen diesen Vorwurf gewehrt durch den Hinweis, dass er im Antisemitismus eine notwendige, wenn auch für sich allein keine hinreichende Bedingung für den Holocaust sieht, eine Formulierung übrigens, die sich so auch ganz ähnlich bei Mommsen findet. Es bleibt aber der Dissens über den eliminatorischen Charakter und die singuläre und breite Verankerung eines solchen Antisemitismus bei den Deutschen. Mommsen: "Man kann Goldhagen das Verdienst zusprechen, hartnäckig herausgearbeitet zu haben, dass die Implementierung des Holocaust das Werk einer nachgerade erschreckend großen Personengruppe gewesen ist und dass die Geheimhaltung unzulänglich war." Dann wählt er eine Formulierung, die so kaum widerlegbar ist, gleichzeitig aber auf ein Forschungsdefizit verweist: "Dass die Verbrechen gleichwohl von der Mehrheit der Bevölkerung nicht oder nicht im ganzen Ausmaß wahrgenommen worden sind, ist ebensowenig zu leugnen und die sozialpsychologischen Ursachen dafür sind schwerlich auf einen einfachen Nenner zu bringen." In der Analyse der Ursachen für das Stillhalten der deutschen Bevölkerung bleibt der Dissens, wenn auch in der Beschreibung des Phänomens die Differenz so groß nicht sein muss. So kommt auch Mommsen zu der beunruhigenden Überlegung: "Es ist auch zu bezweifeln, dass eine verbreitete Kenntnis der Verbrechen öffentlich relevante Protesthaltungen in der Bevölkerung ausgelöst hätte." (Mommsen, in: Die ZEIT, 30. 8. 1996).
Der gegen Goldhagen vorgebrachte Hinweis, dass die Mordaktionen "geheim" gewesen seien, was doch bei einer so großen Zustimmung, wie sie Goldhagen unterstellt, nicht nötig gewesen wäre (so E. *Jäckel* in: Die ZEIT, 17. 5. 1996), übersieht, dass es auch "offene Geheimnisse" geben kann, bei denen viele etwas ahnen, aber keiner sich wegen eigenen öffentlich gewordenen Wissens verantwortlich fühlt. Dass ein ahnendes Wissen, verbunden mit nicht genauem Nachfragen, im Deutschland des Dritten Reichs für den Verbleib der Juden, die deportiert wurden, gilt, kann niemand bestreiten, der in einem Stadtviertel oder Dorf lebte, in dem auch Juden lebten, der an einem Arbeitsplatz arbeitete, wo es auch Juden gab. Aber auch für einen der kritischen und genauen Zeitzeugen wie Victor *Klemperer* bleibt es immer wieder in der Schwebe, in welchem Verhältnis bei den "Ariern" in seiner Umgebung Gleichgültigkeit, Mitwisserschaft und Akeptanz gegenüber antisemitischen Maßnahmen stehen. (V. Klemperer: Ich will Zeugnis ablegen bis zum letzten. Tagebücher 1933-1945. Berlin 1995.) Er selbst hat erste Kenntnis von Auschwitz "als furchtbarstes KZ" seit März 1942. (16. 3. 1942, Bd. 2, S. 47). Aber immer wieder beschreibt er "die Ahnungslosigkeit im Punkt des Judenelends" bei seinen Zeitgenossen. (19. 4. 1942, Bd. 2, S. 66). "Eigentümlich und mir unerklärlich, wie in den Regierungsmaßnahmen der öffentliche Terror der Abschreckung und die geheime Grausamkeit Hand in Hand gehen. Gegen die Juden wird maßlos gehetzt - aber die schlimmsten Maßnahmen gegen sie werden vor den Ariern verheimlicht. Selbst nahestehende Leute kennen weder die kleinen Schikanen noch die grausigen Morde." (30. 1. 1943, Bd. 2, S. 324).
So kommt Klemperer bei allem Zorn gegenüber den großen und kleinen Tätern doch nicht zu einem pauschalen Urteil gegenüber den Deutschen. Seine Einzelbeobachtungen registrieren sowohl die durchschlagende Wirkung der Propaganda wie auch die Angst - "das stärkste Gefühl im Volke" (19. 3. 1942 und 10.1. 1945, Bd. 2, S. 498 u. 638).
Trotz aller begründeten Kritik an Goldhagens verallgemeinernder, alle Deutschen einbeziehenden These sei doch die Frage gestellt, ob man es ihm vorwerfen kann, wenn er die Vertreibung und schließlich die Vernichtung der Juden als "nationales Projekt" wahrnimmt; die Mithilfe von 100.000 und mehr Deutschen (genaue Zahlen gibt es bisher nicht) und ihrer Verbündeten, die schleichend sukzessive Offenlegung der Begründungen in der Propaganda, wenn auch die letzte "Wegstrecke" der Geheimhaltung unterlag; das Spektrum öffentlicher Reaktionen gegenüber den bekannt gewordenen Maßnahmen seit 1933 von ängstlicher oder gleichgültiger Zurückhaltung bis zur Zustimmung - bei völligem Fehlen

eines wenigstens in Ansätzen organisierten, über individuelles Mitleid und vereinzelte Hilfsmaßnahmen hinausgehenden Widerstandes, wie es ihn z. B. in Dänemark oder in Frankreich gab: Es gab schon "Projekte", die bei weniger Beteiligung und geringerer ideologischer Unterstützung als "nationale" angesehen wurden.

Goldhagen bleibt in der Verallgemeinerung widersprüchlich: Er spricht immer wieder von *den* Deutschen, hält ausdrücklich alle Deutschen für potentiell aktiv am Völkermord Beteiligte, wehrt aber den Vorwurf ab, eine Kollektivschuld zu unterstellen. Es erscheint angemessen, Goldhagens These abzuschwächen - und dadurch erst eigentlich zuzuspitzen: Man wird den "eliminatorischen Antisemitismus" nicht den Deutschen, weder in Gänze noch in ihrer Mehrheit, nachweisen können - aber es 'reichte' für den Massenmord, dass die Staatsspitze und viele Handlanger auf allen Ebenen der Gesellschaft ihn vorantrieben, um ihn zu einer solch umfassenden brutalen Realität werden zu lassen. Diese 'Abschwächung' der These Goldhagens gibt damit in keiner Weise Anlass zu voreiliger Beruhigung.

124 H. *Seyle*: The general adaptation syndrom and the dieseases of adaptation. In: Journal of Clinical Endocronology, 1946, 6, S. 117-230. H. *Seyle*: Stress, Bewältigung und Lebensgewinn. München 1974. Zum Überblick: L. *Laux*: Psychologische Stresskonzeptionen. In: Theorien und Formen der Motivation. Enzyklopädie der Psychologie. Motivation und Emotion, Bd. 1, S. 453-535. J. R. *Nitsch*, u.a.: Stress. Theorien, Untersuchungen, Maßnahmen. Bern 1981. H. *Thomae*: Conceptualizations of responses to stress. In: European Journal of personality, 1 (1987). Feldpostbriefe allein geben wenig Aufschluss über die Effizienz verschiedener Stressbewältigungsweisen. Dass diese Effizienz ein zentrales eigenes Forschungsgebiet darstellt, zeigt die gesamte militärpsychiatrische Literatur zum Umgang mit traumatisierenden Erfahrungen; s. dazu: J. E. *Meyer*: Die abnormen Erlebnisreaktionen im Kriege bei Truppe und Zivilbevölkerung, und weitere Beiträge in: Psychiatrie in der Kriegszeit. Psychiatrie der Gegenwart. Forschung und Praxis, Bd. 3 (Soziale und Angewandte Psychiatrie, Abschn. D, S. 568-836). Hrsg. v. H.W. Gruhle / R. Jung. Berlin, Göttingen, o.J. H. *Krystal* / W. G. *Niederland* u.a.: Psychic Traumatization: Aftereffects in Individuals and Communities. Boston 1971. Siehe auch verschiedene Beiträge zu "The stress of war on a society" und "Treatment of posttraumatic neurosis in soldiers" in: Stress and anxiety, Vol. 8, Hrsg. v. Ch. D. *Spielberger* / I. G. *Sarason*. Washington, New York 1982.

125 *Laux*, Stresskonzeptionen, S. 459.

126 Ebda., S. 466.

127 C. N. *Cofer* / M. H. *Appley*: Motivation: Theory and research. New York 1964. Hier nach: Laux, Stresskonzeptionen, S. 513.

128 M. E. P. *Seligman*: Helplessness: On depression, development, and death. San Francisco 1975. C. B. *Wortman* / J. W. *Brehm*: Responses to uncontrollable outcomes: An integration of reactance theory and the learned helplessness model. In: Advances in experimental social psychology, Bd. 8, S. 277-336. Hrsg. v. L. Berkowitz. New York 1975. L. Y. *Abramson* / M. E. P. *Seligman* / J. D. *Teasdale*: Learned helplessness in humans: Critique and reformulation. In: Journal of Abnormal Psychology, 1978, 87, S. 49-74.

129 L. *Laux* / H. *Weber*: Bewältigung von Emotionen. In: Enzyklopädie der Psychologie. Motivation und Emotion, Bd. 3, 1990, S. 560. G. *Nusko*: Coping. Bewältigungsstrategien des Ich im Zusammenhangsgefüge von Kontext-, Person- und Situationsmerkmalen. Frankfurt 1986.

130 R. S. *Lazarus* / S. *Folkman*: Stress, appraisal, and coping. New York 1984. *Dieselben*: Transactional theory and research on emotions and coping. In: European Journal of Personality 1 (1987), S. 141-169.

131 *Laux*, Stresskonzeptionen, S. 470f.

132 Ebda., S. 471.

133 W. *Braukmann* / S.-H. *Filipp*: Strategien und Techniken zur Lebensbewältigung. In: Klinische Psychologie. Trends in Forschung und Praxis, Bd. 6. Hrsg. v. U. Baumann u.a. Bern 1984. S. 52-87. H. *Filipp* / P. *Aymanns*: Die Bedeutung sozialer und personaler Ressourcen in der Auseinandersetzung mit kritischen Lebensereignissen. In: Zeitschrift für Klinische Psychologie, 26 (1987), S. 383-396. M. *Rosch Inglehart*: Kritische Lebensereignisse. Eine sozialpsychologische Perspektive. Stuttgart 1988.

134 *Laux* / *Weber*, Bewältigung, S. 564.

135 Ebda., S. 502 f.

136 Ebda., S. 570.

137 Ebda., S. 571.

138 Ebda., S. 573. Laux nennt weiterhin die Selbstbeschuldigung und die Selbstbemitleidung als "selbstabwertende Bewältigungsformen". Diese Zuordnung wäre für Feldpostbriefe zu hinterfragen, da Selbstbemitleidung dazu dienen kann, heimische Hilfsprozesse in Gang zu setzen und dann eine durchaus adaptive Form der Bewältigung sein kann.

139 I. *Schikorsky*: Kommunikation über das Unbeschreibbare. Beobachtungen zum Sprachstil von Kriegsbriefen. In: Wirkendes Wort, 42. Jg. 1992, H. 2, S. 295-315,; hier S. 299. Schikorsky beschreibt für Briefe aus weniger bedrohlichen Phasen des Kriegsalltags die Tendenz zu "überspitzt ausgedrückt - Fehlinformation, Lüge, Irrelevanz, Unklarheit, Undeutlichkeit." Schikorsky beschreibt fünf "emotive Sprachhandlungsstrategien": Verschweigen, Verharmlosung, Poetisierung, Phraseologisierung und Imagepflege. Für jede dieser Strategien vermag sie Belege anzuführen, für die Poetisierung allerdings nicht aus dem Zweiten Weltkrieg, sondern nur aus den vorhergehenden Kriegen; sie führt dies darauf zurück, dass an die Stelle romantisierender Verklärung und Beschönigung des Krieges ein "literarisches Stilideal getreten [sei], das stärker auf den Ausdruck von Härte und Stärke ausgerichtet war." Die Autorin will aber aufgrund der Zufälligkeit und Heterogenität der Quellen keine über das Exemplarische hinausgehenden Aussagen machen.

140 Ebda., S. 295. Es kann dabei unterlaufen, dass ein Interpretationsraster angelegt wird und dann die Textbelege dazu gesucht und gefunden werden. Widersprüche bleiben dabei nicht aus: So werden einerseits extreme Leidenssituationen (Stalingrad) als Auslöser für Sprachlosigkeit "bis zur Verweigerung der Kommunikation" angeführt, andererseits gerade die Vermächtnisbriefe mit ihrem Ausdruck von Gefühlen mit derselben Situation in Verbindung gebracht - ohne den Bezug zu interindividuellen Unterschieden der Reaktion herzustellen (S. 302 u. 303).

141 Diese Strategie der unangemessen optimistischen Selbstdarstellung wurde z. B. bei Krebskranken nachgewiesen: C. B. *Wortmann* / C. *Dunkel-Schetter*: Interpersonal relationships and cancer: A theoretical analyses. In: Journal of Social Issues (1979) 35, S. 120-155. Dazu: *Laux / Weber*: Bewältigung, S. 585, 603 u. 606.

142 D. J. *Bem*: Self-perception theory. In: Advances in experimental social psychology, Bd. 6. Hrsg. v. L. Berkowitz. New York, London 1972. W. *Herkner*: Sozialpsychologie. Bern, Stuttgart 1991, S. 350 ff.

143 *Laux / Weber*, Bewältigung, S. 590 f. Ein Beispiel für eine unzulässige Anwendung eines Phasenmodells auf Feldpostbriefe gibt R. *Papadopoulos-Killius* in dem sonst sehr informativen Beitrag über "Die Verarbeitung von Todesahnungen" (in: Stalingrad - Mythos und Wirklichkeit. Hrsg. von Wette / Ueberschär, S. 146 -159), wenn sie die von E. Kübler-Ross definierten aufeinanderfolgenden fünf Phasen im Umgang mit dem Sterben in den Briefen von Soldaten in Stalingrad ausmacht, aber für jede Phase einen anderen Zeugen anführt (S. 156 f.). Hier entsteht vorschnell eine Stimmigkeit der Interpretation, die erst durch den Beleg und Nachvollzug bei ein und derselben Person gerechtfertigt wäre.

144 *Laux / Weber*, Bewältigung, S. 590 f.. E. *Klinger*: Meaning and void. Minneapolis 1977.

145 *Laux / Weber*, Bewältigung, S. 603.

146 S. *Duval* / R. A. *Wicklund*: A theory of objective self-awareness. New York 1972. R. A. *Wicklund*: Objective self-awareness. In: Advances in experimental social psychology. Bd. 8. Hrsg. v. L. Berkowitz. New York, London 1975. Herkner, Sozialpsychologie, S. 365 f.

147 Vgl. R. *Koselleck*: Zur historisch-politischen Semantik asymmetrischer Gegenbegriffe. In: Ders.: Vergangene Zukunft. Zur Semantik geschichtlicher Zeiten. Frankfurt 1979. S. 211-259.

148 T. *Pysczcynski* u.a.: A terror management analysis of self-awareness and anxiety. The hierarchy of terror. In: Anxiety Research, 2 (1990), S. 177-195. J. *Greenberg* u.a.: Evidence for terror management theory II: The effects of mortality salience on reactions to those who threaten or bolster the cultural wordview. In: JPSP, 58 (1990), S. 308-318. DieDarstellung folgt hier: R. *Ochsmann*: Angst vor Tod und Sterben. Beiträge zur Thanato-Psychologie. Göttingen 1993, S. 150-159.

149 *Ochsmann*, Angst vor Tod und Sterben, S. 150 ff.

150 D. *Stahlberg* / G. *Osnabrügge* / D. *Frey*: Die Theorie des Selbstwertschutzes und der Selbstwerterhöhung. In: Theorien der Sozialpsychologie, Bd. III, S. 79-126, hier: S. 101ff. Hrsg. v. D. Frey u. M. Irle. Bern, Stuttgart 1985.

151 H. D. *Mummendey* / H. G. *Bolten*: Die Impression-Management-Theorie. In: Theorien der Sozialpsychologie, a.a. O., Bd. III, S. 57.

152 B. R. *Schlenker*: Impression management: the self-concept, social identity, and interpersonal relations. Belmont (Calif.) 1980. *Mummendey / Bolten*, Impression-Management-Theorie, S. 63.

153 *Mummendey / Bolten*, ebda., S. 60 f.

154 C. M. *Steele*: The psychology of self-affirmation: Sustaining the integrity of the self. In: Advances in experimental social psychology. Bd. 21, Hrsg. v. L. Berkowitz. San Diego 1988. *Herkner*, Sozialpsychologie, S. 371 f.

155 *Herkner*, Sozialpsychologie, S. 371 f.

Zu Kap. 3: Die Untersuchung: Methode und Stichprobe

1 K. *Krippendorf*: Content analysis. An introduction to its methodology. Beverly Hills 1981. Hier nach: R. *Guski*: Deutsche Briefe über Ausländer. Bern 1986, S. 58.

2 *Guski*, Deutsche Briefe, S. 57.

3 W. *Bos / Ch. Tarnai*: Angewandte Inhaltsanalyse in Empirischer Pädagogik und Psychologie. Münster 1989, S. 7. Darin weitere Literatur zur Inhaltsanalyse.

4 H. *Treinen*: Formalisierte Inhaltsanalyse. Zur Inhaltsanalyse symbolischer Materialien. In Vondung, Kriegserlebnis, S. 162-172.

5 Ebda., S. 163.

6 Ebda., S. 167.

7 S.-P. *Ballstaedt*: Zur Dokumentenanalyse in der biografischen Forschung. In: Biografie und Psychologie. Hrsg. v. G. Jüttemann / H. Thomae, Berlin, Heidelberg 1987.

8 H. *Thomae*: Response hierarchies related to different areas of life stress. A contribution to the person-situation issue. In: Personality Psychology in Europe (Hrsg.: A. Angleitner u.a.), Vol 2, S. 47-62. *Ders.*: Zur Relation von qualitativen und quantitativen Strategien psychologischer Forschung. In: G. Jütteman (Hrsg.): Qualitative Forschung in der Psychologie. Weinheim, Basel, 1985, S. 92-107. H. *Thomae*: Die biografische Methode in den anthropologischen Wissenschaften. In: *Ders.*: Vita Humana. Beitr. zu einer genetischen Anthropologie. Frankfurt, Bonn, 1969. Zum methodischen Vorgehen vgl.: Ph. *Mayring*: Qualitative Inhaltsanalyse. In: Jüttemann, G. (Hrsg.): Qualitative Forschung in der Psychologie. Weinheim, Basel, 1985, S. 187-211.

9 *Guski*, Deutsche Briefe, S. XI (Einleitung). Sollen z. B. Kodierer aus einem Schriftstück auf komplexe Merkmale wie Dogmatismus, Ethnozentrismus, prosoziale und antisoziale Einstellung schließen, besteht die Gefahr des "Halo-Effekts": dass sie einer Person, der sie eine "negative" Eigenschaft zumessen, auch weitere negative Merkmale zuordnen. Solche Effekte sind "um so weniger zu vermeiden, je komplexer die zu beurteilenden Merkmale sind". Guski begründet damit zwar seine Entscheidung für eine vermeintlich objektivere computergestützte Inhaltsanalyse, weiß aber auch, dass die ganze Subjektivität des Forschers dann darin zum Tragen kommt, dass er bestimmte Indikatorwörter mitunter sehr komplexen und abstrahierenden Variablen zuordnet. Guskis Studie über Briefe, die Deutsche an die Bundesregierung zu Ausländerfragen richteten, hat ein Grundproblem: Sowohl abhängige wie unabhängige Variablen sollen aus den Briefen selbst erschlossen werden. Als Kriterium dient Guski die handlungsorientierte Aufforderung für oder gegen Ausländer (als Indiz für pro- und antisoziales Verhalten); als Prädiktor nimmt er u.a. die Einstellung - positiv oder negativ -, wie sie in den Briefen gegenüber Ausländern zum Ausdruck kommt. Es verwundert nicht, dass die menschlichen Kodierer das nicht auseinander halten können, sondern die Schlussfolgerungen und Forderungen der Briefschreiber auch als ein Indiz für ihre Einstellung heranziehen. Wenn Guski also zu dem Schluss kommt, dass menschliche Kodierer die Aufgabe der Inhaltsanalyse nicht zweifelsfrei leisten können, geht das zu einem guten Teil auf seine inhaltlich komplexe, unlösbare Aufgabenstellung zurück. Bemerkenswert sind Guskis Beobachtungen zur Aufwand - Nutzen Relation verschiedener Verfahren. So kommt er für eine Texteinheit, die bei Kenntnis und Einübung in einem Kategoriensystem von einem Beurteiler in 10 Minuten kodiert werden kann, bei der rechnergestützten Auswertung derselben Texteinheit auf eine Bearbeitungszeit von 30 Minuten (weil die Eingabe mit erfasst wird) und bei einer "Intensitätsananlyse" in Anlehnung an Osgoods "evaluative assertion analysis" pro Variable (!) auf eine Bearbeitungszeit von 10 Stunden. Vgl.: Ch. E. *Osgood / S. Saporta / J. C. Nunnally*: Evaluative assertion analysis. Litera 3, S. 33-88.

10 H. *Thomae*: Das Problem der Motivarten. In Handbuch der Psychologie II (Motivation), S. 438 f.
11 S. S. *Tomkins*: The Thematic Apperception Test. The Theory and Technique of Interpretation. New York 1972. S. 26 ff. Zum Kategoriensystem von Tomkins s. auch: W. J. *Revers*: Der Thematische Apperzeptionstest. Handbuch. Bern, Stuttgart, o. J.,. S. 167 ff.
12 *Revers*, Der Thematische Apperzeptionstest, S. 169.
13 In der Auswertung soll folgende *Konvention* gelten: Grundsätzlich wird so vorgegangen, dass nach den jeweiligen Unterkategorien kodiert wird. Die Summen ergeben den Wert für die Hauptkategorie. Für jede Hauptkategorie wird eine "Residualkategorie" vorgesehen für jene Fälle, in denen ein Thema zwar in das Hauptgebiet gehört, aber eine eindeutige Zuordnung zu einer Unterkategorie nicht möglich erscheint. Durch diese Zuordnung von 'unklaren' Residualeinheiten zu jeweils einer Hauptkategorie wird der Vollständigkeitsanforderung der Inhaltsanalyse in diesem Fall am ehesten entsprochen und Informationsverlust vermieden. Der Anteil der Residualkategorien lag insgesamt bei unter 5 % der insgesamt ca. 13000 Kodierentscheidungen.
Da es sich bei dem 1. und 2. Teil des Kategoriensystems um zwei Analysen zugleich handelt, ist der Anspruch der Inhaltsanalyse, jeweils einer Kodierungseinheit nur eine Kategorie zuzuweisen, in diesem Fall so umzusetzen, dass jeweils innerhalb der Kategorienbereiche (2 - 5 bzw. 6) eine Aussage nur einmal kodiert wird. Wird aber ein historischer Themenbereich mit einem Thema der 2. Gruppe verbunden dargestellt, so kann dem mit einer Doppelkategorisierung entsprochen werden, wie es in der Inhaltsanalyse in diesem Fall üblich ist. Vgl. *Merten*, Inhaltsanalyse, S. 98.
Ein Inhalt wird pro Brief nur einmal gezählt, unabhängig davon, wie ausführlich oder wie oft er innerhalb eines Briefes auftaucht. (Mehrfach wird dieselbe Kategorie in einem Brief nur dann gezählt, wenn unterschiedliche Themen ihres Inhalts angesprochen werden.) Dies trägt der Kritik einer qualitativ orientierten Inhaltsanalyse an einer rein quantitativen Analyse Rechnung: Es soll nicht durch die Zählung versucht (oder fälschlich suggeriert) werden, die unterschiedliche Intensität oder die "Nachdrücklichkeit" der Aussage widerspiegeln zu können. Die Gewichtung erschließt sich vielmehr der späteren Interpretation beim Rückgriff auf das Material. Wohl aber erscheint der Schluss berechtigt, dass ein Inhalt in dem Maße mehr Bedeutung für einen Schreiber hat, als dieser Inhalt in *verschiedenen* Briefen *wiederholt* auftaucht. Die Kodierkonvention stellt einen Kompromiss dar. Die Alternativen würden entweder Informationen unzulässigerweise unbeachtet lassen oder aber in Unpraktikabilität münden bzw. die Interraterreliablität unvertretbar verringern. Vgl. Ph. *Mayring*: Qualitative Inhaltsanalyse, a.a. O.
14 J. *Cohen*: A coefficient of aggreement for nominal scales. In: Educational and Psychological Measurement, 20,1, 1960. , S. 37 - 46.
15 Dieses Vorgehen lehnt sich damit an vergleichbare Untersuchungen an. Vgl. G. *Schöfer*: Gottschalk-Gleser-Sprachinhaltsanalyse: Theorie und Praxis. Studien zur Messung ängstlicher und aggressiver Affekte. Basel 1980.
16 Das gesamte Kategoriensystem umfasst ca. 90 Einzelthemen. Eine Beispielliste sowie Ergebnisse der Reliabilitätsstudien können angefordert werden bzw. werden andernorts veröffentlicht.
17 R. *Sterz*: Vom Aufbau einer Briefsammlung aus dem Zweiten Weltkrieg. In: P. Knoch (Hrsg.): Kriegsalltag. Stuttgart, 1989. S. 20-24. Zur Beschreibung des Bestandes: M. *Humburg* / P. *Knoch*: Sammlung Sterz in der Bibliothek für Zeitgeschichte in Stuttgart. In: Der Archivar 44 (1991), S. 698-700.
18 T. D. *Cook* / D. T. *Campbell*: The design and conduct of quasiexperiments and true experiments in field settings. In: M. D. Dunette (Ed.): Handbook of industrial and organizational psychology. Chicago 1976. S. 223- 326.
19 Ebda., S. 236.
20 Ebda., S. 236 f. In Termini der Varianzanalyse handelt es sich bei der vorliegenden Untersuchung um einen zweifaktoriellen Plan - 1. Faktor: Subgruppen nach Merkmalen der Briefschreiber, 2. Faktor: Zeitabschnitte des Krieges - mit Messwiederholung auf dem 2. Faktor.
21 Mein ganz besonderer Dank gilt Herrn Schönemann von der Deutschen Dienststelle - Wehrmachtsauskunftstelle (WASt) für die umfassende Auskunft und Herrn Dr. Overmans (Militärgeschichtliches Forschungsamt) für die freundliche Vermittlung.
22 N. *Kannapin*: Die deutsche Feldpostübersicht 1939 - 1945 (3 Bde.); G. *Tessin*: Verbände und Truppen der deutschen Wehrmacht und Waffen-SS im zweiten Weltkrieg (15 Bde.).

23 Pro Briefseite wurden ca. 10 Zeilen ausgezählt und diese dann hochgerechnet. Dies wurde in den recht häufigen Fällen unterschiedlicher Seitengestaltung innerhalb eines Briefes für jede Seite gesondert durchgeführt. Nur so ist eine halbwegs brauchbare Aussage über Brieflängen zu gewinnen. Alle Aussagen in anderen Untersuchungen, die von "kurzen" oder "langen" Briefen sprechen, bleiben angesichts der Vielfalt der benutzten Briefbogen und vor allem im Hinblick auf extrem unterschiedliche Größen der Handschriften letztlich unklar. Da die drei letzten Briefe von Herbert Klinger nur als Exzerpt vorlagen, wurde deren Wortzahl nicht in die Auswertung aufgenommen, da nicht zu klären ist, wie umfangreich die Kürzungen waren. Statistisch wurde die Wortzahl in diesen drei Fällen als "missing value" behandelt.

24 Kroener hat am Beispiel der Offizierslaufbahn gezeigt, wie sich in der Wehrmacht des Dritten Reiches die vormals ständisch festgefügte Aufstiegsordnung wandelte. Die NS-Ideologie vom "nationalen Volksheer" und die zunehmenden personellen Schwierigkeiten wirkten den herkömmlichen Standesansprüchen von Adel und gehobenem Bürgertum auf den Offiziersstand entgegen. 1942 entfiel das Abitur als Einstellungsvoraussetzung für Offiziere. Gab es in der Vorkriegszeit keine Offiziersbewerber aus der Industriearbeiterschaft und den ländlichen Unterschichten, stieg ihr Anteil bis Ende 1942 auf 9 % an. Der Anteil der Volksschüler unter den Bewerbern stieg von 4,8 % auf 11,8 % bei den aktiven und 13,4 % bei den Reservereoffiziersbewerbern an. B. R. *Kroener*: Auf dem Weg zur "nationalsozialistischen Volksarmee". Die soziale Öffnung des Heeresoffizierkorps im Zweiten Weltkrieg. In: M. Broszat / K.-D. Henke / H. Woller: Von Stalingrad zur Währungsreform. Zur Sozialgeschichte des Umbruchs in Deutschland. München 1988, S. 651-682, hier bes. S. 679. *Ders.*: Strukturelle Veränderungen in der militärischen Gesellschaft des Dritten Reiches. In: Nationalsozialismus und Modernisierung, hrsg. von M. Prinz / R. Zitelmann. Darmstadt 1991, hier bes. S. 290f. *Ders.*: Die personellen Ressourcen des Dritten Reiches im Spannungsfeld zwischen Wehrmacht, Bürokratie und Kriegswirtschaft 1939-1942. In: Das Deutsche Reich und der Zweite Weltkrieg, hrsg. v. Militärgeschichtlichen Forschungsamt, Bd. 5,1. Stuttgart 1988, S. 691-1001. R. *Absolon*: Die Wehrmacht im Dritten Reich. Bd III. Boppard 1975. S. 286 ff.

25 R. *Schüren*: Soziale Mobilität. Muster, Veränderungen und Bedingungen im 19. und 20 Jahrhundert. St. Katharinen 1989. Vor allem: S. 313 ff.: Berufsklassifikation.

26 *Zur Schrift*: Nach anfänglicher Protegierung der deutschen Sütterlinschrift als Ausgangsschrift seit 1933 schwenkte die NS-Führung 1941 auf die lateinische Antiqua als "Normalschrift" um. Mit Führererlaß wurde der offizielle Gebrauch und das Lehren in der Volksschule der deutschen Schrift verboten mit der Begründung, dass die "sogenannte gotische Schrift aus Schwabacher Judenlettern" bestehe. Das Argument war zwar abstrus, aber man gebrauchte es in der Abkehrung von der vorausgehenden, eher 'völkisch' orientierten Haltung. Die Kehrtwende hatte vor allem eroberungspolitische Gründe. Nach den ersten Siegen wollte man die deutsche Vormachtstellung in Europa nicht durch Schriftprobleme belasten. Die Soldaten dieser Stichprobe schreiben etwa je zur Hälfte in der alten Sütterlinschrift, bzw. in lateinischer Schrift. Eine systematische Zuordnung nach Altersgruppe oder Schicht lässt sich dabei nicht treffen. Nur bei einem, Alfred Vilsen, schlägt sich evtl. der Schriftenstreit nieder: Er schreibt bis März 1942 in Sütterlin, ab Dezember 1942 dagegen in lateinischer Schrift. Vgl. Rundschreiben (nicht zur Veröffentlichung) der NSDAP vom 3. Januar 1941. In: Hand-Schrift - Schreib-Werke. Schrift und Scheibkultur im Wandel in regionalen Beispielen des 18. bis 20 Jahrhunderts. Materialien zur Volkskultur nordwestliches Niedersachsen. Heft 16. Cloppenburg 1991. S. 310. Darin auch: U. *Maas*: Schrift und Schreiben, S. 85-118.

27 Der Boxplot gibt als zentrales Maß den *Median* an (schwarzer Querbalken), der die jeweilige Gruppe bei 50 % teilt; zusätzlich wird die *Streuung* deutlich: Der angezeigte Kasten zeigt jeweils die mittleren 50 % der Verteilung, darüber und darunter liegen jeweils 25 %. Zusätzlich angegeben sind *Extremwerte* (= *), *Ausreißerwerte* (= ∘) und *Abweichende Werte* (= ⊤ ⊥)

Zu Kap. 4: Zur Zensur

1 R. v. *Weizsäcker*: Vier Zeiten. Berlin 1997, S. 68.

2 Wie im methodischen Überblick (Kap. 3) erläutert, werden zu den Themenhäufigkeiten statistische Vergleiche über die Zeit (4 Abschnitte) sowie verschiedene Untergruppen vorgenommen. Zur besseren Lesbarkeit werden im Folgenden nur die zentralen Ergebnisse vorgestellt, auch wird auf die zahlreichen grafischen Darstellungen der urprünglichen Fassung verzichtet. Wenn von "(sehr) deutlichen" oder "ausgeprägten" Unterschieden die Rede ist, handelt es sich um Befunde, die im statistischen Sinne (hoch-) signifikant sind.
Die *Rechtschreibung in den Zitaten* ist bis auf charakteristisch abweichende Schreibweisen (z. B. bei Orts- und Personennamen oder typischer Groß- und Kleinschreibung) an die Regeln angeglichen. Eine Ausnahme davon wird bei den Briefen von *Bilzer, Fenne, Schrolle, Suhrbeck und Vilsen* gemacht, bei denen die Fehler in der Rechtschreibung ein durchgängiges Merkmal darstellen, das auch dokumentiert werden soll. Die Interpunktion folgt den Vorlagen. Notwendige Ergänzungen aller Art werden in [ ] gesetzt. Alle Auslassungen *innerhalb* eines Zitats werden mit (...) angegeben. Namen aus dem privaten Bereich werden abgekürzt. Unter Berücksichtigung dieser Vorgaben wird auf die Betonung der richtigen Zitierweise ["sic"] bis auf missverständliche Ausnahmen verzichtet.

3 J. *Dollwet*: Menschen im Krieg, Bejahung - und Widerstand? Eindrücke und Auszüge aus der Sammlung von Feldpostbriefen des Zweiten Weltkrieges im Landeshauptarchiv Koblenz. In: Jahrbuch für westdeutsche Landesgeschichte 13, 1987. S. 279 - 322; hier: S. 282.

4 Nur im Fall von Ferdinand Melzner spielt das Fotografieren eine größere Rolle, zensurwidriges Verhalten ist dabei nicht festzustellen.

5 Vgl. dazu die Wehrmachtsstrategie im Juni 1941; s. Kap. 7, Anm. 8.

6 Von Edith Hagener stammt die Erzählung, dass sie und ihr Mann sich die gleiche Russlandkarte besorgten, das Briefpapier danach zuschnitten und der Mann dann jeweils mit einem Nadelstich ins Papier seinen Aufenthaltsort mitteilen konnte.

7 Aus dem Brief selbst wissen wir wenig über den "Angstpegel" des Schreibers, zumal wenn er das Ereignis im Rückblick 'souverän' beschreibt. Das hier beschriebene Phänomen der Zeitverzögerung in der Angstwahrnehmung könnte aber korrespondieren mit den empirischen Befunden, die *Grinker* bei Soldaten im Krieg machte: R. R. *Grinker*: The Psychosomatic Aspects of anxiety. In: Ch. D. Spielberger (Hrsg.): Anxiety and Behavior. New York, London 1966, Kap. 5, S. 129 f. Unter dem unmittelbaren Stress reagierten die Soldaten in Extremfällen mit Flucht oder Regression (bis hin zu einer "fötusartigen Körperhaltung") . Dazu kamen weitere Stresszeichen wie Zittern und generalisierte Starrheit. Erst *nach* der Beendigung des Stressereignisses konnte eine Erhöhung der wahrgenommenen Angst sowie der entsprechenden physischen und psychischen Begleiterscheinungen beobachtet werden. Grinker sieht darin ein "end phenomenon", das damit zu erklären sei, dass mit dem Abklingen des Stressors auch die Abwehr gegen die Stressfolgen schwächer werde und somit "die Angst hervortreten könne. Bemerkenswert ist auch die Beobachtung, dass die Betroffenen unter Stress ein großes Bedürfnis verspürten, sich an andere anzulehnen. So kann man die Feldpostbriefe auch als einen Ausdruck dieses Anlehnungsbedürfnisses unter Stress deuten. Die untersuchte Basis ist aber zu klein, um ein systematisches Auftauchen vergleichbarer Zeitverzögerungen zwischen Stressereignis und angsterfüllter Mitteilung - und zwar als ein durchgängiges Phänomen im Kriegsverlauf - zu belegen (wenn man einmal von der trivialen Tatsache absieht, dass jede Beschreibung von Kampf nur mit einer Zeitverzögerung geschehen kann); und das Medium 'Brief' ist wegen des Motivs der Selbstdarstellung nur in Ausnahmefällen eine aussagekräftige Quelle, was die Angst des Schreibers betrifft (vgl. dazu Kap. 7.5).

8 Die Tagebücher von Joseph Goebbels. Hrsg. v. E. *Fröhlich*. Teil II, Bd. 3: Januar - März 1942, S. 166. München 1994.

9 Vgl. dazu die Bemerkungen in den *Deutschland-Berichten der SPD* von 1939, s. Kap. 7, Anm 5.

10 Zur Kritik gegenüber den heimischen "Nörglern" als Mittel der Selbststabilisierung: s. Kap. 7.2.

11 Ausführlicher zu der Entwicklung des "Protestes des kleinen Mannes": Kap. 7.2.

12 BA-MA: Band RH 20-10, Abt. Ic - "Feldpostprüfstelle". Von 6234 Feldpostbriefen wurden in diesem Falle 2045 (=32,8%) geprüft. Es wurden 19 (= 0,92 %) "schwere Verstöße" gegen "Geheimhaltung" und "Disziplin" und 423 (= 20,68%) "leichte Verstöße" festgestellt. Chemisch geprüft (ohne Ergebnis) wurden 32 Briefe.

13 Hier dokumentiert aus dem Bestand der "Sammlung Sterz", nicht in die untersuchte Stichprobe aufgenommen, da von ihm keine Briefe aus dem ersten Zeitabschnitt vorliegen.

14 F. *Seidler*: Prostitution, Homosexualität, Selbstverstümmelung. Probleme der deutschen Sanitätsführung 1939 - 1945. Neckargemünd 1977. S. 186.

15 Ebda., S. 187.

16 Ebda., S. 229.

17 Ebda., S. 228.

18 Ebda., S. 271 f.

19 Ebda., S. 272.

20 H. *Küpper*: Am A... der Welt. Landserdeutsch 1939 - 1945. Hamburg 1970, S. 167 f. Seltene Beispiele für eine drastischere Sprache im vorliegenden Bestand: bei Fenne und Melzner.

Zu Kap. 5: Überlegenheit - Unterlegenheit

1 J. *Ebert*: Zwischen Mythos und Wirklichkeit. Die Schlacht um Stalingrad in deutschsprachigen authentischen und literarischen Texten. Unveröff. Diss. an der Humboldt-Universität, Berlin 1989. 2 Bde. Hier: Bd. 1, S. 38.

2 Beispiele für die Gratwanderung zwischen Schweigen und Mitteilen werden insbesondere bei "Abschieds-" oder "Testatmentsbriefen" berichtet. Vgl. z. B. die Beiträge über Feldpostbriefe aus Stalingrad in dem Sammelband: Stalingrad. Mythos und Wirklichkeit einer Schlacht. Hrsg. v. *Wette/ Ueberschär* und zeitgleiche Briefe in derSammlung: "Ich will raus aus diesem Wahnsinn". Deutsche Briefe von der Ostfront 1941-1945. Hrsg. v. A. *Golovchansky* u.a. Wuppertal 1991.

3 V. *Klemperer*: Lingua Tertii Imperii (LTI). München 1969 (orig. 1946), S. 221.

4 W. *Deist*: Überlegungen zur "widerwilligen Loyalität" der Deutschen bei Kriegsbeginn. In: Ders.: Militär, Staat und Gesellschaft. Studien zur preußisch deutschen Militärgeschichte. (Beiträge zur Militärgeschichte, Hrsg. v. MGFA, Bd. 34) München 1991 S. 355-369.

5 J. E. *Meyer*: Die abnormen Erlebnisreaktionen im Kriege bei Truppe und Zivilbevölkerung, und weitere Beiträge in: Psychiatrie in der Kriegszeit. Psychiatrie der Gegenwart. Forschung und Praxis, Bd. 3: Soziale und Angewandte Psychiatrie, Abschn. D, S. 576. Hrsg. v. H. W. Gruhle / R. Jung. Berlin, Göttingen, o.J.

6 W. R. *Beyer*: Stalingrad. Unten, wo das Leben konkret war. Frankfurt 1987.
M. *Kehrig*: Stalingrad. Analyse und Dokumentation einer Schlacht. Stuttgart 1974, 3. Aufl. 1978. Mit ausdrücklichem Bezug auf die Alltagserfahrungen: Stalingrad. Mythos und Wirklichkeit einer Schlacht. Hrsg. v. W. *Wette* / G. R. *Ueberschär*. Frankfurt 1992.

7 S. *Behrenbeck*: Der Kult um die toten Helden. Nationalsozialistische Mythen, Riten und Symbole 1923 bis 1945. (Kölner Beiträge zur Nationsforschung, Bd. 2), Vierow b. Greifswald 1996. Bei aller dort belegten Bedeutung des Heldenkults für die NS-Ideologie darf man nicht von einer breiten Verankerung "an der Basis" ausgehen. Dass auch die jüngeren ehrgeizigen Soldaten in den Briefen an die Eltern den entsprechenden Jargon so wenig bemühen, obwohl keine Zensur dem entgegenstünde, darf man sogar als Indiz für die mangelhafte Durchschlagskraft solcher Mythisierungen interpretieren.

Zu Kap. 6: Bindung und Distanz

1 Zu einem Grenzfall vgl. Kap. 1, Anm. 26.

2 Elias *Canetti* hat die Gefühle der "Überlebenden" so geschildert: " Das Gefühl der Erhabenheit über die Toten kennt jeder, der imKrieg war. Das Kraftgefühl, gegen diese lebend zu stehen, ist im Grunde stärker als jede Trauer, es ist ein Gefühl der Auserwähltheit unter vielen, deren Schicksal ein manifest gleiches ist. Auf irgendeine Weise fühlt man sich, bloß weil man noch da ist, als der Bessere: Man hat sich bewahrt, denn man lebt. Man hat sich unter vielen bewährt, denn alle, die liegen, leben nicht. Wem dieses Überleben oft gelingt, der ist ein Held. Er ist stärker. Er hat mehr Leben in sich. Die höheren Mächte sind ihm gewogen." E. Canetti: Masse und Macht. Hamburg 1960, S. 259f.

3 S. *Schachter*: The psychology of affiliation. Standford 1959.
B. *Götz-Marchand*: Die Affiliationstheorie von Schachter. In : Theorien der Sozialpsychologie. Hrsg. v. D. Frey u. M. Irle. Bern, Stuttgart 1985, Bd. 3, S. 11.

4 Y. *Teichman*: Affiliative reaction in different kinds of threat situations. In: C. D. Spielberger / I. G. Sarason (Eds.): Stress and anxiety, Vol. 5. New York: Wiley 1978, S. 131-144. Götz-Marchand, Die Affiliationstheorie, S. 22.

5 Vgl. Kap. 2, Anm. 123.

6 Ein Vergleich ergibt ein ähnliches Bild: W. *Manoschek* hat in dem Heft "Es gibt nur eines für das Judentum: Vernichtung" (Hamburger Edition 1995) ca. 100 Passagen aus Feldpostbriefen, vorwiegend aus Osteuropa, zusammengestellt, die auf den Antisemitismus der deutschen Soldaten und ihre willfährige Beteiligung am Völkermord schließen lassen. Er bedient sich dabei der Vorarbeiten von Sterz, der zu seiner umfangreichen Sammlung (insgesamt ca. 50.000 Briefe gesichtet, 25.000 in Stuttgart erhalten) eine Stichwortkartei angelegt hat. Geht man realistischerweise einmal von nur 8 - 10000 durch Sterz auf diese Stichworte durchgesehenen Briefe aus, so entsprächen Manoscheks 100 Zitate zum Thema "Juden und Antisemitismus" etwa den 1 - 2 %, die auch in dieser Studie ermittelt werden. V. *Ullrich*: "Wir haben nichts gewusst" - Ein deutsches Trauma. In: 1999. Zeitschrift für Sozialgeschichte des 20. und 21. Jahrhundert. 4 / 1991, S. 11-46. Ullrich greift ebenfalls u.a. auf einzelne Feldpostbriefe aus der "Sammlung Sterz" zurück, die vom Wissen um "Ghettos", Massen-erschießungen, "Entjudung" von Ortschaften zeugen. Auch das Wissen von der systematischen Massenvernichtung war nach Ullrich weiter verbreitet, als es spätere Beteuerungen wahrhaben wollen. Deportationen fanden öffentlich und am hellen Tage statt; Auschwitz war ein Verkehrsknotenpunkt, den auch viele Urlauber passierten, die sich über brennende Schlote und süßlichen Geruch wunderten. So verfügten viele über Teilinformationen; es hätte aber einer Bereitschaft bedurft, diese zu einem Gesamtbild zusammenzusetzen. Stattdessen war die häufigste Reaktion, übrigens auch bei den Kriegsgegnern, "das unerhört Schreckliche, die Wahrheit über den Genozid, nicht wahrhaben zu wollen, sondern sie abzuwehren und zu verdrängen" (ebd. S. 33). Gestützt wird die Annahme eines breiteren öffentlichen Wissens über den Holocaust durch Ludwig *Eiber*: "...ein bisschen die Wahrheit". In: 1999. Zeitschrift für Sozialgeschichte des 20. und 21. Jahrhundert. 1 / 1991, S. 58-83. Beschrieben und in Auszügen dokumentiert werden die Briefe eines Bremer Kaufmanns, eines 'ganz normalen Familienvaters', Jahrgang 1902, an seine Frau. Er schreibt von seinem Einsatz beim Reserve-Polizeibataillon 105 in der Sowjetunion 1941. Es fällt auf, dass seine Briefe in vielem themengleich sind mit den Feldpostbriefen der Soldaten, mit einer Ausnahme: Er schreibt regelmäßig und ausführlich über Einsätze seiner Sondereinheit gegen Partisanen und Juden, über Zwangsrekrutierungen und Erschießungen. Trotz des Wissens um das Schweigegebot und den Tabubruch drängen sich ihm diese Ereignisse in den Brief. Das weitgehende Fehlen solcher expliziten Äußerungen in den hier untersuchten Briefen der Wehrmachtssoldaten ist vor diesem Hintergrund noch einmal stärker zu gewichten. Vgl. andererseits auch: Louis *de Jong*: Die Niederlande und Auschwitz. In: Vierteljahrshefte für Zeitgeschichte. 17. Jg. 1969, S. 1-16: Der Direktor des Niederländischen Reichsinstituts für Kriegsdokumentation belegt minutiös anhand der Reaktionen des Amsterdamer Judenrates die "völlige und fatale Fehlinterpretation" bis weit ins Jahr 1942 von allen Meldungen über die Ermordung von deportierten holländischen Juden in Auschwitz. Weitere Beispiele von holländischen Inhaftierten in Auschwitz, die wieder frei kamen, u. a. 6 Frauen der Zeugen Jehovas, zeigen das immer wiederkeh-rende Phänomen: "Die meisten Leute weigerten sich, uns zu glauben". (S. 11). De Jong führt als Gründe die strenge Geheimhaltung, die ausgefeilten Täuschungen (z. B. Briefe von Deportierten an

ihre Angehörigen) und vor allem die völlige Unvereinbarkeit des Geschehens mit allem bisher Vorstellbaren an. "Die ganze Sache überstieg so sehr die menschliche Vorstellungskraft, dass unser Verstand die Tatsachen, wenn er sie einmal erfasst hat, gleich wieder ausspuckt als etwas äußerst Fremdes und widernatürlich Ekelhaftes." (S. 15). Vgl. auch: *Klemperer*, s. o.: Kap. 2, Anm. 123.

Zu Kap. 7: Strategien der Bewältigung

1 C. N. *Cofer* / M. H. *Appley*: Motivation: Theory and research. New York 1964. J. E. *Mc Grath* (Hrsg.): Social and psychological factors in stress. New York 1970. Nach: L. *Laux*: Psychologische Stresskonzeptionen. In: Enzyklopädie der Psychologie: Motivation und Emotion, Bd 1, S. 469f.

2 Dieser Befund reicht aber noch nicht, um von einer größeren Offenheit in den Partnerbriefen als in den Elternbriefen zu sprechen. Dazu müssten die Briefe derselben Personen an verschiedene Adressaten zugrunde gelegt werden.

3 M. *Jeismann*: Was bedeuten Stereotypen für nationale Identität und politisches Handeln? In: J. Link / W. *Wülfing* (Hrsg.): Nationale Mythen und Symbole. Stuttgart 1991, S. 84-93.

4 Ebda., S. 88 f.

5 In den *Deutschland-Berichten der Sozialdemokratischen Partei* (SOPADE, 6. Jg. 1939, hier: S. 982) wird über das Verhältnis zwischen den Dienstgraden ein kritisches Stimmungsbild gegeben: Die Briefe der Eingezogenen trügen nicht zur Hebung der Stimmung bei. "Die älteren Jahrgänge, etwa von 30 - 35 Jahren, beklagen sich bitter über Schliff und schikanöse Behandlung durch ganz junges Ausbildungspersonal." Die Behandlung sei genauso, wie man es in dem Film "Im Westen nichts Neues" seinerzeit mit dem Feldwebel Himmelstoß gesehen habe. Die Behandlung durch Offiziere werde "im allgemeinen als erträglicher empfunden als die durch Unteroffiziere und Feldwebel." Im vorliegenden Briefbestand lassen sich solche Differenzierungen nicht direkt ablesen; vielmehr beziehen die wenigen kritischen Ausfälle gerade die Generäle ein (vgl. Kap. 4.1.3). Anschlussuntersuchungen könnten klären, ob sich die Klagen der Älteren seit 1939 - durch Gewöhnung, durch eine veränderte Praxis - reduzierten oder ob der private Feldpostbrief hierzu weniger aussagt, evtl. wegen der unmittelbaren negativen Rückwirkung bei Kontrolle durch die Zensur. Immerhin belegt der statistische Befund über die Aussagenhäufigkeiten von "Durchhalteappellen" bzw. "Druck durch die eigene Seite" die über die Zeit unterschiedliche Verarbeitung in Abhängigkeit von der Aufstiegsmobilität.

6 Th. *Leithäuser*: Formen des Alltagsbewusstsein. Frankfurt 1979, S. 10 ff.

7 U. *Raulff*: Clio in den Dünsten. Über Geschichte und Gerüchte. In: Geschichte und Psychologie. Hrsg. v. B. Loewenstein. Bd. 4, S. 102. Allgemein: J.-N. *Kapferer*: Gerüchte. Das älteste Massenmedium der Welt. Berlin 1997.

8 Wie sich die Wehrmachtführung die Feldpost in Verbindung mit der Gerüchtebildung zunutze machen wollte, zeigt eine Weisung des OKW vom 12. 5. 1941: "1. (...) Die Anstrengungen der Oberkommandos und der übrigen beteiligten Dienststellen müssen dann vermehrt darauf gerichtet sein, den Aufmarsch Barbarossa als großangelegtes Täuschungsmanöver erscheinen zu lassen und hierzu auch die Angriffsvorbereitungen gegen England mit besonderem Nachdruck fortzusetzen. (...) 2. Alle Anstrengungen werden vergeblich bleiben, wenn die eigene Truppe von dem bevorstehenden Angriff überzeugt ist und dies in die Heimat ausstreut. Demgegenüber muss in den Ostverbänden das Gerücht von der 'Rückendeckung gegen Russland' und von dem 'Ablenkungsaufmarsch im Osten' leben bzw. müssen Truppen an der Kanalküste an echte Vorbereitungen glauben. Wichtig sind in diesem Zusammenhang Termine und Umfang von Feldpostsperren. Sie sind vom Oberkommando des Heeres (in Zusammenarbeit mit den anderen Wehrmachtteilen und Ausl. / Abw.) für die gesamte Wehrmacht zu regeln. Vorteilhaft wird dabei sein, einige Zeit vor Beginn von Feldpostsperren an möglichst zahlreiche Ostverbände Transportbefehle nach dem Westen auszugeben und dadurch eine neue Gerüchtewelle zu veranlassen." BA-MA OKW Wehrm. Führungsstab/LIV/ Sign. III W 59/3; hier zitiert nach Ph. W. *Fabry*: Die Sowjetunion und das Dritte Reich. Stuttgart 1971, S. 387.

9 G. W. *Allport* / L. *Postman*: The psychology of Rumor. New York 1965. H. *Schuh*: Das Gerücht. Psychologie des Gerüchts im Krieg. Hrsg. v. Arbeitskreis für Wehrforschung. München 1981, S. 24.

10 Ebda., S. 25.

11 Ebda., S. 26 f.

12 Meldungen aus dem Reich. Die geheimen Lageberichte des Sicherheitsdienstes der SS 1938 - 1945. Hrsg. v. H. *Boberach*. Nr. 253 vom 22. Janur 1942. (Vgl. dazu von Goebbels Reaktion, s. Kap. 4.1.3). **13** Weitere Beispiele für die Bedeutung des Gerüchts geben die Briefe von Pott und Scharnik (s. Kap. 5.3.1), beim ersten als Quelle von Heimkehrhoffnung, beim zweiten aber auch als belastende, weil irritierende Begleiterscheinung des Heimataufenthaltes, von der er sich an der Front 'erholt'. **14** Vgl. *Schikorskys* Bermerkungen zu Angstäußerungen von Soldaten, s. Kap. 2., Anm. 139. **15** H. W. *Krohne*: Theorien zur Angst. Stuttgart 1976, S. 36 ff. **16** Ebda., S. 39.

Zu Kap. 8: Zusammenfassende Diskussion und Ausblick

1 W. *Deist*: Der deutsche Angriff auf die Sowjetunion (1991). In: *Ders.*: Militär, Staat und Gesellschaft. Studien zur preußisch deutschen Militärgeschichte. (Beiträge zur Militärgeschichte, Hrsg. v. MGFA, Bd. 34) München 1991 S. 369 f.

2 F. *Schulz von Thun*: Miteinander reden. Störungen und Klärungen. Reinbek 1981, Bd. 1., S. 13 f.

3 B. R. *Kroener*: Strukturelle Veränderungen in der militärischen Gesellschaft des Dritten Reiches. In: M. Prinz / R. Zitelmann (Hrsg.): Nationalsozialismus und Modernisierung. Darmstadt 1991, S. 271 ff.

4 S. dazu Kap. 3, Anm. 16.

5 P. Ph. *Mohler* / C. *Züll*: Textpack. Mannheim 1990. Allgemein: W. *Bos* / Ch. *Tarnai*: Angewandte Inhaltsanalyse in Empirischer Pädagogik und Psychologie. Münster 1989.

6 W. *Held*: Verbände und Truppen der deutschen Wehrmacht und Waffen-SS im Zweiten Weltkrieg. Eine Bibliografie der deutschsprachigen Nachkriegsliteratur. 3 Bände. Osnabrück 1978 - 1989. Bemerkenswert dokumentieren diese drei dickleibigen Kompendien die Fülle der Nachkriegsliteratur vom Landserheft bis zur militärhistorischen Studie und zeigen eine fast obsessive Art der deutschen Selbstbeschäftigung mit den militärischen Abläufen in diesem Krieg - angesichts der Verbreitung von Romanen aller Qualitätsstufen nicht nur auf der Seite der Autoren, sondern auch der des Publikums.

7 Aus: "Winckelmann und sein Jahrhundert", Schriften zur Kunst (Teil I) dtv-Goethe Bd. 33 (1962), S. 256 f., zitiert nach P. *Bürgel*: Der Privatbrief. Entwurf eines heuristischen Modells. In: Deutsche Vierteljahrsschrift für Literaturwissenschaft und Geistesgeschichte, 50 (1976), S. 281.

8 P. G. *Zimbardo*: The human choice: Individuation, reason, and order versus deindividuation, impulse, and chaos. In: W. J. Arnold / D. Levine (Hrsg.): Nebraska symposium on motivation, Bd. 17. Lincoln 1969. A. *Mummendey*: Aggressives Verhalten. In: Theorien und Formen der Motivation. Enzyklopädie der Psychologie. Motivation und Emotion, Bd. 2, S. 376 ff.

9 H. *Weinrich*: Lethe - Kunst und Kritik des Vergessens. München 1997.

10 Ebda., S. 222.

11 U. *Neisser*: Ein kognitiver Ansatz zur Behandlung des Gedächtnises und des Denkens. In: Ders.: Kognitive Psychologie. Stuttgart 1974, S. 350ff.

12 Ausführlicher untersucht wurde die Bedeutung der Judenverfolgung für die nachkommenden Generationen: K. *Grünberg*: Folgen nationalsozialistischer Verfolgung bei jüdischen Nachkommen Überlebender in der Bundesrepublik Deutschland. In: Psyche 61. Jg., 1987, S. 492-507 (mit weiteren Literaturverweisen). R. *Ahlheim*: "Bis ins dritte und vierte Glied" - Das Verfolgungstrauma in der Enkelgeneration. In: Psyche 59. Jg., 1985, S. 330-353. D. *Bar-On*: Auswirkungen des Holocaust auf drei Generationen. In: Psychosozial, 51, 1992. *Ders.*: Die Last des Schweigens. Gespräche mit Kindern von Nazi - Tätern. Frankfurt 1993. Allgemein: H. *Krystal* / W. G. *Niederland* (Hrsg.): Psychic Traumatization. Aftereffects in Individuals and Communities. Boston 1971. Zu der Seite der "Täter" und der Folgen für deren Kinder: D. v. *Westernhagen*: Der Januskopf - Ergebnisse einer Grabung. In: Familiendynamik Bd. VII, 1982, S. 316-330. P. *Sichrovsky*: Schuldig geboren. Kinder aus Nazifamilien. Köln 1987. J. *Müller-Hohagen*: Verleugnet, verdrängt, verschwiegen. Die seelischen Auswirkungen der Nazizeit. München 1988. T. *Moser*: Dämonische Figuren. Die Wiederkehr des Dritten Reiches in der Psychotherapie. Frankfurt 1996.

Zur These der "Verdrängung" merkt Schornstheimer mit der Untersuchung der Illustrierten "Stern" und "Quick" aus den 50er Jahre kritisch an, das davon angesichts der munteren Diskussion in Leserbriefen über Landserfortsetzungsgeschichten kaum die Rede sein könne, vielmehr eine Kontinuität der

Mentalitäten offen dargeboten wurde. M. *Schornstheimer*, M.: Die leuchtenden Augen der Frontsoldaten. Nationalsozialismus und Krieg in den Illustriertenromanen der fünfziger Jahre. Berlin 1995, S. 9 ff. Man wird dagegenhalten können, dass gerade diese Art der Selbstbeschäftigung (vgl. auch Anm. 6) dazu dienen mochte, über vieles zu reden, um über anderes zu schweigen oder es 'zurechtzurücken', es sich also gleichsam um eine Verdrängung im Entstehen handelte.

13 H. *Stierlin*: Der Dialog zwischen den Generationen über die Nazizeit. In: Familiendynamik Bd. VII, 1982, S. 31 f. Vgl. auch: T. *Moser*: Dämonische Figuren (s. vorige Anm.). W. *Neumann*: "Spurensuche" oder "Von wann bis wann war eigentlich der Zweite Weltkrieg?" (Das "Dritte Reich" als spezieller Fokus in der Studentenberatung). In: Verhaltenstherapie & psychosoziale Praxis 3/1997, S. 355-376. W. *Ritscher*: Über die Opfer und Täter. In: Kontext. Zeitschrift für Familientherapie 24/2 (1993). U. *Roberts*: Unklare Identitäten bei der "dritten Generation". Verborgene Zusammenhänge von Unkenntnis und Bedeutung der NS-Zeit für die Familiengeschichte. In: Zeitschrift für Individualpsychologie, 20 (1995), S. 107-120.

Editionen von Feldpostbriefen aus dem Zweiten Weltkrieg

Bähr, W. / Bähr, H. W. (Hrsg.): Kriegsbriefe gefallener Studenten 1939-1945. Tübingen 1952.

Beyerlein, K.: Von drei Reichen. Briefe aus den Jahren 1941 - 1945. Reinbek 1947.

Dinkler von Schubert, E. (Hrsg.): Feldpost: Zeugnis und Vermächtnis. Briefe und Texte aus dem Kreis der evangelischen Studentengemeinde Marburg 1939 - 1945. Göttingen 1993.

Dollinger, H. (Hrsg.): Kain, wo ist dein Bruder? Was der Mensch im Zweiten Weltkrieg erleiden musste. Dokumentiert in Tagebüchern und Briefen. Frankfurt 1987.

Evans, R. (Hrsg.): M. Wolff-Mönckeberg. Briefe, die sie nicht erreichten. Briefe einer Mutter an ihre fernen Kinder in den Jahren 1940-1946. Hamburg 1980.

Gieles, J.: Studentenbriefe 1939 - 1942. Frankfurt 1992.

Gollwitzer, H. (Hrsg.): "Du hast mich heimgesucht bei Nacht." Abschiedsbriefe und Aufzeichnungen des Widerstandes 1933-1945. München 1954.

Golovchansky, A., u.a. (Hrsg.): "Ich will raus aus diesem Wahnsinn". Deutsche Briefe von der Ostfront 1941-1945. Aus sowjetischen Archiven. Wuppertal 1991.

Hammer, I. / zur Nieden, S. (Hrsg.) "Sehr selten habe ich geweint." Zürich 1992.

Kageneck, A. Graf v.: Zwischen Eid und Gewissen. Roland von Hößlin. [Briefe]. Ein deutscher Offizier. Berlin 1991.

Mallebrein, W: Einer für Alle. Erlebnisse und Briefe gefallener Arbeitsdienst-Männer. Selbstverlag 1960.

Orgel-Purpur, L: "Willst Du meine Witwe werden?" Eine deutsche Liebe im Krieg. Briefwechsel zwischen Lieselotte Orgel-Purpur und Kurt Orgel. Berlin 1995.

Reddemann, K.: Zwischen Front und Heimat. Der Briefwechsel des münsterischen Ehepaares Agnes und Albert Neuhaus 1940-1944. Münster 1996.

Rühle, B. (Hrsg.): Die Feldpostbriefe des Adelbert Ottheinrich Rühle. 1939-1942. Briefe und Gedichte eines Frühvollendeten. Heusenstamm 1979.

Sachsse, F.: Roter Mohn. Tagebuch, Feldpostbriefe, Verse eines gefallenen Batteriechefs. 1939-1941. München 1973.

Schröder, R. A. / Stehmann, S.: Freundeswort. Ein Briefwechsel aus den Jahren 1938 bis 1945. Witten / Berlin 1962.

Schüddekopf, L.: Krieg, Erzählungen aus dem Schweigen. Deutsche Soldaten über den Zweiten Weltkrieg. Reinbek 1997.

Schumann, F. (Hrsg.): "Zieh Dich warm an!" Soldatenpost und Heimatbriefe aus zwei Weltkriegen. Chronik einer Familie. Berlin (Ost) 1989.

Stehmann, S.: Die Bitternis verschweigen wir. Feldpostbriefe 1940-1945. Hannover 1992.

Tremper, M. (Hrsg.): Briefe des Soldaten Helmut N. 1939-1945. Berlin (Ost) u. Weimar 1988.

Wiesen, W. (Hrsg.): "Es grüßt Euch alle, Bertold". Die Feldpostbriefe von Bertold Paulus aus Kastel. Nonnweiler-Otzenhausen 1991.

Wojak, A. (Hrsg.): "Wir werden auch weiterhin unsere Pflicht tun..." Kriegsbriefe einer Familie in Deutschland 1940 - 1945. Bremen 1996.

Literaturverzeichnis

Abramson, L. Y. / Seligman, M. E. P. / Teasdale, J. D.: Learned helplessness in humans: Critique and reformulation. In: Journal of Abnormal Psychology, 1978, 87, S. 49-74.

Absolon, R: Die Wehrmacht im Dritten Reich. Bd III. Boppard 1975. Bd. III.

Adorno,Th. W. u.a.: Der autoritäre Charakter. Frankfurt 1969 (Orig. New York 1950).

Ahlheim, R.: "Bis ins dritte und vierte Glied" - Das Verfolgungstrauma in der Enkelgeneration. In: Psyche 59. Jg., 1985, S. 330-353.

Allport, G. W. / Postman, L.: The psychology of Rumor. New York 1965 (dt.: Köln 1971).

Allport, G. W.: The use of personal documents in psychological science. Kap. 8: "Diaries and letters". New York 1942, S. 95-110.

Anders, G.: Wir Eichmannsöhne, Offener Brief an Klaus Eichmann. München 1988.

Attia, I. / Basque, M. / Kornfeld, U. u.a.: Multikulturelle Gesellschaft, monokulturelle Psychologie? Antisemitismus und Antirassismus in der psychosozialen Arbeit. Tübingen (dgvt-Verlag) 1995.

Augstein, R. (Hrsg.) Historikerstreit. Dokumentation der Kontroverse um die Einzigartigkeit der nationalsozialistischen Judenvernichtung.. München 1987.

Bach, D. (Hrsg.): Kriege enden nicht im Frieden. Ein Arbeitsbuch zum deutschen Überfall auf die Sowjetunion 1941. Wuppertal 1991.

Ballstaedt, S.-P.: Zur Dokumentenanalyse in der biografischen Forschung. In: Biografie und Psychologie. Hrsg. v. G. Jüttemann / H. Thomae, Berlin, Heidelberg 1987, S. 203-216.

Bar-On, D.: Auswirkungen des Holocaust auf drei Generationen. In: Psychosozial, 51, 1992.

Bar-On, D.: Die Last des Schweigens. Gespräche mit Kindern von Nazi - Tätern. Frankfurt 1993.

Bartov, O.: Hitlers Wehrmacht. Soldaten, Fanatismus und die Brutalisierung des Krieges. Reinbek 1995 (Orig. Hitler's Army, Oxford 1992).

Behrenbeck, S.: Der Kult um die toten Helden. Nationalsozialistische Mythen, Riten und Symbole 1923 bis 1945. (Kölner Beiträge zur Nationsforschung, Bd. 2), Vierow b. Greifswald 1996.

Bem, D. J.: Self-perception theory. In: L. Berkowitz (Hrsg.): Advances in experimental social psychology, Bd. 6. New York, London 1972.

Benz, W.: Der Russlandfeldzug des Dritten Reiches. Ursachen, Ziele, Wirkungen. Frankfurt 1986.

Benz, W.: Dimensionen des Völkermords. Die Zahl der jüdischen Opfer des Nationalsozialismus. München 1991.

Benz, W. / Buchheim, H. / Mommsen, H. (Hrsg.): Der Nationalsozialismus. Studien zur Ideologie und Herrschaft. Frankfurt 1994.

Berding, H.: Moderner Antisemitismus in Deutschland. Frankfurt/M. 1988.

Berghahn, V. R.: NSDAP und "Geistige Führung" der Wehrmacht 1939-1943. In VfZG 17. Jg., 1969.

Berghahn, V. R.: Meinungsforschung im "Dritten Reich": Die Mundpropaganda-Aktion im letzten Kriegsjahr. In: MGM 1/1967, S. 83-119.

Beyer, W. R.: Stalingrad. Unten, wo das Leben konkret war. Frankfurt 1987.

Bierwisch, M.: Wörtliche Bedeutung - eine pragmatische Gretchenfrage. In: G. Grewendorf (Hrsg.): Sprechakttheorie und Semantik. Frankfurt 1979, S. 119-148.

Binion, R.: "...dass ihr mich gefunden habt." Hitler und die Deutschen. Eine Psychohistorie. Stuttgart 1978 (Orig. New York 1976).

Binion, R.: Soundings: psychohistorical and psycholiterary. New York 1981.

Boberach, H. (Hrsg.): Meldungen aus dem Reich. Die geheimen Lageberichte des Sicherheitsdienstes der SS 1938 - 1945. Herrsching 1984.

Bonwetsch, B.: Sowjetische Partisanen 1941-1944. Legende und Wirklichkeit des "allgemeinen Volkskrieges". In: G. Schulz (Hrsg.): Partisanen und Volkskrieg. Zur Revolutionierung des Krieges im 20. Jahrhundert. Göttingen 1985, S. 92-124.

Bonwetsch, B.: Die Partisanenbekämpfung und ihre Opfer im Russlandfeldzug 1941 - 1944. In: K. Meyer / W. Wippermann (Hrsg.): Gegen das Vergessen. Frankfurt 1992.

Borscheid, P.: Alltagsgeschichte - Modetorheit oder neues Tor zur Vergangenheit? In: W. Schieder / V. Sellin (Hrsg.): Sozialgeschichte in Deutschland. Bd. 3, Göttingen 1987, S. 78 -100.

Boog, H. u.a. (Hrsg.): Der Angriff auf die Sowjetunion. Das Deutsche Reich und der Zweite Weltkrieg. Bd. 4. (Militärgeschichtliches Forschungsamt). Stuttgart 1983.

Bos, W. / Tarnai, Ch.: Angewandte Inhaltsanalyse in Empirischer Pädagogik und Psychologie. Münster 1989.

Böttcher, H. F. / Posthoff, C.: Die mathematische Behandlung der Rangkorrelation - eine vergleichende Betrachtung der Koeffizienten von Kendall und Spearman. In: Zeitschrift für Psychologie 1975, *183*, S. 201-217.

Bowlby, J.: Verlust, Trauer, Depression. Frankfurt 1983.

Bracher, K.-D. (Hrsg.): Nationalsozialistische Diktatur 1933 - 1945. Eine Bilanz. Düsseldorf 1983.

Bracher, K.-D. / Funke, M. / Jacobsen, H.-A. (Hrsg.): Deutschland 1933 - 1945. Neue Studien zur nationalsozialistischen Herrschaft. Düsseldorf 1992.

Braukmann, W. / Filipp, S.-H.: Strategien und Techniken zur Lebensbewältigung. In: Klinische Psychologie. Trends in Forschung und Praxis, Bd. 6. Hrsg. v. U. Baumann u.a. Bern 1984 S. 52-87.

Broszat, M. / Henke, K.-D. / Woller, H.: Von Stalingrad zur Währungsreform. Zur Sozialgeschichte des Umbruchs in Deutschland. München 1988.

Broszat, M. / Fröhlich, E.: Alltag und Widerstand - Bayern im Nationalsozialismus, München 1987.

Browning, C.: Ganz normale Männer. Das Reserve-Polizei-Bataillon 101 und die "Endlösung" in Polen (hierin: Kapitel 3: Die Ordnungspolizei und die Endlösung: Russland 1941.) Reinbek 1996. (Orig.: "Ordinary Men", 1992).

Buchbender, O. / Sterz. R. (Hrsg.): Das andere Gesicht des Krieges. Deutsche Feldpostbriefe 1939-1945. München 1982.

Buchbender, O. / Schuh, H.: Die Waffe, die auf die Seele zielt. Psychologische Kriegsführung 1939-1945. Stuttgart 1983.

Buchheim, H.: Anatomie des SS-Statates, Bd. 2. München 1967.

Bude, H.: Bilanz der Nachfolge. Die Bundesrepublik und der Nationalsozialismus. Frankfurt 1992.

Bühler, K.: Sprachtheorie. Jena 1934.

Bürgel, P.: Der Privatbrief. Entwurf eines heuristischen Modells. In: Deutsche Vj.-schrift für Literaturwissenschaft und Geistesgeschichte, 50 (1976), S. 281-297.

Bürgel, P.: Brief. In: Kritische Stichwörter zur Medienwissenschaft. Hrsg. v. W. Faulstich. München 1979.

Canetti, E.: Masse und Macht. Hamburg 1960.

Chiari, B: Deutsche Zivilverwaltung in Weißrussland 1941 - 1944. Die lokale Perspektive der Besatzungsgeschichte. In: MGM 52 (1993), S. 67-89.

Chiari, B.: Mythos und Alltag. Voraussetzungen und Probleme eines west-östlichen Dialogs zur Historiographie des Zweiten Weltkriegs. In: MGM 54 (1995), S. 535-563.

Clauß, G. / Ebner, H: Grundlagen der Statistik. Frankfurt 1971.

Cofer, C. N. / Appley, M. H.: Motivation: Theory and research. New York 1964.

Cohen, J.: A coefficient of aggreement for nominal scales. [Cohen's κ] In: Educational and Psychological Measurement, 20,1, 1960.

Cook, T. D. / Campbell, D. T.: The design and conduct of quasiexperiments and true experiments in field settings. In: M. D. Dunette (Ed.): Handbook of industrial and organizational psychology. Chicago 1976.

Dallin, A.: Deutsche Herrschaft in Russland 1941 - 1945. Eine Studie über Besatzungspolitik. Königstein 1981.

Deist, W.: Militär, Staat und Gesellschaft. Studien zur preußisch.deutschen Militärgeschichte. (Beiträge zur Militärgeschichte, Hrsg. v. MGFA, Bd. 34) München 1991. Darin: Überlegungen zur "widerwilligen Loyalität" der Deutschen bei Kriegsbeginn (1989), S. 355-368; und: Der deutsche Angriff auf die Sowjetunion (1991), S. 369-384; und: Auf dem Wege zur ideologisierten Kriegführung: Deutschland 1918-1945 (1991). S. 385-429.

Diehl, J. M.: Varianzanalyse. Frankfurt 1977.

Diehl, J. M. / Kohr, H. U.: Deskriptive Statistik. Frankfurt 1977.

Diewerge, W. (Hrsg.): Deutsche Soldaten sehen die Sowjetunion. Berlin 1941.

Diner, D. (Hrsg.): Ist der Nationalsozialismus Geschichte? Zu Historisierung und Historikerstreit. Frankfurt 1987.

Dollard, J.: Criteria for the life history: with analysis of six notable documents. (Repr.) NewYork 1949.

Dollard, J. / Mowrer, O. H.: A method of measuring tension in written documents. In: Journal of Abnormal Social Psychologiy 42 (1947), S. 3-32.

Dollwet, J.: Menschen im Krieg, Bejahung - und Widerstand? Eindrücke und Auszüge aus der Sammlung von Feldpostbriefen des Zweiten Weltkrieges im Landeshauptarchiv Koblenz. In: Jahrbuch für westdeutsche Landesgeschichte 13, 1987, S. 279 - 322.

Donat, H. / Koch, D. / Rohkrämer, M. (Hrsg.): "Auschwitz erst möglich gemacht". Überlegungen zur jüngsten konservativen Geschichtsbewältigung. Bremen 1991.

Dörner, D.: Die Logik des Misslingens. Reinbek 1989.

Dower, J. W.: War Without Mercy: Race and Power in the Pacific War. New York 1986.

Dülffer, J.: Deutsche Geschichte 1933 - 1945. Führerglaube und Vernichtungskrieg. Stuttgart 1992.

Duval, S. / Wicklund, R. A.: A theory of objective self-awareness. New York 1972.

Ebert, J.: Zwischen Mythos und Wirklichkeit. Die Schlacht um Stalingrad in deutschsprachigen authentischen und literarischen Texten. Unveröff. Diss. an der Humboldt-Universität, Berlin 1989.

Eckstaedt, A.: Nationalsozialismus in der zweiten Generation. Psychoanalyse von Hörigkeitsverhältnissen. Frankfurt 1989.

Ehlich, K. (Hrsg.): Sprache im Faschismus. Frankfurt 1989.

Eiber, L: "...ein bisschen die Wahrheit". In. 1999. Zeitschrift für Sozialgeschichte des 20. und 21. Jahrhunderts. 1 / 1991, S. 58-83.

Ertel, S.: Liberale und autoritäre Denkstile. Ein sprachstatistisch-psychologischer Ansatz. In: R. Thadden (Hrsg.): Die Krise des Liberalismus zwischen den Weltkriegen. Göttingen 1978.

Ettl, S.: Anleitungen zu schriftlicher Kommunikation: Briefsteller von 1880 bis 1980. Tübingen 1984.

Fabry, Ph. W.: Die Sowjetunion und das Dritte Reich. Eine dokumentiere Geschichte der deutsch-sowjetischen Beziehungen von 1933-1941. Stuttgart 1971.

Filipp, H. / Aymanns, P.: Die Bedeutung sozialer und personaler Ressourcen in der Auseinandersetzung mit kritischen Lebensereignissen. In: Zs. für Klinische Psychologie, 26 (1987), S. 383-396.

Fischer, G.: Autobiografische Texte als historische Quelle. In: H. Ch. Ehalt (Hrsg.): Geschichte von unten. Fragestellungen, Methoden und Projekte einer Geschichte des Alltags. Wien 1984.

Förster, J.: Hitlers Entscheidung für den Krieg gegen die Sowjetunion. In: Der Angriff auf die Sowjetunion. Das Deutsche Reich und der Zweite Weltkrieg. Bd. 4, S. 3-37. Hrsg. v. H. Boog u.a. (MGFA) Stuttgart 1983. *Darin auch*: Das Unternehmen "Barbarossa" als Eroberungs- und Vernichtungskrieg, S. 413-447 und: Die Sicherung des "Lebensraumes". S. 1033-1078.

Freud, S.: Warum Krieg? (Briefwechsel mit Albert Einstein 1932). GW XVI, S. 11-27. Frankfurt 1950.

Frey, D. / Irle, M. (Hrsg.): Theorien der Sozialpsychologie, 3 Bände. Bern, Stuttgart 1985.

Friedrich, J.: Das Gesetz des Krieges. Das deutsche Heer in Rußland 1941 -1945. Der Prozeß gegen das Oberkommando der Wehrmacht. München 1993.

Fritz, S. G.: Frontsoldaten. The German Soldier in World War II. Lexington 1995.

Fröhlich, E.: Regimekritik in privaten und anonymen Briefen. In: M. Broszat / E. Fröhlich: Alltag und Widerstand - Bayern im Nationalsozialismus, München 1987.

Fröhlich, E. (Hrsg.): Die Tagebücher von Joseph Goebbels. München 1994.

Fuchs, W.: Biografische Forschung. Eine Einführung in Praxis und Methoden. Opladen 1984.

Fussel, P.: Wartime, Understanding, and Behavior in the Second World War. Oxford 1989.

Fussel, P.: The Great War and Modern Memory. London, Oxford, New York 1977.

Fussell, P.: Der Einfluss kultureller Paradigmen auf die literarische Wiedergabe traumatischer Erfahrung. In: K. Vondung (Hrsg.): Kriegserlebnis. Der Erste Weltkrieg in der literarischen Gestaltung und symbolischen Deutung der Nationen. Göttingen 1980.

Garbe, D.: Zwischen Widerstand und Martyrium. Zeugen Jehovas im "Dritten Reich". München 1993.

Gay, P.: Kult der Gewalt. Aggression im bürgerlichen Zeitalter. München 1996.

Gericke, B.: Die deutsche Feldpost im Zweiten Weltkrieg. Eine Dokumentation über Einrichtung, Aufbau, Einsatz und Dienste. Archiv für Deutsche Postgeschichte, 1971, Heft 1.

Giegler, H.: Zur computerunterstützten Analyse sozialwissensch. Textdaten. Quantitative und qualitative Strategien. In: J. H. P. Hoffmeyer-Zlotnik (Hrsg.): Analyse verbaler Daten. Opladen 1992.

Gilbert, M.: Der Zweite Weltkrieg. Eine chronologische Gesamtdarstellung. München 1989.

Giordano, R.: Die zweite Schuld oder von derLast ein Deutscher zu sein. München 1987.

Goldhagen, D. J.: Hitlers willige Vollstrecker. Berlin 1996 (Orig. New York 1996.) (s. auch: Schoeps (1996); Wippermann (1997).

Götz-Marchand, B.: Die Affiliationstheorie von Schachter. In: D. Frey / M. Irle (Hrsg.): Theorien der Sozialpsychologie, Bd. III, S. 11-28. Bern, Stuttgart 1985.

Greenberg, J. u.a.: Evidence for terror management theory II: The effects of mortality salience on reactions to those who threaten or bolster the cultural worldview. In: Journal of Personality and Social Psychology, 58 (1990), S. 308-318.

Grewendorf, G. (Hrsg.): Sprechakttheorie und Semantik. Frankfurt 1979.

Grinker, R. R. / Spiegel J.: Men under Stress. Philadelphia 1945.

Grinker, R. R.: The Psychosomatic Aspects of anxiety. In: Ch. D. Spielberger (Hrsg.): Anxiety and Behavior. New York, London 1966.

Gruhle, H. W.: Verstehene Psychologie. Stuttgart 1956.

Grünberg, K.: Folgen nationalsozialistischer Verfolgung bei jüdischen Nachkommen Überlebender in der Bundesrepublik Deutschland. In: Psyche 61. Jg., 1987, S. 492-507.

Guski, R.: Deutsche Briefe über Ausländer. Bern 1996.

Haase, N. / Paul, G. (Hrsg.): Die anderen Soldaten. Wehrkraftzersetzung, Gehorsamsverweigerung und Fahnenflucht im Zweiten Weltkrieg. Frankfurt 1995.

Halder, F.: Generaloberst Halder. Kriegstagebuch. Tägliche Aufzeichnungen des Chefs des Generalstabes des Heeres 1939-1942. Hrsg. vom Arbeitskreis für Wehrforschung Stuttgart, bearb. v. H.-A. Jacobsen in Verbindung mit A. Philippi.

Halsig, N.: Erfassungsmöglichkeiten von Bewältigungsversuchen. In: L. Brüderl (Hrsg.): Theorien und Methoden der Bewältigungsforschung. München 1988.

Haney, C. / Banks, C. / Zimbardo, Ph.: Interpersonal Dynamics in a Simulated Prison. In: International Journal of Criminology and Penology 1 /1983, S. 69-97.

Hays, W. L.: Basic statistics. Belmont 1967.

Heer, H. / Naumann, H. K. u.a.: Vernichtungskrieg. Verbrechen der Wehrmacht 1941 - 1944. Hamburg 1995.

Heimannsberg, B. / Schmidt, C. J. (Hrsg.): Das kollektive Schweigen. Nationalsozialistische Vergangenheit und gebrochene Identität in der Psychotherapie. Köln 1992.

Heinl, P.: "Maikäfer flieg, dein Vater ist im Krieg". Seelische Wunden aus derKriegskindheit. München 1994.

Held, W.: Verbände und Truppen der deutschen Wehrmacht und Waffen-SS im Zweiten Weltkrieg. Eine Bibliografie der deutschsprachigen Nachkriegsliteratur. 3 Bände. Osnabrück 1978 - 1989.

Herkner, W.: Sozialpsychologie. Bern, Stuttgart 1991.

Herrmann, T. / Stäcker, K. H.: Sprachpsychologische Beiträge zur Sozialpsychologie. In: C. F. Graumann (Hrsg.): Handbuch der Psychologie, Bd. 7: Sozialpsychologie, 1. Halbbd.: Theorien und Methoden. Göttingen 1969, S. 398-474.

Hilberg, R.: The Destruction of the European Jews. Chicago 1961; dt: Die Vernichtung der europäischen Juden. Frankfurt 1990.

Hilberg, R: Täter, Opfer, Zuschauer. Die Vernichtung der Juden 1933-1945. Frankfurt 1992.

Hilberg, R: Wehrmacht und Judenvernichtung. In: W. Manoschek (Hrsg.): Die Wehrmacht im Rassenkrieg. Der Vernichtungskrieg hinter der Front. Wien 1996, S. 23-38.

Hildebrand, K.: Das Dritte Reich. München 1979.

Hillgruber, A.: Zweierlei Untergang. Die Zerschlagung des Deutschen Reiches und das Ende des europäischen Judentums. Berlin 1986.

Hillgruber, A.: Der Ostkrieg und die Judenvernichtung. In: G. R. Ueberschär / W. Wette (Hrsg.): Der deutsche Überfall auf die Sowjetunion. "Unternehmen Barbarossa". Frankfurt 1991, S. 185-205.

Hirschfeld, G. / Krumeich, G. / Renz, I.: "Keiner fühlt sich hier als Mensch". Erlebnis und Wirkung des Ersten Weltkriegs. Essen 1993.

Hoffmann, J.: Völkerbilder in Ost und West. Eine Auswahlbibliografie. Dortmund 1980.

Hoffmann, J.: Die Kriegführung aus der Sicht der Sowjetunion. In: Der Angriff auf die Sowjetunion. Das Deutsche Reich und der Zweite Weltkrieg. Bd. 4, S. 713-809; s. H. Boog u.a. (Hrsg.). Stuttgart 1983.

Holsti, O. R.: Content analysis for the social sciences and humanities. Reading (MA) 1969.

Horowitz, M. J.: Psychological response to serious life events. In: V. Hamilton / D. M. Warburton (Hrsg.): Human stress and cognition. Chichester 1975, S. 235-263.

Horowitz, M. J. / Wilner, N.: Life events, stress, and coping. In: L. Poon (Hrsg.): Aging in the 1980's: Selected contemporary issues in the psychology of aging. Washington 1980, S. 363-370.

Huber, G. L. / Mandl, H.: Verbale Daten. Eine Einführung in die Grundlagen und Methoden der Erhebung und Auswertung. Weinheim 1982.

Humburg, M.: Die Bedeutung der Feldpost für die Soldaten in Stalingrad. In: W. Wette / G. R. Ueberschär (Hrsg.): Stalingrad - Mythos und Wirklichkeit einer Schlacht. Frankfurt 1992, S. 68-79.

Humburg, M.: Deutsche Feldpostbriefe im Zweiten Weltkrieg - Eine Bestandsaufnahme. In: D. Vogel/ W. Wette (Hrsg.): Andere Helme - Andere Menschen? Heimaterfahrung und Frontalltag im Zweiten Weltkrieg. Ein internationaler Vergleich. Essen 1995, S. 13-35.

Humburg, M. / Knoch, P.: Sammlung Sterz in der Bibliothek für Zeitgeschichte in Stuttgart. In: Der Archivar 44 (1991), S. 698-700.

Imberger, E.: Widerstand "von unten". Widerstand und Dissens aus den Reihen der Arbeiterbewegung und Zeugen Jehovas 1933 - 1945. Neumünster 1991.

Jäckel, E.: Hitlers Weltanschauung. Entwurf einer Herrschaft. Tübingen 1986 (3. Aufl.).

Jäckel, E.: Hitlers Herrschaft. Vollzug einer Weltanschauung. Stuttgart 1986.

Jacobsen, H. A.: Kommissarbefehl und Massenexekutionen sowjetischer Kriegsgefangener. In: H. Buchheim u.a.: Anatomie des SS - Staates, Bd. 2. München 1984 (4. Aufl.), S. 137-232.

Jäger, H.: Verbrechen unter totalitärer Herrschaft. Frankfurt / M. 1982.

Jauss, H.-R.: Literaturgeschichte als Provokation der Literaturwissenschaft. Konstanz 1969.

Jeismann, M.: Was bedeuten Stereotypen für nationale Identität und politisches Handeln? In: J. Link / W. Wülfing (Hrsg.): Nationale Mythen und Symbole. Stuttgart 1991, S. 84-93.

Jong, L. de: Die Niederlande und Auschwitz. In: VfZG 17. Jg. 1969, S. 1-16.

Jüttemann, G.: Qualitative Forschung in der Psychologie. Weinheim, Basel 1985.

Jüttemann, G. / Thomae, H. (Hrsg.): Biografie und Psychologie. Berlin, Heidelberg 1987.

Jüttemann, G. (Hrsg.): Individuum und Geschichte. Beiträge zur Diskussion um eine "Historische Psychologie". Heidelberg 1993.

Kannapin, N.: Die deutsche Feldpostübersicht 1939-1945. Bd. 1-3. Osnabrück, 1980-1982.

Kapferer, J.-N.: Gerüchte. Das älteste Massenmedium der Welt. Berlin 1997.

Kehrig, M.: Stalingrad. Analyse und Dokumentation einer Schlacht. Stuttgart 1974.

Kessel, Albrecht v.: Verborgene Saat. Aufzeichnungen aus dem Widerstand 1933 - 1945. Hrsg. v. P. Steinbach. Berlin 1992.

Kipnowski, A.: Formen der Daseinsbewältigung bei chronischer Krankheit. Bonn 1980.

Klafki, W.: Verführung, Denunzierung, Ernüchterung: Kindheit und Jugend im Nationalsozialismus. Autobiografisches aus erziehungswissenschaftlicher Sicht. Weinheim u. Basel 1988.

Klemperer, V.: "LTI" (Lingua Tertii Imperii). Die unbewältigte Sprache. München 1969 (Or.: 1946).

Klemperer, V: Ich will Zeugnis ablegen bis zum letzten. Tagebücher 1933-1945. Berlin 1995.

Klinger, E.: Meaning and void. Minneapolis 1977.

Klink, E: Die Operationsführung - Heer und Kriegsmarine. In: Der Angriff auf die Sowjetunion. Das Deutsche Reich und der Zweite Weltkrieg. Bd. 4, S. 451-652; s. H. Boog u.a. (Hrsg.). Stuttgart 1983.

Knoch, P. (Hrsg.): Kriegsalltag. Stuttgart 1989.

Knoch, P.: Gewalt wird zur Routine. Zwei Weltkriege in der Erfahrung einfacher Soldaten. In: Geschichtswerkstatt, H. 16 (1988), S. 17-23.

Knoch, P.: Kriegserlebnis als biografische Krise. In: Biografie - sozialgeschichtlich. Hrsg. v. A. Gestrich / P. Knoch / H. Merkel. Göttingen 1988, S. 86 -108.

Knoch, P.: Feldpost - eine unentdeckte historische Quellengattung. In: Geschichtsdidaktik 2/ 86.

Kohl, P.: "Ich wundere mich, dass ich noch lebe". Sowjetische Augenzeugen berichten. Gütersloh 1990.

Kohut, A. / Reulecke, J.: "Leben wie eine Ratte, die der Bauer ertappt". Letzte Briefe aus Stalingrad. In: J. Förster (Hrsg.): Stalingrad. Ereignis - Wirkung - Symbol. München 1992, S. 456-471.

Koselleck, R.: Zur historisch-politischen Semantik asymmetrischer Gegenbegriffe. In: Ders.: Vergangene Zukunft. Zur Semantik geschichtlicher Zeiten. Frankfurt 1979. S. 211-259.

Köstlin, K.: Erzählen vom Krieg. Der Krieg als Reise. In: Bios 2 / 1989.

Köstlin, K.: Krieg als Reise. In: M. Berwig / K. Köstlin (Hrsg.): Reisefieber. Regensburg 1983.

Köstlin, K.: Erzählen vom Krieg. Krieg als Reise. In: BIOS. Zeitschrift für Biografieforschung und Oral History, 2 (1989) H. 2, S. 173-182.

Krakowski, S.: Neue Möglichkeiten der Forschung. Die Holocaust-Forschung und die Archive in Osteuropa. In: P. Bettelheim u.a. (Hrsg.): Antisemitismus in Osteuropa. Aspekte einer historischen Kontinuität. Wien 1992, S. 115-130.

Krausnick, H.: Judenverfolgung. In: H. Buchheim u.a.: Anatomie des SS - Staates. Bd. 2. München 1984, S. 235-366.

Krausnick, H. / Wilhelm, H.-H.: Die Truppe des Weltanschauungskrieges. Die Einsatzgruppen der Sicherheitspolizei und des SD 1938-1942. Stuttgart 1981.

Krausnick, H.: Kommissarbefehl und "Gerichtsbarkeitserlass Barbarossa" in neuer Sicht. In: VfZG, 25 (1977), S 682-738.

Krippendorf, K.: Content analysis. An introduction to its methodology. Beverly Hills 1981.

Kroener, B. R.: Die personellen Ressourcen des Dritten Reiches im Spannungsfeld zwischen Wehrmacht, Bürokratie und Kriegswirtschaft 1939 - 1942. In: Das Deutsche Reich und der Zweite Weltkrieg. Bd. 5,1, S. 691-1001. Hrsg. v. Militärgeschichtlichen Forschungsamt. Stuttgart 1988.

Kroener, B. R.: Auf dem Weg zur "nationalsozialistischen Volksarmee". Die soziale Öffnung des Heeresoffizierkorps im Zweiten Weltkrieg. In: M. Broszat / K.-D. Henke / H. Woller: Von Stalingrad zur Währungsreform. Zur Sozialgeschichte des Umbruchs in Deutschland. München 1988, S. 651-682.

Kroener, B. R.: Strukturelle Veränderungen in der militärischen Gesellschaft des Dritten Reiches. In: M. Prinz / R. Zitelmann (Hrsg.): Nationalsozialismus und Modernisierung. Darmstadt 1991, S. 267-296.

Krohne, H. W.: Angst und Angstverarbeitung. Stuttgart 1975.

Krohne, H. W.: Theorien der Angst. Stuttgart 1976.

Krystal, H. / Niederland, W. G. (Hrsg.): Psychic Traumatization: Aftereffects in Individuals and Communities. Boston 1971.

Kühne, Th.: Kameradschaft - "das Beste im Leben des Mannes". Die deutschen Soldaten des Zweiten Weltkriegs in erfahrungs- und geschlechtergeschichtlicher Perspektive. In: Geschichte und Gesellschaft 22 (1996), S. 504-529.

Küpper, H.: Am A... der Welt. Landserdeutsch 1939-1945. Hamburg 1970.

Larsen, R. J. / Diener, E.: Promises and problems with the circumplex model of emotion. In: Emotion. Hrsg. v. M. S. Clark, M. S. Review of Personality and Social Psychology, 13, S. 25-59.

Latzel, K.: "Freie Bahn dem Tüchtigen!" Kriegserfahrung und Perspektiven für die Nachkriegszeit in Feldpostbriefen aus dem Zweiten Weltkrieg. In: G. Niedhart / D. Riesenberger (Hrsg.): Lernen aus dem Krieg? München 1992, S. 331-343.

Latzel, K.: Vom Kriegserlebnis zur Kriegserfahrung. Theoretische und methodische Überlegungen zur erfahrungswissenschaftlichen Untersuchung von Feldpostbriefen. In: MGM 56 (1997).

Latzel, K.: Deutsche Soldaten - nationalsozialistischer Krieg? Kriegserlebnis - Kriegserfahrung 1939-1945. Paderborn 1998.

Laux, L.: Psychologische Stresskonzeptionen. In: Theorien und Formen der Motivation. Enzyklopädie der Psychologie. Motivation und Emotion, Bd. 1, S. 453-535.

Laux, L. / Weber, H.: Bewältigung von Emotionen. In: Enzyklopädie der Psychologie. Motivation und Emotion, Bd. 3, 1990, S. 560-629.

Lazarus, R. S. / Folkman, S.: Stress, appraisal, and coping. New York 1984.

Lazarus, R. S. / Alfert. E.: The short-circuiting of threat. In: Journal of abnormal and social Psychology 1964, 69, S. 195-205.

Lazarus, R. S. / Folkman, S.: Transactional theory and research on emotions and coping. In: European Journal of Personality 1 (1987), S. 141-169.

Leithäuser, Th.: Formen des Alltagsbewusstsein. Frankfurt 1979.

Lewin, K.: Feldtheorie in den Sozialwissenschaften. Stuttgart 1963.

Lewin, K.: A dynamic theory of personality. New York 1935.

Linden, M. v. d. / Mergner, G.: Kriegsbegeisterung und mentale Kriegsvorbereitung. Berlin 1991.

Loewenstein, B. (Hrsg.): Geschichte und Psychologie. Annäherungsversuche. Pfaffenweiler 1992.

Löffler, K.: Aufgehoben: Soldatenbriefe aus dem Zweiten Weltkrieg. Eine Studie zur subjektiven Wirklichkeit des Krieges. (Regensburger Schriften zur Volkskunde Bd. 9). Bamberg 1992.

Lüdtke, A.: Soldatenbriefe - Heimatbriefe. In: Sozialwissenschaftliche Informationen 19 (1990), H. 2, S. 133 - 134.

Lüdtke, A. (Hrsg.): Alltagsgeschichte: zur Rekonstruktion historischer Erfahrungen und Lebensweisen. Frankfurt 1989.

Maas, Utz: Schrift und Schreiben. Einige systematische und historische Anmerkungen. In: K.-H. Ziessow u.a.: Hand-Schrift - Schreib-Werke. Schrift und Scheibkultur im Wandel in regionalen Beispielen des 18. bis 20 Jahrhunderts. Materialien zur Volkskultur nordwestliches Niedersachsen. Heft 16. Cloppenburg 1991.

Manoschek, W.: Verbrecherische Befehle - verbrecherische Taten. In: Mittelweg 36 (Zeitschrift des Hamburger Instituts fürSozialforschung) Heft 5/92, S.. 137-144.

Manoschek, W. (Hrsg.): Die Wehrmacht im Rassenkrieg. Der Vernichtungskrieg hinter der Front. Wien 1996.

Manoschek, W.: "Es gibt nur eines für das Judentum: Vernichtung". Hamburg. 1995.

Marinell, G.: Multivariate Verfahren. Eine Einführung. München 1977.

Maschke, E. (Hrsg.): Die deutschen Kriegsgefangenen in der Sowjetunion. 8 Bände. München 1974.

Maschke, E.: Die Verpflegung der deutschen Kriegsgefangenen in der Sowjetunion im Rahmen der sowjetischen Ernährungsfrage. In: H. Fleischhacker (Hrsg): Die deutschen Kriegsgefangenen in der Sowjetunion. München 1965.

Mayring, Ph.: Qualitative Inhaltsanalyse. In: G. Jüttemann: Qualitative Forschung in der Psychologie. Weinheim, Basel 1985, S. 187-211.

Mayring, P.: Qualitative Inhaltsanalyse. Grundlagen und Techniken. Weinheim 1983.

Mayring, P.: Kontrollüberzeugung. In: L. Brüderl (Hrsg.): Theorien und Methoden der Bewältigungsforschung. München 1988, S. 139-148.

Mc Clelland, D.: Macht als Motiv. Stuttgart 1978.

Mc Grath, J. E. (Hrsg.): Social and psychological factors in stress. New York 1970.

Mechow, M.: Zur Soldatensprache des Zweiten Weltkrigs. In: ZS für deutsche Sprache 27 (1971), S. 81-100.

Mersmann, B.: "Was bleibt vom Heldentum?" Weiterleben nach dem Krieg. Berlin 1995.

Merten, K.: Inhaltsanalyse. Opladen 1983.

Messerschmidt, M: Die Wehrmacht im NS-Staat. Zeit der Indoktrination. Hamburg 1969.

Messerschmidt, M. / Wüllner, F.: Die Wehrmachtsjustiz im Dienste der Nationalsozialismus. Zerstörung einer Legende. Baden-Baden 1987.

Messerschmidt, M: Die Wehrmacht als tragende Säule des NS-Staates (1933-1939). In: W. Manoschek (Hrsg.): Die Wehrmacht im Rassenkrieg, S. 39-54.

Meyer, J. E.: Die abnormen Erlebnisreaktionen im Kriege bei Truppe und Zivilbevölkerung, und weitere Beiträge in: Psychiatrie in der Kriegszeit. Psychiatrie der Gegenwart. Forschung und Praxis, Bd. 3 (Soziale und Angewandte Psychiatrie, Abschn. D, S. 568-836). Hrsg. v. H. W. Gruhle / R. Jung. Berlin, Göttingen, o.J.

Meyer, W.-U. / Schützwohl, A. / Reisenzein, R.: Einf. in die Emotionspsychologie. Bd. 1. Bern 1993.

Michaelis, H.: Der Zweite Weltkrieg 1939 - 1945. Frankfurt / M. 1972.

Michalka, W. (Hrsg.): Der Zweite Weltkrieg. Analyse, Grundzüge, Forschungsbilanz. München 1989.

Michel: Handbuch Katalog Deutsche Feldpost 1937 - 1945. München 1985.

Milgram, St.: Das Milgram-Experiment. Zur Gehorsamsbereitschaft gegenüber Autorität. Reinbek 1985.

Miller, S. / Seligman, M. E. P.: The Reformulated Model of Helplessness and Depression. Evidence and Theory. In: Psychological Stress an Psychopathology. Hrsg. v. R. Neufeld. New York 1982, S. 149-178.

Miller, G. A.: The Obedience Experiments: A Case Study of Controversy in Social Science. New York 1986.

Mitscherlich, A.: Zur Psychologie des Vorurteils. GW IV, S. 139-158. Frankfurt 1983.

Mitscherlich, A.: Die Unfähigkeit zu Trauern. Grundlagen kollektiven Verhaltens. München 1967.

Mohrmann, W. - D. (Hrsg.): "Der Krieg hier ist hart und grausam!" Feldpostbriefe an den Osnabrücker Regierungspräsidenten 1941-1944. Osnabrück, 1984.

Mommsen, H.: Noch einmal: Nationalsozialismus und Modernisierung. In: Geschichte und Gesellschaft, 21 (1995), S. 391-402.

Moser, T.: Dämonische Figuren. Die Wiederkehr des Dritten Reiches in der Psychotherapie. Frankfurt 1996.

Mosse, G. L.: Über Kriegserinnerungen und Kriegsbegeisterung. In: M. van der Linden / G. Mergner, (Hrsg.): Kriegsbegeisterung und mentale Kriegsvorbereitung. Berlin 1991, S. 27-36.

Müller, R.-D.: Von der Wirtschaftsallianz zum kolonialen Ausbeutungskrieg. In: Der Angriff auf die Sowjetunion. Das Deutsche Reich und der Zweite Weltkrieg. Bd. 4, S. 98-189. Hrsg. v. H. Boog u.a. (Militärgeschichtliches Forschungsamt). Stuttgart 1983.

Müller, R.-D. / Ueberschär, G. R. / Wette, W.: Wer zurückweicht wird erschossen. Kriegsalltag und Kriegsende in Südwestdeutschland 1944/45. Freiburg 1985.

Müller, W. H. / Enskat, A.: Graphologische Diagnostik. Bern 1993.

Müller-Hohagen, J: Verleugnet, verdrängt, verschwiegen. Die seelischen Auswirkungen der Nazizeit. München 1988.

Mummendey, A.: Aggressives Verhalten. In: Theorien und Formen der Motivation. Enzyklopädie der Psychologie. Motivation und Emotion, Bd. 2, S. 322- 438.

Mummendey, H. D. / Bolten, H. G.: Die Impression-Management-Theorie. In: In: D. Frey / M. Irle (Hrsg.): Theorien der Sozialpsychologie, Bd. III, S. 57-77. Bern, Stuttgart 1985.

Münkler, H. (Hrsg.): Der Partisan. Theorie, Strategie, Gestalt. Wiesbaden 1990.

Münkler, H.: Schlachtbeschreibung: Der Krieg in Wahrnehmung und Erinnerung. Über "Kriegsberichterstattung". In : Ders.: Gewalt und Ordnung. Das Bild des Krieges im politischen Denken. Frankfurt 1992, S. 176-207.

Naumann, K: Wehrmacht und NS - Verbrechen. Wirklichkeiten und Wirkungen einer kollektiven Gewalterfahrung. Überlegungen zu einem Ausstellungsvorhaben des Projekts 1995. In: Mittelweg 36 (Zeitschrift des Hamburger Instituts für Sozialforschung) Heft 5/92, S. 130-136.

Neisser, U.: Ein kognitiver Ansatz zur Behandlung des Gedächtnises und des Denkens. In: Ders.: Kognitive Psychologie. Stuttgart 1974.

Neisser, U.: Kognition und Wirklichkeit. Prinzipien und Implikationen der kognitiven Psychologie. Stuttgart 1979.

Neumann, W.: "Spurensuche" oder "Von wann bis wann war eigentlich der Zweite Weltkrieg?" (Das "Dritte Reich" als spezieller Fokus in der Studentenberatung). In: Verhaltenstherapie & psychosoziale Praxis 3/1997, S. 355-376.

Niedhart, G. / Riesenberger, D. (Hrsg.): Lernen aus dem Krieg?. Deutsche Nachkriegszeiten 1918 und 1945. München 1992.

Niedhart, G. (Hrsg.): Der Westen und die Sowjetunion. Einstellungen und Politik gegenüber der UdSSR in Europa und in den USA seit 1917. Paderborn 1983.

Nitsch, J. R. (Hrsg.): Stress. Theorien, Untersuchungen, Maßnahmen. Bern 1981.

Nusko, G: Coping. Bewältigungsstrategien des Ich im Zusammenhangsgefüge von Kontext-, Person- und Situationsmerkmalen. Frankfurt 1986.

Ochsmann, R.: Angst vor Tod und Sterben. Beiträge zur Thanato-Psychologie. Göttingen 1993, S. 150-159.

Olt, R.: Soldatensprache. Ein Forschungsüberblick. In: Muttersprache 91 (1981), S. 93-105.

Osgood, Ch. E. / Saporta, S. / Nunnally, J. C.: Evaluative assertion analysis. Litera 3, S. 33-88.

Osgood, Ch. E. / Walker, E. G.: Motivation and language behavior: A content analysis of suicide notes. In: Journal of Abnormal and Social Psychology, 59 (1959), S. 58-67.

Paul, S.: Begegnungen. Zur Geschichte persönlicher Dokumente in Ethnologie, Soziologie und Psychologie. Hohenschäftlarn 1979.

Peter, J.: Der Historikerstreit und die Suche nach einer nationalen Identität der achtziger Jahre. Frankfurt 1995.

Plutchik, R. / Kellerman, H. / Conte, H. R.: Structural theory of ego defenses. In: C. E. Izard (Hrsg.): Emotions, personality, and psychopathology. New York 1979, S. 229-257.

Plutchik, R. / Kellerman, H.: (Hrsg.): Emotion: Theory, research, and experience. New York 1980.

Poliakov, L. / Wulf, J.: Das Dritte Reich und seine Diener. New York, London, Paris, Berlin 1978.

Pyscyzcynski, T. u.a.: A terror management analysis of self-awareness and anxiety. The hierarchy of terror. In: Anxiety Research, 2 (1990), S. 177-195.

Quasthoff, U.: Soziales Vorurteil und Kommunikation. Eine sprachwissenschaftliche Analyse des Stereotyps. Ein interdisziplinärer Versuch im Bereich von Linguistik, Sozialwissenschaft und Psychologie. Frankfurt 1973.

Raabe, P. (Bearb.): Der Zensur zum Trotz. Das gefesselte Wort und die Freiheit in Europa. Ausstellungskatalog der Herzog August Bibliothek Wolfenbüttel 1991.

Raulff, U.: Clio in den Dünsten. Über Geschichte und Gerüchte. In: B. Loewenstein u.a.: Geschichte und Psychologie. Annäherungsversuche. Pfaffenweiler 1992, S. 99-114.

Rebentisch, D.: Führerstaat und Verwaltung im Zweiten Weltkrieg. Verfassungsentwicklung und Verwaltungspolitik 1939 - 1945. Stuttgart 1989.

Reichel, P: Der schöne Schein des Dritten Reiches. Faszination und Gewalt des Faschismus. München 1991.

Revers, W. J.: Der Thematische Apperzeptionstest. Handbuch. Bern, Stuttgart, o. J.

Ritscher, W.: Über die Opfer und Täter. In: Kontext. Zeitschrift für Familientherapie 24/2 (1993).

Roberts, U.: Unklare Identitäten bei der "dritten Generation". Verborgene Zusammenhänge von Unkenntnis und Bedeutung der NS-Zeit für die Familiengeschichte. In: Zeitschrift für Individualpsychologie, 20 (1995), S. 107-120.

Rosch Inglehart, M: Kritische Lebensereignisse. Eine sozialpsychologische Perspektive. Stuttgart 1988.

Rosenthal,G.: Kollektives Schweigen zu den Nazi-Verbrechen. Bedingungen der Institutionalisierung einer Abwehrhaltung. Psychosozial, 51 (1992), S. 22-33.

Roth, K. H.: Die Modernisierung der Folter in den beiden Weltkriegen. Der Konflikt der Psychotherapeuten und Schulpsychiater um die deutschen "Kriegsneurotiker" 1915-1945. In: 1999, H. 3 (1987), S. 8-75.

Rürup, R. (Hrsg.): Der Krieg gegen die Sowjetunion 1941-1945. Eine Dokumentation. Berlin 1991. (Katalog zur gleichnamigen Austellung, Berlin 1991).

Safrian, H.: Komplizen des Genozids.In: W. Manoschek (Hrsg.): Die Wehrmacht im Rassenkrieg. Der Vernichtungskrieg hinter der Front. Wien 1996, S. 90-115.

Schachter, S.: The psychology of affiliation. Standford 1959.

Schaff, A.: Stereotypen und das menschliche Handeln. Wien 1980.

Scherrieble, J.: "Der letzte Schliff". Deutsche Feldpostbriefe 1940 - 1944 und Strukturelle Biographie. (Selbstverlag) Esslingen 1990. (Examensarbeit an der Univ. Stuttgart, FB Geschichte).

Schikorsky, I.: Private Schriftlichkeit im 19. Jahrhundert. Untersuchungen zur Geschichte des alltäglichen Sprachverhaltens "kleiner Leute" (Germanistische Linguistik 107). Tübingen 1990.

Schikorsky, I.: Kommunikation über das Unbeschreibbare. Beobachtungen zum Sprachstil von Kriegsbriefen. In: Wirkendes Wort, 42. Jg. 1992, H. 2, S. 295-315.

Schlenker, B. R.: Impression management: the self-concept, social identity, and interpersonal relations. Belmont (Calif.) 1980.

Schmitt, B. / Gericke, B.: Die deutsche Feldpost im Osten und der Luftfeldpostdienst Osten im Zweiten Weltkrieg. Archiv für deutsche Postgeschichte, 1969, Heft 1.

Schoeps, J. H.: Ein Volk von Mördern? Die Dokumentation zur Goldhagen - Kontroverse um die Rolle der Deutschen im Holocaust. Hamburg 1996.

Schöfer, G.: Gottschalk-Gleser-Sprachinhaltsanalyse: Theorie und Praxis. Studien zur Messung ängstlicher und aggressiver Affekte. Basel 1980.

Schornstheimer, M.: Die leuchtenden Augen der Frontsoldaten. Nationalsozialismus und Krieg in den Illustriertenromanen der fünfziger Jahre. Berlin 1995 (Orig.: Bombenstimmung und Katzenjammer. Köln 1989.)

Schröder, H. J.: Die gestohlenen Jahre. Erzählgeschichte und Geschichtserzählung im Interview. Der Zweite Weltkrieg aus der Sicht ehemaliger Mannschaftssoldaten. Tübingen 1992.

Schröter, M.: Held oder Mörder. Bilanz eines Soldaten Adolf Hitlers. Wuppertal 1991.

Schuh, H.: Das Gerücht. Psychologie des Gerüchts im Krieg. Hrsg. v. Arbeitskreis für Wehrforschung. München 1981.

Schulz v. Thun, F.: Miteinander reden. Störungen und Klärungen. Allgemeine Psychologie der Kommunikation. Reinbek 1981.

Schulze, H.: Mentalitätsgeschichte: Chancen und Grenzen eines Paradigmas der französischen Geschichtswissenschaft. In: GWU 36 (1985), S. 247-270.

Schulze, W. (Hrsg.): Sozialgeschichte, Alltagsgeschichte, Mikro-Historie. Göttingen 1994.

Schüren, R.: Soziale Mobilität. Muster, Veränderungen und Bedingungen im 19. und 20 Jahrhundert. St. Katharinen 1989.

Schwarzer, R: Stress, Angst und Hilflosigkeit. Stuttgart 1981.

Searle, J. R.: Intentionalität und der Gebrauch der Sprache. In: G. Grewendorf (Hrsg.): Sprechakttheorie und Semantik. Frankfurt 1979, S. 149-170.

Seidler, F.: Prostitution, Homosexualität, Selbstverstümmelung. Probleme der deutschen Sanitätsführung 1939 - 1945. Neckargemünd 1977.

Seligman, M. E. P.: Helplessness: On depression, development, and death. San Francisco 1975.

Sellin, V.: Mentalitäten in der Sozialgeschichte. In: W. Schieder / V. Sellin: Sozialgeschichte in Deutschland. Göttingen 1987. Bd. 3, S. 101-121.

Semelin, J.: Unarmed against Hitler. Civilian resistance in Europe, 1939 - 1943. Westport, Conn. 1993.

Seyle, H: The general adaptation syndrom and the diseases of adaptation. In: Journal of Clinical Endocronology, 1946, 6, S. 117-230.

Seyle, H.: Stress, Bewältigung und Lebensgewinn. München 1974.

Shils, E. A. / Janowitz, M.: Cohesion and Disintegration in the Wehrmacht in World War II. Public Opinion Quarterly 12 (1948), S. 280-315.

Sichrovsky, P.: Schuldig geboren. Kinder aus Nazifamilien. Köln 1987.

Sonntag, M.: Historische Psychologie. Zur Methodologie einer Produktionsgeschichte des Psychischen. In: B. Loewenstein u.a.: Geschichte und Psychologie (s. dort).

Spielberger, Ch. D. / Sarason, I. G. (Hrsg.): Stress and anxiety, Vol. 8, Washington, New York 1982.

Spielberger, Ch. D. (Hrsg.): Anxiety and Behavior. New York, London 1966.

Spitznagel, A. / Schmidt-Atzert, L. (Hrsg.): Sprechen und Schweigen. Zur Psychologie der Selbstenthüllung. Bern, Stuttgart 1986.

Spitznagel, A. (Hrsg.): Geheimnis und Geheimhaltung. Göttingen 1998.

Stahlberg, D. / Osnabrügge, G. / Frey, D.: Die Theorie des Selbstwertschutzes und der Selbstwerterhöhung. In: D. Frey / M. Irle (Hrsg.): Theorien der Sozialpsychologie, Bd. III, S. 79-126. Bern, Stuttgart 1985.

Staub, E.: The Roots of Evil: The Origins of Genocide and Other Group Violence. Cambridge 1989.

Steele, C. M.: The psychology of self-affirmation: Sustaining the integrity of the self. In: L. Berkowitz (Hrsg.): Advances in experimental social psychology,. Bd. 21, San Diego 1988.

Steiner, J. M.: The SS Yesterday and Today: A Sociopsychological View. In: J. E. Dimsdale: Survivors, Victims and Perpetrators; Essays on the Nazi Holocaust. Washington 1980.

Steinert, M.: Hitlers Krieg und die Deutschen. Stimmung und Haltung der deutschen Bevölkerung im Zweiten Weltkrieg. Düsseldorf 1970.

Sterz, R.: Vom Aufbau einer Briefsammlung aus dem Zweiten Weltkrieg. In: P. Knoch (Hrsg.): Kriegsalltag. Stuttgart, 1989. S. 20-24.

Stierlin, H.: Der Dialog zwischen den Generationen über die Nazizeit. In: Familiendynamik Bd. VII, 1982.

Stok, W.: Isoliertheit und Verbundenheit. Kölner Vjh. für Soziologie, XI. Jg., München 1932/33.

Stok, W.: Das Sich-Aussprechen. Kölner Vjh. für Soziologie, VII. Jg., München 1928.

Stok, W.: Geheimnis, Lüge, Missverständnis. Kölner Vjh. für Soziologie, 2. Erg.- heft. München 1929.

Stöver, B.: Volksgemeinschaft im Dritten Reich. Die Konsensbereitschaft der Deutschen aus der Sicht der sozialistischen Exilberichte. Düsseldorf 1993.

Strauss, Anselm L.: Grounded theory. Grundlagen qualitativer Sozialforschung. Weinheim 1996.

Streim, A.: Die Behandlung sowjetischer Kriegsgefangener im "Fall Barbarossa". Eine Dokumentation. Heidelberg 1981.

Streit, C.: Keine Kameraden. Die Wehrmacht und die sowjetischen Kriegsgefangenen 1941 - 1945. Bonn 1991.

Streit, C.: Die sowjetischen Kriegsgefangenen in der Hand der Wehrmacht. In: W. Manoschek (Hrsg.): Die Wehrmacht im Rassenkrieg. Der Vernichtungskrieg hinter der Front. Wien 1996, S. 74-89.

Tajfel, H.: Gruppenkonflikt und Vorurteil. Entstehung und Funktion sozialer Stereotypen. Bern 1982.

Teichman, Y.: Affiliative reaction in different kinds of threat situations. In: C. D. Spielberger / I. G. Sarason (Hrsg.): Stress and anxiety, Vol. 5. New York: Wiley 1978, S. 131-144.

Tekampe, L.: Kriegserzählungen. Eine Studie zur erzählerischen Vergegenwärtigung des Zweiten Weltkriegs. Mainz 1995.

Tellenbach, G.: "Mentalität". In: E. Hassinger (Hrsg.): Geschichte, Wirtschaft, Gesellschaft. (Festschrift für Clemens Bauer). Berlin 1974.

Tessin, G.: Verbände und Truppen der deutschen Wehrmacht und Waffen - SS im Zweiten Weltkrieg 1939 - 1945. 15 Bde. Osnabrück, 1971.

Thamer, H. U.: Verführung und Gewalt. Deutschland 1933 - 1945. Berlin 1986.

Thiele, H.-G. (Hrsg.): Die Wehrmachtausstellung. Dokumentation einer Kontroverse. Bremen 1997.

Thomae, H.: Das Problem der Motivarten. In Handbuch der Psychologie II (Motivation).

Thomae, H.: Response hierarchies related to different areas of life stress. A contribution to the person-situation issue. In: Personality Psychology in Europe (Hrsg.: Angleitner, A. u.a.), Vol 2, S. 47-62.

Thomae, H.: Conceptualizations of responses to stress. In: European Journal of Personality, 1 (1987).

Tomkins, S. S.: The Thematic Apperception Test. The Theory and Technique of Interpretation. New York 1972.

Treinen, H.: Formalisierte Inhaltsanalyse. Zur Inhaltsanalyse symbolischer Materialien. In: K. Vondung (Hrsg.): Kriegserlebnis. Der Erste Weltkrieg in der literarischen Gestaltung und symbolischen Deutung der Nationen. Göttingen 1980, S. 162-172.

Ueberschär, G. R.: Die Deutsche Reichspost im Zweiten Weltkrieg. In: W. Lotz (Hrsg.): 400 Jahre deutsche Postgeschichte. Berlin 1989, S. 289-320.

Ueberschär. G. R. / Wette, W. (Hrsg.): Der deutsche Überfall auf die Sowjetunion. "Unternehmen Barbarossa". Frankfurt 1991 (Orig. Paderborn 1984).

Ullrich, V.: "Wir haben nichts gewußt" - Ein deutsches Trauma. In: 1999. H. 4/1991, S. 11-46.

Ullrich, B.: "Eine wahre Pest in der öffentlichen Meinung". Zur Rolle von Feldpostbriefen während des Ersten Weltkriegs und der Nachkriegszeit. In: G. Niedhart / D. Riesenberger (Hrsg.): Lernen aus dem Krieg? München 1992, S. 319-330.

Ulrich, B.: Feldpostbriefe des Ersten Weltkrieges - Möglichkeiten und Grenzen einer alltagsgeschichtlichen Quelle. In: MGM 53 (1994), S. 73-83.

Ulrich, B.: Augenzeugen. Deutsche Feldpostbriefe in Krieg und Nachkriegszeit 1914 - 1933. (Schriften der Bibliothek für Zeitgeschichte, Bd. 8) Essen 1997.

Vogel, D. / Wette, W. (Hrsg.): Andere Helme - Andere Menschen? Heimaterfahrung und Frontalltag im Zweiten Weltkriege. Ein internationaler Vergleich. (Schriften der Bibliothek für Zeitgeschichte - Neue Folge, Bd. 2). Essen 1995.

Watzlawick, P. / Beaven, J. H.: Menschliche Kommunikation. Bern, Stuttgart 1969.

Wegner, B.: Der Krieg gegen die Sowjetunion 1942 / 43. In: Der globale Krieg. Das Deutsche Reich und der zweite Weltkrieg. Bd. 6, S. 761 - 1102; s. H. Boog u.a. (Hrsg.). Stuttgart 1990.

Wegner, B. (Hrsg.): Zwei Wege nach Moskau. Vom Hitler-Stalin-Pakt zum "Unternehmen Barbarossa". München 1991.

Wehler, H. U.: Entsorgung der deutschen Vergangenheit? Ein polemischer Essay zum "Historikerstreit". München 1988.

Wehler, H.-U.: Geschichte und Psychoanalyse. Köln 1971.

Weinrich, H.: Lethe - Kunst und Kritik des Vergessens. München 1997.

Welch, D. (Hrsg.): Nazi Propaganda. The Power and it's limitations. London 1983.

Wellek, A.: Zur Phänomenologie des Briefes. In: Die Sammlung. Zeitschrift für Kultur und Erziehung. 15 Jg. 1960, S. 339-355.

Wendt, B.-J.: Deutschland 1933-1945 (Kap. VI: Deutschland im zweiten Weltkrieg). Hannover 1995.

Werth, A.: Russland im Kriege 1941 - 1945. München 1965.

Westernhagen, D. v.: Der Januskopf - Ergebnisse einer Grabung. In: Familiendynamik Bd. VII, 1982, S. 316-330.

Wette, W. / Ueberschär, G. R. (Hrsg.): Stalingrad. Mythos und Wirklichkeit einer Schlacht. Frankfurt 1992.

Wette, W. (Hrsg.): Der Krieg des kleinen Mannes. Eine Militärgeschichte von unten. München 1992.

Weyrather, I.: Muttertag und Mutterkreuz. Der Kult um die "deutsche Mutter" im Nationalsozialismus. Frankfurt 1993.

Wicklund, R. A.: Objective self-awareness. In: L. Berkowitz (Hrsg.): Advances in experimental social psychology, Bd. 8. New York, London 1975.

Wiehn, E. R.: Die Shoah von Babij Jar. Das Massaker deutscher Sonderkommandos an der jüdischen Bevölkerung von Kiew 1941 fünfzig Jahre danach zum Gedenken. Konstanz 1991.

Wiggins, J. S. / Phillips, N. / Trapnell, P.: Circular reasoning about interpersonal behavior: Evidence concerning some untested assumptions underlying diagnostic classification. In: Journal of Personality and Social Psychology (JPSP), 1989, Vol 56, No. 2, S. 296-305.

Wippermann, W.: Der "deutsche Drang nach Osten". Ideologie und Wirklichkeit eines politischen Schlagwortes. Darmstadt 1981.

Wippermann, W.: Faschismus und Psychoanalyse. Forschungsstand und Forschungsperspektiven. In: B. Loewenstein u.a.: Geschichte und Psychologie. Annäherungsversuche. Pfaffenweiler 1992, S. 261-274.

Wippermann, W.: Wie modern war der "Generalplan Ost"? Thesen und Antithesen. In: M. Rössler / S. Schleiermacher (Hrsg.): Der "Generalplan Ost". Hauptlinien der nationalsozialistischen Planungs- und Vernichtungspolitik. Berlin 1993, S. 125-130.

Wippermann, W.: Wessen Schuld? Vom Historikerstreit zur Goldhagen-Kontroverse. Berlin 1997.

Wollenberg, J. (Hrsg.): "Niemand war dabei und keiner hat's gewusst." Die deutsche Öffentlichkeit und die Judenverfolgung 1933-1945. München 1989.

Wortman, C. B. / Brehm, J. W.: Responses to uncontrollable outcomes: An integration of reactance theory and the learned helplessness model. In: L. Berkowitz (Hrsg.): Advances in experimental social psychology, Bd. 8, S. 277-336. New York, London 1975.

Wortman, C. B. / Dunkel-Schetter, C.: Interpersonal relationships and cancer: A theoretical analyses. In: Journal of Social Issues (1979) 35, S. 120-155.

Wüllner, F.: Die NS-Militärjustiz und das Elend der Geschichtsschreibung. Ein grundlegender Forschungsbericht. Baden-Baden 1991.

Wüllner, F.: Militärjustiz und Militärpsychiatrie im Zweiten Weltkrieg. In: "Ich habe die Metzelei satt..." Deserteure - Verfolgte der Militärstrafjustiz und der Militärpsychiatrie im Zweiten Weltkrieg. Symposiumsbericht. Hrsg. von der Geschichtswerkstatt Marburg. 1992, S. 46-67.

Wurmser, L.: Flucht vor dem Gewissen: Analyse von Über-Ich und Abwehr bei schweren Neurosen. Berlin 1987.

Zeidler, M: Das Bild der Wehrmacht von Russland und der Roten Armee zwischen 1933 und 1939. In: H. E. Volkmann (Hrsg.): Das Russlandbild im Dritten Reich. Köln 1994.

Ziegler, M. / Kannonier-Finster, W.: Österreichisches Gedächtnis. Über Erinnern und Vergessen der NS - Vergangenheit. Wien, Köln, Weimar 1993.

Ziegler, K.: Erinnerungen an die Feldpost im Kriege 1939 - 1945. (1950) (Ungedr. MS im Deutschen Postmuseum, Frankfurt; auch als: Rundbrief 20 der AG Feldpost, Mai 1980).

Zimbardo, P. G.: The human choice: Individuation, reason, and order versus deindividuation, impulse, and chaos. In: W. J. Arnold / D. Levine (Hrsg.): Nebraska symposium on motivation, Bd. 17. Lincoln 1969.

Sachverzeichnis

Aktuelle Neuerscheinungen

Dirk Wiemann

EXILLITERATUR IN GROSSBRITANNIEN 1933-1945

Westdeutscher Verlag

Dirk Wiemann
Exilliteratur in Großbritannien 1933 - 1945

1998. 377 S. (Kulturwissenschaftliche Studien zur Deutschen Literatur) Br. DM 94,00
ISBN 3-531-13158-3
Die Untersuchung bestimmt diejenigen Schreibhaltungen, Topoi und ästhetischen Strategien, die in der Literatur des deutschsprachigen Exils in Großbritannien zwischen 1933 und 1945 dominant waren. Sie konzentriert sich auf ein bislang nicht systematisch bearbeitetes Phänomen, nämlich die Hochkonjunktur einer sakralisierenden Metaphorik, die sich bis in die narrative Struktur der Texte fortschreibt. Der Verfasser diskutiert die historische Bedingtheit und Funktionalität dieser Strategie und verdeutlicht ihre jeweils spezifische Ausformung am individuellen Text.

Asmus Nitschke
Die 'Erbpolizei' im Nationalsozialismus

Zur Alltagsgeschichte der Gesundheitsämter im Dritten Reich am Beispiel Bremen
1998. ca. 320 S. Br. DM ca. 59,80
ISBN 3-531-13272-5
Die Gesundheitsämter wachten im Nationalsozialismus über die „erbbiologische Gesundheit des Volksganzen". Ihr gesetzlicher Auftrag lautete: „Erb- und Rassenpflege". Diese Studie handelt von der Alltagsgeschichte des gesundheitspolitischen Rassismus. Der Autor analysiert am Beispiel Bremen, wie Amtsärzte und Verwaltungsfachleute im Dritten Reich die einschlägigen Gesetze zur Erb- und Rassenpflege bürokratisch vollstreckten.

Alexandra Schichtel
Zwischen Zwang und Freiwilligkeit

Das Phänomen Anpassung in der Prosaliteratur der DDR
1998. 255 S. Br. DM 54,00
ISBN 3-531-13190-7
Wie haben Schriftsteller politische Anpassung in der DDR dargestellt, beurteilt und kritisiert? Dieser Frage, die ein Reizthema zwischen Bürgern, Schriftstellern und Literaturwissenschaftlern aus Ost und West anspricht, geht diese Untersuchung erstmals nach. Repräsentative Texte werden hierzu interdisziplinär auf breiter literaturwissenschaftlicher, politologischer und psychologischer Basis miteinander verglichen.

Änderungen vorbehalten. Stand: September 1998.

WESTDEUTSCHER VERLAG
Abraham-Lincoln-Str. 46 · D - 65189 Wiesbaden
Fax (06 11) 78 78 - 400 ·www.westdeutschervlg.de

Aktuelle Neuerscheinungen

Eva Horn / Manfred Weinberg (Hrsg.)
Allegorie (Arbeitstitel)
Konfigurationen zwischen Text, Bild und Lektüre
1998. ca. 300 S. (Kulturwissenschaftliche Studien zur Deutschen Literatur) Br. DM ca. 59,80
ISBN 3-531-13244-X
Allegorie ist der Name für eine Form zeichenhaften Verweisens, in der Text und Bild, Bedeutung und Materialität, Zeichenhaftigkeit und Geschichtlichkeit sich begegnen. Von ihren frühen Versionen in der antiken Rhetorik bis zu ihrer Wiederkehr in der modernen Ästhetik ist sie darum immer wieder zur „master trope" poetischer Reflexion geworden. Die Beiträge dieses Bandes untersuchen die Erscheinungsweisen und Funktionen der Allegorie im Spannungsfeld von Repräsentation, Textualität, Wissensorganisation, Rhetorik und Ästhetik.

Ute Gerhard
Nomadische Bewegungen und die Symbolik der Krise
Flucht und Wanderung in der Weimarer Republik
1998. 279 S. (Historische Diskursanalyse der Literatur) Br. DM 56,00
ISBN 3-531-13324-1
Die Maßnahmen, mit denen Flucht- und Wanderungsbewegungen in der 20er Jahren eine neue Verortung erfahren, reichen von der statistischen Erfassung über paß- und Visumsbeschränkungen bis hin zur „Konzentration" in Internierungslagern. Die Rekonstruktion der diskursiven Prozesse in Wissenschaft, Politik und Medien macht erkennbar, wie in diesem Feld politische und kulturelle Dispositionen entstehen, die sich in den 30er und 40er Jahren verhängnisvoll auswirken.

Carola Hilmes · Dietrich Mathy (Hrsg.)

DASSELBE NOCH EINMAL:
DIE ÄSTHETIK DER WIEDERHOLUNG

Westdeutscher Verlag

Carola Hilmes / Dietrich Mathy (Hrsg.)
Dasselbe noch einmal:
Die Ästhetik der Wiederholung
1998. 266 S. (Kulturwissenschaftliche Studien zur Deutschen Literatur) Br. DM 64,00
ISBN 3-531-13144-3
Mit dem Gesetz der Wiederholung ist ein Gesetz universeller Geltung angesprochen, und es ist als Gliederungsprinzip in der modernen Literatur und den Künsten von außerordentlicher Bedeutung. Dies findet seine Entsprechung in der Theoriebildung, der dieser Band ebenso nachgeht wie der Analyse der vielfältigen ästhetischen Erscheinungsformen und der Logik von Wiederholungsfiguren in Literatur, Kunst und Musik.

Änderungen vorbehalten. Stand: September 1998.

WESTDEUTSCHER VERLAG
Abraham-Lincoln-Str. 46 · D - 65189 Wiesbaden
Fax (06 11) 78 78 - 400 · www.westdeutschervlg.de